胶州改革开放实录

第三辑

中共胶州市委组织部
中共胶州市委党史研究中心　编

中国海洋大学出版社
·青岛·

目　录

青岛大沽河省级生态旅游度假区的创建与发展

大沽河省级生态旅游度假区

青岛大沽河省级生态旅游度假区位于胶州市区东南部，地处青岛"三湾三城"中心湾区，青岛的母亲河——大沽河入海口处，北接国家级临空经济示范区，南连上合示范区，西临胶州主城区，东承青岛高新区，处于胶州市经济发展的"金十字"核心区域，是胶州市最早启动建设的重点功能区和着力打造的五大新动能战略发展平台之一。度假区历经滞洪区建设、少海新城打造、度假区建设3个阶段，形成总面积24平方千米、水域面积6.28平方千米的规划版图。截至2018年，南湖景观全部建成并对外开放，北湖基础设施和项目建设同步推进，累计签约在谈各类重点项目69个，总投资681余亿元，年吸引游客逾200万人次，荣膺国家AAAA级旅游景区、国家湿地公园、国家水利风景区、山东省最美湿地、青岛市生态科普教育基地等荣誉称号。

一、创建与发展历程

（一）滞洪区建设

胶州市濒临胶州湾，地势低洼，汛期经常遭遇内涝与外灌双重灾害。大沽河省级生态旅游度假区地处胶州主城区东南侧，原本是一片长满杂草的临河荒滩。由于地势较低，成为了天然的泄洪区，雨水多发季节极易引起海水倒灌，导致胶州市区河水、雨水被顶托滞留在大沽河西岸无法下泄，冲毁企业、淹没田园。其中，仅2001年8月"桃芝"风暴带来的降雨，就造成东部工业区30余家企业被淹，直接经济损失达1.2亿元。为改善区域内企业和居民的生产生活环境，胶州市几番探索、几番论证、多方争取，最终成功突破诸多瓶颈制约，做出了"给洪水以出路，变荒滩为宝地"的重大决策，制定并实施东部滞洪区工程。

此工程获得了水利部、发改委立项批复，于2004年正式启动建设，让根治洪水由蓝图变为现实。

东部滞洪区一期工程投资1.9亿元，由青岛胶州建设集团承建，于2004年11月23日开工，2005年竣工，共完成开挖土方量805万立方米，衬砌湖岸线12564米，形成1个2.77平方千米的核心滞洪区。在2005年9号、15号台风期间，东部滞洪区一期工程调蓄分洪360万立方米，初步发挥了防洪功能。二期工程投资1.5亿元，由青岛京洲投资有限公司承建，于2005年10月全面开工建设，2006年汛前完工，主要包括北区土方开挖、低洼地土方填筑及航道开挖，其中土方开挖工程量1096.2万立方米，工程直接投资1.3亿元。另外，为保证开挖后的滞洪区水质不受污染，又投资2100万元实施了东部滞洪区截污排放工程，将滞洪区上游的污水改道排放，使滞洪区保持了一湖清水的良好水质。

新建的滞洪区与城区河流、已建防洪闸联合构成一个完整的防洪防潮工程体系，将胶州市城区防洪能力由不足10年一遇提高到50年一遇，确保了城区防洪安全。滞洪区常年平均蓄水深度2.8米，相应蓄水量1737万立方米，相当于新建了1座中型水库，使困扰胶州市多年的水患问题得以有效解决。

（二）少海新城打造

2005年以来，胶州市进一步完善规划，决定利用东部滞洪区工程建设形成的面积6.28平方千米、库容量2800万立方米的大型水域，以湖水资源为核心，充分融入胶州悠久的历史文化，进行区域深度开发，建设少海新城。

1. 少海新城初步打造阶段

少海发展管理处围绕胶州市确定的"转型创新、科学发展、勇争一流，加快向青岛特色新区跨越"这一主题，全力打造南北湖景观交相呼应、现代气息与历史元素有机交融的少海新城，着力建成"宜游、宜业、宜居"的现代化服务型景区。这一时期，整个少海新城累计完成投资约46亿元，其中，基础设施完成投资37.6亿元。

（1）规划设计方案精心谋划，高瞻远瞩。2005年，少海发展管理处专门邀请国际著名景观设计公司——香港泛亚国际有限公司主持新城总体规划设计，创造性提出"生态、亲水、休闲、现代"的规划理念，依托大型水体对周边进行规划，既把少海打造成防涝滞洪的保险带，又开发出一片"对外开放高地、商气人气旺地、市民安居福地"，在实现传统水利向现代水利转变、被动治水向综合用水提升的同时，构筑起"两湖、一带、两轴、三岛、多片区"的景区框架。该设计在日本获得"亚洲最佳园林景观规划设计创意奖"。在此基础上，委托国际知名的英国阿特金斯有限公司对少海新城总体规划进一步完善，创造性地提出依据北纬36°规划概念，形成以地中海风情为代表的欧洲风格和亚洲风格的规划理念，使少海新城更具鲜明特色；委托澳大利亚柏涛建筑设计有限公司结合本土文化与古胶州特色，对板桥镇总体规划进行设计；委托上海麦塔设计公司完成了北湖新一轮控制性总体规划；委托ATA建筑设计事务所对少海新城白鹭洲进行规划设计，提出在此建设青岛地区高端商务区和居住区。

（2）基础设施项目全面推进，监管严格。2007年7月13日，少海发展管理处与广东联泰集团、深圳长城股份公司正式签订《少海项目合作建设框架协议》，由广东联泰集团投资30亿元对少海新城进行整体开发建设；11月21日，少海新城开工庆典仪式隆重举行，少海项目建设正式启动。

①南湖景观及道路工程方面。2007年11月，南湖全面启动基础设施和公建项目建设，完成南湖景观一期、二期工程共计70多万平方米；完成香港东路道路和配套设施工程，完

青岛大沽河省级生态旅游度假区少海南湖景观鸟瞰图

成少海南路、巢湖路、胶马路等一批基础设施项目。2008年底，投资4000万元的大型音乐综合喷泉项目启动建设，于2009年4月完工。2009年国庆节期间，南湖景观一期、二期对游客开放，初步形成少海新城景观。2010年，慈云宝塔和慈云寺一期项目建成。2011年5月，南湖区域景观全面完工，成为少海景区的代表性景点。

②北湖景观及道路工程方面。2009年2月，少海新城北湖基础设施建设工程全面启动。2010年7月，爱琴岛开工建设，休闲大草坪与建筑物桩基础完成；12月，洞庭湖路全线通车。2011年5月，少海北路道路及沿线绿化基本完成，北湖公园内水系、驳岸及景观桥施工基本完成；7月，北湖北区市政道路工程开工建设。

③文旅品牌打造方面。2009年以来，少海发展管理处依托古胶州历史文脉资源，通过复建市舶司、水师营、高丽亭馆等历史古迹，新建中国秧歌城、民俗文化馆、孔子六艺文化园等人文景观，形成以板桥丝路文化、儒家国学文化、佛学禅修文化、民俗节庆文化为内核的四大特色文旅品牌，为胶州历史文化名城建设打下坚实基础。

④园林绿化方面。作为胶州市的景观新城，少海新城在规划设计方面十分注重园林绿化和景观打造，严格按照胶州市"建设绿色生态胶州"的总体要求和实施"绿廊、绿村、绿屏、绿山、绿网、绿城、绿园、绿肾"八大造林绿化工程的具体要求，在少海新城范围内全面推进绿化工程建设。由于少

海新城内原土壤属滨海盐碱土，如不改良只能生长少数耐盐碱植物，将严重影响绿化景观的建设，少海管理处根据"先改土，后绿化"和"先有、后好"的绿化工作方针，从少海新城的土壤、地质、地下水位等方面综合考虑，建立具有自我恢复和调节功能的人工植物群落。对绿化地块进行有针对性的盐碱地绿化，并根据实际情况选择最合适的改碱改盐及绿化方式：在园林生产绿地和防护绿地等大面积地块绿化方面，采用先期生物改良、开沟排水等资金投入较少、见效慢的改良方式；在公共绿地的绿化方面，对于一些急需当年出绿化效果的地块，采用大量更换客土、埋设地下渗管排盐的方式。为保证绿化效果，少海管理处加强绿化质量检查力度，重点做好排盐碱处理；及时组织投资单位、监理单位、施工单位及设计单位召开专题会议，并展开全面检查，对没有达到绿化栽植要求的部分进行全部整改，并严格执行有关绿化栽植规范，确保苗木成活率。

2009年、2010年，南湖景观一期工程和板桥镇景观一期工程先后被评为"青岛市园林绿化精品工程"。2010年，为充分体现少海生态特色，少海管理处全面打造少海新城景观——彩叶特色路。其中，少海

2016年9月28日，纪念孔子诞辰2567周年暨孔子像揭幕仪式
在大沽河省级生态旅游度假区启动。

南路以中国彩叶植物——元宝枫为主，少海北路则以英国红枫为核心建设红叶观赏一条街，成为青岛地区独一无二的红叶观赏好去处。截至 2011 年底，南湖景观一期、二期工程及少海南路沿线等道路的绿化工程已经完成，少海新城绿色生态景观特色逐渐凸显出来。

（3）招商引资工作成果显著。少海发展管理处立足"招引少海特色项目，打造特色新城"工作理念，开展全方位、多层次、宽领域的招商引资工作。2007 年底，引进深圳长城控股有限公司投资建设少海，总投资额已达 37.6 亿元。2008 年，引进投资 2 亿元的南湖体育休闲公园项目。2010 年 4 月，引进总投资 1 亿元的少海旅游项目，对少海新城各类旅游资源进行建设和开发。2011 年 1 月，引进台湾致圆股份有限公司，投资 500 万美元成立"青岛致圆少海投资管理公司"，对少海建成区域资产进行运营和管理；引进总投资 18 亿元、占地面积 318 公顷的中信旅游度假酒店和香港富豪国际酒店 2 个五星级酒店项目；引进少城置业、"森林湖"湖滨住宅、欧洲镇高端住宅区、北湖天鹅堡、南湖白鹭洲、商业娱乐岛等近 10 家投资过 1 亿元的地产项目。少海发展管理处多次被胶州市政府评为招商引资先进单位。

2. 少海启动区发展阶段

2012 年，胶州市国家经济技术开发区正式成立，少海新城纳入开发区的 102 平方千米启动区之中，成为其重要组成部分。在半岛蓝色经济区的城市发展规划引领下，少海新城立足于胶州市实现海陆统筹、加快创新跨越、建设现代化幸福宜居新区、打造蓝色枢纽重要突破点的战略定位，坚持国际标准，以生态文化旅游为引擎，在发展中不断突出商务、休闲、度假功能，着力于商业招商、景区运营、工程建设 3 项重点，有序启动板桥镇、欧洲镇、五星级度假酒店等地块商业开发，形成了推进一批、开工一批、建成一批的梯次发展格局，全力构建环境舒适、品质一流的滨海宜居新区，加快建成河湖海梯次推进、人水绿浑然天成的生态亲水城市。

（1）基础设施不断完善。2012 年，按照《少海新城控制性详细规划》以及交通规划具体要求，少海南路、少海北路、胶马路、洞庭湖路、巢湖路、墨水河路以及鄱阳湖路等道路工程全面完工，总长度约 20 千米；南湖景观工程全部建设完成，总面积约 70 万平方米，总投入约 7.7 亿元；慈云寺基本建成，万佛塔主体完工；北湖景观工程包含北湖内河公园、爱琴岛景观区、北湖西岸景观

区等三大部分，已完成投资约 6.1 亿元。2013 年，大沽河防护林带、胶马路立交桥及周边、胶莱河路、正阳路等多处绿化工程全面完工。2015 年，少海管理处委托东南大学对《少海新城控制性详细规划》进行了重新调整，根据功能区划，将部分住宅用地调整为商业用地，共回收土地约 1340 公顷，彻底打破了地产围湖的局面，为北湖的公建项目建设做好了准备。

（2）招商工作全面开展。2015 年开始，度假区管委会转变招商思路，找准市场定位，加强宣传推介，依托少海资源优势，全面展开"大、精、尖"商业项目的招商工作，积极参加"2014 香港山东周"等招商引资活动，推介少海新城，变被动招商为主动招商。先后与正大集团、港中旅集团、玉柴集团、九龙仓集团、香港软库、奥莱中国等公司洽谈板桥镇、欧洲镇等项目的合作开发经营。

（3）旅游资源持续开发。2012 年，少海新城举办"中国少海"中澳国际艺术滑水对抗赛。2013 年，承办中美澳国际艺术滑水节。2014 年，协助市教体局成功举办"相约青岛母亲河——大沽河"全国公路自行车冠军赛，协助市民族宗教局成功举行慈云寺开光仪式，举办少海水上运动基地专家论证会。

（4）生态环境明显改善。2013年开始，少海新城与复旦大学合作，通过生物化治理方式优化景观水质，早期阶段治藻收到成效，完全控制了微囊藻颗粒增殖，生物净化方法抑制蓝藻水华现象成效明显。此外，少海新城根据《中央财政湿地保护补助资金管理暂行办法》，做好中央财政补助资金申请工作。截至2015年，共申请补助资金700万元。同时，按照《全国湿地保护工程"十二五"实施规划》《山东少海国家湿地公园湿地保护与恢复工程建设项目可行性研究报告》，积极争取612万国家湿地保护补助资金，用于湿地生态治理和保护。经过治理，少海水域出现了野生水鸭、海鸟到处可见的场景，国家二级保护动物天鹅每年迁徙至此过境、越冬。少海新城不仅实现了"在发展中保护、在保护中发展"，而且成为"生态先行，环境优先"的典范，形成了人与自然和谐共处的良好局面。

（三）度假区建设

2016年1月，青岛大沽河省级生态旅游度假区正式挂牌成立。面对新形势、新任务、新机遇，大沽河度假区以"一厅三区五小镇"规划布局为引领，以深化旅游供给侧结构性改革为主线，不断加快区域存量变革、增强崛起步伐，为全市新旧动能转换和上合示范区建设凝聚发展动力、夯实产业支撑，成为全市五大新动能战略发展平台之一。

1. 放大产业优势，提升宜业水平

大沽河度假区活力展现需要强有力的产业支撑和引领，这也是度假区核心竞争力所在。2016年以来，大沽河度假区管委高度重视产业发展的支撑引领作用，抓牢动能变革和"双招双引"主线，集聚优势资源着力引进和培育优质业态，加速构建"一个核心、五大集群"多元产业体系。2018年5月，成功洽谈引进总投资100亿元的航空科技城、国际社区项目，实现了引进百亿级大项目的突破。

（1）一个核心

2017年以来，大沽河度假区积极融入青岛医养健康产业总体布局，建成投资13亿元的三级甲等医院——东方医院主体，加快推进投资26亿元的全生命周期金东方颐养小镇项目，规划建设生命科技展览馆等高科技健康服务业态，完善帆船小镇、绿色长廊、滨湖步道等配套设施，全力抢占半岛区域医养健康产业"制高点"。

（2）五大集群

①精致布局临空酒店集群。2016年以来，大沽河度假区抢抓新机场加速建设机遇，加快推进万豪五星级酒店、高丽亭馆丝路文化酒店、宝龙艺悦酒店、航空科技城商务酒店、山海文旅民宿酒店等项目建设，壮大区域及周边核心配套支撑。

②重点布局精品文旅集群。2016年以来，大沽河度假区积极洽谈水果侠主题乐园、国际

2014年5月，青岛大沽河省级生态旅游度假区的少海湿地公园一角。

上海东方医院青岛分院效果图

赛车运动公园等一批百亿级游乐体验项目，加快续建板桥镇工程，联合周边的国学、馆藏等特色文化项目，打造精品文化游新亮点，推进度假区西部"主入口"全面繁荣。

③优先布局总部经济集群。2018年以来，大沽河度假区全面开建50亿元航空科技城，开放综合招商展示中心，建设非基地航空办公楼、商务度假酒店及科技街，创新体验型商业模式，强化实力型总部经济项目招商，带动产、商、住多元航空衍生业态发展。

④前瞻布局科技创新集群。2018年，大沽河度假区开始打造2.2万平方米智慧型"双创"服务基地，布局与度假区未来产业定位契合的创新生态平台，重点发展云计算、大数据、物联网等新一代信息技术和海洋经济等新兴产业，打造集成创新资本、双创人才、孵化服务于一体的区域创新产业生态圈和全国智慧产业新高地。

⑤有序布局时尚商业集群。2018年，大沽河度假区有序规划布局榷场等特色商街，引进投资120亿元的玺樾文旅小镇等大型商业项目，绘制科学完备的产业链图谱，加快形成产业聚合效应，加快构筑北方消费中心核心区。

2. 打造旅居优品，精塑宜居环境

大沽河度假区按照"以时间换空间"理念，抢抓地产业持续热销有利契机，引导南信、保利、新城、中海、中洲、宝龙等上市企业有序加大优质市场供给，积极储备资金实力，加快拓展发展空间，持续引领全市精品地产开发"新风向"。2018年以来，大沽河度假区致力于打造休闲度假新形态，规划了万佛塔、水幕喷泉、万豪酒店、大沽河博物馆等新夜景核心，布局板桥榷场、新城商业街等新型商业业态，加快构筑高水平可视环境与深层次文化特质深度融合的更高水准人居环境。2018年，重启中节能供热项目，实现区域绿色能源全覆盖。

3. 强化进阶争创，释放宜

航空科技城规划效果图

游活力

面对全市上下加速新旧动能转换、大力推进上合地方经贸示范区核心区建设的喜人形势，大沽河度假区在持续优化环境、繁荣产业业态基础上，积极对标江浙等地先进旅游度假区，全面开启争创国家级旅游度假区新征程。2016年以来，依托沽河宝塔大舞台等惠民乐民文化服务平台，积极承办中国秧歌节、央视"端午乐三天"节目录制和中韩文化交流节，策划、举办孝行天下、国际马拉松赛等节会文旅活动数百场。2017年，管委会通过实施惜苑路改道工程，布局20千米环湖生态廊道，规划林荫游步道、湿地木栈道和新能源环形车道等，加速构建起"一步一景、亦步亦景"的快旅慢游交通体系；制定实施《创建国家级旅游度假区三年行动计划》，聘请国内知名策划公司完善规划提升方案，优化旅游线路规划和产品开发，提升餐饮游购、旅居游乐等综合功能，补齐旅游要素产业链短板；强化南北湖基础设施互联互通，加快全域一体化发展步伐，增强全域旅游后劲。2018年，大沽河度假区以纪念改革开放40周年为主题，抢抓春节、端午节、劳动节、国庆节、中秋节等时令节点，策划开展了民俗文化节、美食节、花灯节等一系列特色文旅活动，持续提升度假区的知名度、美誉度，形成了海丝、国学、馆藏、禅修、民俗五大区域特色文化品牌。

二、经验启示

（一）在解放思想中明晰改革导向，必须以矢志不渝、克难奋进的意志夯实发展基石

习近平总书记曾说："惟改革者进，惟创新者强，惟改革创新者胜"。改革，就是一个不断解放思想的过程，需要不断突破传统思维的羁绊、固有模式的束缚和利益的藩篱，惟有大胆探索又脚踏实地，方能把改革进行到底，才能将"蓝图变为现实"。作为一个基层县市，胶州市正是靠着这种着眼长远、解放思想的精神，才使东部滞洪区这样一项浩大的公益性水利工程实现了当年规划、当年审批、当年启动建设。在历时2年左右完成东部滞洪区开挖工程的基础上，坚持思想再解放，思路再创新，有序放大区域生态人文禀赋优势，积极对标江浙等地先进经验，相继启动度假区的规划建设和转型提升，在创建青岛新城市客厅和国家级旅游度假区征程中不断迈出新步伐。

（二）在勇于担当中闯出改革路径，必须以争创一流、勇立潮头的追求书写强者风范

改革关头担当者胜，担当者方有出路。没有担当就难以推进改革，敢于担当才能增强直面困难的勇气和毅力，把各项事业不断推向前进。实践证明，大沽河度假区的发展历程是一部充满着担当气息的生动画卷，正是凭借全市干部群众敢于担当的精神，度假区才在从滞洪区开挖到少海新城建设再到争创国家级旅游度假区的这条持续奋斗之路上，"一个山头一个山头地攻、一个难关一个难关地破"，化解了创建过程中遇到的规划、资金等一道又一道难题，确保了滞洪区开挖工程的如期竣工，少海新城规划的落地实施，度假区建设的顺利推进、有序转型和高质量发展。

（三）在矢志攻坚中强化改革韧劲，必须以奋发进取、自强不息的精神彰显昂扬斗志

改革只有进行时，没有完成时。景区尤其是旅游度假区建设非一日之功，更不可能一蹴而就。胶州市委、市政府始终牢固树立以人民为中心的发

展理念，立足解决城区东部洪涝灾害及缺水隐患、打造区域新动能发展平台的长远目标，大胆改革，锐意创新，确保了景区生态环境的持续改善，实现了治水防洪和构筑高层次发展平台的兼容并蓄、"一举多得"，营造了新兴业态日趋多元、商机人气持续攀升的火热氛围，使大沽河省级生态旅游度假区这张"青岛国际化大都市新城市客厅"的响亮名片不断被更多人熟知。

执笔人：李宝山

胶州市产业结构调整的探索和实践

市发展改革局

改革开放以来，胶州市坚持市场调节和政府引导相结合，充分发挥市场配置资源的决定性作用，加强国家产业政策的合理引导，全市产业结构进一步优化，三次产业比重由1990年的40.7：44.2：15.1调整为2018年的4.4：49.9：45.7。

一、发展历程

（一）探索起步阶段（1978年—1990年）

1.工业经济方面

1978年党的十一届三中全会后，胶县工业经济发展步入第一轮发展高潮。乡镇工业的异军突起以及工业企业放权让利、承包经营等各项改革的顺利开展，有力促进了全县工业快速发展，工业总产值从1978年的1.74亿元增长到1990年的29.2亿元。这一阶段，胶县依托自身优势，初步形成以食品加工、纺织、家具制造、减速机等行业为支柱产业的综合性工业体系。首先，工业原料结构发生了变化，一开始主要以粮食加工、食品加工、纺织、木材加工、家具制造等用农副产品做原料的行业为主，发展到后期，逐渐增加了塑料制品、减速机等以工业产品为原料的行业，这些行业的工业占比也逐渐增加。其次，工业结构发生了变化，由原来只有食品、纺织等少数部门构成的比较简单的结构层次，演变为由几十个部门或行业构成的相当复杂的结构层次。再次，科技发展进入探索阶段，胶县根据党的十一届三中全会上提出的"努力实现科学技术现代化"的要求，有意识地引进一些新兴的技术密集型工业，随着消费需求的日益增长，这些轻工业逐渐在全县发展开来。

2.农业经济方面

1978年—1984年，胶县以提高粮食产量、解决温饱为主要目标，大力发展粮食生产，突破了高度集中的人民公社体制，全面推行了家庭联产承包责任制，使得农民的生产积极性全面迸发出来，农业生产实现了飞跃式发展。到1984年，全县农林牧渔总产值达到2.8亿元，比1978年增长2.9倍；农民人均纯收入达到460元，比1978年增长5.3倍，年均增长26.9%。

1985年—1990年，胶县（1987年改为胶州市）在保证粮食稳定增长的前提下，大力发展农村经济，重点调整农业内部结构，加快发展农林牧渔业等产业，初步实现了以农业促进多种经营，以多种经营促农的良性循环。种植业、林业、牧业、渔业占农林牧渔业总产值比重，分别由1984年的50.4%、1.7%、18.3%、1%调整为1991年的61.9%、2.6%、28.9%、4.3%；农民人均纯收入达到1027元，比1984年增长123%。

3. 第三产业方面

1978年，党的十一届三中全会做出将党的工作重心转移到经济建设上来的重大决策，拉开了放开市场、搞活经济的改革大幕。市场准入放宽，资本管制逐步解除，为服务业发展提供了广阔空间和肥沃土壤。为适应市场需求，商品和服务市场开始呈现多样化、层次化。1978年，胶县商品交流大会得到恢复，参与客商从本地企业扩大到上海、浙江、河北等省市企业，商品琳琅满目、品类齐全，极大满足了群众消费需求，促进了商品流通。为适应市场竞争，胶县的国有商业系统遵循"巩固、消化、补充、改善"思路，积极参与市场调节和竞争，树立市场导向意识，全面调整市场结构，主动开拓业务，拓展货物购销渠道，增加商品品种，使横向经济联合逐步实现多层次、多方位、多形式，初步建立起四通八达的流通网络。1987年，胶州市百货公司在剥离出纺织品业务之后仍实现销售额2303.2万元，加上之前剥离的纺织品公司1800万元销售额，销售总规模比1977年翻一番；胶州市副食品公司通过开拓业务抓销售，抓货源，主动适应市场竞争，1987年销售额

1650.9万元，同样比1977年翻一番。胶州市第三产业发展在公私商业联合促动下，形成社会服务体系初步框架，为日后企业改制、私营经济繁荣奠定了良好基础。

（二）稳步提高阶段（1991年—2000年）

1. 工业经济方面

这一阶段，随着改革开放和经济体制改革的逐步深入，胶州市充分利用沿海开放优势，加大招商引资力度，步入了工业经济健康有序发展的快车道。20世纪90年代以来，外资（主要为韩资）、内资企业大批入驻胶州，为胶州市经济发展带来了新的活力。随着大企业集团的不断完善，资本运营能力不断增强，其产业结构得以优化，经营规模得以壮大，一批经济总量大、实力强、贡献多、产权清晰、信息化水平高、多元化经济的工业企业集团成为胶州市工业经济的中流砥柱，支撑全市工业的发展。同时，全市上下积极探索企业深化改革的路子，开展了以国有企业改制、改组、改造，建立现代企业制度，组建企业集团，推进资本运营等为主要内容的综合改革，各项改革取得了显著成效。胶州市股份制改革和建立现代企业制度

进程不断加快，企业组织结构调整迈出了新步伐，国有企业的改制、改组、改造取得重大进展。国有大中型企业全面推进现代企业制度建设，国有小型企业积极采取改组、联合、兼并、破产、租赁、承包等形式，进一步放开搞活，使产权单一的纯国有企业比重下降。工业改革使企业结构形成国有企业、私营企业和外资企业"三分天下"的基本格局。同时，胶州市围绕壮大优势企业，重点发展规模经济，实行多元化、多形式产权重组，优化资源配置，培育出一批大型骨干企业，竞争力不断提高。通过重点引进及培育，胶州市涌现出中集、海尔等多家大型工业企业。截至2000年，全市完成工业总产值200.6亿元。胶州市的工业经济以扶优壮强为重点，突出抓好发展势头强劲、市场前景广阔的市属企业、乡镇企业、个体私营企业，以促进解困为切入点，跳出胶州搞重组，挂大靠强促解困，帮助市属困难企业走出困境。同时，加强技术创新，设立中小企业担保基金，进一步加大技改步伐。2000年，全市技改总投入达5.45亿元，完成技改项目170项，有5家企业通过ISO9000系列标准认证。

2. 农业经济方面

1978年以来，胶州市进入

了发展现代化农业,加大农业结构调整力度,大力发展特色农业,加快推进产业化经营,提高农产品市场占有率和竞争力的阶段。这一阶段,胶州市围绕提高农业综合效益,由重产量向数量、效益并重转变,确立了农业产业化经营的发展思路。全市以市场为导向、以效益为中心切实转变农村经济增长方式,不仅解决了当时农业方面存在的诸多问题,也推动了农业快速发展,农业经济增长的质量和效益都有了很大提升。

1998年,全市农林牧渔业总产值达到25.7亿元,年均递增16.9%。蔬菜总产量达到74.8万吨,比1991年增长2.3倍;水果总产量达到5.3万吨,比1991年增长1.8倍。农民人均纯收入大幅增长,达到3186元,比1991年增长3.1倍,年均递增17.1%。

1999年—2000年,胶州市把农业结构调整的重点放在"调优、调高、调强"上,大力推广和运用农业科学技术,积极发展优质无公害农产品的生产,促进了农业生产规模、质量和效益的全面提高。2000年,全市年销售收入1000万元的农副产品加工企业达到15家;积极实施农产品流通工程,新建扩建农副产品批发市场14处;积极实施农业结构调

整工程,粮经比达到1:0.45,粮食总产量达到47万吨,是历史上第2个丰收年;积极实施良种推广工程,建立4处青岛市农业精品工程,新引进日本板栗、波尔山羊等各类农业新品种66个,农作物良种覆盖率达到95%;切实加大农业基础设施建设,完成大沽河贾疃闸等2480项水利工程;认真落实土地延包政策,98%的村庄签订土地延期承包合同。这一时期,胶州市全面发展农机、畜牧、林业、水产等各行业,成为全省9个农业现代化试点县市之一。

3.第三产业方面

20世纪90年代以来,胶州市城市化进程快速推进,居民收入水平持续提高,产业发展和居民生活对社会服务的需求逐渐呈现出规模化、多样化的趋势。在商贸流通持续繁荣的同时,全市交通运输、通信邮电、餐饮住宿、文化娱乐、科技服务、社区服务等行业也快速发展起来,成为服务业发展的重要补充。

1992年,胶州市抓住有利时机加速改革开放,狠抓薄弱环节,重视第三产业发展,制定实施总体发展规划和一系列鼓励政策,新开辟建设胶州商埠等8处城乡集贸市场,开工建设商业、供销大厦等7处较大商业网点;加强工商、物价、技

术监督工作,组织开展"打假清劣"活动,稳定繁荣城乡市场。到1992年,集市贸易成交额3.3亿元,物资销售总值4.6亿元,分别增长22.6%和33.8%。大力推行房地产综合开发,加快旧城改造和新区建设。1992年,开发总面积18万平方米,是1991年的2倍。重视金融、保险事业发展,通过发行债券、拆借资金等形式扩大融资渠道,促进对外开放和经济快速发展。截至2000年,全市投资9000多万元,重点新建扩建了中云农贸、沙梁蔬菜、城子生猪等10处集贸市场,投资过亿元的向阳商城新市场和世纪大厦奠基开工。个体私营经济发展迅速,新发展个体业户4033户、私营企业429户,个体私营企业上缴税金7206万元,增长19.8%,占全市税收总额的17.5%。胶州市第三产业增加值占生产总值比重呈稳步提升态势,1994年,全市第三产业增加值首次突破10亿元。

(三)快速发展阶段(2001年—2018年)

1.工业经济方面

2001年以来,胶州市紧紧抓住国内工业化、城市化进程加快的有利时机,大力发展高新技术产业,改造、提升传统产业,步入科学高速发展的快

车道，工业经济蓬勃发展、空前活跃。

（1）2001年—2005年，胶州市西部商贸区建设初具规模，利群、国货、佳乐家、香江集团等30余家知名企业先后入驻，有力促进了城乡市场繁荣。居民消费结构加快升级，住房、汽车、通信、旅游、保险等消费不断扩大。截至2005年，全市实现社会消费品零售额70.5亿元。2005年以来，随着国家创新创业发展理念的提出，胶州市在政策引导、招商引资等方面狠下功夫，尤其重视新材料、生物技术及制药、电子信息等新兴产业。同时对传统产业进行转型升级，重点引导金属结构、家具、纺织服装等产业从传统生产模式向绿色制造模式转变。

（2）2006年—2010年，一批重点项目和骨干企业扩张带动效果明显，胶州市初步形成车船配件、锅炉辅机、家电电子、钢结构、轻工纺织、食品加工、木器厨具七大优势产业集群，全市规模以上工业企业达到467家。其中，销售收入过亿元的70家，利税过千万元的112家，高新技术产业产值占规模以上工业总产值比重达到23.3%。现代物流业快速崛起，多式联运的陆路物流中心正在加速形成。先进制造业加快发展，规模以上工业企业超过

青岛方正机械集团有限公司生产车间内景

1000家，规模以上工业总产值突破1200亿元，机械装备、食品加工、服装鞋帽、木器家具四大制造业集群迅猛发展。

（3）2011年—2015年，胶州市在国家级经济技术开发区探索实施"单一窗口"审批模式，累计签约落地项目75个，总投资755亿元，总建筑面积778万平方米。其中，京东电商、海尔有住智能集成等新签约落地项目15个，尼得科电梯、传化智能公路港等新竣工或主体封顶项目21个，新投产项目15个。创业大厦、中加国际学校、西安交大附中、职工公寓正式启用，院士专家人才公寓扎实推进，产城一体化进程步伐加快。2013年9月以来，胶州市依托青岛市在国家"一带一路"倡议下的节点支点"双点"城市定位，推动国际物流港构

建贸易联通高地。正式启用多式联运海关监管中心，获批国家级示范物流园区；引进落地中远、中海集运等知名船运公司、货代公司20余家；增开至郑州、洛阳、西安、乌鲁木齐等4条对开班列和中亚、中韩2条国际班列，集装箱到发总运量呈爆发式增长，达到20.1万标箱。

（4）2016年—2018年，胶州市根据全省推进新旧动能转换重大工程的总体要求，重点发展"5＋5"产业集群，即智能制造装备、智能家居和新一代信息技术、新材料、新能源和交通装备、医养健康五大新兴产业以及电力装备、特色消费、现代物流、商务金融、现代高效农业五大传统产业，实施"一业一策"行动促进重点行业快速发展；实施智能制造

青岛东方铁塔股份有限公司生产车间内景

和工业强基工程,中国电力装备产业名城列入国家产业集群区域品牌建设试点,中国北方工业设计名城建设加速推进。2017 年,全市规模以上工业企业达 735 家,战略性新兴产业增加值 118.3 亿元,占 GDP 比重达 10.4%,总量及比重均列 10 区市前 3 位。传统产业转型步伐加快,东方铁塔、武晓集团、齐星铁塔等传统钢结构企业成功实现向海上平台设备制造、海洋牧场、装配式住宅、立体车库等新兴领域延伸,华谊家具等家具制造企业利用电商新模式实现快速发展;"四新""四化"经济加速壮大,有住智能家居等企业通过商业模式创新,聚集成员企业 42 家,2017 年全市核心企业产值达到 150 亿元;淘汰落后产能稳步实施,累计整治"散乱污"企业 361 家,停产整改化工企业 95 家;促进龙头企业做大做强,全市主板上市企业达到 3 家、"新三板"市场挂牌企业 11 家,股权直接融资约 60.9 亿元。实施科技型企业培育专项行动,截至 2018 年底,全市高新技术企业达到 231 家,累计认定"专精特新"企业 261 家,连续 5 年居青岛首位;隐形冠军企业 12 家,连续 2 年居青岛首位;马德里商标 264 件,青岛市级以上品牌(驰著名商标)218 件,均居青岛 10 区市前 3 位。产学研合作成效显著,实施科技成果转化专项行动,西安交大青岛研究院与德固特、达能环保、青力环保等 35 家企业达成技术开发项目 100 余项,全市有效发明专利增幅达 59%。2018 年,胶州市获评"国家知识产权强县工程试点县(市)"。创新平台建设步伐加快,达能环保获批国家级企业技术中心,实现胶州市国家级创新平台"零"的突破。截至 2018 年底,全市新批国家、省、青岛市级各类创新平台分别为 1 个、10 个、45 个;

青岛达能环保设备股份有限公司生产车间内景

国内首台（套）技术装备总数达到24项，居省内同级城市前列。

2.农业经济方面

2001年以来，胶州市加快农业新六产发展，培育发展"田园综合体"，打造起九顶莲花山等休闲观光农业示范园区30多处，形成了"洋河九顶莲花山—艾山—曲家炉慢生活"等特色休闲旅游线路，被评为山东省休闲观光农业示范县；培育发展农业产业化龙头企业，加速形成粮油、蔬菜、辣椒、畜禽、水产、饲料六大加工产业集群，维良食品获评全国主食加工示范企业；实施农业品牌战略，做优特色品牌，截至2018年，全市各类农产品品牌达到91个，其中国家级5个、省级13个，品牌对全市农业经济的贡献率超过40%。胶州市凭借独特的资源和经济优势，坚持以市场为导向、以产业育品牌、以品牌拓市场，大力实施农业品牌战略，逐步形成了"红白黑黄"（辣椒、白菜、里岔黑猪、马铃薯）四大国内外知名农产品品牌。其中，"胶州大白菜"品牌建设取得了丰硕成果，被国家工商总局认定为国家地理标志证明商标，并先后被评为"中国名牌农产品""中国驰名商标"和"山东省著名商标"。

3.第三产业方面

21世纪以来，胶州市抢抓国家"一带一路"和自贸区建设、国家级经济技术开发区和胶东国际机场建设、大沽河流域综合开发等重大机遇，不断夯实服务业发展载体，推动生产性服务业向专业化和价值链高端延伸，生活性服务业向精细和高品质转变。推动传化公路港物流、宝湾物流、海尔有住等服务业重点项目加快建设，国家级经济技术开发区、中铁联集物流园区、临空经济区、东部中央商务区、大沽河旅游度假区、西部商贸区等服务业功能区建设全面推进，物流、金融旅游、商贸等服务业重点产业提档升级。服务业对全市经济贡献度持续提高，消费拉动和就业推动功能持续完善，市场竞争力持续增强。

（1）物流业突破发展。自2013年国家"一带一路"倡议提出以来，胶州市积极抢抓机遇，依托青岛"新亚欧大陆桥经济走廊主要节点城市"和"海上战略支点城市"的"双节点"定位，在拥有青银、青兰、沈海3条高速公路，胶济、胶黄、胶新、胶济客运专线4条铁路优质资源的基础上，建成中铁联集青岛集装箱中心站，成为全国18个铁路中心站之一、山东省唯一铁路"陆港"。截至2018年底，中心站集装箱到发量达53.6万标箱。

（2）现代服务业加速壮大。2017年，胶州市依托平台经济、共享经济等新业态、新模式，推动全市现代服务业加速崛起，逐步打造形成发展新动能。当年，全市第三产业增加值498.3亿元，占GDP比重达到43.8%，比2015年提高2个百分点；京东电商产业园销售收入达到160亿元，胶州市连续3年入选阿里电商百佳县。2018年，总投资50亿元的传化公路港搭建智慧物流平台吸引400多家物流企业进驻。旅游业发展迅速，大沽河旅游度

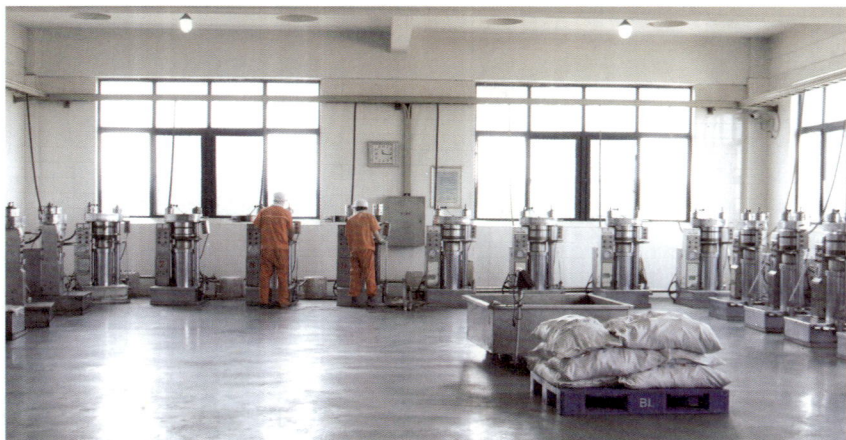

2012年6月，柏兰集团香油制作车间内现代化的设备。

假区客流量突破百万人次，山水洋河、胶北都市农业、"沽河味道"等乡村旅游品牌进一步叫响，成功引进百亿级华红湾旅游度假区项目。

（3）金融业加速发展。2001年来，金融业对胶州市经济发展的支撑力进一步提升，加速助推全市服务业经济跨越式发展。光大银行、交通银行、中信银行、华夏银行等国有、商业银行机构纷纷落户。中成村镇银行成为在胶州市首家具有独立法人资格的股份制银行业。伴随小微企业和"三农"融资需求的多元化发展，以及行业监管手段的逐步完善，小额贷款公司、融资性担保公司、民间融资机构以及农民专业合作社的信用互助业务等机构逐步实现了从无到有、从无序到规范的发展，有效缓解了小微企业和"三农"融资问题。金融机构各项存贷款余额均实现高速增长。截至2018年9月底，各项存款余额873亿元，贷款余额719亿元，分别比"十二五"末增加了327亿元、241亿元，全市各类金融机构达到68家。

（4）节庆旅游业快速发展。2008年开始，胶州市成功举办中国秧歌节、城隍庙糖球会、胶北桃花节、洋河采摘节、大沽河旅游文化节等一批节庆旅游活动。中国秧歌节吸引全国各地多支知名秧歌队伍

同台表演，取得良好社会反响，并作为一项常设活动，逐渐发展成为中国秧歌艺术权威性艺术品牌，每两年举办一届；城隍庙糖球会每年正月举办，年均吸引参会商户300余家，客流量60余万人次，销售额1200多万元，促进了商贸流通、住宿餐饮、休闲娱乐等关联服务业行业协同发展，逐渐发展成国内知名节庆品牌展会。截至2018年底，全市A级旅游景区达10家。其中，洋河采摘节依托艾山风景区、九顶莲花山等优质旅游资源，着力打造"山水洋河"特色品牌，带动以农家乐、都市乡村游等为题材的特色旅游业蓬勃发展，影响力进一步提高。胶州市依托优质的自然资源禀赋，加快推进大沽河治理，开发建设了大沽河旅游度假区并成功获批省级旅游度假区，逐步构建"两湖、一带、三岛、多片区"的主体框架。大沽河沿岸百亿级旅游产业链项目组团扎实推进，宝龙美术村、房车公园、大沽河博物馆开放运营，体验式消费提档升级。

二、经验启示

（一）始终坚持解放思想

改革开放的历程，就是以思想大解放促进生产力大发展

的历程。胶州市敢于抢抓先机，率先贯彻落实上级精神，把工作重点鲜明地集中到生产力的进一步解放和发展要求上来，把是否有利于解放和发展生产力作为判断工作的根本标准，在改革开放中不断破除制约生产力发展的思想观念和体制机制障碍，使全市生产力得到了大幅提升，现代化建设取得了巨大成就。

（二）始终坚持以经济建设为中心

改革开放的历史表明，坚持以经济建设为中心，事业就兴旺发达；偏离经济建设这个中心，事业就会坎坷和曲折。党的十一届三中全会以后，胶州市积极贯彻国家、山东省及青岛市以经济建设为中心、解放和发展生产力的总政策，在不断推进经济发展和经济体制改革的同时，稳步推进政治体制、文化体制和社会体制改革，努力促进经济、政治、文化和社会建设全面发展。

（三）始终坚持依靠最广大人民群众

胶州市在改革开放过程中，始终坚持把维护群众利益摆在更加突出的位置，努力解决社会保险、教育、医疗、住

房等人民群众最关心、最直接、最现实的利益问题，积极为群众办实事、做好事、解难事，让广大人民群众共享发展改革成果，不断提升社会各界对经济社会发展的满意度和幸福感。

执笔人：李延军

胶州市改革发展成果与群众共享的探索和实践

市发展改革局

改革开放以来，胶州市经济发展方式逐步由数量的扩张向速度、质量并重推进，经济发展的稳定性和协调性逐步增强，城市综合实力大幅提升，改革发展成果显著。胶州市历届市委、市政府努力践行从群众中来、到群众中去的政策方针，积极采取多种措施保障民生，与群众共享改革发展成果。

一、促进粮食丰产丰收，改善人民生活水平

党的十一届三中全会以来，胶州市认真贯彻落实国家有关粮食方面的方针、政策，积极探索粮食事业改革和发展的新路子，解放思想，开拓创新，粮食工作发生了一系列深刻变化。粮食管理体制实现重大变革，粮食企业经营机制得到根本性转变，粮食经济实力显著增强。2008 年，胶州市被评为"山东省粮食质量安全示范县"。2010 年，被评为"全省粮

食规范化执法示范县"。2012 年，市粮食部门被评为"全国粮食流通监督检查示范单位"。

（一）国有粮食企业改革全面完成

胶州市粮食行政管理部门成立于新中国成立之前。新中国成立后，为加强粮食宏观调控和计划供应，粮食部门陆续组建了一批粮食企业。到 1995 年，全市粮食企业达到 32 家。1996 年，现代企业制度开始实施。粮食系统下属的城区粮办工业、供应企业和贸易企业，采取股份制、股份合作制和破产三种形式进行改革或取消，逐步取消和改革了一批经营不良的粮食企业。到 2002 年底，全市粮食系统企业达到 26 个，基层粮所由 21 个缩减为 16 个，在职干部职工 1500 人。2005 年 5 月，根据国务院《关于进一步深化粮食流通体制改革的意见》

（国发〔2004〕17 号），胶州市在青岛地区率先进行了国有粮食购销企业改革，对 16 处粮所进行了撤并重组，成立了北郊粮油储运中心、胶北中心粮所、张应中心粮所、铺集中心粮库 4 个国有独资粮食购销企业。这次改革妥善解决了粮食企业"三老"（老人、老粮、老账）问题，是推进粮食企业产权制度的一次重大改革。2008 年，为解决改制企业的遗留问题，胶州市粮食部门成立青岛和谐粮油经营有限公司，统筹负责国有粮食企业国有资产和职工的管理。2010 年 8 月，4 个国有粮食企业实施股份制改造，分别成立股份制有限公司。至此，全市国有粮食企业全面完成市场化转轨。

（二）依法管粮职能不断增强

1. 粮食监管工作
改革开放以来，粮食流通

体制逐步由高度集中的计划经济向市场经济转变，粮食部门的粮食调控职能也发生了重大变化。2004年，国务院颁布实施《粮食流通管理条例》，赋予粮食行政管理部门新的职能，要求粮食行政管理部门依法对粮食购销实行市场准入制度和资质审核、年检制度，对粮食经营者从事粮食收购、储存、运输活动及粮食企业执行国家粮食流通统计制度情况进行监督检查。从事粮食收购的企业，须经粮食部门审核入市资格并在工商行政管理部门注册登记后，方可从事粮食收购和经营活动。同时，建立社会粮食统计体系，加大对粮食市场的监控力度。根据《山东省粮食流通统计制度》，辖区内所有从事粮食经营的收购、批发、零售的企业，都要建立经营台账，定期、如实地向粮食部门报告粮食收购、销售和库存数量。粮食部门定期向政府报告本地区粮情，为政府决策当好参谋。2005年，胶州市政府出台《关于进一步深化粮食流通体制改革的意见》，市粮食局被列为政府序列部门，进一步明确了粮食局的粮食市场监管职能。截至2018年，全市已有40家企业取得粮食收购资格，所有粮食企业全部纳入粮食流通统计。粮食部门积极开展粮食收购资格专项检查、粮食质量专项检

查、粮食库存专项检查、食用植物油库存专项检查，对粮食批发市场、各大超市、粮食收储企业等进行粮食价格和粮油质量检查，严防质量不安全粮食进入口粮市场。

2. 粮食执法工作

胶州市粮食部门推行"三步式"执法模式，在行政处罚中，对实施违法行为的当事人"先教育规范、再责令整改、最后依法处罚"，从而推动粮食行政执法网格化、人性化、规范化、高效化，严格监管粮食安全。2007年，胶州市被评为全省粮食质量安全县。2009年，市粮食部门被评为全省粮食流通监督检查先进单位。2010年，胶州市被评为全省粮食规范化执法示范县。2012年和2016年，市粮食部门被评为全国粮食流通监督检查示范单位。

（三）粮食应急保障能力全面提升

1. 完善粮油基础设施建设

1979年以来，特别是"八五"以来，胶县不断加强粮食应急保障能力建设，加大粮油基础设施建设，不断提升粮油仓储水平，提高市场粮食价格调控能力，保持了全市粮油市场的基本稳定和全市粮食安全。1993年，胶州市建立地方储备粮，规模为6500吨。2002年8月，

按照国务院、山东省和青岛市政府"销区保持6个月销量"的要求，根据全市城镇非农业人口、军队、无粮农民、城市流动人口等数量，将市级储备粮增加到3万吨。由于设施限制，储备粮实行"分散定点储存、统一综合管理"，共设立储备粮仓113处，分布在16个镇（街道）处粮管所。2002年，市粮食部门成立青岛胶州储备粮管理中心，统一管理全市储备粮。2005年，市政府投资1500万元，建成地方粮食储备库，建筑面积1万平方米，有效仓容3.8万吨，当年完成3万吨储备粮的集中存放。2007年，储备库通过了ISO9001质量管理体系认证和ISO14000环境管理体系认证。2008年，胶州市建立200吨地方食用油储备库。2009年，在全国粮食清仓查库中，市粮食部门被评为"山东省粮食清仓查库工作先进单位"。2010年、2011年，地方食用油储备库2次增加规模，达到500吨。2014年，根据全市社会经济发展需要和上级要求，市级储备粮规模增加至5万吨。2016年，胶州市建立1700吨成品粮应急面粉储备库。粮食部门坚持"让政府放心，让群众满意"的宗旨，重技术，抓创新，全面推行机械通风、环流熏蒸、电子测温等储粮新技术，做到"四无""一符""三专"

"四落实",科学保粮率保持100%,储备粮油管理规范化水平不断提高。

2. 升级粮食储备库,提高粮食应急能力

2009年,胶州市粮食部门实施平房旧仓改造工程,投资60万元改造仓房70个,涉及仓容2万多吨。2014年,根据国家、山东省、青岛市粮食局的统一部署,胶州市启动危仓老库维修改造工程,总投资600万元,对全市5处库点、5.8万吨仓容进行维修改造和功能提升,仓储条件进一步改善。2007年—2014年,储备库连续8年被评为"山东省规范化管理示范粮库"。2016年—2018年,青岛胶州储备粮管理中心所属3个粮库实施粮库智能化升级建设,通过实施互联互通与科学保粮,提高了全市粮食仓储管理水平。2017年—2018年,青岛维良食品有限公司和青岛品品好食品发展有限公司获批并建成粮食产后服务中心,胶州市初步形成布局合理、能力充分、功能完善的新型社会化粮食产后服务体系,有效化解市场化收购条件下农民收粮、储粮、卖粮、清理烘干等一系列难题。

为保障特殊情况下的粮食有效供给,胶州市政府制定了《粮食应急保障预案》,并坚持每三年修订一次。根据《粮食应急保障预案》,确定了粮食储备、运输、加工、供应企业,各项具体应急措施全部落实。2018年,出台《胶州市粮食突发事件应急预案》,进一步提升了胶州市应对粮食应急状态的处置能力。粮食部门每年组织开展全社会粮食供需平衡调查,对粮食市场适时监测,根据市场情况提出粮食平衡对策。全市38家粮食企业实行了库存报告制度。截至2018年底,全市应急供应网点达到31家,放心粮油示范店达到18家,全市粮食调控应急能力不断提高。

(四)粮油流通日趋活跃

1979年,国家全面恢复粮食集市贸易,胶县粮食部门按照社会主义市场经济的要求,以"培育大市场,发展大贸易,搞活大流通"为目标,积极发展粮油贸易,粮油商品流通日趋活跃。1985年4月,粮食取消统购,实行合同定购,同时调整农村粮食购销价格,实行购销同价。1987年,粮食流通打破地域限制,居民粮油供应打破粮食部门独家经营、计划供应的模式,逐步形成"多种经济成分参与、多种经营渠道并存"的格局。粮油品种由"米、面、油"老三样向多品种丰富和发展。曾经担负居民计划供应的城区粮食供应企业积极适应市场,增设网点,转换机制,实施"厨房工程"和"大众放心食品工程",开展送粮上门服务,极大方便了群众生活。1992年,粮食销售价格全部放开,彻底打破了高度集中的粮食计划经济体制。胶

1979年,胶县粮食交售现场。

州市粮食部门投资60万元，建成了占地1.2万平方米的青岛地区首家县级粮食批发市场，粮食事业进入了一个全新的历史发展时期。

1. 建立粮食流通格局

1993 年 12 月，胶州市在青岛地区率先实行限价定量供应的办法，在保证居民基本口粮需要的基础上，实施"餐桌工程"，大力发展熟食品生产。到 1997 年，粮食部门在市区设立熟食生产供应网点 22 个。2002 年，根据国务院、山东省政府和青岛市政府部署，胶州市政府印发《关于做好粮食购销市场化改革的通知》，实行"三放开一充实"，即放开粮食收购，取消粮食定购和计划调拨；放开粮食价格，实行随行就市；放开粮食购销市场，实行经营主体多元化；充实地方粮食储备，增强粮食宏观调控能力。全面推行粮食购销市场化改革，全面取消粮食定购，粮食不再实行保护价收购，粮食价格由市场供求决定，初步建立起符合胶州实际的粮食流通格局。同时，鼓励和支持各类具有粮食入市资格的企业从事粮食收购、批发、零售、加工等业务；鼓励市区超市、便民店从事粮食零售业务；常年开放粮食批发交易市场和集贸市场，鼓励农民销售自产粮食。为进一步发展粮食购销，市粮食部门推

行以企业负责人年薪制、会计委派制、职工工资提成制、责任追究制、企业负责人末位淘汰制为主要内容的"五项制度"改革。

2. 拓展粮食销售渠道

2003 年，全市国有粮食购销企业共完成粮食购销量 54 万吨，同比增长 35%。粮食购销业务涉及江苏、安徽、河南、山西、北京、天津等地，外购外销的比重占到购销总量的 80% 以上。全市 16 个购销企业粮食经营量全部达到 1 万吨以上，有 10 个企业的年粮食购销量达到 3 万吨以上；申请粮食进口配额 10.5 万吨，销售出口小麦 3.8 万吨。2004 年 5 月，国务院下发《国务院关于进一步深化粮食流通体制改革的意见》，要求粮食系统政企分开，兼并重组，粮食企业成为自主经营、自负盈亏的市场主体。粮食管理部门积极引导和鼓励各类经营主体公平竞争、理性收购、广设网点、应收尽收，粮食收购出现新格局。2005 年，购销企业全年完成粮食收购 3 万吨，销售粮食 7.8 万吨，全年实现销售收入 1.2 亿元。2008 年，全市国有粮食购销企业共完成粮食购销量 33 万吨，粮食销售收入 3 亿元，全市粮油加工量近 20 万吨，完成食品生产量 1851 吨。2013 年，全市粮食收购企业共收购夏粮 7.7

万吨，秋粮 3.7 万吨。

3. 采取市场化运作模式

2006 年，胶州市对原粮食批发市场进行扩建改造，改造后总建筑面积达到 1.5 万平方米，是青岛各区市中档次最高、基础设施配套最完善的综合粮油交易市场。该市场集粮食批发、散装油脂、集市贸易、粮食期货和电子商务于一身，经营客商遍及全国 10 余个省份、50 多个市县。到 2015 年，固定经营业户 80 多家，年销售收入超过 1 亿元。同时，城乡粮油供应服务体系逐步健全，粮油便民店遍布城乡。利群集团、国货集团、佳乐家集团等各大超市粮油品种齐全、货源充盈。以青岛维良食品有限公司为主的放心粮油进社区、进农村活动，取得很大进展。到 2015 年，已发展经销商 100 个、中心店 100 个、延伸零售点 1000 个、店中店 1000 个，在青岛市区设立直营店 4 家，在胶州市区设立直营店 2 家。

4. 创新粮食经纪人制度

2009 年 5 月，胶州市粮食部门牵头成立了"胶州市粮食经纪人协会"，在国有粮食企业和地方储备粮管理中心设立了 5 个分会，发展会员 147 人。粮食经纪人活跃在田间地头、街头巷尾，为群众售粮提供了极大方便，有力地保障了全市粮源充足。

二、物价工作稳定有序,保障人民生活水平

(一)价格管理方面

1978 年党的十一届三中全会以后,物价管理工作逐步从高度集中的计划价格束缚中解脱出来,出现多种价格形式和多种商品经营渠道。从 1979 年起,胶县大幅度提高了粮食、油料等农副产品的收购价格和肉、蛋、水产品等 8 类副食品的销售价格,统购任务以外的粮、棉分别加价 50% 和 30%,还提高了煤炭、生铁、水泥和工业品的价格;工业生产资料的销售价格实行计划价格和议价两种不同价格。1981 年,涤棉布、中长织物价格分别下调 17.16% 和 3.67%;282 种卷烟和 190 种酒的价格不同程度地上调。1982 年,国产手表、电视机、洗衣机、电风扇等家用工业品价格下调。1983 年,放开 1308 种商品的价格;下调彩色电视机、国产机械手表、闹钟、茶叶的价格;对饮食服务业收费和毛利率进行调整,规定该行业全年毛利率必须在 30% 以内。1984 年,农业用柴油的批发价格提高 94%。1985 年,化肥、煤炭、生铁、钢材、部分有色金属、农具、废钢铁、牛皮、红麻、学生作业本价格再次上调;生猪收购和猪肉销售取消

指令性价格,实行指导性价格,拉开产销地区差价;副食品价格在国家计划指导下,根据市场供求变化自行调节。1986 年,胶县有计划地调整了焦炭、生铁、有色金属、水泥和纯碱等短线产品价格;基础工业品价格上调 5.2%;对宜实行季节差价、花色差价和批零差价的商品,由企业根据销售情况灵活制定各种合理差价。1988 年,胶州市放开 13 种名烟、13 种名酒价格,放开肉、蛋、菜、糖 4 种副食品零售价格,实行市场调节;提高部分农副产品收购价格和部分工业用原材料、燃料价格。

1989 年,胶州市对彩色电视机实行专营管理,征收特别消费税;对与群众生活关系密切的商品实行最高限价制度;对已放开价格的电冰箱、洗衣机、电视机、自行车等商品实行企业订调价申报制度。1992 年,全市商品价格基本放开,先后放开肉类、海产品、服饰服装、家用电器、文化用品、建筑材料等商品价格,放开 18 类轻工商品、7 类化工商品、9 类重工商品价格,初步建立起以市场形成价格为主的价格机制。1993 年,放开了煤炭、水泥价格,调整了电力、自来水、石油、供热等价格。1994 年,将统配化肥的国家定价、省定价和计划外化肥的最高限价统

一改为国家指导价。1997 年起,胶州市实行企业自主定价为主、政府指导价为辅的价格管理形式。价格管理的重点由管理具体商品的价格向宏观调控管理转变,逐步形成"国家定价、国家指导价、市场调节价"并存,以市场形成价格为主体的价格管理体系。1998 年,化肥销售实行政府指导价。2002 年,胶州市放开汽车运输价格,个体诊所、私立医院医疗服务价格和民办宾馆、饭店、幼儿园、家政服务价格。2005 年 6 月,胶州市召开听证会,调整了城市集中供水综合价格。至 2012 年底,除水、电、热、气、食盐、成品油、部分药品由国家定价外,胶州市其余商品价格已全部放开,实行市场调节。2013 年,胶州市围绕统筹"稳增长、调结构、促改革"的各项部署,坚持稳中求进的工作总基调,着力稳物价、推改革、强监督、惠民生,各项工作取得了重要进展,为全市经济社会持续稳健发展做出了积极贡献。全市建立了粮油副食品价格通报制度,强化价格监测和预警预报;实施物价上涨保障城乡低保家庭生活补贴发放联动机制,共发放补助金 600 多万元,惠及困难群众 6.2 万人次;不断完善惠民价格政策,实施疏导价格矛盾,出台了非居民用管道天然气价格调整措施,调整了

公办幼儿园收费标准，落实了社区服务机构和养老机构按居民价格执行政策。

1. 调整居民用气、用水价格

2014年，胶州市按照2015年实现存量气和增量气价格并轨的既定目标，根据《山东省物价局关于调整天然气价格的通知》的有关规定，结合胶州实际，测算了门站价格平均涨幅。经市政府同意，于3月份对全市非居民用管道天然气销售价格进行了调整，非居民用管道天然气销售价格由3.90元/立方米调整为4.20元/立方米。积极疏导供需双方矛盾，对管道燃气价格进行了监审，为居民生活用气阶梯气价制度改革打好基础。8月10日，国家发改委在保持增量气门站价格不变的前提下，再次将非居民用存量天然气价格提高了0.40元/立方米。8月26日，山东省物价局相应调整了全省各城市非居民存量气门站价格，并要求各市综合考虑企业天然气采购成本，兼顾用户承受能力，合理安排非居民天然气销售价格。8月30日，青岛市物价局将非居民用管道天然气价格由4.10元/立方米调整为4.45元/立方米，价格调整时间为9月1日。

胶州市针对"群众最不满意的10件事"中提出的"农村饮用水受污染影响，饮水安全隐患大，且部分自来水设备及管网老化，不能正常使用；部分镇自来水收费过高，农民负担重，管道通到村头却进不了农户"的问题，根据市委主要领导指示精神，会同市水利局对全市农村自来水供水情况进行全面摸底调查，并委托青岛正明会计师事务所对5处供水企业的运行情况进行了成本测算，经十六届市政府第12次常务会议研究通过，以胶发改字〔2014〕34号文件发至各镇（街道）和供水企业。

2017年，党的十八届三中全会通过的《中共中央关于全面深化改革若干重大问题的决定》提出完善主要由市场决定价格的机制，加快自然资源及其产品价格改革，全面反映市场供求、资源稀缺程度、生态环境损害成本和修复效益。根据国家、山东省和青岛市关于居民生活用气价格、生活用水价格改革的文件要求，胶州市完成居民用水、用气价格改革，全面建立了胶州市居民用水、用气阶梯价格制度。按照国家规定标准调整了非居民用水价格和特种用水价格，并将水资源费、污水处理费调整到位。

2. 制定调整万国公墓服务价格

2015年，胶州市对万国公墓维护管理服务收费进行了成本监审，通过监审和成本核算，对合同到期申请继续使用的经办人收取单座墓穴每年200元的维护管理服务费。按照价格管理权限，为怀念堂格位费和管理费制定试行标准。

3. 探索和调整农副产品保险

2016年，胶州市按照"突出重点、有保有放"原则，以科学发展观为统领，以服务"三农"为宗旨，以保种植成本为目的，实行政策扶持与商业化运作相结合，积极探索特色农业保险的新路子，注重发挥市场形成价格作用，以开展蔬菜目标价格为突破口，建立符合胶州实际的大白菜价格指数（2000亩）、马铃薯价格指数保险，生猪价格保险机制（10000头），增强农民抵御市场风险的能力。由于2016年马铃薯丰收，产量增加，市场价格低于投保价格，保险公司为408户投保农民的9000亩马铃薯赔付资金共计402万元，保护了农民利益。2017年，胶州市在大白菜价格指数、马铃薯价格指数保险，生猪价格保险机制的基础上，出台了木耳价格指数保险，增强农民抵御市场风险的能力，同年为农民赔付马铃薯资金219万元、大白菜资金166.6万元。

（二）收费管理方面

1987年以来，胶州市高度

重视收费管理工作，放开一般经营性收费，对行政事业性收费实行收费许可证管理和年度审验制度。1993年，停止和修改执行涉及农民负担的集资、基金、收费项目文件12件。2000年，对行政事业性收费进行清理，取消和暂停171项，降低16项收费标准。2003年，取消行政事业性收费项目58项，合并收费项目35项。2005年，取消行政事业性收费项目35项，进一步减轻了群众和企业的负担。

1. 减免和取消政府性收费

2013年，胶州市制定加快政府职能转化减少收费实施方案，除落实青岛市28项收费减免政策、16项经营服务性收费标准降低政策外，对依附于174项行政许可、89项非行政许可、105项监督服务事项的收费项目，依据"政府服务性收费予以取消，资源性收费予以保留"的原则进行集中清理。取消、剥离依附收费项目31项，其中，取消行政许可事项收费17项，剥离经营性收费5项，减少收费454.5万元；取消非行政许可事项收费6项，减少收费204万元；取消监督服务收费3项，减少收费472.8万元；项目取消率达63%，总共减少收费1131.3万元。对与用地、建设环节相关的行政事业性收费、经营性收费实行公示和集

中收取制度。实行胶州市经济技术开发区落户项目零收费，除土地出让金外（土地出让金、征地管理费、耕地开垦费合并一口价），对落户胶州市经济技术开发区的工业项目、服务业项目、教育科技项目和民生项目，减免新型墙体材料专项基金、防空地下室易地建设费、城市基础设施配套费、散装水泥专项资金、城市绿化补偿费、城市道路挖掘占用费、水土保持设施补偿费、白蚁预防工程费、城市生活垃圾处理费、房屋产权登记费等10项行政事业性收费，实现零收费。逐步扩大零收费政策覆盖范围，2014年将此项政策延伸至临空经济区，2015年延伸至各镇（街道）工业聚集区。

2. 改革教育、医疗收费机制

胶州市贯彻落实山东省物价局、财政厅、教育厅、人力资源和社会保障厅《关于完善中外合作办学收费管理政策促进学校创新发展的通知》和《关于完善校企合作办学收费政策促进高校创新发展的通知》，进一步完善民办教育收费政策，规范收费行为，促进民办教育健康发展。落实《青岛市推进县级公立医院改革实施方案》，从2014年10月1日起，市人民医院、市妇幼保健院、市心理康复医院、市第三人民医院作为第二批综合改革试点单位

正式启动县级公立医院改革。2015年，本着"公益性、成本控制、总量控制、市场导向"原则，从严梳理、规范医疗服务项目和价格，理顺比价关系，科学合理核定基层医疗卫生机构一般诊疗费收费标准；顺利实施公立医院改革，建立完善基本药物指导价格动态调整机制。2016年7月1日，按照省统一部署和市医改办工作安排，胶州市公立医院综合改革正式实施。取消公立医院的药品加成（中药饮片除外），一律实行零差率销售，提高诊察、护理、手术和床位等医疗服务项目价格；取消以药养医，改革公立医院补偿机制，由医疗服务收费、药品加成收入和政府补助3个渠道改为医疗服务收费和政府补助2个渠道；中药饮片加价率原则上应控制在25%以内；积极稳妥推进医疗服务价格改革，合理调整医疗服务价格，同步强化价格、医保等相关政策衔接，确保医疗机构发展可持续、医保基金可承受、群众负担不增加。

3. 制订名目清单，公开收费信息

2015年，根据国务院办公厅《关于进一步加强涉企收费管理减轻企业负担的通知》（国办发〔2014〕30号）精神，胶州市对《胶州市涉企收费目录》进行修订完善，重新编制2015

版《胶州市涉企收费目录清单》。《胶州市涉企收费目录清单》由两部分组成，第一部分为涉企行政事业性收费和政府性基金，涉及 14 个单位 39 项收费；第二部分为涉企经营服务性收费，涉及 31 个部门 47 项收费，减免收费项目 21 项。按照国家发改委《关于取消收费许可证制度加强事中事后监督的通知》（发改价格〔2015〕36 号）要求，全市停止收费许可证年度审验工作，同步停止收费许可证核发工作，共注销收费许可证 59 个。2016 年，为不断优化全市经济发展环境，切实减轻企业负担，胶州市根据上级文件精神及时对 2015 年版《胶州市涉企收费目录》进行了修订完善。《胶州市涉企收费目录》中行政事业性收费涉及 14 个部门 31 项收费，经营服务性收费 15 个部门 19 项收费，政府性基金涉及 3 个部门 6 项收费。推进政府定价目录清单化，做好新版《山东省定价目录》的落实，接住、管好上级价格主管部门下放胶州市的定价项目。按照国家、省有关规定，按照"逐项梳理、列出清单"的要求，分门别类、梳理细化山东省授权胶州市本级实施的全部政府定价项目，并逐项明确具体定价内容、定价范围。市级政府定价项目清单包括燃气、供水、供热、交通运输、教育、医疗、

居住、资源环境、殡葬服务、重要专业服务等 10 种（类）、21 项商品和服务价格，山东省、青岛市物价局公布的目录清单及时在胶州政务网公示。2017 年，胶州市继续加强收费管理。一是按照国家、山东省、青岛市要求，做好收费监管工作。建立健全收费单位情况和收支状况年度报告制度、收费政策及执行情况报告制度，通过收费报告制度，进一步加强收费管理、规范收费行为，制止和纠正各种乱收费行为，确保国家和省市有关收费减免政策得到落实，切实减轻企业和人民群众负担。根据统计情况，录入系统的收费部门 26 个，收费项目 42 项，收费金额 39.18 亿元。二是进一步强化收费目录清单制度和收费公示制度。在清理规范收费的基础上，对涉企行政事业性收费、经营性收费、政府性基金实行目录清单管理和动态更新，根据青岛市财政局、青岛市物价局《关于转发省财政厅、省物价局〈转发财政部、国家发展改革委员会《关于清理规范一批行政事业性收费有关政策的通知》的通知〉的通知》（青财综〔2017〕11 号）精神，取消涉企行政事业性收费 12 项，涉及个人等事项的行政事业性收费 1 项，停征涉及个人等事项的行政事业性收费 2 项。自 2017

年 4 月 1 日起，取消机动车抵押登记费、环境监测服务费、房屋转让手续费和 4 项非刑事案件财务价格鉴定费，停征船舶及船用产品设施检验费、卫生检测费、委托性卫生防疫服务费、河道采砂管理费、产品质量监督检验费、计量收费、食药监部门认证费、食药监部门检测费、测绘成果成图资料收费和 10 项地质成果资料费，共计减免 1767.73 万元；取消涉及个人的行政事业性收费 1 项，为预防性体检费，共计减免 208 万元；停征涉及个人等事项的行政事业性收费 2 项，分别是登记费、依申请提供政府公开信息收费。三是实行目录清单管理。每年动态调整并及时公布涉企收费目录清单，主动接受社会监督，营造良好的投资环境。截至 2018 年，胶州市《涉企收费目录》中行政事业性收费涉及 9 个部门 18 项收费，经营服务性收费涉及 13 个部门 16 项收费，政府性基金收费涉及 5 个部门 11 项收费。

三、拓宽群众共享领域，提高人民生活水平

改革开放后，胶州市委、市政府集中精力发展经济，采取一系列措施释放改革红利。特别是 2005 年以来，市委、市政府研究了关系人民群众切身

利益的"生活难、看病难、上学难"等一系列突出问题，围绕"优教、良医、乐业、宜居、颐养、助困"六大方面，筛选确定年度实事项目，并实施全过程控制，确保实事项目尽快落实，人民生活得到切实改善。

（一）改善办学条件

2005 年以来，胶州市委、市政府本着"先急后缓、量力而行"的工作原则，集中精力进行农村基础教育建设，穿插进行市内中小学改造。2006 年，着力解决胶州市农村学校热饭问题、课桌凳老旧问题、危房问题，为 50 所农村小学购买厨具、电热水炉等设施，更换 D 级课桌凳约 1 万套，改造全市中小学校危房面积共 7952 平方米。2007 年，改建、扩建 38 处农村幼儿园。2008 年，在农村中小学新（改）建操场 30 个、新配课桌椅 1 万套、新（改）建水冲厕所 65 个。2009 年，在胶东镇、铺集镇试点农村小学配备校车工程。2010 年，新建校舍 115469 平方米，使其达到重点类抗震设防标准，并符合防御其他地质灾害和防洪、防台风、防火、防雷击等安全要求；消除不安全校舍 56940 平方米、房屋 380 幢，惠及学生 16160 人。2011 年，重建、迁建 17 个镇（街道）的 35 处

2016 年整修加固后的胶州市第二实验初中教学楼

中小学校舍，建筑面积 21 万平方米。2012 年，新建、扩建 12 处村办幼儿园，总建筑面积 27384 平方米，提高农村学前教育水平。2013 年，新增 15 处中小学并实施集中供热，加固 14 处中小学校舍，建筑面积共计 4.2 万平方米，全面完成国家、山东省、青岛市部署实施的中小学校舍安全工程；设立教师专业发展专项资金，建立长效机制，加强农村教师全员培训、教育科学研究和对外业务交流，选派城区 200 名名师到农村支教 2 年；实施政府补贴，新增标准校车 20 辆，全市运行标准校车达到 175 辆，实现农村小学标准校车全覆盖，满足全市所有农村小学生乘车需求。2014 年，新建 5 所中小学，建筑面积 13.67 万平方米；改造 16 所中小学校舍，建筑面积 7.8 万平方米；新（扩）建 22 所幼儿园，建筑面积 4.12 万平

方米；建设"班班通"教室 400 个；配备实验室及专用教室 90 个。2015 年，推进平安校园建设，配置校园一卡通和设备；新建东部中央商务区小学，新增教学班 36 个，建筑面积 2.66 万平方米；改（扩）建中小学校舍 21 处，建筑面积 6.7 万平方米；新（改）建幼儿园 11 所，新增教学班 61 个，建筑面积 2.04 万平方米。2016 年，新（扩）建 20 所中小学、幼儿园，建筑面积 5.08 万平方米；组织全市中小学教师参加各级各类培训 2 万人次；选派城区 200 名优秀教师到农村支教，选拔 300 名农村教师进城挂职学习。2017 年，在李哥庄、胶莱等 6 个镇开展农村义务教育阶段学生饮用奶计划。2018 年，对九龙、胶北、胶莱、胶西、铺集、洋河等镇（街道）辖区内的 24 个中小学 C、D 级校舍进行改造，改善学生上学条件。

（二）推进公共卫生体系建设

2006 年以来，胶州市委、市政府集中精力加快公共卫生体系硬件设施建设。2006 年，高标准建设 100 个村卫生室，在城区新建 10 个社区卫生服务站，为 18 个镇（街道）公共卫生科配备必需的公共卫生检测设备，建设市"120"急救调度指挥中心，市人民医院、青岛市胶州中心医院及各镇中心卫生院急救分中心。2007 年，新建九龙卫生院，胶东、铺集镇卫生院增加业务用房。2008 年，扩建胶州市疾病控制中心，增加业务用房 2200 平方米，购置检测仪器设备 71 台（件）。2010 年开始，集中精力进行医疗改革，基本医疗保障实现全覆盖，城镇职工基本医疗保险由 15.7 万人提高至 20.1 万人，城镇居民基本医疗保险由 3.5 万人提高至 3.76 万人；参合农民 57.7 万人，参合率 100%；新农合报销最高限额提高到 12 万元；重大疾病增加到 9 种，住院报销比例提高到 75%；10 种特殊疾病实现门诊统筹报销。至 2010 年末，基本药物制度全面覆盖政府所属的基层医疗卫生机构，所有卫生院严格按照规定的数量和品种足额配备基本药物，实行零差率销售。2011 年，基本药物制度在规划内村卫生室推行。2014 年，市人民医院、心理康复医院、妇幼保健院和第三人民医院启动公立医院综合改革试点工作，取消药品加成，破除"以药养医"格局；规范调整医疗服务价格，对包括临床诊断、手术类、综合类等 2200 余种医疗服务价格进行了调整。2016 年以来，胶州市委、市政府连续 3 年推进基层医疗标准化建设。2016 年，为铺集、胶东等 13 个基层卫生院补充配备彩超、DR 等检查设备。2017 年，改造铺集、北关社区、九龙、里岔等 4 个卫生院，补充配备相关诊疗设备。2018 年，对基层医疗机构实施危房检测、改造，完善基层医疗机构设备、设施。

（三）改善生活环境

2005 年—2006 年，胶州市委、市政府连续 2 年进行残疾人安居工程建设，通过新建、购买、修缮等方式为残疾人解决住房问题。2006 年—2010 年，胶州市委、市政府持续进行 27 个库区移民村基础设施建设和社会公益事业建设，对村庄内 17365 人实施新型农村合作医疗。2010 年，在 12 个镇（街道）实施 477 户农村危房改造工程，其中，拆除重建 151 户，修缮加固 326 户。2011 年，对 473 户农村危房进行改造，其中，拆除重建 152 户，修缮加固 321 户；改造道路总长度 14490 米，主要实施网点广告牌、落地窗统一改造，铺装人行道板，更换破损古力等基础建设及增加园林小品、街景小品等景观建设。2014 年，建设垃圾中转站 5 座，配置 20 吨、8 吨压缩车各 5 辆，240 升垃圾桶 1.5 万个；建设 7 个镇级污水处理厂、9 个区域小型集中污水处理厂、2 个养殖小区污染防治工程以及胶州市经济技术开发区污水处理厂配套管网等，总处理规模 6.5536 万吨／日；新建城区雨水截流井 13 个、截污管 700 米、污水管网 11.8 千米，改造截流井 20 个；实施污水再生利用，处理规模 10 万吨／日，用于"三河"（护城河、三里河、云溪河）生态补水和市政绿化用水；修复少海湿地生态；治理洋河（宾贤村段）、周阳河（里岔镇黄家河段）、周阳河（铺集镇下游段）、墨水河（胶西镇苑戈庄村段）、墨水河（洋河镇大周村段）河道 14.9 千米。2015 年，实施生活垃圾资源化处理，建设仓储和配套用房 3.5 万平方米，采用 IS 技术对城市垃圾进行实时处理，设计处理规模 600 吨／日。2016 年，完成胶东、九龙等 9 个镇（街道）66 个村污水管网建设；新建胶东、胶北等 4 个镇（街道)86 个村污水管网；新增移动环境监测车 1

辆；完成农村无害化卫生改厕 12.2 万户；实施老旧小区整治工程，对阜安、中云、胶北、九龙街道和李哥庄镇辖区内的 22 个老旧小区进行综合整治。2017 年，对阜安、中云、九龙、三里河、胶北辖区内 41 个老旧小区进行综合整治；修缮加固农村低保户、五保户和贫困残疾人家庭等 100 户困难群体危房；新建 2 座农村垃圾中转站。在九龙、胶东街道建设 2 座垃圾中转站，每座日处理能力 100 吨；组织青岛金洲热力有限公司等 10 家企业开展燃煤锅炉超低排放治理改造。2018 年，对阜安、中云、九龙、三里河、胶北、李哥庄、洋河辖区内 27 个老旧小区进行综合整治；通过修缮加固，为农村低保户、五保户和贫困残疾人等困难群体改造危房 191 户。

（四）完善养老服务体系

2007 年，胶州市在镇（街道）新建 7 处敬老院，改扩建 2 处敬老院，共计增加床位 1000 个。2008 年，将被征地农民基本养老保险工作纳入年度实事项目。自 2011 年起，年满 16 周岁及以上（不含在校学生）、具有胶州市户籍、未参加城镇职工基本养老保险、未按月享受城镇职工社会养老保险

待遇的城乡居民，可以自愿参加城乡居民社会基本养老保险，居民养老保险基金由个人缴费、集体补助、政府补贴构成。2015 年，胶州市为 2.2 万名 80 岁及以上老人发放高龄津贴 1530.24 万元；发放 179 处日间照料中心运营补助；为 192 名失能、半失能高龄低保老人提供免费午餐；设立居家养老服务站，组建 2000 人养老服务队，为 2026 名困难老年人提供上门服务。2017 年，对各镇（街道）敬老院的无障碍设施、消防安全设施、生活设施等进行改造，安装应急呼叫系统和安全监控系统，按比例配备专职医护人员、专职护理员、社会工作者等。2018 年，城乡居民医保财政补助标准每人每年增加 130 元，二档居民在一级医院住院医疗费（含门诊大病）报销比例、大病医保超限额补贴报销比例各调增 5%，并适当调增门诊统筹包干标准和支付额度以及社区巡护的报销比例；建设社区养老服务场所 3 处。

（五）完善食品检测、追溯体系

2008 年，胶州市建立全市统一的食品安全例行监测、风险评估和信息定期发布制度，对食品生产企业、小作坊、养

殖基地等相关人员采取定期培训。2014 年，建设完成标准化市级综合检验检测中心；建立 12 个镇级食品药品安全快速检测室。2015 年，实施"厨房亮化"工程，建设视频电子监管中心和数据传输网络，完成 433 家餐饮服务单位厨房亮化工程，每家单位至少安装 3 个摄像头；实施食品安全检验检测，完成定性定量检测 7000 批次，快速检测 5 万批次；实施农产品质量安全控制工程，选择 30 家大宗农产品生产基地，建立基地农产品质量检测室，安装农产品质量追溯系统，配备检测、追溯和培训等仪器设备。2016 年，建成市级综合检验检测中心；建立农村食品药品流动检测体系；为 12 个镇（街道）各购置 1 辆食品药品快检车；实施食品药品安全检验检测，完成定性定量检测 7000 批次，快速检测 5 万批次。2017 年，完成食品定性定量检测 3500 批次；建立"食安亮化"网上视频直播平台，通过互联网将食品生产企业、食品流通企业、餐饮服务企业和中小学食堂的生产过程进行 630 路视频网上直播。2018 年，扩大检测范围、品种和频次，全年食品安全定性定量检测 4200 批次。

执笔人：蒋伟

改革开放以来胶州市的教育科研工作

市教育体育局

改革开放以来，胶州市教育工作深入贯彻落实党的教育方针，以"瞄准人民幸福办教育"为主线，以"办人民满意的教育"为宗旨，为胶州的经济社会发展服务。胶州市教体局立足于胶州教育的实际，放眼于未来，深化教育改革、提高教育质量、促进教育公平、增强教育活力，着力抓好关键领域创新，推动胶州市的教育稳定持续发展。作为教育第一生产力的教育科研工作，对胶州教育的改革与发展起到了积极的先导作用和推动作用。

一、胶州市开展教育科研的历史背景及现实意义

百年大计，教育为本。历史在发展，时代在前进。教育必须走在时代的前列，保持先进性，在观念、制度和策略上与时俱进，发挥教育科研的第一生产力作用，为促进教育改革与发展服务，为办好人民满意的教育服务，为实施科教兴国战略和人才强国战略服务，为建设创新型国家服务，为建设社会主义和谐社会服务。

党和国家在重视教育的同时也把教育科研作为优先发展战略来部署，为教育科研提供了一系列的法律依据和制度保障。《中华人民共和国教育法》规定："国家支持、鼓励和组织教育科学研究，推广教育科学研究成果，促进教育质量提高。"《中国教育改革与发展纲要》规定："加强教育改革和发展的理论研究和试验。各级政府和教育行政部门要把教育科学研究和教育管理信息工作摆到十分重要的地位……鼓励和支持学校、教师和教育研究工作者积极进行改革试验。"《中共中央国务院关于深化教育改革全面推进素质教育的决定》中强调，学校校长、教师要"积极参与

教学科研"。《中小学教师职称评定条例》规定："中学高级教师必须承担教育科研任务，并且要写出理论联系实际、有一定水平的经验总结、科研报告或论著。"《国家中长期教育改革和发展规划纲要》第二十二章第六十八条明确提出："加强教育宏观政策和发展战略研究，提高教育决策科学化水平。鼓励和支持教育科研人员坚持理论联系实际，深入探索中国特色社会主义教育规律，研究和回答教育改革发展重大理论和现实问题，促进教育事业科学发展。"《全国教育科学研究"十一五"规划纲要》提出："要以科学发展观为指导，在观念、制度和策略上与时俱进，进一步推动教育科学事业的繁荣和发展，发挥教育科学的第一生产力作用，为促进教育改革与发展服务，为办好人民满意的教育服务，为实施科教兴国战略和人才强国战略服务，为建

设创新型国家服务，为建设社会主义和谐社会服务。"

多年的教育改革实践，使胶州市委、市政府认识到教育科研的重要性并落实在工作中。教育主管部门、学校领导和教师已形成基本认识：教育科研是教育改革与可持续发展的新的增长点和第一生产力；教育科研是提高教育质量的有效手段；参与教育科研成为教师专业发展的有效途径。各学校普遍确立了"科研兴校""科研先导"的观念、策略和指导思想。在这种大背景下，教育科研在胶州大地呈现出一派生机勃勃的景象。

二、胶州市教育科研的发展历程

改革开放以来，胶州市的教育科研工作经过学习借鉴、实践探索、自我创新，保持健康发展并走向繁荣。回顾历史，胶州市的教育科研工作分为以下几个历史阶段：

（一）教育科研的萌芽阶段（1978年—1992年）

1. 教育教学步入正轨

1978年7月，胶县开始执行全国统一的教学大纲，初中一年级和小学一年级开始使用全国统编教材。这一举措标志着胶县的教育教学工作在结束"文化大革命"后开始走向正轨。

2. 开始进行业务评选

1983年，胶县教育局召开会议，贯彻山东省普及教育会议精神，大抓普及教育，颁发"教学能手奖"，这标志着胶县的教育工作重点已经转向教育教学上来。1987年，胶州市教育局教研室在全市青年教师中进行了基本功比赛。

3. 关注课堂教学改革

1987年开始，胶州市加强教师的业务培训，加快提高全体教师特别是青年教师的业务素质。改革课堂教学，加强"双基教学"，培养学生能力，让孩子们在生动愉快和谐的气氛中进行学习，使教研活动向更高层次发展，力求达到课堂教学效率高、课后学习负担轻、学生学习质量高的要求。在初、高中阶段大力推广了布鲁姆的"目标教学"理论。

（二）教育科研的起步阶段（1993年—1995年）

1. 成立管理机构

1993年，胶州市教委成立内部科室——教育科学研究室，负责指导全市的教育教学理论学习与实践应用，这标志着胶州市的教育科研工作迈出了具有历史意义的第一步。

2. 建立理论阵地

1995年5月，《教育研究通讯》创刊，每年4期，内设教研采风、墙内之花、一线纵横、科研动态、名师专栏、理论撷珠、教育锦言等栏目。这一刊物成为胶州市教育科研的重要理论园地，为广大领导干部和教师提供了一个学习交流教育教学理论和经验体会的平台。

3. 培养科研骨干

1995年，胶州市开始承担山东省"八五"教育科学规划重点课题的实验与研究任务，并在全市设置3—5处小学做实验点，有针对性地对学校的科研干部和骨干教师进行教育科研业务培训。10月22日—23日，胶州市教育委员会在54682部队礼堂举行了创造教育实验与研究学术报告会开题大会，会上邀请了山东省创造教育研究会以及青岛市教科所理论室有关专家教授就"创造教育"作了专题学术报告，有力推动了胶州市教育科研工作的开展。

（三）教育科研的初步繁荣阶段（1996年—2000年）

1. 建立教育科研群众组织

1996年4月，胶州市教育学会成立，选举产生了会长、副会长，共设理事68名，会员达200多名。此后每年举行一次年会，主题是总结上年度教育学会与教育科研工作，表彰教育科研先进单位与个人，奖励优秀科研成果。

1997 年 11 月初，为加强教育科研工作，胶州市教委决定将教科室从教研室中分离出来，独立建制。其主要任务是规划、管理、指导、监督评估胶州市的教育科研工作。同时要求在符合条件的学校设立相应的机构，负责本校的教育科研工作。到当年年底，全市已有 18 所学校成立了专门的教育科研机构，市、乡、校三级教育科研网络基本形成，专职和兼职相结合的教育科研队伍逐渐壮大。

1998 年 1 月，为适应形势发展的需要，《教育研究通讯》更名为《胶州教育科研》，每年增至 6 期。改刊后的《胶州教育科研》以"注重应用性、提高学术性、坚持指导性、增强服务性"为宗旨，坚持把对教育改革的热点、重点和难点问题的研究探讨放在第一位；坚持理论与实践相结合，提高学术水平和实用价值，成为广大教师和干部的良师益友。

2. 实施科研课题带动战略

这一时期，胶州市教委以"创造教育"课题为抓手，积极推动全市教育科研工作的开展。1996 年 5 月 27 日，胶州市创造教育活动公开课在振华小学举行。所有胶州市"创造教育"实验点校教师代表及部分乡镇实验教师共 31 人参加。此次活动，开阔了教师的视野，有力推动了创造教育的研究和实践。

为了促使教育科研课题管理走向正轨，胶州市教委于 1997 年制定了《胶州市教育科研"九五"发展规划课题指南》，指导各校进行课题立项、开展研究。当年度全市立项课题 103 项，其中市级重点攻关课题 8 项，市级重点课题 34 项。另有 8 所学校承担了 10 项国家级子课题研究。全国教育科学"九五"规划国家教委重点研究课题子课题在胶州市"落户"，标志着胶州市教育科研工作的飞跃性进步。

1998 年 4 月 23 日，胶州市第一期教育科研骨干培训班在山东省胶州师范学校举行，全市 160 余名乡镇教委领导、学校领导和科研骨干参加。培训班邀请了专家学者进行专业理论讲座和实际指导，本市名师进行经验介绍，校际之间、教师与专家学者之间进行了有益互动。

1998 年 4 月 27 日—30 日，为期 4 天的"儿童创造教育实验"优质课评选活动在实验小学、师范附小、向阳小学、振华小学、方井小学、南关中心小学、北关中心小学等 7 处实验点校举行。各实验点校出示"儿童创造教育实验课"和"学科渗透创造教育课"各 1 节，共有 14 名实验教师参加。通过这次活动的开展，加强了实验点校间的交流与学习，有力地促进了全市"儿童创造教育"活动的开展。

1998 年暑假期间，市教委教科室组织力量编写了与义务教育教材配套的创造教育目标与尝试题，深化了创造教育理论研究，拓宽了实践研究领域。

1999 年 4 月 22 日，胶州市创造教育培训班在实验小学举办，邀请创造教育专家、山东师范大学教科所教授作了创造教育专题讲座。

2000 年 1 月 9 日，胶州市创造教育培训班在胶州师范园丁之家举行，全国著名创造教育专家、中国发明协会中小学创造教育研究会常务副会长作了创造教育学术报告。这次培训，为胶州市的创造教育注入了新的活力。12 月 7 日，胶州市教育科研课题研究现场会在后屯中学举行。各乡镇、街道教委，中心中学、中心小学及市直各校分管教育科研的领导参加了会议。与会代表观摩了后屯中学现场，听取了后屯小学养成教育课题研究报告及 3 个子课题的研究报告。

3. 教育科研成果初现

1996 年 5 月 30 日，青岛市教育科研会议在胶州市教师之家召开，胶州市教委被评为教育科研先进单位，振华中学的唐功谦等人被评为教育科研先进个人。

1997年11月，全国创造教育第六届年会在泰安市召开。胶州市实验点校向阳小学、振华小学、师范附小等学校共有11篇教学论文在会上交流并获奖。

1999年5月15日—16日，为期2天的山东省创造教育研究会第二届代表大会暨第四届学术年会在胶州市召开，来自省内外近300个单位的400余位代表参加了会议。胶州市为大会提供了创造教育现场，得到与会者肯定。

1999年6月5日，山东省第二届教育科研工作会议上，胶州市教委荣获山东省教育科研先进单位，并有2项科研成果获山东省第二届教育科研优秀成果奖。市教委教科室组织编写的趣谈学习方法丛书《幼儿学习潜能培育》《小学生学习方法趣谈》《初中生学习方法趣谈》《高中生学习方法趣谈》《教师与学习方法指导》《家教与学习方法指导》全部正式出版。

2000年8月，《人民教育》第八期推出了"山东省中小学创新精神和实践能力培养"经验专辑，胶州市教委、实验小学、向阳小学的3篇文章被收入专辑。

2000年9月，在全国第八届中小学创造教育学术年会上，胶州市教委、实验小学、第二实验小学、向阳小学、振华小学、

北关小学等6个单位被评为全国中小学创造教育先进集体，另有10位同志被评为全国中小学创造教育先进个人。实验小学、第二实验小学、向阳小学、振华小学、北关小学被确立为山东省创造教育重点实验基地。

（四）教育科研的全面繁荣阶段（2001年—2005年）

1. 建立健全教育科研管理体制

2001年3月1日，胶州市教委出台文件，公布了《胶州市学校教育科研水平评估方案》。从学校的科研条件、课题研究、科研活动、科研成果、最新发展等方面，进行全方位综合评估和量化管理，从而推动全市教育科研管理工作向科学化精细化迈进。

2001年3月15日，胶州市教育学会第六届年会暨教育科研表彰会在实验初中召开，表彰了1999—2000年度胶州市16所教育科研先进学校、36名先进工作者、34项优秀成果、166篇素质教育研究优秀论文、59项胶州市级教育科研立项课题研究成果。

2001年12月12日，胶州市学校教育科研管理现场会在李哥庄中学召开。会议提出了胶州市学校教育科研管理"一个把握，一个建立，三个管好"

的基本模式，为提高胶州市学校科研管理水平指明了前进的方向。

2002年3月，胶州市教育系统首次举行两年一度的"胶州市创造教育先进单位"评选活动。胶州市教体局制定出台了《胶州市创造教育先进单位评选办法》，从领导重视、管理创新、德育创新、教学创新、科研创新5个方面，对37所申报参评的中小学和幼儿园进行了评估验收，评选出19个"胶州市创造教育先进单位"，并编印了"胶州市学校创造教育经验荟萃"专辑。

2002年5月中旬，胶州市第七届教育学会年会暨创造教育表彰会在实验初中召开。会议下发了《胶州市"十五"教育科学规划课题2002年发展计划》，表彰了2001年度通过鉴定的69项胶州市级立项课题研究成果，邀请青岛市教科所所长作了题为《全球化背景下教育科研的发展》的学术报告。

2003年4月1日，胶州市教体局在实验初中举行了胶州市教育学会第八届年会暨教育科研表彰会。会议表彰了23个教育科研先进单位、57名教育科研先进工作者、34项教育科研优秀成果。

2003年8月3日，在全市暑期教育干部培训班上，市教体局邀请山东省教科所教授为

学员作了《教育科研方法专题讲座》。

2004 年 4 月 3 日—4 日，胶州市教体局教科所组织 100 名初中教学一线骨干教师，参加了青岛教科所组织的青岛市农村初中一线骨干教师教育科研培训班。

2. 课题研究百花齐放

2002 年 9 月 27 日，胶州市小学生智力游戏课堂教学观摩现场会暨开题会在振华小学召开。会议观摩了部分实验点校出示的智力游戏教学公开课，下发了《胶州市"小学智力游戏进入课堂教学的实验与研究"课题方案》，部署了推广小学生智力游戏研究成果的有关工作。

2002 年 11 月 15 日，全市 12 所智力游戏实验点校的 50 多名实验教师，参加了在方井小学召开的胶州市小学生智力游戏教学实验教师培训会，接受了为期 1 天的教材教法培训。

2003 年，胶州市加入山东省教育体系创新实验区。市教体局有关领导出席了 1 月 15 日在济南举行的"山东省区域教育体系创新实验"课题开题仪式。

2003 年 7 月 15 日，胶州市教体局下发了《关于在全市小学开设创造教育课程的意见》，要求全市小学结合新课程改革，将创造教育课程列入综合实践活动课程之中，成为必修课，每周 1 课时，务必开设、上好。这一重大举措，使胶州市的课程改革走在了青岛市乃至全省的前列。

2004 年 5 月 22 日，胶州市教体局教科所开展了全市小学生智力游戏教学实验骨干教师培训活动，培训了智力游戏教材，交流了实验研究成果，布置了下阶段的研究任务。

2005 年 3 月 10 日，在第十中学举行了中国教育学会家庭教育专业委员会"十五"科研规划课题"初中学生家长教育观念的现状问题与指导的研究"开题观摩暨专家报告会。

2005 年 11 月 2 日—4 日，胶州市小学创造教育优质课在常州路小学举行，57 位教师参加了决赛，优秀选手参加省优质创新课程大赛。

3. 教育科研成果累累

2001 年 7 月，由胶州市教委主编的《放飞创造的鸽子——区域推进创造教育新探》一书出版。该书精选了胶州市 1995 年 10 月开展创造教育活动以来的重要研究成果，是胶州市区域推进创造教育理论研究和实践探索成果的一个缩影。

2003 年 5 月，胶州市教体局教科所组织全市广大教师参加了青岛市教科所、青岛市教育学会举办的以"教育创新与课程、教材、教法改革"为主题的征文评选活动，共收交论文 305 篇，获奖 140 篇。胶州市教科所荣获青岛市教科所、青岛市教育学会联合颁发的优秀组织奖。

2004 年 10 月，胶州市教体局教科所组织申报了山东省教育科研先进单位、先进个人、教育科学优秀成果的评选活动，并参加了山东省教育科研第三届工作会议，胶州市教体局被评为省教育科研先进单位，教科所编著的《放飞创造的鸽子》和大同小学编著的《小学生智力游戏》2 项科研成果，荣获省教育科研成果二等奖。

2005 年 11 月 17 日—21 日，山东省教育学会、省创造教育研究会举办了全省小学优质创新课程大赛，在全省 85 名选手中，胶州市教体局教科所选送的 6 名教师中 5 人获优质课一等奖，1 人获优质课二等奖，其中获一等奖人数在全省参赛区市中最多。

4. 教育科研成为对外宣传交流的重要窗口

2001 年 6 月 2 日—6 日，中国教育情报研究会第四届代表大会暨教育学术研讨会在胶州市隆重召开。中国教育情报研究会常务理事和来自全国各地的会员代表近 200 人出席了会议。会议期间，中国教育情报研究会的常务理事一行近 40 人，参观考察了胶州市 4 处中小学，对胶州市的学校教育和教育科研工作给予充分肯定。

2001 年 8 月 13 日—17 日,全国创造教育高级讲习班在胶州市隆重举行。来自全国各地教育行政部门、教研部门、教科研部门、中小学、幼儿园的领导和创造教育骨干教师共 300 余人参加了讲习班。胶州市教委介绍了区域推进创造教育的经验。会议代表先后观摩了胶州市出示的 4 节公开课和 9 处学校现场。

2003 年 8 月 1 日,教育部主办的《教材周刊》,发表了胶州市教体局杨进春的文章《改革课程结构 培养创新人才》。这标志着胶州市的教育创新工作,在全国产生了良好的影响。

2002 年 9 月,山东省政协、山东省教育厅联合举行教育创新座谈会。胶州市教体局应邀出席会议,并作了题为《大力开展教育创新工作 努力提高群体创新素质》的典型发言,介绍了胶州市开展教育创新工作的成功经验,得到了与会者的一致好评。

2002 年 10 月下旬,人民日报出版社出版的《现代教育管理理论与实践指导全书》,收录了胶州市区域开展创造教育的管理经验。

2005 年 4 月 23 日—24 日,全省中小学养成教育现场研讨会暨创新教育德育专题研讨会在胶州市召开,来自全省的近

200 名代表出席了会议。代表们参观了胶州市第十八中学、向阳小学、实验小学 3 个现场,听取了 6 个德育专题报告。

(五)教育科研的全面深化阶段(2006 年—2018 年)

1."每周一读",提升全体教师的理论素养

2006 年,胶州市教体局启动了读书工程。9 月 1 日,胶州市首届"每周一读"读书展示会在实验初中小学部召开。本次展示会的主题是"品读经典 感悟教育",实验小学、教工幼儿园、向阳小学、实验初中小学部等学校进行了个人音像演讲,实验初中、第十二中学、第七中学等学校进行了集体音像演讲。

2007 年 8 月 30 日,胶州市第二届"每周一读"读书展

示会在向阳小学召开。各镇(街道)教育办分管领导、各级学校教科室主任及骨干教师 300 多人参加了会议,青岛市教科所的领导与专家应邀出席了会议。会上,向阳小学、实验小学、第十四中学等学校进行了集体读书展示,第六中学、振华小学、洋河小学等学校进行了个人读书展示。

2008 年 9 月 11 日,胶州市第三届"品读经典 感悟教育"读书展示会在香港路小学举行,市教体局的领导、各校分管教育科研的干部和部分骨干教师 200 余人参加了会议。此次活动中,在读书活动中成绩优秀的教师进行了个人演讲;阜安小学、第十五中学等 2 所学校进行了集体沙龙式读书研讨。

2009 年 10 月 14 日,胶州市第四届"每周一读"读书展示会在实验小学举行。实验小

2006 年 9 月 1 日,胶州市首届《每周一读》读书展示会在实验初中小学部举行。

学的师生们用丰富多彩的形式展示了读书带给他们的感悟、成功和快乐。本次读书展示会，不仅展现了胶州市各级各类学校丰厚的读书成果，也为进一步推动书香校园的建设和提升教师素养起到积极作用。

2010年6月3日，胶州市第五届"品读经典 感悟教育"现场展示会在振华小学举行。本次现场会展示了胶州市教体局开展"品读经典 感悟教育"活动以来取得的阶段性成果，振华小学把读书与校本课程的建设、育人策略和学校的长期发展紧密结合起来，为学校开展读书活动营造了良好的氛围。

2011年3月29日，"读教育名著 做智慧教师"——胶州市中小学教师"十二五"读书实践工程启动仪式暨实验初中教师读书展示会在市实验初中举行。

2012年4月20日，青岛市教育局组织2012年青岛市"读教育名著 做智慧教师"读书实践工程总结表彰会暨专家报告会，胶州市在读书实践活动中成绩突出，获得多项荣誉：胶州市教体局、实验初中、实验小学被评为先进集体；8人获得先进个人，1人荣获"十佳教育读书人物"称号。

2013年5月14日，"悦读经典 品味教育"胶州市教师读书实践工程现场会在大同小学举行。会上，大同小学做了读书实践工程工作经验介绍，展示了师生读书活动成果和师生、家长共同参与的大阅读课。

2017年11月29日，胶州市教师专业发展论坛——"相信阅读的力量"现场会在铺集小学举行，展示了学校通过读书促进教师专业成长的成功做法，以及个人、教研组、名师工作室的读书促进和带动老师成长的做法。

2. 培养培训，保持教育科研的高端引领

2006年5月16日，胶州市教体局教科所组织全市初中校长前往聊城市茌平县杜郎口中学进行了为期2天的学习，通过听课、听介绍、个别走访、座谈讨论等形式，学习杜郎口的先进经验、先进理念。

2006年5月22日—26日，胶州市30多名小学校长赴北京参加中国教育学会组织的全国百校校长考察团参观"著名小学办学成果展"活动，共参观了北京的史家小学、府学小学、灯市口小学和景山小学4所学校。期间，聆听了教育部教师奖励基金会秘书长的《推进素质教育，深化教育改革与教师素质》的主题报告以及这4所小学的办学经验、教学改革经验、课程文化建设、校园文化建设等方面的经验介绍，并深入课堂听了多节观摩课，与学校领导教师进行了深入的座谈交流。

2007年3月14日，青岛"十一五"规划课题小学生激励艺术研究开题观摩会暨专家报告会在实验初中小学部召开。实验初中小学部宣读了《小学生激励艺术研究实施方案》。青岛

2017年11月29日，胶州市教师专业发展论坛——"相信阅读的力量"现场会在铺集小学举行。

教科所普及指导室主任在会上做了"教育科研——教师成长的必由之路"的报告，为全市教师如何进行教育科研、促进自身发展，为各校如何开展课题研究、撰写课题报告进行了指导。

2007年4月24日，胶州市教育学会第十二届年会暨实验小学教育科研经验推广会在实验小学召开。

2008年4月21日—26日，市教科所组织近2年的教育科研先进单位、教育创新先进单位的中小学校长和部分教育办主任共37人，赴江苏进行了为期4天的教育考察，主要对泰兴洋思中学、扬州梅岭中学、南京师范大学附属学校江宁分校、南京拉萨路小学、常州实验小学等5所学校进行了考察。

2012年11月6日，胶州市中小学教师科研工作站首期访学启动仪式暨专家报告会在教体局会议室举行，首期学员40人。工作站以"培养名师"为目标，以"服务一线教师的科研"为宗旨，通过组织访学研修活动，帮助访学教师快速成长，为打造"胶州名师"奠定基础，为一线教师提供高质量的教育科研培训和咨询服务。2013年10月19日—26日，胶州市科研工作站在天津教科院进行了为期8天的培训。本次培训精选了专家团队，精心设

计了课程，组织了丰富的活动，实地考察2所学校，编写2期天津教科院培训简报。

2015年9月17日，胶州市启动中小学教师科研工作站第二期访学研修活动，并举行了专家报告会。青岛大学师范学院基础教育研究中心、市教体局、教师进修学校的领导参加会议，胶州市中小学教师科研工作站第二期访学班学员、胶州市校本培训管理班学员、免费师范生和各学校教科室主任等300余人参加了启动仪式。

2016年10月20日上午，胶州市中小学教师科研工作站第二期访学结业、第三期访学启动仪式暨专家报告会在实验初中科技楼报告厅成功举行。访学班学员、全市各教育办分管教科研人员、各学校教科室主任及胶州市规划课题主持人共350人参加了本次会议。市教体局主要领导全面总结了近几年全市教育科研工作取得的成绩，对中小学科研工作站提出了明确的要求。青岛市教育科学研究院对胶州市科研工作站访学班的运行模式、取得的成果等方面给予了肯定。华东师范大学教育学部副主任向学员作了《论文写作、教师科研和成果发表实用技巧》的报告。

2018年9月19日上午，胶州市中小学教师科研工作站第三期访学结业、第四期启动

仪式暨专家报告会在市实验初中图书科技楼报告厅举行。胶州市中小学教师科研工作站第三、四期访学学员，胶州市2017年教育科学规划课题主持人、各教育办分管教科研负责人，各学校（局属幼儿园、中心幼儿园）教科室主任380余人参加了本次活动。

3. 科研走基层，盘活全市教育科研资源

2006年11月1日，青岛市教育科研之旅——走进胶州现场观摩会在胶州市隆重举行。青岛市教育局的相关领导和工作人员及各区市的代表200多人参加了现场会，先后参观了实验中学、机关幼儿园、常州路小学、实验初中、七中、实验小学、教工幼儿园4个学段的7个现场。

2008年4月2日，胶州市教育学会第十三届年会暨教育科研走进北关现场会在北关小学成功召开。此后，教育科研先后走进铺集、营海、胶莱等镇和街道，调动了承办镇（街道）的办学资源，促进了校际学习交流。

2017年12月13日，胶州市教育学会第十九届年会暨学习贯彻党的十九大精神区域推动教师专业化发展现场会在李哥庄镇召开，并对李哥庄镇推动教师专业化发展的成果进行了展示。

4. 教育科研，扩大胶州教育的影响

2007 年 10 月，全国合作教学现场研讨会在胶州市召开。来自省内外的 700 多名代表参加了本次会议。这次会议检验了胶州市合作教学所取得的成果，推广了在合作教学方面的成功经验。

2008 年 11 月 26 日，山东省第四届教育科研工作会议上，胶州市教育体育局再次荣获"省教育科研先进单位"称号，同时作为青岛地区唯一的代表上台领取了奖牌。胶州市教体局以《以创新精神推动教育科研向深入发展》为题，作了书面交流。

2008 年 5 月 24 日，山东省创造教育二十周年纪念大会暨第十届学术年会上，胶州市教体局被评为省创造教育工作优秀组织特别奖；振华小学、向阳小学、第二实验小学、一中、南关小学、开发区小学、实验小学、阜安小学等 8 个单位被评为山东省创造教育重点研究基地。

2009年6月18日，胶州市合作教学研究成果推介会在常州路小学举行。胶州市中小学分管领导160余人参加了本次会议，来青岛考察的济南市部分学校领导也参加了本次会议。

2010 年 4 月，山东省教育学会工作会议暨区域教育学会

2009 年 6 月 18 日，胶州市合作教学研究成果推介会在常州路小学召开。

工作经验交流现场会在胶州市举行。中国教育学会、省教科所、省教育学会等有关领导参加会议，并评价胶州教育学会"定位准确、制度健全、措施扎实有力、活动丰富，是县级教育学会走向规范的典范"。

2011 年 10 月，在山东省教育厅、山东省教育学会主办的 2011 年山东素质教育论坛上，市教科所推荐的第八中学、香港路小学在大会上做典型发言。

2012 年，在山东省教育厅、山东省教育学会主办的 2012 年山东素质教育论坛上，胶州市的实验小学和常州路小学分别作了《以教师素养的提升推动学生素质的提高》《让合作教研在教学中彰显魅力》的报告。

2015 年 7 月 3 日，青岛市教育局、青岛市教育学会在胶州市举办"岛城教育家成长"系列论坛之三——"办开放的教育：农村学校课程建设与教育改革巡礼"主题论坛暨专家报告会。

2017 年 12 月 26 日，青岛市教育学会组织专家对胶州市的第二十五中学、李哥庄第二小学、胶北小学等 3 所学校申报的新农村优质学校进行了实地验查。专家对这 3 所学校的办学条件、教育教学、特色建设、社团活动、课程建设等各方面给予充分肯定，3 所学校顺利通过验收。

5. 教育科研，实现与课堂教学的深度融合

2008 年 5 月 24 日，山东省小学作文教学研究第二届校长论坛在胶州市第二实验小学成功举办，来自全省及本市的 200 余名代表参加了现场会。胶州市第二实验小学通过 15 节公开课向大会代表展示了富有特色的校本教研模式——"双

四"模式和循序作文训练模式。

2009 年 3 月 18 日,青岛市教育科学"十一五"规划重点课题鉴定现场会在第二实验小学隆重召开。青岛市教科所、胶州市教体局领导和全市 300 多名中小学校长及教育科研骨干教师参加了本次会议。课题研究教师展示了课题研究观摩课。课题鉴定组充分肯定了 2 个课题研究的实践价值和创新意识,认为第二实验小学通过课题研究,有效转变了教师的教育教学理念,课堂教学行为发生了质的变化,初步显露出科研促进教育教学内涵式发展的强大实力。

2015 年 6 月 24 日,山东省教育科学"十一五"规划课题胶州市课题答辩现场会在香港路小学举行,对香港路小学的《幸福教师团队的理论与实践研究》等 4 项山东省教育科学"十一五"规划课题做现场鉴定。6 月 25 日,青岛市教育科学"十二五"规划课题《和谐教育的实践与探索》结题答辩现场会在胶州市第三实验小学举行。

6. 课题带动,推动学校办学特色建设

2009 年 12 月 3 日,胶州市特色办学——创造教育现场展示会在青岛市世原希望小学举行。世原希望小学作了特色办学经验介绍。本次会议的召开,对学校在新形势下大胆创

新、勇于探索,结合自身情况,努力打造特色学校起到了积极的推动作用。

2010 年 12 月,胶州市教体局以"办好人民满意的教育"为主题在《中国教育学刊》12 期封面作整版宣传,并同期刊发了市教体局的《以创新精神推动教育科研向深入发展》、实验初中的《立足问题 开展"优质高效"课堂教学研究》、第七中学的《建科研型教师队伍 促教师专业化发展》、实验小学的《教育科研引领教师专业成长》、第二实验小学的《实施"三环节"教学 培养学生的语文素养》、实验初中小学部的《立足校本教研 促进教师发展》、振华小学的《"师生共读"将学生带入灿烂的阅读星空》、常州路小学的《小学合作——让我们手拉手走向成功》、向阳小学的《创

建书香校园 打造教育品牌》等 9 篇文章,对胶州市学校特色办学和内涵发展起到了良好的宣传作用。

2011 年 3 月 29 日,教育部"十二五"重点课题子课题"家长学校常态化运作体系研究"开题观摩会在十八中举行,"养成教育"成为十八中的突出办学特色。

2014 年,胶州市教体局突出"安全、质量、特色、卓越"四大主题,瞄准人民幸福办教育,重视校本研究,把校本研究作为提升学校办学品位,促进学生全面发展的重要途径,引导学校以特色促发展,以特色树品牌,呈现出鲜明、稳定、独特的办学特色,逐步走上了一条从创建"学校特色"到创建"特色学校"的内涵式发展之路。全市特色校园建设精彩

2015 年 6 月 24 日,山东省教育科研"十一五"规划课题胶州结题答辩现场会在香港路小学隆重举行。

不断、亮点纷呈，涌现出了一大批特色学校和走向全省乃至全国的特色品牌。

2014年10月29日，《未来教育家》杂志社策划部有关领导来胶州考察、采稿。先后考察、调研了北京路小学、香港路小学、中云教育集团、少海小学、马店教育中心，对胶州市的教育均衡发展模式给予充分肯定，认为胶州市的"五化"（办学特色化、教师专业化、设施信息化、操场塑胶化、校车标准化）机制、城区和农村薄弱学校优秀干部交流任职机制和干部流动轮岗机制、"教研协作区片"联动机制、教育集团管理模式等措施富有成效，值得推广，同时对胶州市学校的特色发展、内涵式发展给予了高度评价。2015年3月，《未来教育家》2015年第1期以"走向未来教育家"为题对胶州市教育均衡发展、特色发展、内涵式发展进行了报道，同时刊发了市教体局局长和9位学校校长的文章。

胶州二中重视心理健康教育，学校组织力量开发了具有二中特色的心理健康教育校本教材《用心导航》，由东北师范大学出版社正式出版发行，提高了心理健康教育的针对性及实效性。2015年，在全国普通高中多样化发展与考试招生制度改革研讨会上，胶州二中作了《和谐心育，人文毓秀——特色心理健康

教育实践》的典型发言，受到了与会领导及专家的肯定。

三、胶州市教育科研所取得的显著成绩

（一）筚路蓝缕，铸造辉煌

胶州市的教育科研经过了长期的拼搏与奋斗，取得了辉煌成绩，获得了许多荣誉。1999年、2004年、2013年，胶州市教体局（教委）先后三次获得"山东省教育科研先进单位"称号；2000年、2006年，胶州市教体局（教委）两次被评为全国中小学创造教育先进集体；2009年，胶州市教育学会荣获由中国教育学会组织评选的"2004—2009年度中国教育学会系统先进单位"称号和"山东教育学会先进学会"称号；2009年3月，胶州市教体局荣获"山东省教育创新先进单位"称号。实验小学、第二实验小学、向阳小学、振华小学、北关小学等学校先后评为全国中小学创造教育先进集体，胶州二中被评为山东省心理健康教育先进单位。

（二）课题研究，硕果累累

2002年9月，大同小学承担的山东省教育科学规划重点课题"小学生智力游戏教材与儿童智能开发研究"及研究成

果顺利通过省级鉴定。专家认为，该课题研究在国内同研究领域中居领先水平，建议大面积推广。

2003年2月23日，山东省教育科学规划领导小组办公室公布首届中等以下教育省级教学成果奖评审，胶州市教体局组织编写的"趣味学习方法丛书"作为中小学系列化学习方法研究成果荣获一等奖。

2004年10月，胶州市教科所编著的《放飞创造的鸽子》和胶州市大同小学编著的《小学生智力游戏》2项科研成果，荣获省教育科研成果二等奖。12月，胶州市教体局教科所组织参加青岛市级以上立项课题优秀成果评选，8项成果全部获奖，获奖的数量和档次均列青岛各区市之首。

2011年3月，在"十一五"山东地方教育创新成果奖评选中，"胶州市教育科研走进乡镇"荣获二等奖。

2012年，"构建区域教育创新体系研究"获山东省教育科学"十一五"规划精品课题。

2013年，胶州市第三中学的《生涯规划》和第四中学的《航空》在"山东省首届特色课程"评选中分获二、三等奖。

2016年，在山东省第一届教育科研优秀成果评选中，市第三实验小学的《和谐教育的理论实践与探索》获三等奖。

同年,市开发区小学编写的《小学生三礼教育》获得"青岛市第三十次社会科学优秀成果奖三等奖",这是胶州首次获得此项殊荣。胶州市教体局申报的课题《区域推进农村教师专业发展的政策与途径的研究》在全国教育科学"十三五"规划2016年度单位资助教育部规划课题立项。

2018年,在青岛市第五届教育科研优秀成果奖评选中,胶州市有 5 项成果获奖,胶州市教育体育局主要领导主持的"构建五全工作法 引领心理健康教育服务"获得一等奖。

(三)草根情结,活力四射

胶州市的教育科研工作起步较早。从单纯的课题研究,到理论学习、行动研究,越来越接地气,越来越受教师们的喜爱。对于转变全市教师的教育观念,提高理论素养,打造一支科研型、专家型的教师团队,提高教育教学能力,促进学生的全面发展,有着不可磨灭的贡献。具体表现在:一是涌现出一大批有影响的优秀教师。截至 2018 年,胶州市有全国优秀教师 6 人、齐鲁名校长 1 人、齐鲁名师 3 人、山东省优秀教师 7 人、山东省特级教师11人、山东省教学能手10人,这些成为 11000 名教师的优秀代表。二是将科研成果切实转化为现实教学能力,推动了教育教学成绩的提高。胶州市高考成绩从 20 世纪 90 年代初期的青岛地区末两位,到后期的稳居青岛市前茅,尤其优生优培成绩突出;各项竞赛和才艺展示成绩优异,屡获国家级大奖;学生综合素养提高、全面发展。三是立足实际,创建学校特色。不管是城区办学条件较好的学校,还是农村比较薄弱的学校,都能够学以致用,找准自己的出路,形成自己的办学特点,全市学校呈现出千帆竞进、百花齐放的可喜局面。

执笔人:韩宝金 郭有田 张淑敏

改革开放以来胶州市工业经济的发展

市工业和信息化局

一、总体概况

清末，胶州为鲁东商品集散地，经济较为繁荣，手工业相当兴盛，制毡、麻织、酿酒、印刷、铜锡银器等产品名重一时。

20 世纪 30 年代，胶县逐渐建成火柴、面粉加工、印刷、棉织、酿酒、麻织、纺绳、制鞋、印染、缝纫、铁锡铜银器、砖瓦、石灰等各类工业企业和手工作坊。20 世纪 40 年代，战乱频仍，工业、手工业生产趋向萧条。

新中国成立初期，胶县有工业企业 37 个，其中国营企业 3 个，私营企业 34 个。1956 年，胶县完成对工业、个体手工业的社会主义改造，全县 13 个行业（铁、木、窑、棉织、针织、纺绳、缝纫、制鞋、色纸、制毡、酱菜、造纸、修理）个体手工业者全部组织起来，成立集体所有制手工业生产合作社（组）104 处，社（组）员 3555 人。

1987 年，全市市直工业企业 123 个，分机械、化工、建材、纺织、食品、缝纫等 10 余个行业门类。市直工业企业固定资产原值 22707 万元，占全市工业固定资产原值的 47%，工业总产值 38048 万元，占全市工业总产值的 32%，利润总额 3061 万元，占全市工业利润总额的 26%，全员劳动生产率 19152 元。乡镇、村工业企业发展到 5329 个，从业人员达 82657 人，完成产值 4.2242 亿元，上缴税金 1490 万元，居全省第 1 位；实现销售收入 2.4942 亿元，居全省第 4 位。

20 世纪 80 年代后期，胶州市先后进行企业经营承包，推行厂长负责制和"自主经营，自负盈亏"试点及"劳动、人事、工资"3 项制度综合配套改革，扩大企业经营自主权，实现所有权和经营权分离。以建立现代企业制度为目标，以理顺产权关系为突破口，积极推行股

份合作制等试点工作，有 60% 以上工业企业通过多种形式进行改制，初步建立与市场经济相适应的企业经营机制。

20 世纪 90 年代，胶州市加大工业结构调整力度，先后采取企业承包制，风险抵押，实行工资与经济效益挂钩，以企业产权改革为突破口，通过改组、租赁、承包经营和股份合作制、出售、破产等多种形式改制；加大政策扶持力度，通过鼓励企业进行技术创新、发展民营经济等一系列措施，促进工业和全市国民经济持续发展。

"八五"期间，市直工业加大嫁接、联合、兼并、破产力度，不断调整优化产业结构，组建 5 家市属工业企业集团，企业规模竞争实力明显增强。同时积极实施"外向带动""工业园区拉动"战略，外向型经济得到迅猛发展。全市形成"一区四线十二园"

（一个经济开发区、四条工业长廊、十二个乡镇工业园区）外向型经济布局。截至1995年，全市完成工业总产值91.1亿元，乡及乡以下完成产品销售收入45.9亿元，实现利税2.6亿元，实现利润0.9亿元。累计引进外资项目350个，合同利用外资41037万美元，实际利用外资19907万美元。

"九五"期间，胶州市工业形成机械、化工、轻纺、建材、食品等30多个行业和门类。企业改革步伐进一步加快。坚持以明晰产权和转机建制为重点，采取股份制改造、出售、拍卖、租赁、嫁接、兼并、破产等各种有效形式推进企业改革工作，最大限度地实现政资和政企分开。市、乡、村三级企业中，进行产权制度改革企业921家，占全市应改制企业总数的98.2%。截至2000年，全市继续积极实施"外向带动""工业园区拉动"战略，外向型经济突飞猛进。全市累计引进外资项目463个，合同利用外资10.7亿美元，实际利用外资5.37亿美元。全市工业以技术进步为目标，以企业集团为重点，大力实施"技术创新"工程。"九五"期间，全市企业完成技改项目816项，技改投入25.1亿。

2004年，胶州市工业通过改制进一步明晰产权，建立健全法人治理结构，增强企业生

2000年—2004年全市第二产业总产值、增加值对比图

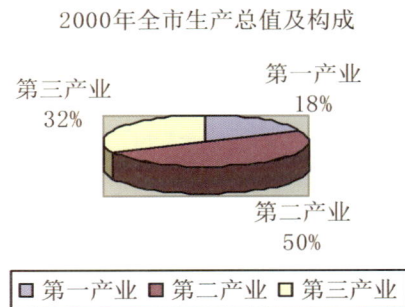

2000年全市生产总值及构成

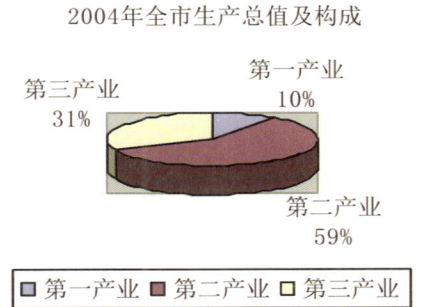

2004年全市生产总值及构成

机和活力。

2007年—2008年，胶州市工业系统大力发展高新技术产业、民营经济，对接青岛"拥湾发展"战略，结构调整步伐明显加快，加强技术进步和创新，加快推进胶州湾产业基地建设，构筑先进制造业发展平台，全市工业经济运行保持又好又快发展。

2013年，胶州市注册企业达1.5万家，新增规模以上工业企业99家，居全省县级市第一，形成家电、冷链、数字化装备、锅炉及辅机、风电、金属结构制造、生物医药等产业集群。同年，参加全市外商投资企业联合年检企业629家，新批准47家，注册资本23.3

亿美元，实收资本18.9亿美元。

2016年，胶州市注册企业突破2.8万家，规模以上工业企业达到984家，数量居全省同级城市第一。规模以上工业企业完成总产值2701亿元，工业增加值增长8.3%。实施先进制造业"8＋6"计划，培育提升智能装备、新一代信息技术、新材料、生物医药、汽车制造、节能环保、航空制造与维修、海洋装备八大新兴领域，转型升级铁塔与钢结构、食品加工、汽车零部件、木器家具、锅炉及辅机、电力电气六大传统产业，积极构建现代产业发展格局。"8＋6"产业完成工业总产值1685.3亿元，占规模以上工业总产值的62.4%，成为稳增长、

调结构、增效益的重要支撑。

2017 年，胶州市注册企业突破 3.2 万家，规模以上工业企业达到 895 家，数量居全省同级城市前列。规模以上工业企业完成总产值 2628.2 亿元，增长 10.7%，工业增加值增长 7.8%。"8＋6"产业完成工业总产值 1647.9 亿元，占规模以上工业总产值的 62.7%。完成工业用电量 23.3 亿千瓦时，增长 11.9%。

2018 年，胶州市注册企业突破 3.4 万家，规模以上工业企业达到 735 家，规模以上工业企业总产值增长 10.3%，工业增加值增长 7.5%。胶州市 32 个工业行业有 24 个行业实现增长，通用设备制造业等 5 个行业增幅超过 20%。中国电力装备产业名城列入国家产业集群区域品牌建设试点；中国北方工业设计名城建设加速推进；少海汇智能家居科技创新中心拉动作用初步显现，智能家居产业带动实现产值突破 150 亿元。52 家纳税过千万元的重点企业实现主营业务收入 325.7 亿元，同比增长 14.85%，其中海尔空调主营业务收入达 50.02 亿元，填补了胶州市无 50 亿级企业的空白。

二、工业体制与改革

20 世纪 90 年代前，胶州市工业主要有地方国营全民所有制和集体所有制企业两种形式。1990 年 11 月，韩国独资企业——青岛清福食品有限公司落户胶州后，先后出现港澳台商独资、合资合作经营工业企业，外商独资工业企业，中外合资合作经营工业企业等。1992 年开始，内资企业改制，先后出现股份制、股份合作制、有限责任公司、个体私营、私营有限责任公司等企业形式。

（一）管理机构

1987 年，胶州市经济委员会分设胶州市轻工业公司、胶州市机械电子工业公司、胶州市化学工业公司、胶州市建筑材料工业公司。

1993 年 9 月，胶州市轻工业公司、胶州市机械电子工业公司、胶州市化学工业公司、胶州市建筑材料工业公司撤销。胶州市工业经济委员会重新组建，为全市工业主管部门。

2001 年 8 月，胶州市工业经济委员会、胶州市乡镇企业局撤销，重新组建为胶州市经济发展局，为全市工业主管部门。2005 年 3 月，胶州市经济发展局改为胶州市中小企业管理局，作为全市工业企业主管部门。2007 年 7 月，胶州市中小企业管理局改为胶州市企业发展局，作为全市工业企业主管部门。

2010 年 9 月，新一轮机构改革启动，将原市企业发展局的有关行政管理职责，市科学技术局承担的信息化管理职责，市发展和改革局承担的企业技术改造项目管理职责，市财贸办公室承担的成品油流通和煤炭经营监督管理、民用爆破器材监督管理职责划入市工业和信息化局。

2013 年，市工业和信息化局有行政编制 12 名，参照公务员法管理事业编制 36 名，事业编制 5 名。下设胶州市企业发展服务中心和胶州市油区工作办公室 2 个副科级单位。

2014 年，胶州市实施新一轮机构改革，整合市工业和信息化局、市科学技术局（市知识产权局）职责，组建市科技和工业信息化局，挂市知识产权局牌子，作为市政府工作部门。核定行政编制 21 名，参照公务员法管理事业编制 36 名，事业编制 19 名。下设事业单位 4 个，其中包括市企业发展服务中心、市油区工作办公室 2 个副科级单位。

（二）国有工业企业

党的十一届三中全会后，胶县市直工业企业逐步扩大经营自主权，企业由生产型向生产经营型发展，大力更新改造生产设备，努力推动技术进步，严格质量管理，大力开发新产品和出口产品，机械工业、化学工业、轻纺工业、建材工业相继创出一批省优、部优产品，提高产品市场竞争能力。截至1987年，市直工业企业中有定点厂11个，重点考核产品60种。

1987 年，全市地方国营所有制工业企业有 28 家，完成工业总产值 19032 万元。分别为机械制造、电站辅机、化工建材、食品加工、金属结构、纺织等行业，主要产品有化肥、农药、炭黑、造纸、味精、齿轮、饮料酒等 70 多种。

1993 年，全市有国有企业22 个，产品销售收入 5.99 亿元，税金及附加 0.42 亿元，利润总额 0.17 亿元，工业增加值 1.63亿元，固定资产原值 3.06 亿元，固定资产净值平均余额 2.1 亿元，流动资产平均余额 3.32 亿元，工业总产值现价 6.15 亿元，全部职工平均人数 9282 人。

1997 年，全市有国有企业22 个，现价工业总产值 6.71 亿元，产品销售收入 6.85 亿元，税金及附加 956 万元，利税总额0.23亿元，利润总额 −0.18亿元，工业增加值 0.4 亿元，固定资产原价 5.76 亿元，固定资产净值年平均余额 4.01 亿元，流动资产净值年平均余额 6.52 亿元，全部职工平均人数 8161 人。

2002 年，全市规模以上国有企业有 6 个，现价工业总产值 4.16 亿元，产品销售收入7.15 亿元，税金及附加259万元，利税总额 0.47 亿元，利润总额0.19 亿元，工业增加值 1.49 亿元，固定资产原价 5.22 亿元，固定资产净值年平均余额 3.49亿元，流动资产净值年平均余额 4.14 亿元，全部从业人员年平均人数 1777 人。

2003 年，胶州市继续深化企业改革，以建立现代企业制度、规范运营机制、加快劣势企业退出市场为主要内容，采取股份制改造、出售、拍卖、租赁、嫁接、兼并、破产等各种有效形式，不断深化和完善企业的各项改革，产权制度改革基本完成。截至 2003 年底，市、镇、村三级企业中，进行产权制度改革的企业有 921 家，占全市应改制企业总数的98.2%，其中，市属企业48 家，占应改制企业的 97%。全市规模以上国有企业 3 个，现价工业总产值 4.41 亿元，产品销售收入 5.63 亿元，税金及附加0.02 亿元，利税总额 0.36 亿元，利润总额 0.12 亿元，工业增加值 0.92 亿元，固定资产原价5.77 亿元，固定资产净值年平均余额 3.82 亿元，流动资产净值年平均余额 3.24 亿元，全部从业人员年平均人数 1376 人。

2009年8月，根据国务院有关对电力体制进行主辅分离改革规定，胶州市人民政府与山东电力集团公司签订《资产移交框架协议》，华林公司与市供电公司剥离，成为胶州市地方全民所有制企业。公司注册资本金5650万元，固定资产4763万元，具备资产独立核算和自主经营资质，有职工69人。其经营范围为：电力设备安装（5级资质）、试验、线路架设、检修、路灯安装、维护、电表校验、高低压电力器材、电气设备及工具器材、仪器仪表、五金电器产品、劳保用品、通信器材等批发、零售，电力技术咨询及工程设计等。11月14日，华林公司揭牌运营。2013年，华林公司有职工69人，资产总额8163万元；经营总收入3334万元，上缴税金135万元。

2013 年，全市规模以上国有经济企业 5 个，现价工业总产值 26.97 亿元，主营业务收入 27.16 亿元，营业税金及附加 0.17 亿元，利税总额 1.67 亿元，利润总额 0.64 亿元，工业增加值 8.16 亿元，资产合计 21亿元，流动资产平均余额 7.45 亿元。

2015 年，全市规模以上国有企业 2 家，完成工业总产值19.86 亿元，实现主营业务收入19.73 亿元，营业税金及附加1012 万元，利润总额 7085 万元，流动资产合计 7.48 亿元。

2017 年，全市规模以上国有企业 1 家，完成工业总产值 9064 万元，实现主营业务收入 6383 万元，营业税金及附加 84 万元，利润总额 -2785 万元，流动资产合计 8159 万元。

（三）集体工业企业

20 世纪 80 年代初期，胶州市在全面清产核资、搞好承包审计基础上，合理确定承包基数，顺利通过两轮承包衔接。新一轮企业承包正确处理国家、集体和个人三者利益关系，重点充实和完善目标管理考核体系，全面推行集体承包或全员承包经营责任制，继续坚持和完善厂长负责制。结合产业、产品结构调整，通过兼并、承包等形式，妥善解决部分严重亏损和停产企业出路问题。1987 年，全市企业 331 个，其中市属集体企业 95 个。工业总产值 80290 万元，其中市属集体企业 19016 万元。1988 年以来，胶州市乡镇企业局、供销联社等发展一批集体所有制企业。1990 年，市属集体工业产值 66000 万元。

"八五"期间，胶州市根据建立社会主义市场经济体制要求，制定政策、大胆探索、突出重点、稳步推进，全市有 1487 户企业完成改制任务，占

企业总数的 85.9%。

1993 年，全市有集体企业 233 个，产品销售收入 19.3 亿元，税金及附加 0.95 亿元，利润总额 1.1 亿元，工业增加值 6 亿元，固定资产原值 8.25 亿元，固定资产净值平均余额 5.31 亿元，流动资产平均余额 10.19 亿元，工业总产值现价 27.71 亿元，全部职工年平均人数 42424 人。

1999 年，全市限额以上集体企业 68 个，现价工业总产值 40.03 亿元，产品销售收入 27.38 亿元，税金及附加 959 万元，利税总额 1.98 亿元，利润总额 1.01 亿元，工业增加值 10.26 亿元，固定资产原价 8.02 亿元，固定资产净值年平均余额 7.04 亿元，流动资产净值年平均余额 10.89 亿元，全部从业人员年平均人数 24539 人。

"九五"期间，改革开放不断向纵深发展，开放型经济格局形成。以产权制度改革为重点的企业改革不断深入，全市企业改制总数达到 1118 户，改制面达到 99.3%。

2000 年，全市限额以上集体企业 56 家，实现现价工业总产值 46.73 亿元，产品销售收入 31.33 亿元，税金及附加 0.13 亿元，利税总额 2.66 亿元，利润总额 1.49 亿元，工业增加值 11.66 亿元，固定资产原价 10.03 亿元，固定资产净值年平均余额 6.96 亿元，流动资产净值年

平均余额 10.32 亿元，全部从业人员年平均人数 21760 人。

"十五"期间，全市市属企业破产改制基本完成。截至 2002 年，青岛石油机械厂、青岛电容器厂、胶州市棉纺织厂、青岛皮件四厂、青岛鲁东建材有限公司、青岛第二轴承厂、青岛第十木器厂、胶州市造纸厂、胶州市化肥厂、青岛皮鞋三厂、胶州市氧气厂、青岛新亚工艺品厂、青岛青力铸钢厂等市属工业企业完成改制和破产。全市规模以上集体企业 20 个，现价工业总产值 37.08 亿元，产品销售收入 25.68 亿元，税金及附加 867 万元，利税总额 0.77 亿元，利润总额 0.31 亿元，工业增加值 10.44 亿元，固定资产原价 3.86 亿元，固定资产净值年平均余额 2.54 亿元，流动资产净值年平均余额 3.64 亿元，全部从业人员年平均人数 7873 人。

2005 年，全市规模以上集体企业 3 个，现价工业总产值 2.78 亿元，产品销售收入 5.55 亿元，税金及附加 422 万元，利税总额 0.57 亿元，利润总额 0.28 亿元，工业增加值 2.01 亿元，固定资产原价 0.71 亿元，固定资产净值年平均余额 0.57 亿元，流动资产净值年平均余额 1.27 亿元，全部从业人员年平均人数 825 人。

2010 年，全市规模以上集

体企业 1 个，现价工业总产值 2.3 亿元，主营业务收入 2.2 亿元，税金及附加 865 万元，利税总额 0.21 亿元，利润总额 0.1 亿元，工业增加值 0.56 亿元，资产合计 1.64 亿元，流动资产平均余额 0.58 亿元。

2013 年，全市规模以上集体经济企业 1 个，现价工业总产值 3.33 亿元，主营业务收入 3.17 亿元，税金及附加 0.03 亿元，利税总额 4.97 亿元，利润总额 0.31 亿元，工业增加值 1.03 亿元，资产合计 0.22 亿元，流动资产平均余额 0.09 亿元。

2015 年，全市规模以上集体企业 1 个，现价工业总产值 4.48 亿元，主营业务收入 4.45 亿元，税金及附加 1012 万元，利润总额 2024 万元，流动资产合计 1012 万元。

2017 年，全市规模以上集体企业 1 个，现价工业总产值 2798 万元，主营业务收入 1970 万元，税金及附加 288 万元，利润总额 −854 万元，流动资产合计 587 万元。

（四）乡镇企业

1. 乡镇办企业

新中国成立后，随着生产发展和群众生活需求增长，大部分村庄就地取材，建立磨坊、粉坊、油坊、豆腐坊等手工作坊以及条编、红炉、木器、砖瓦、建筑等作业队组。铁木厂、运输队、建筑社等企业逐步普及到各人民公社和部分生产大队。

党的十一届三中全会后，乡镇企业异军突起，迅速发展，形成以工业为主体，建筑业、交通运输业、商业全面发展的乡镇企业体系。至 1987 年，全市有乡镇企业 13129 处，其中乡镇（街道）261 处，从业人员 129056 人，固定资产原值 33168 万元，企业总收入 83060 万元，企业总产值 104332 万元，实现利润总额 10238 万元，向国家交纳税金 3123 万元。

1987 年以来，胶州乡镇企业不断加快推进农村工业化进程，强化科技创新能力，提升产业结构水平，加快企业机制创新步伐，积极实施园区带动战略，使乡镇企业总体经济实力不断壮大，发展后劲不断增强，成为全市工业经济的重要支柱和财政收入重要来源。

1993 年，乡镇企业 212 家，现价总产值 27.3 亿元，现价销售产值 26.22 亿元，产品销售收入 17.91 亿元，税金及附加 0.82 亿元，利润总额 1.27 亿元，工业增加值 5.69 亿元，固定资产原值 7.54 亿元，流动资产平均余额 8.08 亿元，固定资产净值平均余额 5.15 亿元，全部职工平均人数 36637 人。

1995 年—1996 年，乡镇企业改制全面铺开，胶州市政府成立专门改制领导小组，市体制改革办公室负责全面指导，对镇村两级集体企业采取股份制、出售、嫁接、兼并、租赁等方式，进行以产权制度为核心的经济体制改革。股份制改制企业则以建立现代企业制度为目标，按照"产权分明、权责明确、政企分开、管理科学"十六字方针，把原先厂长改为董事长、总经理，成立公司董事会、监事会，逐步建立和完善公司法人制度、组织制度和现代企业管理制度。

1995 年，全市有乡镇企业 259 家，产品销售收入 22.66 亿元，税金及附加 0.14 亿元，利润总额 1.24 亿元，应交增值税 0.95 亿元，工业增加值 8.39 亿元，固定资产原值 9.67 亿元，流动资产平均余额 6.99 亿元，固定资产平均余额 10.77 亿元，全部职工年平均人数 36837 人。

1997 年，全市有乡镇企业 196 个，现价工业总产值 42.49 亿元，产品销售收入 30.58 亿元，利税总额 2.35 亿元，利润总额 1.19 亿元，工业增加值 12.16 亿元，固定资产净值年平均余额 11.54 亿元，流动资产净值年平均余额 14.72 亿元，全部职工年平均人数 35314 人。年内，在经过大面积改制基础上，针对改制企业中存在"穿新靴、走老路""新瓶装旧酒"问题，提出"回头看、抓两面"改制方针，即对已改制不规范企业回过头重新进行梳理。一手抓改制，一手抓规范，解决改制过程中的深层次矛盾和问题。

2003 年，胶州市继续深化企业改革，以建立现代企业制度、规范运营机制、加快劣势企业退出市场为主要内容，采取股份制改造、出售、拍卖、租赁、嫁接、兼并、破产等各种有效形式，深化和完善企业各项改革，完成产权制度改革。市、镇、村三级企业中，进行产权制度改革企业 921 家，占全市应改制企业总数的 98.2%，其中，村镇企业 873 家，占应改制企业 98%。年内全市规模以上乡镇企业 145 家，现价工业总产值 156.35 亿元，产品销售收入 107.53 亿元，利税合计 6.03 亿元，利润总额 3.13 亿元，工业增加值 43.03 亿元。

"十五"期间，乡镇企业重点在工业发展布局、企业组织结构和行业产品结构方面进行调整。由劳动密集型逐步向高新技术与劳动密集型结合类型调整。农村劳动力就业人数增加到 28 万人。2005 年，乡镇工业总产值增加到 318 亿元，工业增加值增加到 78.7 亿元，工业利税增加到 17.8 亿元。初步形成以铁塔、通讯电缆、锅炉、阀门等为主的机械工业产业链；以染料中间体、橡胶等系列产品为主的化学、医药工业产业链；以服装加工、工艺刺绣制品、假发、日用玻璃、玩具等系列产品为主的轻纺工业产业链；以新型墙体材料、石材等系列产品为主的建筑、建材产业链；以海产品、食品为主的农副产品加工产业链。2005 年以后，乡镇企业纳入全市民营经济统计范畴，不再单独进行统计。

2. 村及村以下企业

胶州村办集体工业始于 20 世纪 50 年代。截至 1987 年，村办集体企业有 4108 个，从业人员 21706 名，固定资产原值 2624 万元，工业总产值 13441 万元，利润 1789 万元。

1992 年，村及村以下工业企业完成工业总产值 247140 万元，工业企业利润总额 11019 万元。年内，村办集体工业开始逐步进行出售改制，改为股份制、股份合作制或私营企业。

1994 年，村办工业有 906 处，人数 37991 人，工业总产值 34.74 亿元，营业收入 31.16 亿元，营业税金及附加 0.14 亿元，应交增值税 1.26 亿元，利润总额 2.52 亿元，固定资产原值 7.53 亿元，平均固定资产净值 5.65 亿元，流动资产合计 5.39 亿元。村以下工业企业 18992 个，人数 78148 人，工业总产值 23.36 亿元，营业收入 22.95 亿元，营业税及附加 720 万元，应交增值税 0.72 亿元，利税总额 1.88 亿元，固定资产原值 2.98 亿元。

1997 年，村办企业实现现价工业总产值 33.57 亿元，产品销售收入 26.63 亿元，利税总额 2.11 亿元，利润总额 1.31 亿元。村以下工业企业实现现价工业总产值 47.35 亿元，产品销售收入 35.68 亿元，利税总额 2.19 亿元，利润总额 1.24 亿元。

1998 年以后，产值在 500 万以下企业和村及村以下企业不再明确统计。

（五）个体私营企业

党的十一届三中全会后，胶州个体私营经济发展迅速。1987 年以来，胶州市委、市政府先后提出"252"发展计划（个体户工商户总户数达到 2 万户，从业人员 5 万人，税收 2000 万元）和"363"发展计划（个体户工商户总户数达到 3 万户，从业人员 6 万人，税收 3000 万元），个私经济出现超常规、跳跃式发展局面。

1998 年，全市限额以上个体私营企业 20 个，现价工业总产值 2.53 亿元，产品销售收入 1.83 亿元，税金及附加 0.03 亿元，利税总额 0.21 亿元，利润总额 0.09 亿元，工业增加值 0.85 亿元，固定资产原价 2.06 亿元，固定资产净值年平均余额 0.41 亿元，流动资产净值年平均余额 0.715 亿元，全部从业人员年平均人数 2664 人。

"十五"期间，个体私营经济加快市场培育和发展，优化经济结构和布局，突出规模优势和园区效应，提高科技含量、附加值和经济效益，整体规模和实力在全市经济总量中比重进一步加大。2005 年，胶州市个体工商户总量达 4 万户，注册资金达 2 亿元，从业人员达 8 万人；私营企业总量达 3500 户，注册资金达 15 亿元，从业人员达 3 万人。个体、私营经济实现产值、营业收入分别达到 30 亿元和 40 亿元，完成税收达到 2.5 亿元。

2007 年，胶州市大力实施对外开放、民营经济双轮驱动战略，把握民营经济培育、助长、扶强主线，民营经济发展呈现出速度快、质量高、效益好的良好态势。胶州市在 2007 年被评为"全省发展中小企业先进市"，全市民营经济工商登记注册户达到 3.65 万户，其中民营企业 5637 家，工商注册资本金 118.1 亿元。规模以上私营企业 236 家，现价工业总产值 400.47 亿元，产品销售收入 252.57 亿元，税金及附加 9.67 亿元，利税总额 43.8 亿元，利润总额 13.89 亿元，工业增加值 88.11 亿元，固定资产原价 28.96 亿元，固定资产净值年平

均余额 31.54 亿元，流动资产净值年平均余额 60.70 亿元，

2009 年，胶州市民营经济发展围绕"一个目标、三个定位"发展思路，全年实现民营经济增加值 299.3 亿元，民营经济税收 19.3 亿元，进出口总额 12.1 亿美元，出口额达 9.8 亿美元，民营固定资产投资 257.5 亿元，全市民营经济工商登记注册户累计达到 4.5 万户，工商注册资本金总计 136.5 亿元，登记从业人员总计 22 万人。

2010 年，胶州市民营经济工商登记注册户达到 43283 户，工商注册资本金总计 167.7 亿元，登记从业人员 18.4 万人，实现民营经济增加值 324 亿元，民营经济税收 24.3 亿元，进出口总额 10.5 亿美元，出口额达 9.2 亿美元，民营固定资产投资 270 亿元。全市涌现出中云塑料机械、胶西农产品加工、铺集减速机等 9 个初具规模、经济活力强的特色产业基地。其中，中云塑料机械制造业成为江北最大生产基地，被评为青岛市特色产业基地；胶东辣椒市场被评为全国农产品加工创业基地；李哥庄镇制帽加工业先后被评为青岛市特色产业基地、山东省制帽产业基地和"中国制帽之乡"。

2011 年，胶州市注册各类企业总量达到 11299 家。2013 年，全市有个体工商户 48974

户，注册企业达到 1.5 万家，其中民营企业 13315 户。

（六）"三资"企业

胶州境内"三资"企业按照登记注册类型区分主要包括港澳台商独资经营企业、港澳台商合资经营企业、港澳台商合作经营企业、外商独资经营企业、中外合资经营企业、中外合作经营企业。

1990 年 11 月 7 日，投资 200 万美元建成的韩国独资企业——青岛清福食品有限公司在营房镇落户，主要生产冷面、汤面、粉条、调味品等，产品销往韩国、日本、美国等，为胶州境内首家独资企业。随后全市积极实施"外向带动""工业园区拉动"战略，外向型经济迅猛发展。1992 年 4 月，胶州市经济技术开发区成立，同年被山东省人民政府批准为省级开发区，规划面积 12.7 平方千米。1993 年，全市新批准利用外资项目 127 个，嫁接改造老企业 65 处，合同利用外资 1.09 亿美元，出口商品收购总值 14.1 亿元；自营进出口创汇 200 多万美元，实现边境贸易额 2000 万瑞士法郎，对外承包工程 208 万美元。

1995 年以来，全市坚持园区布局团地化、园区投入多元化、园区发展责任化，不断创

新办园方式，大力推行政府办园、企业办园、外商办园等多种模式，多元化投入，市场化运作，着力提升园区建设档次，全力构筑招商引资新高地。

1999年，胶州湾工业园建立，面积0.96平方千米，实现当年建园、当年规划、当年填满。2000年，按照"缩短战线、集中投入、滚动开发、扩大成果"思路，果断调整开放区域布局，变分散为整合，重点开发建设以海尔大道为轴心的"一区八园一长廊"，快速启动韩国、日本等3个专业园，带动乡乡镇镇都办园。2002年，本着"高起点、大规模、外向型、新机制"原则，对海尔大道两侧5处重点园区进行统一整合，形成30平方千米工业新区。为提升园区档次和水平，年底规划建设5平方千米的新工业园、13平方千米的胶州湾物流工业园以及5平方千米的纺织工业园。全市工业园发展到25个，形成东部工业区、市办工业园、镇村工业园联动发展，韩国、日本工业园特色集聚，海尔、澳柯玛等产业园包片开发园区的经济发展格局。园区开发建成面积达69平方千米，基础设施投入18亿元，厂房建筑面积580万平方米。全市80%以上项目落户园区，安置劳动力就业18万人，年增加职工收入近11亿元，成为全市工业发展、招商引资的重要载体。北关工业园等4家工业园被命名为省级示范园；李哥庄工业园等4家工业园被命名为国家级示范园。

2003年，全市有港、澳、台投资企业28个，外商投资企业112个。2005年，全市引进外商投资项目375个，合同利用外资13.07亿美元，实际利用外资4.94亿美元，同比增长9.3%，实现到账外资1.82亿美元，增长80.7%。其中，全市批准500万美元以上外资项目24个，合同外资1.74亿美元，亚洲国家地区投资占主导地位。全市合同利用韩国、日本、中国香港、美国、中国台湾资金分居投资国家（地区）前5位。

2013年，胶州市参加全市外商投资企业联合年检企业629家，新批准47家，注册资本23.3亿美元，实收资本18.9亿美元，全年进出口总额35.7亿美元，从业人数65828人。年内规模以上外商、港澳台投资企业237个，现价工业总产值463.2亿元，主营业务收入464.80亿元，税金及附加6.56亿元，利税总额53.36亿元，利润总额28.63亿元，工业增加值111.39亿元，资产合计244.51亿元，流动资产平均余额148.95亿元。

2015年，胶州市规模以上外商、港澳台投资企业221个，现价工业总产值537.4亿元，主营业务收入534.2亿元，税金及附加7.89亿元，利润总额34.51亿元，流动资产合计148.4亿元。

2017年，胶州市规模以上外商、港澳台投资企业198个，现价工业总产值556.2亿元，主营业务收入391.7亿元，税金及附加4.7亿元，利润总额20.56亿元，流动资产合计150亿元。

（七）工业体制改革

胶州市工业体制改革始于1983年，开始在乡镇（街道）企业中推行招标承包责任制，在县属企业中实行厂长承包责任制。1986年，正式实行厂长负责制。1992年，开始进行工业体制改革试点，探索股份制和股份合作制试点。1993年4月，按照"先出售后改制"的改革思路狠抓工业体制改革，胶州市工贸总公司、青岛石油机械厂、青岛电控设备厂、青岛第二轴承厂、胶州市铸钢厂进行分立改制。1994年5月，青岛炭黑厂改制为青岛振亚炭黑集团公司，部分嫁接改为青岛德固赛化学公司，青岛金属结构厂改制为青岛三联金属结构集团公司，青岛电站辅机厂改制为青岛电站辅机有限公司，青岛酒厂改制为青岛酒厂有限公司,青岛电力设备厂改制为青岛华泰电力设备有限公司,青岛精锻齿轮厂改制为青岛三星精锻齿轮有限公司改为股份有限公司,胶州建材工业公司改制为青岛长城建材集团公司。9月,青岛减速机厂改制为青岛昌盛机械制造有限公司,胶州市化工厂改制为青岛白玉化工有限公司(股份有限公司)。12月,青岛皮件四厂、胶州水泥二厂、青岛振华服装厂分别改制为青岛皮件四厂(股份合作制企业)、青岛鲁东建材有限公司、青岛振华服装有限公司。同年,胶州市委、市政府研究制定《关于理顺产权关系深化企业改革的意见》等16个政策性文件,从明晰产权、转换机制入手,提出以嫁接改造为首选形式,拍卖、兼并、租赁、组建集团等多种形式并举的企业改革思路,推进工业企业、流通企业和建安企业的产权制度改革工作。全市1023家企业进行了不同形式的改革。

1995年1月,青岛锅炉辅机厂改制为青岛富吉集团公司,成为股份制企业。12月,青岛第二农药厂改制为青岛双收农药股份有限公司,成为有限公司。1997年3月,青岛第二味精厂破产;青岛静电植绒厂破产后组建奥特电子公司。

1998年4月,胶州市造纸厂分立改制,青岛电容器厂分立

改制为奥特电子公司。7月,胶州市化肥厂对外租赁;12月,青岛环球服装厂改制为青岛环球服装有限公司,成为股份有限公司。年内,全市1124家企业中,有749家企业进行了不同形式的改制,占总数的68.3%。全市限额以上股份合作企业达13个,现价工业总产值4.94亿元,产品销售收入4亿元,税金及附加0.013亿元,利税总额0.38亿元,利润总额0.17亿元,工业增加值1.33亿元,固定资产原价0.53亿元,固定资产净值年平均余额1.38亿元,流动资产净值年平均余额2.91亿元,全部从业人员年平均人数4272人。

2001年8月—2004年12月,青岛富吉集团股份有限公司改制为青岛青力锅炉有限公司,青岛青力环保设备厂改制为青岛青力环保设备有限公司,青岛开关厂改制为青岛普天电器有限公司,胶州市印刷厂改制为青岛鑫胶印刷有限公司,青岛毛毡制品厂改制为青岛德一毛毡制品有限公司,胶州市乡镇企业局供销公司改制为青岛九州金属材料有限公司。胶州市化肥厂破产后,由胶南化肥厂购买并新组建青岛恒祥化肥有限公司,青岛电站辅机厂改制为青岛艾博环保设备有限公司,青岛皮件四厂和省皮革公司组成了青岛锦华皮革有限公司。青岛大海绣品有限公司

是新成立的个体私营企业,胶州市东华工贸有限公司是军队交接地方后成立的管理机构。

2003年,全市规模以上股份合作企业9个,实现现价工业总产值3.81亿元,产品销售收入2.69亿元,税金及附加93万元,利税总额0.19亿元,利润总额767万元,工业增加值1.03亿元,固定资产原价0.54亿元,固定资产净值年平均余额0.38亿元,流动资产净值年平均余额0.92亿元,全部工业人员年平均人数1471人。

2004年,胶州市完成工业企业出售改制。年内全市规模以上股份合作企业12个,现价工业总产值9.79亿元,产品销售收入10.89亿元,税金及附加516万元,利税总额0.55亿元,利润总额0.32亿元,工业增加值2.85亿元,固定资产原价2.06亿元,固定资产净值年平均余额1.47亿元,流动资产净值年平均余额1.47亿元,全部从业人员年平均人数2818人。

2010年,全市规模以上股份制经济企业542家,现价工业总产值743.9亿元,主营业务收入726.25亿元,税金及附加20.39亿元,利税总额114.15亿元,利润总额58.2亿元,工业增加值182.53亿元,资产合计263.83亿元,流动资产平均余额124.62亿元。规模以上股份合作经济企业2家,

现价工业总产值 0.83 亿元，主营业务收入 0.81 亿元，税金及附加 1372 万元，利税总额 0.14 亿元，利润总额 663 万元，工业增加值 0.2 亿元，资产合计 0.35 亿元，流动资产平均余额 0.36 亿元。

2013 年，全市规模以上股份制经济企业 494 家，现价工业总产值 1215.93 亿元，主营业务收入 1157.36 亿元，税金及附加 19.26 亿元，利税总额 164.72 亿元，利润总额 86.99 亿元，工业增加值 270.82 亿元，资产合计 423.8 亿元，流动资产平均余额 215 亿元。规模以上股份合作经济企业 3 个，现价工业总产值 7.39 亿元，主营收入 6.91 亿元，税金及附加 0.12 亿元，利税总额 0.97 亿元，利润总额 0.43 亿元，工业增加值 1.14 亿元，固定资产合计 1.29 亿元，流动资产净值年平均余额 0.32 亿元。

2015 年，全市规模以上股份制企业 693 家，现价工业总产值 2020.2 亿元，主营业务收入 1976.8 亿元，税金及附加 35.35 亿元，利润总额 135.47 亿元，流动资产合计 294.6 亿元。

2017 年，全市规模以上股份制企业 692 家，现价工业总产值 2063.9 亿元，主营业务收

表1 　　　　　　　　　　胶州市国有工业企业出售改制明细表　　　　　　　　　单位：万元

企业名称	基准日	评估			可出售净资产
		资产	负债	净资产	
青岛双收农药股份有限公司	1995.12	7693	5502	2191	2153
青岛三联金属结构有限公司	1997.5	10100	7084	3016	1220
青岛酒厂有限公司	2001.8	2737	3768	−1030	0
青岛三星精锻齿轮有限公司	2004.5	5875	9377	−3372	0

表2 　　　　　1994 年—2000 年胶州市市属集体所有制工业企业出售改制明细表　　　　　单位：万元

企业名称	基准日	评估			可出售净资产	出让价格
		资产	负债	净资产		
青岛富吉锅炉辅机股份有限公司	1994.5	11341	5315	6026	1002	1002
胶州市昌盛机械制造股份有限公司	1994.6	2424	1869	555	340	340
青岛白玉化工有限公司	1994.9	1636	1035	601	277	277
青岛普天电器有限公司	1994.10	1864	893	971		
青岛环球服装有限公司	1994.12	2427	1508	919	155	155
青岛鲁东建材有限公司	1994.12	3182	3086	96	3	3
青岛艾博环保设备有限公司	1995.3	4605	4342	263	263	
青岛鑫胶印刷有限公司	1995.4	526	346	180	0	0
青岛振华服装有限公司	1998.12	2308	1855	453	41	41
青岛华泰电力设备有限公司	2000.01	2189	1747	442	152	152
青岛德一毛毡有限公司	2000.8	116	330	−214	0	0

表3   2000 年—2009 年胶州市破产工业企业明细表   单位：万元

企业名称	基准日	评 估			可出售净资产	企业性质
		资产	负债	净资产		
胶州市造纸厂	2000.8	596	3192	−2596	0	国有
青岛石油机械厂	2001.1	8079	4192	−3387	0	集体
青岛皮鞋三厂	2001.3	266	2258	−1992	0	集体
胶州市化肥厂	2001.4	2539	12568	−10029	0	国有
青岛富吉锅炉辅机股份有限公司	2001.5	707	3661	−2954	0	国有
青岛富吉机电设备制造集团公司	2001.5	790	7029	−6239	0	国有
青岛第二轴承厂	2001.12	489	865	−376	0	集体
青岛鲁东建材有限公司	2002.3	1286	4409	−3123	0	集体
胶州市氧气厂	2002.3	218	255	−37	0	集体
青岛新亚工艺品厂	2002.3	302	4279	−3977	0	集体
胶州市棉纺织厂	2002.4	543	7209	−6666	0	集体
青岛电容器厂	2002.4	107	1357	−1250	0	集体
青岛第十木器厂	2002.4	26	363	−337	0	集体
青岛皮件四厂	2002.9	646	2478	−1832	0	集体
青岛开关厂	2002.11	671	1648	−977	0	集体
青岛青力铸钢厂	2002.11	252	1816	−1564	0	国有
青岛辰华服装服饰有限公司	2004.12	80	1909	−1829	0	集体
青岛精锻齿轮厂	2005.4	204	5222	−5018	0	国有
青岛华盛绣花制衣有限公司	2005.12	204	226	−22	0	集体
青岛长城建材集团公司	2009.10	2306	4370	−2064	0	集体
胶州市建材工业供销公司	2009.10				0	集体
青岛华夏陶瓷有限公司	2009.10	591	1923	−1332	0	集体

表4   1988 年—1994 年胶州市并购企业一览表

时 间	被并购企业	收购企业
1988.6	胶州市轴承厂	青岛石油机械厂
1988.8	胶州市轻工展销部	青岛环球服装厂
1989.10	胶州市电控设备厂	青岛三联金属结构集团公司
1989.10	胶州市氧气厂	青岛三联金属结构集团公司
1991.1	胶州市铸钢厂	青岛锅炉富吉集团公司
1991.7	胶州市磷肥厂	青岛第二农药厂
1991.10	胶州市陶瓷厂	胶州市水泥二厂
1993.4	青岛橡胶制品八厂	青岛振亚炭黑集团
1994.9	胶州市砖瓦厂	胶州市水泥一厂
1994.10	青岛汇丰酿造厂	青岛振亚炭黑集团

入 1448.7 亿元，税金及附加 21.46 亿元，利润总额 92.76 亿元，流动资产合计 356.8 亿元。

三、工业产业门类

1987 年以来，全市坚持"工业立市"方针，以工业园区为载体，以重点项目为抓手，按照改造传统产业、培植壮大支柱产业、加快发展新兴产业的思路，加大结构调整力度，成为胶东半岛重要加工制造基地。2003 年，先后建立皮革城、电子工业园、农副产品加工区、纺织染整工业园等一批专业特色园区，促进产业项目集聚发展，培育形成以机械、电子、化工、纺织、轻工、建材、食品等七大支柱行业为主的工业体系，形成金属结构、皮革制鞋、电子制造、农副产品加工业四大主导产业，培育开发汽车配件、皮革服装、新型建材、绿色食品、大口径直缝焊管、复合不锈钢、染料中间体、医药中间体、耐克运动鞋、各类铁塔十大重点产品。机械行业被国家确定为五大生产基地县之一，德固赛、拉法基、现代、日棉、艾默生等 9 家世界 500 强企业以及海尔、澳柯玛、中集等国内外知名企业均在胶州投资办厂。

2008 年，胶州市委、市政府确定"企业发展年"。全市发展壮大机械装备、服装鞋帽、

食品加工以及木器家具四大制造业集群，产值占工业总产值比重达 67%，荣获"全国食品工业强市"称号。

2012 年后，胶州市委、市政府确定打造"1 + 7 产业链"（家电、冷链、数字化装备、锅炉及辅机、风电、金属结构制造和生物医药）等百亿级产业集群，形成千亿级高科技机电产业链。

2016 年，胶州市委、市政府实施先进制造业"8 + 6"计划，培育提升智能装备、新一代信息技术、新材料、生物医药、汽车制造、节能环保、航空制造与维修、海洋装备八大新兴领域，转型升级铁塔与钢结构、食品加工、汽车零部件、木器家具、锅炉及辅机、电力电气六大传统产业，积极构建现代产业发展格局。

（一）产业结构

1987 年，胶州有市直工业企业 123 个，形成以机械、化工、建材、纺织、食品、缝纫等为主的 10 余个行业门类。胶州市是全省 5 个机械行业重点县（市）之一，锅炉辅机类产品生产能力占全国定点厂生产能力的四分之一，用户遍及 28 个省、市、自治区。引进 3 万吨炭黑生产线，为国家"七五"计划期间重点建设项目，投产后为

全国最大炭黑生产基地。化工行业的胱胺酸、碳酸钡、化学农药等产品远销日本、德国等 7 个国家和地区，深受用户欢迎。轻工行业的服装、皮鞋、球帽、发制品等远销 20 多个国家和地区。食品行业的"牧城牌"全脂速溶奶粉连续 3 次获部优产品，并连续 4 年被评为全省同行业质量第 1 名。

2004 年，胶州市加大对汽车及造船、电子家电、锅炉辅机、食品加工、轻工纺织、钢结构六大支柱产业，四洲电力、东方铁塔、精细化工、大明皮革、艾默生、世原等 40 家全市重点企业，大洋集团、品品好粮油等重点农产品加工龙头企业的扶持力度，产业档次不断提升，企业规模不断膨胀。

2005 年，全市工业以建设四大产业基地，发展汽车及造船、电子家电、锅炉辅机、食品加工、轻工纺织、钢结构产业集群，打造半岛制造业加工基地为依托，加快结构调整步伐，产出总量再上新台阶。全市工业企业完成工业总产值 564 亿元，工业增加值 160.6 亿元，销售收入 624 亿元，利税 60.8 亿元，利润 27.2 亿元。

2011 年，机械装备制造业、服装鞋帽制造业、食品加工制造业以及木器家具制造业四大制造业集群迅猛发展。四大优势制造业从产品结构、创新机

制、市场战略等多方寻求突破，延伸产业链条，加快产业升级步伐。

2013 年，胶州市千亿级高科技机电产业链（"1＋7 产业链"）有机电企业（含生物医药企业）363 家，占规模以上工业企业总数的 41.6%。全年实现工业总产值 996.9 亿元，增长 18.9%，占规模以上工业总产值的 46.9%。

2017 年，全市培育提升智能装备、新一代信息技术、新材料、生物医药、汽车制造、节能环保、航空制造与维修、海洋装备八大新兴领域，转型升级铁塔与钢结构、食品加工、汽车零部件、木器家具、锅炉及辅机、电力电气六大传统产业。"8＋6"产业完成工业总产值 1647.9 亿元，占规模以上工业总产值的 62.7%。

（二）主要工业产业

1. 智能装备领域

胶州市规模以上智能装备工业企业有 59 家，2017 年实现工业总产值 215.5 亿元，增长 15.4%。龙头企业有青岛海尔（胶州）空调器有限公司、海洋世纪（青岛）精密制品有限公司、尼得科电机（青岛）有限公司、阿斯科（中国）电机技术有限公司、青岛长宏光电科技有限公司、青岛锦富光电有限公司等。青岛海尔（胶州）空调器有限公司主要生产无氟变频、高效能高端空调；海洋世纪（青岛）精密制品有限公司主要生产精密金属冲压制品以及相关模具和电路板，除满足海尔空调全系列家电金属冲压制品需求外，还面向社会与国内外众多客商建立广泛的合作关系；尼得科电机（青岛）有限公司和阿斯科（中国）电机技术有限公司均为家电电机国际知名生产企业；长宏光电和锦富光电生产液晶显示器背光模组用扩散膜、扩散板等高性能复合材料、高分子材料，为海尔、海信、LG、三星等公司提供产品。

2. 汽车制造领域

胶州市规模以上汽车制造企业 4 家，2017 年实现工业总产值 17.4 亿元，增长 12.6%。龙头企业有青岛中集冷藏运输设备有限公司、青岛奥扬科技有限公司、青岛索尔汽车有限公司。青岛中集冷藏运输设备有限公司制造并销售各类冷藏、保温和其他运输设备及其配件，并提供上述产品相关的技术服务和维修，主打产品为冷藏半挂车；青岛奥扬科技有限公司主要生产电力作业自卸车、半挂车等车型；青岛索尔汽车有限公司主要生产老爷车、婚庆车，并与奔驰集团合作做车内装饰。

3. 节能环保领域

胶州市规模以上节能环保工业企业有 67 家，2017 年实现工业总产值 243.5 亿元，增长 15.6%。龙头企业有青岛软控机电工程有限公司、青岛达能环保设备股份有限公司等。青岛软控机电工程有限公司是青岛软控股份有限公司在胶东街道投资建设的集先进橡胶装备研发、制造于一体的国内最大的橡胶机械装备制造基地，在世界同行业中位居第二，公司还建有亚洲最高水平的物料输送和配料实验室；青岛达能环保设备股份有限公司主要生产电厂锅炉灰渣处理系统、烟气余热回收利用系统等电站辅机设备，具备年产值 10 亿元的生产能力，主打产品鳞斗干渣机节能环保特点显著，经青岛

青岛达能环保设备有限公司
于 2017 年获得国家科学技术进步奖

市经信委、科技局及国家电力规划设计院三方联合鉴定，各项技术指标均明显高于国际同类产品，达到国际领先水平，全国市场占有率34%，排名国内第一，2017年获评国家工业品牌培育示范企业，荣获国家科技进步二等奖。

4.生物医药领域

胶州市规模以上生物医药工业企业有36家，2017年实现工业总产值69.6亿元，增长7.2%。龙头企业有青岛中达农业科技有限公司、青岛康原药业有限公司、青岛永盛医用高分子器材有限公司、青岛中仁药业有限公司、青岛黄海生物制药有限责任公司等。青岛中达农业科技有限公司是农业部、化工部审定的农药定点生产企业；青岛康原药业有限公司是从尿液及其他基础原料做到精品原料药及制剂的生物医药企业，主要产品为从孕妇尿液中提取的绒促性素（HCG）、从男尿中提取的尿激酶（UK）、从猪小肠粘膜中提取的肝素钠等；青岛永盛医用高分子器材有限公司于2001年4月经国家药监局批准成立，是青岛市唯一一家生产一次性使用无菌输液器、注射器的专业企业；青岛中仁药业有限公司是一家以高科技为依托，集科研、开发、生产、销售、服务于一体的现代化制药企业，主要生产畜、禽、水产等四大系列兽药产品；青岛黄海生物制药有限责任公司是青岛市综合性专业制剂的龙头企业，是海藻酸钠（药用级）等产品的专业生产加工企业。

5.新一代信息技术领域

胶州市规模以上新一代信息技术工业企业有11家，2016年实现工业总产值24.3亿元，增长14.1%。龙头企业有青岛高广电子有限公司、青岛格仕特电子有限公司、青岛盈佳电子有限公司。青岛高广电子有限公司主要经营电子设备配件、厨房电子产品等；青岛格仕特电子有限公司是格仕特集团的子公司之一，包括香港格仕特、深圳格仕特、浙江格仕特、青岛格仕特，青岛格仕特主要是海尔微波炉、海信平板电视的供货商，主要经营板材等；青岛盈佳电子有限公司主营精密工装治具、夹具、家电、汽车塑料件、冲压件及其他产品塑料件、冲压件的成型，电子、汽车产品的组装，是日本高科技电子、日本松下电子、北汽新能源、意大利三维电子、潍坊歌尔声学、青岛海信电器等企业配套生产企业；青岛利旺精密科技有限公司投资30亿元，计划引进先进设备5000台，主要生产电子产品金属配件，公司达产后，将带动当地相关产业的发展和解决劳动力就业岗位2000多个，实现税收10亿元。

6.新材料领域

胶州市规模以上新材料工业企业有17家，2017年实现工业总产值55.1亿元，增长27%。龙头企业有青岛长宏光电科技有限公司、青岛海尔新材料研发有限公司。青岛长宏光电科技有限公司是台湾华宏集团于2010年12月在胶州市投资成立的台商独资企业，以生产液晶显示器背光模组用扩散膜、扩散板等材料之研发、制造及销售为主的新型工厂；青岛海尔新材料研发有限公司成立于2001年4月，位于海尔工业园区内，主要对高性能专用工程塑料、特殊性能改性工程塑料、纳米新材料等产品进行研发、生产和销售，公司引进世界先进水平挤出生产线和全自动物料配比、捏合、输送系统,自动包装线,实现从输料、混料、挤出、包装、码垛各道工序完全自动化生产，年生产能力12万吨；青岛海士豪塑胶有限公司主要从事塑胶技术研发，生产销售塑料型材，模具、汽车钣金加工、销售，公司塑胶产品的生产能力为山东省第二，连续多年被海尔集团评为金牌供应商，2017年启动了新材料智能工厂项目，竣工投产后将进一步提升公司产品竞争力和市场占有率，打造家电配套行业智能化示范工厂。

7. 锅炉及辅机产业集群

胶州市规模以上锅炉及辅机工业企业有 48 家，2017 年实现工业总产值 170.8 亿元，龙头企业有阿法拉伐（青岛）工业有限公司、青岛凯能锅炉设备有限公司、青岛德固特节能装备股份有限公司等。阿法拉伐（青岛）工业有限公司是由世界 500 强瑞典阿法拉伐集团投资成立，主要从事船用辅锅炉的全套设备、热交换器、压力容器和相关设备及零配件的工程设计、生产、销售及服务，公司成立以来，先后 8 次增资扩建，逐步发展成为全球最大的船用锅炉制造商，市场份额占全球 50% 以上，阿法拉伐集团将其欧洲锅炉生产业务整合到极具成本效益的胶州工厂，顺利实现电加热器生产线转移，进而引进燃烧器、控制箱等其他锅炉配套产品的组装生产线；青岛凯能锅炉设备有限公司主营产品包括矿热炉预热锅炉、发电机组预热锅炉、电厂低温省煤器、船用锅炉等；青岛德固特节能装备股份有限公司是化工装备及设备制造的专业厂家，拥有国家 A1/A2 类压力容器设计与制造资质，并同时取得美国 ASME "U"（动力锅炉）及 "S"（压力容器）资质认证，产品涉及化工、石油、电站装备、冶金等多个领域，产品出口至美国、日本、印度等多个国家和地区，已有 5 个产品获得国内首台（套）技术装备认定。

8. 电力电气产业集群

胶州市规模以上电力电气企业有 59 家，2017 年实现工业总产值 223.1 亿元，增长 6%。龙头企业有青岛豪迈电缆集团有限公司、山东高线输送设备有限公司、青岛胶州电缆有限公司、青岛金联铜业有限公司、青岛普天电器有限公司等。青岛豪迈电缆集团有限公司、山东高线输送设备有限公司和青岛胶州电缆有限公司主要产品是电力电缆、通讯电缆；青岛金联铜业有限公司主要生产铜牌、铝牌、铜铝过渡、铜软链接、铝软链接、异型铜排等，是全国唯一可以综合生产大型铜铝过渡、铜铝软链接，以及大型铜铝排的生产企业；青岛普天电器有限公司主要生产配电箱。

9. 铁塔与钢结构集群

胶州市规模以上铁塔与钢结构工业企业有 83 家，2017 年实现工业总产值 297.3 亿元，增长 4.0%。龙头企业有青岛东方铁塔股份有限公司、青岛汇金通电力设备股份有限公司、青岛天能重工股份有限公司、青岛海尔新材料研发有限公司、青岛武晓集团股份有限公司、青岛三联金属结构有限公司、中电装备青岛豪迈钢结构有限公司、山东杭萧钢构有限公司等。青岛东方铁塔股份有限公司主要生产广播电视塔、电厂和石化钢结构、电力塔、建筑钢结构、通讯塔等钢结构产品，公司年产各类钢结构 25 万吨以上；青岛汇金通电力设备股份有限公司主要生产制作电力输电塔、微波通讯塔等；青岛天

阿法拉伐（青岛）工业有限公司厂区鸟瞰图

能重工股份有限公司主要生产风力发电塔架设备；青岛三联金属结构有限公司以制造火力发电机组锅炉钢结构为主导产品，年加工能力6万多吨；中电装备青岛豪迈钢结构有限公司是国家电网公司装备公司全资子公司，从事1000千伏及以下输电线路铁塔的制造加工，年生产能力15万吨；山东杭萧钢构有限公司是浙江杭萧钢构股份有限公司在山东设立的全资子公司，主要生产轻钢结构及高层建筑钢结构，拥有钢结构专项设计乙级资质和壹级施工资质，各类型钢结构生产线8条，年生产能力5.5万吨；青岛武晓集团股份有限公司参建世界首座半潜式智能海上渔场，负责主体结构制造，采用海工式网架复式结构高精准的安装技术实现了26个巨型分段节点、13根超长立柱、7个大型浮体分段、6个顶部交叉梁、1个重数百吨的上层建筑的总装集成。

10. 食品加工产业集群

胶州市规模以上食品加工工业企业有97家，2017年实现工业总产值283.1亿元，增长10.3%。龙头企业有青岛柏兰集团有限公司、青岛维良食品有限公司、青岛巴子食品有限公司等。青岛柏兰集团有限公司充分利用胶州本地益都椒、大白菜产地的优势，形成了以芝麻系列、辣椒系列、调味品系列、腌渍菜系列为主导产品，其他农副产品为辅的经营局面；青岛维良食品有限公司是一家以面粉、挂面研制开发为主的现代化粮食加工企业，制粉设备系从瑞士布勒公司引进，采用国际最先进的制粉工艺和PLC自动控制系统，具有完善的配麦系统和配粉系统，化验设备从德国、瑞士引进，烘焙实验室和理化指标实验室设施齐全，技术水平一流，挂面生产线系国内最先进的生产设备。企业通过ISO9001国际质量体系认证、ISO22000食品安全管理体系认证、ISO14001环境管理体系认证、出口食品生产企业卫生注册。青岛巴子食品有限公司主要生产熏鸡、火腿、熏鱼等产品，先后荣获"胶州地方风味名吃"和"青岛名吃"的称号；青岛品品好粮油集团公司以生产经营食用植物油和专用小麦粉为主，公司先后荣获"全国食品工业优秀龙头企业""山东省农产品加工业示范企业""山东省民营食品企业发展实力30强"，是2008年奥帆赛唯一小麦粉供应商，被授予"全国民营科技发展贡献奖"，2017年获评青岛市消费品三品示范企业。

11. 汽车零部件集群

胶州市规模以上汽车零部件工业企业有40家，2017年实现工业总产值141.5亿元，增长16.7%。龙头企业有台励福机器设备（青岛）有限公司、青岛三星精锻齿轮有限公司等。台励福机器设备（青岛）有限公司的台励福CNC电脑冲床全系列产品自正式销售以来，两次荣获精密机械类主导性新产品称号，也是中国台湾唯一通过ISO认证并获得多项专利的高科技电脑冲床；青岛三星精锻齿轮有限公司是中国专业化精锻齿轮企业，主要产品有热精锻直齿锥齿轮、圆柱齿轮、螺旋伞齿轮和精密锻件四大系列，其中热精锻直齿锥齿轮年产量达250万件，共有200个品种，同时具有5万差速器，10万套变速器钢质同步齿环，1000吨精密模锻件的生产能力，产品已为汽车、摩托车、工程机械、农用车等行业的200余家企业配套；青岛张氏机械有限公司历时3年（2012年—2015年），投入研发费用400余万元，研发出了高档汽车后备箱用"丝杠"产品制造工艺，2015年投入1200余万元购置了日本先进设备，当年实现批量生产，年增销售收入2000余万元。通过"丝杠"产品，公司进入了奔驰、宝马等汽车零部件供应商名录，拿到了国际高端品牌汽车配件市场通行证。

12. 木器家具集群

胶州市规模以上木器家具工业企业有 64 家，2017 年实现工业总产值 156.1 亿元，增长 12.3%。龙头企业有青岛一木实木门有限公司、青岛联谊木业集团有限公司、青岛宏洋木业有限公司、青岛华谊家具有限公司。一木实木门有限公司隶属于青岛一木集团公司，以生产实木门、实木复合门为主，同时涵盖实木楼梯、整体衣柜、装饰垭口等整木家装产品，拥有七大系列 600 多种产品，在山东、江苏、山西、河北市场处于绝对领先地位；青岛联谊木业集团有限公司以生产实木地板、实木复合地板、三层复合地板、地热地板为主，在国外有充足的原料进货渠道，如美国、印度尼西亚、巴西、德国、俄罗斯、朝鲜等；青岛华谊家具有限公司积极开拓海外市场，在英国等国家申请专利 100 余项，公司自 2013 年起借助电商平台推广，2015 年签约京东，历时 3 年时间，电商销售额从 20 万增长到 1 个亿，在京东实木类家具中名列首位。

（三）重点企业选介

1. 青岛东方铁塔股份有限公司

青岛东方铁塔股份有限公司是胶州市钢结构协会名誉会长单位，公司总部地处胶州市胶北街道。公司是具有法人资格的股份制大型企业，其前身青岛东方铁塔公司始建于 1982 年，1996 年组建青岛东方铁塔集团有限公司，2000 年又改制为青岛东方铁塔股份有限公司。公司在青岛和苏州拥有 2 个大型钢结构生产基地，在北京、上海、广州、武汉、深圳、乌鲁木齐设有分支机构，国内主要省份也设有办事处。在青岛的生产基地占地 188 公顷，厂房面积 13 万平方米，拥有总资产 12.05 亿元，年生产能力可达 15 万吨，已形成完善的研、产、销经营体系。公司投资 4.5 亿元在苏州兴建的大型生产基地占地 168 公顷，厂房面积 11 万平方米，引进先进的 H 型钢生产线、箱型梁生产线、相贯线切割机等专业钢结构生产设备，年生产能力可达 10 万吨，于 2002 年投产，使公司的年总生产规模达 25 万吨。公司产品涉及石油化工、电力、广电、通信、建筑钢结构、市政等领域。钢结构部件的加工精度、镀锌质量、焊接质量、垂直度等指标均达到或超过国家标准，深受施工单位、建设单位和用户的好评。公司已于 2011 年初在深圳证券交易所中小板发行股票并上市，共募集资金 17.17 亿元，实现了胶州市企业上市"零"的突破。2013 年，实现主营业务收入 17 亿元。2015 年，实现主营业务收入 11.8 亿元。2017 年，实现主营业务收入 11.8 亿元。

2. 青岛软控机电有限公司

青岛软控机电有限公司位于胶东街道，2009 年 5 月成立，注册资金 1 亿元，是软控股份有限公司全资子公司，占地 37 公顷。建有中国最大、最先进

青岛软控装备产业园西厂区全景图

的轮胎数字化装备制造基地——装备产业园和亚洲一流高精度物料输送称量配料实验室，拥有多台大型精密加工设备和各类世界先进数控生产设备，完成各种高端橡胶装备产品加工、制造；采用世界先进运营管理体系，以项目信息流为中心，带动物流、资金流运作；设有自动化物流配送系统，实现物资高效率配送；创建"资源节约型、环境友好型"企业，采用先进地源热泵和燃气辐射技术满足公司供暖供凉需求，与传统工厂相比运营能耗节省30%以上，污染物排放减少40%以上。公司围绕橡胶轮胎行业，主要从事橡胶加工专用设备开发、生产、销售、安装、调试以及技术服务、咨询，经营本企业自有产品及技术出口业务和本企业所需机械设备、零配件、原辅材料及技术进口业务。主营产品保持国内市场占有率85%以上，出口20多个国家和地区。2013年，实现主营业务收入11.9亿元。2015年，实现产值14.7亿元。2017年，实现主营业务收入12.6亿元。

3. 青岛中集集团公司

青岛中集集团公司位于经济技术开发区，青岛中集冷藏箱制造有限公司、青岛中集特种冷藏设备有限公司和青岛中集冷藏运输设备有限公司隶属于中集集团，有员工2000人，是世界冷藏物流运输设备主力供应商。

（1）青岛中集冷藏箱制造有限公司。公司成立于1999年，总投资额4500万美元，注册资本3906万美元，公司核心业务是制造各类传统ISO标准冷藏集装箱，全球市场占有率超过30%，产销量位居世界第一。2013年，实现主营业务收入13.3亿元。2017年，实现主营业务收入14.3亿元。

（2）青岛特种冷藏设备有限公司。公司成立于2004年，投资2875万美元，注册资本1150万美元，设计产能为4000台/年，能生产不同尺寸、100多种规格的各种冷藏保温设备。2013年，实现主营业务收入8.6亿元。2017年，实现主营业务收入6亿元。

（3）青岛中集冷藏运输设备有限公司。公司于2008年11月正式投产，规划总投资9900万美元，一期投资4900万美元，一期注册资本2500万美元，经营范围为制造并销售各类冷藏、保温和其他运输设备及其配件，并提供上述产品相关技术服务和维修，主打产品为冷藏半挂车，相关产品技术水平国际领先。2013年，实现主营业务收入3亿元。2017年，实现主营业务收入4.3亿元。

4. 青岛海尔（胶州）空调器有限公司

海尔无氟变频空调胶州专业化创新基地是由海尔集团在胶州经济技术开发区投资兴建的样板化示范园，项目总投资30亿元，占地73公顷，规划建筑面积46万平方米。一期投资7亿元，兴建无氟变频高端空调及相关配套模块化生产企业及配套设施，规划建筑面积16万平方米，主要生产无氟变频、高效能高端空调。海尔无氟变频空调整机项目，总投资5亿元，占地6.67公顷，竣工8万平方米。2013年，实现主营业务收入20.3亿元。2015年，实现工业总产值23.7亿元。2017年，实现主营业务收入25.4亿元。

5. 青岛豪迈电缆集团有限公司

青岛豪迈电缆集团有限公司是山东省生产电线电缆骨干企业、全国行业百强企业、国家经贸委推荐全国城乡电网建设与改造所需设备产品生产企业。公司新厂区占地面积20万平方米，拥有电线电缆专用生产设备、检测设备400多台（套），生产设备齐全，检测能力完善，先后为中原油田、胜利油田、日照港务局、武钢集团、莱钢"十五"技改等国家重点工程项目提供产品。公司主要生产"豪迈"牌35千伏及以下交联电缆、低压电力电缆、控制电缆、计算机电缆、架空电缆、矿用电缆、市话通信电缆、同轴射频电缆，以及五类数据电缆、低烟无卤电缆、预分支电缆、裸线、电线等。"豪迈"牌电缆被评为"山东名牌产品"，"豪迈"品牌获得山东省著名商标称号。塑料电线具有 CCC 认证证书，交联电缆、架空电缆、电力电缆、裸线、控制电缆等获全国工业产品生产许可证，煤矿产品具有矿用安全标志证书，通信电缆具有泰尔认证，同轴电缆具有广电总局入网认定证书。在同行业中率先通过 ISO9001 标准认证。

6.青岛武晓集团有限公司

青岛武晓集团有限公司创建于 1993 年 3 月，为全国大型铁塔集团化生产企业。下辖 6 个钢结构生产实体，分布在黑龙江、内蒙古及青岛。有职工 2800 名，占地 130 余万平方米，生产总值达 13 亿元。公司多年从事铁塔设计、制造、安装，产品涉及电力、微波通讯、广播、电视、测绘、了望、风力发电等各类用途铁塔及类似钢结构。钢管杆年生产能力达到 10 万吨，可根据顾客需要提供设计、生产、安装总承包或单项承包服务。产品出口到美国、也门、缅甸、斯里兰卡、巴基斯坦、尼日利亚、越南等国家。公司通过自主创新研发法兰，最大可以生产直径 8 米的法兰，产品成功替代国外产品。1995 年，

取得广播电视塔（广播电视部首批）、750 千伏输电线路铁塔生产许可证，220 千伏输电线路钢管杆、500 千伏组合钢管塔、多棱形钢管杆及四柱圆形钢管杆、500 千伏变电构架等制造资质证书。1998 年 12 月，通过 ISO9002 质量保证体系认证审核。2001 年 12 月，通过 ISO9001：2000 质量管理体系认证。同年，通过质量、环境、职业健康安全三合一质量管理体系认证。2004 年，通过国家企业质量检验机构能力确认及省计量能力确认。2008 年，获得山东机械工业理化检测协会颁发一级《理化检测等级证书》。2017 年，完成主营业务收入 10.2 亿元。

7.中电装备青岛豪迈钢结构有限公司

中电装备青岛豪迈钢结构有限公司位于三里河街道，于 1999 年成立，是国家电网下属企业。注册资本 2 亿元，占地面积 24 公顷，是专业制造输电线路铁塔的大型钢结构公司。公司从事 1000 千伏及以下输电线路铁塔制造加工，年生产能力 15 万吨，可以生产制造各种类型输电线路钢管塔和角钢塔、变电站架构、风力发电塔筒、锅炉钢构、发电厂空冷平台等各种类型、各种规格的钢结构产品，是国家电网公司 750 千伏及以下输电线路铁塔指定生

产厂家。2009 年 3 月，皖电东送线路工程 1000 千伏特高压实验塔成功验收，标志着公司已经达到 1000 千伏特高压钢管塔生产工艺水平和生产能力。公司先后被评为省级"重合同，守信用"企业、"AAA"信用等级企业，是国家电网公司 500 千伏及以下输电线路铁塔制造生产厂家。2013 年，完成主营业务收入 6.6 亿元。2017 年，完成主营业务收入 5.2 亿元。

8.青岛天能重工股份有限公司

青岛天能重工股份有限公司成立于 2006 年 3 月，公司位于李哥庄镇大沽河工业园，占地面积 174 公顷，注册资本 6250 万元，员工 500 名，其中研发人员 40 名。主营产品为兆瓦级风机塔架及其相关产品。拥有注册商标 4 件，专利 20 项，其中发明专利 1 项，实用新型专利 19 项。公司于 2016 年 11 月在深圳证券交易所上市，先后获得高新技术企业、青岛市技术中心等荣誉称号，是国内风机塔架制造行业中的骨干企业。2017 年，实现主营业务收入 7.2 亿元。

9.青岛汇金通电力设备股份有限公司

青岛汇金通电力设备股份有限公司位于铺集镇。公司生产 750 千伏及以下各电压等级输电线路角钢铁塔、钢管塔、

变电构架和广播电视塔、通讯塔、电气化铁路构架等各种镀锌钢结构。公司拥有总资产35000万元，其中固定资产15000万元，流动资产20000万元；占地13.3万平方米，年生产能力10万余吨，产品销售除西藏以外所有省、市、自治区，并出口到伊朗及东南亚国家。公司拥有员工500余人，具有较强技术骨干力量，拥有专业技术人员50人，其中高级技术人员18人，中级技术人员30人，聘请多名国内知名专家担任技术顾问，对公司管理创新、技术改进和产品质量提高起到良好指导和促进作用。公司具有750千伏输电线路生产许可证和500千伏四柱形输电线路钢管塔生产资质，是2009年GB/T2694-2003《输电线路铁塔制造技术条件》修订稿征求意见单位。公司连续3年荣获青岛市工商局"重合同守信用"企业。2016年12月22日，公司在上海证券交易所上市。2017年，完成主营业务收入3.7亿元。

10.青岛达能环保设备股份有限公司

青岛达能环保设备股份有限公司成立于2006年10月，公司位于胶北工业园，占地面积147公顷，注册资本7100万元，有员工698名，其中研发人员175名。主营产品为环境

污染防治专用设备、锅炉辅助设备、烟气污染物减排及余热利用设备，注册商标"青达"，拥有授权专利95项，其中发明专利17项，实用新型专利78项。先后主持起草修订或参与起草修订了4项国家标准和行业标准。企业先后获得国家级企业技术中心、省高新技术企业创新能力100强（青岛16强）、低碳山东行业领军单位、省创新转型优胜企业、省战略新兴产业重点企业、省节能先进企业、省节能环保100强企业、国家科技进步二等奖、中国驰名商标、工信部工业品牌培育示范企业等荣誉称号，是国内电站辅机行业中的骨干企业。2017年，实现主营业务收入6.6亿元。

11.青岛维良食品有限公司

青岛维良食品有限公司位于中云街道，有固定资产8000万元，员工200余人，年加工小麦18万吨，挂面1万吨，是一家以面粉、挂面研制开发为主的现代化粮食加工企业，是胶州市粮油加工协会会长单位。企业被评为全国食品工业优秀龙头食品企业、山东省食品安全诚信单位；产品被评为国家放心面、山东名牌、青岛市推荐名优农产品；"维良"被评为山东省著名商标、青岛市著名商标。企业主导产品为小麦粉、挂面。小麦粉产品有三大系列

几十个品种，主要供给日本、韩国等在华投资跨国食品企业，并直接出口上述国家。"维良牌"面粉成为日本、韩国等外资企业及国内食品生产厂家首选产品和市民首选放心面粉，在全国20多个省市建立销售点。挂面产品有三大系列几十个品种，有南瓜、豆奶等花色挂面，家有喜事等家常挂面和卫生部批准保健食品——降糖挂面。

12.青岛一木集团有限公司

青岛一木集团有限公司胶州产业基地位于胶西镇杜村工业园，有熟练技工3000余人，其中各类技术人员300余人。公司总占地面积40多公顷，厂区建筑面积15万平方米，旗下拥有金菱家具公司、青城木业公司、营销公司、沙发公司、布艺沙发公司、餐桌椅公司、实木门公司、一木居舍装饰公司、金之菱房地产公司等10余个全资和参股子公司，是中国家具行业享誉多年的龙头企业。企业不断加大新产品开发力度，逐渐形成以"青岛一木"为主的品牌，"嘉美居""吟香居""高瓴""爱琴海""领域""原创"以及传统红木"国韵"等八大系列实木家具为主导产品，以生产沙发、床垫和木制装饰用品为配套的多个专业化生产主体、产学研一体化模式，使企业生产规模、营销网络和品牌运作有大幅度提升。在开发国

际市场、发展出口家具方面，引进国际先进技术，产品不断销往世界各地。企业综合生产能力7亿元，年出口额1000万美元，资产总额近10亿元。公司产品多次荣获国家及省市权威部门颁发的各种奖励和荣誉，为人民大会堂以及中央、省、市各级政府配置过各类家具。1989年，荣获青岛市首批"金花"产品称号。2000年以来，先后获得国家"绿色产品生产企业"，省技术监督局认定家具行业唯一"产品免检单位"，青岛市"名牌产品""守合同重信用企业""消费者放心满意产品"等称号。2006年，被国家商务部评为中国家具行业唯一"中华老字号"企业。

13. 青岛柏兰集团有限公司

青岛柏兰集团有限公司成立于1993年12月，公司位于广州北路845号，占地面积157公顷，注册资本9118万元。截至2017年，有员工320名，其中研发人员98名。主营产品为烘烤芝麻、芝麻油、芝麻粉、芝麻酱、辣椒干、辣椒碎、辣椒粉、辣椒酱、大酱、豆酱、大麦茶、玉米茶、年糕、冷面等。拥有专利24项，其中发明专利11项，实用新型专利7项。先后主持或参与起草修订了4项国家标准和行业标准，获得中国驰名商标、山东省著名商标、高新技术企业、全国守合同重

信用企业、全国农产品出口示范企业、国家农产品加工技术研发中心、山东省省级技术中心、山东省名牌、山东省农业产业化龙头企业等荣誉称号，是国内农副食品加工行业中的骨干企业。2017年，实现销售收入6.2亿元。

14. 青岛新希望琴牌乳业有限公司

青岛新希望琴牌乳业有限公司是新希望集团旗下的全资子公司，前身为具有60多年历史的奶制品专业生产公司——青岛市奶业总公司。四川新希望集团于2002年注资，设立具有独立法人资格的民企，注册资本6000万元人民币。公司立足创新发展，不断投入进口的先进生产线、牛奶检测设备，已成为省内乳品行业技术创新的主力军，承担副省级重点项目10余项，已获得专利17件。青岛新希望琴牌乳业有限公司是青岛市奶业协会会长单位，先后获得青岛市农业产业化重点龙头企业、山东省企业技术中心、青岛市企业技术中心、青岛市工程研究中心、青岛市优秀专家工作站、山东省著名商标、青岛名牌产品等多项荣誉称号。2017年，实现主营业务收入2.7亿元。

15. 青岛前丰国际帽艺股份有限公司

青岛前丰国际帽艺股份有

限公司成立于1996年8月，公司位于胶北街道北关工业园37号，占地面积100公顷，注册资本9000万元。截至2017年，有员工1100名，其中研发人员86名。主营产品为各类运动帽、时装帽、工作帽、功能帽、无线车缝帽、儿童应急安全防护帽、智能帽等上千个系列品种。拥有专利36项，其中发明专利1项，实用新型专利35项。获得国家级智能制造试点示范企业、全国轻工行业百强企业、中国工业经济联合会会员单位、中国轻工业联合会常务理事单位、国家级高新技术企业、山东省国际知名品牌、山东省新模式经济成长先进企业、山东省省级技术中心、山东省智能制造试点示范企业、山东省两化融合国家示范企业、山东省著名商标、山东省优秀电子商务企业、山东省工业设计中心、青岛市工程研究中心、青岛市隐形冠军企业、青岛互联网数字化车间、青岛互联网示范试点企业、青岛市专精特新示范企业、青岛名牌产品等荣誉称号，是国内制帽行业中的骨干企业。2017年，实现销售收入2.5亿元。

16. 青岛有住投资控股有限公司

青岛有住投资控股有限公司成立于2015年3月，位于胶州经济技术开发区汾河路6号，占地面积670公顷，注册资本

青岛有住投资控股有限公司办公大楼

20000 万元。截至 2017 年，有员工 26 名，其中研发人员 7 名。主营产品装饰装修，拥有注册商标 38 项。公司先后获得青岛市小企业产业园、青岛市创业创新街区、青岛市智能家居创新中心、青岛市创业创新战略集聚区、青岛市级孵化基地、青岛胶州市级创业孵化基地等荣誉称号。2017 年，实现销售收入 1090 万元。

执笔人：粟坤

胶州市企业公共服务平台建设实践及成效

市工业和信息化局

中小企业在推动县域经济增长、优化经济结构、扩大就业渠道、增加财政收入、保持社会稳定等方面发挥着越来越重要的作用，中小企业成长和发展的状况如何，对地方经济社会发展起着关键性的作用。针对如何更好地服务中小企业发展，胶州市积极加快转变政府职能，创新工作方式，再造业务流程，全力解决市场经济条件下政府"越位、缺位、错位"问题，搭建一个线上线下相结合的以政府为主导、以专业化服务机构为主体的企业综合服务平台，实现政府与广大中小企业的信息双向及时沟通，形成了独具特色、实用高效的中小企业公共服务新模式，对中小企业的发展起到了积极作用。胶州市企业公共服务平台已成为青岛市各区市最先启用（2011年启用）、最高规格（副局级法人实体）、最强团队（43个人员编制）、最优资质（国家中小企业公共服务示范平台）、最佳服务（五个第一、五个突破）的区市级综合性企业公共服务平台。

一、建设背景

2011年以来，胶州市中小企业得到了长足发展，全市注册企业突破4万家，规模以上工业企业达到618家，已初步形成一定规模、门类齐全、分布广泛的发展格局，囊括了18个行业360多个门类，胶州市已发展成为全国有名的钢结构生产基地之一、电力设备生产基地之一、锻压机械生产基地之一、塑料机械生产基地之一，全国最大的辣椒交易基地，中国北方最大的家具出口产业基地，中国制帽之乡等。面对国内外经济发展新环境，中小企业依然面临着较大的经营压力，资本、土地等要素成本持续维持高位，用工贵以及融资难、融资贵等问题仍有待进一步缓解，

转方式、调结构任务十分艰巨。胶州市与标杆城市相比，与产业转型升级的要求相比，还存在一些问题和差距。中小企业发展除了面临融资难、创新难、盈利难等问题外，还存在"四不"现状：一是规模不大。全市主营业务收入过10亿元企业不到10家，超过50亿元的大企业只有1家。二是档次不高。胶州市中小企业多集中在技术门槛和管理门槛相对较低的领域，处于价值链低端，盈利能力较低。三是品牌不响。在制造业中拥有中国驰名商标仅有10件，缺少在全国、全省叫得响的知名品牌。四是创新不强。很多企业创新进取意识不强，国家级企业技术中心只有1家。企业资本意识、合作共赢意识、走出去意识有待加强。

二、发展历程

随着信息化建设的不断推

进，面对量多面广的企业和企业发展中的诸多问题，服务企业的传统方式难以适应新的发展需要，急需转变服务模式，提升服务企业效能。为此，胶州市工信局根据企业发展的新形势、新问题，积极探索服务企业的新模式，认真落实 2010 年工业和信息化部等七部委发布的《关于促进中小企业公共服务平台建设的指导意见》（工信部联企业〔2010〕175 号）和 2011 年青岛市经信委下发的《关于加快推进中小企业公共服务平台建设的通知》，率先创新性提出了构建"1＋12＋X"企业公共服务体系的新思路。

（一）率先提出，初步建设阶段（2010 年 11 月—2012 年 4 月）

2010 年 11 月，胶州市工信局率先构建了"1＋12＋X"企业公共服务体系："1"指以胶州市企业发展服务中心为载体的市级综合性企业公共服务平台；"12"指以 12 个镇（街道）企业服务站为载体的分平台；"X"指以行业协会和若干个特色园区及社会专业化服务机构等为主导的专业性、区域性公共服务平台。

2011 年 3 月，胶州市工信局在青岛各区市中率先建成市级企业公共服务平台，召开青岛市中小企业公共服务平台建设现场会并授牌。市级企业公共服务平台在建设初期就确定了"小平台，大服务"的基本原则，选择了面积 100 平方米的市级机关办公大楼 425 室作为平台办公场所，确定了 6 名专职人员。市政府拨付 30 万元专项资金购买了电脑、桌椅，配备了大型 LED 显示屏、开放式服务柜台等办公设备，完成了平台基本建设工作。市级企业公共服务平台制定了《胶州市镇处及企业行业协会服务平台建设实施方案》，镇（街道）及企业行业协会平台名称全部统一为"×××企业公共服务平台"；服务平台统一使用设计的标识，印制在名称标示牌上；根据镇（街道）及企业行业协

会的实际情况，明确办公场所、办公人员、办公电话，工作人员全天在岗，服务热线号码专人接听。平台根据服务企业的实际情况，主要设置了政策信息、融资担保、管理培训、市场开拓、中介服务等 5 项服务功能，集中解决企业在政策信息、融资担保、管理培训等方面的共性及个性需求。

（二）升级改造，综合提升阶段（2012 年 5 月—2016 年 4 月）

2012 年 5 月，市级企业公共服务平台搬迁至市行政服务中心东楼 1 楼企业服务大厅，服务场所面积 800 平方米，工作人员编制 36 人，其中大专以

胶州市企业公共服务平台内景

上学历占 94%，中级职称以上人员占 83%；内设平台建设科、企业服务科、经济运行科、技术改造与创新科、信息化推进科，主要为企业提供政务和公益两大类服务，涉及政策信息、管理培训、融资担保、技术创新、市场开拓、"互联网＋"等六大方面 100 余个服务事项；与开元万通等 30 余家社会专业化服务机构建立合作关系。平台创新政策宣传载体，建立了以热线电话、政务网站、公共微信、云服务平台为基础的政企双向直通服务网络，建有企业服务 QQ 群和微信服务群；在青岛经信系统率先引入 OA 办公系统并配备移动办公终端，实现了移动办公和即时服务；部署无线大厅和无线会场，实现免费无线上网；编辑发放涉企政策"服务包"1000 余份，包括《企业之家系列培训工程》宣传册、《平台服务清单》《涉企税费清单》《惠企政策清单》《企业服务经理人服务工具包》等。各分平台均实现人员、场所、制度、设施、服务"五到位"，名称、标识、网络、热线、形象"五统一"，活动安排、服务清单、服务流程、服务标准、联系方式"五公开"。

2012 年 6 月，工信部下发了《关于 2012 年中小企业公共服务平台网络建设方案的批复》（工信部企业〔2012〕275 号），胶州市市级企业公共服务平台

被列入工信部中小企业公共服务网络窗口，定期报送建设及服务情况。

2013 年 1 月，青岛市促进小企业发展领导小组下发了《关于认定第二批青岛市社会专业化平台第一批青岛市中小企业公共服务示范平台第一批青岛市小企业创业基地的通知》（青小组〔2013〕1 号），胶州市市级企业公共服务平台认定为青岛市中小企业公共服务示范平台。

2013 年 11 月，青岛市人民政府纠正部门和行业不正之风工作领导小组下发了《关于评选确定 2013 年度青岛市"基层行风建设示范窗口"的通报》（青政纠发〔2013〕4 号），胶州市市级企业公共服务平台被授予 2013 年度青岛市"基层行风建设示范窗口"称号。

2013 年 12 月，工信部下发了《关于公布第三批"国家中小企业公共服务示范平台"名单的通告》（工信部企业〔2013〕510 号），胶州市市级企业公共服务平台被确定为国家中小企业公共服务示范平台；青岛市文明委下发了《青岛市各级文明单位、文明村镇和文明社区名册》，胶州市市级企业公共服务平台获得 2013 年度青岛市级文明单位荣誉称号。2014 年 11 月，胶州市市级企业公共服务平台成功通过青岛市级文明单位复审。

2015 年 5 月，按照工信部《关于开展国家中小企业公共服务示范平台服务情况抽查测评工作的通知》（工企业函〔2015〕56 号）要求，胶州市市级企业公共服务平台认真准备相关材料，成功通过工信部对国家中小企业公共服务示范平台服务情况抽查测评，来胶测评专家对平台的作用给予充分肯定。

（三）优化整合，不断完善阶段（2016 年 5 月—2018 年 12 月）

2016 年 5 月，统一的企业公共服务平台建立，带动各类服务资源的能力不断提升，汇总编印包括市发展改革局、市工业和信息化局、市人力资源社会保障局、市商务局、市统计局、市市场监管局等相关涉企职能部门服务项目清单，并对接西安交大青岛研究院、中机总院青岛分院和青岛紫文管理咨询公司等高端专业化服务机构，将政府和社会服务资源有机结合，协同创新，联合服务，打造一个线上线下相结合的以政府为主导、以专业化服务机构为主体的综合服务平台，实现"一个窗口受理、一站式办理、一条龙服务"。

2017 年 6 月，工信部发布了《关于公布第三批国家中小

企业公共服务示范平台复核意见的通知》（工信部企业〔2017〕139 号），市级企业公共服务平台经过平台申报、地方测评、专家评审、网上公示等程序成功通过国家中小企业公共服务示范平台复核。工信部中小企业局有关领导带领部分省市经信系统负责人一行 20 余人来平台视察指导并给予高度评价。

2018 年 2 月，中国科学院高技术企业发展评价中心组织专家组来胶对"1＋12＋X"企业公共服务体系进行了现场审核。经过研讨论证，出具了《科技项目专家论证报告》，认定"1＋12＋X"企业公共服务体系领先于全国县级市，达到了国内领先水平，建议在全国推广应用。

2018 年 12 月，工信部下发了《关于公布 2018 年度国家中小企业公共服务示范平台名单的通告》，胶州市企业公共服务平台位列其中。这是根据工业和信息化部最新修订的《国家中小企业公共服务示范平台认定管理办法》（工信部企业〔2017〕156 号）的认定条件重新申报，并成功通过认定。

三、服务成效

胶州市企业公共服务平台通过构建"点、线、面"相结合的精准服务企业大格局，依托企业公共服务"胶州模式"，全面打通服务企业"最后一公里"，有力推动了全市工业经济的平稳健康发展，为建设宜居幸福的现代化空港新区打下了坚实基础。

（一）借助企业公共服务体系，形成服务合力

充分发挥"1＋12＋X"企业公共服务体系作用，联合 40 多个职能部门和 12 个镇（街道）以及若干园区基地，开展了"进镇办促工作开展、进重点项目现场促建设进度、进规模以上和成长型小微企业促稳定发展"的"三进三促"服务经济发展活动，深化企业服务经理人制度，创新推出了企业服务经理人网络共享平台，企业服务经理人入企走访调研 11562 人次，收集企业反映的有效问题 826 项，已办结 806 项，办结率97.6%，实现了实时精准的"一对一"服务。先后启动了"百家企业管理水平提升工程""千家企业信息化建设工程""企业家素质提升工程"等一系列服务工程，制定了品牌建设培育计划、企业技术中心培育计划、专精特新培育计划等一系列培育计划，帮助企业加快转型升级。截至 2018 年底，通过服务体系累计开展信息服务、融资服务、管理培训、市场开拓、信息化服务、政产学研等活动600 余次，服务企业近 3 万家次，服务企业人员近 4 万人次；将全市 618 家规模以上工业企业全部纳入政企双向直通服务系

2018 年 7 月，胶州市举办第三届创新创业大赛。

统，并依托镇（街道）、行业协会等分平台将服务范围扩大到9000余家企业，打通服务企业的"最后一公里"。"1＋12＋X"企业公共服务体系经专家评审认定达到国内领先水平。国务院发展研究中心《经济要参》、国务院促进中小企业发展工作领导小组办公室《中小企业简报》《中国工业报》《科技日报》《大众日报》《青岛日报》等各级媒体对胶州市企业服务工作进行了深度报道。国家中小企业公共服务示范平台顺利通过工信部新标准认定，胶州市企业服务工作连续六年考核位居青岛第一。工信部在全国推广企业公共服务"胶州模式"。胶州市企业公共服务模式被列入北京大学教学案例，由北大纵横管理咨询集团高级合伙人撰写的《亲清胶州——胶州市企业公共服务模式观察》在北京大学政府管理学院召开了新书发布研讨会。

（二）依托市级企业公共服务平台，主动开展服务

不断整合政府和社会服务资源，在政府层面上，汇集了工信、科技、金融等各有关部门的涉企服务内容和事项；在社会组织层面上，汇集了西安交大青岛研究院、中机总院青岛分院、青岛紫文管理咨询公司、青岛开元万通公共服务公司等31家社会专业化服务机构。平台采取"实体平台＋互联网平台"的线上线下相结合的O2O服务模式。线下依托800平方米的实体平台设立开放式企业服务大厅，主要设置"七区一办"，实时更新大屏幕、自助查询机等服务内容。线上构建"互联网＋"企业公共服务平台，建设了云服务平台、微信平台，建有企业服务QQ群和微信服务群；在青岛经信系统率先引入OA办公系统并配备移动办公终端，实现了移动办公和即时服务；部署无线大厅和无线会场，实现免费无线上网。截至2018年底，发放企业服务包、"政企连心卡"服务手册1000余份，云平台和微信平台访问量突破11万人次，关注量突破1.2万人次，共发布政策信息、活动通知等1500余条次；每年确定企业两化融合、技术中心、企业名牌等企业培育名单，专精特新、隐形冠军、首台套装备、企业技术中心等多项创新指标一直走在青岛前列，形成"百花齐放、群山竞秀、专精特新"的特色产业名片。市级企业公共服务平台被评为"青岛市青年文明号""企业之家"服务品牌，被胶州市精神文明建设委员会评为第一批"胶州市服务名牌"；连续6年在青岛10区市年度考核中排名第一；通过工信部"国家中小企业公共服务示范平台"认定。

（三）引导各服务分平台资源，扩大服务范围

充分发挥镇（街道）、行业协会和社会专业化服务机构等分平台作用，开展了企业信息化建设巡回宣讲活动，在九龙、铺集、三里河、洋河等镇（街道）举办信息化专题讲座，推进企业在研发设计、企业管理、电子商务、物联网等方面的信息化建设；各企业行业协会累计开展协会活动200余次，协会在规范市场秩序、引导产业健康发展、降低企业成本和增强市场竞争力等方面发挥了较好作用，初步实现了对内行业自律、对外抱团发展的目的。面向全国筛选了管理培训、财税、创业、法律等签约合作服务机构，联合开展系列公益性服务活动，更好地服务于企业发展。实现三级平台上下联动，先后开展了送政策、送资金、送管理、送技术、送订单、送信息化、送人才、送场地等一系列服务活动，举办了政策宣讲、创新大赛、管理培训等服务项目。其中与青岛市开元管理有限公司共同打造的"企业之家"大讲堂系列培训活动，连续7年举办"企业之家"大讲堂47期，

组织举办企业家培训、企业战略管理诊断和企业家沙龙等活动 60 场次，培训胶州市企业管理人员 3000 余人次。"企业之家"大讲堂已成为全国一流的区域化、专业化、公益化的企业培训服务品牌。

执笔人：周志春

改革开放以来胶州市民政救助事业发展历程及成功经验

市民政局

改革开放以来，胶州市民政局认真贯彻落实国家、山东省和青岛市的重要部署，紧紧围绕胶州市委、市政府中心工作，坚持以"以民为本、为民解困、为民服务"为宗旨，推动民政救助事业不断发展，为促进全市经济社会稳定发展做出了重要贡献。

一、基本历程

（一）起步探索阶段（1978年12月—1992年12月）

1978 年召开的党的十一届三中全会，做出了把党和国家工作中心转移到经济建设上来、实行改革开放的伟大决策。国家各项工作开始逐步恢复正常，这一时期的民政救助事业也开始在探索中向前发展。

1. 优抚安置

根据国家政策规定和上级业务部门安排，1980 年，在和平公社定期定量补助工作试点取得经验的基础上，胶州市全面实行了"两定一评""定工优待加照顾"政策，保证优抚对象生活水平不低于当地群众水平。1985 年，军队离休退休干部休养所成立，根据中共中央《关于妥善安排军队退出现役干部的通知》要求，分批接受安置军队离退休干部。自 1987 年起，胶州市发挥有关部门职能作用，动员全社会力量共同关心、支持、参与双拥工作，开展多种形式拥军活动，丰富拥军优属活动内容，形成全社会齐拥军格局。1988 年，全市广泛开展了优抚对象走访慰问活动，市委、市纪委、市人大、市政府、市政协走访驻胶部队及全市优抚对象。每逢重大节日及时召开军民座谈会、优抚对象座谈会，广泛开展拥军优属活动，以广大青年、妇女、民兵为主，组成 1200 多个拥军优属小组和义务帮助工作队。

1988 年，中云街道办事处被民政部、解放军总政治部授予"拥军优属"先进单位。这一年，全市拥军优属先进单位及烈属、军属、残疾、复员、退伍、转业军人代表大会召开，全市380 名代表出席。1988 年起，市政府根据上级政策部署，积极做好优待抚恤工作，抚恤金标准、粮款、残废人员补助以及烈士陵园建设等方面，均达到国家标准。

2. 社会保障

五保工作取得新进展。1986 年，胶县各村建敬老院 65处，收养五保老人 264 人。1987 年，开始探讨社会保障制度的新路子，建立起胶州市社会保障制度的雏形。1987 年 6月 10 日—7 月 10 日，胶州市在北王珠镇南顶子村、小高村、于家村和前韩村进行试点，成立社会保障委员会和储金会。1988 年，总结北王珠镇社会保障试点经验，探索理顺出优抚安置、五保供养、救灾扶贫、残疾人就业等多条保障线制度，较好发挥了社会稳定机制作用，为全市逐步实行农村基层社会保障工作提供了宝贵经验。这一年，乡镇敬老院集中供养167人。为保证五保供养政策落实，胶州市对分散供养的五保老人由各村安排专人负责管理，并两次对敬老院及五保供养情况进行检查。同年，胶集乡、李哥庄镇敬老院被省民政厅授予"文明敬老院"称号。1989年，胶州市在北王珠镇社会保障试点经验基础上，继续巩固和完善社会保障工作，全市17个乡镇建立社会保障委员会，并建立优待、五保、残疾人、扶贫基金、殡葬管理5个网络；贯彻《山东省五保供养条例暂行规定》，对全市2703个五保老人零花钱实行乡镇统筹。同年，组建胶州市残疾人联合会、胶州市残疾人福利基金会，并有计划地组织向残疾人捐赠活动。

3. 社会福利生产

1986年6月，胶县民政局社会福利生产办公室成立；11月，青岛胶县兴华福利厂建立，民政福利事业得到了较快发展。同年，胶县在已建17处福利（扶贫）厂的基础上，又新建9处福利厂，招收567个贫困户、优抚对象子女进厂务工，帮助其摆脱贫困；安排203名残疾人入厂，解除其后顾之忧。

1988年，福利生产办在对福利企业进行管理的同时，按照税务部门要求对福利企业减免税额20%收取福利基金，真正做到了福利惠民。

4. 救灾

1989年，全市遭受严重干旱、特大冰雹、病虫、霜冻等多种自然灾害，农作物受灾、成灾程度大。全市农作物遭受各类自然灾害总面积为89.6万公顷，占总播种面积的91.8%；成灾75.5万公顷，其中粮食作物成灾59万公顷，经济作物成灾23.2万公顷，受灾乡镇18处，受灾人口55.2万人。全市因灾减产粮食6000万千克以上，直接经济损失达1.24亿元。1990年，全市连续2次遭受历史罕见风雹和连续干旱等自然灾害，致使14个乡镇不同程度上受到严重经济损失，给群众生活带来很大影响。胶州市高度重视，及时对受灾乡镇开展救济，重点救济了受灾群众2.6万户9.3万人，走访慰问了受灾户1340户。

5. 老龄

1987年，胶州市老龄办公室正式成立，为正股级事业单位。1990年，胶州市编委将老龄办确定为正局级事业单位，编制6人。老龄办成立以来，围绕"协调研究、统筹规划、综合治理、组织协调、督促检查"开展工作，在全市初步形成了

尊老、敬老的良好社会风尚和关心支持老龄工作的新局面，老龄工作迈上一个新台阶。

（1）成立组织较快。1987年市老龄问题委员会成立之初，以胶州撤县建市为契机，狠抓基层老龄机构的建立。利用1年的时间，在全市乡镇全部成立了镇级老龄问题委员会，95%以上的村建起了村级老年人协会，使老龄工作自上而下得到了快速的开展。1992年底，基本形成了覆盖全市的老龄工作网络。

（2）老龄事业初步发展。一是大力兴办老年企业。兴办老年企业是青岛市老龄问题委员会于1992年开展的一项重要活动，得到了市委、市政府的高度重视。截至1992年上半年，胶州市兴办了10家老年企业，实现利润50万元，占全青岛市老年企业上半年利润总和的73.5%。1992年底，全市各类老年企业共有40多家，从业人员614人，其中60岁以上老年人326人，占职工总数的53.1%，销售收入达到1192万元，创利税90万元。二是推广老年文体活动。1992年，为活跃老年文化氛围，胶州市通过组织各类活动调动老年人参加文体活动的积极性。年底，全市共有老年人活动队伍314支，常年参加活动的老年人6155人，老年文体事业有了快速发

展。三是加大老年法律法规宣传。每年对《中华人民共和国老年人权益保障法》开展2次以上的宣传监督检查，对侵犯老年人合法权益的案件进行及时处理，并以案释法，向市民进行尊老敬老的法制宣传教育。1992年，全市受理赡养纠纷案件95起，处结93起，调处涉老纠纷77件，较好地维护了老年人的合法权益。

（3）敬老爱老活动有序开展。1988年，省人大常委会确定每年农历九月初九为全省老人节。1998年老人节期间，市委、市政府向全市老年人发了慰问信；各级工会、共青团、妇联和学校开展了为老年人做好事、送温暖活动；商业、粮食、卫生部门开展了为老年人送物、送粮、送医上门活动，并在老人节期间走访了百岁老人和敬老院。胶州市于1992年老人节期间举办了"老有所为"现场会、汇报会，组织社会各界参观老年人兴办的企业，用生动实事展示老年人在社会建设中的作用和价值，提高社会对老龄事业的重视。

（二）纵深展开阶段（1993年1月—2000年12月）

这一时期，以邓小平南方谈话和党的十四大为标志，中国改革开放和现代化建设事业进入新的发展阶段。伴随着社会主义市场经济体制的创建和发展，民政救助事业有了更坚实的经济基础，各项工作都有了突破和创新，并向纵深展开。

1. 有奖募捐

1994年9月，胶州市社会福利有奖募捐委员会办公室成立，为正股级事业单位，隶属于市民政局，主要工作是组织销售福利彩票。1995年1月，市社会福利有奖募捐委员会办公室正式组织销售福利彩票，当年销售福利彩票达612万余元。1995年12月，被中国社会福利有奖募捐委员会授予"1995年度有奖募捐工作一等奖"。1996年，被山东省有奖募捐委员会授予"1996年度销售福利彩票先进县（市、区）"，被青岛市社会福利有奖募捐委员会评为"1996年度有奖募捐工作特等奖"。1998年，被青岛市人民政府、青岛市社会福利有奖募捐委员会评为"中国福利彩票发行超额奖""中国福利彩票赈灾专项募集先进单位""中国福利彩票赈灾专项募集总销量特等奖"。

2. 社会保障

随着经济的发展，为了让特困户有稳定的生活来源，临时性救助逐渐改为定期救助。1995年2月起，市民政局利用1个月的时间组织近100名民政系统干部职工深入22处乡镇、街道，摸清了贫困户、特困户的底子。1996年，市民政局起草了《关于在全市实施贫困户帮扶工程的意见》，督促全市22个镇（街道）结合各自特点出台文件，民政部对此高度肯定，认为这是一项带有方向性的改革。1996年4月4日，市委、市政府以胶发〔1996〕19号文件出台《关于实施农民最低生活保障线制度意见》。1996年4月10日，全市城区贫困居民普查工作结束，确定全市低于最低生活保障线，月人均纯收入96元以下的有182户412人。1997年起，全市建立民政工作运行新机制，将传统的民政业务归纳为10项服务内容，要求每个民政干部每年要"搞十项服务，办百件实事"，进一步掀起了为民送暖的热潮。这一年，民政部、山东省民政厅分别授予胶州市"全国民政工作先进县""全国农村社会保障先进县""全省民政工作先进县"等荣誉称号。1997年，加快城乡社会保障体系建设步伐，深化和完善两个最低生活保障线制度，制定出台《胶州市实施农村人口最低生活保障线制度实施细则》，将农村最低生活保障对象救助金改由青岛市、胶州市和乡镇三级共同负担。

1998年，经市政府批准，城区居民最低生活保障标准由每人每月100元提高到156元，并及时调整保障对象。1999年7月1日，城镇居民最低生活保障标准由120元提高到156元。全年为1568户5618人农村低保对象和224户493人城市居民低保对象提供救助资金200多万元，全市结成帮扶对子1300对，社会各界为救助对象捐款238万元。2000年上半年，对最低生活保障对象进行调整和换证工作，新增城市低保对象100户298人，新增农村低保对象40户97人。2000年5月，民政部社会福利与进步研究所专程来胶州市开展农村社会保障体系建设情况调查，对全市农村社会保障体系建设工作给予了充分肯定和高度评价。

3. 灾害救助

1993年9月，张家屯、里岔两个镇部分村庄遭受特大风暴袭击，社会各界筹集救灾款15万元拨付灾区，指导群众开展生产自救。1997年，胶州市遭受120年未遇大旱，农业生产受到极大破坏，导致部分群众缺粮。针对该情况，胶州市拨付救灾粮专款39万元，分别于1997年9月份、1998年春节前和1998年3月份3次对缺粮群众进行救助，每人救助粮食150斤，使757户2610人得到救助。

1999年8月11日—12日，胶州市发生特大洪灾，有16个乡镇、街道受灾，其中，11处乡镇212个村受灾极其严重，68个村庄被围困，受灾人口17.3万人，导致3人死亡369人受伤，全市因灾造成经济损失达2.85亿元。灾情发生后，社会各界捐款580万元，发放救灾款112.48万元，购进口粮694吨，全部发放到灾民手中。2000年4月，民政干部对洋河、九龙两处重灾镇的匡家庄、魏家庄、朱家阜等重灾村进行回访，将第三批价值60.7万元的370吨救灾粮及时发放给灾区人民。2000年6月，全市6个乡镇、168个村庄遭受雹灾，造成直接经济损失4360万元，市民政局拨付240万元，用于组织灾民生产自救，将灾害损失降到最低。

4. 扶贫济困

1995年，全市组织实施贫困户帮扶工程。依据实际，确定农村相对贫困线（贫困线）和绝对贫困线（特困线），起草《关于在全市实施贫困户帮扶工程意见》。1995年12月13日，市政府组织全市为贫困户帮扶工程捐款，现场共捐款26.2万元；筹备成立全市慈善救济协会，积极吸收外资企业老板和个体工商业户参加，收到慈善救济协会捐款9.3万元。1996年，开展第一次"扶贫济困送温暖"捐赠活动，向贵州省灾区、贫困地区捐赠17万件衣被。1998

年，两江流域发生特大洪涝灾害，全市各单位和人民群众捐款捐物达180多万元，捐赠衣被26万余件。1999年，社会各界积极行动，向贵州省铜仁、安顺贫困地区捐款3万多元，捐赠衣被15万件。2000年，在"扶贫济困送温暖捐助月"中，全市各界共捐赠各类衣被12.7万件，全部运往贵州贫困地区。

5. 老龄

（1）庆祝老人节活动丰富多彩。1994年以来，市民政局于每年老人节期间举办"尊老、敬老服务大集"，各单位组织志愿者义务为老年人理发、修车、开展法律咨询、医疗保健用品展销、老年门诊、查体、家电维修，同时开办了老年人预约登记上门服务，受到了社会各界的好评。从1994年9月20日开始，胶州市老龄委等市直机关16家涉老部门和有关单位联合开展了"敬老献爱心活动月"，《胶州日报》，胶州市电台、电视台都开设了相应栏目，不断推出专题报道，全市范围内迅速掀起了敬老献爱心的宣传热潮。

（2）加强老龄工作的研究工作。1995年，胶州市结合实际情况，研究制定了《胶州市1995—2000年老龄事业发展规划》，为推动老龄工作再上新台阶奠定了基础。1995年以来，通过对全市老年人生活状况的调查,撰写《胶州市老龄化问题不容忽视》《老干部关心教育下一代问题的探讨》,研究胶州市人口老龄化问题。根据鲁政发〔1997〕101号关于印发《山东省老年优待规定》的通知和青岛市政府的批示,1998年2月份,胶州市向全市各乡镇、街道、市直各单位、各部门转发了山东省《老年人优待规定》,同时拟订出《关于落实优待规定实施方案》。1998年8月,全市召开了"落实优待规定新闻发布会",并在胶西镇西门村举行了"优待证颁布仪式"。

(3)老年人体育事业蓬勃发展。1994年,胶州市加强了对老年人体育协会的领导和基层老年人体育协会的组织建设,共建成乡镇、村(居)级老年体协195个,会员5429人。市区设有老年人活动室250余间,门球场地8个,为全市老年人开展体育活动创造了有利条件;组队参加各种邀请赛12次,体育项目20余次,组织参赛队员达2000多人,并取得了优异的成绩,充分展现了老年人的风采。

(4)宣传贯彻《老年法》,切实维护老年人的合法权益。自1996年10月1日《中华人民共和国老年人权益保障法》颁布实施以后,胶州市加大工作力度,通过各种方式大力宣传贯彻《老年法》,提高全市人

民知法懂法守法意识。第一,广泛开展咨询服务活动宣传《老年法》。1997年老年节期间,市委分管领导带领市老龄办、民政局、司法局等单位负责同志和广大青年团员,在胶州市人民广场和胶州公园等场所散发《老年法》宣传单,并就《老年法》贯彻执行情况开展咨询服务活动。1997年春天,在胶州市金州贸易大厦门前的闹市区,再次开展了《老年法》贯彻落实咨询服务活动,掀起了宣传《老年法》的热潮,使全社会人人关注《老年法》、学习执行《老年法》。第二,市报社、电视台、电台纷纷推出专题报道宣传《老年法》,开辟《老人天地》专栏,宣传法律条文和尊老典型,在全社会树立了良好的尊老敬老新风。第三,采取广大群众喜闻乐见的形式宣传《老年法》。组织宣传车、秧歌队走上街头,进行大张旗鼓的宣传,将青岛市老龄委印制的《老年法》单行本发放到全市818个村和市直各部门、单位,并印刷了2000张公告式的《老年法》在全市各村庄进行发放,每村2张,广泛张贴、大力宣传,使《老年法》家喻户晓。

(三)科学发展阶段(2001年1月—2015年12月)

这一时期,全国进入全面

建设小康社会阶段,更加注重保障和改善民生,向民生领域投入更多资源。胶州市进一步深化和完善了以最低生活保障制度为主体,以社会互助为补充的社会救助体系,全面落实城乡低保、五保供养、医疗救助、临时救助、慈善救助等救助政策,全市困难群体生活得到基本保障。

1.灾害救助

2001年,胶州市持续4个月春旱。5月8日,部分镇、街道遭受龙卷风袭击;8月,受"桃芝"风暴影响,全市遭受特大暴风雨袭击,受灾人口78万人,因灾死亡2人,倒塌房屋5940间,直接经济损失4.3亿元。市政府积极开展救灾工作,组织发放323万元作为倒塌房屋重建款和救灾粮,并下拨100万元用于灾民建房。

2002年5月,受冷空气影响,全市遭受20年来罕见低温冷冻灾害,给农业生产造成严重损失,其中里岔镇、铺集镇、九龙镇、胶北镇等8个镇尤为严重,经济损失达10580万元。入夏以来,全市遭受持续干旱,18个镇、街道普遍受灾,其中洋河、里岔、杜村等13个镇、街道尤为严重,造成人畜饮水困难村庄168个,饮水困难人口8.5万人,玉米、大豆、花生、杂粮等农作物减产、绝产105450吨,直接农业经济损失

26070 万元。灾情发生后，市民政局将价值 40 万元的 250 吨救灾粮分两批及时发放给群众，保证了受灾群众的基本生活。

2003 年，全市遭受低温冷冻、干旱、风雹灾害，18 个镇、街道普遍受灾，农作物受灾面积 14 万公顷，直接农业经济损失 2.6 亿元。市民政局将价值 59 万元的 350 吨救灾粮及时发放到受灾群众手中，保证了群众的基本生活。

2004 年，全市遭受低温冷冻、冰雹等自然灾害，给农业生产造成严重损失，给人民群众生产生活造成严重困难。13 个镇不同程度受灾，受灾村达 512 个，重灾村 165 个，受灾人口 7 万余人，造成经济损失达 2345 万元。市民政局将 245 吨救济粮及时、足额发放到灾民手中。

2006 年，胶州市出台《胶州市防风暴潮应急预案》《胶州市自然灾害应急预案》等 10 个规范性文件，提高政府应对突发自然灾害能力。全年发放救灾粮 266 吨，救灾款 90 万元；发放困难学生救助金 21 万余元，孤儿费 74800 元；对口支援贵州共捐赠衣被 13 万件，捐款 7 万多元。

2. 扶贫济困

2001 年 10 月，胶州市向灾区捐赠 10 万多件衣被。2002 年，在全市集中开展"扶贫济困送温暖"对口支援活动，接收捐赠衣被 14 万件，全部运往灾区。2003 年，捐赠衣被 9.8 万余件。2004 年 10 月 17 日—26 日，为云南灾区捐献过冬衣被 11.2 万余件，并集中从青岛运至灾区。2005 年，为云南、宁夏灾区人民捐赠衣被 18 万多件。2008 年，捐款 70 多万元支援南方抗击雪灾；社会各界捐款 1569 万元、接收救灾物资价值 567 万元，共计 2136 万元支援四川地震灾区。2009 年，组织"5·12"国家首个防灾减灾日宣传活动，会同市地震局、机关事务管理局组织地震应急演练，提高全市机关干部应急反应能力。同年，组织开展"送温暖，献爱心"捐赠活动，接收捐赠衣被 47794 件。

3. 优抚安置

（1）政策保障，财力支持。为了使优抚对象解决看病难、住房难、生活难等"三大难"问题，2008 年，胶州市出台了《胶州市抚恤定补优抚对象医疗保障办法（试行）》，变"大病统筹"为"医疗保障"，同时建立了大病救助体系，有效解决了优抚对象看病难问题。积极开展在乡"三老"优抚对象危漏房修缮工程，在实地调研、摸清底数的基础上，为全市 154 户在乡"三老"优抚对象修缮危房。按照国家、山东省、青岛市的有关政策，不断提高优抚对象抚恤补助标准，探索社会化发放的办法，将抚恤金及时足额发放到优抚对象手中。2009 年，投资 10 万元开发"参合优抚对象住院医疗补助系统"，实现农合与优抚对象医疗

2015 年 5 月 12 日，胶州市民政局会同胶州市教育体育局等部门开展防灾减灾应急疏散演练活动。

补助有效对接，解决优抚对象看病难的问题。2013年，为6996名重点优抚对象发放各类抚恤补助金2370万元，为3012名优抚对象进行免费体检。截至2014年12月，为6799名优抚对象发放抚恤补助金2870万元。

（2）士兵安置，公开透明。为体现退役士兵安置的公正、公平、公开，2001年，胶州市在青岛率先推行档案考核和理论考试相结合的"双考"安置办法，2003年又实行了"双考""双选"安置办法，退役士兵按"双考"成绩，从高到低自主选择就业岗位。不愿选择就业岗位放弃政府就业安置的，可选择自谋职业，享受政府发放的自谋职业补助金和自谋职业优惠政策。截至2006年，累计安置退役士兵1030名，安置率始终保持100%。2007年，接收退役士兵414人，引导和鼓励城镇退役士兵自谋职业、自主创业。对要求就业退役的士兵全部实行阳光安置，安置率达100%。2011年，将城乡义务兵家属优待金统一调整为6000元/年，实现"城乡一体，同役同酬"，共发放义务兵家属优待金651万元；启动60周岁以上农村籍退役士兵老年生活补助发放工作，对符合条件退役士兵进行摸底。2013年，接收退役士兵

413人，其中83名城镇退役士兵参加"双考"，15人进入事业单位，其他选择自谋职业，自谋职业率达80%以上；对153名自主就业的退役士兵进行免费技能培训，培训率达100%，就业率达90%以上；全年发放自谋职业金1123万元。2014年，接收退役士兵441人，组织84名退役士兵报名参加"双考"，组织135名退役士兵进行汽车驾驶等技能培训；开展"八一"走访系列活动，送去慰问金和慰问品共计100万元。

4.老龄

2001年12月，根据《胶州市人民政府机构改革实施意见》，经胶州市机构编制委员会审定，确定胶州市老龄工作委员会办公室为正局级单位，定员5人，内设综合科。2004年6月，胶州市机构编制委员会对有关机构编制进行调整，各镇、街道社会事务办公室加挂老龄工作委员会办公室的牌子，明确各镇、街道社会事务办公室主任兼任老龄办主任。2005年12月，胶州市老龄工作委员会下发《关于调整充实基层老龄组织的通知》，要求各镇、街道设立老龄工作机构并设老龄工作专管员1名，各村（居）设立老龄工作委员会。至此，胶州市由市老龄办领导，乡镇、街道老龄办负责，村、居老年协会具体操作的老龄工作体系

三级网络完全形成。

（1）全市各级党委、政府更加重视老龄工作。进入21世纪以来，市委、市政府把加强老龄工作、发展老龄事业作为和谐社会建设不可缺少的一部分，摆上重要议事日程。各级认真贯彻"党政主导、社会参与、全民关怀"的老龄工作方针，解放思想、与时俱进，创造性地开展工作。市政府把老龄事业发展作为一项重要的专项规划列入了全市"十五""十一五"发展总体规划，为老龄事业的发展打下了良好基础。各级领导对老年人问题和老龄事业非常关注，经常听取老龄工作专题汇报，亲自参加老龄宣传、调研及走访慰问老年人等活动，关心、支持老龄工作。老龄工作作为和谐社会建设的基础性工作，纳入了胶州市中层领导干部的培训体系，成为各级党委政府的重要议事日程。

（2）认真贯彻《老年法》，实施老年优待政策。为保障长寿老年人的基本生活，胶州市于2003年率先实行为全市的百岁老人每月增发100元长寿补贴金的政策，使百岁老人的长寿补贴金达到了每人每月300元。2003年，市老龄办会同市财政局、市城乡建设局共同下发了《关于印发〈老年人乘坐公共汽车优待实施办法〉的通知》（胶老办字〔2003〕2号），

通知规定自 2003 年 7 月 1 日起，由市财政出资，对全市 65 岁以上老年人实施乘坐市内公交车半价优待、对 70 岁以上老人乘坐市内公交车免费优待的规定，体现了胶州市委、市政府对老年人的关怀。截至 2008 年底，全市累计为老年人办理半价卡 3552 张、免费卡 9698 张。

（3）以"关爱老年人，推进和谐新农村建设"试点工作为抓手，大力推进基层老龄工作。2007 年 4 月，胶州市被青岛市老龄委选为"关爱老人"工作县级试点单位，这也是"关爱老人"活动首次在县级市举行。市民政局按照各级党委的要求，不断完善胶州市"关爱老年人，推进和谐新农村建设"工作实施方案，全力在胶州市农村开展"关爱老人"试点工作。截至 2008 年底，全市的基层老龄组织建设得到了明显的加强，132 个村（居）实现了"工作有组织、阵地有设施、活动有制度、动作有经费、绩效有考核、整体有抓手"的"六个有"工作目标，广大农村老人在村级老年人协会的组织帮扶下，物质水平和精神生活有了很大的提高，对胶州市和谐新农村建设工作的顺利开展起到了有力的推动作用。2008 年 11 月，青岛市"关爱老人"农村工作会议在胶州市召开，重点向全青岛市农村推广胶州市在关爱

农村老人方面取得的先进经验，青岛电视台"今日 60 分"栏目、《青岛日报》《老年生活报》以及七彩华龄等媒体参加会议并进行相关报道。

（4）创建敬老模范市工作顺利开展。创建敬老模范市活动是全面反映一个市整体老龄工作的一项系统工程，胶州市参加了第二周期（2005 年—2007 年）创建青岛市敬老模范市活动。在创建活动中，胶州市委、市政府非常重视，市老龄委下发了《关于开展创建敬老模范市活动的通知》，加强了督导工作，推动了创建活动的开展。2005 年，胶州市被青岛市政府命名为"青岛市敬老模范市"。

（5）养老保障工作取得突破。2007 年，胶州市将"镇中心敬老院"建设纳入政府实事工程，投资 600 多万元新建 7 处、改扩建 2 处敬老院，并配备了彩电、冰箱、轮椅等生活用品，极大地改善了五保老人的生活条件。坚持建设与管理并重，出台了《胶州市农村五保供养工作条例实施细则》，不断改进供养服务方式，拓展服务内容，提高服务质量。杜村、里岔等 4 个镇中心敬老院被评为省一级敬老院。截至 2008 年底，市、镇两级共投入资金近 1000 万元，为全市 4000 余名老年人办理了养老保险，征缴

养老保险金总额达 4.2 亿余元。市委、市政府非常重视养老工作，2013 年，出台《关于实施银发安康工程进一步加快养老服务业发展的意见》，制定具体的养老服务扶持政策，市镇两级财政增加投入 1.2 亿元。在市级层面，市办中心敬老院二期投入 7200 多万元，新增建筑面积 2.7 万平方米，实现新增床位 800 张。同时，新增两处民办养老机构，新增床位 400 张。在镇级层面，开展敬老院设施、设备、管理三提升工作，提高敬老院居住档次和服务水平。对全市 73 名敬老院护理服务人员进行专业培训，颁发护理员职业资格证书。在村居层面，胶州在青岛市率先开展居家养老试点工作。2013 年 9 月，在铺集镇召开全市养老工作现场会，在全市推广居家养老试点经验。当年，全市建成日间照料中心 50 处，为 400 余名老人提供免费午餐，为 1027 名困难老年人提供上门服务。2014 年，全市出台《关于落实银发安康工程、健全社会养老服务体系的实施意见》，初步建成以市社会福利中心为引领、镇（街道）中心敬老院为支撑、社区日间照料中心为主体、居家养老服务为基础、民办养老机构为拓展的"五位一体"社会养老服务体系。2014 年，全市有市办中心敬老院 1 处、镇（街

道）中心敬老院11处、民办养老机构5处、社区日间照料中心102处、居家养老服务站756处，实现市、镇、社区、村四级养老服务平台全覆盖。通过政府购买服务，为2000余名"三无"、低保老人等5类政府保底的老年人群提供养老服务。民政部以专报的形式将胶州市的养老做法在全国范围内予以推广。

2015年，在完善"五位一体"社会养老服务体系的基础上，市民政局加快提升养老工作水平。2015年，全市新增民营养老机构3家、新增养老床位600张。市社会福利中心建成启用，设计床位1000张；11个镇、街道中心敬老院经过"三提升"活动，护理水平明显提高，共入住五保老人640人；全市已建成社区日间照料中心102处；各村都设立了居家养老服务站，为1386名"三无"、五保老人、高龄低保老人等5类政府保底的老年人提供了相关的养老服务；为13000多名65岁以上老年人办理了"免费乘坐公交车"业务。

（6）老年维权和敬老宣传工作快速发展。市民政局按照党和政府关于信访工作精神的要求，认真做好老年人的信访接待工作，2005年以来，为近2000名老年人解答了他们所关心的问题，司法部门累计为84

名老人提供了法律援助，减免服务费50000余元；处理老年人信访件214件，处结率100%，有效地维护了老年人的合法权益。敬老宣传方面，一是表彰孝亲敬老先进个人。2002年、2006年分别在全市开展了"胶州市老龄工作先进集体、先进个人和模范老人"评选表彰活动；定期举行"青岛市老龄工作先进单位、先进个人和模范老人""青岛市十大寿星、十大华龄之星、十大孝星、十大敬老企业明星""青岛市老年文体工作先进集体和先进个人""青岛市维护老年人合法权益先进集体和先进个人"的推荐评选表彰工作，一大批孝亲敬老先进个人脱颖而出，成为带动群众参加尊老爱老敬老活动、参与老龄事业的模范。二是抓好先进经验的推广。2005年，在全市推广了胶东镇"厚养薄葬"先进经验；2008年，在全市推广了铺集镇"弘扬孝德文化"活动的先进经验，深入开展"社会主义核心价值体系教育"实践活动，在社会各界积极推广"孝德文化"，倡导市民尊敬老人，分担养老费用，在社会中形成了浓厚的尊老爱老氛围。

5. 社会保障

（1）城乡低保

2001年，全市办理农村最低生活保障对象2737户5571

人，办理城镇居民最低生活保障对象290户560人；对45名孤儿实施了双层救助，救助特困大学生48名。胶州市"低保线"制度建设工作得到了上级部门的充分肯定，2001年12月，在青岛市"低保"工作经验交流会上得到推广。随着改革进程的加快和城乡二元结构的拉大，城乡低保成为"最后一道保障线"。2002年初，市委、市政府根据实际，在全市开展以"完善低保、临时救济、社会互助、政策扶助"为主要内容的"关注弱势群体，实施爱心工程"活动，制定《关于在全市开展"关注弱势群体，实施爱心工程"活动意见》（胶发〔2002〕6号），完善社会低保制度，扩大保障面，变"以钱定人"为"以人定钱"，将符合低保条件的城乡居民全部给予保障，做到应保尽保、应保必保。2002年，办理农村低保对象3237户8131人，城市低保对象260户580人，发放低保资金259万元。

2003年1月1日起，全市第1次提高低保标准：城市低保标准由每人每月156元提高到200元，农村低保标准由每人每月20元提高到40元。办理农村最低生活保障对象3511户9080人，办理城镇居民最低生活保障对象322户627人，发放农民最低生活保障金432

万元，发放城镇居民最低生活保障金 128 万元，全市城乡低保率达到 100%。对全市 45 名孤儿实施最低生活保障救助的同时，为其办理《孤儿证》，实行双层救助。2004 年，加强最低生活保障工作规范化管理，采用入户调查、发放调查问卷等方式，实行"阳光操作"，严把最低生活保障对象审批关。

2006 年 1 月 1 日起，全市第 2 次提高低保标准：城市低保标准由每人每月 200 元提高到 220 元，农村低保标准由每人每月 40 元提高到 90 元。城市低保达 406 户 756 人，发放城市低保资金 140 万元，农村低保水平不断提高。同年，市政府办公室制定下发《关于进一步完善农村最低生活保障制度的通知》，惠及全市 5556 户农村困难家庭 9003 人。对全市 5633 户低保户重新进行审查换档，做到"应保尽保，应保必保"。农村最低生活保障标准基数达到年人均 1080 元。

2007 年 7 月 1 日起，全市第 3 次提高低保标准：城市低保标准由每人每月 220 元提高到 240 元，农村低保标准由每人每月 90 元提高到 125 元。

2009 年 10 月 1 日起，全市第 4 次提高低保标准：城市低保标准由每人每月 240 元提高到 270 元，农村低保标准由每人每月 125 元提高到 150 元。

坚持动态管理，低保户有进有出，低保金能增能减。2009 年，全市有农村低保家庭 6973 户 11934 人，城镇低保家庭 490 户 906 人，注销城乡低保 511 户 915 人。

2011 年，城乡低保实现"应保尽保，应退尽退"，全市低保对象 8542 户 14776 人，全年新增低保对象 1023 人，退出 323 人。2011 年 10 月 1 日起，全市第 5 次提高低保标准：城市低保标准由每人每月 270 元提高到 360 元，农村低保标准由每人每月 150 元提高到 217 元，全年支出低保资金 2684 万元，同比增加 784 万元。

2012 年 7 月 1 日起，全市第 6 次提高低保标准：城市低保标准由每人每月 360 元提高到 420 元，农村低保标准由每人每月 217 元提高到 250 元。同年 9 月，开展低保政策落实情况大检查活动。全年有城乡低保家庭 9992 户 17285 人，新增 4005 人，注销 1342 人，比 2011 年净增 2158 人，城乡低保覆盖比例达 2.14%，较 2011 年提高 0.268%。2012 年，发放低保金 4395 万元。

2013 年 7 月 1 日起，全市第 7 次提高低保标准：城市低保标准由每人每月 420 元提高到 480 元，农村低保标准由每人每月 250 元提高到 285 元。相应提高各专项补助标准，建

立全市低保家庭和患重大疾病低保边缘家庭冬季取暖费发放制度，发放标准为每户每年 400 元。2013 年，累计发放城乡低保资金 6219 万元，累计发放城乡低保人次 210967 人次；新增城乡低保人员 3098 人，减少 1757 人，净增 1341 人，城乡低保平均人口 17581 人，城乡低保覆盖比例为 2.172%，比 2012 年增长 0.256 个百分点。截至 2013 年底，办理农村最低生活保障对象 3654 户 8230 人，办理城镇居民最低生活保障对象 328 户 665 人，落实农民最低生活保障金 398 万元，城镇居民最低生活保障金 116 万元。市民政局调整低保资金负担比例，缓和农村费税改革后的镇财政压力；联合审计局对全市低保资金发放、使用情况进行全面审计，规范低保制度。

2014 年 4 月 1 日起，全市第 8 次提高低保标准：城市低保标准由每人每月 480 元提高到 540 元，农村低保标准由每人每月 285 元提高到 350 元。针对群众反映低保办理过程中存在的"关系保""人情保"等问题，市民政局开展"低保清理核查"和"阳光低保"专项行动，全面核实、督查。期间，走访村居 871 个，核查低保家庭 11123 户，退出低保对象 1757 人，新增低保对象 3098 人，做到"应保尽保、应退尽退、

动态管理"。

2015年4月1日起，全市第9次提高低保标准：城市低保标准由每人每月540元提高到560元，农村低保标准由每人每月350元提高到420元；出台《胶州市城乡最低生活保障家庭审核审批办法》，在审批阶段，新设立了市级信息核对和入户核实2个环节，保证了低保救助工作的公平公正。2015年，全市共保障城乡低保对象11526户18193人，发放保障资金8205.5万元。

（2）临时、医疗救助

2011年，胶州市两次提高医疗救助标准，发放医疗救助金、临时救助金254万元。2012年，临时、医疗救助1159人，发放救助金457万元。2013年，临时、医疗救助714人，发放救助金319万元。2014年，创新出台了《城乡困难居民临时救助实施细则》，加大了因突发灾害、重大疾病等导致家庭困难的临时救助力度。从2014年1月1日起，对全市城乡低保、五保、低保边缘家庭患病的成员，实行"一站式"医疗救助，患者在医院结算时即可获得救助。全年共救助困难患者13220人次，提供救助金891.6万元。

（3）结对帮扶

2013年，全市机关事业单位每位干部职工都与贫困户结成帮扶对子，结帮扶对子10000余对，帮扶单位和个人为被救助对象提供化肥、农药、种子、资金等，部分贫困群众通过帮扶摆脱了贫困。

（4）集中救助，创新"四统一"救助工作模式

①成立一个机构，统筹救助资源。2012年，胶州市成立阳光民生999救助中心，由市政府主要领导担任主任，24个市直部门和12个乡镇、街道的行政一把手为成员。救助中心下设办公室，负责统一协调全市民生救助工作；从教体局、人社局、残联等19个救助职能部门中各抽调2名联络员具体负责与办公室的工作对接。全市12个乡镇、街道均成立救助中心并安排1—2名专职工作人员。救助中心每年制订全市救助计划，将救助资金分为常规固定救助资金和非常规固定救助资金，增强救助工作的指导性。

②搭建一个平台，统一救助标准。开发"胶州市贫困人群综合管理系统"，共设计信息采集、动态排名、信息查询、数据维护、统计考核、事项转办、办理提醒七大功能模块，根据影响贫困权重自动生成贫困指数，分值最低的排在最前，表示最贫困；如果家庭情况发生变化或得到救助，其贫困系数和排名将随之改变。系统能够自动记录修改轨迹，管理员可

胶州市阳光民生999救助中心研发的项目获得2015年青岛市科技进步奖

对修改人、修改时间、修改内容进行查询，一旦出现困难群众信息虚假情况，可以直接倒查到人。建立信息系统动态维护机制，定期对数据库更新维护。该系统共采集群众信息3.1万户6.9万余人，占全市总人口的8.6%，基本涵盖了各类困难人口。

③开通一条热线，统揽救助诉求。整合全市救助电话，设立全市统一的24小时求助服务热线电话82291999，第一时间解答救助政策、受理救助诉求，第一时间进行评估，对符合救助条件的困难家庭第一时间给予救助。

④制定一套制度，统一监督管理。强化保障，建立联席会议制度，主要负责研究救助中心重大事项；建立救助资金

增长机制，市财政每年按 10% 的比例增加对社会救助资金方面的投入；强化监督，健全日常监督管理制度，每半年审计一次救助资金使用情况，坚决杜绝未经审核分配救助钱物行为；强化考核，将救助工作统一纳入科学发展考核，对因工作渎职失职、工作不力等造成严重影响的，在全市范围内进行通报批评，并严肃追究相关人员责任。

市民政局统一协调开展全市民生救助工作，形成"政府主导、民政牵头、部门配合、各界参与、覆盖城乡、高效服务"的大救助格局。2012 年，胶州市阳光民生 999 救助中心共救助 8300 万元 3.9 万人。2013 年，胶州市阳光民生 999 救助中心共救助 1.003 亿元 4.7 万人。

6. 慈善事业

2002 年 4 月 27 日，胶州市慈善总会成立。先后创立了 4 个山东省第一，即第一家中华慈善总会县级会员、第一家镇级慈善分会、第一家县级慈善医院、第一家县级慈善超市。市慈善总会接收的捐款累计 3200 万元，形成了以总会品牌救助为主，分会网络、慈善医院和慈善超市为辅助的"一主三辅"慈善救助大格局。在开展"慈善情暖万家""阳光救助工程""微笑列车"等活动的基础上，2008 年在全市开展了"周行一善"活动，该活动被山东省慈善总会评为"山东省最具影响力慈善项目"。2008 年 9 月，村级慈善爱心服务站工程启动，全市 872 个村（居）建立村（居）爱心服务站，实现市、镇（街道）、村三级慈善网络，慈善触角延伸到全市各个角落。"慷慨助贫弱，真情馈社会"，胶州市的慈善事业发展从无到有、由点到面，人人向善的大慈善意识正从微薄走向丰实。

2010 年，"慈心一日捐"活动募集善款 1047 万元，首次突破 1000 万元，居青岛所属五市之首；"周行一善"累计救助特困家庭 2100 多户，发放救助金 350 余万元；中华慈善胶州医院救助特困群众 4000 人次，减免医药费 30 多万元；特困大学生"阳光救助工程"共救助特困大学生 191 名，发放救助金 57.3 万元；贫困中小学生"阳光助学"活动共资助中小学生 207 名，发放救助金 12 万元；开展白内障复明行动，使 20 多名贫困白内障患者重见光明；组织开展支援青海玉树地震灾区社会捐赠活动，接收捐款 139 万元；成立冠名慈善基金 30 多个，基金额达到 600 多万元；建立爱心服务站 129 家，覆盖村庄 700 多个。2010 年，青岛市慈善总会召开全市基层组织网络规范化建设会议推广胶州市的做法。

2011 年，市慈善总会出资 180 余万元开展白内障救助活动，为贫困和低收入白内障患者进行免费手术，让他们重见光明，累计进行免费手术 1170 多例，提高慈善救助的公信力，在社会上产生良好的反响；"周行一善"活动共救助特困家庭 3100 多户，发放救助金 556 多万元；"阳光救助"活动共救助特困大学生 258 名，发放善款 129 万元；"慈心一日捐"活动共接收善款 1355 万元，设立冠名基金 1.5 亿元。2011 年，胶州市被省慈善总会授予全省慈善工作先进集体称号，"周行一善"项目获全国第六届"中华慈善奖"提名奖。2012 年 6 月 15 日—2012 年 12 月 31 日，在全市范围内开展白内障救助活动，为贫困白内障患者免费进行手术，定点医院为胶州市人民医院、青岛市胶州中心医院、胶州市康明眼科医院。截至 2013 年底，市慈善总会累计募集善款 1.2 亿元，救助特困家庭 30000 多户，救助贫困学生 2600 多名，发放救助金 8400 多万元。2014 年，全市共募集善款 2119 万元，救助特困家庭 7000 多户，发放救助金 1700 多万元，为弘扬社会道德、助力民生改善、促进社会和谐做出了积极贡献。2014 年，市慈善总会被授予"山东省慈善工作先进单位"称号，被评为第二届"大爱青岛慈善奖"爱心单位。2015年，全市共募集善款2400多万元，救助特困群众7000多户，发放善款1800多万元，为建设"尚德胶州"、保障改善民生、促进社会和谐做出了积极贡献。

7.社会福利

2001年，胶州市根据财政部、计委要求，停止对社会福利企业收取管理费。2007年，财政部和国家税务总局联合出台《关于促进残疾人就业税收优惠政策通知》（财税〔2007〕92号），国家税务总局、民政部、中国残疾人联合会出台《关于促进残疾人就业税收优惠政策征管办法通知》（国税发〔2007〕67号），对社会福利企业资格条件进行调整，并对税收优惠政策进行大幅度调整。2008年，全市46家福利企业，职工总人数达到1600余人，残疾职工700余人，上岗率达到90%以上。全年产值、利税分别达到5亿元和3800万元。截至2013年底，全市有福利企业36家，安置残疾人职工860多人。

二、发展成就

改革开放以来，胶州市民政局在胶州市委、市政府的正确领导和社会各界的大力支持下，推动民政救助事业不断发展进步，取得了重要成就，有力保障了群众基本生活，促进了经济社会发展。

（一）形成了多层次救助体系

改革开放以来，尤其是1987年以来，胶州市开始探讨社会保障制度的新路子，建立起胶州社会保障制度的雏形。1988年，总结北王珠镇社会保障试点经验，探索理顺出优抚安置、五保供养、救灾扶贫、残疾人就业等多条保障线制度，较好发挥了社会稳定机制作用，为全市逐步实行农村基层社会保障工作提供了宝贵经验。进入21世纪，胶州市进一步深化和完善了以最低生活保障制度为主体、以社会互助为补充的社会救助体系，全面落实城乡低保、五保供养、医疗救助、临时救助、慈善救助等救助政策，使全市困难群体生活得到基本保障。2012年，胶州市阳光民生999救助中心成立，统一协调开展全市民生救助工作，形成"政府主导、民政牵头、部门配合、各界参与、覆盖城乡、高效服务"的大救助格局。

（二）走上了制度化轨道

随着改革开放和经济社会发展，政府财政收入有了较大幅度增加，逐渐将临时性救助改为定期救助，让特困户有一个稳定的生活来源。1996年，胶州市起草了《关于在全市实施贫困户帮扶工程的意见》，督促全市22个镇（街道）结合各自特点出台文件，这一系列做法被民政部肯定为带有方向性的改革。2002年初，市委、市政府根据实际，在全市开展以"完善低保，临时救济、社会互助、政策扶助"为主要内容的"关注弱势群体，实施爱心工程"活动，制定《关于在全市开展"关注弱势群体，实施爱心工程"活动意见》（胶发〔2002〕6号），完善社会低保制度，扩大保障面，变"以钱定人"为"以人定钱"，将符合低保条件城乡居民全部给予保障，做到应保尽保、应保必保。2014年，创新出台了《城乡困难居民临时救助实施细则》，加大了因突发灾害、重大疾病等导致家庭困难的临时救助力度。2015年，出台了《胶州市城乡最低生活保障家庭审核审批办法》，在审批阶段，新设立了市级信息核对和入户核实2个环节，保证了低保救助工作的公平公正。针对群众反映低保办理过程中存在"关系保""人情保"等问题，市民政局开展"低保清理核查"和"阳光低保"专项行动，全面地进行核实、督查，做到"应保尽保、应退尽退、动态管理"。

（三）促进了经济社会发展

城乡基本养老保险和医疗保险制度是社会发展的后盾，城乡低保、五保供养、医疗救助、临时救助、慈善救助等救助政策的全面落实是维护社会和谐稳定的基石。改革开放以来，胶州市逐渐形成了政府主导、社会参与的多层次救助体系，有力保障了困难群众的基本生活，为困难群众实现脱贫致富、促进经济社会发展打下了坚实基础。

三、经验启示

回顾全市民政救助工作开展以来各个阶段的探索实践，在取得重要成就的同时，积累了丰富经验，提供了诸多启示。

（一）必须始终服从服务于经济社会发展全局

民政救助工作只有服从服务于改革发展稳定的大局，紧紧围绕全面建设小康社会的宏伟目标，紧密结合构建社会主义和谐社会等重大发展战略，找准结合点、切入点，着力解决市委、市政府高度重视、社会普遍关注的突出问题，切实保障困难群众基本生活权益，不断提升公共服务水平，才能在经济社会发展全局中发挥重要作用。

（二）必须始终突出保障和改善民生的发展主题

民政救助工作业务多元、头绪复杂，突出主题至关重要。为民解困，是党和政府重点关注、感情所系，也是民政救助工作职责所在、使命所系。只有始终坚持"以民为本、为民解困、为民服务"的核心理念，认真履行"解决民生、落实民权、维护民利"的核心职责，优先安排民生工作、着力解决民生问题，切实把困难群体、老年人群体和优抚群体的基本生活保障好，民政救助工作才能得到社会的认可、群众的肯定。

（三）必须始终坚持走政府主导和社会参与相结合的发展道路

民政救助是政府实施社会管理和提供公共服务的重要方面，必须始终坚持以政府力量为主导，才能确保工作的正常开展和事业的持续发展。同时，民政救助工作又具有很强的群众性、社会性，必须扩大社会参与范围。通过积极引导和吸纳社会力量支持民政救助工作，有效聚合全社会的人力、物力和财力资源，才能不断壮大民政救助事业的发展力量。

（四）必须始终坚持以改革创新推进民政救助事业的发展

改革开放是推动民政救助事业发展的强大动力。面对不断发展变化的新形势、新情况，只有坚持与时俱进，用改革的办法解决深层次的矛盾和问题，适时调整完善救助政策措施，完善推进思路，改进工作方式，创新救助工作机制，才能保证民政救助工作紧跟时代前进步伐，不断取得新的突破、新的发展。

执笔人：于涛

改革开放以来胶州市的国土资源管理工作

市自然资源局

改革开放以来，在胶州市委、市政府的正确领导和上级国土资源管理部门的精心指导下，胶州市国土资源系统广大干部职工解放思想、改革创新、开拓进取，国土资源事业取得了令人瞩目的成就：管理体制逐步完善，土地管理制度严格落实，土地、矿产资源高效配置，群众权益得到有效维护……国土资源多个重点领域经历了从无到有、从分散到整合、从粗放到集约、从无序到规范不断发展完善的过程，走上了由单一行政计划管理到行政、法制、经济等手段相结合的管理轨道，国土资源监管能力和保障水平不断提高，国土资源开发与管理进入了崭新的历史时期。

一、机构设置

改革开放以来，土地资源、矿产资源、测绘管理实现了由分散管理到集中统一管理的过程。1987 年，胶州市土地管理局成立。1989 年 10 月，乡镇土地管理所设立。1994 年 3 月，全市 21 处土地管理所更名为土地矿产管理所，同时组建云溪街道土地矿产管理所。1995 年 3 月，胶州市土地矿产管理局成立。2001 年 8 月，胶州市土地矿产管理局更名为胶州市国土资源局。2001 年，全市机构改革，22 处土地矿产管理所撤销。2004 年，全省省级以下国土资源主管部门领导干部实行双重管理，以上一级国土资源主管部门党组管理为主，地方党委协助管理。2005 年 10 月，全市国土资源体制改革，实行国土资源垂直管理，在各镇（街道）设立 18 处国土资源所。2011 年 6 月，胶州市国土资源局产业新区国土资源所设立，2013 年 12 月更名为胶州市国土资源局经济技术开发区国土资源所。2015 年 11 月，胶州市国土资源局根据市编委《关于设立胶州市不动产登记中心的通知》，设立了市不动产登记中心，为市国土资源局所属事业单位。随着体制机制的建立完善，国土资源管理部门在保护资源、保障发展、维护权益、服务社会等各个方面发挥着越来越重要的作用。

二、改革开放以来胶州市的国土资源管理工作

改革开放以来，胶州市国土资源部门顺应管理体制改革，不断进行制度创新，保护资源、维护稳定，促进发展、保障供给，完善配置、提高效益，国土资源事业在不断解放思想、改革创新中一步一个脚印地向前发展。

（一）保护资源，坚守全市耕地保护红线

耕地是农村发展和农业现

代化的根基命脉，是保障国家粮食安全的基石。市国土资源部门在保障经济社会快速发展对用地需求的同时，积极推动落实共同责任，开源节流并举，大力开展土地整理，耕地保护工作取得了阶段性成果。

1. 开展土地整理，提高耕地质量

1999年，《中华人民共和国土地管理法》修改实施后，胶州市国土资源部门逐步落实土地用途管制，严格土地利用规划计划，严控建设用地规模，加大土地开发整理力度，严查违法违规占地行为，确保了全市耕地数量基本稳定、质量逐步提高。2005年—2010年，胶州市共开发整理复垦土地5597.62公顷，其中新增耕地1392.02公顷；总投入开发整理复垦项目资金2474.7824万元。2018年，胶州市土地整治项目区总建设规模3.9万公顷，新增耕地达2747公顷（新增耕地率7%）。市国土资源部门对农村宜农未利用土地、工矿废弃地以及田、水、路、林、村等实行综合整治，增加了有效耕地面积，提高了耕地质量，确保了全市耕地占补平衡。

2. 加强耕地保护，守住耕地红线

（1）耕地保护责任制。1996年，胶州市国土资源部门组织开展耕地目标责任考核工作，

根据胶州市历年来的土地利用现状变更调查工作，全市耕地面积始终保持在上级部门下达的耕地保有量指标——660345公顷以上；实行了市、镇、村三级责任制度，明确了耕地保护的任务和责任；成立了胶州市耕地保护责任目标领导小组，制定出台了《胶州市镇级政府（街道办事处）耕地保护责任目标考核办法》等有关制度规定，并在工作实践中不断充实完善，为全市耕地保护和基本农田保护工作提供了强有力的制度保障。2012年，在土地利用总体规划修编数据库建设用地工作时，青岛市将胶州市耕地保护面积指标变更为648607公顷。在城镇化、工业化快速发展的环境下，保障了资源环境与社会经济的协调发展。

（2）基本农田保护区划定。1996年，胶州市开始开展基本农田保护区的划定工作。全市共划定基本农田保护面积671431公顷，保护率为89.4%。对经划定的基本农田保护区严格执行《基本农田保护条例》，全面落实市、镇、村基本农田保护责任制，实施土地用途管制，对因国家建设确需占用基本农田的，依法按程序逐级上报审批，并按"地类一致、质量相当、面积相等"的要求补充调整。2012年，在土地利用总体规划修编数据库建设用地工作时，通过基本农田异地补

划，基本农田保护面积减少为666365公顷。全市的耕地保护工作取得了显著成绩，实现了耕地占补平衡。

（3）永久基本农田划定。永久基本农田划定工作是贯彻落实党中央、国务院严守耕地红线、确保实有耕地面积基本稳定、实现耕地数量和质量保护并重总体要求的重要举措。2016年，胶州市开展永久基本农田划定工作，上级部门下达的永久基本农田保护目标任务为60.42万公顷。胶州市国土资源部门通过推动上图入库、落地到户，确保永久基本农田划足、划优、划实，实现定量、定质、定位、定责保护，划准、管住、建好、守牢永久基本农田。

2017年1月，《胶州市永久基本农田划定工作方案》经省国土厅、农业厅审核通过。随后，市国土资源部门全面完成了"落地块""明责任""建表册""入图库""设标志"5项工作任务，将划定的永久基本农田图斑录入建库系统，形成基本农田保护片块9617个，设立基本农田保护牌23个，布设保护界桩3086个，实现永久基本农田保护目标任务60.42万公顷。

（二）加强执法，落实土地执法监管责任

土地矿产执法监察工作是

国土资源管理中的一项重要任务，在 1987 年—2005 年国土资源工作垂直管理之前，该项工作主要由局执法监察大队承担；垂直管理之后，由局执法监察大队与各基层国土资源所共同负责。土地矿产执法监察工作主要采取网格化管理的方式，划片分工、责任到人，严格落实动态巡查制度。

1. 开展清理整顿，查处违法违规用地

1999 年，胶州市国土资源部门对 39 宗涉及非法卖地、毁地、占地、卖地，破坏耕地等来信来访进行查处，同时查处违法用地 21 宗。2004 年，国务院五部委在全国范围内部署开展了以开发区清理整顿为重点的全国土地市场治理整顿行动，有效地震慑了各种土地违法违规现象。

2009 年开始，全国土地卫片执法检查工作实现了全覆盖。2009 年—2014 年，卫片执法检查发现，胶州市发生的违法用地数量分别为 61 宗、84 宗、47 宗、28 宗、71 宗、41 宗，全部立案查处、移送到位，经查处整改后，违法用地占用耕地数占新增建设用地占用耕地数 的 比 例 分 别 为 4.56%、2.72%、1.8%、3.28%、3.7%、2.15%，远低于国家规定的 15% 问责线，执法工作富有成效。

2. 强化动态巡查，维护土地管理秩序

2011 年起，胶州市国土局与下设的各国土资源所签订了动态巡查责任状，规定动态巡查违法用地发现率排名在全市后三位的国土所取消评优资格；实行动态巡查周报月结制度，对国土所上报的违法用地，执法监察大队第一时间给所在镇（街道）发出限期整改函，同时上报市政府、青岛市国土资源执法监察支队，对已经形成违法事实的立即立案查处，做到对事对人依法处理到位，逐渐形成了依法依规用地的良好秩序。

3. 推进执法改革，实行土地综合执法

2015 年，根据胶州市编委关于印发《胶州市综合行政执法局主要职责内设机构和人员编制规定》的通知（胶编字〔2015〕19 号），国土资源部门行使的土地、矿产行政处罚以及相关的行政强制、监督检查、动态巡查职能划入了综合行政执法局。胶州市土地执法相关工作进入了综合执法时期。

（三）规划先行，确保实现社会经济目标

土地利用，规划先行。胶州市国土资源部门通过统筹规划，实现了国土资源的高效持续利用，在保证粮食安全的前提下，满足了城镇化、工业化快速发展的建设用地需求，调控建设用地结构和规模，促进全市经济结构优化升级和经济发展方式转变。

1. 第一轮规划侧重满足经济发展需要

胶州市于 1995 年开展土地利用总体规划编制工作，《胶州市土地利用总体规划》（以下简称《规划》）于 1998 年 10 月编制完成并通过青岛市论证验收，2000 年 10 月经山东省人民政府《关于胶州市土地利用总体规划的批复》（鲁政土字〔2000〕1019 号）文件批准，由胶州市政府公布实施。规划基期为 1996 年，目标期为 2010 年。《规划》以提高土地利用率、解决土地供求矛盾、保护耕地、统筹安排各行业用地为目的，较好处理了经济发展需要和耕地保护的关系，保证耕地总量的动态平衡。农用地由 1996 年的 94285.66 公顷调整到 94651.84 公顷，期内净增加 366.19 公顷；建设用地由 1996 年的 25463.64 公顷调整到 27195.47 公顷，期内净增加 1731.83 公顷；未利用土地现状面积由 1996 年的 11560.67 公顷调整到 9462.65 公顷，期内净减少 2098.02 公顷。

2. 第二轮规划侧重促进生态文明发展

2009 年，胶州市国土资源

部门组织开展了第二轮土地利用总体规划编制工作。2010年5月，《胶州市土地利用总体规划（2006—2020年）》编制完成并通过青岛市论证验收，2010年12月经山东省人民政府《关于胶州市土地利用总体规划（2006—2020年）的批复》（鲁政土字〔2010〕1805号）文件批准，由胶州市人民政府公布实施。第二轮土地利用总体规划以2006年为基期年、2020年为目标年，以保护耕地、合理分配各类用地指标，集约节约用地、从严控制城乡建设用地规模，统筹各类用地、促进城乡区域协调发展，加强土地生态建设、促进生态文明发展为主要规划目标。通过统筹规划，实现了国土资源的高效持续利用，特别是在保证粮食安全的前提下，满足了城镇化、工业化快速发展的建设用地需求。通过调控建设用地结构和规模，按照"区别对待、有保有压"的供地原则，重点保障国民经济和社会发展薄弱环节、重大基础设施、自主创新和高技术产业、重要招商引资项目和改善民生项目用地需求，严格执行国家产业政策和供地政策，严禁向高耗能、高污染项目供地，促进了全市经济结构优化升级和经济发展方式的转变。

为适应经济社会发展趋势，落实国家耕地保护战略和土地集约节约用地制度，通过规划调整完善解决现行土地规划与实际情况不符的问题，2016年，胶州市开展了土地利用总体规划调整完善工作。经与环境规划部门衔接，全市共划定生态保护红线5138.75公顷，占胶州市辖区总面积的3.88%，包括艾山红线、三里河红线、大沽河红线与少海红线。通过调整土地利用结构和布局，划分土地用途区，提高了土地利用效率，促进了全市国民经济和社会发展目标的全面实现。

（四）完善市场，合理高效配置资源

改革开放之初，土地、矿产资源的配置主要依靠行政计划手段进行划拨或调拨，资源利用效率低，配置不合理，经济效益差，土地和矿产的资源价值和资产价值没有得到充分发挥。改革开放后，伴随着社会主义市场经济体制的建立和完善，土地市场、矿业权场逐步建立完善起来。

1.严格计划管理阶段

自1987年土地管理局成立起，胶州市城乡非农业建设用地由土地使用者提出申请，经土地管理部门认真审查，然后报市人民政府批准。1999年以前，全市严格实行计划管理，凡依照法律规定必须报经青岛市人民政府审批的划拨、出让和使用农村集体土地的乡（镇）村建设等各类建设项目用地，在正式报批之前，必须向青岛市土地管理部门预先报告，填写《建设项目用地预报表》。青岛市土地管理部门及时组织现场踏勘，审查用地方案，指导胶州市级土地管理部门准备好正式报批的相关工作。按照权

2004年9月17日，德国专家来胶州市交流城镇地籍管理工作相关情况。

限审批土地，征用、划拨耕地3亩以下，其他土地10亩以下，由胶州市人民政府批准。

2.土地用途管制阶段

1999年，修订的《土地管理法》正式实施，全国开始实行土地用途管制制度，通过编制土地利用总体规划、规定土地用途、逐年下达土地利用计划(含农用地转用、耕地保有量、土地开发整理计划指标)，严格控制非农业建设占用耕地和建设用地总量。农转用及征收(用)由省人民政府或国务院审批，市人民政府只有供地审批权。

(1)土地储备

2001年9月，胶州市成立土地储备交易中心，为市国土资源局所属正股级全额事业单位。2002年，市政府发布《关于印发〈胶州市土地储备实施办法〉的通知》(胶政发〔2002〕108号)、《关于建立土地收购储备机制的通知》(胶政发〔2002〕110号)，标志着胶州市正式建立土地储备制度。2004年，市政府颁布《关于对镇、街道办事处经营性用地实施储备的意见》(胶政发〔2004〕187号)，进一步对储备制度进行了完善。2004年，胶州市撤销土地储备交易中心，成立土地储备中心，为市人民政府所属正科级全额事业单位。2005年，撤销土地储备中心，成立土地储备整理中心，为市

国土资源局所属副科级全额事业单位。按照《关于印发〈胶州市土地储备实施办法〉的通知》(胶政发〔2002〕108号)文件要求，市土地储备机构根据产业结构调整及城市、乡镇建设规划和市辖区域内土地的实际状况，制订储备计划并依据计划实施土地储备，包括无偿收回储备和有偿收回、收购、置换、征用储备。

(2)土地出让

2001年，胶州市开始实行经营性用地招拍挂公开出让。2006年12月，国土资源部下发《关于发布实施〈全国工业用地出让最低价标准〉的通知》，规定2007年1月1日起，工业用地必须采用招标拍卖挂牌方式出让，同时公布了工业用地的最低限价。2008年，胶州市开始实行工业用地招拍挂公开出让。2015年起，全市的国有

建设用地使用权拍卖、挂牌出让不再需要面对面，而是通过青岛公共资源交易网的国有建设用地使用权网上交易平台进行，最大限度地减少了人为因素干扰，确保土地交易市场的公开、公平、公正。

截至2018年底，胶州市共储备招标拍卖挂牌公开出让经营性用地766宗28035公顷，共储备招标拍卖挂牌公开出让工业用地1090宗34298公顷。土地使用权网上成功交易，标志着胶州市土地交易市场实现了从有形市场到数字化市场、从传统市场到现代化市场的跨越，全市国有建设用地使用权出让正式进入了"网购"时代。

(五)创新产权制度，切实维护群众权益

改革开放以来，我国在坚

2011年7月胶州市土地使用权拍卖活动现场

持社会主义公有制的基础上不断创新，建立了中国特色的土地产权制度，并通过登记确认土地权属，保障公民土地权益。

1. 土地总登记

作为土地登记的行政主管机关，根据国家统一部署，胶州市国土资源部门于1989年开始在全市范围内开展土地总登记工作，集中时间、人力、物力按时完成城镇土地确权申报登记发证。截至1993年，全市共完成2377宗国有土地使用权、18万余宗集体土地使用权、1061宗集体土地所有权（大田证）的土地总登记工作。1994年之后，土地登记工作转入日常土地登记阶段。

2. 日常土地登记

1994年，胶州市开始进行日常土地登记工作，每年对批准使用的合法建设用地进行确权登记发证，有效维护了土地使用权人的合法权益，使土地登记发证步入了有序化、规范化、法制化的正常轨道。截至2015年12月，共办理土地初始登记2.54万余宗，变更登记发证0.83万余宗。2015年12月29日，日常土地登记工作正式变更为不动产登记工作。

3. 农村土地确权登记

2012年，胶州市国土资源部门按照国家和山东省、青岛市有关农村集体土地确权登记发证工作的规定及要求，在全市12个镇（街道）、811个行政村以土地总登记模式开展农村集体土地所有权和集体土地使用权确权登记发证。通过确权登记发证，查清了农村每一宗土地的权属、界址、面积和用途等基本情况，明晰了农村土地产权，维护了农民合法权益，促进了农村社会和谐稳定。2014年12月，农村土地确权登记发证工作结束，共计绘制村界图809份，宗地图5173份；签订权属界线协议书19263份，签订土地权属争议原由书20份；发放集体土地所有权证书5173本，发证面积107436.03公顷。全市共办理集体土地使用权登记约为17.03万宗，其中宅基地16.95万宗，集体建设用地使用权0.08万余宗。农村集体土地所有权和集体土地使用权确权登记，既确保了经济社会发展必须占用的部分集体土地的征收征用工作顺利开展，又通过不断提高补偿安置标准、完善失地农民社会保障等手段，切实维护了群众权益。

4. 不动产登记工作

2015年11月18日，胶州市人民政府办公室印发了《关于印发胶州市不动产登记职责和机构整合工作实施方案的通知》（胶政办发〔2015〕63号）。11月20日，胶州市机构编制委员会印发《关于设立胶州市不动产登记中心的通知》（胶编字〔2015〕32号），将胶州市国土资源局、房产管理局、林业局、海洋与渔业局承担的土地登记、房屋登记、林地登记、海域登记等不动产登记职能划入不动产登记中心，核定编制28名，所需人员编制从胶州市国土资源局、房产管理局、海洋与渔业局、林业局划转。同年12月29日，首批28名编制

2017年1月，胶州市不动产登记服务大厅窗口为市民办理不动产登记业务。

人员和登记业务划转到位，并完成登记信息系统调试和首批不动产权证的打印任务，胶州市不动产统一登记机构正式运转，不动产登记工作进入了全面运行阶段。2016年7月4日，胶州市编委会印发了《关于进一步理顺胶州市不动产登记工作的通知》（胶编字〔2016〕17号），将与房产管理局职能交叉的登记业务全部整合到不动产登记中心，同时将人员编制增加到46人，增加的16名编制人员从市房管局划转到位，完成了不动产登记的实质性整合。

2018年，按照国务院"放管服"改革精神和省委、省政府"一次办好"工作要求，胶州市开展了"优化不动产专项行动"：招聘42名劳务派遣人员充实登记队伍，改造和扩大登记大厅，合理布置窗口，将税务窗口与不动产登记窗口融合为综合受理窗口，开通网上和公众号预约服务，提供微信便捷支付登记费，公布办证流程和材料，开展存量数据迁移整合，实行自助打印证明和帮办代办上门办服务等。不动产登记规范化程度不断提升，推动了登记业务办理提速增效，实现了新建商品房首次转移登记1个工作日办结（最快1小时取证）、存量房转移登记2个工作日办结、抵押登记2个工作日办结、预告登记1个工作

日办结、查封登记和登记信息查询即时办理。全年共发放不动产登记证书（证明）6.5万件，提供各类登记查询5.2万次。

（六）加强地质勘查，摸清矿产资源底数

1. 矿产资源情况

胶州市矿产资源比较贫乏，呈现出分布不均、以非金属矿产为主、规模较小等特点。截至2018年底，已发现矿产种类12种，包括金矿、萤石、重晶石、天然卤水、沸石、砖瓦用页岩、膨润土、建筑用安山岩、粗面岩、珍珠岩、黑曜岩和矿泉水，占全省已发现矿种的7.48%。金矿为金属矿产，矿泉水为水矿产，其余10种均为非金属矿产。12种矿产中，曾被开发利用的有5种，分别为萤石、沸石、砖瓦用页岩、建筑用安山岩和矿泉水。其中，优势矿产资源为建筑用安山岩、砖瓦用页岩和少量矿泉水，潜在优势矿产为天然卤水，禁止开采的矿种为金矿、重晶石、萤石、沸石和膨润土，限制开采的矿种为砖瓦用页岩和建筑用安山岩。

2. 开发利用情况

胶州市矿产资源以建筑石料和砖瓦粘土、砖瓦页岩矿为主，由于成矿地质条件的限制，各地开发利用的矿产资源各有不同，胶东街道、李哥庄镇、

九龙街道以砖瓦粘土矿为主，伴有少量建筑用砂；洋河镇南部主要蕴藏有萤石、沸石、膨润土、黑曜岩、建筑石料和建筑用砂；铺集镇北部则以蕴藏重晶石、膨润土矿为特色；九龙街道沿胶州湾一带以蕴藏地下天然卤水矿为特征；矿泉水主要分布在里岔镇；金矿分布在洋河上游山寺村一带。

（七）规范资源开发，保障资源持续供给

自1986年《矿产资源法》颁布以来，中国境内矿产资源开采逐步实行采矿许可证制度。胶州市矿产资源主管部门从1995年起，对辖区内采矿权人合理开发利用的矿产资源、环境保护及其他应当履行的法定义务等情况，每年依法进行监督检查。1996年，全市持证矿山企业143家，其中建筑用料石矿57家、萤石矿4家、重晶石矿15家、沸石矿5家、砂场4家、膨润土矿1家、砖瓦粘土矿57家。1998年2月12日，《矿产资源开采登记管理办法》（中华人民共和国国务院令第241号）颁布，规定县级人民政府矿产资源管理部门审批并颁发采矿许可证的范围为普通建筑材料的矿、石、粘土和零星矿点，办证程序为采矿权申请人提出采矿权申请，向市、

县地质矿产主管部门提交划定矿区范围的申请报告和与矿山建设适应的地质报告等有关图文资料，经矿产资源主管部门审查准予登记，申请人按国家有关规定缴纳费、税后领取采矿许可证。

2003年，《胶州市矿产资源总体规划》出台并开始实施，对促进胶州市矿产资源管理的科学化与规范化、提高矿产资源可持续发展的保障能力、加强矿产资源开发利用的宏观调控、促进矿产资源合理开发利用和保护矿山地质环境发挥了重要作用。通过对矿产资源开发秩序整顿和资源整合，胶州市资源开发利用集约化和规模化程度逐步提高，基本遏制了非法开采活动，使胶州市的矿产资源勘查、开发利用布局趋于合理，矿山地质环境恶化的趋势得到有效遏制。

根据国土资源部、发改委等部门文件精神，胶州市于2006年和2010年开展了2轮矿产资源开发整合工作。2006年，胶州市有97家涉矿企业，进行资源整合后，全市共设置采矿权33个，比整合前减少了64个，减少比例为65.9%。2010年，再次深化整合，将33个采矿权整合为15个，减少比例为54.5%，圆满完成了青岛市整合实施方案中采矿权的压减比例，实现了矿产资源合理

配置、规模开采、有序利用。截至2010年底，胶州市持证矿山企业剩余16家，其中建筑用料石矿5家、砖瓦用页岩矿10家、矿泉水1家。

为进一步加强对采石、砖瓦生产企业的监督管理，切实保护生态环境，2012年4月5日，胶州市政府办公室印发了《胶州市关闭无证采石、砖瓦生产企业实施方案》（胶政办发〔2012〕16号），要求关闭全市范围内所有无证采石、砖瓦生产企业；具有合法开采手续的采石、砖瓦生产企业，自手续到期之日自行关闭，并于1个月内拆除相关设备、设施。自该文件印发之日起，除国家重大战略物资外，胶州市辖区内不再审批非煤矿山开采项目。2014年底，胶州市采石、砖瓦企业全部关闭。2018年底，全市所有采矿企业均全部关闭。

（八）保护地质环境，有效防治地质灾害

地质灾害威胁人民群众生命财产安全，灾害防治历来是国土资源管理部门的一项重要工作。改革开放以来，胶州市地质环境保护工作日益受到重视。胶州市境内存在的地质灾害以崩塌、滑坡、泥石流、地面塌陷、海（咸）水入侵为主。市国土资源部门严格落实灾害防治机构、人员、制度和职责，自2004年起全面开展地质灾害防治、监测和评估，完善防治工作程序，建立群测群防网络体系和汛期灾害天气预警制度。截至2018年12月，胶州境内没有发生地质灾害安全事故，没有发生对人民群众生命财产造成损失的地质灾害。

由于全市的矿山企业都以露天开采为主，采矿造成的土

2014年7月，胶州市里岔镇地质灾害隐患点设立永久性警示标志。

地、植被、山体破坏恢复起来相当困难,次生的滑坡、泥(渣)石流、山体开裂等地质灾害隐患较多。市国土资源部门针对这一情况,开展了以废弃矿山治理为主的地质灾害治理防范工作,截至 2018 年 12 月,共治理废弃矿山 130 公顷。

(九)强化测绘保障,加强测绘工作管理

测绘事业在国民经济和社会发展中处于基础地位。改革开放以来,随着人类社会迈入信息时代,测绘工作的重要作用日益凸显。

1. 国土资源测绘管理

2005 年 10 月,根据胶州市机构编制委员会《关于国土资源管理体制调整的通知》(胶编字〔2005〕7 号),胶州市国土资源局设立测绘管理站。2010 年 12 月,胶州市人民政府办公室下发《胶州市国土资源局主要职责内设机构和人员编制规定》(胶政办发〔2010〕85 号)的通知,明确市国土资源局测绘管理站主要职责为:负责会同有关部门拟定全市基础测绘规划;组织测绘项目登记汇交管理;指导、监督全市测绘标志保护等。

2010 年 1 月—8 月,胶州市国土资源局组织对全市 74 处四等以上测量标志进行了普查

和专项维护,对稳固可用的钢标除锈、刷漆、加固,对标石保护完好的三角点、GPS、水准点砌筑标石保护井、加盖标志盖、外面刷漆、竖警示牌等,对损害的标石进行外部整饰维护、护基加固、砌筑标志墩台或修建挡土墙等工作。

2017 年 1 月,胶州市"数字胶州"平台地理信息化应用平台完成专家组验收;6 月 30 日,国土系统数据库完成整理入档工作并投入运营,档案实现网上查询。2017 年 9 月,胶州市完成全市"十三五"基础测绘规划编制工作并经市政府审批后发布实施。2018 年,全市完成西安 80 坐标向国家 2000 大地坐标系数据转换工作。2018 年 7 月 1 日,胶州市正式启用国家 2000 大地坐标系。

2. 规范测绘市场秩序

2005 年以来,胶州市国土资源局每年对全市资质测绘单位当年的测绘产品质量、保密、测绘行为等方面进行检查,主要采取自检或由相关专家、保密局人员组成联合检查组等方式对每家单位进行检查,发现测绘违法行为后,由测绘主管部门提出处理意见,由执法部门予以查处。

(十)注重科技应用,科技支撑能力明显增强

改革开放以来,科学技术发展日新月异,胶州市借助现代信息技术,实现了国土资源的快速调查监测,提高了监管能力。

按照《全国土地利用现状调查技术规程》和省有关规定,1989 年 4 月—1991 年 12 月,胶州市完成 21 个乡、镇、街道,815 个村级单位的土地利用现状详查工作。经调查,截至 1991 年,胶州市行政区域总面积 1969830.9 亩,其中耕地 1149971.9 亩、园地 89127.1 亩、林地 92982.0 亩、居民点及工矿用地 233899.8 亩、交通用地 69720.1 亩、水域 192377.6 亩、未利用土地 141752.4 亩。

按照山东省人民政府办公厅〔2003〕98 号文件的要求,2004 年 9 月—2005 年 1 月,胶州市完成 18 个镇、街道,811 个村的土地利用现状更新调查工作。经调查,截至 2005 年,胶州市行政区域总面积 1974039.5 亩,其中耕地 973752.5 亩、园地 57794.1 亩、林地 168940.8 亩、其他农用地 242584.6 亩、居民点及工矿用地 316582.4 亩、交通运输用地 25269.5 亩、水利设施用地 39150.4 亩、未利用地 57938.5 亩、其他未利用地 92026.7 亩。

2009 年 2 月—2009 年 12 月,胶州市开展了第二次土地调查,完成全市 18 个镇、街道,811 个村的农村土地利用现状调

查工作，共调查地类图斑66433个，地物119268条；签订土地权属界线协议书30429份，10289条边界。经调查，截至2009年，胶州市行政区域总面积1985469.3亩，其中耕地995000.5亩、园地34912.9亩、林地104824.6亩、草地48574.2亩、城镇村及工矿用地399275.1亩、交通运输用地110848.4亩、水域及水利设施用地239788.4亩、其他土地52245.2亩。

胶州市根据以往调查成果，逐年进行变更调查和统计，截至2017年，胶州市土地变更调查结果为，全市行政区域总面积1985469.3亩，其中耕地956289.3亩、园地32032.65亩、林地101979.6亩、草地41905.8亩、城镇村及工矿用地444819.9亩、交通运输用地119611.2亩、水域及水利设施用地231998.1亩、其他土地56832.75亩。

三、经验启示

（一）坚持党的正确领导不动摇

改革开放以来，胶州市国土资源系统始终坚定地执行党中央确定的路线、方针和政策，坚持党对国土资源管理事业的领导，把握正确的政治方向，实事求是、与时俱进，通过对重大问题的准确把握，找到了国家政策与全市工作实际的结合点，妥善处理了保护资源与保障发展的矛盾。

（二）坚持改革创新不动摇

在社会转型时期，市场经济的建立与完善、社会观念的转变、政治体制和行政体制的改革与完善都需要经历一个长期的过程。在改革过程中，必须正确处理改革、发展与稳定的关系，在这一基本方法论的指导下，胶州市的国土资源管理工作按照统一部署，根据改革的阶段性任务进行，将改革所带来的影响控制在合理可控的范围内，既保持政治和社会的稳定，又坚持解放思想和制度创新，深化对实践的认识、对发展的认识，不断改革不合时宜的旧观念、旧思想、旧体制，顺应新形势、新任务，坚持与时俱进，注重职能转变和能力、作风建设，把改革创新作为一项长期、复杂的历史任务，从而持续推动国土资源事业改革和发展。

（三）坚持服务发展不动摇

发展是执政兴国的第一要务。国土部门作为服务发展的基础部门，各项工作与社会经济民生息息相关。国土资源管理工作是一项根本性、全局性、战略性的工作，土地、矿产都是稀缺和不可再生的资源，既要保障发展，又要保护资源，承受着双重压力，面临着两难的局面。胶州市国土部门一方面严格规范管理，坚决遏制违规违法的现象；一方面积极主动服务，保证经济社会发展需要，牢固树立服务意识，始终坚定地服从服务于经济社会发展大局，积极发挥土地调控作用，节约集约用地、保障资源供应、强化测绘服务，确保了全市经济社会的又好又快发展。

（四）坚持依法行政不动摇

国土资源行政主管部门认真贯彻落实国家依法治国战略部署，不断推进依法行政的进程，通过健全制度、规范行政行为，把依法行政纳入国土资源管理工作全局当中来谋划。在保障发展中，不断完善国土资源管理制度体系，提高服务和监管的水平；在保护资源中，充分发挥国土资源管理制度的管控作用，提高资源利用的效率；在维护国土资源管理秩序中，树立国土资源管理法治权威，遏制违法违规的势头；在保障群众的权益中，彰显国土资源执法的良好形象，提高国土资源管理的公信力。在资源约束从严从紧的形势下，有效提升执政能力和依法行政水平，不断开创了国土资源管理工作新局面，凝聚起全社会依法依规用地、节约集约用地的共识，实现了行政权力规范运行与国土资源事业健康发展的有效融合。

执笔人：刘秀华 姜善勇 王文东

胶州市大沽河绿化工程建设及成功经验

市自然资源局

胶州市地处黄海之滨，因"水色如胶"而得名。大沽河古称"姑水"，是胶东半岛最大的河流，被誉为胶州的"母亲河"。大沽河青岛段途经城阳、即墨、胶州、平度、莱西5个区市，沿岸有79万人口，流域面积近4800平方千米，是青岛最大、最稳定的水源地，也是历年的防汛工作重点。在大沽河治理工作中，特别是在绿化工程建设方面，全市各相关部门密切配合、通力合作，严把时间节点、合理调度施工，取得了大沽河治理观摩考评"十三连冠"。

一、工作背景

大沽河流域位于胶东半岛西部，约在东经120°03′—120°25′，北纬36°10′—37°12′之间。流域总面积4631.3平方千米，其走向大致与干流走向相同。大沽河（胶州段）河道全长41.5千米，流域面积约433.6平方千米，流经胶莱、李哥庄、胶东、营海等镇（街道），流域内辖82个村庄，其中胶莱段主要从事现代农业生产，胶东、李哥庄段主要从事二、三产业，营海段大多为生态湿地。实施大沽河绿化工程之前，大沽河两岸林业资源相对匮乏，护岸林带参差不齐、断档严重且以速生杨为主，树种单一，林网网格偏大且树木稀少，起不到应有的防护作用。区域内林地面积为4万公顷，林木覆盖率仅为20%左右。

2011年1月30日，中央下发1号文件《中共中央关于加快水利改革发展的决定》，确定"加快水利改革发展"的主题，通过5—10年努力，根本上扭转水利建设明显滞后局面。5月12日，青岛市委主要负责人在调研全市水资源情况时提出：大沽河流域覆盖青岛近一半市域面积，是青岛名副其实的母亲河，必须做好大沽河文章，使其真正展现魅力。8月3日，为保护、开发、利用好大沽河，全面提升大沽河对全市经济社会的支撑力、保障力和拉动力，青岛市下发《关于实施大沽河治理的意见》文件，全面启动大沽河治理。文件决定，从2011年起，全面实施大沽河治理工程，计划用3—5年时间从根本上改变大沽河面貌，实现"洪畅、堤固、水清、岸绿、景美"的目标。大沽河综合治理是构建大青岛"全域统筹、三城联动、轴带展开、生态间隔、组团发展"空间布局的重要举措，是胶州市全域融入青岛"正品字型"核心区域的重要支撑，也是各级领导和全市人民关心关注的民生工程。

2011年9月15日，青岛市委主要负责人在大沽河治理规划主题会议上提出"这是事关青岛长远发展的重大工程""大沽河治理要坚持世界眼光、国际标准，做到高起点规划、高标准推进"。10月8日，中共青岛市第十届委员会常委会第127次会议审议并原则通过了《青岛市大沽河流域保护与空间利用总体规划》。大沽河胶州段从北向南依次打造"四大产业带"，建设特色精品园等现代农业园区、滨河休憩新区以及高端商务会所，打造滨海湿地保育带。通过3—5年的努力，把大沽河沿岸建设成为贯穿青岛南北的防洪安全屏障、生态景观长廊、滨河交通轴线和现代农业聚集带、小城镇与新农村建设示范区，初步建成大沽河生态经济新区。

2012年3月，大沽河治理堤防工程启动，包括堤防填筑、穿堤构筑物建设、河道疏浚以及河道护岸等工程。第一标准段总长17千米，其中，城阳912米、即墨4400米、胶州2530米、平度4450米、莱西4700米，预计投资1.56亿元，总工程量545.81万立方米。胶州结合新一轮城市空间规划修编，将其纳入"一港一区一带"战略布局中谋划与定位，进一步明确了大沽河治理的战略地位。整个大沽河治理中，水利工程总投资7.71亿元，治理后的堤岸防洪标准将达50年一遇标准，保证大沽河汛期排水通畅和防汛安全；绿化工程总投资4.6亿元，打造了一条"乔

灌结合、疏密有致、三季有花、四季常青"河堤景观长廊。

2013年6月底，胶州市大沽河治理堤防建设3个标段完成青岛市大沽河治理工作指挥部堤防专项移交验收小组的移交验收。9月3日，剩余4个标段顺利通过验收。经技术人员现场检测，胶州段堤防建设高程、宽度、弯沉、压实度、轴线坐标、横向坡比等技术数据均达到了水利设计和公路路基规范要求。胶州市是青岛沿河五区市中首个全部完成移交验收的区市。移交后，堤顶路中间2米宽的绿化隔离带、堤防坝肩和堤防边坡由林业部门负责进行绿化。

二、发展历程

为打造"洪畅、堤固、水清、岸绿、景美"的大沽河生态景观带，实现"生态中轴、幸福纽带、活力水岸"的目标，胶州市林业局坚持生态优先，深入推进大沽河绿化，保持绿化与工程建设进度高度统一，全面改善大沽河沿岸整体景观形象。

（一）正式启动，全面开工阶段（2013年9月—2014年12月）

2013年9月26日，胶州市在总结示范段成功经验的基础

上，率先在青岛市开展了大沽河堤顶道路绿化工程，标志着青岛市大沽河堤顶道路绿化工程建设正式拉开序幕。全市上下通力合作，抢工期、赶进度、保质量，稳步推进大沽河绿化各项工作。至2014年7月，大沽河主体绿化全部完成，总投资4.62亿元，完成绿化面积13450公顷，其中堤顶道路绿化2858公顷、标准段114公顷、沿线镇（街道）防护林带绿化面积3685公顷、河滩地绿化4582公顷、麻湾渔乐园绿化2211公顷，安装路灯1246盏，在大沽河治理观摩考评中取得"十三连冠"的佳绩，也创造了林业建设上的"胶州精神""胶州速度"。

1. 坚持高起点定位，科学调配抢抓工程进度

大沽河主河河道及沿岸环境极其复杂，给绿化工作带来了一定难度。胶州市林业局坚持超前谋划，高点定位，统筹推进，科学调配，在总结标准段成功经验的基础上，积极对接上级部门和沿河镇（街道），确保各项目标任务按时保质保量完成。

2013年5月，胶州市林业局积极对接《大沽河流域（胶州境内）保护与发展纲要及重点片区概念规划》和《大沽河流域（胶州境内）空间利用概念规划》，委托规划设计单位编

制详细的绿化工程规划方案，方案以突出效果和节约资金为原则，通盘考虑全线景观季相变化，因地制宜、以绿为主，施工过程中严格按照规划方案实施，确保绿化工程有序推进。

2013 年 9 月 23 日，胶州市在青岛五区市中率先启动大沽河绿化工程，成立绿化指挥部，与各镇（街道）分工协作，各司其职，高质量推进工程建设。将堤顶道路绿化工程划分为 11 个标段，9 个镇（街道）全程参与，市林业局全员到位统筹把关和技术指导，并负责实施堤顶道路及边坡绿化、节点及河滩地绿化。其中，胶东、李哥庄、胶莱 3 个镇（街道）负责堤外 10—200 米范围内的林带绿化和大沽河沿线地上附着物清理工作，形成了上下无缝对接、部门一体联动的大合作局面。

2013 年 9 月 26 日，按照

2013 年 9 月，大沽河绿化工程第七标段迎水坡种植金叶女贞。

大沽河绿化工程于 2014 年世园会开幕之前全部竣工的计划要求，胶州市林业局积极配合水利、交通等部门错时施工、错位施工，保证绿化工程进度。市林业局有关同志牢牢把握时间和节点，倒排工期，压茬推进，与各镇（街道）包段负责同志放弃节假日休息时间，严格按照职责分工，驻扎工程一线，优化施工组合，完善施工流程，避免出现重复建设或互相耽误工期等情况。

2. 坚持高标准推进，创新创优打造精品工程

胶州市林业局始终以创新作为提升工作效率的重要抓手，敢于打破常规，勇于推陈出新，实现速度与质量同步共进，创造了大沽河治理的"胶州速度"。

2013 年 9 月，胶州市林业局探索提出堤顶道路行道树"五线"栽植法，即树顶、枝下、支架、

涂白、培土一条线，有效增强林木景观效果。为确保成活率，做到"五不栽"，即挖穴不合格不栽、苗木规格不达标不栽、苗木规格不整齐划一不栽、病虫害苗不栽、土球破碎苗不栽。在后期管护上，严格遵照注意浇水、注意施肥、注意保温的"三注意"管理法，为工程建设稳步推进提供可靠保障。

2013 年 10 月，绿化指挥部积极邀请青岛农业大学专家教授进行大沽河绿化及秋冬栽植管护专题培训，为绿化工作又好又快推进打下坚实基础。铺集镇负责监管的四标段创新提出"161"工作模式（即弘扬 1 种亮剑精神，强化创先争优、吃苦耐劳、团结协作、安全生产、文明施工、保障质量 6 种意识，树立 1 面绿化旗帜），为高标准完成绿化任务提供了可靠保障；胶西镇负责监管的九标段运用"2533"工作模式（即实行质量、进度 2 个调度，做到进苗、栽植、支架、浇水、涂白 5 个"当天"，严把苗木、栽植、管护 3 个"关口"，明确人员、经费、奖惩 3 个"落实"），全力推进绿化进程，使该标段成为观摩考察点。

2013 年 10 月 15 日，大沽河绿化工程开始实行"扁平化管理"制度，压缩管理层级，减少管理环节，加强资源整合，构建科学、高效、灵活的管理

体制，为绿化工作打造"绿色通道"，缩短了上下级距离，密切了上下级关系，在解决施工过程中遇到的问题和困难上切实做到提速增效。

3. 坚持高效化运行，强化考核提高绿化质量

胶州市在大沽河绿化工程建设中，积极发挥考核"指挥棒"和"风向标"的作用，激发相关职能部门工作热情，形成了自觉推动工作的强大动力，促进绿化工程各项任务落到实处。

2013年10月，胶州市从"绿量、密度、时间、质量"着手，出台整体考核、堤顶道路绿化考核和堤外绿化考核3套方案，方案标准高、覆盖面广，涵盖树穴的挖掘、苗木的规格、苗木成活率及保存率、整体效果等细节，按照工程量、施工难度、完成情况等方面分档考核。每

周一大沽河指挥部召开1次调度会，听取绿化工作汇报，通过施工单位"日汇总、周考核"文件，大沽河堤外对胶东、李哥庄、胶莱的绿化考核，大沽河堤顶道路对包标段9个镇（街道）的绿化考核3个文件分析工作进展情况，随时批评督促、监督检查，确保工程保质保量按时完成。

2013年11月，胶州市将大沽河绿化工作列入各镇（街道）年终考核的主要内容之一，实行目标管理，细化分解到村、到地块、到个人，对相关人员实施严格的奖惩激励机制，工作取得预期目标的进行奖励，工作滞后的取消各类评优资格。各标段每周考核排名，第一名奖励1万元，倒数第一名罚款1万元，各标段相互较劲、共同推进，形成了争先创优的热潮。

（二）后期管护，完善提升阶段（2015年—2018年）

2015年，胶州市紧紧抓住春季造林黄金时机，抢抓工期，加强绿化工程的完善提升和日常管护，加快推进大沽河绿化外延配套工程，掀起了绿化建设新高潮。

1. 绿化养护全线复工

为进一步巩固大沽河绿化成果，2015年3月，胶州市积极督促大沽河绿化各施工企业开展开穴浇水、清理枯死树等日常管护。同时，将大沽河沿线各镇（街道）绿化养护工作纳入全市绿化养护体系，按照分工明确、责任到人、标准统一、保质保量的原则，督促各镇（街道）加快工程进度。各标段共补植小龙柏近3000株，开挖浇水穴40余万个；沿线镇（街道）共补植树木8000余株，开挖浇水穴35万个。

胶州市大沽河河滩地绿化面积共4582公顷，2015年3月—5月，胶州市实行领导干部包段责任制，督促承包企业开展挖穴整地、栽植、浇水、管护等工作，累计栽植食用玫瑰、樱桃、白蜡、木槿53.79万株，全面完成河滩地绿化工作。

2015年10月，胶州市抢抓有利时机，不等不靠，按照近自然理念，对右岸胶莱河交汇处及204国道以南绿化薄弱

2013年11月，工人们正在对大沽河沿岸进行绿化养护。

区补植加绿，在边坡处补植樱花、龙柏、金叶榆等乔灌木，共补植龙柏、大叶黄杨、樱花、银杏等乔灌木近 5 万株。

2. 大沽河湖心岛绿化如期开工

大沽河河道胶州段存有 6 个湖心岛，总面积 596 公顷。根据《大沽河胶州段湖心岛绿化实施方案》，湖心岛绿化工程于 2015 年 3 月 30 日完成了招投标工作，4 月 7 日施工单位、监理单位入场施工，2015 年 12 月底完成绿化主体工程。

3. 重要节点绿化全面覆盖

按照青岛市大沽河治理工作指挥部要求，本着宜草则草、宜灌则灌的原则，2016 年 3 月，胶州市先后启动了客运专线、济青高速、胶济铁路等重要节点及南庄桥、204 国道等"非字路"的"全覆盖式绿化"，共栽植雪松、木槿、龙柏等乔木及地被植物等 3 万余株。

4. 外延绿化全面升级

2016 年，胶州市以"美丽乡村"建设为平台，在大沽河沿线村庄启动了"送你一棵幸福树"活动，沿大沽河沿岸打造了一条河堤绿色长廊，进一步扩大了绿化成果。一是实施村庄绿化提档升级，向大沽河右岸胶东街道的 61 个村送出樱桃、苹果、石榴、樱花、紫叶李等苗木 9 万余株，打造了村庄绿化的"一村一品、一村一景、

2016 年完成绿化的大沽河堤顶道路两侧

一村一韵"。二是打造休闲旅游景点，依托大沽河绿化成果进一步扩大战果，建成了远东跑马场、太平寺、生态园、花卉园、苹果采摘园等 5 处集观光旅游、休闲采摘、历史文化于一体的园区，增加绿化面积 120 余万平方米。

2016 年—2018 年，胶州市针对大沽河堤顶路绿化、湖心岛、路灯、隔离栅等工程内容，安排专人负责，每周至少 1 次到现场进行监督检查，督促施工单位做好项目养护维护工作，从浇水、修枝、除草、防虫、防火到苗木补植补栽、安全生产各个方面全面加强管控，确保项目成果得到有效保存，从而发挥更大生态效益。3 年来，共对各施工养护单位下达整改要求 190 余条，召集项目施工养护单位召开安全生产、抗旱保苗、森林防火、苗木补植、

绿化养护、病虫害防治等专题会议 15 次，督促大沽河绿化工程施工企业补植行道树 600 余株。2018 年 8 月，大沽河绿化工程管理权限正式移交给市水利局大沽河管理所。

三、主要成就

（一）保护大沽河生态环境，增加胶州市森林资源总量

实施大沽河绿化工程项目，极大地改善了胶州市境内大沽河的生态环境，使大沽河"水清、岸绿、景美"，构建了健康稳定的湿地、森林生态系统，成为胶州市的绿色景观长廊和生态旅游区。大沽河绿化工程胶州段包括堤顶道路 2858 公顷、标准段 114 公顷、镇（街道）防护林带绿化面积 3685 公顷、河滩地绿化面积 4582 公顷、麻湾

大沽河绿化工程第七标段种植的大叶扶芳藤

不仅可以起到减少水土流失、涵养水源等作用，而且能够减缓温室效应，实现间接减排，扩大环境容量，提高胶州市经济社会发展的环境承载能力，促进经济可持续发展。

四、经验启示

（一）得益于合力营造"围绕中心、上下联动"的工作氛围

众力并则万钧举，群智用则庶绩康。大沽河绿化工程是一项顺应民心、合乎民意的工程，做好这项工作，是全市上下的共同责任。由于工程量大、时间紧、任务重，正是因为各相关部门单位团结协作，合力攻坚，领导亲自调度，各镇（街道）积极响应，机关干部深入一线，施工单位精益求精，监理单位尽职尽责，才保质保量完成了各项目标任务。

（二）得益于始终秉承"解放思想、勇于创新"的工作理念

解放思想是引领发展的"总阀门"，创新求变是推动发展的"动力源"，解放思想、创新求变的理念一直贯穿于大沽河绿化工程的全过程，如"扁平化"的组织架构，让上情下达更顺

渔乐园绿化 2211 公顷，绿化面积共计 13450 公顷，森林覆盖率增长 1.11 个百分点。按照制氧量每公顷 12 吨、每吨 3000 元计算，全年可产生经济效益 4816.8 万元；按照每公顷绿地滞尘 10.9 吨，每吨除尘 80.69 元计算，全年可产生经济效益 117.68 万元；按照每公顷树木相当于 1500 立方米蓄水池计算，全年可产生经济效益 176.62 万元；按照每公顷 100 株大树，每株大树蒸发一昼夜的调温效果相当于 10 台空调机工作 20 小时计算，全年可产生经济效益 84294 万元。

（二）改善了生态环境，促进绿色生态胶州建设

胶州市以大沽河绿化重点工程建设为主线，大力落实"植树、爱绿、美化家园"行动计划，

打造绿色、宜居、生态、美丽新胶州，这是塑造城市形象、提升城市品位、改善发展环境、增强城市综合竞争能力的重要举措，更是加快向青岛特色新区跨越的重要基础。特别是 2014 年青岛世园会举办之年，大沽河绿化工程的实施改善了青岛市的整体环境，为世园会的成功举办奠定了坚实的基础，向世界展示了"宜居青岛、幸福城市"的新名片。

（三）改善了区域大气环境，实现经济社会可持续发展

随着胶州市工业化进程明显加快，城市中的大气污染、水污染等环境污染压力日趋加大，生态环境问题已成为影响经济发展的重要因素。因此，实施胶州市大沽河绿化工程，

畅；"日汇总、周考核"制度，让工程建设驶入"快车道"；"五线"栽植法，让林木排列整齐划一；林业部门、镇（街道）、施工、监理"四位一体"机制，同心同向形成了工作合力等等。这一系列创新，有力保证了大沽河绿化工程科学化、制度化、规范化运行。实践证明，没有思想的领先，就没有发展的率先，没有创新的引领，就实现不了发展的超越。面对"转调创"的发展要求和愈演愈烈的区域竞争，只有发扬"凤凰涅槃"的精神，拿出"浴火重生"的勇气，敢于破除思想僵化的藩篱和束缚发展的桎梏，才能在激烈的竞争中脱颖而出，牢牢把握发展主动权。

（三）得益于时刻弘扬"甘于奉献、为民务实"的工作作风

在大沽河绿化工程中，市林业局全体工作人员和各镇（街道）包段同志牺牲休息时间，靠在施工现场，钉在项目一线，树立起胶州干部特别能吃苦、特别能战斗、特别能奉献的良好形象，为工程高效快速推进提供了坚强保障。实践证明，广大党员干部充分发扬顽强拼搏的工作作风，将一项项挑战变为创新，将一次次展望变为现实，深刻诠释了甘于奉献、善作善成、争创一流的内涵，对大沽河绿化工程的顺利开展起到了不可替代的关键性作用。

执笔人：荣震 陆忠洋 石建伟

胶州市城乡公交一体化改革的实践和经验

市交通运输局

2005 年以来，胶州市社会各界要求开通农村公交的呼声十分强烈。2013 年，胶州市交通运输局承办的 51 件建议提案中，有 37 件涉及开通农村公交，占 74%；同时城乡公交一体化也是 2013 年胶州市"双十"的热点问题。胶州市委、市政府主要领导多次对加快实施城乡公交一体化作出指示、提出要求。为此，胶州市交通运输局对客运市场进行了认真调研分析，将城乡公交一体化工作作为统筹城乡客运发展、满足城乡居民出行需求的一项重要民生工程，纳入 2014 年的重点工作切实抓紧抓好，于 5 月 1 日在全市范围内全面实施了城乡公交一体化改革，为群众出行提供了低价、高效、快速、便捷的公共交通服务。

一、城乡公交一体化实施背景

实施城乡公交一体化改革之前，胶州市的客运市场主要划分为公交车和客运班车两个部分，城市范围内由公交车运营，镇村区域由客运班车运营。客运班车运输组织方式为单车承包、个体挂靠等个体经营方式，个人投资购车，经营主体小、散、乱。由于车辆产权属个人所有，车主不是企业的内部职工，企业对车主的经营行为、服务质量和安全生产等日常管理、协调能力十分薄弱，给行业管理增加了难度，恶性竞争、违章经营行为普遍存在，服务质量低下。

2004 年以来，客运班车"挂靠经营"带来的产权不清晰问题导致经营权属纠纷不断。由于缺乏退出机制，造成车辆私下高价转让，市场垄断现象日益严重，这些已成为全国交通行业的热点和难点。

从胶州市的实际情况来看，实施城乡公交一体化改革已成为亟需推进的一项重点工作。为满足群众出行需求，胶州市交通运输局根据上级有关要求，参考其他县市经验做法，制定了"实施城乡公交一体化"的工作方案，即通过政府主导、市场化运作的方式，统一收购客运班车，使其有序退出客运市场。

二、城乡公交一体化改革实践

为加快胶州市城乡公交一体化改革进程，胶州市交通运输局积极加强学习调研，切实保持业户思想稳定，科学规划公交线路，确保了胶州市城乡公交一体化工作的顺利实施。

（一）加强学习调研，合理制定工作方案

2013 年以来，在胶州市委、市政府的统一组织和领导下，

市交通运输局先后到江苏省溧阳市、浙江省嘉兴市和山东省莱芜、即墨等地进行参观学习考察。考察结束后，胶州市政府分管领导先后多次召开由相关部门及运输企业负责人参加的座谈会，交流考察学习经验，对城乡公交一体化相关政策进行深入研究、论证。根据胶州市政府工作的统一部署，胶州市交通运输局及时调整交通工作思路，将城乡公交一体化列入 2014 年全局的重点工作，并多次向胶州市委、市政府汇报。胶州市委、市政府主要领导对此高度重视，成立了由市长任组长，分管副市长为副组长，交通、公安、信访、财政等部门及各镇（街道）负责人为成员的城乡公交一体化领导小组。领导小组下设综合协调、线路退出、规划布局、应急处置、资金保障和宣传报道 6 个工作小组，办公室设在胶州市交通运输局。胶州市交通运输局内部也成立了相应的城乡公交一体化组织机构，全力以赴做好城乡公交一体化工作。

为确保该项工作的顺利实施，胶州市交通运输局组织人员深入全市镇村和客运企业进行调研，召开不同层次的座谈论证会，广泛征求社会各界的意见建议，对客运班车退出、城乡公交线路规划、公交场站建设和财政补贴进行了深入研究论证，共研

究修改一体化方案 20 余次。历时近 1 年，最终形成了科学、规范、合理、可操作的城乡公交一体化工作方案，于 2014 年 4 月 11 日印发了《胶州市关于实施城乡公交一体化工作的意见》。根据经营现状、方便周边区市对接等原则，确定由资质高、规模大、实力强的 3 家企业作为城乡公交的经营主体，实行"公司化经营、员工化管理"的公车公营模式，其他小型企业退出市场。

（二）做好思想动员，客运班车平稳退出

胶州市原有农村客运班线 23 条，客运班车 177 辆，全部为承包和个体挂靠经营。为确保城乡公交一体化顺利实施，以上客运班车必须退出客运市场，涉及到运输企业、经营业户的切身利益。改革中如何平衡运输企业、客运业户、镇村群众等多方利益的诉求，如何筹措改革资金，在不影响正常运营的情况下使原有的农村客车顺利退出市场，完成客运班车与公交车的无缝隙交接，是改革中的重点和难点。

为此，胶州市交通运输局组织人员深入客运企业走访摸底，安排专人进行跟车调研，综合调查客运车辆经营情况，重点对客运车辆的车况信息、年营运收入、线路经营期限、

车主资料及驾乘人员情况进行认真摸底评估，形成了详细的书面报告。经过多次研究论证，针对县内客运班车的不同经营性质制定了出租车指标置换和货币补偿两种方案，并针对不同方案制定了补偿标准。对挂靠性质的车辆由市政府出资进行补偿，标准是一次性补偿、车辆残值和预期收益之和；对公车公营性质的车辆按出租车指标进行置换，统筹解决市区内出租车运力不足的问题。同时，为明确客运班车的车辆残值，确保公平合理，督促各运输企业随机抽选评估公司对车辆进行评估定价；做好原客运班车从业人员的安置，对退出客运班车的从业人员，在证照齐全、本人自愿的情况下，由经营企业考核后优先录用，并依法签订劳动合同。

在具体实施过程中，胶州市交通运输局主要领导带领分管领导及有关人员，协调各镇（街道）配合做好业户思想稳定工作；同时通过召开座谈会、动员会和个别交流等形式，向经营业户宣传城乡公交一体化的基本政策，努力化解了业户诉求复杂、不稳定因素多等困难。期间，为打破僵持局面，有关领导带领工作人员打破正常作息时间，放弃节假日休息，全程靠上，做了大量艰苦细致的攻关工作。经过多方努力和

数天连续作战,客运班车业户于 2014 年 4 月 21 日全部签订了退出协议,确保了行业平稳过渡。

(三)创新工作思路,统筹解决出租车运力不足问题

为解决出租车市场的供需矛盾,切实满足群众出行,胶州市交通运输局通过实施城乡公交一体化,将部分退出的客运班车以出租车指标进行置换,统筹解决出租车运力不足的问题。在运力投放过程中,胶州市交通运输局科学论证,深入调研,严格执法,多措并举保持了客运出租市场的稳定。

1. 科学论证,合理制订出租车投放计划

胶州市自 1996 年开始投放 238 辆出租车,到 2014 年一直未增加新的运力。这些出租车实行产权归个人、经营权归公司的经营体制。企业对车辆调度、从业人员管理都没有自主决定权,既管不住车,也管不住人,不利于行业监管,出租车不打表、乱收费以及群众"打车难"等问题凸显。为解决出租车市场的矛盾,胶州市交通运输局通过实施城乡公交一体化,将部分退出的客运班车以出租车指标进行置换,统筹解决出租车运力不足的问题。同时,聘请有关专家对胶州市出租车市场进行了充分调研,制定了《出租车市场 2014—2020 年发展规划》,确定投放出租车 600 辆,实行分期分批投放,其中 2014 年先期投放城乡公交一体化中置换的 198 辆出租车,全部实行公车公营,由公司购买车辆,招聘驾驶员,确保了车辆产权和经营权的统一。

2. 深入调研,及时掌握业户思想动向

增加出租车运力对现有客运出租市场造成冲击,容易导致现有从业人员不满,存在一定的不稳定因素。为全面掌握出租车业户的思想动向,2014 年上半年,胶州市交通运输局组织人员深入出租企业走访调研,综合调查出租车的经营情况,形成了详细的调研报告和增车方案;同时通过召开座谈会、发放调查问卷等形式,全面掌握现有出租车业户对增加出租车的态度和认识。对存在抵触情绪的经营业户,了解具体原因,并积极开拓工作思路,通过各种渠道进行说服引导,争取使出租车业户明确形势,改变认识。

3. 依法听证,全面听取社会各界意见

根据《山东省道路运输条例》规定,增加出租车应当举行听证会。为确定听证会参加人员,胶州市交通运输局通过电视台、网站发布了《参加听证会的公告》,欢迎社会各界积极报名。经随机抽取、公证处公证,最终确定市人大代表、政协委员,市民代表,出租企业代表,出租车业户代表以及各有关部门、单位代表等各界代表共 21 人为听证参加人员,并进行了为期 3 天的公示。2014 年 9 月 26 日,召开了社会各界代表参加的出租车运力投放听证会,就投放出租车的数量、经营方式和使用车型等情况进行了听证,听取了社会各界的意见和建议,并发放了征求意见表,参加会议的 21 名代表全票通过投放出租车运力,为下一步出租车运力的投放奠定了基础。

4. 联合执法,切实规范客运出租市场秩序

胶州市客运市场存在各类"黑车",冲击了正常的出租车客运市场秩序,影响了经营者和乘客的合法权益,并给乘客的安全带来重大隐患。为净化客运出租市场环境,2015 年 9 月中旬,胶州市政府组织开展了为期 3 个月的客运出租市场综合整治活动,交通、公安、城管等部门执法人员组成 6 个执法小组,在火车站、汽车总站、新世纪购物中心、利群超市、火车北站、佳乐家超市、人民医院北院等重点区域进行检查,严厉查处无牌无证、违法停车、非法营运等交通违法行为,进

一步规范了客运出租市场秩序。

5. 未雨绸缪，科学制定突发事件应急预案

按照"早发现、早报告、早处理"的原则，胶州市交通运输局于2014年8月提前制定了科学合理的突发事件应急预案，并密切关注出租车经营者动向，确保第一时间化解矛盾、消除隐患。

6. 加强管理，切实提高出租市场服务质量

2014年10月起，胶州市交通运输局督促出租企业每月组织一次对出租车驾驶员的培训，教育驾驶员定期清洗车辆，定期更换座套，主动打表，按表收费，主动出具发票；每年一次对出租企业进行质量信誉考核，对考核不合格的出租企业限期整改，积极加强行业管理，切实提高服务水平。2015年10月，全市开展了"星级出租车"评选活动，共评选出星级出租车78辆。其中一星出租车28辆，二星出租车36辆，三星出租车14辆。2018年1月，全市开展了"文明交通伴我行，优质服务树新风"文明服务主题月活动，在全市出租车上配备了地图、坐垫、针线包等日常用品，免费提供给乘客使用，得到了群众的一致好评。

（四）实地调研察看，科学规划公交线路

2014年以来，胶州市交通运输局带领公交企业人员分成多个小组深入各镇（街道）、村庄，调研学校、村庄、风景区以及道路状况，了解周边群众的出行需求，掌握了第一手资料，制定了城乡公交线路规划的初步方案。初步方案制定后，又多次协调镇（街道）通过召开座谈会等形式，邀请沿线的学校、村庄、大型企业等群众代表，对公交线路走向提出意见建议。根据群众代表的意见建议对公交线路进行了调整优化，同时对公交线路规划进行了修改完善，最终确定了城乡公交线路规划方案。

2014年5月1日，城乡公交线路正式开通，包括城乡公交线路17条、镇村公交线路7条，途经全市镇（街道）驻地及工业园区，票价实行上车2元；同时，为方便群众出行，在村庄、学校等人员密集区域规划设立公交站点1400多个，全部统一样式和外观，督促企业做好站牌建设工作；协调各镇（街道），在铺集、胶北、胶莱、里岔、胶西等镇（街道）的交通节点、人流密集区域建设公交场站近20处，方便公交车辆调度、停放。

2014年5月—2018年12月，市交通运输局多次召集公交企业负责人开会，听取企业工作情况汇报，及时研究解决遇到的问题，督促3家公交企业共投资1.7亿元购置新能源公交车辆439辆，同时在所有新购公交车辆上统一安装了视频监控和公交IC卡刷卡设备，持卡乘车将

2015年，胶州市星级出租车评选启动仪式在人民广场举行。

2014 年 5 月，胶州 502 路城乡公交开通运营。

享受与城区公交同样的优惠政策，持普通卡乘车 8 折、学生卡 5 折，65 岁以上老年人、残疾军人等特殊群体持卡免费乘车，切实让群众得到了实惠，进一步提升了行业形象。

（五）加强补贴考核，切实提高服务质量

城乡公交为公益事业，实行上车 2 元票价势必造成公交企业亏损。为确保可持续性，必须由胶州市政府对公交企业进行补贴。为明确补贴标准，自 2014 年 2 月开始，胶州市交通运输局安排专人对城乡公交线路运营情况进行了 2 个月的全程跟车调查，结合客运量、企业经营等情况制定了城乡公交补贴政策。即：对城乡公交每年每标台给予 5—7 万元补

贴，对市内公交每年每标台给予 2 万元补贴。对公交延时运营、特殊群体乘车、使用琴岛通卡优惠等因素造成的政策性亏损，按照实际发生数额给予补贴。各项补贴分季度拨付，每年年底由市财政、交通运输等部门联合审核。

2014 年 7 月，为严格补贴发放，胶州市交通运输局多次征求胶州市财政、审计等部门以及各公交企业的意见，研究制定了《公交企业综合考核管理暂行办法》，将公交企业补贴资金的 20% 作为考核资金，对企业经营、运营管理、服务质量、安全生产、投诉处理等多个方面进行检查考核，进一步提高服务质量。

实施城乡公交一体化以来，为提高服务质量，胶州市交通运输局督促各公交企业定期对

从业人员进行职业道德教育和服务技能培训，引导从业人员树立"安全第一、信誉第一、质量第一"的服务理念，并在 2015 年 10 月开展了"文明公交线路""优秀公交驾驶员"网络评选活动，对企业推荐的"文明公交线路""优秀公交驾驶员"进行网络投票，评选出"文明公交线路" 7 条，"优秀公交驾驶员" 80 名，并进行了表彰奖励，切实增强了从业人员的文明意识和服务意识。2017 年 8 月，全市开展了以"线路怎么走，站点怎么设，群众说了算"为主要内容的问计于民活动，征集群众对公交线路走向、站点设置等方面的意见建议。根据群众意见，对公交线路进行优化调整，进一步方便了群众出行。2018 年 5 月，全市公交行业开展了"文明服务百日竞赛"活动，号召驾驶员遵章守法、文明服务，在重点公交线路上配备了安全员，在重要公交站点配备了引导员，引导群众依次排队、有序乘车，进一步提高了文明服务水平。

（六）调整优化线路，提高公交通达比率

2014 年 5 月 1 日，城乡公交正式开通后，通达率达到了 84%，但是仍有 130 多个村庄未通达公交车，部分群众反映

出行不便。为切实解决该部分群众的出行问题，胶州市交通运输局多次深入镇（街道）、村庄进行调研，了解群众出行需求。根据群众的意见建议，针对农村道路狭窄、公交车会车困难等问题，于 2015 年 4 月通过拓宽道路、建设会车点等措施，增加公交站点 30 多处；于 2015 年 5 月—2016 年 11 月，调整延伸了 8 路、15 路、501 路、203 路、303 路、503 路、505 路等多条公交线路；结合大沽河流域综合整治，于 2016 年 7 月—2017 年 8 月新建公交场站 5 处、小木屋 21 处、候车亭 53 处；为方便群众往来黄岛，协调西海岸公交管理部门，于 2016 年 10 月将黄岛区 41 路公交车延伸至胶州市洋河镇大相家村，实现了与胶州市 505 路公交线路的零距离换乘；2016 年 12 月—2018 年 12 月，新开通了 217 路、521 路、522 路、523 路、525 路、527 路、610 路等公交线路，将通达率提高到 98%；协调城阳管理部门，于 2017 年 1 月将胶州市的 27 路公交车延伸到城阳区，进一步方便了群众出行；2018 年 10 月，新开通 506 路公交线路，途经王台镇，解决了胶州和原胶南区域群众的公交出行难题。

三、城乡公交一体化取得的成效

胶州市公交线路图

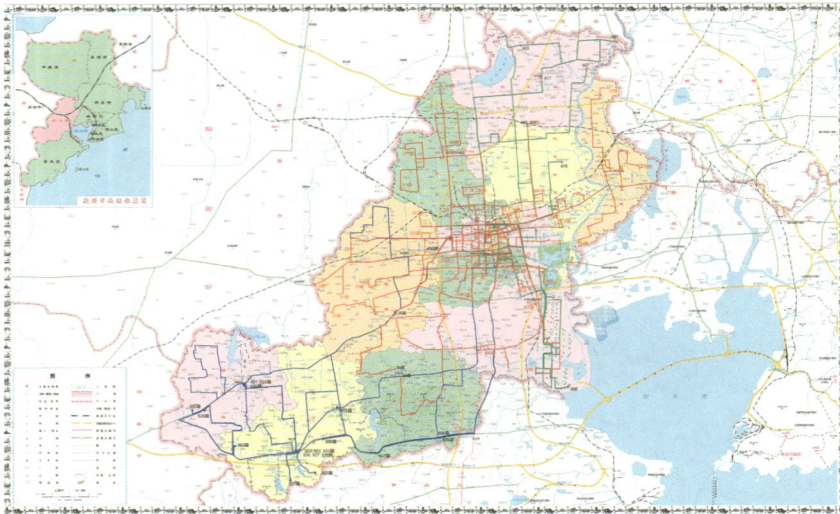

2018 年胶州市公交线路图

截至 2018 年，胶州市共有公交线路 62 条，公交车 922 辆，线路总长度 1207 千米，途经 798 个村庄，通达率达 98%；惠及百万群众，每年运送乘客近 6000 万人次（日均 16.4 万），其中城乡公交 1200 万人次（日均 3.3 万），每年为群众节约出行费用约 9600 万元，切实让群众得到了实惠。主要表现在以下几个方面：

（一）群众出行更加方便

随着城乡公交线路车辆高密度运行，"有路没有车""人

2015 年 12 月 30 日，铺集镇 521 路镇村环行公交线路开通运营。

多车少""发车不定时"等问题得到有效解决,使群众出行更加方便。在此基础上,规划开通了镇内公交线路,尽可能绕行更多的农村道路和行政村,使大部分群众出门就能坐上公交车。

(二)票价更加便宜

2014 年以前,客运班车最高票价为 10 元。2014 年后开通的城乡公交票价实行上车 2 元,同时实行"琴岛通"卡 8 折、学生卡 5 折、65 岁以上老年人及残疾军人等特殊群体免费乘车等优惠政策,切实降低了群众的出行费用。

(三)车辆更加舒适

投入的公交车辆全部为 LNG、CNG 新能源公交车,而且还配备了语音报站、视频监控等服务设备。与之前的客运班车相比,具有经济、安全、舒适、环保等特点,进一步提升了群众的出行品质。

(四)旅客乘车更加安全

城乡公交开通后,农村群众绝大多数选择经济、便捷、准时的公交车出行,非法从事运营的"面包车"和"黑车"逐步退出客运市场,人民群众

乘车更加安全可靠。

(五)城乡距离更近

农村居民可以和城区居民一样在家门口坐上公交车,城乡距离的拉近改变了农村居民的生活习惯,为农村群众进城购物、就业、上学、就医等带来了便利。

四、城乡公交一体化改革的经验

(一)城乡公交一体化的顺利实施,得益于勇于担当、敢打硬仗的工作班子

2013 年以来,胶州市委、市政府多次提出"加快实施城乡公交一体化,方便群众出行"。在实施过程中,胶州市委、市政府主要领导亲自过问,分别多次召开市委常委会和市长办公会进行研究,并成立了由市政府主要领导亲自挂帅,分管领导任副组长,交通、公安等相关部门和各镇、街道主要负责人为组员的工作领导小组。胶州市交通运输局根据市委、市政府工作部署,由局长负总责,班子成员团结协作,打破原有分工限制,自觉服从大局要求,迅速进入工作状态。抽调精干力量,组建多个工作小组,由班子成员带队,深入运输企业、镇、村,全程靠上做工

作。全体干部职工打破正常作息时间,放弃休假,全力维护正常营运秩序,确保工作顺利推进。

(二)城乡公交一体化的顺利实施,得益于超前谋划、稳妥审慎推进的工作策略

城乡公交一体化作为一项民生工程,面临着原有客运市场利益格局调整和重组考验。经营主体的确定、原乡镇客运班车退出和置换、人员安置、资金筹措及优惠政策、城乡公交场站建设、营运布局的优化等各项工作,涉及面广、政策性强、社会关注程度高,工作环环相扣,牵一发而动全身。胶州市交通运输局抓住工作中的重要节点和关键环节,在前期大量调研和论证的基础上,按照政府主导、公车公营、统筹兼顾和注重民生等原则,超前谋划、合理制定工作方案,在符合社会公共群体利益的前提下,兼顾现有客运企业和承包经营者的合法利益,确保城乡公交一体化工作既能够加快推进,又能够保持平稳过渡。

(三)城乡公交一体化的顺利实施,得益于迎难而上、克难攻坚的工作作风

城乡公交一体化工作推进过程中,涉及各方利益调整,

市交通运输局在市领导的亲自协调下，争取多方支持，全程参与，做了大量艰苦细致的攻关工作。坚持一切从大局出发，积极迎难而上，面对各方的压力不妥协、不让步，确保城乡公交一体化工作既定政策落实到位。经过多方努力，最终确定胶州巴士公司、胶州中达运输公司和青岛交运集团3家大型企业作为城乡公交经营主体，其他小型客运企业退出客运市场，确保了行业平稳过渡。

（四）城乡公交一体化的顺利实施，得益于人民群众的积极拥护和大力支持

胶州市交通运输局通过新闻、广播、政务网等媒体及张贴宣传栏、发放明白纸等渠道广泛宣传，形成了强大的政策压力和社会舆论影响。积极采纳广大市民的意见和建议，进一步优化公交线路布局，合理设定发车密度，加快完善城乡交通发展一体化机制，着力在城乡交通基础设施、公共服务等方面推进一体化，努力打造"交诚通达连万家"服务品牌，为加快建设青岛北部新区做出了积极的贡献。

执笔人：崔国栋

改革开放以来胶州市农村产权交易体系建设的创新做法及成功经验

市农业农村局

改革开放以来,随着农村改革进入"深水区",农村产权制度改革成为难点和重点。为推进农村产权交易市场化,确保农村产权交易持续健康发展,保障农村集体经济组织财产权益,增加农民财产性收入,胶州市先行先试,探索建立了以市镇两级农村产权交易中心为载体,以"土地银行"为依托、以银行信贷为保障、以交易系统为平台的农村产权交易体系,盘活农村各种生产要素,实现资源的优化配置。

一、发展历程

2014年中央一号文件指出,全面深化农村改革,要坚持社会主义市场经济改革方向,处理好政府和市场的关系,激发农村经济社会活力;要鼓励探索创新,在明确底线的前提下,支持地方先行先试,尊重农民群众实践创造;

要因地制宜、循序渐进,不搞"一刀切"、不追求一步到位,允许采取差异性、过渡性的制度和政策安排;要城乡统筹联动,赋予农民更多财产权利,推进城乡要素平等交换和公共资源均衡配置,让农民平等参与现代化进程、共同分享现代化成果。

在胶州市委、市政府的正确领导和上级部门的精心指导下,胶州市农业局紧紧围绕市委、市政府中心工作,不断解放思想、开拓创新,推动全市农村产权交易体系逐步建立健全,促进经济社会又好又快发展。

(一)先行先试,构建农村产权交易平台

为探索建立规范的土地流转机制,确保土地流转双方的正当权益受到保护,胶州市政府于2013年在胶北街道进行产权交易试点,以胶北街道土地

流转中心为依托,建立交易平台将胶北辖区内的农村土地承包经营权、四荒地承包权纳入统一平台进行挂牌交易,交易后出具交易鉴证书并经政府认可,开创了农村产权公开交易的局面。这是胶州市首个镇级农村产权交易中心,主要为辖区村庄工程建设招投标、农村土地流转、农村产权交易等提供场所、设施、发布信息、组织交易等服务,被周边的村民称为为民谋利的"集市"。但是,该中心距离构建上下贯通、信息顺畅、运作高效、服务规范的农村产权流转交易服务体系的目标还存在一定差距。

2014年3月,胶州市委主要领导在对胶北街道土地流转的挂牌交易情况进行调研时,责成市农业局对胶北街道的经验进行深化和提升,研究建设市级层面的农村产权交易管理平台。2014年3月20日,市农业局组成专门班子,研究制

定农村产权交易办法，确定胶州市农村产权交易的范围、交易程序、交易鉴证等规则，考察联系软件设计公司，开发设计农村产权交易平台。2014年4月20日，"胶州市农村产权交易信息网"在青岛率先搭建成立，开始试运行，先期以耕地、园地、养殖水面、畜禽饲养用地、设施农业用地及农村集体所有的荒山、荒沟、荒丘、荒滩等农村土地承包经营权为主要流转交易种类。

2014年6月9日，胶州市人民政府下发文件《关于实施农村产权交易工作的意见》（胶政发〔2014〕33号），在市农业局设立"胶州市农村产权交易管理站"，职能是负责制定全市农村产权交易规则、管理办法、交易流程；配合相关部门对入住产权交易中心的金融、担保、评估、土地银行机构进行管理；组织农村产权交易管理人员和业务人员的培训；会同相关部门对交易事项进行审查，对交易过程实施监督；对农村产权交易项目进行鉴证，并提供相关政策咨询服务。在各镇、街道设立分中心，负责辖区农村产权交易申请报名和资料初审，农村集体经济组织的资产交易必须纳入市农村产权交易中心进行。2014年6月11日，胶州市农业局、胶州市公共资源交易中心联合下发文

件《关于将农村林权、农村实物资产交易纳入市农村产权交易中心的通知》（胶农字〔2014〕48号），将全市农村林权、农村实物资产交易由市公共资源交易中心划转到市农村产权交易中心进行，胶州市农村产权交易体系正式投入运行，标志着胶州市农村产权交易工作走向新的开端。

（二）健全体系，加速农村生产要素流动

胶州市农村产权交易市场体系的建立，是以党的十八届三中全会精神为指针，以保护农民和农村集体经济组织的合法权益、赋予农民更多财产权利为目的，以构建权属清晰、权责明确、流转顺畅的现代农

村产权体系为主要内容，以推动农村资源资本化、市场化为主要手段，促进农村生产要素加速流动和优化配置，为农业农村经济快速稳定发展提供制度保障。

1. 先行先试、因势利导，围绕农民所需打造"四有"模式

胶州市紧紧围绕践行中央关于全面深化农村改革的精神，夯实基础、迈开步子，立足于农村土地所有权、承包权、经营权三权分置，盘活农村资产，释放改革红利，推动农村产权资本化，创新打造组织交易有"中心"、托底保值有"银行"、发展支撑有"信贷"、信息服务有"网络"的"四有"模式。通过建立健全农村产权交易市场体系，唤醒农村沉睡的资本，让农业成为有奔头的产业、农

2018年8月，一名农户正在办理土地流转报名业务。

民成为体面的职业、农村成为安居乐业的美丽家园。

（1）打造好一个中心，实现农村产权集中交易。2014年6月，胶州市农业局在胶州市行政服务中心集中办公区设立农村产权交易大厅，规划业务受理、信息发布2处功能区，设置交易咨询、土地流转申请受理、农村林权申请受理、实物资产申请受理、土地银行、权证管理、抵押登记等7个业务窗口，有效满足了集中开展农村产权交易的需求。

经过一段时间的运行，2015年1月，胶州市农村产权交易体系初步建立，交易流程趋于完善，具体的交易流转程序为：一是提报交易申请。产权交易转出方（或委托村级信息员）到所在镇（街道）农村产权交易分中心提出交易申请，镇（街道）组织相关部门进行初审确认，初审通过后由镇（街道）分中心将申请资料通过网络平台提报市农村产权交易中心。二是完善资料审核。市交易中心对分中心提报的申请材料，根据需要提请农业、国土、林业、畜牧、海洋渔业、农机、水利等相关部门进行审核。三是完善信息发布。各项审核通过后，市交易中心通过网络、报纸等媒体发布产权交易信息，广泛征集受让方。四是组织交易。市交易中心对征集到的受

让方进行资格审查，组织产权交易。五是签订合同。对交易完成经公示无异议的，及时组织双方办理合同备案登记手续，出具《农村产权交易鉴证书》。

（2）构建好一个银行，实现土地流转托底运行。2014年6月起，胶州市现代农业发展服务中心增加土地银行职能，农民可将土地承包经营权直接存入土地银行，收取存入"利息"（即承包费）。土地银行通过"零存整贷"，将存入土地打包、整合、改造提升后，再划块贷给其他土地需求者，收取贷出"利息"。如果农民的土地通过交易中心在一定期限内无人报价，则由土地银行托底接收。2015年3月，九龙镇人荣村2名村民将自己的土地经营权证作为抵押，与胶州市农村土地银行签订了流转合同，每年以800元的价格流转租赁，实现了旱涝保收。

（3）拓展好一项业务，实现农业发展金融支撑。2014年6月起，胶州市组织银行等金融机构拓展信贷业务范围，积极开展农村土地经营权抵押担保贷款，解决农业发展过程中资金不足的瓶颈。贷款过程中，一旦出现不良抵押物，银行可以通过交易中心对抵押的农村土地经营权进行处置并用处置所得偿还银行贷款，通过交易平台难以处置的，一律由土地

银行托底接收。这样一来，就解决了一旦农村土地经营权成为不良抵押物，银行处置没有渠道的难题，形成了农村产权资本化运行的闭环系统。再者，由市财政出资的担保公司分担90%的信贷损失，大大降低了银行的风险，从而解除了银行的后顾之忧，使银行对农村土地经营权抵押贷款从不敢贷变为踊跃贷，为农村土地经营权获得金融支持打通了最后通道。2014年，市财政设立500万元土地流转风险补偿基金，对土地银行土地贷出中出现的差额给予相应的补贴。这些做法解决了土地流转过程中地块小而散、流转价格低、流转不出去等土地持有者迫切需要解决的问题，不仅能够实现土地规模化经营，还可以有效地将农村劳动力从土地上解放出来，推动城镇一体化进程。2014年10月，青岛东庵马铃薯专业合作社108户社员的193.3亩土地通过产权交易平台备案流转到了合作社，办理了《农村土地经营权证》。2015年—2016年，该合作社利用经营权证抵押贷款累计180万元，帮助社员发展马铃薯种植产业，有效提高了社员经济收入。

（4）运行好一个网络，实现信息服务快捷高效。为进一步提升农村产权交易水平，增强服务能力，2014年3月，胶

州市自主设计开发农村产权交易信息网络系统，实现了信息发布、交易申请、网络审批、公告公示、交易管理等网络办公服务一体化。通过农民网上报名、网上交易，各相关部门网上转办、联合审批，简化了交易环节和审批程序。同时，在产权交易网络平台系统基础上，于2014年6月增设土地确权颁证数据库和农村土地经营权管理查询系统。2015年，网络交易平台实现了3个系统互为补充、互相支持，保障了信息服务的联通性和高效性。"农村产权交易信息网"就像农村产权"超市"一样，交易公告上罗列着各类交易"产品"，加速了农村资源的双向流动，实现了多方共赢。

2. 问题导向、定向疏导，围绕农民所盼把准市场脉搏

（1）完善定价机制。在农村土地承包经营权流转过程中，胶州市农村产权交易平台根据农业产业发展规划和实际情况制定土地流转交易区片指导价，并通过网络系统价格走势进一步指导、规范区片指导价的形成，从而更好地保证了农民的土地收益。在此基础上，市农村产权交易平台于2014年6月要求土地流转转出方的交易底价原则上不得低于交易区片指导价，逐步形成农村土地承包经营权流转价格自然

增长机制。2016年，铺集镇高家庄村的153户村民以土地入股形式统一流转153亩土地，每亩地保底收入850元，合作社盈利则年底分红，村民在合作社务工另有收入，增收渠道明显拓宽，土地持有者财产性收入有效增加。

（2）公开透明交易。2014年以前，由于农村土地流转和农村资源资产处置中存在村庄范围小、流转价格低、程序不严谨、合同不规范等问题，经常出现交易纠纷、合同无效、无法交接等情况，损害了交易双方的利益。特别是对于村集体资产的处置，如一些水面、四荒地、机动地等都采用协议方式出让，由于定价不透明，容易形成权力寻租空间，造成集体资产流失问题。2014年农村产权交易平台建立后，村集体以及农户个人确权后的农村土地等资源通过公开、透明、规范的网上交易方式实现网上公开竞价，价高者竞标获得，不仅扩大了信息覆盖面，促进了资产的保值增值，而且通过平台交易的鉴证，打消了交易双方的顾虑，有利于增加投资，提升现代农业的建设水平。更为重要的是，这种透明的交易方式杜绝了村级集体资产的私下交易和资产流失。2015年5月份，李哥庄镇桃园村集体房屋对外租赁，租赁价由底价

162000元一直竞价到456789元，增值294789元，村集体收入大大增加。

（3）畅通土地流转。把土地出租信息公开透明地挂在网上并采取经营权竞价，畅通了土地转出方与需求方的信息对接渠道。特别是在发挥土地银行的整合优势，对土地打包改造提升后，再将土地划块通过交易中心贷给其他土地需求者或委托新型农业经营主体运营，不仅解决了农村承包地细碎化问题，依托规模化生产、集约化经营提升了土地价值，而且可以使从事农业生产的职业农民有地可种，进城打工农民没有顾虑，优化了农村产业结构。2014年11月，胶州市永良家庭农场负责人在农村产权交易中心贷到了胶北街道后七成村9户农民手中共计40.38亩土地的经营权，取得了《胶州市农村产权交易鉴证书》和《农村土地经营权证》，在规模化经营的基础上逐步扩大生产链，实现了稳步增收的目标。

（4）破解融资难题。2014年以前，由于农村土地没能有效的实现三权分置，在融资时作为抵押物缺少法律依据，加上放款银行对可能出现的不良抵押物处置存在疑虑，农村土地经营权抵押贷款一直没能破题。一方面，土地作为农民最大的资产处在沉睡状态；另一

方面，融资难一直是制约农业现代化的短板。铺集镇核桃专业合作社由于满山的土地和核桃树不能抵押，发展资金缺乏，无法扩大规模建设冷库、构建产业链。2014年9月—2016年9月，该合作社负责人在拿到《农村土地经营权证》后，抵押1200亩土地经营权取得银行贷款400万元，扩大了经营规模，延伸了产业链条，为集体资产的保值增值奠定了基础。

3. 依法依规、规范引导，围绕农民所虑制定规则程序

由于农民对土地权益保障有担忧，不愿转、不敢转情况比较普遍。胶州市产权交易中心针对长期合同怎样保障租金持续增长、土地流转出去怎样收回来等疑虑，特别是针对短期流转只能耕种效益比较低的小麦、玉米等普通作物，不利于现代农业长远发展和规模化、集约化经营的问题出台措施，严格制定实施交易内容、交易形式、交易流程等规则要求，建立起规范有序、开放竞争的市场，给农民吃上了定心丸。

（1）明晰交易内容，确保农村可交易资产合法依规入市。胶州市农村产权交易主要是农村土地承包经营权、农村林权、农村实物资产的交易，随着农村改革深入推进和农村产权交易中心运行日益成熟，逐步增加农村无形资产、股权、债券等其他交易品种。2014年以来，胶州市对于重点交易项目——农村土地承包经营权的流转交易，坚持稳定农村土地承包关系，严格流转土地的属性审核。在确权颁证基础上，结合国土部门对土地性质分类和农村土地整体规划情况，对胶州市现有三大类、49个二级分类的土地进行筛选，选定农用地、未利用地等15个可交易类别，明确交易的土地必须符合国土部门对土地性质的规划要求，只有属于农业用地的方可进行流转交易。对于农村实物资产的交易，明确为动产交易的包括农业机械、农村货物、生产资料等六大类；明确为不动产交易的包括农村房屋、村办企业、农村公益事业设施等集体建设用地上建有的设施，农村不动产交易只能采取租赁方式进行，不能进行产权转让，且租赁期限不得超过20年。2016年，为确保集体资产保值增值，市政府、市纪委规定农村集体资产交易必须纳入农村产权交易中心进行交易，鼓励非集体经济组织如农民专业合作社、种植大户、家庭农场、农业股份公司及个人所持有的农村产权的交易通过产权交易中心进行。

（2）创新交易形式，确保农村产权交易灵活多样易于操作。农村土地经营权涉及面广，事关广大农民切实利益。胶州市就农村土地经营权进行了重点规范，并于2014年6月初步创新形成3种交易形式在全市推广。一是自发性交易。即双方自愿达成流转意向的，经发包方同意，镇、街道分中心审查，市农村产权交易中心备案后，发布成交信息，公示无异议后签订流转合同，出具交易鉴证。二是市场化交易。通过农村产权交易中心进行流转交易的，由镇、街道分中心受理，经过各级相关部门审查后发布流转信息，通过网上竞价完成交易后，出具交易鉴证。三是托底式交易。对上述2种方式未能成功达成交易的，由土地银行进行托底接收，土地银行将接收的土地进行适当打包、整合或适度改造后，贷给其他土地需求者或直接委托新型经营主体组织运营，贷给其他需求者的需通过市农村产权交易中心按照规范程序进行。通过农村产权交易中心流转交易的，村民只需参与申请、合同签订2个环节，信息汇总上传、资料审核、信息发布等均由交易中心负责，全部免费，有效激发了农民参与产权交易的积极性。

（3）规范交易流程，确保农村产权交易全程可控、有据可循。为了让农民权益得到切实保障，推动农村产权交易健

康有序开展，胶州市在广泛调研、深入研究的基础上，于2014年6月制定了《胶州市农村产权交易实施办法》以及各项交易规则，细化了流程。2016年，市交易中心对网络系统进行了进一步维护，确保各功能模块信息的有效性和运行的高效性。一是对胶州市农村产权交易信息网进行了完善，新增了"增值额""同期增长比""成交比重"等统计数据分析，合同备案提醒、竞价同价提醒等功能和网站免责声明；二是对农村产权交易规则、交易指南、上传目录进行了修改完善；三是对转出方的会议记录进行了补充，增加了提报会议现场照片的要求，明确了流转项目数据情况，使出让方情况更加准确有效。

2016年12月，为规范农村产权交易中心档案管理工作，建立完善档案体系，市交易中心对各镇（街道）分中心范围内2014年度、2015年度、2016年度的农村产权交易项目，包括每一个项目的转出方、受让方、中标公告等申请表、照片、复印件及其他不同形式的载体材料进行了立卷归档，累计归纳整理了1710个项目的交易档案。

（三）创新服务，推动乡村振兴战略发展

伴随工业化、信息化、城镇化和农业现代化进程日益加快，2017年，胶州市城镇化率已达到66.8%，每1万人拥有市场主体1100多户，是全省平均水平的2.7倍。以城镇一体化为契机带动农村劳动力大量转移，依托现代化技术装备发展适度规模经营，已成为农业生产的必然趋势。九龙镇、胶莱镇、胶西镇等乡镇合并之后，农村土地流转速度明显加快，趋势总体向好，为新型农业经营主体发展、农业供给侧结构性改革、乡村振兴打下了坚实基础。

1. 稳步推进，交易范围不断扩大

2017年以来，随着社会影响力的不断提升，农村产权交易平台的农村土地、林权、实物资产交易数量迅速增加，通过网络扩大交易信息影响面，真正做到公开、公正、公平竞价，使村集体收入得到大幅度的提高。2017年4月，胶东街道大麻湾二村的旧村委办公室闲置房屋经村民决议后，通过交易平台面向全社会招标租赁，中标价比预期的挂牌价增长了41万元，村级收入增幅达68%。2017年12月，胶西镇茔子村的杨树在交易平台上挂牌，因树木数量大、面积广，前来报名的人员络绎不绝，其中还包括其他县市的竞标者，中标价比预期的挂牌价增长了7.3万元，平均每棵树多卖100元，村集体收入大大增加。

2. 整合资源，创新发展路径

胶州市以促进农业增效和农民增收为目标，发展多种形式的适度规模经营，对多地块、大范围的土地流转程序加强指导，完善风险防控与保障措施，合理规划利用土地，为村集体土地资产的整合改造、保值增值提供了有力的保障。2018年2月，胶州市对以胶东国际机场为中心向外辐射的多个村庄的大面积土地进行流转交易，通过农村产权交易平台流转胶东街道大店村、安家村、杨家庄等25个村的5768亩土地，包括沟、路、阡等边角零星的土地也以每年每亩1000斤小麦的价格流转交易成功，村集体的经济收入大幅提高。洋河镇石门子、李家屯等5个村庄经济困难、土地贫瘠，村庄土地大面积都是荒山荒坡。2018年11月，胶州市对这5个村庄实施四荒地土地复垦项目，通过农村产权交易平台流转村集体四荒地面积达4053亩，流转农户土地2442亩，涉及农户556户，中标价为每年每亩800元。流转后，由规模化经营的公司整体规划运营、土地复垦，发展苗木、林果业，打造采摘、旅游为一体的绿色生态农业。通过流转土地，仅石门子村1

2018年3月，春耕前农户进行土地流转的火热交易现场。

个村庄就实现村级增收达 160 多万元，每户村民的土地流转收益加上农村集体产权制度改革后的分红，实现了家庭增收平均每年 1 万多元。

3. 积极引导，为经营主体搭建借贷平台

胶州市积极引导银行等金融机构开展农村土地经营权抵押担保贷款业务，经营业主凭借其拥有的农村土地承包经营权向银行申请抵押贷款，实现经营主体的借地生金。胶州市永良家庭农场通过产权交易平台流转了胶北街道后七成村的 40 多亩土地进行玫瑰园种植，凭产权交易中心办理的《农村土地经营权证》进行抵押贷款。截至 2018 年，该农场连续 5 年在农商银行办理抵押贷款累计 484 万元，在这些资金的支持

下，实现了销售额累计 900 多万元，每年直接经济效益达 110 多万元，产业规模达 90 亩，实现了借地生金。

二、主要成就

胶州市农村产权交易体系盘活了以土地为核心的农村集体资产，促进了"三农"要素资源合理配置和有效利用，加快了现代农业和城乡统筹发展。农村产权交易进一步规范了农村集体资产的管理，促进了农村集体资产的保值增值。交易管理上优化流程，实行统一交易规则、统一交易签证、统一交易监管、统一服务标准、统一信息平台、统一诚信建设的"六统一"管理模式，逐步形成信息共享、互联互通的产权交易体系。

（一）提升了农村财产性收益

深化农村集体产权制度改革，盘活农村集体资产，对维护农民和村集体合法权益，调动农民发展现代农业和建设社会主义新农村的积极性具有重要意义。截至 2018 年底，胶州市产权交易中心先后发布流转交易信息 3561 条，完成土地流转交易 2493 宗、林权交易 148 宗、实物资产交易 920 宗，合同交易金额 43356 万元，流转完成后的项目全部出具了《胶州市农村产权交易鉴证书》。通过交易，实现村级增收 8023 万元。

（二）破解了农民融资无抵押物的瓶颈

胶州市组织银行等金融机构拓展信贷业务范围，积极开展农村土地经营权抵押担保贷款，银行通过市交易中心对抵押的农村土地经营权进行处置，处置所得偿还银行贷款。通过交易平台难以处置的一律由土地银行托底接收，加上市财政出资的担保公司分担 90% 的信贷损失，大大降低了银行的风险，从而解除了银行的后顾之忧，使银行对农村土地经营权抵押贷款从不敢贷变为踊跃贷，解决了农业发展过程中资金不足的瓶颈，为农村土地经营权

获得金融支持打通了最后通道。截至 2018 年 12 月，35 宗土地流转交易的受让方取得了《农村土地经营权证》，其中 7 宗土地已办理了农村土地经营权抵押贷款累计 810 万元，实现经营效益 1750 多万元。

（三）推进了新型农业经营主体的培育和规模经营的发展

胶州市将土地出租信息在农村产权交易信息网上进行公示，土地需求方通过网上竞价的方式与土地转出方进行交易，政府对交易进行鉴证，有效激发了农民参与产权交易的积极性。土地银行对零散土地进行改造提升，再将其划块通过交易中心贷给其他土地需求者或委托新型农业经营主体运营，解决了农村承包地细碎化问题，依托规模化生产、集约化经营提升了土地价值，有力推进农村土地向新型农业经营主体的流转集中。

（四）促进了基层党风廉政建设

胶州市制定《胶州市农村产权交易实施办法》以及各项交易规则，细化流程，使农村集体经济组织可以利用产权交易平台规范流转土地。市农村产权流转交易信息系统全部项目采取网络竞价模式，通过公开、透明、规范的交易平台实现网上交易、网上竞价、价高者得，在此基础上增设土地确权颁证数据库和农村土地经营权管理查询系统，保障了网络交易平台信息服务的联通性和高效性。通过交易鉴证，打消了交易双方的顾虑，杜绝了村级集体资产的私下交易和资产流失，有效解决了基层串标、围标问题，提高了交易效率，降低了交易成本，预防了农村基层微腐败的发生。

三、经验启示

改革开放以来，尤其是党的十八大以来，胶州市逐步建立健全农村产权交易体系，在促进经济社会发展的同时，有三点经验启示值得总结。

（一）必须坚持以创新引领农村改革

加强对农村产权交易市场的规范和管理，不仅是市场经济发展的内在需求，同时也是深化农村改革、维护农民利益的根本需要。随着社会经济的快速发展和农村改革的不断深化，提高农村产权流转活动的公开化和公平性已经成为了刻不容缓的重要工作。但是我国农村产权交易市场起步较晚，还存在很多的不足之处，比如产权交易市场的主体地位模糊，无法充分发挥出市场的作用，交易的渠道比较少，这阻碍了农村产权的交易，也不利于农村经济的发展。在这种情况下就需要全社会的共同努力，寻求科学高效的发展策略，推动农村产权交易市场的长期有序发展。

（二）必须坚持调动农民积极性

胶州市农村产权交易平台为村集体和农民办理《农村土地经营权证》，鼓励农民专业合作社、家庭农场、种植大户等农业生产者参与土地承包经营权流转交易，探索土地承包及规模化经营的合理尺度，使从事粮食种植的土地规模力争在 100 亩以上，从事蔬菜和特色种植的土地规模力争在 50 亩以上，发展设施农业的土地规模力争在 20 亩以上。同时，重点加强对新型经营主体土地流转行为的监控和管理，避免因片面追求土地规模化而导致土地过度集中，损害农民合法权益。

（三）必须发挥市场在配置资源中的决定性作用

推动农村产权交易市场的发展，能够充分发挥市场经济的作用，在很大程度上促进了农村资产资本化进程。将农村的资产转化为最大的利益，就是在农村产权流转活动的基础上，对农村产权制度的巨大创新。通过这种创新，能够有效地激发农村产权交易的活力，增加农民在产权流转过程中的收益。与此同时，还能对农村的各种资源进行优化配置，提高资源的使用率，对促进农村经济增长和推动新型农村建设有着重要的意义。

执笔人：王昭凯　高勇　谢丽坤

改革开放以来胶州建设多式联运互联互通综合贸易枢纽的成功实践

市商务局

党的十八届三中全会提出，"建设国际物流大通道，发展多式联运，形成横贯东中西、联结南北方的对外经济走廊"。2013 年，习近平主席在出访哈萨克斯坦时，正式提出建设"丝绸之路经济带"的战略构想。国务院印发的《2014—2020 年物流业发展中长期规划》中明确提出，推进"港站一体化"，实现铁路货运站与港口码头的无缝衔接，并将多式联运工程列为重点工程之首。在此背景下，国家海关总署提出，在全国选点设立具备多式联运功能的海关监管中心。

胶州市地处胶州湾畔，是山东半岛联结海内外的重要交通咽喉，自古以来就是"一带一路"的重要枢纽。唐宋时期海运贸易繁荣，北宋时期胶州已成为长江以北唯一的对外通商口岸、海上丝绸之路的重要节点，素有"金胶州""海表名邦"等美誉。胶州市抢抓历史机遇，

充分利用区位和交通优势，积极发展多式联运，融入青岛市"一带一路"发展规划，这是贯彻国家建设"丝绸之路经济带"和"21 世纪海上丝绸之路"的重要举措，有利于创新体制机制，提升区域内投资与贸易便利化水平，带动发展保税物流、跨境电商等与多式联运环环相扣的产业集群，提高城市核心竞争力。

一、发展历程

（一）初期筹备阶段（2010 年—2011 年）

2010 年，位于胶州湾国际物流园的中铁联集青岛集装箱中心站项目（以下简称"青岛

中铁联集青岛集装箱中心站鸟瞰图

中心站")建成并正式开通运营，青岛中心站是"十一五"期间国家铁路重点建设的全国18个中心站之一，占地1223公顷，其中集装箱场区670公顷，整车货物作业区553公顷（预留），工程总投资5.25亿元，是山东省内唯一占地面积最大、设备设施最先进、现代化程度最高的集装箱铁路物流中心。园区被山东省发改委确定为省级重点服务业园区。

2011年，青岛中心站开通至西安新筑班列，实现运量36062标准箱。

（二）规划完善阶段（2012年—2014年）

2012年，在胶州市的积极争取下，青岛出入境检验检疫局在胶州设立办事处，入驻胶州湾国际物流园开展业务，主要开展针对机电轻纺产品、食品农产品、动植物产品等货物的现场检验检疫监管和报检、产地证办理业务，园区检验检疫功能具备。青岛中心站探索开展国际跨境业务，争取铁道部和国际货协支持，获批跨境运输资质，并于12月试开通经霍尔果斯至欧洲的跨境国际班列，迈出了拓展国际市场的第一步。同年，胶州湾国际物流园荣获国家优秀物流园区。

2012年—2013年，青岛中心站仍以零散内贸货为主，运量分别是40832标准箱、54917标准箱。

2013年，为完善园区海关监管功能，增强物流吸引力，胶州市依托青岛中心站向黄岛海关、青岛海关争取设立海关监管场所，并获批复，按照海关监管场所建设要求全面开展围网、信息系统等内容建设。为进一步完善检验检疫功能，胶州市在胶州经济技术开发区规划建设了综合检测实验中心，包括电动机及金属材料、家具及木制品、辣椒及农产品等多个国家级实验室，总投资1.3亿元，建筑面积2.1万平方米。

2014年11月，胶州市投资4600万元建设的海关监管场所顺利通过黄岛海关验收，完成监管区域围网面积1.22平方千米设施建设，查验平台、综合管理平台系统等软硬件设施设备齐全。同时，胶州市抢抓国家"一带一路"发展机遇，积极争取青岛海关支持，启动多式联运海关监管中心申建工作，并与青岛港集团、青岛中心站签署三方战略合作框架协议，协力推进多式联运发展。2014年12月11日，海关总署就"青岛多式联运海关监管中心"建设事宜分别复函青岛海关、青岛市人民政府，表示支持青岛多式联运海关监管中心工作，"青岛多式联运海关监管中心"获批。2014年12月27日，胶（州）黄（岛）运转班列的开通标志着海铁联运正式启动，成为全国第一家运营的多式联运海关监管中心，实现了"前港后站、一体运作"运营模式。胶州市与济南铁路局合作的胶济铁路物流园项目签

青岛多式联运海关监管中心（国检中心）办公大楼外景

2014 年 12 月 27 日，青岛多式联运班列正式开通运行。

约落户。2014年，受西安班列停运和零散货源减少的影响，青岛中心站在不具备开通其他班列的条件下运量下降，完成29917标准箱。

（三）蓬勃发展阶段（2015年—2016年）

1. 海关、检验检疫职能完善

2015 年 3 月，胶州市政府与黄岛海关签订《全面加强合作备忘录》，海关人员正式入驻开展工作。国家海关总署两次来胶调研多式联运海关监管中心建设情况，鼓励探索创新，将多式联运海关监管中心打造成全国多式联运海关监管工作的示范点。同年 7 月，青岛市人民政府与青岛出入境检验检疫局签订《全面加强合作促进外向型经济发展意见》，完成国

检无害化处理中心建设，进一步完善了进出口货物检验检疫及卫生除害处理功能。同年 12 月，检验检疫胶州办事处成立口岸查验科，全面承接多式联运监管中心口岸查验业务。2016 年 5 月，胶州市联合黄岛海关、青岛出入境检验检疫局

三方共建"促进外经贸发展三方例会制度"，加强"关检政"合作，促进外经贸发展。同年 11 月，海关总署批复同意建设"直通闸口"。"直通闸口"是根据实际情况提出的新的海关监管模式，实施后将真正实现海铁无缝对接，在全国尚属首例。

2. 国内国际班列相继增开

2015 年，青岛中心站开通了胶州至郑州、西安、洛阳、乌鲁木齐 4 条对开班列，并相继开通"青岛号"中亚班列、"中韩快线" 2 条国际班列，加快构建国际物流通道。全年到发总运量达到 20.1 万标箱，同比增长 530%，累计完成收入1572.5 万元，服务胶州及周边地区外贸进出口企业 1000 余家。2016 年，胶州市着眼于打造国际物流枢纽，多式联运工作向物流通道建设发力，全力

2015 年 4 月 15 日，海关工作人员进入青岛中心站对集装箱货物进行查验。

增开国际国内班列，在实现量的增长的同时，更实现了质的跃升。同年7月15日，商务部综合司来胶调研中亚班列开行情况，胶州市中亚班列实现无补贴健康营运的情况受到上级肯定。随后，国家推进"一带一路"建设工作领导小组办公室印发《中欧班列建设发展规划（2016—2020年）》，"青岛号"中亚班列列入直达班列规划，青岛市列入沿海重要港口节点城市。这一年，青岛中心站增开"中蒙"国际班列和胶州至宁夏西大滩、新疆库尔勒两条省外班列，试运行"中越"班列。全年总到发班列2725列，集疏货物35.4万标箱，同比分别增长88.06%、76.4%。青岛多式联运海关监管中心共办理业务7401票，监管货物27906标箱，同比分别增长126.4%、134.7%。

3.物流项目集聚发展

截至2016年，胶州市先后引进中远海运、新海丰、中外运、陆桥、凯航、青岛远洋大亚等10余家航运、物流企业，搭建起集物流、报关、报检等为一体的综合服务平台。

4.加强课题项目研究

2016年4月，胶州市与青岛大学签署了合作协议，由青岛大学工商管理学院院长、教授作为项目研究团队负责人，研究并形成经青岛港至中亚、东南亚、欧洲等地多式联运线

路运行后的详细状况，日韩货物基本情况、主要线路及中转条件等，为充分发挥多式联运平台作用、打造综合贸易枢纽提供指导。同年6月，与中国社会科学院世界经济与政治研究所合作开展"国情调研基地"项目，这是社科院世界经济与政治研究所在全国设立的唯一的国情调研基地，确立了首个研究课题为《"一带一路"背景下胶州"多式联运"的调研与思考》。

5.举办高端论坛

2016年6月24日—6月25日，"启航胶州湾，建设欧亚园'一带一路'青岛板桥镇论坛"成功举办，论坛由中国贸促会研究院、中国（青岛）"一带一路"研究中心、商周刊社主办，由青岛海上丝绸之路文化研究所、中国国际商会胶州商会、胶州外商投资企业协会协办，以"一带一路"倡议为引领，以国家发改委、外交部、商务部联合发布的《推动共建丝绸之路经济带和21世纪海上丝绸之路的愿景与行动》提出的战略构想为基础，以国家海关总署建设青岛多式联运海关监管中心和商务部复函支持建设青岛欧亚经贸合作产业园区为主题，全方位探讨、研究胶州与"一带一路"在理论与现实中的紧密关系，研讨胶州市作为青岛"海上丝绸之路"北

始航港的历史地位，打造互联互通多式联运综合贸易枢纽。

2016年，多式联运平台分别获得全国首批16个多式联运示范工程项目、首批29家"国家示范物流园区"等荣誉称号。

（四）深入推进阶段（2017年—2018年）

1.提升贸易便利化水平

（1）增加基础投入，提升运力运量。2018年，青岛中心站2条1050米装卸线束和1.6万仓储工程完成建设，总投资1.9亿元。

（2）畅通通关环节，优化通关流程。2017年5月，青岛港五期集装箱自动化码头与黄岛新设卡口铁路港站之间的货物专用通道（直通闸口）验收使用，可使在胶州地区申报的进口货物卸船后直接通过直通闸口出码头进黄岛港站，经"胶黄小运转"送至青岛中心站，省去先在码头落地后再转至胶州的环节，实现海铁无缝对接，出口货物实现当日报关、次日离港。2018年10月，青岛中心站铁路信息与海关"在途监管系统"联通、"可视化系统"联通共享，实现信息系统试运行。

（3）整合资源，搭建平台。2018年7月，胶州市整合济铁物流园、青岛港、中铁集装

箱青岛中心站、中铁多联四方资源，建立上合示范区青岛多式联运中心营业大厅，一口价对外、一体招商、一条龙服务，打造上合示范区青岛多式联运中心。中远海运、中外运、中铁多联、陆桥、青岛远洋大亚等50多家"多式联运经营人"在青岛中心站开办运输业务，中外运、新海丰、中远海运在青岛中心站设立了还箱点，青岛港陆港（胶州）国际物流有限公司落户胶州。

（4）完善相关功能，拓展业务模式。2017年12月，胶州市向青岛市政府递交《关于设立胶州湾保税物流中心（B型）的请示》，并积极争取省政府、青岛市政府支持，经过多次论证、征求意见，2018年8月3日，山东省人民政府同意以青岛天正世隆物流发展有限公司作为投资主体设立胶州湾保税物流中心（B型）。同年，胶州综合检测实验中心正式启用、国检无害化处理中心正式通过验收，具备开展熏蒸业务的条件。

（5）走出去加强区域合作。2017年4月，胶州市政府分管领导带领市商务局和胶北街道有关负责同志，联合青岛海关、青岛港集团、中铁联集公司，赴西安考察了西安高新综合保税区、西安出口加工区B区、西安国际港务区和西安多式联运海关监管中心建设发展情况；

参与西安·青岛推动"一带一路"区域供应链一体化座谈会，积极推动双方在班列、通关、贸易等方面务实合作，激发双方经济活力和市场潜力，共同在"一带一路"发展中体现责任和担当。会议形成《西安—青岛区域物流与供应链一体化倡议》，进一步密切区域合作，共同探索推动新时期区域物流与供应链一体化，充分释放两地多式联运海关监管中心的集散辐射和功能叠加作用。

2. 构建"一带一路"大通道

（1）增开两列国际班列。中欧班列（青岛）于2017年6月正式开通，从青岛中心站首发，国内经过济南、天津、通辽后经满洲里口岸出境，通过俄罗斯后贝加尔国境站，直达莫斯科。班列全程约7900千米，运行时间约22天，比海运节省约30天，为企业极大节约了运输时间，提高了运输效率。仁川—胶州—凭祥班列于2017年7月正式开通，班列至凭祥全程2700千米，由中国铁路总公司和中国外运股份有限公司联合开行，其运输过程中，海运部分由韩国仁川始发至青岛，铁运部分从青岛中心站首发，国内经过临沂、武汉、南宁等城市后，经广西凭祥口岸出境，最终抵达越南河内、同登等地区。

（2）开拓返程班列。突出

上合示范区物流先导区作用，重点围绕乌兹别克斯坦、哈萨克斯坦、俄罗斯3个国家的棉纱、绿豆、小麦、葵花籽油、化肥、木材、纸浆及铬、铜矿石等货物组织回程班列。由青岛全贸通组织的首列中亚（塔什干—胶州）棉纱专列于2018年8月8日顺利抵达胶州；由新港州与巴西鹦鹉集团组织，首次采用FOB胶州模式的海铁联运纸浆班轮于9月启运，全年可贡献外贸进口额约1.4亿美元。

2017年，青岛中心站完成集装箱到发量42万标准箱，同比增长18.7%。2018年，完成到发量53.6万标准箱，同比增长27.6%。截至2018年12月，青岛中心站由2015年的"1＋2＋4"7条（1条胶黄小运转省内循环班列，中亚班列、"中韩快线"2条国际班列，胶州至乌鲁木齐、西安、郑州、洛阳4条国内班列）增长至"1＋5＋7"13条（1条胶黄小运转省内循环班列，中亚班列、"中韩快线"、中蒙班列、中欧班列、"东盟专线"5条国际班列，胶州至乌鲁木齐、西安、郑州、洛阳、成都、库尔勒、宁夏7条国内班列），基本形成"西联中亚欧洲、东接日韩亚太、南通东盟南亚、北达蒙俄大陆"的国际多式联运物流贸易大通道。

3. 完善贸易支撑

2018年7月，山东济铁胶

2018 年 10 月 31 日，"齐鲁号"欧亚班列首班开行。

州物流园开园运营。园区总投资 1.93 亿元，建设笨大作业区，铺设笨大货物装卸线、包装货物装卸线等作业线束 2240 米，建设 2.4 万平方米货物仓库，硬化仓储平台面积 8 万平方米。新港洲、物来物网、中商民生、郑州"豫满全球"、百利威、"黑潮网络"、华铁物流及嘉运泰和等 20 余家大宗贸易和金融服务平台在此集聚落地，贡献外贸进口额 3 亿美元以上。

4. 举办高端论坛

2017 年 6 月，胶州市组织召开了以"'一带一路'倡议下的贸易便利化发展和经贸合作"为主题的"第五届中俄欧集装箱运输便利化论坛"，共推中欧、东盟国际班列以及城市（地区）间班列，促进城市（地区）间的贸易、投资与交流，并成立"一带一路"国际物流联盟和"一带一路"供应链研究院。在论坛举办期间，青岛市政府联合全国口岸系统发布了《青岛宣言》，承诺共同打造"创新、开放、绿色、互助、共享"的互利合作网络，创新合作模式，发展通道经济。2018 年 9 月，胶州市组织召开第二届"一带一路"板桥镇论坛，邀请"一带一路"相关国家的 200 多名专家及企业界代表出席论坛，围绕"拓展双向投资合作，建设中国—上合组织地方经贸合作示范区"主题，在进一步提升青岛与"一带一路"沿线国家园区发展建设合作优势的基础上，推进中国—上海合作组织地方经贸合作示范区建设，打造面向上合组织国家的对外开放新高地。

二、经验启示

（一）坚持改革、创新发展思维

胶州市围绕青岛市建立"一带一路"海陆双向开放桥头堡的重大战略布局，立足基础优势，全面研判区域发展机遇，梳理区域运输要素，启动多式联运大平台建设，从推动运输模式、服务机制、经营方式等方面着手进行改革、提升，逐渐由"依托区位优势"向"塑造功能优势"转变，畅通物流通道，提升贸易便利水平，全面促进经济发展。

（二）坚持市场导向，深化合作

胶州市以市场为导向，政府搭台，发挥服务职能，始终立足于市场、服务于市场。以青岛中心站为经营主体，政府牵头与铁路、港口等部门建立战略合作机制，共同推进多式联运建设，围绕物流降成本、提效率，放大前湾港、青岛中心站"外港内站、一体运营"优势；把握"一带一路"发展、中韩自贸协定签订等机遇，升级多式联运海关监管中心，争取海关、检验检疫部门支持，入驻开展工作，完善口岸通关功能，为青岛中心站增开国际班列、开拓国际市场提供基本条件；协调推进多式联运监管方案的制定出台，推动关检合作，探索创新贸易便利政策，搭建贸易平台，提升综合服务水平，全面推进青岛中心站提质增量。

（三）坚持科学发展，规划先行

多式联运的发展在全国尚处于起步阶段，在发展初期需要系统、科学的指导，胶州市高度重视与专业领域专家学者的合作与交流，与多个院校开展了课题研究，从更加专业的角度、更加宏观的视野、更加长远的规划给出意见建议，为胶州市充分发挥多式联运平台作用，有序、有效地推进贸易枢纽建设提供理论支持。

（四）创新管理模式，科学编制

为促进多式联运平台发展，进一步强化商贸发展工作，胶州市确定成立新型商贸发展局，并通过市编委批准。市新型商贸发展局为市商务局所属副科级事业单位，核定事业编制18名，配局长1名，副局长2名，内设4个正股级科室，即贸易便利科、电子商务和信息化科、流通业发展科、蔬菜副食品管理科，主要负责推进贸易便利化、流通现代化及电子商务与新兴业态的发展。新型商贸发展局是根据发展实际，创新组织形式设立的，为胶州市商贸工作提供了机制和机构保障。

执笔人：朱晓宇

胶州市海上丝绸之路考古及成果

市文化和旅游局

海上丝绸之路是一条以丝绸贸易为象征，连接古代中国与外国交通贸易和文化交流的商贸通道，它的形成满足了不同地域之间人类群体协作的需要，是中国与世界各国和平发展、互惠互利的伟大见证。在人类文明史上，海上丝绸之路作为国际交往的主要渠道之一，承载着数千年来世界历史发展、文明交融的华彩篇章。2013 年以来，在习近平总书记提出的"共同建设 21 世纪海上丝绸之路经济带"的大前提下，国内已有北海、广州、泉州、漳州、福州、宁波、南京、扬州、蓬莱 9 个城市开展联合申遗工作，并根据各城市自身情况开展了资料收集、考古调查、遗产管理和保护等相关工作。对此，青岛市委做出了落实中央"一带一路"倡议和省政府工作报告中相关发展要求的决定，进一步抓住发展机遇，启动并推进青岛海上丝绸之路与考古研

究工作，把青岛打造成为 21 世纪海上丝绸之路的枢纽城市，形成青岛开放型经济新格局。古胶州作为历史上山东半岛地区的一个海港城市，它的形成与发展，是人类海洋文明的产物，更是海上丝绸之路发展变迁的重要历史见证。

5000 年以前，胶州域内就有人类农耕渔猎，西周初年即有建置，经过数千年的历史变迁、朝代更替，人口迁徙流动，其文化、政治、经济、社会均得到了较大的发展。唐朝初期，在此设立板桥镇，为以后的城市发展奠定了基础。水运和陆

陈列于高凤翰纪念馆内的宋代板桥镇古貌复原沙盘

路交通的便利，促进了中国南北、东西和海内外文化的交流，板桥镇成为古代中国与海外诸国之间商业贸易、外交往来和文化交流的重要枢纽。至宋代，板桥港一跃成为全国五大通商口岸之一，贸易额与济南持平，代替了登州、莱州二港。特别是板桥镇提举市舶司兼临海军使的设立，更提升了板桥镇的政治、经济和军事地位。元代，胶莱运河的开凿和塔埠头港的兴起，成为唐宋以后板桥镇港口水上运输和商业贸易的接力棒。明清时期，经过千年的积淀，古胶州的商贸发展空前繁荣，清代更有"金胶州"的美誉。随着考古事业的蓬勃发展，大量的考古发现不断印证着胶州在海上丝绸之路中的重要地位。这些考古成果不仅对于研究胶州历史沿革具有重要意义，也是青岛海上丝绸之路研究工作的重要篇章。

一、胶州考古发现中的海洋文化遗迹

经过海上丝绸之路千年来的文化积淀，胶州的异域文化与地方文化相互融合，逐渐形成了独特的港口文化，在胶州诸多的考古遗存中皆有显现。山东社会科学院历史所东夷古国史专家逄振镐先生认为："从山东大汶口—龙山文化时期起，

具有发达航海业的胶东半岛地区与辽东半岛、朝鲜半岛直至日本之间的'循海岸水行'的海路就有可能开辟。这是东夷人长期海上航行实践的结果。正是这条'循海岸水行'的海路沟通了山东半岛即东夷与朝鲜、日本之间古人类的来往和文化交流。"胶州新石器时代三里河遗址出土的网坠说明，距今4000—5000年前的胶州先民已经有了航海工具；出土的鱼骨有鳓鱼（鲅鱼）、梭鱼、黑鲷（黑加吉）、蓝点马鲛（鲅鱼）等，有的梭鱼长达80厘米，蓝点马鲛长60厘米，属大中型个体，说明三里河居民对这些海生鱼类的洄游习性已有一定的了解，尤其是捕捞蓝点马鲛这种生性凶猛、游泳速度快的外海鱼类，说明当时已有远海捕捞的可能。这在一定程度上说明当时海上交通和航海技术的发展。因此，与隔海相望的辽东半岛、朝鲜、日本以及东南沿海等地区发生文化交流存在极大可能。三里河文化时期存在人工拔除侧门齿的习俗，而这种拔齿的习俗在日本的同文化时期同样存在。虽然这一拔齿的风俗究竟以何种方式传播尚有待进一步考证，但足以证明古胶东地区与日本的文化交流在大汶口文化时期就已经开始了，古胶州自然在其范围之内。

2005年，胶州赵家庄遗址

发现炭化稻米及稻田遗存，证明了胶州在5000年前已开始种植水稻，这与著名考古学家严文明先生在《胶东考古记》一书中提出的"北路接力棒说"即"稻谷农业是从山东半岛经辽东半岛、朝鲜半岛再到日本九州，以接力棒的方式传播过去"的说法相契合。在考古发掘的赵家庄墓群、大闹埠墓群、盛家庄墓群等诸多汉代墓葬中，有原始瓷器出土，其"种类、形态、釉色、胎质等与江浙一带发现的同类器基本相同，壶的颈部多饰一组或两组水波纹，腹部有多组弦纹，肩部多有凤鸟纹。釉色、刷釉方法和胎釉特点等均与浙江产品相同，因此这一地区出土的汉代原始瓷器应为江浙越人产物"，这一地区应包括今天的胶州市南部和西南部、胶南、日照和临沂的东部沿海或近海地区，即鲁东南沿海地区。这些江浙越人所做器物的传入，同样证明了唐宋密州地区作为水陆交通枢纽的地位。再如胶州板桥镇遗址大型公共建筑群市舶司衙署和仓储的发现，以及大量铁钱、各类窑口瓷片的出土，亦是这一时期板桥港口作为海上丝绸之路东方航线重要枢纽的实物佐证。这些考古发现都充分证明了当时的胶州是连接我国内陆南北及海外的重要交通枢纽，在货物的南北运输、文化的东

西交流中起到了重要作用。

二、胶州海上丝绸之路考古调查情况及成果

（一）板桥镇遗址考古调查情况及成果

随着城市的逐步改造，板桥镇遗址被胶州老城区覆盖，对遗址的保护难度逐步加大。为了抢救、保护板桥镇遗址，全面掌握遗址的堆积情况，胶州市文物部门做了大量考古调查工作。在调查勘探工作基础上，还以板桥镇码头遗址和云溪河北岸为重点，有选择地进行了重点勘探和试掘工作。经过多年的系列工作，初步确定了板桥镇遗址的分布范围、宋代文化堆积埋藏情况和板桥镇码头遗址的位置等。

1. 市政府宿舍工地板桥镇遗址的抢救发掘工作及成果

1996 年 12 月，胶州市政府宿舍建设工地首次发现了宋代板桥镇的文化堆积遗存。考古队对工程占压的区域进行了抢救性发掘，清理面积 60 余平方米，发现了宋、明、清时期文化堆积。在宋代文化堆积层发现了房屋基址和锈结的铁钱团块等遗迹，出土了北宋各窑系的瓷器碎片。在南北长 10 余米、东西宽约 5 米的房屋基址内，宋代铁钱堆积如山，这些

1996 年在板桥镇遗址出土的北宋铁钱，现陈列于高凤翰纪念馆。

铁钱已锈结成巨大的一块，其形状中间较高，四周低，南北较长，最厚处高约 1.5 米。因工程打桩，钢筋混凝土桩橛把铁钱分解成数块。通过清理，共获铁钱十几块，总重量约 30 吨，其中最大的一块重约 16 吨，其余重量在 0.5 至 6 吨。能辨清字迹的有圣宋元宝、崇宁通宝、崇宁重宝、大观通宝、政和通宝等，为北宋徽宗时期的铸币。

此次发掘面积虽小，但发现较为重要。在宋代文化层发现的建筑基址、出土的大量铁钱和种类较多的瓷片等文物，展现了板桥镇当年的繁荣、地位的重要，为以后板桥镇遗址的考古工作提供了重要依据。

2. 东苑府邸工程板桥镇遗址的抢救发掘工作及成果

2008 年 9 月—2009 年 6 月，为了配合胶州市东苑府邸工程建设，经国家文物局批准，青岛市文物保护考古研究所与胶州市博物馆组成考古队，对工程占压部分 8000 平方米的板桥镇遗址进行了抢救发掘。该工地向西距 1996 年出土铁钱的位置仅 20 米。这次发掘，不仅了解了板桥镇遗址的文化堆积情况，更重要的是在宋代文化层内揭露出多组规模宏大、布局相对完整的建筑基址，并有与之相联系的砖砌排水沟、庭院、水井、灶址、东西大道等。新揭露出的建筑基址向 1996 年出土铁钱的位置延伸，两者在同一层面上，证明两次发掘的房屋基址相互关联。在当年出土铁钱的东侧约 30 米和东北侧约 50 米处的房屋基址内，再次发现锈结成块的宋代铁钱 10 余吨，其特征和上次出土的一致。另外，在各时期的文化堆积层出土了大量门类较多的历史遗物，有瓷器、陶器、铜器、铁器、金器、琉璃器、骨器、石器、碑刻、建筑构件等等。

（1）发掘区内的地层堆积

遗址地层堆积自上而下依次为现代、民国、清代、明代、元代、宋代堆积层。其中宋代、明代、清代文化堆积清晰，元代文化堆积不明显。宋代堆积层厚度不一，南侧较厚，厚约 2—3 米；北侧较薄，约 1.5 米。

因遗址揭露面停留在宋代文化层，以下是否有唐代及更早的文化堆积尚不清楚。

（2）建筑遗迹

①房屋基址

揭露出的建筑基址包括房基、庭院、廊道、散水、隔墙、亭台等，均用青砖砌筑，错落有致，相互关联，布局完整，为北宋时期公共建筑遗迹，分别编为Ⅰ号、Ⅱ号、Ⅲ号、Ⅳ号、Ⅴ号、Ⅵ号建筑。

Ⅰ号建筑。该建筑位于发掘工地的西侧中部，为一组建筑。在同一层面上有前后三栋坐北朝南的建筑，中间有南北向砖砌甬道相连。南侧两栋建筑之间，发现类似八角形亭的砖砌基础，基础的东、西、南、北四面中间残存约1米宽的砖砌斜坡踏步，与甬道相连。房屋和八角亭都用青砖铺设地面，房基主体部分厚约0.4米。该建筑部分房基向西延伸，与1996年发掘铁钱位置的建筑在同一层面上，两者相互关联。在Ⅰ号建筑南侧的房屋基址内，发现锈结在一起的小块铁钱。

Ⅱ号建筑。该建筑位于Ⅰ号建筑的东侧，两者相距约15米。Ⅱ号建筑北端被破坏，残存部分南北长53米，东西宽7.5米。平均分为6个房间，每个房间均为8.7米。东侧开门6个，门前为贯通南北的砖铺廊道，廊道宽1.5米。廊道东侧外缘有排列规律的柱础，柱础之间平均相距2.9米。从布局看，该建筑为西厢房，墙基厚度达0.87米，应为重要的仓库建筑。

Ⅲ号建筑。该建筑位于Ⅱ号建筑东侧，坐北朝南，两者相距1.3米。东西长11.7米，南北残宽7.8米，房屋规模较大。房屋地平面明显高于周围建筑，地面用青砖铺设。该建筑前面正中有南北向砖砌甬道与之相连，甬道上有一道较深的凹槽，应为独轮车负载较重的物品长期碾压的痕迹。Ⅲ号建筑砖铺地面上发现大片火烧痕迹。

Ⅳ号建筑。该建筑位于Ⅲ号建筑前面，坐北朝南，规模与Ⅲ号建筑基本一致，在同一层面上，没有完全揭露。两栋建筑之间有砖砌甬道相连，甬道上有较深的独轮车痕。

Ⅴ号建筑。该建筑位于Ⅲ号建筑后面，坐北朝南，破坏严重，从残存的部分基址看，规模与Ⅲ号建筑一致，也处于同一层面上。东侧有一宽约5米的通道与Ⅲ号、Ⅳ号建筑相连。

Ⅵ号建筑。该建筑位于Ⅲ号、Ⅳ号、Ⅴ号建筑东侧，在整个发掘工地的东边缘处，房屋的大部分基址在工程范围以外，被常州路西侧人行道占压，没有全部揭露。规模与Ⅱ号建筑一致，为东厢房。东厢房与Ⅲ号、Ⅳ号、Ⅴ号建筑之间有一南北向通道，宽约5米。

Ⅰ号、Ⅱ号、Ⅲ号、Ⅳ号、Ⅴ号、Ⅵ号建筑应为独立又相互关联的一组建筑。南北总长53米，东西宽约30余米，布局规整，规模宏大。

②甬道

遗址上揭露出的甬道可分为三类。第一类是建筑物之间仅供人们步行的砖砌通道，一般宽约1.3米。边缘用两层侧立青砖护边，中间部分青砖呈人字形平面铺设。第二类是建筑物之间需要承重的甬道，宽约1.3米。铺设的青砖皆侧立砌筑，边缘用两层侧立青砖护边，这类甬道承重力强，使用时间长。例如，Ⅲ号、Ⅳ号建筑之间的甬道，就是采用这类铺设方法，由于长期使用独轮车运输较重的物品，甬道中间被碾压出了一道较深的车辙。第三类是用土石夯筑的道路，位于发掘区南部，考古人员称之为"东西大道"。残存宽度2—3米，暴露长度40余米，路面坚硬、平整。

③灶址

灶址共有12座，有单灶和二连、三连、四连灶多种形式。分布在Ⅰ号、Ⅱ号建筑之间和Ⅳ号建筑后侧的空地上。

④水井

揭露出水井6眼，其中宋代水井5眼，皆用青砖堆砌，分布在Ⅰ号、Ⅱ号建筑之间的灶址南北两侧。明、清时期水井1眼，分布在发掘工地的中西部。

公共建筑群的发现可以更加深入地认识板桥镇的内部设施。遗址揭露出的建筑遗迹并非普通民房,而是市舶司衙署和仓储的一部分。可以从以下几方面加以论证和分析:第一,建筑群布局结构复杂,房屋之间相互关联,显然非普通百姓所用;第二,Ⅲ号建筑规模较大,雄伟堂皇,是所揭露建筑遗迹中的标志性建筑,综合各类遗存分析,该建筑应是板桥镇官方某机构的办公场所;第三,Ⅱ号、Ⅵ号建筑墙基厚度达到0.87米,分布在Ⅲ号建筑的东西两侧,房屋南北长53米,规模较大,说明这里能储备吞吐大量货物,应是政府的仓储重地,从当时板桥镇的机构建制情况分析,只有市舶司才具备这一条件;第四,建筑群内的水井、灶址较多,已发现宋代水井5眼,灶址12座,有单灶和二连、三连、四连灶多种形式,说明当时在建筑群内活动、饮食的人很多,这与市舶司征榷后货物的搬运、吞吐需要大量人力有关;第五,砖砌甬道上较深的车辙痕迹应是很长时间载着很重的货物压出来的,说明建筑群内来往运输的货物很多,这与板桥镇的地位、通商口岸有密切的联系;第六,出土的建筑物构件精致,特别是一些龙、凤、麒麟等吻兽构件,在中国古代,只有级别较高的建

2009年板桥镇遗址考古发掘现场全景图

筑上才允许使用;第七,发掘部分的建筑向四周延伸,说明该建筑群规模更大,且各种功能的建筑齐全,是通商口岸设置的重要机构无疑;第八,建筑内储存大量铁钱,这些铁钱应是当时市舶司的税收和用于购置珍贵商品的部分储备;第九,市舶司是管理码头的部门,按照惯例,其驻所应在码头附近,该公共建筑群东南距板桥镇古码头约150米,符合这一条件。综上所述,揭露出的大型建筑遗迹应该确定为市舶司衙署和仓储的一部分。

（3）灰坑遗迹

宋代灰坑64座,后期灰坑打破北宋地层,有的破坏了房屋基址。在金代灰坑中发现"大定通宝"铜钱数枚。灰坑深度一般在1米以内,直径有的超过2米。灰坑蕴藏丰富,主要

出土有宋、金、元、明、清等各时期的陶瓷残片、钱币、建筑构件、砚台、金钗等。

（4）出土文物情况

出土文物门类繁多,数量巨大。钱币类有铁钱、铜钱。陶瓷类有北宋各大窑系的瓷片、宋三彩残件、陶质大型容器残片,还有人形、动物形玩具小件、围棋子等。建筑构件有砖、瓦、瓦当、吻兽等。其他文物有铜镜、金钗、铁釜、砚台、梳子、发簪、碑刻残件等。

①铁钱

出土铁钱数量巨大。这些铁钱的出土环境、铸造年代、种类、质地等,有着共同的特征:都储藏在建筑物内。Ⅰ号建筑西面的房屋内出土最多,1996年出土约30余吨;2009年在Ⅱ号建筑北半部的房屋内出土约10余吨。另外,Ⅰ号建筑南、北两面

的房屋内也发现少量铁钱。

铁钱的年代均为北宋徽宗时期的铸币。能辨清字迹的有圣宋元宝、崇宁通宝、崇宁重宝、大观通宝、政和通宝等。这些铁钱为夹锡钱。从铁钱的质地、氧化程度看，都能证明是夹锡钱。另相关史料记载，北宋徽宗时期曾大量铸造和推行夹锡铁钱。

铁钱都已锈结成块。因时代久远，铁易氧化，成堆存放的铁钱必然锈结成团块。堆放的铁钱中间高，四周较薄，中间内部的铁钱锈蚀相对较轻，表层和边缘处的铁钱锈蚀、粘连严重。成团块铁钱的表层有被火烧过的迹象。铁钱表层与之粘连的泥土为红烧土，红烧土内夹杂碎瓦片，瓦片的颜色不是原有的青灰色，而是被烧过的红褐色偏白。铁钱外面和附近发现带有屋面草把痕迹的红烧土块，土块内有燃烧碳化的草把灰迹，证明这是屋面失火燃烧垮塌所致。另从巨块铁钱堆的断面看，上层厚度约10余厘米的钱币之间结合紧密，内部的相对疏松，可能是由于房屋失火，外部高温，铁钱经高温变软，加上年久锈蚀，所以表层的铁钱会结合紧密。

从巨块铁钱堆的断面看，这些铁钱成串堆放，成串铁钱方孔处发现碳化的绳子灰迹，证明是流通过的钱币。串与串之间空隙较大，表层的钱币基本没有成串的，较凌乱，钱与钱之间结合紧密。

②铜钱

出土的铜钱种类繁多，有北宋时期大观通宝、淳化元宝、崇宁通宝、崇宁重宝、圣宋元宝、熙宁元宝、元祐通宝、元符重宝、宣和通宝等以及金朝的大定通宝等。出土铜钱的种类中，以宋徽宗御书瘦金体"大观通宝"最为精美，字体纤秀，气韵贯通，"大"字一捺特别长，制作精细，地章平整，面文和缘深峻。

③陶瓷类

在对灰坑的清理发掘中，出土了历代瓷片标本数以万计，可复原陶瓷器500余件，其中，带有文字铭记的有40余件。出土的瓷片中，以宋金时期各窑系的居多，充分印证了当年古

板桥镇作为重要对外贸易口岸的历史。

宋金时期的主要陶瓷器标本如下：

龙泉窑系瓷片。器形有盘、碗、壶、瓶、洗、炉等。瓷胎为灰白色，胎质坚硬细密。瓷釉颜色为淡青色，有的青中闪黄色，多为常见的粉青、梅子青等，釉质细腻、光润。纹饰以刻、划的花卉纹为主，有莲瓣纹、弦纹等。

定窑系瓷片。器形有盘、碗、壶等，以盘、碗居多。瓷胎十分坚密精细，胎骨比较薄，颜色为纯白色。釉色以白釉为主，白中微微闪黄色，盘、碗的口沿部位无釉。纹饰一般为花鸟纹，装饰方法有刻花、划（剔）花、印花等。

白釉、青白釉、磁州窑瓷器　　青白釉、青釉瓷器

青釉、绿釉瓷器　　墨书瓷器

2009年板桥镇遗址出土的部分瓷器

耀州窑系瓷片。器形有盘、碗、壶、杯、碟等，以盘、碗、碟居多。瓷胎为深灰色，胎质坚密精细，胎骨较龙泉窑稍薄一些。瓷釉的颜色青中闪黄色，有的稍绿，有的稍黄，釉质光亮滋润。纹饰多为莲花、缠枝花卉、鱼水纹，装饰方法有刻花、划（剔）花、印花。

钧窑系瓷片。器形有盘、碗、洗、瓶、盆等，以碗居多。瓷胎比较坚密、精细，胎的颜色为灰色，胎骨较厚。瓷釉的颜色以天青色为主，有的为蓝灰色，釉质比较坚密，施釉较厚，釉色极其润泽。盘、碗底部不施釉，圈足较宽。纹饰为本身的釉色，没有花纹装饰，在几件盘、碗的瓷片釉面上抹有大块的红色彩釉斑装饰。

磁州窑系瓷片。器形比较丰富，有盘、碗、罐、瓶、壶、盆、枕、缸等。瓷胎胎质比较坚硬精细，胎壁较薄，胎的颜色为灰白色。瓷釉以白色居多，白釉不是十分白，白中微微闪黄色，也有黑色釉瓷片。纹饰题材有缠枝花卉、折枝花卉、花鸟、山水、龙凤、人物、书法、弦纹等。装饰方法主要有黑彩绘画、刻花、剔花、堆塑等，以白地黑花的瓷片居多。

景德镇窑系瓷片。均为影青瓷。器形有盘、碗、瓶、壶、洗、杯等。影青瓷的胎质极其坚硬精细，胎骨的颜色特别白，胎壁非常薄，呈半透明状。瓷釉颜色白中闪青色，又称青白釉，釉质精细、光润，施釉特别薄。影青瓷片上带有花纹装饰的很少见，只发现几件葵口杯、盘和刻划花纹的盘、碗等。

吉州窑系瓷片。器形主要有碗、罐等。胎质较粗，但却十分坚硬，胎壁较厚，瓷胎的颜色为灰白色。釉色主要是黑色，釉质较粗，釉面比较光润，碗的底部不施釉。一件玳瑁斑纹碗的残片，玳瑁斑纹似虎皮上的斑纹，所以也称虎皮斑。

越窑系瓷片。器形有盘、碗、壶等。胎质比较坚密，胎色为灰色。瓷釉青绿色，有的青绿色偏黄，施釉较薄，釉面光亮。纹饰有花卉、鱼、鸟纹等，装饰方法有刻花、划（剔）花。

建窑系瓷片。器形有碗、盏。胎质粗糙坚硬，胎色呈黑灰色。釉色乌黑，釉质刚润，器物内外施釉，外釉近底足，足底无釉，釉面有明显的垂流和窑变现象。

淄博窑系瓷片。器形有盘、碗、罐、瓶、壶等，另有人形、动物形玩具小件。白釉碗瓷胎呈白色，胎质坚硬。瓷釉白中闪黄，碗心有一圈刮釉。

其他窑系陶瓷器残片有绞胎瓷、宋三彩、黑陶缸、砖、瓦、瓦当、吻兽等。

绞胎瓷。绞胎瓷残片的器形有碗、罐等。瓷胎呈现白褐相间的纹理，胎质坚硬。瓷釉施透明釉，釉质光润。由于白、褐两种颜色的瓷土相绞，纹饰类似木纹或行云流水。据资料显示，宋代烧造绞胎产品的瓷窑较多，已知有河南郏县窑、巩县窑、当阳峪窑、登封窑、宝丰窑、新安窑、修武窑及陕西黄堡窑、山东淄博窑等。板桥镇遗址出土的绞胎瓷属哪系瓷窑烧制，尚待进一步研究。

宋三彩瓷。包括宋、辽、金3个政权烧制的三彩瓷器。器形有壶、盘、瓶等。胎质细软，呈淡红色。瓷釉为黄、绿、白三色，釉色娇艳光洁，施釉不交融，釉面少流淌。装饰手法有印花、划花。其中一件绿釉瓷瓶腹部以下残缺，束颈，花口，颈部饰弦纹，富有少数民族风格。已知生产宋三彩的有内蒙古巴林左旗林东上京窑、林东南山窑、林东白音戈勒窑、赤峰瓦窑，辽宁辽阳江官屯窑，北京龙泉务窑等多处瓷窑。

陶器60余件。有缸、器物底座、瓦当、吻兽、铭文砖。另有数量较多的板瓦等。黑陶缸多口，从残存的口沿看，形体较大，口径约1米，可修复。黑陶器物底座1件，造型为上下两端呈喇叭口状，中间束腰，整体镂空雕花，高0.37米，上口径0.36米，下口径0.26米，束腰外径0.15米。瓦当为虎头型，造型生动。吻兽是屋脊和檐角上的建筑物构件，有龙、凤、麒麟等，栩栩如生、形态各异。砖为素面青砖，较薄，规格不一，多砌筑在墙基、甬道、灶址、水井处。一块青砖上刻有"天会八年"铭文，是金国的年号，字迹潦草不规整。瓦片为板瓦，青灰色，凹面有麻布纹，厚度约1.2厘米。瓦片大部分有被火烧过的迹象。

④发簪。有金质、铜质、骨质、琉璃四种。在北宋时期灰坑出土金簪1对，保存完好，纯金质地，长度为13.9厘米，单只重18克。形状为条形对折，对折处饰多道弦纹，截面呈圆形，两头和对折处略粗，中间束腰，制作精美。铜簪，长14厘米，截面呈扁形，已锈蚀，保存较完整。骨簪、琉璃簪均残。琉璃簪为天蓝色，顶部饰梅花造型。

⑤铜镜。1枚，八出葵花形，弓形钮，中间两周弦纹分为内外二区。内区四字铭文"忠孝之家"，外区八字铭文"长命富贵，家和永昌"素缘。直径约12厘米，缘厚2厘米。保存较好。

⑥铁釜。I号建筑墙基内灰坑出土。铁釜锈蚀严重。直径约50厘米，壁厚约1.5厘米，六耳，耳呈方形。

⑦砚台。抄手砚两方，其中一件保存完整，陶质，应为宋代著名陶砚产地——山东泗水县枳沟烧制。与砚台同时出土的还有朱砂墨1块。

⑧其它。有碑刻、纺轮、棋子、大型贝壳、牛和马的骨骼等。碑刻2件（残），其中一件残碑上刻有"至东，究端愿……"等10余个楷书铭文，从碑的质地和铭文特征分析，两件碑刻应属同一块石碑。纺轮，有陶质和石质两种。牡蛎壳，长23厘米，宽16厘米，形体较大。棋子，有围棋、象棋两种。围棋子分瓷质、石质，有黑、白两色，造型有圆形、椭圆形。象棋子为瓷质，圆形，直径3厘米，厚1厘米，两面阴刻"马"字。

板桥镇遗址规模巨大，文化堆积深厚，蕴含丰富，出土的历史遗物数量之大、门类之多，令人震撼。考古发掘出土的遗物多是贸易品，通过远洋和内陆运输而来的数以万计的瓷片几乎涵盖了北宋时期所有著名窑系的产品，有利证明了板桥镇在宋代北方地区物质流动中的枢纽地位和港口贸易的繁荣。国家文物局考古专家组组长等国家、省市专家在参观了解本次考古发掘后，一致认为"该遗址发现的文化遗存与北宋时期的通商口岸板桥镇及'市舶司'密切相关，对于胶州市和青岛港的历史沿革、古代板桥镇的海运贸易研究具有重要价值"。

3. 开展国家大遗址保护规划编制工作及成果

2015年5月，板桥镇遗址通过国家文物局文物保护规划立项审批，对其开展保护规划编制工作，该项目的实施对胶州市的文物保护和开发利用起到极大的助推作用。为配合板桥镇遗址保护规划编制工作，胶州市博物馆联合青岛市文物保护考古研究所分别于2016年、2018年对该遗址进行了考古调查勘探工作，进一步明确了板桥镇遗址的保护范围，基本探明了区域内文化层厚度、遗迹分布等基本情况。调查勘探结果表明，胶州市板桥镇范围大、延续时间长，在山东乃至北方地区都具有较重要的历史影响，对于研究胶州市的历史沿革、文化发展及中国北方对外贸易与港口历史均具有重要意义，是寻找青岛海上丝绸之路申遗文化遗产点的重要区域，具有关键性作用。

（二）云溪河流域及码头村考古调查及成果

云溪河是贯穿胶州市城区的内河，发源于北关街道庸村，大、小王戈庄和胶西镇尹家店，中云街道黄埠岭一带丘陵地区，长17千米，流域面积68平方千米。北源由凤凰庄入城，西源屈曲东南流，至两眼水门入城。二源汇入云溪楼西小桥北，蜿蜒穿城东流，以其河道弯曲如篆书的"云"字而得名。

码头村位于营海镇驻地东北2.5千米处，大沽河入海口西岸,东靠沽河,西靠人工湖,南靠高速公路,北靠人工湖。旧名"塔埠头",明清时期为我国北方重要的港口,该地著名的"少海连樯"为古胶州八景之一,反映了当时"贾客骈集千樯林立"的兴盛商贸场景。1976年,在村西挖南胶莱河时,曾挖掘出一艘20余米长的民国沉船。

2014年9月,胶州市对云溪河流域、码头村2处遗址以考古调查与勘探为主开展了考古工作。考古调查主要包括对周围地理环境及历史发展变迁的调查,一方面对古代文献以及地方志记载等进行收集研究。另一方面,通过实地踏查,对周边老居民走访询问,寻找与古代文化遗迹有关的线索。根据调查所得线索,选择了2处与海上丝绸之路相关的遗迹进行了重点勘探,进一步确认相关遗迹的年代、性质、内涵等情况。在对以云溪河、大沽河、码头村等为代表的与港口相关的功能性遗迹进行详细调查的过程中,对古代胶州港口的交通运输结构体系产生了较为直观的认识。

(三)湖州路附近云溪河路段考古调查及成果

2008年,胶州市博物馆联合青岛市文物保护考古研究所在对湖州路附近云溪河路段的

勘探中,在距离地表4.9—5.4米的深度发现铺砖痕迹,推测为一长方形平台式建筑,结合所处位置及其文化堆积情况分析,应为一处功能类似货运码头的遗迹。根据出土物判断其废弃年代在明代以前,极有可能为宋金时期遗迹,与当时板桥镇市舶司或有一定的联系。2014年,胶州市博物馆联合青岛市文物保护考古研究所对2008年勘探发现的砖铺地面位置以及周边区域进行扩展勘探,进一步了解了地下文化遗迹分布状况及文化内涵,勘探结果也进一步确认,距底部约5米深处,确实有砖铺地面建筑遗迹。

(四)胶莱运河沿线考古调查及成果

板桥镇作为兴盛一时的港口城市,水陆交通的集结与枢纽,它的兴起要有不同功能的配套建设,包括港口陆域的码头、库场和港区道路等,以及港口水域的船舶进出航道、物资集散地、货物装卸地、补充给养设施等。因此,为继续对与古板桥镇港口相关的功能性遗址进行详细调查,进一步推进对古代胶州港口的交通运输结构体系以及青岛市海上丝绸之路的深入研究。2015年11月,胶州市博物馆联合青岛市文物

保护考古研究所对胶莱运河胶州段开展沿线考古调查勘探工作。作为线性文化遗产,胶莱运河见证了我国古代杰出的水利技术,促进了古代经济文化发展和社会进步,而且对于胶州港口的兴盛发展具有不可替代的重要作用。本次考古工作主要以地面踏查为主,在复查以往调查成果和历史文献等相关资料的基础上,结合本次考古工作要求,对胶莱运河(调查范围主要是胶州段,并延伸到平度段的几处遗迹)采用了全覆盖式调查方法进行徒步调查。实际调查过程中,随时注意对当地村民进行访问,从而收集更多关于胶莱运河相关遗迹的信息资料。通过本次调查发现,胶莱运河除保留着漫长的河道外,还有众多桥梁、船闸等遗迹留存,其中明清时期石桥5座,建国初期水闸2座、寺庙遗址1处。

在人类文明史上,"海上丝绸之路"作为国际交往的主要渠道之一,承载着数千年来世界历史发展、文明交融的华彩篇章。古胶州作为山东半岛历史上的一个海港城市,它的形成与发展,是人类海洋文明的产物,是海上丝绸之路发展变迁的见证。

执笔人:王磊 周丽静

改革开放以来胶州市深化医药卫生体制改革及成效

市卫生健康局

改革开放以来，在胶州市委、市政府的正确领导和青岛市医改工作领导小组的精心指导下，胶州市卫生系统紧紧围绕医改总体要求，坚持保基本、强基层、建机制的基本原则，强化组织领导、创新工作举措、落实各项责任，医改工作取得明显成效。胶州市先后获得"全国妇幼健康优质服务示范市""省级卫生应急综合示范市""山东省妇幼健康优质服务示范市""省级慢性病防控综合示范区""省级医养结合示范先行市""山东省健康促进示范市"等荣誉称号。

一、胶州市深化医药卫生体制改革背景

改革开放以来，胶州市不断推进医药卫生体制改革，加大投入力度，全市医药卫生事业取得了显著成就，覆盖城乡的医药卫生服务体系基本形

成，公共卫生和农村卫生发展加快，疾病防治能力不断增强，各项医疗保障制度基本建立，但也必须看到，医药卫生事业发展水平与居民健康需求不相适应的矛盾仍然比较突出，城乡之间医疗卫生事业发展还不平衡，医护人员队伍建设有待进一步加强，卫生科技水平有待进一步提高，医疗保障制度和保障水平有待进一步完善提高，药品流通秩序仍需进一步规范，卫生院、防保所管理体制还需进一步理顺，政府对卫生的投入与卫生事业发展需要尚有一定差距，医药费用上涨过快，居民医药负担过重。同时，工业化、城镇化、人口老龄化、疾病普遍化以及生态环境变化等，给医药卫生事业发展带来新的严峻挑战。深化医药卫生体制改革，有效解决存在的问题，成为当前乃至今后一段时期的一项重要任务。为此，根据中央、省和青

岛市的部署要求，2010年3月，胶州市委、胶州市人民政府及各职能部门先后出台了《关于深化医药卫生体制改革的意见》《关于卫生院、防保所上划管理的意见》等28个政策文件，成立了以市委副书记、市长为组长，分管发改和卫生的副市长为常务副组长，发改、财政、卫生、人事、劳动部门主要负责人为副组长，相关职能部门负责人为成员的医改工作领导小组，胶州市新一轮医药卫生体制改革全面启动。

二、胶州市深化医药卫生体制改革情况

（一）健全基层医疗卫生服务体系

2010年3月18日，胶州市委、市政府制定出台了《关于卫生院、防保所上划管理的意见》，进一步完善了"三个机

制",将乡(镇、处)卫生院(防保所)的人员、业务、经费、资产全部上划市级管理,基层医疗机构由此步入良性发展轨道。胶州市财政部门完善经费保障机制,按照"核定收入,核定支出,收支差额补助,绩效考核奖励"的原则,通过多种补偿方式保障全市基层医疗卫生机构的正常运行;实行卫生院人员经费市级统筹,每年对卫生院的职工工资和运转经费进行核算,定额补助,每年约3000万元;足额拨付实行基本药物零差率销售后的政策性补贴,每年约500万元;设立卫生事业发展专项资金,每年拨付200万元,用于卫生事业管理、人才培养、设备更新购置等。2010年4月12日,胶州市人民政府印发《胶州市实行镇村卫生服务一体化管理工作的实施意见》,以药品"三统一"即统一目录、统一采购、统一价格为主要抓手,科学规划、整体布局,合理调整村卫生室布局设置,全市583个村卫生室实现了一体化管理,一体化管理率达81.3%。

2011年,胶州市将社区卫生服务中心建设列入政府实事,总投资2800万元,通过原址扩建或异地新建,将原阜安、中云、三里河及云溪4处防保所顺利转型成社区卫生服务中心;不断加强基层医疗机构

2011年改貌达标后的胶州市第二人民医院(原铺集卫生院)

基础设施建设,累计投资9200万元,高标准建设营海、里岔、胶东等8处卫生院和良乡、河西郭等4处卫生院分院,改扩建面积3.3万平方米;投资1400万元,对各卫生院的门诊、病房进行装修改造,通过改貌达标,14处卫生院、4处社区卫生服务中心转型后全部达到标准化建设要求;加大投入提升硬件水平,为各卫生院、社区卫生服务中心配备心电图机、彩超、心脏彩超、CR、DR、等离子电切镜、全自动生化分析仪、全自动血凝分析仪、数字胃肠机、四维彩超、胃镜、肠镜、腔镜等先进设备300余台,使胶州市基层医疗机构装备居全省领先水平。

2011年8月23日,胶州市政府召开全市加快推进基层医疗卫生机构综合改革工作会议,正式启动基层医疗卫生机

构综合改革。全市重新核定岗位数,为14个镇(街道)卫生院核定人员编制数892个、核定专业技术岗位810个,对4处新建城市社区卫生服务中心核定编制156个,初步建立起"全员聘用、合同管理、绩效考核"的灵活用人机制和综合考核机制。通过公开选拔竞聘程序,28名卫生院院长、副院长重新进行竞争上岗。

2012年6月3日,胶州市政府印发《关于进一步加强乡村医生队伍建设的实施意见》,建立乡村医生准入和退出机制,要求新进入村卫生室从事预防、保健和医疗服务的人员应当具备执业助理医师及以上资格,全市范围内建成18处乡医培训点,为乡医进行临床技术和公共卫生服务技能轮训,不断加强乡村医生队伍建设。

2018年8月20日,胶州

市政府出台《关于进一步加强乡村医生和基层医疗卫生机构医生队伍建设的实施意见》，建立健全乡村医生准入退出机制，创新乡村医生服务模式和激励机制，落实和完善乡村医生补偿、养老和培养培训政策措施，建立一支素质较高、待遇合理、结构优化、扎根基层的乡村医生队伍。截至 2018 年底，全市共有乡村医生 837 人，其中执业（助理）医师 222 人；对符合补助范围的老年乡村医生按时足额发放生活补助。

截至 2018 年，胶州市累计投入基层医疗机构正常经费 80580 万元，包含基本公共卫生经费 29280 万元、人员经费 51300 万元。其中，2011 年基层医疗机构正常经费 5329 万元，基本公共卫生经费 2108 万元；2018 年基层医疗机构正常经费 15546 万元，基本公共卫生经费 5003 万元，同比分别增长 192%、137%。截至 2018 年，胶州市累计投入基层医疗机构专项经费 3.873 亿元，包含设备专项经费 10172 万元、基本建设经费 6000 万元。其中，2011 年基层医疗机构专项经费 543 万元，2018 年基层医疗机构专项经费 7381 万元，涨幅达 13 倍。

（二）全面推行基本药物制度

2010 年 3 月 18 日，胶州市政府印发《胶州市推行国家基本药物制度实施意见》，决定在全市 14 处镇（街道）卫生院和 4 处社区卫生服务中心实施国家基本药物制度，严格按照规定的数量和品种足额配备基本药物，实行零差率销售。2010 年 4 月 30 日，山东省政府基本药物制度调研组来胶州市调研推行国家基本药物制度启动实施情况。2011 年 6 月开始，胶州市全市所需基本药物全部实现从省药品集中采购平台集中采购。

2012 年 6 月，胶州市卫生局出台了《二级以上医疗机构基本药物配备使用实施方案》，全市二级医疗机构均优先配备、合理使用基本药物，综合医院配备的基本药物种数（包括化学药品、生物制品和中成药）不低于国家基本药物和省增补药物品种总数的 80%，专科医院不低于 40%，体现公立医院的公益性，减轻群众医药费用负担。自 2012 年 6 月开始，全市 560 家规划内卫生室全部通过卫生院（社区卫生服务中心）从省药品集中采购平台采购基本药物，并执行零差率销售，对实行国家基本药物制度的村卫生室，除青岛市的专项补助外，市财政按每名乡医每年 7000 元的标准给予补助，经绩效考核后发放，胶州市实现了基本药物制度在基层医疗机构的全覆盖。

2012 年 11 月 1 日，青岛市医改工作领导小组扩大会议在胶州召开，会议现场观摩调研了铺集卫生院、沙河村中心卫生室在基层医疗卫生机构综合改革、规划内村卫生室实施基本药物制度以及健全医疗服务体系方面的经验做法，胶州市在会上作交流发言。

2014 年 10 月 1 日零时起，胶州市所有县级公立医院均取消药品加成（不含中药饮片），并实行药品零差率销售。

2017 年 11 月 1 日开始，胶州市各级公立医疗机构（含基层医疗卫生机构和村卫生室）药品采购中全面推行"两票制"，最大限度地平抑药品价格。

2018 年 7 月 12 日，胶州市卫生计生局出台了《胶州市基层医疗卫生机构药品采购使用管理工作实施办法》，非基本药物由各基层医疗卫生机构从省基本医疗保险药品目录中自主选择，其采购金额占本机构药品采购总金额的比例不得超过 30%，根据诊疗范围合理使用药品，实行电子处方；完善药品处方审核点评制度，有计划地开展基本药物处方专项点评，定期对规划内村卫生室实施基本药物情况进行督导检查，发现问题及时纠正和处理。同时，胶州市出台《关于二级以上公立医疗机构药品采购配备管理工作实施办法》，二级综合医院配备的基本药物种数（包括化学药品、生物制品和中成药）不低于国家基本药物和省增补药物品种总数的 80%，基本药物销售额占全部药品总销售额的比例不低于 40%；专科医院按专科特点配备基本药物，配备的基本药物种数（包括化学药品、生物制品和中成药）不低于国家基本药物和省增补药物品种总数的 40%。胶州市落实处方点评制度，有计划地开展基本药物处方专项点评，定期公开检查结果并发布超常预警，更好的保障了群众合理用药需求。

（三）促进基本公共卫生服务均等化

1. 基本公共卫生服务

2010 年 3 月 22 日，胶州市卫生局、财政局、人口计生局联合印发《关于促进基本公共卫生服务逐步均等化的实施意见》，采取政府购买方式，由基层医疗机构为群众免费提供基本公共卫生服务，包括免费建立居民健康档案，65 岁老年人健康查体，高血压、糖尿病、重性精神病等慢病人群规范管理，健康教育，儿童、孕产妇健康管理等内容。随着经济社会发展，政府公共卫生投入逐

年增加，2010 年，人均基本公共卫生服务经费补助标准为每年 15 元；2011 年，提高至 25 元；2013 年，将人均经费标准提高到 30 元；2018 年，提高至人均 56 元。增加的经费主要用于扩大人群覆盖面、服务项目和内容，基本公共卫生服务项目由 2010 年 9 大类 22 项扩展到 2018 年 14 大类 55 项，通过定期对居民进行面对面随访，对影响居民健康的主要卫生问题进行干预，达到减少主要健康危险因素的效果。

胶州市卫生计生局对基本公共卫生服务实行统一管理，各镇卫生院、社区卫生服务中心也相应成立了公共卫生服务项目办公室，做到办公人员、办公场所、办公经费三到位，精心打造"公共卫生、阳光服务"品牌；制定了全市统一的基本公共卫生专项资金绩效考核办

法，定期开展绩效考核，考核结果与资金拨付挂钩，充分调动基层医务人员的积极性；整合市级公共卫生机构专业人员，成立基本公共卫生服务项目基层责任指导团队，建立起"资源整合、网格管理、团队指导、绩效考核"的基层责任指导团队制度，定期到基层进行面对面技术指导，实现了公共卫生工作"重心下沉，关口前移"。2017 年，胶州市政府招标引进了 6 辆健康体检车，走村入户为群众开展健康查体，让老百姓在家门口就能享受到免费的就医服务，全市基本公共卫生服务水平不断提高。

截至 2018 年 12 月，胶州市共建立电子居民健康档案 76.68 万人份，占常住人口的 84.7%；累计管理高血压患者 7.38 万余人、糖尿病患者 2.6 万人，使城乡居民逐步享有均

2013 年 7 月，里岔卫生院建成基本公共卫生服务大厅，开展公共卫生一站式服务。

2017年,胶州市基本公共卫生服务查体车入村为老年人查体。

等化的基本公共卫生服务。

2.孕产妇服务

2010年3月22日,胶州市卫生局、市财政局联合制定了《胶州市农村孕产妇住院分娩补助项目工作方案》。同年6月23日,又联合制定了《胶州市农村妇女"两癌"监测项目工作方案》。按照国家的总体部署,实施农村孕产妇住院分娩补助、适龄妇女"两癌"(宫颈癌、乳腺癌)检查等重大公共卫生服务项目。全市各基层医疗机构作为胶州市"两癌筛查"定点医疗机构,为辖区内35—64岁适龄农村妇女免费进行"两癌"筛查,每年完成筛查2.5万人。截至2018年,全市共查出宫颈癌59例、乳腺癌49例。落实农村孕产妇住院分娩政策,依托各助产机构提供的产后访视信息,及时为孕产妇提供补助。截至2017年,共计补偿农村住院分娩妇女47702

人次,发放补助2385.1万元,住院分娩率达100%。根据山东省、青岛市关于农村孕产妇住院分娩补助工作安排,截至2017年12月31日24时,青岛市农村孕产妇住院分娩补助工作全部完成。

（四）公立医院改革稳步推进

1.试点工作启动

2014年10月1日,胶州市作为第二批县级公立医院综合改革试点县,以破除"以药补医"机制为关键环节,在市人民医院、市心理康复医院、市妇幼保健院、市第三人民医院正式启动综合改革试点工作。自2014年10月1日零时起,公立医院全部取消药品加成(不含中药饮片),实行零差率销售,同步推进补偿机制、价格机制、药品采购、人事编制、收入分配、

医保制度、监管机制等综合改革。2014年12月9日,胶州市政府印发《胶州市公立医院综合改革试点工作方案》,对公立医院综合改革试点工作进行了明确要求。

（1）建立多渠道财政补偿机制。公立医院因取消药品加成所减少的实际收入,由市财政按照不低于10%进行补偿,其余部分通过医院加强核算、节约成本解决。市政府全额负担公立医院离退休人员费用,在职在编人员给予定额补助,设立大型设备租赁基金,人才培养、基本建设、重点学科、药品零差率补助等根据每年实际情况确定。2014年初,全市投入1000万元对人民医院进行升级改造,加装病房楼电梯4部,淘汰燃煤锅炉改为燃气锅炉,装修改造门诊楼1.8万平方米。2015年,投资2800万元,建成重症精神病人监护中心;投资4500万元,为市人民医院、心理康复医院、第三人民医院等公立医院配备CT、胃镜、直线加速器、1.5T核磁共振等医疗设备。2014年10月、2015年4月、2016年7月,全市先后3次进行医疗服务价格调整理顺,收费标准与山东省标准顺利衔接。截至2018年,胶州市公立医院改革累计投入约3.8689亿元,其中人员经费投入2.2976亿元,药品零差率

补助 3710 万元，基本建设 7480 万元，设备购置补助 1500 万元。

（2）改革人事分配制度。2014 年，胶州市编办、发改、财政、人社、卫生等五部门对试点医院编制床位进行重新核定，新增编制床位584张。其中，市人民医院编制床位数增加 350 张，达到 970 张；市心理康复医院编制床位数增加 200 张，达到 400 张；市妇幼保健院编制床位数增加 34 张，达到 121 张；市第三人民医院编制床位数达到 300 张。全市建立完善以服务数量、质量、效果和居民满意度为核心的岗位绩效工资制度，绩效工资包括基础性绩效工资和奖励性绩效工资，基本工资和基础性绩效约占个人工资的 60%，全额发放；奖励性绩效以规范补贴为标准，约占个人工资的 40%，通过量化考核后，按季度发放，绩效分配向临床一线倾斜，做到多劳多得、优绩优酬，充分调动了医务人员的工作积极性。

（3）规范诊疗行为，进一步健全完善公立医院费用控制制度，在加强规范和保障质量的基础上，实行检查结果互认，减少重复检查。以节水、节电、节材、降耗、压缩开支和资源综合利用为重点，健全医院财务管理制度，逐步形成优质、高效、低耗的发展模式。

2. 全面深化改革

按照山东省统一部署，2016 年 7 月 1 日零时，随着青岛市城市公立医院综合改革工作的启动，胶州市公立医院综合改革进一步深化，全面落实政府领导责任、保障责任、管理责任、监督责任，推动现代医院管理制度建设、推进运行机制改革、强化医保政策改革、深化人事薪酬制度改革、推动建立分级诊疗制度，建立起维护公益性、调动积极性、保障可持续的运行新机制。2016 年 11 月 30 日，胶州市政府印发《胶州市公立医院综合改革试点实施方案》，对深化改革进一步明确了要求。

（1）深化人事薪酬制度改革。2016 年 8 月 30 日，胶州市机构编制委员会印发《关于胶州市公立医院人员控制总量备案的通知》，对全市公益二类的公立医院实行人员控制总量备案，按照医院申请、卫生计生局审核、编制管理委员会备案的工作程序，全市三家公立医院共核定人员控制总量 2505 名。公立医院在人员控制总量内制定并执行用人计划，根据规定自主拟定岗位设置方案，按规定公开招聘，全面推行岗位聘用制度和岗位管理制，实行全员聘任、竞聘上岗。2017 年—2018 年，全市共公开招聘备案制人员 164 人，累计增加中级岗位78个，高级岗位22个，打破了原先"编制不动岗位不变"的困境。

（2）推进运行机制改革。① 2010 年 3 月 23 日，在全市二级以上医疗机构全面开展临床路径管理工作，实施临床路径管理的专业和病种逐年增加，至 2018 年底，共对 28 个专业 244 个病种实施临床路径管理，群众就医负担明显减轻。②自 2017 年起，每年根据实际情况制定胶州市二级及以上公立医院医疗费用控制与考核办法，制定差异化控费措施，分解年度控费指标，严抓控费考核，考核结果与财政补助挂钩。通过调整公立医院收入结构、取消药品加成、降低药占比、提高大型设备检查阳性率等措施，严格控制医疗费用不合理增长。③加强药品及耗材采购使用监管，除国家另有规定的药品外，公立医院药品全部实行集中采购。2017 年 11 月 1 日，胶州市各级公立医疗机构（含基层医疗卫生机构和村卫生室）药品采购中全面推行"两票制"，调整并重构药品供应链关系，最大限度地平抑药品价格，有效遏制医疗费用不合理增长。

（3）建设分级诊疗制度。2014 年 4 月，胶州市确定开展城区医院集约化管理卫生院试点模式，人民医院一体化管理张应卫生院，胶州中心医院长期与杜村镇卫生院形成托管关系。根据卫生院的实际情况，城区医院下派包括内科、外科、护理、影像学等临床和医技科室的专家到乡镇卫生院驻点，开展门诊坐诊、培训讲座、下村义诊等服务。2015 年，里岔卫生院与青岛市西海岸医院建立医疗联合体，并以此为契机，学习青大附院在医疗和管理方面的先进经验，不断提高基层卫生院的医疗质量和服务水平。2016 年 11 月 7 日，胶州市卫计局印发《胶州市分级诊疗制度建设实施方案》。2017 年，胶州市医联体建设工作全面推开，以胶州中心医院、胶州市人民医院、胶州市第三人民医院为龙头建立起 3 个纵向联合的松散型医联体。其中，胶州中心医院与 18 家基层医疗机构、市人民医院与 17 家基层医疗机构、市第三人民医院与 4 家基层医疗机构分别签订医疗联合体合作协议，按协议内容开展工作，遵循"患者自愿、病情需要、分级诊治、对口转诊、资源共享、连续性服务"的原则，通过签订双向转诊协议书加快构建基层首诊、双向转诊、急慢分治、上下联动的分级诊疗模式，逐步实现不同级别、不同类别医疗机构的有序转诊，推动形成基层首诊、双向转诊的就医秩序，合理利用医疗资源，初步形成分级诊疗服务体

制，基本实现大病不出市的目标。

2017 年 1 月 9 日，胶州市卫计局制定《胶州市家庭医生签约式服务工作方案》，在全市范围内探索推广"1＋1＋1＋N"家庭医生签约服务模式，通过"签约式服务、订单式治疗、个性化指导"，为 4 万户 13 万签约居民提供精准化健康服务。2017 年 5 月 16 日，胶州市卫生计生局、发改局、民政局、财政局、人社局联合印发《胶州市规范和加快推进家庭医生签约服务工作实施方案》，2.0 版家庭医生签约服务全面推行，将 HIS、LIS、基本公共卫生等系统与家庭医生签约服务系统进行统一规划部署，实现相关业务数据的互联互通、数据共享，将家庭签约服务项目与健康档案、慢病管理等深度融合，有效开展精准签约，实施动态管理，实现签约、缴费、随访、免费服药等功能的整合。2018 年，李哥庄镇试点"金牌家庭医生签约服务模式"，镇政府、村集体、医疗机构按比例分担家庭医生签约服务费，提升住院报销比例，增加 60—65 岁免费查体、减免转诊费用、免费服药等服务。截至 2018 年底，胶州市共成立家庭医生团队 129 个，签约服务 41.82 万人，更多的居民到基层医疗卫生服务机构就诊，促进了分级诊疗、

有序就医格局的形成。

2018 年，胶州市将县域医共体建设提上议事日程，建立"三医"联动工作机制，由市医改办召集财政、人社、编办、发改、卫计等部门共同研究县域分级诊疗工作，2018 年 6 月—7 月，胶州市卫计局先后赴即墨、深圳罗湖及江浙地区，学习医共体先进做法。2018 年 9 月，胶州市五部门联合印发《胶州市医共体建设试点实施方案》，建立以市人民医院、市第三人民医院为牵头单位的 2 个紧密型医共体，成立医共体理事会、监事会，对医共体内重大项目、人员流动、绩效分配等工作进行民主决策，建立医共体内人员柔性流动机制，通过"县聘镇用""乡管村用"、医共体单位共同培养新入人员等综合措施充实基层诊疗力量，破除人事编制瓶颈。截至 2018 年，牵头单位向成员单位派出中级以上专业技术骨干 18 人，业务副院长 6 人，处方权随岗位走，形成了以城带镇、以镇带村、城镇互动的发展格局。

（4）建立现代医院管理制度。2017 年 7 月 23 日，胶州市政府下发《关于成立胶州市公立医院管理委员会的通知》，成立了胶州市公立医院改革管理委员会，理顺政府办医工作体制，深入推进公立医院综合改革。强化公立医院精细化管理，对公立

医院实行全面预算管理,建立以成本和质量控制为中心、以增效降耗为目的的精细化管理模式,严格执行医院财务会计制度,优化执业环境。

(5)信息化建设快速推进。2017年,胶州市卫生计生局与胶州市农商银行合作,投入4600万元,启动胶州市智慧健康项目,实施"12345+"工程。2018年,全市建成全民健康信息平台,建成33条城区万兆、乡镇千兆的裸光纤卫计专网;全市医疗机构配置157台医疗服务自助机,含民营医疗机构在内的近600所医疗机构共同使用"同城双活、异地备份"健康云数据中心,胶州市卫生健康信息化建设已全面进入"云时代"。居民医疗健康全过程实现了数字化记录,实现了区域内医疗健康信息的互通共享,破除了信息孤岛顽疾,居民就

诊信息实现了跨医疗机构调阅。搭建"爱心"服务平台,为基层医疗机构配备区域心电图机125台,初步构建起覆盖市、镇、村的三级区域心电网络,全区域诊疗"一卡通"开始试运行。

(6)深化医保支付制度改革。2015年,胶州市正式开展医保支付方式改革试点,将支付制度改革由住院结算拓展到门诊大病结算,推行以总量控制为核心,以病种付费、危重病大额医疗费补贴、次均费用付费、服务单元付费、人头付费、项目付费等方式为补充的复合式支付方式。根据医院的医保服务量、医疗机构等级、医保服务年限等情况,对实行总额控制结算管理的定点医院实行分类管理。市医保办制定医保基金支出总体控制目标并分解到定点医院,将定点医院次均费用增长控制和个人负担定额

控制情况纳入医保分级评价体系,按月调度定点机构预算总额使用情况,严格控制年终决算总额。2018年,全市二级及以上公立医院推出110个病种统一实行按病种收费。按人头、按床日收费等付费方式逐步完善,对门诊统筹、居民生育采用按人头付费方式,对精神病等需要长期住院治疗且日均费用较稳定的疾病,采用按床日结算方式。

三、主要成就

改革开放以来,胶州市紧紧围绕深化医改总体要求,立足保基本、强基层、建机制,强化组织领导,创新工作举措,落实各项责任,取得明显成效。国家卫生计生委、山东省卫生计生厅等领导先后莅临胶州检查指导工作,对胶州市医改工作的创新举措给予了高度评价。

(一)基本医疗保障制度框架和运行机制基本形成

胶州市城镇职工基本医疗保险、新型农村合作医疗和城镇居民基本医疗保险参保人数达到近59万人,基本医疗保障实现了全覆盖。2015年,实施"三险合一"的社会医疗保险制度,城镇居民医疗保险和新型农村合作医疗制度完全融

2018年,胶州市各大公立医疗机构上线诊疗"一卡通"设备。

合，执行统一的征缴标准，享受统一的社会保险待遇，取得历史性突破，真正实现了公平参保、公平享受待遇。不断增长的农民医疗消费需求刺激了医疗机构的发展，各镇卫生院不断进行硬件和软件建设，为卫生院的良性发展注入生机和活力，实现了政府得民心、百姓得实惠、医院得发展的三赢局面。

（二）国家基本药物制度顺利规范实施

截至 2018 年，胶州市基层医疗卫生机构国家基本药物制度覆盖率、配备率、零差率销售基本药物的村卫生室占比均达到 100%，二级以上公立医院国家基本药物使用率综合医院达到 40%，专科医院达到 25%，基本药物配送到位率 99.49%，药品价格较实行国家基本药物制度前降低 36%，每年为群众节省费用 3000 余万元，有效减轻了就医负担。

（三）基层医疗服务体系建设实现突破性进展

卫生院、防保所上划，化解了多年来筹资补助的困局，突破了财政投入不足的瓶颈，从而使胶州市基层医疗机构由此步入良性发展轨道。市级医院定期选派临床、医技科室专家或技术骨干到卫生院坐诊、查房、会诊或手术带教，使卫生院及其卫生技术人员的业务能力和技术水平不断提高，初步实现医疗资源的共享。互联互通的市—镇—村三级卫生信息化网络体系的建成，为医药卫生体制改革和医药卫生事业发展提供坚强保障。基层医疗机构基础设施建设不断加强，全市通过开展医疗机构规范化建设、环境卫生综合整治及服务礼仪规范化培训等活动，进一步改造医院门诊和住院基础设施，不断加强医院内涵建设，加大投入提升硬件水平，使基层医疗机构装备居全省领先水平，极大地改善了群众就医环境，受到群众的一致好评。

（四）基本公共卫生均等化得到落实

胶州市依托基本公共卫生服务项目的开展，从上而下建立了一套同步协调、运转通畅的管理机制，公共卫生服务体系建设日臻完善。通过各种形式提高基层公共卫生工作人员服务能力，为规范开展基本公共卫生项目工作提供了有力保障，基层医疗机构服务能力得到加强。通过实施基本公共卫生服务项目，居民在接受慢病随访、健康体检等服务的过程中，可以及时了解自身健康状况，并根据责任医生的干预指导意见，改变不良生活方式，有效预防和控制主要传染病及慢性病，居民健康水平不断提高。

（五）公立医院改革成效显著

胶州市各公立医院通过破除以药补医机制、严控药占比、落实药品和耗材统一招标采购、推进临床路径管理、规范诊疗行为、提高大型设备检查阳性率等措施，逐步完善政策，合理控费，有效降低群众的医疗费用负担，让更多群众得到实惠。在医疗联合体工作的基础上，建立城区医院集约化管理卫生院的新思路。城区医院通过业务带教、查房会诊、病例讨论、学术讲座等形式免费培训镇（街道）卫生院医务人员，使基层卫生院医疗服务水平明显提高，集约化管理初显成效。胶州市政府不断加大对公立医院基本建设、设备购置等方面的投入，着力改善患者就医环境，各医院基本实现花园式绿化、广场式照明、温馨化病房、立体化宣传的目标；建立服务效能督查队伍，建设卫生计生电子督查体系，将医疗服务行为线上监管与实地督查结合，严管重罚违规行为；启用全省首家卫生计生健康客服中心，打造胶州首个"互联网+医疗健康"服务窗口，建立"统一受理、分类处理、跟踪监督、限时办理"工作机制，改善群众就医感受，2018年胶州市"看病就医"工作满意度在青岛十区市社情民意调查中跃居第一名。

执笔人：刘美霞

胶州市疾病预防控制事业的发展及成效

市疾控中心

改革开放以来，胶州市疾病预防控制部门紧紧围绕"为人民身体健康提供防疫保障"的工作职责，认真开展传染病、地方病防制，落实免疫规划，实施病媒生物、公共场所和职业卫生监测等工作。通过完善机构设置、创新体制机制、加大基础设施建设投入力度、强化队伍业务能力建设等诸多措施优化服务质量、提高工作效率，全市疾病防控工作呈现出科学、有序、健康发展的良好局面。胶州市成功创建"省级卫生应急综合示范市""省级慢性病防治示范市""省级健康促进示范市"，市疾病预防控制中心先后荣获"省艾滋病防治工作先进集体""省免疫规划工作先进集体""省健康教育工作先进集体""省医学科普工作先进集体""省级慢性病防制先进集体"等荣誉称号，并得到国家、山东省卫生计生委领导的充分肯定。

一、历史沿革

胶州市疾病预防控制中心的前身是成立于1952年的胶县卫生防疫组。1956年，胶县卫生防疫组撤销，成立胶县卫生防疫站，驻地为胶城大渔市街。后于1957年改称"胶县卫生系统革命委员会"，1970年改称"胶县卫生防疫工作队"，1973年复名胶县卫生防疫站。工作地址几经迁移，由最初的胶城大渔市街迁至达子茔街再迁至太平街23号。1975年3月，站址迁到胶城人民路（后改称常州路）17号。1987年4月，胶县撤县设市；6月，胶县卫生防疫站更名为胶州市卫生防疫站，站址不变。2001年，随着监督职能的剥离，胶州市疾病控制中心正式成立，2015年更名为胶州市疾病预防控制中心。

二、发展历程

（一）走向正轨，工作全面开展（1978年—1987年）

改革开放伊始，我国各项事业迎来了春天，胶县的卫生防疫工作也走上了正途。虽然工作人员少，设备简陋，但是胶县卫生防疫事业开展了一系列工作，迸发出了极大的活力。

1.机构设置得以完善

1981年，胶县卫生防疫站成立，有职工29人，设防疫股、地病股、卫生股、检验股、行政管理股、宣传股。

1987年，胶县撤县设市，胶县卫生防疫站更名为胶州市卫生防疫站，定制为正科级事业单位。有工作人员47人，其中卫生专业技术人员37人，行政工勤人员10人，大专以下47人，副高职称2人，中级10人，初级35人。内设人秘、流行病、地方病、食品卫生、劳动卫生、卫生监测、宣教、检验、财务等科室。1987年，卫生防疫站

1956 年的胶县卫生防疫站

1987 年的胶县卫生防疫站

业务用房有平房 43 间，二层楼房 1 座，建筑面积 800 平方米；仪器设备有普通光学显微镜、暗视野显微镜、培养箱、恒温箱等设备，能进行霍乱弧菌、大肠杆菌、钩端螺旋体等病原体和砷剂等毒物定性检验，同时还为计划免疫工作配备了冷链设备。

2. 计划免疫工作开始实施

1978 年起，胶县卫生防疫站在两处公社试行建立接种卡接种疫苗，1980 年在全县推开，按各种生物制品的免疫程序对适龄儿童实行预防接种，并对全县适龄儿童实行大队、公社两级登记，三级（县、公社、大队）有数字的工作措施。

1986 年，胶县建立了自胶县卫生防疫站到公社卫生院、生产大队卫生室的计划免疫冷链系统。至 1987 年 3 月，全县冷链设备装备齐全，相继开始正常运转。同时，胶县印发了《计划免疫冷链管理办法》，出台了《计免—冷链管理规划》，在乡（镇）卫生院建立接种门诊。当时计划接种的疫苗为卡介苗、麻疹疫苗、脊髓灰质炎疫苗和百白破三联疫苗 4 种，统称"四苗"，1987 年应种儿童的"四苗"接种率均达到 97% 以上。

3. 重点传染病防控广泛开展

（1）霍乱防控。1979 年开始，全县公社医院（乡镇卫生院）均开设了肠道专桌，人民医院设肠道门诊；旅馆、火车站等公共场所在霍乱、副霍乱流行季节设疫情报告员，力求做到及时发现可疑病人。1979 年，营海公社发现一例副霍乱病人。1985 年 9 月，在胶城镇、冷家村乡、河西郭乡、马店镇、小麻湾镇、李哥庄镇的 2 条街、8 个自然村先后发生霍乱病人 14 名，因措施得当，霍乱疫情得到有效控制。20 世纪 80 年代开始，胶县防疫站每年对重点水域和生鲜食品例行开展霍乱弧菌培养监测。1987 年开始开展"02"快速检验，实行"逢泻必查、逢泻必检"。

（2）结核病防控。20 世纪 70 年代末，胶县卫生局以胶县结核病防治院为主体，在全县进行一次结核病普查，普查人口占全县总人口的 91.43%，累计发现活动性肺结核 5693 例，患病率接近全县人口总数的 1%。之后，通过"报病奖励"措施，各医院门诊有效发现病人，并建立了结核病登记制度。全市对结核病的防制，主要采取卡介苗预防接种、对现症病人实行规范管理治疗、对痰菌涂阳病人实行居家或住院隔离治疗的综合措施，疫情大幅度下降。1987 年，在登活动性肺结核病人 254 名。

（3）脊髓灰质炎。除 1970 年发生 92 例、死亡 2 例外，到 1982 年，每年发病人数皆不超过 3 例。1983 年，城西、和平等公社共发现 10 例病人。胶县卫生防疫站曾派人到城西公社敬爱大队调查，该队在 1983 年 5 月 7 日—24 日，相继发生脊髓灰质炎 3 例，均未服疫苗。为此，县卫生局曾印发了《通报》。1984 年—1987 年，再未发现脊髓灰质炎病。

（4）其他传染病。胶县（胶州市）卫生局通过对防治知识宣传、建立健全农村防疫组织、搞好疫情管理、在流行期间组织医疗队下乡开展巡回医疗、组织有计划的预防接种等措施，使伤寒和副伤寒、麻疹、百日咳等传染病均得到了有效控制。伤寒、副伤寒仅在 1979 年—1983 年期间有个别村出现散发病例，1984 年以来，未发现伤

寒、副伤寒病人；麻疹 1986 年全县发病率为 2.23‰，1987 年未发现病例；百日咳曾是主要的疫情，随着儿童计划免疫措施的实施，疫情得到有效控制，1987 年全市报告百日咳发病仅 43 例。

4. 地方病防制成绩显著

1979 年 11 月，胶县县委成立防治地方病领导小组。县卫生防疫站增设了地方病科。地方性氟中毒、疟疾、狂犬病、钩端螺旋体病、布氏菌病等，被列为地方病防制工作范围。

（1）地方性氟中毒。1976 年开始，胶县卫生防疫站连续对全县饮用水含氟量和氟中毒情况开展了全面调查，并在重病区进行药物降氟和对氟中毒病人施行中西药治疗。1982 年 4 月，防氟改水工作启动，先在联屯公社 5 个村进行了防氟改水试点。1983 年—1987 年，全县 11 处乡镇防氟改水工程相继开工，到 1987 年底，全县共用改水经费 371.95 万元，建成改水工程管道 500 多华里，106 个村完成了防氟改水任务，75916 人喝上了符合卫生标准的低氟水，结束了长期饮用高氟水的历史。

（2）疟疾。胶县根据疟疾多发于村边和重点人群以及病例周围的特点，采取了以积极管理传染源、重点人群为防治重点的综合性防治措施。1984

年起，对来胶县住宿的外地重点流动人群由旅馆登记给服预防药，现症病人除及时进行氯喹、伯胺喹八日疗法进行系统治疗外，对疫灶区段的居民立即给予乙胺嘧啶、伯胺喹四日疗法预防服药，同时开展突击灭蚊。1984 年，胶县被列为山东省基本消灭疟疾的重点县。为做好消灭疟疾工作，1985 年，县政府成立了疟疾防治领导小组，实现了服药率、正规率、看服率均在 98% 以上。同年 9 月，胶县已达到国家规定的基本消灭疟疾的标准，被评为"基本消灭疟疾县"。1986 年—1987 年，胶县又以重点人群、流动人群和肃清传染源为疟疾防治工作重点，积极开展了病例侦察和防蚊灭蚊工作。

（3）狂犬病。1979 年—1981 年，由于对外地闯入狂犬处置不当，狂犬病在胶县 19 处公社蔓延。至 1981 年，全县共发生被狂犬及可疑狂犬咬伤者 769 人，发病 10 人，经治疗无效全部死亡。为了遏制疫情，胶县开始采取两方面措施，一是胶城里和疫区灭犬，其他社队施行犬免疫接种登记挂牌；二是在县卫生防疫站设立预防接种门诊，给狂犬和可疑狂犬咬伤者施行免疫接种。县政府从机关、工厂抽调 12 人组成灭犬专业队，各公社亦相继组织了接种、灭犬专业队。1981 年

全年，全县共灭犬 8015 只，免疫接种 22659 只，占当时现有犬总数的 90.35%，对预防和控制狂犬病的发生起到积极作用。1982 年—1987 年，全县未发现狂犬病例。

（二）平稳运行，积极探索变革（1988 年—2002 年）

1. 机构设置

1988 年，胶州市卫生防疫站增设学校卫生科和消杀科，1989 年设门诊部，负责预防接种和预防性健康查体。1990 年 11 月，胶州市卫生防疫站办公楼建成并启用。同年，开展甲级站达标活动。1997 年，成为青岛地区首家通过评审的县级一等站。

2001 年，卫生防疫站撤销，卫生监督职责被剥离开来，成立专司疾病预防控制业务的胶州市疾病控制中心，定制为副科级事业单位，核定编制 49 人，配主任 1 人，副主任 2 人，工作人员 46 人，其中大学毕业学历的 11 人，中专及以下学历的 38 人；获副主任技师职称的 1 人，主管技师职称的 13 人。内设副股级机构 7 个，为综合股、检验科、疾病防治股、健康检测股、免疫规划股、病媒生物防鉴定股、结核病防制股。胶州市疾病控制中心占地面积约 2000 平方米，有五层业务用房

1 座，建筑面积 2084 平方米；二层楼房 1 座，建筑面积 240 平方米。疾控中心于 2001 年取得了省级计量认证资质，2002 年取得了省级职业卫生监测与健康监护工作资质。2002 年底，疾控中心拥有 160 万元的固定资产，包括气相色谱仪、721 分光光度计、原子吸收分光光度计等先进检验设备，2 辆业务用车及 1 辆健康查体专用车。

2. 传染病防控

1988 年后，传染病疫情趋势平稳，发病率、死亡率呈明显下降趋势，重点传染病得到有效防控，无重大疫情发生。1991 年起，胶州市建立性传播疾病（梅毒、淋病）疫情报告制度。1992 年 11 月 6 日，胶州市实施世界银行贷款中国结核病控制项目，至 2001 年 12 月 31 日结束。期间对符合条件的 876 例病人实行免费抗结核药物治疗，占同期发现病人总数的 61.38%；疗程结束时初治涂阳病人痰菌阴转率达 98% 以上，复治涂阳病人痰菌阴转率达 85% 以上。1994 年，青岛地区发生霍乱暴发流行，胶州市发生 5 例，按"四早、两就地"原则进行隔离治疗，并对重点人群进行预防服药，加强了对市场和餐饮业的食品卫生监管，疫情得到迅速控制。1994 年 4 月，胶州市通过了国家卫生部的考核验收，确认全市实现了

国家制定的基本消灭麻风病的目标。1997 年，胶州市第三人民医院首次发现 1 例艾滋病感染者。

3. 计划免疫工作

1988 年以来，胶州市持续保持高水平基础免疫率，"四苗"全程接种率达到了 98% 以上，计划免疫相应传染病如流脑、白喉、破伤风等均得到有效控制。1999 年，胶州市开始预防接种门诊标准化建设。经过 3 年时间，到 2001 年，全市 23 处接种门诊均达到市级规范化门诊标准。另外，有李哥庄、营海、胶莱、中云 4 处接种门诊通过省级示范门诊验收。

4. 地方病防制工作

这一时期，胶州市的地方病防制工作主要是开展预防碘缺乏病尿样监测、预防氟中毒三期水氟含量监测和预防疟疾"四热"病人血检。为实现 1997 年全省消除碘缺乏病的目标，1996 年，胶州市开展了全民食用碘盐和对特需人群普遍加服碘油工作，覆盖率在 95% 以上。1998 年，特需人群加服碘油工作停止开展。

5. 慢性病检测工作

1997 年，胶州市开始开展慢性病监测工作，工作仅限于撰写死亡报告和收集慢性病相关资料。2001 年 9 月，慢性病检测工作正式开始运转。2002 年 4 月，胶州市建立起了自

1997 年以来全市人口全死因登记资料库，慢性病检测工作步入正轨。

（三）鏖战"非典"，迎来历史转折（2003 年 1 月—12 月）

2003 年 4 月初，我国发生了传染性非典型肺炎疫情。胶州市政府在原胶州宾馆成立了"非典"防控指挥部，下设综合协调组、疫情报告组、流调消杀组、物资供应组、隔离组等工作小组。疫情报告组组长为市疾控中心一名副主任，成员为疾控中心疫情管理专业人员，该组承担了全市监测信息的汇总工作；流调消杀组作为疫情防控一线，被安置在原华东设计院宾馆，组长为市疾控中心另一名副主任，队员以疾控中心人员为主，另外从各成员单位抽调了部分人员，该组承担了处置可疑疫情的职责。

4 月 24 日，北京返胶的匡 × 发热，自行至中云街道某个体诊所就诊，指挥部接中云防保所报告后，指派流调消杀组前往现场进行调查和处置。调查结束后，该患者被隔离至胶州旅社。经连续 14 天隔离观察后，该患者体温正常，解除隔离。

5 月 15 日下午 7 时，指挥部接市人民医院报告，台湾返胶的鞠 × × 发热就诊。流调消杀组进行了疫情研判，认为鞠 × × 高度可疑为"非典"患者，以"非典"防护要求对该病例进行流调（流行病学调查）。调查人员获知其在台湾期间护理过"非典"病人（该病人为二代病例），在基本摸清鞠 × × 的发病时间、密切接触人员后，调查人员当晚对指挥部提出了处置意见，指挥部立即将情况汇报给了青岛指挥部。青岛指挥部疫情处置人员于 5 月 15 日晚 11 时 30 分抵达胶州，交换相关情况后立即进行了更深入的流行病学调查，共认定 103 位密切接触人员，1000 余位一般接触人员，这些人员均进行了流调。随后，胶州市人民医院全院隔离，并对鞠 × × 的密切接触人员进行为期 21 天的隔离观察。5 月 17 日下午 3 时，鞠 × × 转院至青岛定点医院胸科医院就诊，消杀队员对鞠 × × 病房进行了终末消毒。6 月初，鞠 × × 病情稳定，所有与鞠 × × 密切接触、一般接触的人员解除隔离，"非典"险情得到化解。

6 月 4 日—8 日，为做好全市高考期间的"非典"防治工作，市疾病控制中心组织消杀人员对各高考考点室内、外环境进行消毒，消毒面积 9000 平方米，空气消毒 2.7 万立方米，确保了高考的顺利进行。

8 月初，抗击"非典"工作结束，胶州市委、市政府召开表彰大会，公布胶州市疾病控制中心被山东省政府授予抗击"非典"先进单位。"抗非"期间，全市共进行流调 260 余次；深入现场为可疑发热病人采血化验 210 余人；进行环境消毒 320 余次，消毒面积 5.3 万平方米，空气消毒 16 万立方米，实现了抗击"非典"工作的全面胜利。

（四）加大投入，实现飞跃发展（2004 年—2018 年）

2004 年开始，胶州市遵循"统筹规划、整合资源，明确职责、提高效能，兼顾城乡、健全体系"的原则，坚持加大基础设施投入与提升服务水平相结合，不断加大政府投入，完善了组织体系建设，更新了硬件设备设施，提升了整体保障能力，确保各项疾病预防控制工作落到实处。疾病预防控制工作实现了从疲于应对到从容有序、从被动接受到主动出击、从各自为战到系统化网络化的转变。

1. 完善组织机构建设，疾控网络覆盖城乡

2004年以来，胶州市不断完善和整合卫生防病资源，构建了以疾病控制中心、城区医院为技术龙头，以乡镇卫生院、社区卫生服务中心为枢

纽，村卫生室为网底，覆盖城乡的市、镇、村三级疾病预防控制网络。在市级层面，充分发挥疾控中心人才、技术优势，加强对基层的指导；城区医院设置疾控科，负责院内传染病的发现、报告、治疗、转诊工作。在镇级层面，各乡镇卫生院、社区卫生服务中心设立公共卫生科，具体负责疾病防控、健康教育、精神卫生等工作。在村级层面，各村设立公共卫生室，明确村级疾病控制工作职责，由乡村医生负责对慢病患者进行定期随访，开展个性化健康指导，通过举办健康教育讲座、更新宣传栏、发放健康教育资料等方式，普及卫生防病知识；对传染病疫情进行监测报告，协助卫生院开展传染病流调及疫点处理；督促辖区适龄儿童及时进行预防接种等。

2012 年，胶州市卫计局成立公共卫生与应急管理中心，配备专职工作人员 5 人，负责全市疾病预防控制与卫生应急管理工作。

截至 2018 年，胶州市疾病预防控制中心拥有编制 82 个，在编职工 57 人，配主任 1 人，副主任 3 人，工作人员 57 人；其中大学毕业学历的 31 人，获正高职称 1 人，副高职称 6 人，中级职称 13 人。中心下设综合科、检验科、免疫规划科、病媒生物科、疾病防制科、健康教育科、药械科、卫生监测科、慢性病防制科 9 个职能科室。

2. 加强基础设施建设，硬件水平提档升级

2004 年以来，胶州市委、市政府持续加大对全市疾病控制工作的财政支持力度。2008 年，市政府将加强疾控实验室装备建设列入政府实事，投资 200 余万元购置各类仪器设备 60 件（套），提升了疾控技术支撑能力。

2014 年，胶州市卫生局积极争取政府投资 1600 余万元，整体改造了疾控中心基础设施，建成了卫生应急指挥中心、应急物资储备区和高标准的实验室，业务用房面积从 2000 平方米扩展到 3200 平方米，并购置了低本底 α、β 测定仪，离子色谱仪，连续流动注射分析仪，石墨炉原子吸收分光光度计等职业卫生必需仪器设备 10 余台（套），实验室检验检测能力实现了整体提升。2014 年 8 月，卫生应急指挥中心通过了省级实验室资质认定复评审，完成了检测扩项目标。

2017 年，胶州市卫计局投资 300 万元，购置了个人防护、现场采样设备、消杀器械、常用疫苗和血清等公共卫生应急物资，充实到疾控中心、乡镇卫生院、社区卫生服务中心的应急物资库，做到有备无患，全面提升了胶州市应对突发公共卫生事件的处置能力。

2017 年—2018 年，胶州市政府将疾控中心建设列为政府

2006 年 5 月 15 日，胶州市疾病控制中心工作人员为市民发放"全国碘缺乏病宣传日"宣传教育材料。

2018 年胶州市疾病预防控制中心办公楼外景

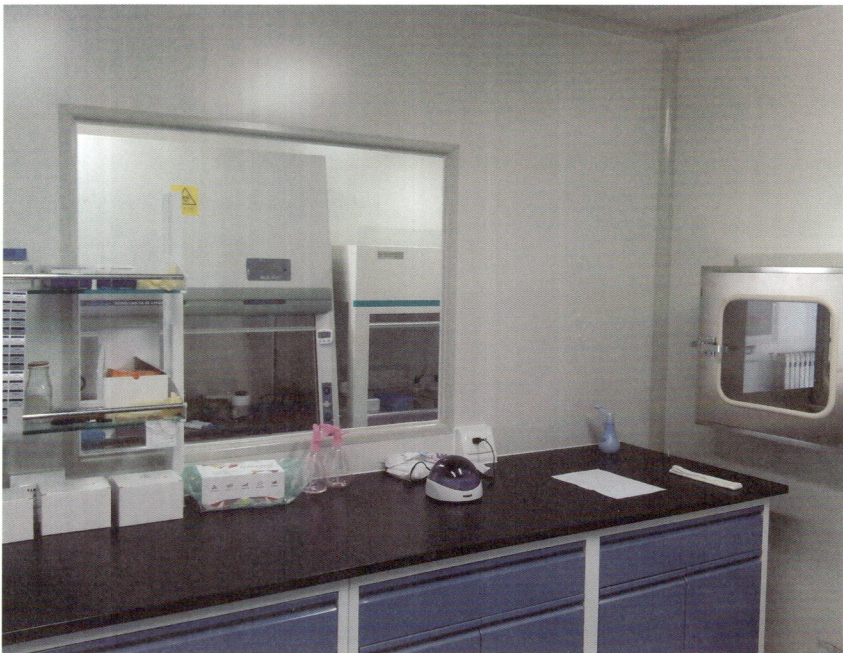

2018 年胶州市疾控中心 PCR 实验室内景

3. 着力基层队伍培训，团队服务规范统一

2004 年以来，胶州市借鉴临床医师规范化培训的工作经验，依托市疾控中心，对全市公共卫生工作的卫生技术人员实施"规范化培训"，逐步打造统一规范的业务工作模式。乡镇中心卫生院探索组建了规范的流调、消杀等专业应急梯队，并统一配备个人防护和应急储备物资，战时可作为市级梯队的有效补充。通过横向拉动、纵向联合，疾病控制服务半径和响应时间大幅缩短，人员队伍的应急储备能力有效提升，建立起具备胶州市特色的疾病预防控制工作新机制，不断推动胶州市的疾病控制工作向纵深发展。

到 2018 年为止，全市有 4 个社区卫生服务中心、14 个乡镇卫生院，639 个村公共卫生室，从事疾病控制工作人员 851 人（其中：疾控中心 56 人，乡镇卫生院、社区卫生服务中心 156 人，公共卫生室 639 人），为疾病预防控制工作的开展奠定了坚实的人员基础。

4. 依托信息化建设，应急能力转型增速

胶州市卫计局统筹规划信息化建设，多次选派人员到先进地区学习经验，召开专题研究会议，严格建设标准，实现应急处置能力转型增速。2014 年，胶州市卫计局投资 30 万元

实事，投资 1000 多万元为市疾病预防控制中心建设了 PCR 实验室、艾滋病筛查实验室、血清学检测实验室等 10 个标准化实验室，购置光散射式粉尘仪、二极管阵列检测器、高效液相色谱仪等设备 67 台（套）。

截至 2018 年，疾控中心建筑面积 3200 平方米，实验室面积 1600 平方米，建设有标准化实验室 10 个，拥有设备 81 台（套）。实验室设备国家标准达标率为 A 类 100%，B 类设备 100%，C 类设备 100%。

完善急救调度指挥体系建设，投资 240 万元更新院前急救指挥系统，在青岛市率先实现急救车辆 3G 视频全覆盖。

2015 年，市卫生和计划生育局开展"数字卫计、智慧健康"1531—2 工程平台建设，同时将"智慧疾控"纳入全市卫生计生新一轮信息化建设内容，实现医院与疾控系统信息互通，全面增强疾病防控大数据的管理、利用和服务能力。

截至 2018 年，胶州市建立起以市应急平台为核心、镇（街道）应急平台及联动单位指挥部为节点的公共卫生应急指挥中心，形成功能齐全、信息快捷、上下贯通、运转高效的突发公共卫生事件应急决策指挥和监测报告网络。通过定期组织开展应急演练，全面提升了重大疾病以及突发公共卫生事件的预测预警和处置能力。

三、工作成效

（一）预防接种规范开展，疾病控制取得成效

胶州市每年完成约 6 万新生和适龄儿童的预防接种工作 25 万余次，全市已有 20 余年未发生脊髓灰质炎，10 余年未发生白喉、破伤风等可计划免疫的传染病，可免疫性疾病的发病率大幅度下降；全市数字化接种门诊实现全覆盖，走在全省前列，受到省卫计委通报表彰；各类传染病控制取得积极成效，多年来无重大传染病暴发流行；结核病系统管理规范有序，艾滋病管理工作不断创新，与社会组织合作，共同开展干预活动，干预覆盖率达到 90% 以上。

（二）疫情监测上报及时，突发事件处置有备

2003 年以后，胶州市陆续启用了疾病预防控制信息直报系统，突发公共卫生事件、健康危害因素监测等多项信息系统，直报点覆盖所有医疗机构和社区卫生服务中心；定期编制疫情周报及专病分析报告；制定并出台了《胶州市突发公共卫生事件应急预案》《胶州市重大传染病应急处理预案》等各类业务工作预案，预案体系更加合理和完善。2014 年，胶州市顺利通过了省级应急示范市验收。

（三）公共卫生考核有力，服务能力不断增强

胶州市全面实施 11 类 43 项基本公共卫生服务项目，通过规范督导传染病防控，落实慢病、地病综合防控模式，积极推行免疫规划管理，大力倡导健康生活方式和健康行为等方式，全面拉动公共卫生服务工作。2017 年，胶州市成功创建"山东省慢性非传染性疾病综合防控示范区"。2018 年，胶州市通过省级"健康教育与健康促进示范市"验收。

执笔人：魏克强

胶州市企业安全生产标准化的探索和实践

市应急局

2006 年以来，胶州市紧紧围绕提升企业安全生产水平，积极探索、大胆尝试，强力推进企业安全生产标准化创建，初步形成了标准化创建企业群体。截至 2018 年底，全市已创建企业 983 家，其中一般行业企业 868 家，危化品企业 10 家，加油站 105 家。安全生产标准化的建设，推动企业建立健全安全生产责任制、安全规章制度和安全操作规程，加大安全投入，加强设备设施、作业场所安全管理，提高安全意识，规范员工操作行为，促进企业安全文化建设，从而建立起持续改进的科学安全管理机制。

一、探索推行阶段（2006 年—2007 年）

2006 年，胶州市安监局积极探索并进行危险化学品从业单位标准化建设。根据国家安全生产监管总局下发的《关于

印发〈危险化学品从业单位安全标准化规范〉（试行）、〈危险化学品从业单位安全标准化考核机构管理办法〉（试行）的通知》的相关要求，率先在危险化学品从业单位进行试点，并针对危险化学品从业单位条件不均衡的现状，采取了"五个一"工作办法，确保试点单位能够保质保量按时验收。一是选出一个标准化创建较好的试点单位作为样板，让其他试点单位参照学习，共同提高；二是找出一批试点单位中普遍存在的共同难点，重点帮助，解决问题；三是采取一帮一的方式，先进帮助后进；四是从试点单位具体工作人员中选出一名"土专家"，具体指导全市试点单位的申办工作，做到人才共享；五是经过多方努力，争取一次验收通过。

2007 年，胶州市安监局大胆探索实践，根据积累的安全生产标准化建设的经验及相关

要求，制定了《危险化学品从业单位安全标准化工作方案》《胶州市非金属矿山安全标准化规范露天矿山的实施标准》，并召开标准化达标单位工作会议，培训标准化工作人员，为安全生产标准化的实施和推进工作的开展做了充足准备。

二、推进建立阶段（2008 年—2011 年）

2008 年，胶州市安监局制定《胶州市危险化学品从业单位安全标准化工作方案》，并举办危险化学品安全标准化规范宣传贯彻培训班。

2011 年，胶州市安监局根据青岛市人民政府安全生产委员会办公室出台的《关于加强工矿商贸领域重点行业企业安全生产工作的通知》（青安办〔2011〕4 号）的文件要求，制定了《胶州市推进工矿商贸企业安全标准化达标工作方案》，

在 2011 年底通过 4 个阶段完成工矿商贸企业安全标准化达标任务。

第 1 阶段：1 月—3 月，确定企业名单。通过各镇（街道）提报的重点监管企业名单，筛选企业，作为推进阶段标准化达标单位。

第 2 阶段：4 月—6 月，人员培训。举办安监办主任安全生产标准化创建工作培训班，聘请专家具体讲解安全生产标准化的达标要求和标准，并指导各镇（街道）举办达标企业安全标准化创建人员培训班。

第 3 阶段：7 月—9 月，创建阶段。各达标企业安全生产标准化创建人员开展工作，根据标准化要求完善安全管理资料、整改现场安全隐患。在此阶段，胶州市安监局实行月调度制度，每月召开 1 次由安监办主任参加的安全生产标准化创建工作调度会，指导各镇（街道）积极开展安全标准化创建工作，并及时解决各镇（街道）和企业在安全标准化创建过程中遇到的疑难问题。同时，胶州市安监局根据企业安全生产标准化创建情况，安排专人深入企业进行针对性指导。

第 4 阶段：10 月—12 月，验收阶段。各达标企业自评合格后，报当地安监办初评；初评合格后，安监办及时指导企业上报申请验收材料。到 2011 年底，胶州市危险化学品企业已通过二级安全标准化企业 2 家；三级企业上报 17 家，其中非煤矿山企业 15 家、烟花爆竹批发企业 2 家。

三、提升推广阶段（2012 年—2018 年）

（一）夯实安全生产标准化创建基础

1. 科学确定创建目标

2012 年 1 月，胶州市安监局结合安全生产网格化监管，全面开展企业摸排行动，对所有企业按照行业类别、规模大小、管理水平和生产经营现状等情况，进行分析分类，结合国家出台的现有标准规范，坚持因地制宜，按照"先易后难、先重点后一般"的原则，确定标准化创建工作目标：首先在全市高危行业企业全面推行，选择部分标准规范比较成熟的一般工贸行业规模以上企业试点。在此基础上，按照示范引路、专家辅导、成熟一家验收一家的工作思路，在一般工贸行业规模以上企业全面推开，同时兼顾一批规模以下小微企业试点，在条件经验逐步成熟后，不分企业类别、规模大小全面铺开，做到标准化创建工作有条不紊、稳步推进。

2. 创建工作网络

2012 年 2 月，胶州市政府将安全生产标准化创建工作作为提升企业本质安全的重要举措，纳入重要议事日程，专门成立全市安全生产标准化创建工作领导小组，确定 1 名副市长任组长，切实强化组织领导；建立统一领导、分级负责的责任体系，确立全市标准化工作由市政府统一领导，镇（街道）具体负责，行业部门分工实施，将标准化创建任务和责任层层落实到行业主管部门、镇（街道）及具体工作人员，落实到企业及其车间、岗位，形成了人人身上有任务，层层把关负责、配套联动的责任体系。同时，建立工作联席会议制度和工作调度例会制度，规定联席会议要定期召开，主要研究部署、协调解决工作中出现的突出问题和矛盾；工作调度例会每月召开，主要对标准化各项工作量化指标进行调度，通报标准化工作进程，形成了有序运行的标准化创建工作机制。

3. 积极营造创建氛围

2012 年 3 月开始，胶州市安监局围绕增强标准化创建认知度，先后采取多种形式，加强对安全生产标准化思想内涵、目的、意义和国家有关法律法规、文件、行业标准规范的宣传，使企业及时了解上级要求，达成共识，自觉开展创建工作。同时，对达到标准化创建要求的企业加强正面宣传，在新闻媒体上进行公告，提高企业的社会美誉度，让企业从中得实惠，让职工享受到安全劳动、体面劳动的获得感，从而提高职工支持创建、参与创建的意识，营造了有利于创建工作开展的外部环境和内生动力。

（二）强化措施，保证安全生产标准化提升工作有序开展

1. 创建企业自主创建、专家帮创模式

2012 年 6 月，胶州市安监局建立"走访月"制度，规定此后每年 1 月对本年度确定要创建的企业，分行业、分属地，安排专人逐家企业走访宣讲，送政策上门、送服务上门，做通企业主要负责人的思想工作，促使企业由被动创建变为主动创建。同时，鼓励有条件的企业自主创建，把创建标准与企业实际生产运行更好地结合起来。尤其是针对多数企业规模小、创建力量不足、容易不重实效的问题，鼓励企业聘请专家帮助创建。市安监局通过摸排，建立企业需求单，向青岛市范围内的安全中介机构发布信息，鼓励安全专家积极参与企业标准化创建。同时，也将安全中介机构和专家向企业推荐，为专家参与企业标准化创

建牵线搭桥。针对青岛市安全中介机构不能全方位服务的实际，市安监局积极组建"胶州市安全生产专家库"。2012 年底，共吸收各大院校及各行业高级工程师等专业人才 63 名，为胶州市企业创建标准化工作提供服务和指导。通过构建企业自主创建、专家辅助提高、政府搭建服务平台"三位一体"创建模式，稳步推进标准化创建工作的顺利进行。

2. 坚持分类指导与典型引路

2013 年初，胶州市安监局坚持分类指导、有序推进，加强典型引路，以点带面推进企业安全生产标准化的建设。针对胶州市企业门类、数量众多，基础条件参差不齐的现状，胶州市安监局率先在所有危险化学品、烟花爆竹、非煤矿山等高危行业企业中强制推行，与安全生产行政许可紧密结合，将标准化作为许可审批的前置条件严格落实；在一般工贸行业企业中按照规模以上和规模以下 2 个类别，以点带面、分步实施。2 月，市安监局按照行业类别，选择 6 家企业作为安全生产标准化创建试点企业，并召开标准化创建现场观摩会，分行业组织所有创建企业到典型企业看现场、听成效、谈感受，以言传身教的方式激发企业创建热情；选择"样板企业"组织标准化现场评审观摩会，组

织企业自评员参加标准化创建现场评审，对照自查、现场请教，进一步掌握标准化创建程序、验收标准和要求，不断修改完善本企业标准化系列文件，使之更加切合企业实际，推动企业顺利达标。3 月，市安监局分别在九龙街道、胶西镇召开全市标准化建设现场推进会，及时总结标准化阶段性工作，交流各镇（街道）安全生产标准化推进措施及成果，推广先进地区典型经验，帮助镇（街道）、行业部门破解推进难题，集思广益促创建。

3. 完善激励约束工作机制

2014 年，胶州市政府将标准化创建指标纳入对各镇（街道）目标管理考核，进一步加大标准化创建工作考核比重。此外，胶州市安监局积极研究安全生产标准化激励政策措施，将创建工作与日常执法检查、风险抵押金缴纳、安全费用提取、保险费率优惠、评优评先、目标考核等相结合，在政策上适当倾斜，对标准化创建达标企业实施"绿色通道"，在企业开展体系认证、评选劳动模范等各类奖项评价中需出具安全生产方面证明的，一律优先出具；对未按要求开展标准化创建或在规定时间内不达标企业，在媒体上予以公开曝光，并严格执法监察，充分调动了镇（街道）、企业的创建积极性。

（三）把握关键，务求标准化创建实效

2015 年，胶州市安监局下发了《关于开展 2015 年工矿商贸企业安全标准化工作的通知》，并制定《2015 年标准化创建计划》，全年共完成创建 432 家。

2016 年是安全生产标准化创建提升的关键一年，为认真完成安全生产标准化创建提升工作，胶州市安监局以安委会的名义下发《胶州市安全生产标准化建设提升工程实施方案》（胶安〔2016〕9 号），对各行业主管部门负责所属企业开展安全生产标准化创建工作进行了具体部署，同时召开了各行业主管部门的联席会议，进一步明确时间、节点及要求。

2016 年 7 月 29 日，胶州市安监局召开全市安全生产标准化创建工作动员会议，各镇（街道）安监办主任、标准化创建企业的主要负责人和标准化负责人、评审机构的主要负责人等 1000 多人参加了会议，会上印发了《胶州市安全生产标准化创建资料汇编》1000 余册，将标准化的文件要求、自评标准及评审标准等一并告知企业。8 月 5 日，聘请专家对 2016 年新创建的 300 余家企业进行讲解辅导，为 2016 年标准化创建打下较好的基础。

2016 年 8 月 5 日，胶州市召开标准化创建推进工作培训班，为全市 300 余家企业进行培训辅导。

2016 年，胶州市安监局及时与中标的 3 家评审机构签订服务协议，要求评审机构严格按照青岛市安全监管局《关于印发〈青岛市安全生产监督管理局企业安全生产标准化评审工作管理办法〉的通知》（青安监〔2011〕146 号）规定的评审程序，对企业的安全生产标准化创建及复评情况进行评审。胶州市安监局组织评审工作专家组对评审单位工作进行跟踪管控，对已通过评审的企业进行抽查，发现弄虚作假的，对评审结果予以取消，同时取消评审单位和参评人员的评审资格。

2016 年—2018 年，胶州市安监局争取 260 多万元财政专项资金，利用 3 年时间对所有未创建、以前已创建的企业，由指定评审机构进行重新评审。此次标准化评审任务由公开招标聘请的山东赛飞特集团、青岛顺昌、青岛元鼎 3 家有资质的评审机构全程负责。

2017 年，胶州市安监局改变了中介机构单独到企业评审的做法，按照"双随机"要求，由市局科室有关负责人组织中介服务机构到申请企业评审验收，同时邀请镇（街道）安监人员参与评审过程，对评审组人员资质、评审流程、公正保密、廉洁自律等情况进行全方位、全过程监督。市安监局紧扣住问题整改这个关键环节，要求申请企业把问题整改情况上报市局，市局适时组织抽查复查，切实做到企业整改措施不落实到位、安全隐患不清零、中介机构不网上录入信息、不提交评审报告，监管机构不进行公示、不制证发证。

2018 年，胶州市安监局强

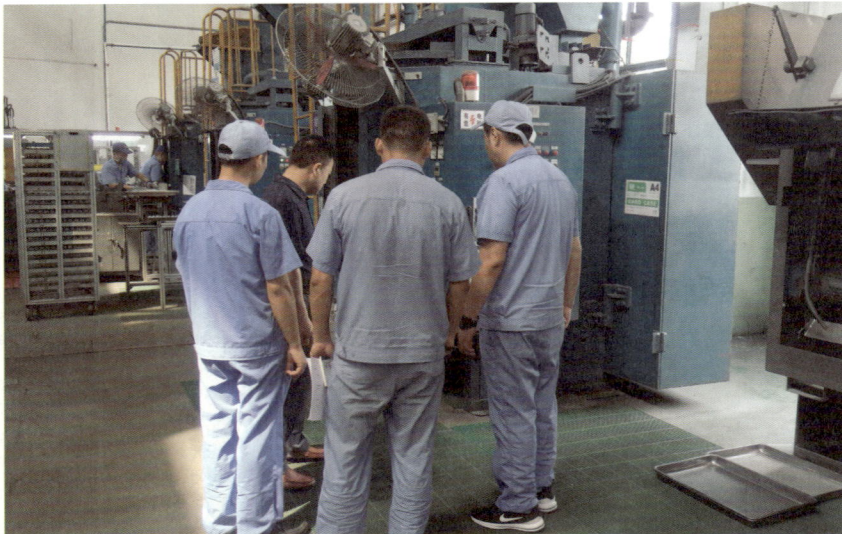

2018年9月，安全生产专家在企业车间对一线工人进行技术指导。

化教育培训，从根本上提升企业标准化建设能力水平。在主要负责人层面，主要解决思想观念问题，通过培训让企业明白安全生产标准化建设是落实企业安全生产主体责任的必要途径，是强化企业安全生产基础工作的长效机制，也是政府实施分类指导、分级监管的重要依据，更是防范事故发生的有效手段；在安全管理人员层面，主要解决行动落实问题，邀请专家逐项解析标准化建设的各项要素，手把手教会安全管理人员抓住机构设置、职责设定、教育培训、隐患排查治理等关键环节，让企业拥有"造血"功能，尽快建成适合本企业实际情况的建设成果。2018年，全市共组织各类标准化建设培训12场（次），1187家企业的1402人次参加了集中教育培训。

执笔人：鹿巨晓

胶州市"互联网＋安全生产"战略行动计划的建立、发展及经验

市应急局

随着移动互联网、大数据、云计算、物联网与人工智能等新技术、新业务的发展,"互联网＋"已成为各行各业寻求发展模式突变的新生态。胶州市安监局抓住"互联网＋"的发展契机,完善网格化监管,采用远程网络监控技术,实现重点行业 24 小时动态监管;加快执法装备网络化升级,提升现场执法效率;搭建微信平台,畅通民生网络监督举报渠道,从而实现安监管理部门、企业及从业人员的"细胞级连接"。2014 年初,市安监局及时布局"互联网＋安全生产"战略,这一战略成为全市安全生产工作的新常态、新引擎,为全市安全生产工作的有序开展贡献了力量。

一、"互联网＋安全生产"战略行动计划的建立

2014 年,在全国《政府工作报告》中,首次提出"互联网金融"的概念。2014 年初,胶州市安监局积极作为,提出"互联网＋安全生产"战略行动计划,促进多种网络媒体并行发展、相互贯通、相互融合,推动安全文化建设工作快速前进。2014 年 6 月,胶州市安监局开通"胶州安监"微信公众平台。"胶州安监"平台顺应移动多媒体的兴起,充分发挥"互联网＋"的高效连接作用,实现了政府监管部门与从业人员之间"细胞级连接","互联网＋监管＋企业＋从业人员"立体监管、服务、互动的安全生产工作模式正式登陆胶州。随着"胶州安监"微信公众平台的启动和微网站的搭建,胶州市"互联网＋安全生产"战略行动计划正式融入到安全生产工作中,安全监管模式、安全文化传播、安全生产服务实现了开创性升级。

二、发展历程

(一)"门户网站＋网格化平台"打牢互联网监管基础

1. 强化安全生产门户网站建设

2010 年,为加大安全生产宣传力度,推进全市安全生产信息化进程,胶州市安监局大力建设门户网站,为全市从事安全生产工作的各界人士搭建学习、交流、交互平台。同时充分发挥各功能模块的作用,通过安监局门户网站为企业提供全方位的服务,使企业足不出户即可以享受到便捷的网上申请、信息查阅、及时沟通等安全生产服务。

2. 发挥网格化监管平台作用

2011年以来,胶州市安监局立足全市安全生产工作实际,积极建设以生产经营单位为网格终端的安全监管信息平

台，即信息网、管理网、监督网，三网有效运行，形成了分级监管、责任明晰、定位准确的网格化监管体系，有效联结了市、镇（街道）、功能区等各级安监系统，有力地促进了全市安全生产监管工作向纵深发展，在安全生产监管工作中迈出新步伐。

3. 颠覆传统安全培训工作模式

2015 年，胶州市大力推进安全生产教育培训信息化管理，在"胶州安监"微信公众平台上嫁接"培训宝"系统，打造了多终端远程视频培训学习平台。借助培训系统，将优秀的培训课件、视频讲座、知名培训教师的讲课视频上传至培训

2015 年开通的胶州安监微学习号

158

系统服务器，用户点击平台下方的"教育培训"自定义菜单，输入用户名和密码，可以选择自己需要的课程，通过手机或电脑登录进行学习，免去奔波集训的交通成本。该培训系统设有"课前调研""培训计划""培训报名""培训签到""培训评估""课后考试"等多个模块，可以有效评估培训效果，这种省时省力省钱的在线学习模式赢得了广大学员的好评。

（二）"互联网＋网络媒体"助推安全文化跨界融合

1. 微信公众平台与从业人员实现"细胞级连接"

"胶州安监"微信公众平台自 2014 年 6 月正式运行，该平台由专人负责每天发布更新，并成功嫁接了搜索引擎、有奖举报、应急救援指挥、监管监察等配套支持。截至 2018 年底，平台粉丝量达 5 万余人，每月浏览点击量 10 万余次，发挥了新渠道、新平台、新手段在安监工作中的积极作用，使政府、企业、从业人员、人民群众实现安全生产相关信息的快捷传递与即时沟通交流。

2. 微网站对接"胶州安监"微信平台

随着移动智能终端设备的普及，2015 年，胶州市安监局及时搭建微网站，与"胶州安监"

微信平台成功对接，将安监局门户网站上的内容同步到微网站上来，使没有条件上网或者不方便通过电脑登录安监局门户网站的用户，可以通过手机微信客户端随时获取所需要的安全生产信息。截至 2018 年底，微网站已上传涵盖各类安全生产资料的文档 1856 个、视频 169 个、图片 830 张，打造了功能强大的安全生产搜索平台和移动多媒体网站。胶州市安监局将安全生产工作嫁接到互联网上，及时更新安监资讯，进一步完善"网格化监管平台"，做到"网中有格，格中有人"，形成了责任明晰的监管网络，同时实现安监系统之间、安监系统与企业之间的无缝、即时、高效连接。

（三）"互联网＋人"构建全民参与的安全文化建设体系

1. 打造"胶州安监"微信公众平台安全文化品牌

"胶州安监"微信公众平台注重内容的趣味性，每天都会推送一次图文信息，以民众喜闻乐见的、与生活息息相关的精彩图文内容增加公众号关注度。2015 年以来，在中国安全生产报新媒体中心发布的全国安监系统微信影响力排行榜中，"胶州安监"微信公众平台持续

排前 100 名。中国安全生产网、大众网、凤凰网、齐鲁网、半岛都市报等多家媒体和青岛电视台今日栏目均对"胶州安监"的相关经验进行了报道。

2. 短信平台的开通提速安全文化传播

2015 年 6 月，胶州市安监局开通安全生产短信平台，借助移动网络，将所有网格化监管系统中人员的手机号全部录入短信平台，定期发送安全生产公益短信。截至 2018 年底，短信平台已发送安全生产公益短信 180 余万条。

3. 线上、线下齐驱并进相互支撑

从 2015 年开始，胶州市安监局充分利用互联网优势开展"安全生产月"宣传活动，通过微信公众平台、微网站、门户网站等进行线上宣传，与悬挂条幅、发放宣传彩页、播放安全生产公益视频、咨询日活动等线下活动相互配合。线上线下并驾齐驱，进一步深化民众与安监部门的互动沟通与交流。

4. 互联网搭载安全文化进校园、进家庭

2015 年 6 月，为推动安全知识进校园，胶州市安监局会同市教体局、食药局共同编印《中小学生安全常识》口袋书 10 万余册。通过中小学生喜闻乐见的漫画形式普及安全知识，不仅提高了广大中小学生的安全防范意识和对危急情况的应急处置能力，还教会孩子提醒父母注意工作中的生产安全。《中小学生安全常识》的封面上，印制了"胶州安监"微信公众平台二维码，要求学生家长积极关注，使安全文化真正进校园、进课堂、进家庭。该书的电子版和多媒体课件在各大网络媒体上广泛传播，并取得了良好的效果。

（四）"互联网＋移动终端"实现高效便捷动态监管

1. 重点行业领域实现远程实时监控

2015 年 1 月，胶州市安监局采用远程网络监控技术，对烟花爆竹领域实现远程监管。全市 2 家烟花爆竹企业共安装 16 个电子探头，市安监局通过管理科办公室的控制屏幕进行监控，24 小时动态掌控企业出库、入库安全状况，节约了执法成本，使监管的针对性和时效性大大提高。

2. 执法装备实现网络化升级

2016 年 7 月，胶州市安监局投入专项资金 30 余万元，为每名执法人员配备执法 PAD，执法 PAD 安装了安监执法系统，并配有 6G 移动流量，实现了执法装备网络化升级。升级后，执法检查文书实现了便捷式菜单选取、蓝牙传输现场打印和电子文书一键上传，极大地提升了执法效率。

3. 打击安全生产违法行为

"胶州安监"微信公众平台开通后，胶州市安监局同步制定了微信举报奖励政策，用户可以通过平台上"安监在线"模块中的"有奖举报"，以视频、图片、文字等形式在线即时举报生产安全事故隐患，微信平台值班员会将群众举报的事故隐患第一时间向领导汇报，第一时间通过微信平台转办给相关科室，从而第一时间查处生产安全事故隐患，提高了打击安全生产违法行为的工作效率。2014 年以来，全市通过移动媒体处理事故隐患 163 起，占各类举报总数的 52%。

4. 大大缩短应急救援反应时间

胶州市安监局通过"胶州安监"微信平台搭建了"事故应急救援指挥中心"微信群，通过微信群可以实现语音多人对讲、图文信息多人共享，从而大大缩短应急救援的时间。应急救援指挥小组的领导在群里发布指令，小组成员皆可即时收听、收看，不必逐一电话通知，而且图文、视频信息也可以即时共享，让救援团队及时了解现场情况，第一时间开展救援工作。

5. 借助物联网技术为企业提供保护

2017 年，胶州市引进青岛壹号云防物联网科技有限责任公司，借助物联网技术成果，为 128 家木器加工企业安装了 ISS 智慧防火预警系统，系统带有烟雾探测、电气防火等传感器以及地图定位、APP 报警、应急导航、大数据分析等功能，这一高效的应急救援决策工具为企业提供了全方位的保护。

"互联网＋"是安全生产工作中新颖且有难度的工作模式，必须汇聚智慧、汇聚力量，激发全社会参与热情。通过"互联网＋"搭建"细胞级连接"，通过"物联网＋"连接企业生产车间，可以形成人人参与、全社会关注的安全生产氛围，开创了胶州市安全生产工作的新局面。

联系人：赵振林

胶州市行政审批服务大厅的建立、发展及经验

市行政审批局

为进一步深化行政审批制度改革、改善投资软环境，胶州市委、市政府于2001年12月成立了胶州市行政审批服务大厅，将具有行政审批及行政事业性收费职能的市直有关部门、单位服务窗口集中办公，实行一个窗口对外，提供优质高效全方位服务。其管理机构为市行政审批服务大厅管理委员会（2003年8月改为市行政服务中心，为正科级事业单位）。自成立以来，市行政审批服务大厅以"高效、廉洁、规范、便民"为服务宗旨，通过体制创新、机制创新、技术创新、观念创新和服务创新，充分发挥展示胶州新形象的"窗口"作用，招商引资优良环境的"名片"作用，以民为本、阳光政府的示范作用，行政服务效能进一步提高，经济发展软环境进一步优化，为胶州市经济和社会又好又快发展做出了积极贡献。市行政审批服务大厅年均办理

行政审批事项40万余件，行政事业性收费30亿余元，群众满意率达100%，荣获青岛市文明单位标兵、青岛市基层行风建设示范窗口、青岛市办事公开示范点、青岛市经济发展投诉工作先进单位、胶州市文明机关、胶州市先进基层党组织、胶州市创建机关品牌工作先进单位等称号。

一、机构沿革

胶州市的行政许可集中办理工作始于2001年。当时，胶州市政府从建行借用1700平方米办公场所，成立了市行政审批服务大厅，将具有行政许可职能的17个部门、100余名工作人员集中办公。市行政审批服务大厅的主要职责是：负责审定政府有关部门进驻市行政审批服务大厅办理的审批事项；负责对进驻市行政审批服务大厅窗口单位及工作人员的管理、

考核和监督；负责对进驻市行政审批服务大厅窗口单位重大审批事项的协调处理；负责承办市委、市政府交办的其他事项。大厅窗口办事层设计按照两条线运转：一条为项目线，即围绕生产建设项目办理审批和收费事项，对象为各类经济组织、外来投资者和本地投资者；另一条为便民线，即围绕与人民群众生产生活密切相关的事项办理审批和收费手续，对象为城乡居民。

为加强对行政服务工作的领导，胶州市政府同时成立胶州市行政审批服务大厅领导小组，由市长任组长，市委副书记、常务副市长、分管副市长任副组长，有关部门负责人为成员，领导小组下设办公室，具体负责有关业务的协调处理。

2002年3月25日，胶州市机构编制委员会确定市行政审批服务大厅管理层为胶州市行政审批服务大厅管理委员会；

2003 年 8 月改为胶州市行政服务中心，为正科级事业单位，下设综合科和督查科 2 个科室，12 名工作人员。进驻大厅的共有 15 个市政府职能部门、单位，分别是市发展和改革局、市国土资源局、市中小企业局、市外经贸局、市财政局、市卫生局、市水利局、市文化局、市公安局、市环保局、市交通局、市建设局、市工商局、市技术监督局、市房产管理局，配备 112 名工作人员，涉及 177 小项行政许可项目和 145 项收费项目。

2005 年 5 月 19 日，胶州市委、市政府依据《行政许可法》对全市行政许可事项进行了清理。行政服务中心根据市委、市政府的清理方案，本着能进则进、充分利用资源、提高办事效率、优化投资环境及合法有据、已取消事项一律停办的原则，在广泛征求派驻部门意见的基础上，对进驻大厅的窗口和审批项目进行了调整和清理，新增城市管理行政执法局窗口。经过调整，入驻大厅的窗口增加到 16 个，纳入大厅办理的行政许可事项为 64 项、非行政许可审批事项 12 项、便民事项 23 项，合计事项 99 项。

2006 年 8 月，市规划局从市城乡建设局分立，入驻大厅的窗口增至 17 个。2006 年 12 月，胶州市行政审批服务大厅迁至新城区行政服务中心办公楼裙楼三楼办公，办公场所达 2600 平方米。迁入新址后，入驻部门增至 27 个，工作人员达 150 余名，可办理 88 项行政许可事项、36 项非行政许可审批事项、24 项便民事项，共计 148 项。

2017 年，根据国务院"放管服"改革"就近办"要求，窗口单位由 31 个减至 28 个，如市农机局窗口撤离大厅，将业务集中在农机大厅办理。年底，"一窗受理"改革正式拉开帷幕，行政服务中心首先对大厅功能布局进行了优化升级，设置综合受理区、后台审批区、统一发证区、自助服务区、咨询导办区、等候休息区等功能区域，配备具有互联网上网服务、排队叫号、自助查询、业务办理、服务评价等功能的智能化设备，进一步优化了申请人服务体验。

2018 年，按照"两集中、两到位"要求，市教育体育局、市民族宗教局业务纳入大厅办理，入住大厅部门达到 30 个，进驻大厅的事项达到 535 个，其中包括行政许可事项主项 155 个、子项 386 个；行政确认事项主项 8 个、子项 20 个；其他类权力事项主项 57 个、子项 103 个；公共服务事项主项 20 个、子项 26 个。市行政服务中心大胆创新突破，实施"政企融合"管理模式流程再造。2018 年 6 月 19 日，引入山东省德发政务服务外包有限公司，组建专业辅助团队面向社会公众提供通办服务。

二、运行模式

（一）完善机制，加强管理

1.健全完善制度

2001 年以来，为进一步加

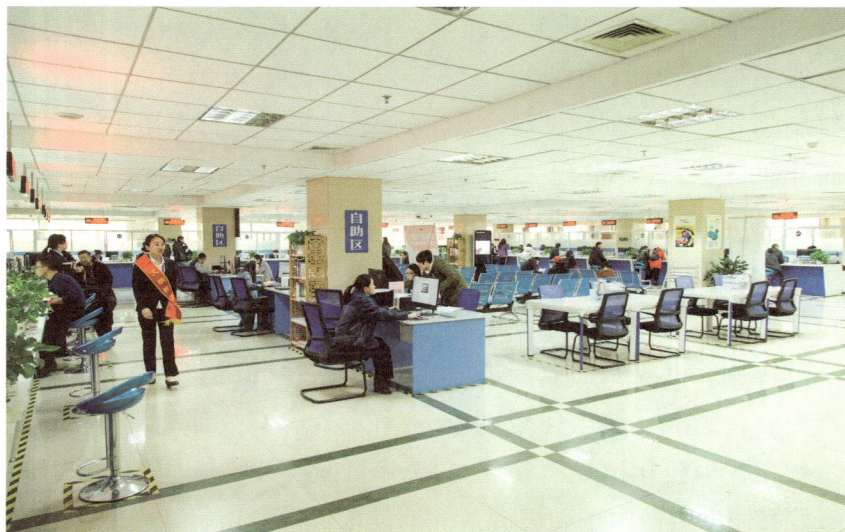
2018 年升级改造后的行政审批服务大厅内景

强管理，市行政服务中心制定了岗位责任制、服务承诺制、限时办结制、首问负责制、一次告知制、AB角工作制、否定报备制、失职追究制等20余项制度规定。同时，加强日常巡查和业务考核，积极开展履职承诺活动，建立了分级负责、职责明晰、权责分明的管理运行机制，保障各项工作有序进行。这些制度的建立实施，进一步规范了办事程序，明确了许可责任，提高了办事效率和服务水平，促使中心的各项工作逐步走上了规范化、制度化的良性发展轨道。

2.加强人员管理

大厅成立之初，实施窗口负责人、窗口联络员、中心管理人员三级管理制，对大厅窗口，由派驻部门副局级领导负总责，承担管理和全权审批职权，每周至少两次到大厅坐班；由窗口联络员负责日常管理职责，做好窗口、中心、部门之间的日常协调、沟通及上传下达；中心管理人员实行包窗口管理制度，每人包1—2个窗口，对窗口的办事质量、工作效率、工作秩序、工作纪律等实行监督。2018年，按照"受理权与审批权相对分离"的原则，建立"前台统一受理、后台分类审批、统一窗口出件"的审批服务模式，申请人、受理人、审批人三方互相制衡，真正实现审批流程透明化。

3.完善内外考核

市行政服务中心坚持以作风建设常态化巩固工作成果，确保各项工作高效精准落实到位。(1)完善内部监督考评机制，制定了《胶州市行政审批服务大厅窗口单位和工作人员考核办法》。2005年以后，大厅结合实际，对考核办法不断修订和完善。2006年开始，中心在负责常驻大厅窗口日常考核的基础上，对其他未进驻大厅的具有行政审批职能的部门、单位的行政审批工作牵头负责考核。2018年，将各专业分大厅、镇（街道）便民服务中心纳入业务指导和考核范围。(2)加强社会监督。2004年开始，中心制定了《关于聘请行政服务社会监督员的实施意见》，在全市部分人大代表、政协委员、镇、街道，市直部门、单位，外商投资企业中聘请了30名行政服务社会监督员，每年组织召开社会监督员座谈会，征求其对行政服务工作的意见和建议。2018年，在实施服务评价器、电话回访、发放《满意度测评表》等常规评价机制的基础上，通过积极开展登门拜访、"邀请您来说"等形式拓展新型外部评价机制，拓宽群众反馈渠道，进一步转变工作作风。

（二）统筹协调，规范运行

1.优化审批流程

市行政服务中心将进驻大厅的部门合理分区，分成3个区域，即企业注册区、建设项目区和综合服务区。综合服务区是对部分业务量相对较少、工作人员不多的窗口进行整合，实行联合办公，在不同窗口之间实现AB角工作制，方便申请人办事。各窗口结合自身实际，对于流程相对简单的承诺事项，由承诺件转为即办件，只要申请人提报材料齐全、符合许可要求，窗口工作人员尽量当日办结；对于流程复杂的事项，实行内部审批流程再造，不断压缩审批时限，为申请人节省时间。2017年，116项审批事项实现"立即办"，60项审批事项实现"当天办"，合计达事项总数的52.2%。2018年，进驻大厅的事项100%实现了"只跑一次"，84%实现了"零跑腿"。

2.实行标准收费

2001年大厅成立之初，市财政局委托市建设银行在大厅设立收费窗口，负责中心窗口的所有收费。各窗口只开票不收款，实行票款分离、收支两条线，有效杜绝了超范围收费、重复收费、搭车收费等行为，保障窗口工作人员廉洁、依法行政。2013年，进驻大厅各窗口的收费由市发展和改革局、行政服务中心统一会审、严格把关，并将收费部门、收费项目、收费依据和收费标准公开。2017年以后，根据国家相关法律规定，陆续取消规划技术服务费、排污费等收费项目。

3.规范中介市场

为加强中介机构的自律管理，提升服务质量，2009年7月，市行政审批中介服务协会成立，并在大厅设立了窗口，对中介机构相关业务进行日常管理。协会根据中介机构的服务质量、办事效率和申请人的服务评价对中介机构进行管理和考核，对服务质量差、服务效率低、社会信誉度低的中介机构取消其会员资格。2017年，中心全面推行网上中介超市工作，联合市审计局、市财政局等部门共同研究制定了实施方案，就中介超市的运行情况以及注册、公告发布、竞价原则、合同管理等全流程进行了培训。网上中介超市模式的全面推行，实现了从报名、审核、询价到中选结果公示全过程网上操作，大大提高了"中介超市"工作效率，同时通过网络的"痕迹化"流程管理，减少人为干预，杜绝暗箱操作，最大限度保证了公正。2018年，中介机构不再入驻大厅窗口。

4.推行电子政务

2001年市行政审批服务大厅成立之初，市政府拨付资金30余万元，组织开发设计了行政审批网络管理系统，可满足相关审批部门审批和交换信息的需要，为企业提供"一站式"服务。2006年，市政府投资350万元，开发了青岛市首家网上行政审批系统和电子监察系统，全市42个部门的154项许可事项全部实行网上审批。2008年，网上审批系统开辟了受理、预审通道，申请人可以通过网上行政审批服务大厅了解办理事项所需材料、下载相关表格等。2017年2月，市行政服务中心进一步推进"互联网+政务服务"，在青岛市政务办的统一部署下，完成了V3网上审批系统升级，开通了300余项事项的网上申报功能，新增了信息查询、业务咨询、网上申请、结果查询等功能。同时，紧跟"社会智能革命"的发展趋势，创新政务服务"全程电子化"，推进公共服务事项网上办理，依托"青岛政务通"，建设胶州分站，实现便民服务移动终端集中办理，通过完善"电子证照库"，推进信息共享和数据开放。2017年，社会投资项目实现全市范围内全程网办、即报即办，办结率达100%。

5.构建便民服务体系

2009年，市行政服务中心会同市监察局、市委市政府计算机中心多次梳理了镇、村级便民服务事项和办理流程，深入各镇（街道）进行督查，指导各镇（街道）建立镇级便民服务中心。2018年底，各镇（街道）便民服务中心建成率达到100%，网上审批系统覆盖率达到100%。市行政审批服务大厅以"一窗受理""一次办好"的改革经验和做法，指导各镇（街道）便民服务中心全面推进"一窗式"改革工作，通过"互联网+"、登门服务、远程视频、便民服务车等方式，丰富群众办事渠道，构建上下衔接、功能完善、服务便捷的市、镇（街道）、村（居）三级一体化政务服务体系。

（三）特色经验，胶州样板

1.全面推行"一窗受理"

2018年，市行政服务中心全面推进"三化一改"工作，在审批流程上实施"受审分离"，专业辅助团队按照标准化模板对员工进行统一业务培训，使每个员工通过掌握受理要诀打造"全通办"窗口，真正做到无差别化受理，申请人到任何一个窗口都可以提交申请材料。自6月19日专业辅助团队面向公众提供通办服务起，前台受理窗口由以前的78个压减至36个，申请人到任何一个窗口都可以提交申请材料，业务办理时间大幅缩短，办事群众平均等待时间由2小时缩短为10

2018年,市行政审批服务大厅实现"一窗通办"。

分钟,窗口咨询电话接通率为100%,实现"一窗通办"的大融合。

2. 创新推行"一事全办"

2018年,市行政服务中心依托专业辅助团队力量,在"一套标准"基础上,全面推行"一事全办"服务模式,让"一件事""一链办理"目标落地,助推"一次办好"改革。立足群众办事的难点、堵点问题,特别是关联事项和建设项目呈现办事链条长、环节多、事项复杂的特点,胶州市结合相对集中行政许可权改革组建行政审批服务局的有利时机,积极探索按行业配置审批资源,推进审批由多部门"流水线"作业向单部门"闭环式"运行转变。通过了解申办人需求,充分论证关联事项集约化办理的可行性,创新推出"一事全办"模式,即"一件事从设想论证到实现、从咨询受理到审批,全过程、全链条、一次性办理",通过"简单事项一事全办""关联事项一事全办"和"建设项目一事全办"三大类聚核式审批,让申办人从咨询开始即进入"一事全办"流程,申请人只需到一个窗口提交基础性材料,后室审批实行多环节"要核"重叠审查,证照一次性办结。

3. 创新"360无休服务模式"

2018年,为进一步满足群众办事需求,市行政服务中心创新实施"360度"全方位、全天候、全覆盖、无死角的"360无休服务模式"。不论何时、何地、何人、何事,始终"服务不休、为民不止",依托专业辅助团队和"互联网+",通过实施"政企融合管理""标准化+""受审分离""一事全办"聚核审批等措施,先后推出一窗通办、全程代办帮办、"下沉式"代办、午间延时受理、节假日轮值受理、政务直通车、预约、登门、全程电子化、证照送达、异地协同办理、一事全办跟踪等服务,实现"只要群众有所呼,我们必定有所应"的为民目标。通过这种个性化、定制化的服务模式,彻底破解

2018年,行政审批服务大厅文明引导员为申请人提供引导。

机关办公模式不能充分满足群众办事需求的困境，让群众、企业办事"随时随地""随心所欲"，既省时省力更省钱省心，为企业减负松绑，为创业清障搭台，全面打造亲清营商环境。

（四）内强素质，外树形象

1. 以党建带政务

市行政服务中心扎实开展党员先进性教育活动，以"党建＋政务服务"推进各项工作开展。2005年，制定完善了"党员受教育，永葆先进性"的长效机制，为进一步增强党员的先锋模范作用和党组织的战斗堡垒作用奠定了基础。2016年以来，深入开展"三亮三创""四型机关"创建活动，通过党员亮身份、亮职责、亮承诺、创群众满意窗口、创优秀服务标兵、创优质服务品牌活动等方式，进一步提升了党员服务群众水平，达到了"提高党员素质、加强基层组织、服务人民群众、促进各项工作"的目的。

2. 创建服务品牌

2004年—2006年，行政审批服务大厅连续开展"微笑在窗口，满意在大厅"服务品牌创建活动，以"加强规范化管理、推行标准化服务"为主题，通过规范许可行为、优化服务体系、加强监督检查等措施，实现行政许可、窗口管理、目标考核、制度建设"四个管理规范化"，窗口公示、受理服务、办件质量、文档管理、设备管理"五个服务标准化"及开展行风建设"示范窗口"创建活动、"三快一提高"活动、"文明机关"和"文明单位"创建活动、"优化环境促发展、求真务实创新业"讨论活动、"行风建设在线"活动和争先创优活动"六个活动"经常化。

3. 打造"大厅人"队伍

自2001年以来，市行政审批服务大厅立足服务群众宗旨，打造了一支风清气正的"大厅人"队伍，通过培育"大厅人"理念，激发大厅人"大厅是我家，服务为大家"的凝聚力和向心力，充分发挥服务先锋模范带头作用，积极落实创建全国文明城市长效机制，组织开展"慈善一日捐"、救助"春蕾女童""携手企业千人行""科室联村，牵手百姓""民生服务年"及"政务服务 走近群众"系列宣传活动，进一步增强"大厅人"服务基层、服务群众的能力。

三、经验启示

大厅成立之初，"一站式服务"的办公模式就创了全省先河。大厅以"高效、廉洁、规范、便民"为服务宗旨，充分发挥展示胶州新形象的"窗口"作用，行政服务效能进一步提高，经济发展软环境进一步优化，为胶州经济社会发展做出了积极贡献。特别是2017年胶州市推进"放管服"工作以来，中心牢固树立"以人民为中心"的工作理念和"同心政务、服务你我"的服务宗旨，按照"一次办好、每次满意"改革目标大力开展"三化一改"工作，推出了一系列胶州特色的经验做法，改革取得了明显成效。

（一）"P＋4C"政务服务工作法诠释"以人民为中心"理念

建设服务型政府的关键在于转变角色，变"管理者"为"服务者"。市行政服务中心推行的"P＋4C"政务服务工作法就从人民需求出发，通过"换位思考"，站在群众的角度上思考问题，解决问题。"P＋4C"工作法就是以申请人为中心，为其提供"顾客"（Customer）般的服务体验，通过充分的有效沟通（Communication），压降办事成本（Cost），提供办事便利（Convenience）等方式，为申请人打造高效、便捷、优质的政务服务品牌产品（Product）。"P＋4C"工作法作为转职能、提效能、激活力、促发展的重要抓手，为群众办事增添了便利，为优化营商环境创造了条件，为转变机关作风打牢了基础。

（二）"标准化＋"体系夯实改革基础

随着经济社会的发展，审批资源配置不均、审批职能分散、审批信息不共享、服务效能不高等问题日渐突出。为解决这些问题，"一次办好"改革迫在眉睫，而改革的关键就是"标准化"的打造，这个基础打得好，才能为改革铺平道路。市行政服务中心以"以标准化促改革"的做法整合了"一窗受理"改革资源，推进精细化服务。通过优化升级实体大厅功能布局，进一步完善自助设备、智能设备等硬件设施配套打造"标准化"大厅；通过实施现场动态管理对物品进行"三易三定"管理，以"检查—整改—提升"的工作模式建立起现场动态管理标准体系；通过构建 360 要素标准化体系，将每个事项进行最小"颗粒化"，打造了受理人员与办事群众使用全透明、无差别"一套标准"，实现群众提交申请更易，前台收件效率更高，后室审批时限

智能机器人小咕噜为办事群众答疑解惑

更短。这些"标准化"的打造都为"一窗式"改革奠定了基础，为"一次办好、每次满意"创造了条件。

（三）"政企融合"拓宽便民惠企新路子

胶州市"一次办好"改革取得明显实效的一个重要原因就是打破了行政体制的固有模块，创新采用"团购式"引进专业辅助团队，采取"行政管理＋企业管理"模式，实施优势互补、深度融合。通过专业辅助团队提供前台通办服务，专业审批人员退到后台分类审

批，实现"专业人办专业事"和"一窗通办"；团队通过企业化的用人机制和"差异化"收入分配机制，充分激励和调动了员工的工作积极性；通过强化服务理念、服务礼仪和服务技巧等标准化礼仪培训，落实"迎送五声工作法"，彻底解决了"门难进、脸难看、事难办"问题，群众满意度不断攀升。同时，专业辅助团队的引进为"一次办好"改革提供了服务载体，夯实队伍保障，为推行"360无休服务模式"提供了有力支撑。

执笔人：孙正永 赵翠霞 仇张娣

胶州市综合行政执法工作的探索与实践

市综合执法局

2013年以来，胶州市作为全国综合行政执法体制改革试点市，扎实开展了综合行政执法改革试点工作，并于2015年9月正式组建胶州市综合行政执法局，探索实施跨领域、跨部门综合行政执法新模式，整合执法资源，减少执法层级，厘清职责关系，取得了良好成效。创新研发的"两平台"成为"胶州经验、国家样本"，为全省乃至全国相关改革提供了重要借鉴。胶州市综合行政执法局成立以来，查处结案的违法事项增幅超过297%，新增违法行为整改率达到98%以上。

一、综合执法改革起因

随着我国社会经济体制的转型，原有管理体制下的行政执法体制已经不适应社会发展要求，利益组合关系的日益复杂，社会事务的重叠性和交叉性更加明显，传统执法体制带

来的多头执法或推诿执法等问题已成为当前人民群众反映较多的问题。为了彻底破解"权责交叉、多头执法、重复执法"等难题，2013年9月，山东省决定将胶州市作为试点城市，率先实施综合行政执法试点改革。

根据上级部门的指示精神，胶州市自2013年10月起，陆续在阜安、中云、三里河、胶北、胶东、胶莱、胶西、九龙、李哥庄等9个镇（街道）实施了综合执法改革试点。原城管执法大队积极支持和响应，将180余项执法权限全部下放，配齐、配好、配强执法人员，指导、配合试点镇（街道）扎实开展综合执法试点工作。

2014年10月，党的十八届四中全会通过《中共中央关于全面推进依法治国若干重大问题的决定》，要求推进综合执法改革，大幅减少市县两级政府执法队伍种类，重点在食品

药品安全、工商质检、公共卫生、安全生产、文化旅游、资源环境、农林水利、交通运输、城乡建设、海洋渔业等领域内推行综合执法，有条件的领域可以推行跨部门综合执法。

经过近2年的实践，胶州市在机构重组、执法权限整合、执法职能转变等方面积累了一定的经验。2015年5月，中央编办确定胶州市为全国综合行政执法体制改革试点市。同时，胶州市积极向山东省政府申请成立胶州市综合行政执法局，2015年6月，省政府批复同意胶州市成立综合行政执法局。2015年7月，胶州市出台了《胶州市综合行政执法局主要职责、内设机构和人员编制规定》，正式成立综合行政执法局。2015年9月，城管执法、文化市场执法、国土执法、农业执法、畜牧执法、物业执法、食品执法等7个领域的执法职能和人员全部划转到位，综合执法改

革工作取得阶段性胜利。

二、综合执法机构设置情况

2015年，胶州市综合行政执法局成立之初，按照《胶州市综合行政执法局主要职责、内设机构和人员编制规定》，设立了综合科、政工科、政策法规科、综合行政执法大队和开发区、镇（街道）综合执法中队。核定行政编制13个，配局长1名，副局长3名；核定事业编制220个，设副科级大队长1名，副科级中队长13名。人员主要来自原市城市管理行政执法大队所属153个编制（实有人员168名）、原市文化市场行政执法局22个编制（实有20名人员）、原市国土资源执法大队15个编制（实有12名人员）、原市农业行政综合执法大队所属8个编制（实有9名人员）、原市动物卫生监督所（挂执法大队牌子）所属4个编制、原市物业管理中心所属3个编制及相关人员、原市食品药品稽查大队所属15个编制及相关人员。

2015年10月份，经胶州市政府研究，成立了市综合行政执法联席会，并公布了综合行政执法联席会成员单位名单，市委常委、副市长为总召集人，副市长为第一召集人，办公室设在市综合执法局。联席会议办公室主要负责做好日常事务的处理、有关活动的组织服务、各成员单位之间有关工作情况和信息交流等工作。联席会的设立，有效的推进了综合行政执法工作，特别是遇到全市性重大行动，市综合执法局通过联席会议办公室与相关部门横向联动、与镇（街道）上下联动等互联互通机制，牵头整合相关力量共同处置，把"五根指头"捏成"拳头"，形成"大兵团作战"的集体效应。

2017年，为进一步提升局机关工作效力，市综合执法局向胶州市政府申请，取消了原综合执法大队"一把抓"业务科室和执法中队的序列组成，重新定义了15个职能科室的职能定位，将其划分为综合类、业务类、辅助类三大类，综合类包括综合科、政工科、法制科3个科室；业务类包括市容科、文化执法科、国土执法科、食品执法科等6个业务科室；辅助类包括纪检监察科、宣传调研科等6个科室。职能科室重新定位，能够更有效地围绕综合执法中心工作各司其职、各负其责，及时完成保障和指导任务。

三、综合行政执法工作的探索与实践

2015年，根据《胶州市综合行政执法局主要职责内设机构和人员编制规定》，全市7个部门七大领域执法职能、职责纳入市综合行政执法局，七大领域执法职能共491大项1127小项行政处罚权、15大项73小项行政强制权和1项其他权力（占用城市道路收费）。

（一）城市管理执法

2014年，原城市管理行政执法局开始推进执法重心下移，赋予镇（街道）中队更多管理职能，促使各中队尽快进入综合执法"主角"角色。特别是城乡综合整治行动的开展，实现了全市市容环境大变样。

2015年，市综合行政执法局成立后，在行使城市管理职责上，更倾向于民众需求。采取疏堵结合的方式有效解决城区市民出行问题，将原汕头路、莱州路和盛福山庄3处占路市场的690个摊点整体迁移，对澳门路、北京路西段、泰州路南段的560个摊点规范管理；改造门头广告880个，拆除影响交通的大型广告9处，增设公益广告2.5万平方米；整治居民小区69个，解决群众关心的热点难点问题1650个。

2017年，胶州市全面开展迎接国家卫生城市复审和国家文明城市创建工作。对此，市综合执法局创新市容秩序管理方式，以疏为主，以堵为辅，有效治理了北京路、泉州路、水寨街、花行街等 6 处占路市场，将 2700 多个摊点逐步分流到市场和早、夜市，对 429 个修锁、修自行车等便民服务摊点定点经营、统一标识。同时，对 23 条道路的户外广告进行景观升级，改造门头广告 677 个。2017 年，市综合执法局助力胶州市以全国第一名的成绩荣膺全国文明城市。

2018 年 6 月 9 日，上海合作组织成员国元首理事会第十八次会议在青岛举行，根据工作安排，胶州市综合行政执法局配合胶州市公安局参与了当晚的焰火表演会场保障工作，260 余名参保执法官以严谨、周到、细致、贴心的服务，圆满完成会场保障工作。

（二）土地矿产执法

在成立综合行政执法局之前，违法建设查处工作主要由查处违法建设工作联席会办公室协调组织，以职责划分和行政区域为网格，建立了市、镇（街道）、村居三级网格管理体系，每一级网格又分为 3 个子网格，分头落实责任，建立了纵向到底、横向到边的监督、管理责任制。

2015 年，胶州市综合行政执法局成立后，为有效遏制违法占地和违法建设，在"点"上定人定岗，在"面"上实现市、镇、村三级联动，全面遏制了违法占地、违法建设行为。2015 年 7 月，青岛市整治违法建设工作现场会在胶州市召开，青岛市领导对胶州市违法建设监控工作给予充分肯定。

2017 年，"控违"和"拆违"工作成为综合执法工作重点。对此，市综合行政执法局建立了镇（街道）主导、中队巡查、部门联动、挂牌督办等多种控违机制，加大了对胶东国际机场、"两高两铁"征迁区域、工业园区及其他区域违法建设和违法用地的拆除力度，取得显著成效。

（三）农业行政执法

2015 年，农业执法职能合并至市综合执法局。为切实维护广大农民的利益，市综合行政执法局加大了农资市场执法力度，对坑农害农行为进行严厉打击。2015 年，全市共检查种子、农药、化肥等农资经营单位 348 家；对胶莱镇、胶西镇种薯市场的 9 项不合格事项督促整改；对胶东街道、李哥庄镇、里岔镇的 19 起违法经营种子案件实施处罚；对胶西镇的 2 起销售劣质农药案件立案调查。从生产销售源头杜绝伪劣农资进入市场，全力为农业发展、农民利益保驾护航。

2016 年，市综合执法局深入开展了"查农资、保农耕"专项整治、"三品一标"专项检查等活动，共检查农资生产单位 527 家（次），农资销售业户 629 家（次），立案 93 起。

（四）文化市场执法

胶州市综合执法局主要负责查处出版、发行、印刷（复制）、版权、网吧、娱乐、演出、美术品、文物保护、广播电影电视等方面的违法违规行为；负责组织全市性文化市场专项治理行动，查处"扫黄打非"和文化市场行政处罚大案要案。2015 年，为了维护胶州市文化市场安全稳定发展，市综合行政执法局按照市委、市政府确定的年度目标责任，加大了对网吧、游艺娱乐场所接纳未成年人进入等违规违法行为的整治；陆续开展非法出版物专项治理行动、版权保护与执法专项行动；实施了卫星电视广播地面接收设施专项整治；对无证照娱乐场所开展摸底调查及文物执法巡查工作。2015 年，全市共检查网吧 960 余次，严厉处罚容留未成年人上网的网吧 60 余家；深入开展扫黄打非工作，查扣盗版书籍光碟 6500 余册（张）；将 2 起销售盗版、淫秽光碟案件移交司法机关处理；拆除收回卫星电视地面接收设施 31 套，动员群众自行拆除 39 套；摸排无证娱乐场所 40 家。2018 年，市综合执法局一举查办了 1 起利用云盘贩卖淫秽物品案件，为当年同类型案件中全省最大案件，犯罪嫌疑人被依法惩处。

（五）畜牧兽医执法

2015 年下半年，畜牧兽医执法职能划入综合执法。市综合行政执法局经过初步调研后，从畜禽屠宰环节、畜禽流通环节、畜禽餐饮和生产加工环节执法检查 3 个方面入手，突出对偏远农村、城乡接合部、城市交通要道、市区农贸市场、肉食品加工比较集中的区域开展执法检查，重点加强对市场、重点业户、重点区域、重点路段、重点时段的执法检查。特别是在重要节日期间，市综合执法局进一步加强对生猪肉批发商、零售商的执法检查，严厉打击非法入市的违法行为。

此外，市综合执法局加大了对餐饮加工环节肉品质量安全执法检查力度，确保肉品消费安全。2015 年，市综合执法局共检查屠宰场 17 次，查处生猪私屠滥宰点 7 个，检查农村大集及城区农贸市场 130 余次，查处问题 39 个。在 2017 年"放心肉"大检查行动中，市综合

2015 年，胶州市综合行政执法局工作人员开展大型商超食品安全问题监督检查工作。

执法局共检查农贸市场、农村大集 627 次，检查兽药饲料生产企业和经营业户 429 次，立案查处 120 起，对其中 43 起私屠滥宰生猪的业户实施处罚。

（六）食品监督执法

综合执法改革后，原属于食品药品监督管理部门的食品安全方面行政处罚以及相关的行政强制、监督检查职能划入市综合执法局。"民以食为天，食以安为先"，对此，市综合执法局从"两环节一作坊"入手，严把关口，保障民生，切实保障全市人民"舌尖上的安全"。

2015 年 11 月，市综合执法局开展食品生产企业大走访活动，重点检查企业的《食品生产许可证》是否在有效期内、是否存在超许可范围生产现象、

企业生产原料以及食品添加剂进货渠道是否正规、索证索票与进货记录是否健全等问题。同时，加大了对大中型商场、超市、连锁店、批发市场、集贸市场执法检查力度，检查其产品进货渠道是否正规、是否建立进货台账并落实索证索票制度、是否存在经营腐败变质霉变生虫等问题食品等。2015 年，市综合执法局共检查食品生产企业、销售市场 978 次，检查饭店食堂 1120 余次，督促整改事项 1069 件，立案调查 47 起。

2016 年 3 月，针对个别食品生产小作坊加工不安全食品问题，市综合执法局强化对食品生产小作坊的检查力度，重点对城乡接合部及农村地区加工糕点、馒头、烤肉以及相关产品的小作坊进行检查执法。

2017 年，市综合执法局办理食品领域案件 127 起，其中查办大案要案 4 起，罚没款共计 1265490 元，没收涉案食品 3.6 吨，移送公安案件 3 起，有效地打击和震慑了食品违法犯罪行为，维护了胶州市食品市场的良好经营秩序。

（七）物业管理执法

为推进乡村文明建设和城乡环卫一体化建设，市综合行政执法局重点推进综合执法进社区、进村庄工作，从群众最需要的方面入手，把执法服务送到群众身边。2015 年，市综合执法局协助各镇（街道）对鑫汇新都、化肥厂宿舍、赵家园村等 18 个老旧小区、37 个自然村进行了整治，共清理毁绿 600 余起、非法小广告 1.8 万平方米，拆除乱搭乱建 700 余处，粉刷墙体 36 万平方米，硬化路面 25 万平方米；联合相关部门对擅自占用、堵塞、封闭消防通道的行为进行普查摸底，对设置铁桩、水泥墩等隔离设施或违章棚厦、非法摊点等行为进行全面清除。

2016 年，为有效提升群众满意度，使综合执法工作更好地服务于人民群众，市综合执法局在全市村（居）一级组织设立综合执法民生服务站，将综合执法工作进一步延伸。

胶州市城管雷锋志愿服务队正在清理社区小广告。

2016 年，市综合执法局主要在阜安、中云、三里河、九龙、胶北 5 个街道及李哥庄镇开展了综合执法民生服务站试点工作，并在阜安街道太平地社区、中云街道方井社区、九龙街道馨德苑社区等部分小区设立了综合执法民生服务站 30 余个。2016 年，市综合执法局民生服务站接到市民反映小区乱搭乱建、油烟扰民等问题 1500 余条，其中大部分问题已经得到及时解决，处置率达 70% 以上。

四、综合执法现代化发展

（一）"智慧执法平台"调研阶段

综合执法改革之初，市综合行政执法局在实践过程中发现，胶州市辖区总面积 1300 余平方千米，执法区域广阔，特别是胶州市作为青岛市的陆路门户，国家"一带一路"倡议的重要节点，商贸发达、商铺林立，各业态社会主体超过 2 万家，社会管理任务十分艰巨繁重，需要大量的专业执法人员和车辆等软硬件的强力支撑。面对执法领域广、执法区域大这一硬性问题，要切实提高执法效能，并不是单单靠加强软硬件配备就能解决的。要想改变这一现状，必须要有创新、要有突破，打破传统执法模式，充分利用现代信息化技术，推进行政执法向智慧化、规范化、精准化、透明化升级。

2017 年，胶州市综合行政执法局确定了"法治思维、文明管理"这一全新执法理念，以科技信息化为引领，在全国首创了"执法基础信息管控平台"和"网上执法办案平台"2

个"智慧执法平台"执法框架建设，推动形成基础信息化、任务清单化、工作流程化、管理制度化、决策科学化的社会治理新体制机制，行政执法从"业务驱动"向"数据驱动"转变，社会治理成效得到显著提升。

（二）"智慧执法平台"建设阶段

为加快平台研发建设，市综合执法局通过招投标，与北京数字政通公司、青岛一凌网集成有限公司达成了平台研发建设合作意向。2017 年 5 月，市综合执法局与平台开发公司经过多轮研讨后，开发了"执法基础信息管控平台"，包括"社会主体动态转换三色预警""挂牌督办非动态转换三级预警""无人机图斑核销三级预警"等系列模块基本框架，利用"互

联网＋"实现了执法效率与办案质量双提升，解决了综合执法领域广、范围大而执法力量相对薄弱这一问题。

2017 年 6 月，市综合执法局形成了"网上执法办案平台"基本框架。"网上执法办案平台"共录入了八大领域 21 个专项、90 余部常用法律法规、810 个案由，建立了一个大法律法规数据库，实现了系统内实时调取，办案人员在制作案卷时只需要根据不同的领域选择相关案由即可，系统将自动读取该案由对应的法律禁则和罚则，并严格限定自由裁量标准，从根本上避免法律适用错误。

此外，"网上执法办案平台"在基本程序之外单独设置《不予处罚转结案审批表》，适用于法律法规规定免于处罚的情形；设置《行政处罚转强制执行审批表》，适用于当事

人未履行行政处罚移交司法部门强制执行的和违法建筑代履行强制拆除的情形，在规范的框架内实现执法灵活性。系统提供实时显示案件处理进度功能，可进行延期案件提示，既能提高办案人员时效意识，预防超期办案的发生，又能方便调度和督办。在系统之外，制定了严格的执法办案考核规定和纪律规定，严禁任何案件"体外循环"，以此保障执法办案的公正、合法。

（三）"智慧执法平台"运行阶段

"执法基础信息管控平台"能够及时有效发现问题、管控违法，符合立案条件的案源直接导入"网上执法办案平台"，案件在"网上执法办案平台"闭环流转结案后，涉案主体信息又同步纳入"执法基础信息管控平台"红色预警，进行梯级管控，做到了整体联动、无缝衔接，进一步形成了符合新形势下城市治理需求需要的完整执法链条。

2017 年，"执法基础信息管控平台""网上执法办案平台"2 个智慧执法平台应用以来，市综合执法局利用平台累计开展各类管控巡查 49909 次，发现案源 2357 个，有效防控违法苗头 3459 起；使用平台"挂牌

2017 年 10 月 25 日，胶州市综合行政执法局正在演示基础信息管控平台。

2018年6月，胶州市综合行政执法局工作人员正在利用无人机拍摄"胶州卫片"。

督办"1165起，办结率100%，群众满意率达到97%以上；通过"无人机"管控面积达到1210平方千米，拍摄"胶州卫片"实景比对图2689幅。胶州市违法用地数量同比减少77%，新增规划违法建设同比减少59%；网上立案处罚各类违法案件3100余起，行政诉讼案件从2016年的10起减少到2017年的4起，同比减少60%；行政复议案件从12起减少到7起，同比减少42%，2018年实现历史性"双零"。

2018年3月31日，在北京召开的"中国城市治理实践与创新杰出范例研讨会"上，胶州市综合行政执法局2个智慧执法平台作为全国首创的城市治理经验受到了国家住建部有关负责同志，中国法学会法治文化研究会、中国城市科学研究会数字城市工程研究中心等方面专家的一致肯定和好评，确立了"胶州经验，国家样本"。2018年7月10日，国家住建部在青岛举办"城管执法体制改革工作经验交流与信息技术应用培训班"，胶州市综合行政执法局作为特别邀请嘉宾进行授课，并被确定为唯一现场教学点，进一步树立了全国综合执法行业标杆。

执笔人：蔡冬

改革开放以来胶州市统计事业的发展

市统计局

党的十一届三中全会以来，统计工作经历了从手工操作到单机运行，再到网络化运行的发展阶段。随着经济社会的快速发展，社会各界对统计资料的需求越来越高，统计工作逐渐由被动统计向主动服务、由事后统计向事前预警转变，机遇与挑战并存。胶州市统计局勇于实践，开拓前进，探索出了一条有特色的统计发展道路，先后荣获山东省文明单位、山东省统计系统先进集体、山东省统计宣传先进单位、山东省第三次农业普查先进集体、青岛统计系统行风建设贡献奖、青岛市统计系统基层基础建设先进单位、青岛统计系统行风建设先进单位等荣誉称号，开创了胶州市统计工作的新局面。

一、机构沿革

1987 年 4 月，胶县撤县设市，胶县统计局变更为胶州市统计局。1993 年 9 月，胶州市统计局与胶州市计划委员会合并，成立胶州市计划统计委员会，职能整体合并到计划统计委员会。1994 年 2 月，胶州市计划统计委员会撤销，新的胶州市统计局成立。2007 年 12 月，农村社会经济调查队的职能从市统计局中独立出来。2013 年，市统计局增设人口与社会科技统计中心、服务业统计中心 2 个科室。2015 年，增设统计法规服务中心 1 个科室。截至 2018 年，胶州市统计局内设综合科、国民经济核算统计科 2 个行政科室，城乡统计中心、工业统计中心、能源与资源统计中心、统计普查中心、数据管理中心、人口和社会科技统计中心、服务业统计中心、统计法规服务中心等 8 个事业科室，行政编制人员 9 人，事业编制人员 30 人。

二、统计报表制度及方式

（一）工业统计

党的十一届三中全会以后，工业统计得到恢复和加强，随着社会主义市场经济体制的建立健全，工业经济快速发展，工业统计方法制度也在不断变革和完善，形成了包括投入、生产、消耗、销售、科技活动和经济效益评价等在内的比较完整的工业统计报表指标体系。

20 世纪 80 年代初—90 年代初，胶州市的工业统计以生产统计为主，注重产值、产品产量和生产能力，主要以工业生产报表为主。统计口径是以国有和集体为主的独立核算乡及乡以上工业企业，在年度统计中对村办企业的几个基本指标分大类进行统计，同时对城乡个体户和其他类型企业进行简单统计，统计口径上比较注重经济成分划分。

1992 年，胶州市统计局建立工业经济效益指标月报制度和工业经济效益考核指标体系，工业统计由生产统计转向生产经营统计。随着财务、税收制度的变化，经济效益主要指标月报改为工业企业主要经济指标月报，确立了生产统计和效益统计并重的格局。此外，随着社会各界对节能降耗、自主创新工作的日益重视，工业统计内容有了很大拓展，增加了能源统计和重点企业科技活动情况统计等报表制度。

1994 年，按照国家统计局的统一部署，胶州市统计局成功组织实施了农业、工业、批发零售贸易业、建筑业等 8 个"一套表"报表制度。按照新税制的要求，结合新的工业统计指标体系，对工业经济评价指标做了相应的调整，对推动全市工业经济由速度型向效益型转变起到了积极的作用。

1996 年，胶州市统计局出台《关于严格执行工业总产值统计新规定的通知》，针对工业总产值计算原《规定》的缺陷进行了修订。1998 年，市统计局按照国家统计局规定，将工业统计范围划分为规模以上和规模以下两部分，将全部国有和年主营业务收入 500 万元及以上的非国有企业定为"规模以上工业企业"，实行全面月度调查；年主营业务收入 500 万元以下的非国有企业定为"规模以下工业企业"，按季进行抽样调查。

2003 年，胶州市统计局完成了规模以上工业企业摸底调查、新材料和海洋产业调查。2004 年，市统计局在全部规模以上工业和规模以下工业企业抽样调查中成功推行青岛内部网联网直报，统计方式由传统的上门报送纸介质报表转变为在线直接报送，实现了质的飞跃。2005 年，市统计局在进行《工业企业高新技术产品概况》调查季报制度的同时，增加新的监测指标——高新技术产业产值占规模以上工业总产值比重，加大高新技术产业发展的监测力度。2007 年，"规模以上工业"统计范围变更为"年主营业务收入 500 万元及以上"，年主营业务收入 500 万元以下的国有企业不再纳入"规模以上工业"统计范围。

2009 年，胶州市统计局改革规模以上工业增加值数据计算方法，正式实施工业企业成本费用调查，调查范围是全部大中型工业企业和部分规模以上小型工业企业；规模以上工业能源统计由季报改为月报。2011 年，规模以上工业统计范围变更为"年主营业务收入 2000 万元及以上的工业企业"；市统计局开始试点国家一套表联网直报平台系统。2012 年上半年，市统计局实行青岛内网联网直报和国家统计局"一套表"双轨制，至半年报时完成

并轨，海洋经济统计纳入调查。

2013 年，胶州市开始实施对规模以上工业企业的景气调查。2013 年下半年起，国家统计局在工业数据发布中不再使用"轻工业""重工业"分类，而以采矿业，制造业，电力、热力、燃气及水生产和供应业分类代替。2014 年，战略性新兴产业调查纳入统计范围；规模以下工业抽样调查中的国家样本从年报开始纳入国家联网直报平台，县级样本数据仍由青岛联网直报平台报送。

2016 年，胶州市统计局新增工业企业营改增情况调查问卷。2017 年—2018 年，胶州市统计局着重加强对海洋产业、高技术产业、"956"产业及"一业一策"相关产业的统计监测力度，偏重于经济结构变化指标的发布，以充分反映新旧动能转换成果。

（二）贸易统计

1. 贸易统计总体情况

1979 年，胶州市增加商业网点、饮食业和服务业网点统计。1980 年后，增加工业商品零售、重点商业企业经济效益、社会集团消费品分类零售额月报和餐饮业零售额指标，实行利用外资、对外贸易、海关、对外承包工程和劳务合作、旅游统计制度。1990 年后，将对

外贸易、物资供销业纳入贸易统计，实行小型批发零售贸易企业抽样调查，企业划分规范为限额以上和限额以下；增加商品交易市场、餐饮业基本情况和商品销售情况年报，餐饮业销售情况月报，实行开发园区统计制度。2000年，建立黄金周旅游统计。2002年，开始试行企业统计资料联网传输方式报送基层统计数据。2003年，增加连锁零售业和餐饮业门店统计。2004年，贸易统计由"条块结合"的统计方法改为"属地统计"，增加世界500强在青投资企业主要经济指标、私营企业和个体工商户生产经营情况统计。2004年，胶州市开展第一次经济普查，年报除《批发零售贸易业、住宿餐饮业网点、人员情况》报表外，其他均由定期报表代替。2005年，住宿业从其他行业调整到住宿餐饮业中，新增加星级住宿业统计，批发零售贸易统计中取消《限额以上批发零售贸易企业商品销售数量》季度报表。2006年开始，住宿业统计标准由限额以上住宿业更改为星级住宿业。

2009年，胶州市统计局调整批发和零售业、住宿和餐饮业统计限额标准，将年销售额调整为年主营业务收入。2010年，将批发和零售业、住宿和餐饮业法人企业更改为按法人经营地原则统计，即按法人企业主要经营活动所在地进行统计。2012年，将《批发和零售业、住宿和餐饮业统计报表制度》拆分为《批发和零售业统计报表制度》（制度代码E)和《住宿和餐饮业统计报表制度》（制度代码S)；一套表联网直报系统上线，双轨制报送方式与原久其报表数据处理系统一并运行。

2013年开始，胶州市统计局取消批发和零售业、住宿和餐饮业重点企业原渠道联网直报系统，正式全面实行一套表联网直报。2013年，取消了产业活动单位基本情况（101—2表），限上批零住餐销售（营业）额不再包含限上个体数据。2015年，增加城市综合体年报报表制度。

2016年5月开始，胶州市统计局重新将限上个体数据纳入限上批零住餐销售（营业）额统计中。2016年一季度，增加主要行业生产经营景气状况调查表（XI501）季报；5月，增加企业接受政府部门检查情况调查问卷（XI502）月报。

2017年，胶州市统计年报增加"主要业务活动收入"（108表），取消"电子商务交易平台情况"（209表），将其纳入新建的《互联网经济统计报表制度》。2018年，定报只有个别指标的增减变动，没有大的变动。

2.限额以下批发零售贸易、餐饮业抽样调查

1994年，胶州市统计局按照国家统计局要求，对小型批发零售贸易业、餐饮业企业进行抽样调查试点工作，将调查范围扩大到个体单位。1995年，胶州市以批发零售贸易业、餐饮业调查方法的改革为突破口，试行对小型企业的抽样调查。按年销售额排位分层等距抽样的独特方法，对大中型企业（单位）进行全面调查，对大量的小型企业（单位）进行抽样推断，为全国、全省批发零售贸易业、餐饮业抽样调查改革积累了经验。

2002年10月，胶州市制定全面抽样调查方案，对全市范围内的限额以下批发零售贸易业、餐饮业企业（单位）和个体户进行抽样调查。2004年—2005年，根据国家统计局统一部署，免报限额以下贸易业抽样调查月报数据，相关数据以第一次全国经济普查数据为准。2006年，对限额以下批发和零售业、星级以外住宿业和限额以下餐饮业及个体户实施抽样调查。2011年，限额以下抽样调查由月报改为季报。2018年，胶州市统计年报取消"限额以下批发和零售业样本单位基本情况"（E108表），定报取消"限额以下批发和零售业

样本单位调查表"（E204—4 表）。

（三）服务业统计

2006 年，胶州市开始开展服务业定期调查，限额以上单位实行全面统计，限额以下单位进行抽样调查，共调查法人单位 110 家，个体户 733 户。

2011 年，胶州市开始实行青岛市服务业统计基层调查制度，调查范围是除批发、零售、住宿、餐饮及房地产开发以外的服务业限额以上单位和限额以下及个体户样本单位，报告期别为 1—5 月份、1—8 月份和 1—11 月份。

2012 年，胶州市服务业统计调查制度初步建立。2013 年，胶州市统计局全面开展服务业统计工作，重点服务业企业调查制度纳入一套表联网直报范围，确定了重点企业调查标准，根据《服务业重点企业统计报表制度（试行）》，在对重点企业单位核查的基础上，采用与企业"一套表"国家联网直报软件平台相一致的数据采集系统。基层定报表的报告期为 1—2 月、1—5 月、1—8 月和 1—11 月。

2014 年，服务业统计调查更名为规模以上服务业企业调查，纳入了经济普查方案，调查范围为年营业收入额 1000 万元及以上，或年末从业人员 50 人及以上服务业法人单位。胶州市统计局进一步推进服务业统计调查工作，下调居民服务、修理和其他服务业以及文化、体育和娱乐业 2 个行业门类统计标准为 500 万元，扩大调查范围。

2017 年，为了解互联网经济发展有关情况，胶州市统计局新增了互联网经济统计报表制度，包含信息化和电子商务应用情况、电子商务交易平台非四上法人单位基本情况、四众平台基本情况和重点互联网平台基本情况等 4 张年报表，及电子商务交易平台情况，重点互联网出行、医疗、教育平台基本情况，合约类电子交易平台情况等 5 张基层定报表。

（四）固定资产投资、房地产与建筑业统计

1. 固定资产投资统计

1980 年，基本建设统计扩大到全社会，改为固定资产投资统计，并建立全民所有制单位更新改造措施统计报表制度，固定资产投资统计综合年报有 12 种。1985 年，增加国家重点建设项目直接报告制度和全部建成投产大中型项目报告制度，年报实行电子计算机超级汇总，固定资产投资统计年报共有《按国民经济行业分的基本建设项目个数和投资》等 23 种。1990 年，综合年报改为《基本建设大中型项目一览表》等 3 种。

1991 年，固定资产投资统计有综合、定期报表13种。其中月报有《基本建设投资统计表》等8种；季报有《其它固定资产投资统计表》等3种；半年报有《城镇集体固定资产投资统计表》等2种。1992年，胶州市建立农村集体5万元以上固定资产投资项目统计。1997年，固定资产投资统计起点由计划总投资5万元以上调整为50万元及50万元以上。2003年，年报综合表设有《基本建设投资完成情况》等7种。2004年—2005年，年报综合表整合到《城镇和工矿私人建房情况》等3种。2011年，固定资产投资统计起点由计划总投资50万元及50万元以上调整为计划总投资500万元及500万元以上的城镇和农村各种登记注册类型的企业、事业、行政单位及个体户进行的建设项目。

2015 年 3 月，固定资产投资统计制度方法改革试点正式展开，新老统计制度"双轨"运行。一是投资统计的调查对象由项目转变为法人单位；二是投资额计算方法由形象进度转变为财务支出。调查对象包括"一套表"范围法人单位、抽样小微企业、其他有亿元以上在建项目的法人单位；新设

立《联网直报法人单位非金融资产投资情况表》《亿元以上在建项目基本情况表》《小微企业非金融资产投资情况表》《其他有亿元以上在建项目的法人单位基本情况表》；报送方式由统计部门逐级汇总上报改为通过"一套表"联网直报平台上报。

2016年3月，固定资产投资统计制度方法改革新试点正式展开，新老统计制度"三轨"运行。一是将计划总投资5000万及以上的固定资产投资项目，从逐级汇总转变为联网直报，所有项目报表均依托于法人单位上报，通过申报基本单位名录库管理，纳入国家统一的联网直报平台；二是建立非金融资产投资调查制度，统计联网直报范围内所有的规模以上工业、房地产开发、资质内的建筑业、限额以上批零住餐业、规模以上服务业和其他有5000万元以上投资项目的法人单位，在报告期内（每季度）在非金融资产领域（包括购置固定资产和无形资产）的财务支出情况。新制度改革了数据采集方式，计划总投资500—5000万元的项目，通过中国投资信息管理及监测系统按月采集数据；计划总投资5000万元及以上的项目，通过中国统计联网直报门户月度报送；"一套表"联网直报范围内的所有规模以上工业、房地产开发、资质内建筑业、

限额以上批零住餐业、规模以上服务业和其他有5000万元以上投资项目的法人单位，通过中国统计联网直报门户按季度报送"非金融资产投资情况表"。

2018年3月，固定资产投资统计制度方法新改革正式展开，投资统计制度"双轨"运行，计划总投资5000万及以上的固定资产投资项目仍采用形象进度法计算投资额；计划总投资500—5000万的项目采用财务支出法计算投资额。

2. 房地产统计

1993年，胶州市开始建立房地产开发统计制度，固定资产投资统计报表制度中增加《商品房建设投资统计表》月报。1994年，《商品房建设投资统计表》改为《房地产开发投资完成情况》。1999年，增加《房地产开发经营情况表》，主要反映房地产企业的资产、负债及损益情况。2003年，房地产开

发综合年报包含《房地产开发投资完成情况》《房地产开发经营情况表》。同年，全市房地产开发企业中全面推行分项目、按地域统计，报表通过网络直报。2004年，房地产开发统计随同全国第一次经济普查进行。2005年，房地产统计沿用2003年的统计报表和报表报送方式，在《房地产开发企业（单位）施工、销售和空置情况》报表中增加了商品房销售8个指标，为国家加强房地产宏观调控提供依据；在《房地产开发企业（单位）投资、资金和土地情况》报表中增加煤、成品油、燃气、电力、水指标的统计，加强了房地产业能源消耗统计。

2012年，房地产调查定报正式实施"企业一套表"。2015年，房地产定报新增《联网直报法人单位非金融资产投资情况表》。2016年，房地产定报《联网直报法人单位非金

2018年1月，全市房地产业、建筑业统计年报会在行政服务中心东楼举行。

融资产投资情况表》改为半年报。2017年，房地产取消《联网直报法人单位非金融资产投资情况表》。2018年，房地产年报新增《固定资产投资项目情况表》。

3.建筑业统计

1983年，胶县开始执行建筑业统计报表制度。1985年，建筑业综合统计年报共有《主要经济效益完成情况》《建筑业生产完成情况一览表》等17种。1990年，胶州市建筑业统计开始实行电子计算机超级汇总。1993年，建筑业统计纳入"一套表"统计制度，年报表有《建筑业企业基本情况表》《建筑业企业生产情况》等9种。

1994年，建筑业统计报表制度重新修订，废除"一套表"制度，改为主要反映建筑业企业自身的生产经营情况，年报综合表改为《建筑业企业生产情况》等4种。1998年，综合年报增加《建筑业企业建筑材料消耗情况表》，取消《附营建筑业施工单位生产情况》报表。2002年，综合年报增加《劳务分包建筑企业生产经营情况》报表，取消《建筑业企业建筑材料消耗情况表》。2003年，建筑业综合统计表改为《建筑业企业生产情况》《建筑业企业财务状况》等4种。2004年，建筑业统计纳入全国第一次经济普查，以普查代年报。2005

年，《建筑业企业生产经营情况》报表中增加煤、成品油、燃气、电、水指标，建立建筑业能源消耗统计。

2012年，胶州市建筑业调查定报开始正式实施"企业一套表"。2015年，建筑业定报由季报改为月报，新增《联网直报法人单位非金融资产投资情况表》。2016年，建筑业定报改为季报，取消《劳务分包建筑业企业生产经营情况表》，《联网直报法人单位非金融资产投资情况表》改为半年报。2017年，建筑业取消《联网直报法人单位非金融资产投资情况表》。2018年，建筑业年报新增《固定资产投资项目情况表》。

（五）劳动工资统计

20世纪50年代，全国开始实行劳动工资统计制度。20世纪50年代—80年代，胶县劳动工资统计范围为城镇集体以上单位，主要统计全民和城镇集体职工人数和工资。1990年—2004年，统计范围扩展为城镇非私营单位，统计对象为全民、集体、其他所有制经济单位（包含股份合作、联营、有限责任公司、股份有限公司等内资企业，港、澳、台商投资和外商投资），不包括乡镇企业、私营单位和个体工商户。

2005年—2007年，劳动工资统计范围增加了"三上"私营企业（即规模以上工业，资质以上建筑业、房地产业，限额以上批发零售业和住宿餐饮业中的私营企业）。2007年，增加了其他私营单位，19人及以下的单位采用典型调查，20人及以上的单位进行抽样调查。

2008年之后，劳动工资统计制度分为城镇非私营单位和私营单位。非私营单位调查范围不变，私营单位调查范围为采用企业一套表单位（即"四上"企业，统计范围是辖区内规模以上工业，有资质的建筑业、全部房地产开发经营业，限额以上批发零售业和限额以上住宿餐饮业、国家重点服务业和省级服务业）全面调查，其他非一套表私营单位100人以上全面调查，20—99人抽样调查，19人以下典型调查。但全面调查和抽样调查分别实施，数据没有合并使用，且抽样的县级数据没有代表性，不能推算总体，不能对外公布使用。

2009年以来，随着投资主体日益多元化，全市多种经济成分共同发展，劳动工资统计范围越来越广，涉及的单位不仅包含了工业、建筑业、房地产、批发零售、住宿餐饮、服务业等行业，而且包含了所有非私营单位和抽样调查单位。2009年—2018年，胶州市统计局在改进统计调查方法、创新工资统计制度方面做了很多实质性工作，在实施企业劳动工资电子台账、进行工资中位数调查等方面进行了有益探索。同时，在全球互联网浪潮下，市统计局充分利用各种现代化互联网工具，在确保数据安全的基础上实行无纸化办公，优化直报网络流程，在"数字胶州"微信公众号上向报表单位提供报表下载制度。到2018年底，劳动工资统计业务已经彻底消除了纸介质上报方式，为更好服务企业打下了坚实基础。

三、统计服务

为使社会公众了解经济建设和社会发展情况，胶州市统计局通过广播、电视、报刊、网络等传播媒介公布了大量统计信息资料，主要内容有年度国民经济和社会发展统计公报、统计年鉴，以及各种普查统计资料、进度统计资料和统计信息等，统计工作逐渐开始为社会公众提供服务。

（一）统计服务起步

1.编撰统计资料

改革开放初期，统计服务主要是编写统计资料和提供统计数据。20世纪80年代初，胶县统计局每年编印胶州市国

民经济统计资料，并整理完善新中国成立后历年统计资料，但统计资料信息服务范围相对狭小，每年仅印制100本左右，需编号领取，仅作为统计系统内部和各级领导、相关部门查询使用。1987年开始，胶县统计局每年编印发行《胶州市国民经济和社会发展统计资料》，在丰富经济发展资料的同时，增加了社会发展统计资料，统计服务职能首次得到强化。1990年，胶州市统计局首次对外发布《1989年胶州市国民经济和社会发展统计公报》，之后每年发布一次，为科学决策提供了有力参考。1993年开始，每年编印发行《胶州统计年鉴》，系统记载上一年度及重要历史年份中胶州市国民经济和社会发展情况，内容包括综合、人口、劳动力、农业、工业、运输、邮电、固定资产投资、建筑业、国内贸易、外经外贸、财政、金融、保险、城市建设、环境保护、文教、卫生、体育、人民生活等方面，全方位地反映了胶州市及各镇（街道）取得的丰硕成果，为各级领导实施科学决策，为社会各界了解胶州、投资胶州提供了权威翔实的资料，为企业和普通民众提供权威、准确的统计服务。《胶州统计年鉴》以完整翔实的资料、丰富精彩的画面和高质量的印刷赢得了社会各界的好评，并多次

在青岛评比中获奖。

2.开展信息交流

20世纪80年代后期，胶州市统计局开始开展信息交流，以更加开阔的视野提升统计服务水平。1988年前后，胶州市与上海青浦县等全国十余个县市建立了信息交流机制，每月印制《统计简报》以邮寄的方式进行交流。1991年起，胶州市统计局开始参加国家统计局组织的全国大中城市郊区县市统计信息交流活动，并每年参加交流年会，交流统计信息和统计工作。

（二）服务水平提升

20世纪90年代中后期，胶州市统计服务水平进一步提高，逐步构筑服务领导决策的统计分析机制，提出了"三三三"制统计工作方法，即"三分之一时间做统计报表、三分之一时间进行基层调研、三分之一时间写统计分析"，统计分析上升到统计工作的重要位置。

进入21世纪，每季度召开经济形势分析会成为胶州市统计局的惯例，各专业科室从本专业角度重点分析经济运行的特点、存在的主要问题和影响经济发展的制约因素等，并对全年经济发展指标进行预测分析。2004年11月，胶州市统计局撰写的分析《前三季度胶

州市十八大行业工资涨落不一不可忽视行业差距》一文，被胶州市委主要领导批示。2005年6月，胶州市统计局出台《2005年统计分析、信息考核奖励办法》，该考核办法涉及到每个科室，分析篇数按专业定量，完成任务得基本分，完不成任务扣分，被新闻单位采用的加分并按稿酬予以奖励。

胶州市统计局针对经济社会热点难点问题，逐步以专项统计监测加强服务职能。2003年5月，开展了"非典型性肺炎对居民生活的影响情况"的专题调查。同年，开展"经济大发展 统计怎么办"大讨论活动，加快统计改革与现代化建设步伐，促使统计工作更好地为经济发展服务；围绕"解放思想，干事创业，加快发展"这一主题，进一步加大统计分析力度，注重提高统计分析质量，牢固树立统计分析为经济建设服务的思想，围绕全市经济发展中的热点、难点和重点问题，认真进行分析研究，做到选准课题、找出问题、分析原因、提出对策，增强统计服务的针对性。

2005年是妇女儿童规划中期达标年，作为市妇儿工委的成员单位，胶州市统计局联合市妇联对搜集的指标数据进行整理核对，按期保质保量完成了统计监测任务。根据《青岛

市人民政府办公厅关于开展住房状况调查的通知》要求，胶州市政府专门成立住房状况调查工作领导小组，自2005年5月起全面开展住房状况调查工作，摸清了胶州市城镇居民家庭及外来人员居住和收入的基本状况，为科学制定住房建设发展规划和年度计划提供了翔实、可靠的依据，推动了全市住房建设和房地产业健康、有序发展。6月，为了理顺和规范卫生系统统计报表，改变卫生统计数据不全和民营医院不报表的状况，满足百强县考核、统计年鉴整理和国民经济核算的需要，胶州市统计局召集全市37家卫生单位的统计人员召开会议，布置卫生单位统计报表，并对主要指标做了详细的解释，以半年报的形式要求他们按时、准确上报。7月，根据市委组织部统一安排，市统计局负责撰写并圆满完成《回首30年——1949—1978年胶县国民经济和社会发展情况综述》一文，受到了有关领导的好评。

2006年，胶州市统计局结合新形势下统计工作的特点，围绕争创一流的业绩、提升一流的服务水平、树立良好的机关形象这一主线，深入开展创建统计服务品牌活动。

2008年，胶州市统计局作为创始单位加入环渤海县（市）

区统计信息交流协会，数据和信息交流更便捷高效。2009年，市统计局紧紧把握市场经济运行的脉搏，密切注意全市经济运行中的热点、难点和焦点问题，突出开展了专题调查研究。每季度召开一次统计分析交流会，取长补短，增强统计服务的针对性，共撰写统计分析32篇，专题分析10篇，提供各类统计信息100余条。

2011年被确定为统计系统"调查研究年"。胶州市统计局采用"统一领导、分级负责、上下联动、各方参与"的方式，扎实推进"调查研究年"活动。先后撰写完成《胶州市加快发展金融业情况的简析》《对提高服务业统计质量的几点思考》《胶州市战略性新兴产业发展状况调研报告》《企业一套表对"劳动情况"报表制度的影响》《胶州市农民收支两旺》等多篇质量高、水平高、操作性强、前瞻性强的调研报告，得到了有关市领导的高度重视和充分肯定，充分发挥了统计在宏观调控和经济社会管理中的基础性作用。

2013年，统计分析纳入全局重点工作，统计分析数量及质量全面提升。2015年，课题研究纳入全局重点工作，年初全员申报课题成果18篇，其中1篇课题成果获第十届山东省统计科研优秀成果奖课题类优

秀奖，1 篇课题成果入选中国统计学会主办的第十八次全国统计科学讨论会论文评选，2 篇课题研究成果分获青岛市统计重点课题评比（区市）一、二等奖；发表国家级论文 8 篇。2016 年，继续巩固课题研究成果，4 篇课题分析分别获得青岛市统计局 2016 年统计重点课题评比一等奖，青岛市统计局优秀统计分析评比一、二等奖，青岛市统计系统创新工作成果一等奖；8 篇统计分析获市主要领导正面批示，统计分析的决策参考价值大大提升。2017 年，2 篇统计分析蝉联青岛市统计局优秀统计分析评比一、二等奖；11 篇统计分析获市主要领导正面批示。9 月，《中国统计》杂志社来胶专访"最美统计人"，《中国统计》第 11 期大篇幅刊发《胶州统计果然是美的》专访文章。2018 年，市统计局探索提升统计分析服务新领域，与市政府研究室合作，每季度刊发"走在前列"和生产总值相关情况政府参阅件；建立分析报告评比会制度，每季度召开分析报告评比会，统计分析水平不断提高；2 篇统计分析继续蝉联青岛市统计局优秀统计分析评比一、二等奖，13 篇专题分析在《中国统计信息报》等刊物刊发；编印了《新时代的胶州统计——十八大以来主要统计成果汇编》，收录了

党的十八大以来胶州市统计局在国家级刊物发表的大部分文章及课题研究、"最美统计人"先进事迹等，增强了统计队伍凝聚力。

（三）实现创新发展

2012 年底，在全国统计工作会议上，国家统计局提出"统计部门必须加快建设面向统计用户、面向统计基层、面向调查对象的现代化服务型统计"，统计工作开启了一个新的历史发展阶段。2012 年，胶州市统计局利用广播、电视、报刊等新闻媒介向社会发布全市经济社会发展统计分析和公报；先后撰写完成了具有一定参考价值的调研报告 20 余篇，统计分析 35 篇，统计专报 13 期，为各部门、社会各界提供统计数据、统计资料 300 余次，其中撰写的《一季度全市经济发展实现开门红》等被胶州市委主要领导批示。

2013 年 6 月开始，胶州市统计局每月编印发行《统计月报》，撰写统计分析 20 余篇，印发《统计快报》《统计专报》等 31 期；深入工业、服务业、贸易等 7 个行业近千家企业调研 300 余次，形成专业分析 14 篇，为 20 余家小微企业扶持项目进行资格认定，为 10 余家企业品牌申报提供信息服务，实

现从单纯报表型向企业服务型转变；公开统计服务热线，建设统计工作网站，在《金胶州》开辟专版，解读统计数据，回应民众咨询，共分期分类解读统计知识 200 余条，答疑 300 余次，让统计数据服务于民；将青岛大学作为胶州市统计干部培训基地，委托青岛大学培训统计人员，提升统计干部队伍整体素质。2013 年共撰写 200 多篇统计信息，被省统计局网站采用 13 篇，被国家统计局网站采用 2 篇，实现历史性突破。

2014 年 3 月，为深入开展党的群众路线教育实践活动，践行"开门统计、为民服务"理念，胶州市统计局首次上线参与"行风在线"栏目，向全市人民介绍统计局职能、统计业务工作以及正在进行的第三次经济普查等，向参与第三次经济普查的全市 1700 多名普查员及支持、参与普查的社会各界表示感谢，呼吁调查对象理解、支持、配合普查工作，并就统计数据的来源、公众对统计数据的质疑等问题与听众进行互动交流。2014 年，胶州市统计局撰写的《拥抱"大数据"加快城市转型创新》一文引起胶州市委、市政府主要领导的高度关注，以《参阅件》的形式在市级领导班子中传阅，并在市直各部门、各镇（街道）

中广泛转发。2014 年，胶州市开通"数字胶州"微信公共服务平台，成立微信编辑部，专门负责统计微信信息编辑及推送工作情况，为打造现代化服务型统计建设奠定了基础。

2014 年 12 月 8 日，胶州市统计局印发第一期《数情速递》，内容涵盖地区生产总值、工业、投资、贸易、服务业、财税、金融、居民生活等方面 26 项指标的预计完成情况，主要体现一个"快"字，旨在为市级领导和相关部门提供第一手数据资料，为经济运行决策提供有力的数据支撑。胶州市统计局深入拓展"数情民意"品牌内涵，以丰富统计产品为抓手，创新统计服务模式，创造性开展工作，服务型统计建设再上新台阶。此外，还先后创新开发了《统计快报》《统计月报》数据手册、《统计专报》等统计产品。充分利用统计信息网络和"数字胶州"统计微讯、手机短信、电视、报纸、互联网等渠道，发布各项统计数据和信息，在发布国民经济社会发展整体情况数据的基础上，优化产业结构调整，细化行业发展情况、企业经营效益、企业用工工资、横纵向对比等数据，有效指导行业、企业发展及微观经济活动；加大教育医疗、城镇化、居民收入、环境资源等民生数据的发布力度，更好服务社会大众。

2015 年，《统计快报》更名为《胶州统计》，并增加了企业彩页和企业风采栏目，为企业宣传提供了良好的平台。胶州市统计局规范数据管理和发布，制定和完善了《统计数据发布、提供和使用制度》《镇（街道）统计数据反馈制度》《部门统计信息交流协调机制》等业务管理制度，加强数据搜集、整理、发布使用等节点控制，积极做好日常统计数据的搜集、整理、汇总和分析工作；及时发布月度、季度、年度统计数据，发布年度国民经济和社会发展统计公报，编辑发行《胶州统计年鉴》。在此基础上，注重以提高服务质量和效率为中心，不断创新统计产品，充分发挥统计的晴雨表、信息窗、参谋部作用，全力打造现代化服务型统计"升级版"。同年，课题研究纳入全局重点工作。年初，全员申报课题 18 篇，召开课题开题报告会，筛选出 2 篇课题，组织课题团队重点推进。12 月初，召开结题报告会，邀请专家"把脉"，及时总结经验、提炼成果。课题《开发利用大数据 助力智慧城市建设》获第十届山东省统计科研优秀成果奖课题类优秀奖；《抢搭"互联网+"快车 构建县域统计新格局》入选中国统计学会主办的第十八次全国统计科学讨论会论文评选，获青岛市统计重点课题

评比（区市）一等奖，并在同级城市中唯一获邀参加十八次全国统计科学讨论会；《建设城市级物流信息平台 打造半岛物流中心、金融中心建议》获胶州市政府主要领导肯定，并作为政府重点项目立项实施，为科学决策提供有力参考；发表国家级论文 8 篇，相关经验做法受到国家统计局数据管理中心等各级领导高度评价。

为加强经济运行情况的预测预警，做好趋势性分析，胶州市统计局于 2015 年建立了主要国民经济指标动态监测制度，每月初以《数情速递》的形式报送市领导及各相关部门，同时，对当前经济运行和增长速度变动情况展开深度分析，以《统计专报》的形式报送；认真贯彻执行国务院办公厅转发国家统计局《关于加强和完善部门统计工作的意见》，建立"部门统计联动机制"，强化了部门统计工作，统计服务水平得到有效提升。

2015 年，胶州市统计局在服务发展大局上实现新突破。一是做好胶东国际机场建设前期征迁补偿标准测算工作。胶东国际机场建设被列入国家"十二五"发展规划和中国民用航空局"十二五"发展规划，是胶州市头号工程，仅一期建设征迁就涉及辖区内 10 个村庄，总人口 13145 人。为顺利推进

胶州市统计局历年来编印的《胶州统计》资料

胶东国际机场建设前期征迁工作，合理确定农村住房征迁补偿标准，胶州市统计局积极与高校合作，委托中国人民大学竞争力与评价研究中心，通过对北京（大兴区）、西安（咸阳市渭城区）、郑州（新郑市）、武汉（黄陂区）等4个样本城市征迁补偿标准和有关数据分析对比，完成胶州市征迁补偿费的科学测算，并由中国人民大学竞争力与评价研究中心出具正式测算报告。同时，撰写了测算报告解读、测算结果比较、群众生产生活需求分析、如何最大程度提升征迁群众幸福感等方面的汇报、报告材料10余篇，为征迁工作的顺利完成提供了有力的数据保障。二是加强数据分析，为"十三五"发展目标的确定提供重要参考依据。根据中郡研究所发布的《2015县域经济发展报告》，胶州市在全国百强县中排名第19位，市统计局通过对胶州市及前10强的11个县市2014年相关数据的比较分析，按照"保持优势指标，拉长短板指标，综合实力进入全国前十"的总体思路，分析了胶州市综合实力进入全国前十的各项主要指标需要完成的目标，并从推算结果以及未来胶州市发展潜力分析，得出各项目标任务完全可行的结论，并提出了有效的发展建议，得到市委主要领导高度认可。

2016年，胶州市统计局围绕市委、市政府和社会公众对统计信息的需求，健全统计信息咨询中心职能，规范统计服务标准、服务流程，发挥窗口作用，实行统计咨询"一站式"服务和"限时办结"，统一受理、统一回复、统一出具相关证明材料，对弱势群体等开辟绿色通道，提供全方位服务；及时汇总公众咨询需求，以此为依据完善统计产品发布的内容和范围，把握新变化、满足新需求；以企业需求为导向，主动加强与企业的沟通对接，了解企业发展需求，为企业提供行业数据、上下游产业数据等"点对点"信息订制服务，为企业在结构调整、转型升级、开拓市场、技术研发等方面提供必要的信息支撑；在每月印发的《胶州统计》封面、封底免费为企业刊登广告，开辟"企业风采"栏目宣传企业发展情况，为推动企业开拓市场、优化管理提供了有力的数据支持。此外，市统计局在已有统计监测体系的基础上，建立"部门统计联动机制"，制定《全市经济运行实时监测制度》，以经济增长月度变动趋势监测为核心，对主要经济指标实时监测，建立"稳增长、调结构、转动力、惠民生、走在前列"五大监测体系，建立测算模型，系统监测经济社会发展相关指标，实时监测各行业、重点企业发展对经济增长趋势的影响，对趋势性、苗头性问题及时分析、及时反映，有效服务领导决策。

2017年，胶州市统计局完

善月度 GDP 变动趋势监测体系，联合各职能部门建立全市经济运行实时监测体系，形成以发改局牵头月度调度通报、统计局收集整理分析和提供资料、各主管部门实施行业管理的工作体系，对全市经济运行情况进行实时监测，及时预判经济发展走势，为领导决策提供科学客观的意见建议；围绕"十三五"步入全国 10 强的发展目标，完善"走在前列"指标监测体系，对全国 20 强、全省 10 强同级县市进行定期跟踪监测。通过横纵"双向"对比，助力胶州加速实现从"跟跑者"向"领跑者"转变、迈入全国 10 强预期目标。同年，市统计局率先探索与中国物流与采购联合会采购与供应链管理专业委员会合作，研究建立供应链指数体系，反映胶州市物流及相关产业发展水平，有效服务宏观决策和企业经营，指导胶州三次产业发展。在此基础上，供应链指数体系研究基本成型，发布了第一期供应链发展指数统计结果分析报告。此外，市统计局不断扩大"数字胶州"微信公众号影响力，第一时间向社会公众提供统计信息，"数字胶州"在 4 月首次入围全国榜单后，6 月排名达到全国第 20 位；依托自建的统计综合管理平台建立可视统计板块，对经济社会指标分区域、时间以

各种动态图形进行可视化解读。

2018 年，胶州市统计局对"走在前列"指标监测体系进行精炼，对全国 10 强、全省 10 强同级县市进行定期跟踪监测，并与市政府研究室合作，每季度推出"走在前列"政府参阅件，大大提高统计服务水平和范围；建立分析报告评比会制度，每季度召开分析报告评比会，以 1 年打基础、2 年提质量、3 年出精品为目标，坚持报告及时、数据准确、分析深入的原则，按照调查、调研、撰写、解读、讨论、修改、定稿、提高的路线图，全面提升统计分析质量。同年，市统计局初步完成供应链指数体系研究，在此基础上开发供应链线上统计分析平台，实现相关统计数据指标的线上填报、收集和季度指数的线上自动计算，逐渐完善各类专项供应链发展指数和分析成果，按季度发布胶州市供应链指数和评价报告。8 月，成功举行供应链指数研究体系成果鉴定会，国家统计局在胶州开展现代供应链统计研究试点工作。10 月，召开供应链指数研讨会暨胶州市供应链发展指数发布会，发布了全国首个供应链发展指数。此外，市统计局围绕五大发展理念，发布了适用于县市级的《基于系统学的高质量发展指标体系构建及实证研究报告》，对经济社会发展情况

进行监测，为政府决策提供参考依据；与青岛大学经济学院合作，开展适用于县级的高质量发展评价指标体系研究，选取统计指标，对经济社会发展情况进行监测，为政府决策提供参考依据，有力推动了胶州市经济社会高质量发展。

四、统计基层基础工作

改革开放初期，胶县没有专门的乡镇统计机构。1958 年，农村人民公社成立。到 1965 年，大部分农村人民公社配备了专职统计人员。1986 年，山东省政府办公厅下发了《关于建立健全乡镇统计站的通知》，乡镇统计站得到了快速发展。到 1990 年，胶州市所有乡镇（街道）全部建立起实体型统计站，并按编制配备了 2—3 名专（兼）职统计人员，实行独立办公。

1993年，受到县乡机构改革影响，大部分乡镇统计站被撤并，没有机构、人员不足。1998 年，第四次省政府常务会议做出了建立健全乡镇统计站的决定，乡镇统计站逐步得到恢复。2001 年，县乡两级机构改革，根据《青岛市乡镇党委机构改革实施意见》和《青岛市乡镇事业单位机构改革实施意见》部署，胶州市的镇（街道）统计站多数撤并到经管统计审计中心，设1—2人负责统

计工作。

2003年，胶州市政府下发《关于在全市成立经管审计统计中心的实施意见》，率先建立联合型统计站，受到了省市统计机构领导的高度重视。2009年，全省统计基层基础工作现场会在胶州市召开。胶州市大胆开展实体型统计站创建工作，到2010年，全市所有镇（街道）全部建立了实体型统计站，实现了历史性的突破。

2013年，根据青岛市《统计基层基础三年规划（2013年—2015年）》的工作要求，胶州市各乡镇（街道）统计站全部实现了内部联网，明确了办公场所及专职统计人员；推行统计继续教育，统计人员持证上岗率达到了95%以上。12月，青岛市统计基层基础建设现场会在胶州市召开，青岛市局领导对胶州市统计工作的创新与亮点给予高度评价，《中国统计》杂志记者专程来胶州采访。胶州市统计局被评为2013年度省级先进单位。

2014年为全市统计基层基础建设规范年，按照《山东省示范化乡镇统计站建设标准》要求，胶州市设立统计基层基础建设专项基金，青岛市、胶州市和镇（街道）三级财政按照25万元、15万元、10万元的标准，共出资50万元；加强统计培训教育，实行"局校合作"

等形式，建立镇（街道）、"四上"单位统计人员轮训制度。市政府研究确定，将各镇（街道）的统计基层基础建设情况列入全市近两年科学发展考核。《中国信息报》对胶州市的统计基层基础建设情况进行了采访。

2015年，胶州市以构建现代化服务型统计为主线，全方位打造"数情民意"服务品牌。在传统的实体型统计站基础上，突破"一刀切"模式，将统计、经贸融合，创建合署办公的"大统计"工作格局。中云街道、胶北街道先后被评为山东省乡镇统计站规范化建设先进单位、示范单位。全市117名镇（街道）统计人员中，专职统计人员79人，获得过省级以上荣誉称号的有64人。

2016年，胶州市统计局制定《统计人员诫勉约谈》制度，建立并推广使用胶州统计

综合管理平台，各统计站点与市局电脑终端、手机终端保持24小时工作联通，实现了"互联网＋"统计全面网络对接；投资近20万元为镇（街道）统计站配备了健身器材、工作桌牌、绿色植物、上墙制度牌等；开展大唱《胶州统计之歌》、统计知识竞赛和统计法规考试等活动；开展"一站点一特色"活动，其中阜安统计站的易初电子档案管理系统、胶东统计站的统计网格化服务下沉等创新工作得到了省有关领导的好评。

2017年，胶州市统计局全力打造县域统计"胶州模式"，制定下发《进一步加强统计基层基础建设的意见》《统计工作规范化建设管理办法》《关于加强统计网格员队伍建设的实施意见》等文件，建立统计约谈制度；4个镇（街道）被评为

2017年4月25日，铺集镇统计站举办现场观摩会。

山东省镇（街）统计站规范化建设先进单位，4 个统计站晋级为青岛示范统计站；制定涵盖 10 个专业的《胶州市统计数据质量管理办法》，印发包括九大业务板块的《县级统计业务工作流程汇编》，加强精品课题研究，相关做法得到《中国信息报》《中国统计》等媒体专题报道。

2018 年，根据山东省人民政府办公厅印发的《关于进一步加强统计基层基础建设的通知》（鲁政办字〔2018〕43 号）要求，胶州市下发了关于印发《胶州市统计人员变动备案制度》的通知（胶统字〔2018〕30 号）、《胶州市领导干部违规干预统计工作记录制度》（胶统字〔2018〕31 号）等文件；协调镇（街道）对 6 个统计站站长进行调整，全市 13 个基层统计单位共有 82 名统计工作人员，每个镇（街道）平均 6 人，全部达到数量要求；以市政府办公室的名义下发《胶州市统计信用体系建设实施方案》《胶州市统计信用等级评定实施细则》《胶州市统计信用等级管理办法》《胶州市统计信用等级自评评定核实表》等。

2018 年，根据《统计法》《统计法实施条例》和中央《关于深化统计管理体制改革提高统计数据真实性的意见》的相关规定，胶州市统计局在对浙江省统计中介机构充分调研、论证的基础上，尝试向社会购买部分统计设计、统计调查、统计分析、统计监督等统计服务，委托青岛睿邦统计代理服务有限公司代理部分统计业务，并鼓励镇（街道）购买统计服务。统计代理服务机构承办了供应链指数体系调查、营商环境调查、投入产出调查、限额以下企业调查、全国第四次经济普查部分工作以及三里河、胶北、李哥庄、胶西、里岔、九龙等 6 个镇（街道）的部分统计业务和开发区全部统计业务，有效缓解了报表企业上报不规范、基层统计力量不足等问题。

在推进统计基层基础建设工作中，胶州市相关经验做法多次被《中国信息报》《中国统计》《中国国情国力》等国家级媒体报道，吸引各地统计系统来胶学习交流，切磋协商。截至 2018 年底，共有省内外 48 个县区市 400 余人来胶交流统计工作。

五、统计法制建设

（一）统计普法

1983 年 12 月，全国人大常委会审议通过《统计法》，为胶县的统计法制建设提供了法律依据。1986 年起，胶县统计局在《青岛市统计"二五"普法规划》期间，利用多种形式广泛宣传《统计法》和《山东省统计管理条例》，举办《统计法》知识竞赛。1993 年 7 月，胶州市设立统计部门检查机构和专职检查人员。此后，胶州市每年集中进行全市统计执法检查。1996 年，胶州市统计局制定《胶州市统计"三五"普法规划》。

2001 年是"四五"普法规划年，胶州市成立"四五"普法办公室，不断加强普法骨干成员业务知识培训，全年共举办各类培训班 3 期，受训人员达 500 人次以上。2007 年，市统计局全面开展统计法制宣传和上岗培训工作，组织专业人员到基层单位进行统计法律知识宣讲，变"上门执法"为"送法上门"；继续开展统计登记和继续教育，并加强对调查单位的管理，做好继续教育和统计人员上岗培训，全年进行统计从业资格人员培训 150 人次，继续教育 580 人次。

2008 年，按照《青岛市统计法制宣传教育和依法治统第五个五年规划》《胶州市 2006—2010 年法制宣传教育和依法治市规划》《胶州市委关于认真组织实施〈2006—2010 年法制宣传教育和依法治市规划〉的通知》要求，胶州市统计局研究制定《胶州市统计局"五五"（2006—2010 年）普法规划》，并在全市统计干部队伍中开展了学法用法、依法行政、全方位依法治理统计工作的"五五"普法教育活动。

2011年，胶州市统计局根据《青岛市统计局关于印发〈2011—2015年山东省统计法制宣传教育规划〉的通知》及《胶州市法制宣传教育和依法治市第六个五年规划（2011—2015年）》的通知要求，结合统计调查工作实际，制定法制宣传教育和依法治统第六个五年规划。对全市各镇、街道和规模以上企业的2000多名统计人员，采取"以会代训"的办法，进行统计知识培训。同时，对全市1036家规模以上企业的统计人员进行继续教育和从业资格认定考核。

2013年，胶州市建立镇（街道）统计人员"双重管理"制度，依托"局校合作"，建立镇（街道）、"四上"单位统计人员轮训制度，实现统计人员持证上岗全覆盖；将每年12月定为"统计法宣传月"，加大统计法制宣传和统计执法检查力度；在《金胶州》开辟专栏，对新《统计法》及《统计违法违纪行为处分规定》进行解读；以《统计法》为抓手，严肃查处迟报、拒报、瞒报、虚报等违法行为。

2014年为"六五"普法第一年，按照全市的统一部署，胶州市统计局加强了法制宣传力度，制定了普法规划和年度计划，开展普法工作；开展统计从业资格和统计人员继续教育专项执法检查工作，组织新报名参加从业资格考试120人，继续教育学习548人，所有镇（街道）统计人员全部报名参加学习，"四上"企业取得统计从业资格人员达到80%以上。

2016年，胶州市统计局开展学法用法活动，先后举办了4次镇（街道）综合统计和大中型企业统计人员学习班；参加统计继续教育的人数达到400余人，对近200家企业开展了送法上门活动；加强统计执法队伍建设，组织了2名骨干参加行政执法培训及考试；每周五组织机关干部学习《统计法》等法律法规，培养一支复合型统计执法队伍。

2017年，胶州市统计局落实中央关于提高基础数据质量、遏制"数字上的腐败"的重要指示精神，开展"线上线下"统计法制宣传。在胶州统计信息网、政务网、"数字胶州"微信平台推送最新颁布的《中华人民共和国统计法实施条例》，扩大统计法制宣传面；结合"2017调查研究年"和第八届全国统计开放日活动，向调查对象和民众发放《统计法律法规宣传手册》。

2018年，胶州市统计局全面贯彻落实中共中央办公厅、国务院办公厅印发的《关于深化统计管理体制改革提高统计数据真实性的实施意见》，以市委、市政府名义印发了《胶州市关于深化统计管理体制改革提高统计数据真实性的实施意见》，明确了执法检查、责任追究、基层基础、部门统计、信用体系建设等9项重点任务，对14个相关部门加强统计工作提出了具体要求；印发《胶州市统计局领导班子及其成员防范和惩治统计造假弄虚作假责任制（试行）》，全面防范和严肃惩治统计造假、弄虚作假，保障统计数据质量；创新统计法律法规宣传形式，利用第九届全国统计开放日在全市12个镇（街道）开展《统计法》宣传漫画展，营造良好的统计法制氛围。

（二）统计执法检查

1984年起，胶县建立统计数字质量检查制度，每年3月份为数字质量检查月，对年报数字质量进行抽查；每年进行一、两次法规检查，重点查处严重违反统计法规和统计制度、虚报瞒报统计数字、打击报复统计人员的违法乱纪行为。

2008年7月，胶州市顺利迎接了青岛市统计执法检查工作。2012年，胶州市统计局先后到企业、村庄举办培训班

100多场，使全市1200多个"三上"企业统计人员全部进行了轮训，每月报表差错率不断下降，报表质量进一步提高。

2016年以来，胶州市统计局建立《统计执法责任制》，积极开展常态化统计执法检查工作，按"双随机一公开"原则抽取不少于30%的检查单位。2016年共检查"四上"企业54家，2017年抽查50余家，2018年抽查43家，并对检查结果进行了及时上传。

六、统计信息化建设

1994年，随着统计信息化发展的需要，胶州市统计局成立计算机室，专门负责网络、程序和服务器计算机设备等运营维护工作。2001年，计算机室更名为数据管理中心。

2013年，国家统一实行全国联网直报平台。为满足直报平台的运维需求，2014年5月，市统计局积极争取30多万元资金，新购置服务器4台、防火墙1台、数据存储1台，购置笔记本电脑20台和台式机16台，为每名工作人员配备了1部PDA；先后投入20多万元为12个镇（街道）统计站配备台式计算机、笔记本计算机、数码摄像机、数码相机和激光打印机等，满足了统计创新对信息处理的需要。

2014年12月，胶州市统计局安排专职人员负责信息化和数据安全管理，做好五级联网日常维护工作，镇（街道）统计站全部实行宽带接入和VPN加密转换，13条10M统计专线直通镇（街道）统计站，实现了统计业务的全内网运行，为系统网络传输、统计业务数据安全提供了保障。

2015年6月，针对制约基层统计的突出问题，胶州市统计局从加强信息化建设入手，研发了胶州统计综合管理平台，容纳当前统计系统除一套表以外的全部业务工作。其中的网状任务管理系统、自动考核系统、延时抄送系统、专业流程标准设计、垂直管理系统、电子名录系统、调查调度系统等8项均为系统内首创，得到了国家统计局数据管理中心等领导的大力肯定。平台通过建立任务管理、普查调度、数据展示和一体化办公四大系统，解决了基层统计站、统计数据调查、日常工作管理中存在的问题，全面提高统计能力、数据质量和统计工作科学化水平。平台经青岛市科技成果标准化评价，认定整体达到国内领先水平，先后迎接了省内外65个地（市）、区（县）统计局的考察调研，得到了国家统计局数管中心副主任、国家统计局设管司地方管理处处长、山东省统计局副巡视员等领导的充分肯定。2016年9月，山东省统计基层基础建设现场会在胶州召开，胶州市统计局围绕平台建设做了典型发言。

七、大型普查工作变革

改革开放以来，胶州市先后开展了人口普查、农业普查、工业普查、基本单位普查、第三产业普查、经济普查等大型普查工作，为各级政府制定规划、政策和决策提供了科学依据。

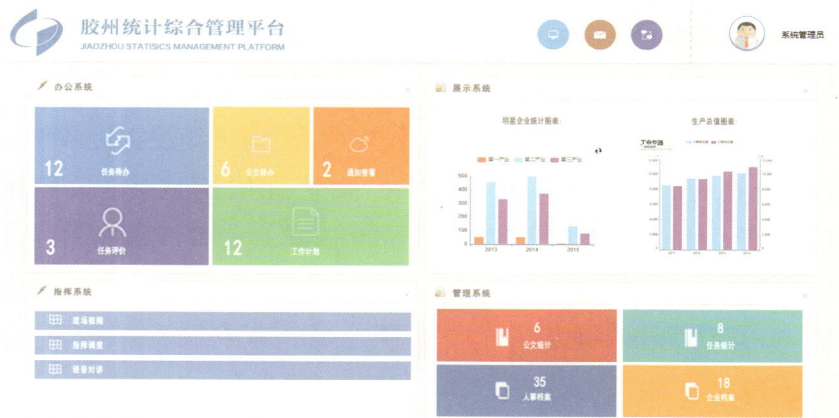

胶州统计综合管理平台界面

（一）人口普查

中华人民共和国成立以来，先后于 1953 年、1964 年和 1982 年举行过 3 次人口普查。根据《中华人民共和国统计法实施细则》要求，1990 年开始，全国人口普查改为定期进行，即每 10 年一次，在年号末位逢"0"年份举行。

1. 第三次全国人口普查

1982 年，胶州市开展第三次全国人口普查，普查项目增加到 19 项，首次使用计算机处理数据。第三次全国人口普查从 1982 年 7 月 1 日 0 时开始，历时 2 年。普查项目共 19 项，按人填报的项目有姓名、与户主关系、性别、年龄、民族、常住人口的户口登记状况、文化程度、职业、不在业人口状况、婚姻状况、生育子女数和存活子女总数、1981 年生育胎次等 13 项，按户填写的有户的类别（家庭户或集体户）、本户住址、本户人数、本户 1981 年出生人数、本户 1981 年死亡人数和有常住户口已外出 1 年以上的人数等 6 项。

2. 第四次全国人口普查

1990 年，胶州市开展第四次全国人口普查，登记的项目共 21 项，是历次人口普查调查项目最多的一次。与前三次人口普查采取的设立普查登记站的办法相比，此次人口普查改为主要采取普查员入户询问、当场填报的方式进行逐户、逐项、逐人登记。第四次人口普查从 1990 年 7 月 1 日 0 时开始，普查表有 21 项，其中按人填报项目为 15 项，即姓名、与户主关系、性别、年龄、民族、户口状况和性质、1985 年 7 月 1 日常住地状况、迁来本地的原因、文化程度、在业人口的行业、在业人口的职业、不在业人口状况、婚姻状况、妇女生育、存活子女数、1989 年 1 月 1 日以来的生育状况；按户填报的有 6 项，即本户编号、户别、本户人数、本户出生人数、本户死亡人数、本户户籍人口中离开本县、市 1 年以上的人数。

3. 第五次全国人口普查

2000 年，胶州市开展第五次全国人口普查，普查项目增加到 49 项，并首次采用光电录入技术，为经济社会进一步发展提供重要的人口依据。

第五次人口普查的标准时间为 2000 年 11 月 1 日零时，2002 年结束。普查表有 49 项，其中按人填报项目为 26 项，即姓名、与户主关系、年龄、民族、户口登记状况、户口性质、出生地、何时来本乡镇街道居住、从何地来本乡镇街道居住、迁出地类型、迁移原因，5 岁及以上的人五年前常住地，6 岁及以上的人是否识字、受教育程度、学业完成情况，15 岁及以上的人是否有工作、工作时间、行业、职业、未工作情况、未工作者主要生活来源、婚姻状况、初婚年月，15—50 岁妇女生育子女数、1999 年 11 月 1 日—2000 年 10 月 31 日生育状况；按户填报的有 23 项，即户编号、户别、本户普查登记人数、本户户籍人口中外出不满半年人数、本户户籍人口中外出半年以上人数、暂住本乡镇街道离开户口登记地不满半年人数、本户 1999 年 11 月 1 日—2000 年 10 月 31 日出生人数、本户 1999 年 11 月 1 日—2000 年 10 月 31 日死亡人数、本户住房间数、本户住房建筑面积、住房用途、本住房中是否有其他合住户、住房建成时间、建筑层数、住宅外墙墙体材料、住房内有无厨房、主要炊事燃料、是否饮用自来水、住房内有无洗澡设备、住房内有无厕所、住房来源、购建住房费用、月租房费用。

4. 第六次全国人口普查

2010 年，胶州市开展第六次全国人口普查，首次将辖区内的境外人员作为普查对象。第六次人口普查的标准时点是 2010 年 11 月 1 日零时。人口普查对象是普查标准时点在中华人民共和国境内的自然人以及在中华人民共和国境外但未定居的中国公民，不包括在中华人民共和国境内短期停留的境外人员。人口普查采用按现住地登记的原则，每个人必须

2010 年 11 月，人口普查员上门开展全国第六次人口普查。

在现住地进行登记，普查对象不在户口登记地居住的，户口登记地要登记相应信息。人口普查以户为单位进行登记，户分为家庭户和集体户。人口普查登记的主要内容包括：姓名、性别、年龄、民族、国籍、受教育程度、行业、职业、迁移流动、社会保障、婚姻、生育、死亡、住房情况等。人口普查表分为《第六次全国人口普查表短表》和《第六次全国人口普查表长表》。普查表长表抽取10% 的户填报；普查表短表由其余的户填报。2009 年 11 月 1 日至 2010 年 10 月 31 日期间有死亡人口的户，同时填报《第六次全国人口普查死亡人口调查表》。

（二）农业普查

1. 第一次全国农业普查

1996 年，胶州市开展第一次全国农业普查，普查时期指标的标准时间是 1996 年 1 月 1 日至 12 月 31 日，时点指标的标准时间是 1996 年 12 月 31 日。普查于 1999 年结束。涉及农业生产经营单位，农村住户，农业企业、农村从业人员文化素质，种植业、林业、牧业、渔业、农业机械设备拥有量，农业用地，乡村社会环境与基础设施，建制镇的规模与社会经济发展等方面的基本情况，建成了一套全面反映农业、农村和农民问题等相关信息的数据库。

2. 第二次全国农业普查

2006 年，胶州市开展第二次全国农业普查，此次普查主要包括 6 个方面内容：一是从事第一产业活动单位和农户的生产经营情况；二是乡（镇）、村委会及社区环境情况；三是农业土地利用情况；四是农业

和农村固定资产投资情况；五是农村劳动力就业及流动情况；六是农民生活质量情况。调查范围和对象是在中华人民共和国境内从事农业生产经营和服务的单位、农村住户、行政村和乡镇。此次普查的标准时点是 2006 年 12 月 31 日，时期资料为 2006 年度资料。2005 年—2006 年 12 月进行普查准备，重点是建立普查机构、落实普查经费、组织开展普查试点和现场人员的培训工作。2007 年 1 月 1 日开始入户普查，4 月 1 日到 12 月底，主要工作是质量检查、数据处理、数据评估和发布，2008 年进行数据库建立、数据开发与工作总结。

3. 第三次全国农业普查

2016 年，胶州市开展第三次全国农业普查，普查对象是在胶州市范围内的农村农业生产经营户和其他住户、城镇农业生产经营户、农业生产经营单位、村民委员会、镇人民政府。普查行业范围包括农作物种植业、林业、畜牧业、渔业和农林牧渔服务业。普查主要内容包括农业从业者基本情况，农业土地利用与流转情况，农业生产与结构情况，新型农业经营主体与农业规模化、产业化发展情况，新农村建设情况，农村人居环境与农民生活方式变化情况。普查标准时点为 2016 年 12 月 31 日，时期资料为 2016 年度资料。此次普

查充分利用自主卫星资源,准确测量胶州市主要农作物的时空分布,查清现代农业生产设施状况;使用智能手持电子数据采集设备,建立普查数据联网直报系统,提高普查工作信息化水平和效率,减轻基层普查人员工作负担。

(三)工业普查

1. 第二次全国工业普查

1986 年第一季度,胶县开展第二次全国工业普查。普查的范围是 1985 年全部工业企业在"六五"期间产、供、销、人、财、物各个方面的情况,重点反映工业经济结构、工业装备技术状况、经济效益、职工状况等。工业普查从 1984 年 8 月筹备至 1987 年底圆满结束。普查结果为,全市乡以上独立核算工业企业 237 个,拥有固定资产 23346.1 万元,重工业 117 个,轻工业 120 个,大中型企业 2 个。

2. 第三次全国工业普查

1995 年,胶州市进行第三次全国工业普查。普查的标准时间为 1995 年 12 月 31 日。普查结果为,全市乡以上独立核算工业企业 6067 个,固定资产投资额 39506 万元,其中工业建筑业 23624 万元,商业运输邮电业 3026 万元,大中型企业 28 个。

(四)基本单位普查

1. 第一次基本单位普查

1996 年 7 月,胶州市开展第一次基本单位普查。普查的标准时点是 1996 年 12 月 31 日,普查的对象和范围为胶州市除农户和个体户以外的所有从事社会经济活动的法人单位和产业活动单位,全面反映胶州市各类单位的基本情况。

2. 第二次基本单位普查

2001 年 9 月,胶州市开展第二次基本单位普查。普查的目的是摸清各类单位的底数,掌握全国基本单位的组织形式、经济构成、规模结构和生产要素的配置以及行业分布、地区分布等情况,逐步建立和完善覆盖全国各部门间相互衔接、互为补充、信息共享且能动态更新的基本单位名录库系统,为规范市场秩序、加强社会监管、调整经济结构、优化产业政策、规划城乡建设等提供基础信息,并为开展其他普查和各类抽样调查奠定基础。普查的标准时点为 2001 年 12 月 31 日。

(五)第三产业普查

1993 年,胶州市开展第一次全国第三产业普查。这次普查范围为全市从事第三产业的所有单位,第一产业和第二产业中附属的第三产业单位和从事第三产业的个体户。普查年度为 1991 年和 1992 年。第三产业普查工作从 1993 年 8 月开始筹备,到 1994 年 12 月底顺利结束。1992 年全市第三产业机构个数 23647 个,其中企事业单位 4597 个,城乡个体户 19050 个;从业人员 72002 人,其中企事业单位 42207 人,城乡个体户 29795 人;1991 年与 1992 年第三产业增加值分别为 38571 万元与 47389 万元。

(六)经济普查

1. 第一次全国经济普查

2004 年,胶州市开始开展第一次经济普查。此次普查是将工业普查、第三产业普查、基本单位普查合并,同时将建筑业普查纳入普查内容。普查的对象是从事第二、第三产业的全部法人、产业活动单位和个体经营户。普查的标准时点为 2004 年 12 月 31 日,普查资料的调查年度为 2004 年。

2. 第二次全国经济普查

2008年,胶州市开展了第二次经济普查。普查的对象是在胶州市境内从事第二产业和第三产业的全部法人单位、产业活动单位和个体经营户。具体范围包括采矿业,制造业,电力、燃气及水的生产和供应业,建筑业,交通运输、仓储和邮政业,信息传输、计算机服务和软件业,批发和零售业,住宿和餐饮业,金融业,房地产业，租赁和商务服务业，科学研究、技术服务和地质勘查业，水利、环境和公共设施管理业，居民服务和其他服务业，教育、卫生、社会保障和社会福利业，文化、体育和娱乐业，以及公共管理与社会组织等。普查的主要内容包括单位基本属性、从业人员、财务状况、生产经营情况、生产能力、能源消耗、科技活动情况等。普查的标准时点是2008年12月31日，时期资料为2008年度。

3. 第三次全国经济普查

2013年，胶州市开展第三次经济普查。普查对象为胶州市辖区内从事第二产业和第三产业活动的全部法人单位、产业活动单位和个体经营户。其中，第二产业包括采矿业，制造业，电力、热力、燃气及水生产和供应业，建筑业；第三产业

包括农、林、牧、渔服务业，开采辅助活动，金属制品、机械和设备修理业，批发和零售业，交通运输、仓储和邮政业，住宿和餐饮业，信息传输、软件和信息技术服务业，金融业，房地产业，租赁和商务服务业，科学研究和技术服务业，水利、环境和公共设施管理业，居民服务、修理和其他服务业，教育、卫生和社会工作，文化、体育和娱乐业，公共管理、社会保障和社会组织。普查的标准时点为2013年12月31日，普查时期资料为2013年年度资料。普查数据采集和登记工作从2014年1月1日开始，3月31日结束。

4. 第四次全国经济普查

2018年，胶州市开展第四次经济普查。普查的对象是在胶州市行政区域内从事第二产业和第三产业的全部法人单位、产业活动单位和个体经营户。

具体范围包括采矿业，制造业，电力、热力、燃气及水生产和供应业，建筑业，批发和零售业，交通运输、仓储和邮政业，住宿和餐饮业，信息传输、软件和信息技术服务业，金融业，房地产业，租赁和商务服务业，科学研究和技术服务业，水利、环境和公共设施管理业，居民服务、修理和其他服务业，教育、卫生和社会工作，文化、体育和娱乐业，公共管理、社会保障和社会组织等。普查的主要内容包括普查对象的基本情况、组织结构、人员工资、生产能力、财务状况、生产经营和服务活动、能源消费、研发活动、信息化建设和电子商务交易情况等。

普查标准时点为2018年12月31日，普查时期资料为2018年年度资料。

执笔人：马文娟

改革开放以来胶州市金融生态环境建设和成就

市地方金融监管局

改革开放以来,胶州的金融业发生了翻天覆地的变化。1978年,胶县开始恢复、重构金融组织体系工作,银行、保险、证券等传统或现代的金融产业如雨后春笋般茁壮成长,符合现代市场经济要求的金融体制模式基本建成。2014年2月,胶州市被中国人民银行确定为全国小微企业信用体系建设试验区。2014年8月,被山东省金融办确定为金融支持"三农"综合改革试验区。2015年7月,青岛胶州市保险创新发展试验区获批,为全省首家县级保险业改革创新试验区。

一、金融管理体制改革

(一)中央直属金融监督管理阶段

1.中国人民银行

1948年12月1日,中国人民银行成立。20世纪50年代初,胶县设立中国人民银行胶县支行。1984年,国家成立中国工商银行,原来由人民银行承担的储蓄、工商信贷等商业银行业务划归工商银行,人民银行胶县支行与工商银行胶县支行合署办公。1986年,人民银行胶县支行与工商银行胶县支行分开设立,开始专门履行中央银行职责。1992年10月,国务院成立中国证券监督管理委员会,监管证券市场业务从人民银行分离出来,人民银行胶州支行不再监管证券业务。1998年11月15日,国家改革人民银行管理体制,撤销省级分行,跨省区设立分行,地区设立中心支行,人民银行胶州支行上级管辖行更名为"中国人民银行青岛市中心支行"。1998年11月18日,中国保险监督管理委员会正式成立,人民银行将保险公司的监管权正式移交给保监会,人民银行胶州支行不再承担保险监管业务。2003年,中国银行监督管理委员会成立,人民银行的部分银行监管职能移交银监会。2004年1月1日,青岛银监局胶州办事处成立,主要负责胶州辖区的银行业日常监管,人民银行胶州支行的部分银行监管职能移交办事处。

2.其他金融监督管理

2003年6月,国务院下发《深化农村信用社改革试点方案》。2004年,胶州市启动农村信用社资金改革。2005年7月,启动人民币汇率形成机制改革,实行以市场供求为基础的、参考一揽子货币政策进行调节、管理的浮动汇率制度。2006年1月,胶州市农村信用社经人民银行胶州支行考核通过,获得14586万元资金支持,为发展注入动力。2008年6月,交通银行胶州支行成立,成为入驻胶州市的第一家股份制银行。

(二)地方政府加强金融协调阶段

为加强金融协调工作,

2007 年 7 月，胶州市政府在市财贸办公室设立金融管理办公室，综合协调银行、保险、证券、非银金融机构及金融监管部门之间的关系。2010 年 10 月，胶州市进行政府机构改革，撤销财贸办公室，将相应的金融协调管理职能划转到市服务业发展局，市金融工作办公室与服务业发展局合署办公。2013 年，山东省政府印发了《关于建立健全地方金融监管体制的意见》（鲁政发〔2013〕28 号），要求"县级以上人民政府均单独设置金融工作办公室，挂地方金融监督管理局牌子"。2014 年 1 月，胶州市编办下发《关于调整胶州市金融监管体制的通知》（胶编字〔2014〕2 号），市金融工作办公室加挂市地方金融监督管理局牌子，具体负责全市金融协调服务和地方金融组织监管工作，不再与市服务业发展局合署办公。

二、普惠金融建设

改革开放以来，胶州市银行业金融机构发展迅速，在原有工商银行、农业银行、中国银行、建设银行、农村信用社的基础上新设了政策性银行、股份制银行、城商银行、村镇银行、异地农商银行等 20 家分支机构。2009 年来，伴随小微企业和"三农"融资需求的多元化发展，以及行业监管手段的逐步完善，包括小额贷款公司、融资性担保公司、民间融资机构以及能够开展信用互助业务的农民专业合作社在内的各种金融机构逐步发展起来，有效缓解了小微企业和"三农"的融资问题。截至 2018 年，全市共有银行机构 24 家，营业网点 131 个，自助银行 231 个，自助机具 1600 台，从业人员 1974 人；有小额贷款公司 5 家，融资性担保公司 5 家，民间资本管理公司 4 家，开展信用互助业务的农民专业合作社 1 家。

（一）小额贷款公司试点成立

2008 年，山东省政府办公厅下发了《关于开展小额贷款公司试点工作的意见》（鲁政办发〔2008〕46 号），在全省开展小额贷款公司试点。2009 年 1 月，胶州市成为小额贷款公司试点市；2 月，胶州市第一家小额贷款公司——胶州市海丰小额贷款有限公司挂牌成立，注册资本 5000 万元。截至 2018 年底，全市共有小额贷款公司 5 家，注册资本总额 6 亿元，其中注册资本 1.5 亿元公司 1 家，注册资本 1 亿元公司 2 家；小额贷款余额 6.6 亿元，累计实现贷款利息收入 2600 万元，营业利润 733.44 万元，上缴企业所得税、营业税金及附加 544.54 万元。小额贷款公司灵活的贷款方式和小额、分散的贷款优势，为众多的个体工商户和小微企业提供了及时、方便的资金支持。2018 年，全市小额贷款公司累计发放贷款 366 笔，贷款总额 4.24 亿元，其中涉农贷款 2.24 亿元，小微企业贷款 2 亿元，平均每笔贷款额 115 万元。

（二）对融资性担保公司进行规范整顿

2010 年，山东省政府办公厅下发了《关于开展全省融资性担保公司规范整顿工作的通知》（鲁政办发〔2010〕36 号），明确了融资性担保公司的行业监管部门，开始对融资性担保公司实施行业监管。经过规范整顿，2011 年，胶州市的融资性担保公司获得融资性担保机构经营许可证的有 5 家，新设立 1 家。截至 2018 年底，全市共有融资性担保机构 5 家，其中国有控股公司 2 家，民营机构 3 家。注册资本总额 5.5 亿元，最大注册资本为 1.5 亿元；担保行业资产总额 85319 万元，负债总额 25208 万元，净资产总额 60111 万元；在保余额 9.6 亿元，在保户数 120 户，其中融资性在保余额 4.7 亿元，累计户数 94 户，净利润 108 万元。

（三）民间资本规范化发展

2013 年 10 月，山东省政府办公厅下发了《关于进一步规范发展民间融资机构的意见》（鲁政办发〔2013〕33 号），首次明确了民间融资机构的定义、监管部门、业务范围等，为引导民间资本阳光化、规范化发展奠定了基础。2014 年，根据青岛市的统一部署安排，胶州市开始试点成立民间资本管理公司。2014 年 7 月，第一家民间资本管理公司——青岛圣吉民间资本管理有限公司正式成立。截至 2018 年底，全市共有民间资本公司 4 家，注册资本总额 3 亿元，最大注册资本为 1 亿元。2018 年，全市民间资本管理公司累计投资 11 笔，实现投资额 3442 万元；投资余额 105 笔，累计金额 27020 万元。

（四）农民专业合作社开展信用互助业务

2015 年，山东省人民政府办公厅下发了《关于印发山东省农民专业合作社信用互助业务试点方案和山东省农民专业合作社信用互助业务试点管理暂行办法的通知》（鲁政办发〔2015〕8 号），青岛市下发了《青岛市农民专业合作社信用互助业务试点方案》，胶州市作为青岛地区首批试点县市，出台了

《胶州市农民专业合作社信用互助业务试点方案》。截至 2018 年，胶州市已发展试点信用互助业务的农民专业合作社 1 家，为胶西镇苑戈庄马铃薯专业互助合作社。

（五）典当行、融资租赁及商业保理实施属地监管

2018 年，根据《中共中央关于深化党和国家机构改革的决定》《深化党和国家机构改革方案》等有关文件精神和全国金融工作会议精神，典当行、融资租赁公司、商业保理公司的经营规则和监督管理规则制定职责由商务部划入中国银行保险监督管理委员会，地方金融监督部门实施属地监管。截至 2018 年底，胶州市共有典当行 6 家，其中法人机构 4 家，分支机构 2 家，注册资本总额 1.2 亿元；典当总额 21240.2 万元，业务笔数 1490 笔，其中房地产抵押典当 15213.5 万元，动产质押典当 1550.7 万元，财产权利质押典当 4476 万元。融资租赁公司 10 家，其中法人机构 5 家，分支机构 5 家，注册资本总额 5.95 亿元。商业保理公司 4 家，其中法人机构 2 家，分支机构 2 家，注册资本总额 1.1 亿元。

三、资本市场发展

2005 年以来，胶州市以政策引导、梯队管理、重点推进为工作思路，积极鼓励和引导优势企业通过资本市场实现资源优化配置和制度创新。通过挖掘上市资源、设立股权基金、出台奖励政策等多项措施，引导更多的企业利用资本市场做大做强。2005 年，胶州市委、市政府出台《关于鼓励和支持企业上市的意见》（胶政发〔2005〕38 号），加大政策扶持力度，积极发挥资本市场融资功能，引导、支持企业通过发行股票、债券等方式募集资金，推动企业加快发展。

2011 年，胶州市出台《关于进一步支持企业上市融资工作的意见》（胶政发〔2011〕67 号）等文件，鼓励企业上市。"新三板"面向全国推广后，胶州市委、市政府高度重视，积极研究相关政策。2013 年 9 月，胶州市出台《关于支持企业进入场外股权交易市场融资的意见》（胶政发〔2013〕66 号），鼓励企业在"新三板"挂牌，并对挂牌企业给予 80 万元补助。

2013 年以来，胶州市在配发支持场外市场融资政策的基础上，通过实地走访等方式面对面与企业家交流，打破"证券融资仅上市一条途径"的固有思维，瞄准场外市场融资平台，开展股权直接融资、私募债融资和股权质押融资等服务。

设立了3亿元的股权投资基金，有针对性的制发多层次资本市场对比分析、"新三板"挂牌明白纸和相关法律法规等资料，引导企业选择全国性的、为中小微企业服务的、更具活力的"新三板"市场，对不满足条件的企业，鼓励其暂时进入区域性权益市场发展。

2014年3月，胶州市出台《关于支持企业上市融资的意见》（胶政发〔2014〕18号），对拟上市企业在房产证办理、降低规范经营成本、落实募投项目用地以及上市融资奖励等4个方面进一步简化工作流程、加大扶持力度。2016年，为进一步调动企业上市挂牌的积极性，胶州市委、市政府加大对企业上市挂牌的奖励力度，出台《胶州市人民政府办公室关于印发胶州市金融业发展专项资金管理办法的通知》（胶政办发〔2016〕21号），对企业上市给予300万元奖励，"新三板"挂牌给予120万元奖励，蓝海股权交易中心挂牌给予30万元奖励。2017年，为强化企业上市培育工作，鼓励、扶持企业借助上市实现做大做强，胶州市委、市政府进一步加大对企业上市奖励力度，出台了《关于加快推进企业上市战略意见》（胶政发〔2017〕68号），建立了市级领导包挂责任制、"事前服务"工作机制、涉企服务"绿

色通道"等。同时，对境内外首发上市的企业，以及"买壳"后将注册地和税收户管的地迁至胶州市的企业，给予一次性奖励900万元。

2018年，为进一步梳理胶州市优质企业资源，确定重点培育对象，胶州市金融办邀请了招商证券等3家机构对51家具备上市和"新三板"挂牌条件的企业进行了逐户尽职调查，每家企业形成调查报告，综合评估企业上市挂牌可行性，最终确定了45家重点拟上市挂牌企业。截至2018年底，全市已上市企业共有3家，为青岛东方铁塔股份有限公司、青岛天能重工股份有限公司、青岛汇金通电力设备股份有限公司，首发募集资金共计28.8亿元，再融资共计10.6亿元；青岛市证监局辅导备案企业2家，为青岛达能环保设备股份有限公司、青岛德固特节能装备股份有限公司；全市挂牌企业共有151家，其中"新三板"挂牌企业11家，区域性股权交易市场挂牌企业140家，挂牌企业直接融资超7亿元；拟上市企业共有31家，拟挂牌企业14家，涉及装备制造、生物医药、信息技术等多个行业，上市、挂牌梯队逐步完善。

截至2018年12月，胶州市已举办全市资本市场培训班共80场，邀请深交所、中信证券、

齐鲁证券的专家对各镇（街道）分管领导和拟上市、挂牌企业负责人进行上市政策解读和实务操作培训，并赴深圳、上海、北京、厦门等地学习当地企业上市经验，累计培训700多人次；邀请新加坡股票交易所、德勤（中国）等来胶与企业座谈交流，提高企业对新加坡证券交易所的认识，增强企业境外上市的积极性；先后组织100余家企业参加青岛市金融办组织的对接中国香港、韩国等港澳台地区或境外资本市场培训会，为企业上市提供多种途径。

四、防范和化解金融风险

2015年4月30日，青岛市金融工作领导小组办公室下发《关于化解100户重点企业不良贷款的通知》（青金组办字〔2015〕9号）、《不良贷款余额前100户企业分区市清单》，要求辖区内存在不良贷款的企业，主动与银行对接，畅通解决渠道，积极化解处置。2016年2月19日，青岛市金融工作领导小组办公室印发《银政企合作化解不良贷款专项工作行动方案》（青金组办字〔2016〕4号），要求全面做好区域防范化解信贷风险和打击逃废金融债务行为相关工作。胶州市按照青岛市统一部署，全力防范化解银

行不良资产，持续优化全市金融生态环境。截至2018年6月，全市不良贷款率为1.64%，低于青岛市平均值0.33个百分点，为经济发展奠定了坚实基础。

（一）设立"过桥"基金

2014年6月，胶州市金融工作领导小组办公室印发《胶州市成长型企业扶持基金管理办法》，决定从市财政划拨1亿元设立成长型企业扶持基金，为成长性好、科技含量高、就业带动力强，但还贷资金暂时短缺的企业提供"过桥"服务。"过桥"服务的合作银行承诺，3日内完成续贷，有效解决了企业融资难、融资慢的问题。2015年12月，胶州市与青岛国信集团联合成立国信（青岛胶州）金融发展有限公司，注册资本5000万元，主要为企业提供"过桥"服务。设立"过桥"基金以来，全市累计提供过桥资金538笔，总额39.04亿元。

（二）建立主办银行制度

2014年，胶州市打击非法金融活动网格化责任制领导小组印发《关于建立企业信贷风险主牵头行管理制度的工作方案》（胶金网组发〔2014〕4号），筛选全市信贷余额过1亿元，或贷款银行5家以上、处在增资扩产阶段的成长型企业，指定最高授信额度银行为主办行，由该行与其他授信银行达成协议，共同承诺对签约企业按期续贷，维护企业资金链稳定，并提供发展规划、合理融资等专业服务。截至2018年底，已有268家企业纳入主办银行制度，稳定信贷余额135亿元。

（三）依法完善企业房产手续

2019年1月7日，胶州市地方金融监管局、工信局、建设局等七部门联合出台《关于进一步放宽工业企业房屋产权登记手续补办期限的通知》（胶金办字〔2019〕1号）；4月18日，胶州市地方金融监管局、工信局又联合出台胶金监字〔2019〕24号文件，对全市通过"容缺办理"渠道办理房屋产权，并符合相关条件的工业企业，进一步将房屋产权登记手续补办期限放宽至3年，并可享受城市基础设施配套费等相关扶持政策。

（四）利用平台公司化解不良贷款

胶州市充分发挥青岛市胶州资产经营有限公司等平台公司化解不良贷款的职能，依托平台公司分批开展尽职调查，研究制定具体化解方案，降低胶州市的不良贷款率。截至2018年底，平台公司累计化解不良贷款25亿余元。

五、信用体系及试验区建设

（一）信用体系建设

2010年7月，胶州市试点开展"小微企业信用体系试验区"建设工作。7月下旬，出台了《胶州市小微企业信用体系试验区建设工作方案》，明确了成员单位及其相关职责。12月8日，召开动员大会，现场下发《胶州市小微企业信用体系试验区建设工作方案》（胶政办发〔2010〕68号），全面启动试验区建设工作。

2011年5月，胶州市制定了《胶州市小微企业信用体系试验区建设信息采集与共享办法》，规定中国人民银行胶州支行与市供电公司、市自来水公司建立数据交换工作机制，按月采集数据。6月，市政府印发《关于推进全市金融业发展的意见》（胶政发〔2011〕64号），明确提出"以小微企业信用体系试验区建设为抓手，整合各方信息资源，完善社会征信体系"的要求。

2012年1月，全市实现了政府职能部门对数据库信用信息的查询。2月，利用青岛市金融系统网络，实现了数据库与胶州市银行机构的联网，胶州市银行机构可以查询到企业用电量、用水量等多项信用信息。

2014年2月，胶州市被中国人民银行总行确定为全国级企业小微信用体系建设试验区。

2016年12月，胶州市印发《胶州市社会信用体系建设工作方案》，并编制《公共信用信息归集目录》，梳理信息目录4964项，制定完成《守信联合激励和失信联合惩戒方案》《信用红黑名单管理办法》《公共信用信息异议处理及修复办法》等文件，形成《信用联合奖惩行为清单和措施清单》《信用应用清单》《信用红黑名单清单》《信用承诺清单》4项清单。"信用胶州"网站上线运行，对接79家部门单位，打通工商、交通、环保、海关等13个部门的30多个数据接口，归集共享信用信息3000多万条。此外，胶州市还结合不同应用场景，探索开展了"信易批""信易贷""信易读"等信用产品应用。

（二）保险试验区建设

2014年8月，国务院下发《关于加快发展现代保险服务业的若干意见》（国发〔2014〕29号），标志着我国保险业发展进

2017年7月，中国人寿保险公司举行农村小额人身保险理赔现场会。

入新的阶段。2015年4月，山东省人民政府下发《关于贯彻（国发〔2014〕29号）文件加快发展现代化保险服务业的意见》给全省保险业以全新定位，支持保险业在构建社会保障体系、保障改善民生、保证社会稳定运行、促进经济提质增效等方面担当重要角色。

2015年7月，经青岛市政府同意，青岛市金融办、青岛市财政局、青岛保监局三部门联合下发《关于印发青岛胶州市保险创新发展试验区总体方案的通知》（青金办字〔2015〕78号），确定胶州为青岛乃至全省唯一一个县级保险业改革创新试验区，并对胶州市发展保险业提出了目标和任务。9月，胶州市政府办公室印发了《青岛胶州市保险创新发展试验区建设实施方案》（胶政办发〔2015〕55号），以青岛胶州市保险创新发展试

验区获批为标志，逐渐增加了政府与保险公司合作推出的保险项目，全市保险业发展现状、规划蓝图逐渐明晰，保险业进入创新发展时期。

截至2018年，胶州市全市小额人身保险业务累计惠及群众140万人次；农产品价格指数险共承保生猪26000头、大白菜6300亩、马铃薯31412.7亩、木耳150亩，发生理赔1109万元，实现了农业生产从防风险向保收入的转变；小额贷款保证保险开展业务376笔，贷款7217.4万元。此外，胶州市依托全市保险机构营销网点，积极引导保险机构服务网点下沉，打造金融财富驿站，在基层一线为群众提供保险政策、产品宣传引导和理赔服务，打通了保险便民服务的"最后一公里"。

执笔人：李增华

胶州市公共资源交易平台的创建与发展

市公共资源交易中心

公共资源交易涉及每个公民的切身利益，其运作是否公开透明、规范合理、科学有效是对政府公信力和行政能力的重大考验。为进一步优化资源配置，营造良好的经济发展环境，2007 年 12 月 1 日，胶州市探索建立了公共资源交易平台，实现了公共资源交易由无形到有形、由隐蔽到公开、由分散到集中、由无序到有序的根本性转变，最大限度地提高了公共资源的利用效率和配置水平，成为胶州市构建惩治和预防腐败体系、建设廉洁政府和法治政府、优化发展环境、加强效能建设的重要组成部分，创造了公共资源交易管理的新模式。

一、发展历程

胶州市公共资源交易管理工作的改革正式开始于 2007 年，走在全国前列，在山东省属首家。整个改革过程可分为 3 个阶段：一是 2007 年 12 月以前的筹备交易平台阶段；二是 2007 年 12 月—2011 年 6 月的运行完善阶段；三是 2011 年 7 月以来的创新发展、规范运行阶段。

（一）探索筹备阶段（2004 年 1 月—2007 年 11 月）

1. 招投标的部门综合监管模式

2004年以前，胶州市的招投标监管体制与各地一样，实行的是一种各部门分散监管为主，综合监管为辅的体制。但是，随着部门分散监管模式所引发的问题不断暴露，针对它的批评也日渐增多，批评表明：部门分散监管导致市场被人为地按行业分割，分割后的市场监管为权力寻租留下空间而易滋生腐败，监管部门为维护既得利益各自为政、相互掣肘，造成监管不统一和资源的浪费，并最终损害交易主体和社会利益。

2. 探索招投标的集中统一监管模式

随着各类弊端的出现，胶州市开始重视招投标监管体制创新和运作模式的规范。2004 年，对全市 30 万元以下的小工程招投标进行了规范管理，收到较好效果。2006 年，开始探索建立全市招投标集中统一的监管平台。2007 年，胶州市委、市政府在深入调研论证的基础上，下决心要对公共资源交易管理进行全面改革，彻底解决公共资源交易领域存在的各类问题。2007 年 6 月 13 日，胶州市公共资源交易中心筹备工作协调会议召开，对筹备工作进行了详细的部署和安排，标志着胶州市公共资源交易领域的改革帷幕正式拉开。

筹建工作由胶州市纪委、监察局牵头组织实施。2007 年

6月13日，胶州市纪委、监察局确定了1名常委负责，从城建局、财政局、国土局、机关事务管理局选调5名同志，成立了综合协调、组织人事和财务保障3个筹建工作小组，在外出考察学习、周密规划设计筹建方案的基础上，展开了紧张而有序的筹建工作。

（1）确定运作理念。2007年7月，为打破体制性"瓶颈"，实现本质意义上的"管办分离"，经反复论证，胶州市委、市政府最终决定将交易过程从原监管部门有效剥离，设立集中统一的交易管理平台。纳入管理范围的财政、土地、建设、交通、水利等相关职能部门（依照有关法律法规规定）涉及的各类项目现行监管体制不变，继续履行对交易活动的行政监管职能；各类项目进入交易平台后，按照公共资源"交易管理系统"和"电子监察系统"要求，实行集中办理、统一监管，并接受各职能部门的监督。即公共资源交易中心只负责交易过程当"运动员"，其交易前和交易后的工作仍由原主管部门负责，实现了真正意义上的"管办分离"。

（2）确定管理模式。2007年7月，胶州市委、市政府确定整个公共资源交易平台实行领导机构（公共资源交易管理工作领导小组）、管理机构（公共资源交易领导小组办公室）、服务机构（公共资源交易中心）"三级"运行管理模式。公共资源交易管理领导小组由市政府主要领导担任，作为公共资源交易管理的最高决策、协调和议事机构。公共资源交易领导小组办公室作为公共资源交易管理委员会的日常办事机构，负责对公共资源的招投标等交易活动进行日常监督管理，履行内部监管职能。公共资源交易中心作为公共资源统一交易平台，集中进行各类公共资源交易活动，并为交易各方办理相关手续、提供相关服务。

（3）确定监督模式。2007年7月，整个交易监督过程建立起以电子监察为主，纪委、监察局、财政局、发改局、审计局、检察院等部门参与的智能化综合监督监察体系，最终确定了6个方面的立体监督：

一是监察监督，通过胶州市纪委、监察局电子监察室对整个交易过程及相关行政主管部门的监督来实现；二是职能监督，通过各行政主管部门依据现行法律法规对交易过程的监督来实现；三是电子监察，通过交易平台智能化监控系统及交易管理和监察系统来实现；四是舆论监督，通过设立投诉电话、投诉箱、意见箱及网上投诉信箱接受社会监督来实现；五是交易管理，通过交易办内部日常监管来实现；六是内部督查，通过交管办设立的督查科对交易流程进行监督来实现。

（4）筹建交易大厅。2007年8月，交易大厅最终选址确定为行政服务大楼裙楼2楼，总使用面积1100平方米，总投资320万元。整个交易大厅由功能区、智能化监控系统、交易管理和监察系统3部分组成。

胶州市公共资源交易中心业务受理大厅内景

其中,功能区由受理区、候标区、开标区、评标区、询标区、监控区、自助区、办公区八大部分组成,由青岛市胶州建设集团有限公司负责实施。智能化监控系统分 8 个模块,包括登记报名核准模块、项目经理指纹验证模块、专家自动抽取管理模块、标准语音(短信)自动通知模块、封闭评标门禁管理模块、专家评标电子评分模块、音频对讲变声模块、视频监控存储模块,由青岛易佰电子系统工程有限公司负责实施。功能区和智能化监控系统的装修改造及安装调试于 2007 年 9 月 30 日完成。同时,考察引进了 5 家中介服务机构,进场设立窗口,发挥交易中心的综合服务功能,为交易主体提供优质服务奠定了基础。交易管理和监察系统由交易业务管理系统、电子监察系统和门户网站三部分组成,在深圳太极软件有限公司的协助下,于 2007 年 11 月底初步完成,并在之后的运行过程中进行了不断地完善和升级。

(二)运行完善阶段(2007 年 12 月—2011 年 6 月)

1. 坚持平稳过渡,持续稳步推进

2007 年 12 月 1 日,公共资源交易平台正式建成并开始

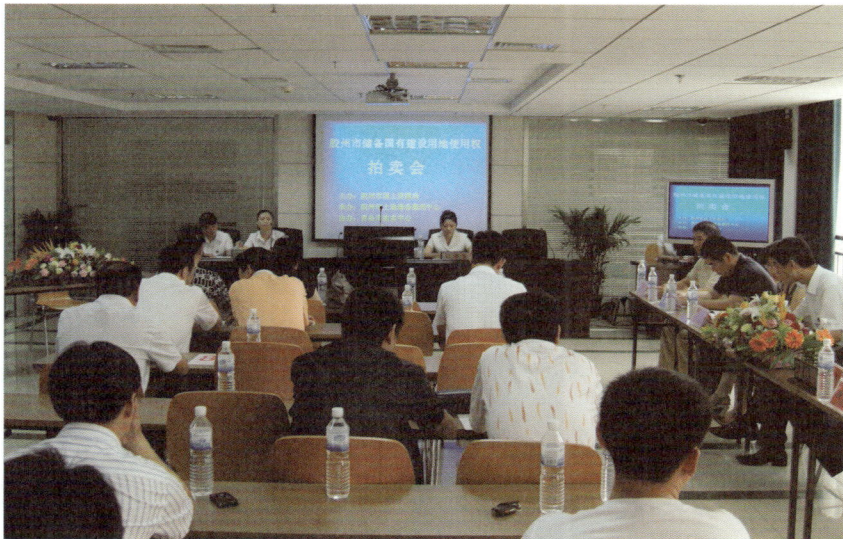

2008 年 8 月 11 日,胶州市储备国有建设用地使用权拍卖会在第一开标大厅举行。

试运行,胶州市委、市政府为保障各类交易业务能够平稳过渡、全部纳入平台,提出了“稳步推进、分步实施”的总体要求。其中,工程建设项目于 2007 年 12 月 1 日正式开始运行;资产处置业务于 2008 年 2 月 20 日开始进场办理登记;土地交易于 2008 年 6 月 30 日进场;政府采购于 2009 年 4 月 20 日开始运行。

2008 年 2 月 25 日,平台运行 2 个月后,正值胶州市环保局机动车尾气检测站经营权拍卖,当时胶州周边县市一般是在 20—30 万元的价位完成该项目交易的。胶州市委、市政府经研究决定,将这一项目放到交易中心,以竞拍的方式来进行交易,明标暗投,起拍底价 20 万元。竞拍过程中,得益于系统的先进性和保密性,最终中标价出乎意料的高达 380

万元,高出标底价 18 倍,一次性为市财政多增收 360 万元,仅此一个交易项目就收回筹建交易平台的全部财政投资,成为当时轰动一时的成功案例。

2. 加强制度建设,提高管理水平

2008 年 4 月 14 日,在经过一段时间的试运行之后,胶州市委、市政府正式颁发了《关于全市公共资源交易实行集中统一管理的意见》(胶发〔2008〕13 号),明确提出将全市行政区域内的各类工程招投标、政府采购、土地出让及政府有形和无形资产资源全部纳入,实行集中公开交易、统一监管。具体包括:(1)估算造价在 30 万元以上的工程建设项目(含房屋建筑工程、市政基础设施工程、交通公路工程、水利水电工程、消防及其他设施等项目)的勘察、设计、施工、

监理以及与工程建设有关的重要设备、材料等的招投标；（2）国有建设用地使用权招标、拍卖、挂牌出让；（3）政府采购；（4）国有、集体产权交易和资产处置；（5）政府性大宗资产出租、出售等所有权、使用权或经营权的处置；（6）政府投资建设的公共设施的广告权、冠名权、经营权等政府无形资产的转让、拍租、处置，公路客运、公交线路的营运权，机关及国有事业单位的房屋租赁；（7）其他依法应当进场交易的项目。

3. 完善机构设置，加强组织领导

2008年4月15日，胶州市机构编制委员会下发了《关于设立胶州市公共资源交易管理工作领导小组办公室的通知》（胶编字〔2008〕3号），明确胶州市公共资源交易管理工作领导小组办公室为市政府正局级全额事业单位，核定事业编制19人。内设机构5个，分别是综合科、督察科、建设工程交易科、土地交易科、政府采购科。2009年3月16日，中共胶州市公共资源交易管理工作领导小组办公室支部委员会顺利成立。

2009年12月22日，胶州市公共资源交易业务管理和电子监察系统顺利通过青岛市科技成果鉴定，与会专家一致认为，该系统是公共资源交易领域科技防腐工作的重要成果，在对公共资源交易项目进行监督管理方面达到了国内领先水平。

2011年6月23日，胶州市机构编制委员会印发《关于设立胶州市公共资源交易中心的通知》（胶编字〔2011〕10号），进一步明确胶州市公共资源交易中心职责及综合科、督察科、工程建设交易科、土地交易科、政府采购科等各科室职责，标志着公共资源交易管理工作的全面展开和日趋完善。

（三）创新发展阶段（2011年7月—2018年12月）

这一时期，胶州市公共资源交易中心针对公共资源交易领域出现的新情况、新问题，以创新为灵魂、以规范为主线，开展了一系列工作，重点打造了公共资源电子交易平台、制度约束平台和高效服务平台。

1. 创新科技手段，建立公共资源电子交易平台

（1）电子招投标系统实现全程覆盖。2011年7月，市公共资源交易中心进一步研发完善了公共资源交易业务管理系统，集网上招标、网上投标、网上开标、电子评标、网上支付、网上监管于一体，涵盖了投标企业库、代理机构库、全省专家库三大数据库以及工程招投标、政府采购、产权交易3个业务子系统，共包括200多个模块，1000余个节点。整个系统通过科学设置程序模块，划定责任权限，最大限度减少了工作人员自由裁量权，一次交易过程需要6名工作人员按照规范的流程操作才能完成，并且每一次操作都会被系统自动记录、动态监控、全程留痕。2012年8月，市公共资源交易中心依托先进完善的业务系统，针对不同需求分别研发了中小工程网上招投标系统、政府采购网上询价系统，全部由认证会员凭CA认证、电子签章进行网上报价、电脑排序、低价中标，工作效率和资金节约率大幅提高。系统上线后，之前报名不足3家的小型工程项目，也经常有七八家企业参与投标报价，平均节约率由之前的3%—4%提高为15%左右。

（2）电子监察系统实现实时预警。市公共资源交易中心在研发公共资源交易业务管理系统的同时，配套开发了电子监察系统，对所有交易项目实施电子监督。该系统共设置了对时限、报价、招标人、投标人、招标代理、评标专家等6个方面的监察点，每个监察点都针对容易发生的违规行为进行动态扫描、自动对比、实时预警，如果发生异常，将自动提示或发出黄、红牌。特别是在报价

监控上，发挥了重要作用，对于采用合理低价中标的项目，投标报价让利幅度低于预算控制价 3%—5% 的亮预警一次，低于 1%—3% 的亮黄牌一次，不足 1% 的亮红牌一次。自系统运行以来，截至 2018 年，共有 100 多家企业因各种违规行为被系统自动"锁定"，有力地维护了公共资源交易秩序。

（3）市镇一体化系统无缝对接。2013 年 3 月，为加强对镇（街道）和村级公共资源交易活动的监管，解决肢解工程、规避招标等问题，市公共资源交易中心开展了公共资源交易市镇一体化建设工作，通过设立镇（街道）公共资源交易分中心，研发镇（街道）公共资源交易业务系统，将各镇（街道）辖区内 30 万元以下的中小工程、政府采购、集体资产处置等将全部纳入分中心进行交易。分中心操作系统与市级交易系统无缝对接，共享系统资源，严格按照市级交易平台统一的流程规则和管理规定办理业务，并接受监督管理，真正意义上实现了机构统一、制度统一、操作统一、流程统一、网络统一，有效解决了基层公共资源交易监管不到位、运作不规范等问题。

2. 创新管理模式，建立公共资源交易制度约束平台

（1）通过制度建设破解交易难题。公共资源交易制度约束平台推行资格后审，取消报名环节，湮灭投标人信息，潜在投标人只需在网上下载标书、网上询标答疑、网上支付保证金，到开标时一并审查资格即可，有效解决了围标串标问题。2013 年 4 月，实行业绩公示制度，将中标候选人的业绩现场扫描，现场在大屏幕上公示，充分利用同行业竞争进行监督，有效遏制了业绩弄虚作假的行为；8 月 5 日，对产权交易实行目录化管理，凡是《胶州市国有、集体产权交易配置目录》范围内的项目，分别进入市、镇两级公共资源交易平台集中交易，解决产权交易进场不彻底问题；10 月 8 日，实行标前公示制度，将标书中的技术参数提前向社会公开，接受社会

及相关利益主体的监督，避免了因标书不合理参数导致的控标问题发生。

（2）通过约束机制规范市场行为。2012 年 3 月，市公共资源交易中心对 50 万元以上政府采购项目实行联合验收制度，并对全部采购项目实行信息反馈制度，有效消除标后监管盲区。对政府投资项目实行专家论证、预算审计，保证招标文件的合法完整、公平公正和科学严谨。同时，对专家打分情况、评标结果、废标原因等全面进行网上公示。2014 年 1 月，完善代理机构管理办法，定期对代理机构从业人员进行培训考核，加强监管，不断提高从业人员素质，规范从业人员行为。

（3）通过诚信建设加强行业自律。市公共资源交易中心

2012 年 9 月 23 日，青岛市大沽河堤防工程（胶州市）开标会举行。

以"加强信息征集、促进信息共享、创新信息应用"为重点，建立了"违规有考评、考评有记录、记录必公示"的诚信体系。2014年3月，在公共资源交易门户网站设立"诚信平台"，分别设置"基本信息库""光荣榜""不良行为记录""企业动态考核"等不同版块，对所有交易项目实行"一标一考核"，将投标人、政府采购供应商、代理机构、评标专家纳入诚信档案库，并且实现与电子监察系统的即时联动、与上级业务部门及同级交易平台的共享联动、交易市场与建设现场的两场联动，形成了规范有序、严格自律、诚实守信的公共资源交易市场信用体系。

3. 创新服务理念，打造公共资源交易高效服务平台

（1）对非政府投资工程项目实行"自主交易"。2015年3月，市公共资源交易中心进一步简化社会投资建设工程项目招标组织形式，相关的勘察、设计、施工、监理及材料设备采购招标，由招标人自行组织或委托招标代理机构组织招标。对于不愿自主招标、想进入交易平台的项目，市公共资源交易中心仍然提供最优质的服务，主动帮助完成招标工作。

（2）对外地企业入胶信用登记实行中标后备案。2015年8月，建设工程项目招标时取

消入胶备案投标限制，明确外地企业在中标后合同签订前，由项目建设单位监督其办理入胶信用登记手续，解决了过去胶州市以外的投标单位每参与一个项目投标，需要办理一次入胶信用登记手续的繁琐问题，极大提高了外地企业参与竞标的积极性，激发了市场竞争活力。

（3）招标保证金实行网上收退。2016年3月，市公共资源交易中心重新研发完善保证金网上收退系统，投标人借助电脑可以自主完成保证金缴、退工作，开标前任何人都无法知道投标名单，使人为泄露的可能性降到零。同时，企业缴、退保证金不需要再跑交易中心，按照时限系统自动退还，使得企业流动资金不被占用，实现了保证金管理的安全、保密和高效便捷。

二、基本成就

公共资源交易平台的设立和运行，在服务全市经济社会发展中发挥了重要作用，取得了明显成效。截至2018年12月，累计完成各类交易项目14611项，总交易金额1056.94亿元，节支增收48.92亿元。平台先进的理念和设备，完善的流程和监管，得到了各级领导及社会各界的充分肯定和一致

好评。

（一）实现了资源合理配置

公共资源配置是否合理在很大程度上影响着全市经济的发展。公共资源交易中心为公共资源配置提供了统一的监管平台、规范的交易流程，并通过对高科技含量的智能化监控系统和软件管理系统的运用，特别是对处于国内领先水平的电子监察系统的使用，实现了交易与监管的无缝对接，确保了交易活动的规范化、自动化、标准化，增强了交易活动的透明度和公信力，从而使公共资源在阳光下操作，实现合理配置。得到项目的企业完全是靠实力，得不到项目的企业也心服口服。

（二）促进了市场公平竞争

行政审批产生的公共资源交易，国有企业和集体企业因为与政府部门有千丝万缕的"血缘"关系，在同等条件下往往会受到一定的"优待"。这被得不到工程的非公有制企业广为诟病，也养成了部分公有制企业的发展惰性。公共资源交易中心为众多投资人提供了一个公平竞争的投资机会，不管是国有、民营还是外资，不管是本地企业还是外地企业，只要

符合公开准入条件，所有企业站在同一起跑线上，都能够以平等身份参与竞争。要中标必须靠实力说话,讲资质、讲信誉、讲实力,而不讲关系和人情,不讲企业"出身",为企业发展提供了公平竞争的平台,促进了市场良性运转。

(三)提高了依法行政水平

公共资源交易中心通过集约交易资源改变了过去一个部门一套工作班子、一个部门一块交易场地、一个部门一套交易设施的分散管理、各自为战的局面,将交易活动集中到统一的交易平台进行,大大节约了人力、物力、财力,节约了行政成本。同时,公共资源交易中心管办分离、权责明晰的运行模式,让政府不再直接审批具体的资源配置,而是通过对交易中心的支持、指导和授权,把重点放在组织、规范和管理市场上。公共资源交易中心利用统一的平台、先进的设施、规范的流程进行运作,简化了交易程序、节约了操作时间,从而大大提高了工作效率。

(四)完善了廉政建设体系

公共资源交易中心通过政府强制性"收权",把原来分散在各个业务主管部门的监管职能集中到交易中心来运作,并通过以电子监察为主、网络监察与部门监察相结合的智能化、综合性监察监督体系对交易活动全过程监控,减少了滥用权力、徇私舞弊的条件和机会,形成了良好的"源头防腐"机制。通过建立三级管理模式,彻底实现了"管办分离",解决了既当"裁判员"又当"运动员"的问题。在具体管理上,公共资源交易将每一个交易环节进行固化,工作中一旦出现不按规定的程序、时限、内容和条件办理,交易系统将会自动锁定,无法进行下一步的操作,有效起到了预防作用,从每一个环节上杜绝了舞弊情况的发生,不给腐败行为留下任何机会。

三、经验启示

胶州市对公共资源交易管理进行了大量有益的改革和创新,并发挥了积极的作用。在改革中也深刻感受到了公共资源交易改革的复杂性和多样性,通过多年的实践反思,主要有以下几点启示:

(一)理顺体制是实现改革创新的首要前提

胶州市在改革过程中采取的"管办分离、三级管理"模式,关键的一点是部门授权彻底,职能定位准确。只有这样,才能真正实现统一标准、统一流程、统一制度;才能根据发现的问题及时制定创新性的工作举措,进行制度创新、技术创新,不存在推行新制度时的"左右掣肘、阻力重重"的现象。比如在工作中采取的专家抽取、联合验收、资格后审等做法,如果授权不彻底的话,效率和效果将会大打折扣。同时,现行的《招标投标法》和《政府采购法》在对工程类的招标(采购)规定中,相关标准并不完全一致,也只有在体制真正理顺后,才能协调好类似法律法规的不一致性,实现交易过程中的标准统一。

(二)相互制约是实现集中交易的理想格局

集权不代表一个部门说了算,所有交易制度、交易规则的制定,均需提交领导小组研究,并将初稿反馈给每一个成员单位和职能部门,充分听取意见,在均无异议的情况下,报市政府法制办审核把关后,才能发布执行。在具体执行中,任何一项工作或决策都是由多部门共同参与、共同完成。以政府采购为例,项目预算资金由市财政局负责审批、落实,重大项目由交易中心会

2009 年 7 月 23 日，专家在电子评标室内进行评标。

同市财政局、监察局共同研究决定，其他公开招标的项目一律实行财政、监察和交易中心三方会签制度。在操作流程中，一个项目的所有交易环节，共需6名工作人员分步配合才能完成，同样做到了各负其责、相互制约。

（三）多方参与是确保交易公平的有效途径

在交易平台上发生的每一笔交易，招标方、投标方、代理机构、评标专家均需按统一规范的交易规则来参与交易，交易中心负责整个过程的组织、审核和监管，公证处全程进行公证，行业主管部门、纪检监察部门、社会监督员全程进行监督，发布公告、中标公示及时向社会公布，接受社会监督。交易平台就像一个舞台，让每一笔交易都置于舞台的"聚光灯"之下，并且有几十个摄像头、麦克风和上百双眼睛盯着，确保全程实现阳光交易。这一方式便于实现统一监管，能够有效消除管理盲区。

（四）队伍建设是确保工作推进的基本保障

任何工作、任何制度，归根到底都是由人来完成的。只有队伍建设抓好了，工作才能更好地推进，并确保不出问题。胶州市公共资源交易中心成立以来，始终将队伍建设放在首要位置来抓，围绕"素质提升、工作提速、服务提档、作风提效"，常规化开展了网上学习论坛、以案释法讲坛、专业知识讲座、定期业务考试、12 条高压红线承诺、课题攻关、业务点评周周讲等一系列工作，围绕激发工作动力和创新潜力，引导党员干部加强廉政自律、挖掘自身优势、制定合理计划、实现攻坚克难、建功立业。通过持之以恒加强队伍建设，打造了一支纪律严明、作风正派、业务精通的优秀干部队伍，保持了自成立以来"零违规""零差错"的记录。

执笔人：杨金平

胶州市国家中等职业教育改革发展示范学校
的创建历程

市职业教育中心学校

2010 年 6 月，教育部、人力资源和社会保障部、财政部共同印发《关于实施国家中等职业教育改革发展示范学校建设计划的意见》(教职成〔2010〕9 号)，中央财政投入 100 亿元，分 3 批遴选支持 1000 所中等职业学校深化改革，为全国职业教育改革发展发挥引领示范作用。从 2010 年 8 月起，学校开始了申报工作。胶州市委、市政府高度重视此次创建工作，将创建工作写入《市政府工作报告》，各级领导先后 28 次莅临学校检查指导建设工作。2012 年 6 月 4 日，三部委发文批复市职业教育中心学校建设方案、任务书准予实施，重点建设"数控技术应用专业、机电技术应用及专业群、计算机应用及专业群、学前教育专业、会计专业" 5 个重点专业、打造"三园"德育品牌共创健康和谐校园和实施"113"工程 2 个特色项目，从"改

革培养模式、改革教学模式、改革办学模式、创新教育内容、加强队伍建设、完善内部管理、改革评价模式" 7 个任务进行建设。

通过全校上下共同拼搏努力，2015 年 10 月 28 日，三部委公布《关于公布"国家中等职业教育改革发展示范学校建设计划"第二批项目学校验收结果的通知》，胶州市职业教育中心学校正式被确定为"国家中等职业教育改革发展示范学校"，示范校建设任务顺利完成。学校先后获得"全省职业教育先进集体""青岛市职业技能大赛组织工作先进单位"等荣誉称号，《中国教育报》以"走向深蓝的胶州职业教育旗舰"为题向全国推广学校的办学经验。

一、创建历程

（一）精心准备，做好示范学校申报工作

2010 年 6 月，教育部、人力资源和社会保障部、财政部发布《关于实施国家中等职业教育改革发展示范学校建设计划的意见》(教职成〔2010〕9 号)，文件提出，从 2010 年到 2013 年，中央财政重点支持 1000 所中等职业学校改革创新，形成一批代表国家职业教育办学水平的中等职业学校，并大幅度提高这些学校办学的规范化、信息化和现代化水平，使其成为全国中等职业教育改革创新的示范、提高质量的示范和办出特色的示范，在中等职业教育改革发展中发挥引领、骨干和辐射作用。建设计划从 2010 年起实施，项目计划期为 4 年。2010 年，支持第一批 300 个左右；2011 年，支持第二批 400 个左右；2012 年，支持第三批 300 个左右。每所学校建设期为 2 年。

2010 年 8 月，新成立的胶州市职业教育中心学校按照文

件要求,开展调研、论证,完成了《国家中等职业教育改革发展示范学校建设计划项目申报书》《国家中等职业教育改革发展示范学校建设计划项目创建方案》的编制工作,如期向青岛市教育局进行申报,但因各种因素影响,加之与参加青岛市第一批申报的学校相比尚有一定的距离,申报工作未获得青岛市教育局通过,申报失利。

2010年9月16日,青岛市教育局召开全市中等职业学校会议,传达教育部等三部委文件并组织申报。

2011年3月1日,青岛市教育局职成处召开第二批国家中职示范校申报会议。3月7日,胶州市成立了由市人民政府分管教育的副市长任组长、教育体育局、财政局局长为副组长、教育体育局分管领导及相关处室主任、学校领导为成员的申报工作领导小组,下设办公室,办公室主任由学校校长兼任。为做好这次申报工作,学校在借鉴第一次申报经验的基础上,制定了详细申报工作方案,逐项分解任务,按照申报要求开展工作,组织各工作小组到青岛市第一批学校学习取经,印制《创建示范校文件汇编》。

2011年7月11日,教育部等三部委启动国家中职示范校第二批申报工作。由于学校及早行动,加之措施得力,项目申报书、规划方案和视频材料历经4个月的反复论证修改,最终确定重点建设"数控技术应用专业、机电技术应用及专业群、计算机应用及专业群、学前教育专业、会计专业"5个重点专业,打造"三园"德育品牌共创健康和谐校园及实施"113"工程两个特色项目。2011年7月,胶州市职业教育中心学校顺利通过青岛市教育局组织的专家评定。8月20日,项目申报书、规划方案和视频材料提报教育部等三部委。9月19日,教育部等三部委公示2011年度中央财政拟支持的377所国家中等职业教育改革发展示范学校建设计划项目学校名单,胶州市职业教育中心学校位于其列。10月20日,教育部等三部委公布立项学校名单,同时要求立项学校编制示范校建设任务书和示范校建设实施方案。11月30日,教育部等三部委再次发布《关于加强国家中等职业教育改革发展示范学校建设计划相关项目管理工作的通知》,通知要求12月5日前通过"国家中等职业教育改革发展示范学校项目管理信息系统"填报建设方案和任务书。学校的建设方案和任务书历经反复论证、专家指导,几易其稿,如期完成并提交。

2012年1月8日,国家中等职业教育改革发展示范学校建设计划项目实施工作办公室组织开展国家中等职业教育改革发展示范学校建设计划第二批项目学校建设方案和任务书复核抽查现场答辩,分管副校长参加答辩,从接到通知到参加答辩短短的7天时间,学校组成迎接答辩团队,按照要求准备答辩材料,谋划答辩工作,由于准备工作充分,顺利通过答辩。

2012年2月13日—3月2日,教育部等三部委组织第二批项目学校进行建设方案和任务书的修改与提交工作,学校的建设方案和任务书历经3次修订上传,最终得以批复。

2012年6月4日,教育部办公厅、人力资源和社会保障部办公厅、财政部办公厅下达"国家中等职业教育改革发展示范学校建设计划"第二批项目学校建设方案及任务书,批复准予实施,胶州市职业教育中心学校顺利通过。三部委批复学校的建设资金为1560万元人民币(中央财政支持资金900万元人民币,青岛市、胶州市财政支持600万元人民币,学校自筹60万元人民币)。

（二）全力以赴,做好示范学校建设工作

自批复之日起,学校按照任务书和建设方案的进行示范学校的建设。

1. 机制引领高效推进。

（1）健全管理机制

2012 年 6 月起，学校成立项目建设专家咨询委员会、教学与人才培养指导委员会、项目建设领导小组、项目建设办公室、项目建设协调办公室、项目建设资金保障办公室、项目建设宣传办公室、项目建设监控办公室等校级组织，全面负责建设项目的规划与组织、考核与督导、咨询与指导；成立 1 个创建办公室、5 个重点专业建设组、2 个特色项目组，建立了各项目组分工合作、全员参与、责权明晰、组织完善、纵横互动、过程跟踪、督导有力的保障机制，确保示范校建设任务如期完成；学校与项目负责人签订责任书，明确分工、责任到人。同时，制定《示范校建设项目管理办法》《示范校经费管理细则》等制度，实行计划、过程、质量、资金"四管理"，建立示范校建设专项资金账户，专款专用、单独核算。

（2）创新工作机制

2012 年 6 月起，由学校领导小组牵头，每半月召开一次总调度会，及时汇总建设情况，部署下一步建设思路及任务要求；由创建办牵头，每周召开一次协调会，对建设工作实施周汇报、月调度、学期验收，发现问题及时纠正、取得经验迅速推广；每月出版一期《示范校建设简报》，在"示范校建设专题网站"上及时公布建设动态、阶段成果、密切跟踪、全面监控；开展"示范校建设与我"大讨论活动，充分调动全校教职员工参与的积极性，形成齐抓共管、全员参与、共同成长的建设局面。

（3）建立监督考核机制

2012 年 6 月起，学校建立了项目管理、监督、评价机制，实施目标考核和绩效奖惩，定期公布项目进展和资金使用情况，对不能按时完成任务的实行责任倒追。

①完善机制。胶州市教育体育局成立以局长为组长，相关职能处室、学校领导为成员的示范校建设领导小组，多次协调创建工作，形成定期沟通、会商、研讨、反馈的工作机制；学校做好顶层设计，聘请专家指导，全员参与，逐项落实；实施项目负责制，成立专家咨询委员会、建设领导小组、专家指导组、教学与人才培养指导委员会、创建办和 7 个项目组，构建了项目运行和全程监控体系；建设期内，合作企业的专家、高管、技术骨干等 300 余人次参与了示范校建设。

②健全制度。出台《项目建设实施管理办法》，编制《项目建设工作手册》《示范校建设100 问》《示范校建设进度及预期成果一览表》等 34 个示范校指导性文件；出台《项目经费管理实施细则》，成立资金保障组，确保资金使用审批严格、规范有序，做到专款专用。

③强化措施。按照"项目管理、责任到人、过程监督、效益考核"的管理原则，规范"项目分解、项目实施、项目监控、项目验收、项目评价"实施流程。建立示范校建设专题网站，编印示范校建设专刊、专报、建设简报，报道建设动态、建设成果、体会。针对建设情况，不定期举行专家指导会、培训会、推进会、研讨会 30 余次。

（4）建立咨询指导机制

2012 年 6 月起，为确保示范校建设顺利进行，学校建立了咨询指导运行机制。

①学校依托行业企业、职业教育集团、驻青高职院校、职教机构、行业企业协会组建专家指导委员会、专家咨询委员会，不定期邀请专家开展业务指导、相关培训、专家咨询，助推示范校建设。

②学校以职教集团为依托，建立起40人的职教专家库，成立专业指导委员会，企业专家、工程技术人员深度参与学校建设。

2. 改革引领人才培养模式创新

2012 年 6 月起，学校组织教师深入行业企业，紧扣企业生产实际开展人才需求调研。5

个重点建设专业分别成立了专业建设指导委员会，对学校人才培养模式改革和课程体系建设进行全程指导。数控技术应用专业采用"六段式"人才培养模式；机电技术应用专业采用"订单培养""工学交替"人才培养模式；学前教育专业采用"两双加三能"人才培养模式；计算机应用及专业群采用"项目教学、工学结合、双证融通"三段式人才培训模式；会计专业采用"4S"（适应性、实用型、实践性、实战性）人才培养模式。

2012 年 10 月，学校牵头成立胶州市职教集团，以"集团"为依托，积极推进人才培养模式改革，在数十次邀请企业管理专家、技术专家与学校骨干专业教师一起，对重点建设专业人才培养模式逐个进行反复论证的基础上，采用以下 4 种方式开展工作，共同确立各专业人才培养模式。

（1）走出去

学校先后组织建设团队到浙江三门职业教育集团、江苏如皋职业教育中心、浙江信息工程学校等示范院校学习考察，借鉴兄弟示范院校建设经验。

2013 年 5 月—11 月，学校领导先后带领示范校建设骨干、相关处室负责人近 120 人次分赴青岛职业技术学院、青岛市城管学校、江苏如皋职业教育中心、浙江信息工程学校、大连职业教育中心、城阳职业教育中心、平度职业教育中心、山东淄博工业学校分专项考察学习交流各地各校国家中职示范校的建设经验。

2014 年 7 月—8 月，学校先后派出 4 支近 100 人的团队学习考察培训队伍分赴浙江、四川、贵州、宁夏等地参观考察第一批、第二批国家中职示范校的建设情况，为迎接即将到来的示范校建设验收积累经验。

（2）请进来

邀请天津职业大学、齐鲁师范学院、青岛职业技术学院、北京师范大学职业教育研究所、北京师范大学出版社、青岛职业教育教研室、青岛成长心理研究所、青岛蓝海集团、青岛阿斯科机电公司等单位的专家、教授进校园，进行示范校建设相关培训。

2014 年 3 月—6 月，学校举行校本教材修订研讨会，邀请北京师范大学出版社中职教育分社编辑室主任作《新形势下示范学校课程改革与教材建设研讨》的报告，报告中详尽阐述了校本教材编写的重要性、常见中职教材开发模式、教材呈现方式、教材编写内容、教材研发依据，并对学校已出版的校本教材修订工作做了具体安排；邀请学校示范校建设专家咨询委员会委员、北京师范大学职业教育研究所教授、青岛职业技术学院职业教育研究所副所长、山东省示范校建设专家组成员、青岛轻工学校副校长来校进行示范校建设验收终期指导培训。

（3）自我学习

开展了 20 多场次的涉及人才培养模式与课程体系改革等内容的论坛活动。

2012 年 4 月 26 日，学校举行青岛市 2012 年度教育督导研究课题《中等职业教育技能型人才培养的教学督导评估指标体系及相关标准研究》开题仪式。

2013 年 1 月起，学校先后就打造"三园"德育品牌、精品课程建设暨示范校档案建设、示范校数字化校园建设、重点专业建设、示范校网站建设、三园特色项目校史馆建设、有效课堂建设、示范校建设成果典型案例撰写、学分制建设等内容举行培训会和推进会，督促检查推进示范校建设。3 月 18 日，学校传达教育部、人力资源和社会保障部、财政部联合下发的《关于做好"国家中等职业教育改革发展示范学校建设计划"检查验收工作的通知》，布置迎接中期检查工作。5 月 10 日，举行"胶州市职业教育德育月活动交流会暨第三届德育论坛"。7 月 3 日，胶州市教育体育局发布胶教体通

〔2013〕26 号文《关于开展国家中等职业教育改革发展示范校建设中期检查的通知》，布置示范校建设中期检查工作。9 月14 号，学校分 2 个会场举行暑期教师培训汇报会。11 月10 日，学校举行了示范校建设知识考试。

2014 年 2 月 22 日，学校召开示范校建设推进会。3 月 1 日，召开示范校建设工作进度汇报会。3 月 22 日，举行中职示范校建设工作研讨会。3 月 26 日，召开学分制建设推进会。4 月 26 日，学校召开迎接国家示范校验收工作动员大会。4 月 27 日，学校正式成立迎接检查领导小组、工作小组，创建办、5 个重点专业和 2 个特色项目的骨干正式入驻，实行集中办公，迎检工作正式拉开序幕。5 月 16 日，举行示范校档案建设调度会，集中研讨并解决在档案建设工作中遇到的问题，明确下一步工作思路。5 月 24 日，举行典型案例提炼研讨会。

（4）全员参与

2012 年 6 月—2014 年 7 月，在 2 年的示范校建设中，全体教师积极参与建设，在前瞻性思考、系统性谋划、整体性推进、特色性打造中不断提升教育教学能力与水平。

3.改革引领课程体系创新

2012 年 6 月起，各专业根据《教育部门关于制订中等职业学校专业教学标准的意见》（教职成部门〔2012〕5 号）和青岛市教育局《关于全面开展青岛市中等职业学校公共基础课课程改革的指导意见》文件精神，按专业组建建设团队，聘请高职院校教授和企业、行业专家指导，修改课程标准，按"必须、够用"的原则调整课程内容，根据行业需求调研、典型工作任务与职业能力分析，优化课程设置，专业课程改革与公共基础课程改革同步推进，搭建基础素养教育和专业技术教育 2 个平台，建立起"以适应职业岗位需求为导向，以能力为本位"和适应岗位需求的系统化的课程体系。按照"国家课程校本化，地方课程特色化"的原则，引进企业成果，落实"五个对接"，采用自主研发与合作研发的方法，运用"六段式"手段开发校本教材 69 本并由出版社出版发行。打造 33 门校级精品课程、10 门胶州市级精品课程并全部投入使用。机电专业《机电数学》《电工电子技术与技能》，数控专业《数控电工技能》《钳工基本技能与装调技术》，会计专业《会计技能实务》5 门精品课程被评为青岛市级精品课程。组织 5 个专业共计 15 个项目参与《国家示范性职业学校数字化资源共建共享计划课题项目》一、二期研发，一大批优质教学资源源源不断的补充到各专业的教学中。

4.改革引领教师队伍创新

2012 年以来，学校实施人才强校战略，通过专家引领、内训外聘，打造一支"师德高、学历高、职称高、技能高"的"四高"师资队伍。

（1）建立专家指导机制。成立专业建设委员会、教育教学工作指导委员会，定期邀请专家对学校教育教学工作指导评估；每月邀请专家到校进行现代职教体系建设、示范校建设、课程建设和信息化教学资源建设、技能大赛指导与培训等。

（2）建立兼职教师聘用机制。聘请行业企业技术骨干、高校教师担任兼职专业教师，及时将新知识、新技术、新方法、新工艺传授给师生，提升专业教师实践技能。

（3）建立"双师型教师—骨干教师—专业带头人"梯次培养机制。坚持"面向全体，培养青年，发展骨干，推出名师"的工作思路，建立教师成长档案，为不同层次教师搭建成长平台。

（4）启动"4154"培养计划。4 个工程即"名师工程""外派研修工程""双百"工程、"三爱三会"师德强化工程；1 个平台即搭建教研引领平台；5 项能力即提升教师的德育工作能力、专业教学能力、科研能力、实践能力、团队协作能力；4个培训即新教师培训、青年教师培训、"双师型"教师培训、学术带头人和骨干教师培训。通过"4154"教师培养计划的实施，使教师成为既有扎实的专业技能，又有丰富的实践经验，具有良好师德师风，能胜任教学科研和生产实践双重职责的"双师型"教师。

（5）鼓励教师参与教改实践。组织教师开展课题研究、案例征集、教学心得撰写，提升教育科研能力，用"横纵结合"之法，加强教师队伍建设。

5. 改革引领教学模式创新

2012年起，学校开展专业大调研，深入推进专业建设。基于调研的结果，进一步做好专业实施性计划的调整与完善，理顺各专业的课程体系，规范教材的选定，明确专业的发展方向及人才培养的标准。创设具有职业教育特色的教学环境，构建"学—做—练"一体化的教学模式。课堂教学中落实"六步式"课堂教学管理模式（考勤、复习提问、新授、当堂巩固练习、提问检查、小结作业）。开展项目教学、案例教学、场景教学、模拟教学和岗位教学，让师生"动"起来。

（1）教学方法多样化。探索"项目教学""模拟教学""现场教学""主题教学法"等行之有效的教学方法，激发学生潜能，把课堂还给学生，让课堂焕发生命活力。（2）教学模式有效化。按照学校"能力本位，行动导向，理实一体"教学模式改革总体要求，以校企深度融合为平台，发挥校内外实训基地作用，各重点专业和带动专业大力实施"主题教学""情景化教学""理实一体化"等教学模式改革实验，课堂教学车间化、车间实训课堂化，最大限度地开放实训车间和实训室，针对学生薄弱的技能项目进行反复强化练习，为学生提供竞技平台。（3）技能考核评价多样化。将各专业的技能实作内容分解成若干个模块，必修和选修相结合、实训和技能考核鉴定相结合。学校每年举办一次"技能节"，通过以赛促练、以赛促学，让学生熟练掌握企业所需要的相关生产技能。

学校以教学模式改革为切入点，创新并形成了符合学校实际的"小组合作，双分激励"课堂教学模式。该模式融合项目教学、案例教学、场景教学、模拟教学和岗位教学于一体，根据"组间同质，组内异质"的原则，将学生划分成多个小组，在发挥小组协作的作用、最大限度调动学生学习主动性的基础上，辅之以"小组得分激励"与"个人得分激励"相结合的"双分"激励措施，激发学生学习热情，调动学生学习的积极性。从试点到不断完善，最终在全校推广实施，学生上课精神面貌为之一新，实现了教学形式的"翻转"，打造了高效课堂、愉悦课堂。

"小组合作，双分激励"为特色的教学模式改革引起了较大的反响，受到了青岛市教育部门领导及同行的认可与好评，并作为示范校建设的典型案例提报教育部，在全国范围进行推广。

6. 改革引领学业评价模式创新

2012年以来，学校以提升学生综合素质为目标，改变传统学分制以成绩评定学生的单一做法，从学生德育管理、教学管理、实习管理入手，不断实践和完善，历经2年的实践，形成集德育学分、学科学分、实习学分"三位一体"的学分制评价模式。在学校《学分制实施办法》中，明确了学分与学籍管理及毕业的相关联系，并随之配套了学生学科学分、德育学分、实习学分3个管理办法。在对学生的评价中注重了激励机制的建立，在学科学分中引入过程性学分，促进了学生日常学习习惯的养成；文明修身成绩与德育学分的结合，提升了学生的文明礼仪程度；企业评价与实习学分的结合，彰显了第三方评价对职业教育办学的积极意义。学分制评价模式的改革，收到了良好的效果，其中德育学分的实施作为典型案例在青岛市作了专题汇报及经验交流。

7. 改革引领校企合作运行机制创新

学校以"跳出学校、发展学校"的思路，走向社会、走向企业，开展形式多样的合作，共同建设实训基地，建立有效的合作载体。实施"双主体模式"（学校、企业），通过双方主动合作与融合，推进"四个合作"（办学、育人、就业、发展）；实施"校协（学校、行业协会）模式"和"四定模式"（定内容、定标准、定形式、定就业方向）拓展合作空间；成立的胶州市职业教育集团，为校企合作搭建平台，建立了运转顺畅的发展体系，构建了"政府、协会、企业、学校"四方互动的校企合作机制，实现"四方共赢"。

（1）加大教师下企业和学生顶岗实习的力度，同时把企业专家"请进来"，以提升教师教的水平和学生学的综合素质。

2012 年 2 月 10 日，学校就业指导处、机电部 6 名教师，海尔工学结合班 12 名学生代表参观海尔企业文化展。4 月 18 日，与青岛嘉源电气有限公司签订共建实训车间合作意向书。5 月 8 日，胶州市校企合作工作会议在学校召开，市政府副

市长出席会议并讲话。9 月 10 日，举行金蓝领班开班仪式。10 月 31 日，青岛市农村实用人才高等学历教育 2012 级新生开学暨 2012 届学员毕业典礼在学校隆重举行。11 月 16 日，2012 年胶州市职业学校师生职业技能大赛暨胶州市职业教育中心"优客杯"第三届师生职业技能大赛在学校隆重举行。11 月 17 日，胶州市职业教育集团成立大会在学校隆重举行。12 月 15 号开始，就业指导处、各专业部在 3 周时间内，组织 2012 级近 700 名师生参观了上汽通用五菱、海尔空调、阿斯科机电、青岛昊泰科技、丰光精密、三星数控、喜来登酒店、优客信息、九方泰禾等 10 家冠名合作企业。12 月 28 日，胶州市中小学生实践活动中心成立大会在学校隆重召开。

2013 年 3 月 14 日，学校分管实习的副校长带领就业指导处和机电一部负责同志及相关老师，到学校联姻企业海洋世纪、海尔空调、嘉源电器看望工学结合学生和驻厂教师。3 月 27 日，学校校长带领就业指导处、机电二部有关负责人到青岛立准金属有限公司看望"金蓝领"班实习学生。5 月 17 日，青岛职业技术学院胶州分院揭牌仪式在学校举行。

2014 年 2 月 22 日—24 日，学校组织各专业部、就业指导处到青岛三星精锻齿轮有限公司、青岛海尔（胶州）空调器有限公司走访看望数控、机电、物流专业工学结合班的学生及优秀毕业生。3 月 1 日，青岛丹香食品有限公司人力资源部总监到学校，为在中国青岛承办的世界园艺博览会选拔学生

2013 年 10 月 16 日，胶州市首届职业技能大赛启动暨公共就业实训基地揭牌仪式在胶州市职业教育中心学校举行。

志愿者。3 月 14 日，学校党委书记带领就业指导处 5 人到山东优客集团走访调研。3 月 18 日，学校副校长带领实训处、学前教育部负责人及"工学结合"喜来登冠名班的班主任、专业课教师到胶州喜来登大酒店进行走访调研。5 月 8 日，胶州市职业教育集团年会在学校隆重举行。5 月 28 日，学校校长带领就业指导处、机电一部负责人及部分骨干教师到青岛软控装备产业园考察调研。10 月 16 日，胶州市首届职业技能大赛启动暨公共实训基地揭牌仪式在学校举行。11 月 17 日，2013 年"三星齿轮杯"胶州市职业学校师生职业技能大赛暨职业教育中心第四届师生职业技能大赛在学校隆重开幕。

（2）建立职教专家库

2012 年 10 月以来，学校以职教集团为依托，建立起 40 人的职教专家库，成立专业指导委员会，企业专家、工程技术人员深度参与学校建设。

（3）开展校企合作

2012 年 6 月以来，开展"办班入企""顶岗实习""委托培养""订单培养""共建专业实验实训室""共建校内实训基地""共建校外实训基地"7 种方式的校企合作，合作企业 80 家、顶岗实习单位 51 个、冠名班 49 个、校内实训基地 14 个、校外实训基地 71 个，学生就业率 100%，

对口就业率 85.4%，青岛新闻网以《青岛职教毕业生抢手，平均月薪过 4000 企业争抢》为题进行了全面报道。

8. 改革引领学生实习创新

自 2012 年 6 月起，学校针对不同专业采用"校内实习、综合实习、工学结合实习、顶岗实习"等方式进行实习。

校内实习突出"实"字，让学生实实在在受到锻炼，认认真真练好技能。实行"校内实习辅导制"，在任课教师开展实习指导的同时，再配备 1 名专业课教师，协助任课教师进行实习辅导，做到教师"手把手辅导学生"。学生在老师的精心辅导下，得到了实实在在的锻炼，为日后就业打下了坚实基础。

综合实习突出"全"字，让每个学生受到全方位的锻炼，提升他们的职业能力。学生在老师的带领下，以生产单位的作业规范、质量标准等为依据，进行"职业训练"。经过一定时间的训练，学生的职业素养得到了很好的锻炼，极大地缩短学生职业能力与用人单位岗位需求间的差距。

工学结合实习突出"合"字，采取 2 种方式让学生做中学、学中做："引企入校"，建立"教学工厂"；把课堂设在企业，让学生在车间进行直观性理论教学和针对性实践操作教学，实

现学生理论学习和技能演练的无缝对接，实现专业教学与生产岗位"零距离"接触。

顶岗实习突出"严"字，用严格的管理为学生日后的就业铺平道路。实施过程由学生、学校、用人单位三方共同参与，落实校企指定导师制度、定期反馈信息制度、实习周记填写制度、定期回访制度、实习学分评价制度"五个制度"。

9. 改革引领校园文化创新

2012 年 6 月起，学校开始打造"三园"德育品牌，以"追真求美"为主线，引"传统文化、励志文化、企业文化"进校园，打造环境优雅、景物传情、具有鲜明职教特色的校园文化；引领师生追真、求美、向善，提高人格涵养、道德修养和职业素养；培育学生有爱心、立信心、自身树正气、与人讲义气、创业有勇气，形成"两心三气"职教学生尊严养成教育新模式。

（1）全校上下形成了"愉快工作、幸福生活""干好工作有奖励、做错事情必追究""办公室友谊""团结协作""认真工作、和谐共事"的氛围，树立起正确的教育观、人才观、质量观、苦乐观、荣辱观、价值观，领略到"德能正其身，才能称其职，行能达其善"的现代教育师德境界。

（2）打造"求知学园、活动乐园、精神家园"，通过"小

组合作、双分激励",建立长效的"德育学分三级管理"机制等,把校园建设成富有探索精神、进取意识、锻炼职业本领的"求知学园";通过学校社团、协会开展丰富多彩的活动,建成师生互动的"活动乐园";通过班级、教师、学校全方位的支持关爱,建成师生之间、教师与家长之间、教师与领导之间相互期待、沟通、信任、关爱的"精神家园"。

(3)打造"企业文化一条街",将先进企业文化精髓引入校园,通过对海尔集团"人单合一"等核心价值理念的展示,使师生对先进企业文化精髓有了更深层的理解。

10.改革引领数字化校园创新

2013年7月,学校完成对校园网络、校园监控系统、一卡通系统、数字广播系统、数字电视、数字语音等多个系统的整合,实现"多网合一"。

2014年3月,学校建成了规范统一的校园数据中心、统一的校园网基础管理平台,该平台整合了学校教务管理、学生管理、课程管理、宿舍管理、收费管理等多项系统,满足了校园数字化系统建设的需求。校园信息管理系统、学校OA办公系统、学分制管理系统功能完备,网络控制中心先后添置了核心交换机、光纤交换机、路由器、防火墙、服务器、网络存储、上网认证、行为记录等设备,机房共有11台服务器,网上数字资源容量达20T,各类资源过2000套,囊括精品课程、视频教学、试题集、数字图书、在线学习等多种形式的数字资源,完成校园网、数字语音(IP寻址)、数字监控(410点)、一卡通、数字电视数据系统(120点)、数字图书馆系统的配备,数字图书达30万册。

2014年4月,学校建成录播教学系统,实现视频教学资源制作自动化,实现了网上开课、视频会议、教学资源收录,重新设计改版了门户网站,建成示范校建设专题网站、佐证材料管理平台,搭建了学校网上教学平台、精品课程管理平台,网站获得胶州市2013年"十佳网站"称号。

2014年5月,学校建成OA办公系统,优化学校工作流程,促进学校各部门的信息共享和协同工作,实现了随时随地办公、移动办公、无纸化办公。

2014年6月,学校建成学分制管理系统,依托校园网络管理平台,完成对学分制的设课、排课、选课、成绩等管理,通过选课制、学分制等为学生提供了广阔的学习空间和个性发展空间。

11.质量创新引领学校勇攀高峰

2012年10月11日,山东省人力资源和社会保障厅、山东省教育厅联合下发表彰通报,授予学校"全省职业教育先进集体"称号。

2012年10月24日,青岛市教育局举行中等职业学校技能大赛表彰会,对在2012年全国、省、市职业技能大赛中取得优异成绩的选手,做出突出贡献的单位和个人进行了表彰,授予学校"2012年职业技能大赛组织工作先进单位"、授予学校校长"2012年职业技能大赛组织工作先进个人"荣誉称号。

在2012年"软控杯"青岛市中等职业学校职业技能大赛中,市职业教育中心学生获一等奖14个、二等奖25个、三等奖32个,获奖数量与人数均列青岛市第一;教师参加青岛市各类大赛,获一等奖4个、二等奖11个、三等奖13个,获奖数量与人数也名列青岛市第一。在山东省职业技能大赛中,学校获得1个一等奖、2个二等奖;在全国职业技能大赛中,获得1枚金牌、2枚银牌。

在2013年"软控杯"青岛市职业技能大赛中,学校获得各类奖项86个,获奖总数在青岛市34所参赛学校中位居第一。其中会计实务、单片机控制装置安装与调试、电气安装与维修(团体)、企业网搭建及应用（团体）、动画片制作和网页设计与制作、学前教育六项全能等7个项目荣获一等奖。

在2013年山东省职业院校技能大赛中，学校选手参加3个比赛项目全部获奖。网络搭建与应用（团体）项目比赛，荣获团体总分第二名；会计实务项目比赛，学校2名同学分列第三名和第五名；单片机控制装置安装与调试项目比赛，一名同学荣获第四名。

2013年11月，青岛市举行职业学校优质课比赛，学校参赛教师经过说课、讲课的层层选拔，有5人获青岛市一等奖、6人获二等奖、3人获三等奖，获奖总数居青岛市第一，一等奖数居县市（区）学校第一。

2014年2月8日，胶州市教育体育局授予学校"科技教育优秀学校""共青团工作先进单位"、胶州市首届青少年航空航天模型大赛"突出贡献单位"荣誉称号。3月28日，青岛市教育局召开青岛市职业学校2014年德育工作例会，学校副校长代表学校作"推行'德育学分制'，提高德育实效性"典型发言。4月30日，胶州市职业教育德育活动月交流会暨胶州市职业教育中心第四届德育论坛在学校召开。6月5日，青岛市教育局副局长一行5人来学校调研示范校建设、教学模式改革、校企合作等，对学

校在教学改革中实行的"双分互动"的学生综合评价体系等工作给予了肯定，并建议学校加大宣传力度，提高职业学校的知名度和美誉度，把胶州的职业教育做强、做大，更好地服务当地的经济建设。

在2015年7月举行的全国职业院校技能大赛中，学校学生在网络搭建与应用项目比赛中荣获团体一等奖第一名，成为这个项目的全国技能状元。

12. 实力创新，集团发展，助推多方共赢

职教集团的成立，进一步创新了办学新机制，形成了行业、企业与学校共享、共用、共管的新格局，探索出了以专业和产业为纽带，区域经济联动互动、融合发展的集团化职业教育办学的新模式。

2012年12月，学校投资近200万元建成胶州市中小学生实践活动中心，设立科学素养、艺术修养、运动拓展、兴趣实验、安全教育等五大类20余门课程，建成了陶艺制作室、形体礼仪室、科技体验室、比特实验室、科学探究室、交通园地、消防安全等十几个活动训练室和户外运动拓展训练基地。

2013年5月17日，"青岛职业技术学院胶州分院"成立。首批"机电一体化""数控技术""会计"等三大专业150名初中毕业生享受着"3+2"大中专

连读的优质教育。

2013年10月，"胶州市公共就业实训基地"设立，学校成为"青岛市首家综合性的公共就业实训基地"。职教集团的成员企业青岛三星精锻齿轮有限公司、青岛昊泰科技有限公司被评为青岛市中等职业学校校外实习基地，青岛三星精锻齿轮有限公司被评为青岛市首批中等职业学校合作先进单位，机电专业被评为青岛市双高专业（对口就业率高、优质就业率高），机电、数控两个专业成为青岛市级骨干专业。

13. 优质辐射，示范引领，共同发展

学校与韩国韩医大学、江陵原州大学、冠岳高中，加拿大范莎理工学院等缔结友好学校，为学生走出国门拓展了广阔的发展空间。组织了6批学生赴国外研修、留学，打造出了一条培养国际化专业技能人才的"绿色通道"。学校先后接待了来自浙江、江苏、福建、宁夏、烟台等省市的职教同仁来校参观考察交流共计800多人次；建设成果和经验先后6次在青岛市级以上会议上展示和交流。

2012年5月18日，河北省南宫市党政考察团来学校考察。9月5日，中国科学院化学所研究员、中国塑料加工工业协会专家委员会常务副主任、

秘书长一行来学校考察。9月28日，福建省职教学会考察团一行22人来学校参观指导。10月11日，即墨第一职业中专学校一行4人来到学校考察交流国家中等职业教育改革发展示范学校建设工作。10月22日—26日，韩国京畿全球通商高等学校师生一行14人来学校进行了访问、交流。10月28日，香港航空教育考察团一行12人来学校考察航空教育事业。

2013年3月29日，东营市职业教育考察团一行14人来学校考察交流。4月10日，青岛职教教研室教研员一行6人来学校调研指导精品课程建设工作。4月15日，日本UNITAS日本语学校来学校访问讲学。11月1日，北京神州数码在线科技有限公司、广州番禺职业技术学院一行4人来学校参观考察。

2014年3月11日，黄岛区高级职业技术学校来学校学习交流数字化校园建设、社会服务工作、示范校档案建设等内容。3月28日，浙江三门职业中专一行9人来学校考察学习示范校建设经验。4月14日，烟台信息工程学校来学校考察交流示范校建设。5月28日，青岛开发区职业中专一行10余人来学校考察交流示范校建设。《中国教育报》以"走向深蓝的胶州职业教育旗舰"为题、《中国新闻》以"让职业教育在

市场经济的海洋里如鱼得水"为题《大众日报》以"校企联姻：招生即招工"为题、《青岛日报》以"发挥教育科研引领作用促进示范学校建设工作"为题向全国推广学校的办学经验。各级各类媒体介绍学校示范校建设经验的新闻报道有52篇次，引起了强烈反响。

（三）完美收官，做好示范学校验收工作

学校在示范校建设过程中坚持边建设边验收的工作机制，2013年7月，学校制定了详细的工作方案，迎接胶州市教育体育局组织的示范校建设中期检查验收。2014年4月27日，学校正式成立验收工作领导小组、工作小组，迎检工作正式拉开序幕。

2014年6月10日，教育部等三部委发布《关于开展国家中等职业教育改革发展示范学校建设计划第二批项目学校验收工作的通知》，通知要求验收工作按照"学校总结、省级验收、部委复核"的程序进行，验收工作自2014年6月10日起正式启动，须于2014年9月15日前完成学校总结和省级验收工作，各责任单位要按照教职成厅函〔2013〕5号文件规定，认真开展验收检查工作，准备和提交相关材料。省级验收后，

以省级三部门文件形式将省级总结报告、省级验收结果（含《项目建设资金审计报告》）、省级推荐的典型案例名单统一报至教育部职业教育与成人教育司，技工学校同时报人力资源和社会保障部的职业能力建设司，并随文以光盘或U盘的形式报送所推荐典型案例的完整文字材料和项目学校制作的成果展示视频材料。

2014年6月，学校邀请山东省示范校验收专家、山东轻工工程学校副校长，青岛职业技术学院的教授对学校示范校建设进行验收指导。6月18日，教育部等三部委发布《国家中等职业教育改革发展示范学校建设计划检查验收指南（第二批）》。6月23日，青岛市教育局、青岛市人力资源和社会保障局、青岛市财政局发布《关于第二批国家中等职业教育改革发展示范学校验收工作方案》，方案规定验收分为2个阶段。第一阶段：2014年6月30日—2014年7月4日实地验收。验收流程为：听取校长汇报总体项目建设情况（15—20分钟）；听取一个重点建设专业进行总结汇报（10—15分钟）；验收专家组分头查看材料，包括整体建设情况、典型案例、重点建设专业、特色项目、资金使用、质量检测数据、佐证材料等各方面；组织教师代表、学生代

2014 年 7 月 2 日，胶州市国家中等职业教育改革发展示范学校进行现场验收。

表座谈会重点查看示范校建设资金投入的实训车间、实验室的建设情况；专家组分别反馈验收情况及整改建议；教育局负责人就整体情况进行反馈；要求各校提供《项目建设任务书》《项目建设实施方案》《示范校验收总结报告》《拟推荐的项目学校典型案例一览表》和《典型案例集》《质量检测数据一览表》《项目经费检查表》，由具有资质的中介机构出具的《项目建设资金审计报告》原件与电子稿，一个重点建设专业和一个特色项目总结报告等相关书面材料各 8 份。第二阶段：2014 年 8 月 28 日—2014 年 8 月 29 日。验收流程为：网上查看、集中验收、打分评价，需提供项目学校检查验收总结报告、项目学校典型案例、项目学校验收视频、《质量检测数据一览表》《项目经费检查表》《拟推荐的项目学校典型案例一览表》《项目建设资金审计报告》、项目学校佐证材料。

2014 年 7 月 2 日，青岛教育局职成处副处长带领青岛市示范校验收专家 6 人到校检查验收示范校建设工作。胶州市分管教育的副市长，胶州市教育体育局局长、党委书记，职成中心主任、校领导和相关干部教师等陪同验收检查。在学校 7 号楼会议室，学校校长向验收组汇报了学校创建示范校的总体项目建设情况，数控专业负责人作为重点建设专业代表汇报了数控专业建设情况。随后，验收专家组分头查看整体建设情况、典型案例、重点建设专业、特色项目、资金使用、质量检测数据、佐证材料等相关材料，实地察看了学校的校园环境和实训设施，参观校史馆和德育展览馆，查看运用示范校建设资金建设的实训车间、实验室。验收专家组对示范校的创建情况给予了充分肯定，也提出了有关整改建议，希望学校继续努力，以优异成绩通过教育部的验收。

2014 年 8 月 8 日，教育部职业教育与成人教育司发布《关于进一步加强国家中等职业教育改革发展示范学校建设计划第二批项目验收管理工作的通知》。8 月 25 日，学校完成建设过程质量监测平台所有数据上传工作。11 月 15 日，国家中等职业教育改革发展示范学校建设计划项目实施工作办公室发布《国家中等职业教育改革发展示范学校建设计划第二批项目学校（含第一批暂缓通过项目学校）检查验收材料公示》。

2015 年 1 月 20 日，教育部职业教育与成人教育司发布《关于开展国家中等职业教育改革发展示范学校建设计划第二批项目学校实地抽查验收工作的通知》。

2015 年 10 月 28 日，教育部办公厅、人力资源和社会保障部办公厅、财政部办公厅发布《关于公布"国家中等职业教育改革发展示范学校建设计划"第二批项目学校验收结果的通知》，学校顺利通过验收，正式被确定为"国家中等职业教育改革发展示范学校"。至此，示范校建设任务顺利完成。

二、创建成效

（一）"大投入"为学校发展导航

示范校建设的"大投入"，使得职教中心班班有标准化教室；建有学术报告厅 1 个，总建筑面积达 9379 平方米的实验、实训楼 3 栋，建筑面积 10513.3 平方米的实训车间 3 个；总建筑面积 11499 平方米的 5 层图文信息中心楼 1 栋，藏书总量 52.2 万册，其中纸质印刷图书 14.2 万册，电子读物 38 万册，报纸 64 种，期刊杂志 202 种，阅览室座位 800 个，电子阅览室计算机 200 台；建筑面积为 25986 平方米的学生公寓楼 5 栋，住校学生床位率达 100%；建筑面积 9971.58 平方米的学生 3 层餐厅楼 1 栋，就餐座位 3440 个；符合《体育教学大纲》要求的运动场 2 个（400 米环形跑道的田径场 1 个，300 米环形跑道的田径场 1 个）、篮球场 10 个、排球场 9 个、网球场 4 个、足球场 2 个、乒乓球台 16 个；省部级以上支持建设的实训基地 8 个，总值 1626.615 万元；各类实验、实训室近百个，现代化技能教室 12 个，校内实训基地仪器设备数达 5756 台

（套），设备总价值 5000 余万元。

（二）"大目标"为学校发展奠基

创建"国家中等职业教育改革发展示范学校"和"全国中等职业教育强校名校"是胶州职教中心确立的大方向，也是办好人民满意职业教育的根本所在。学校本着"以人为本、和谐发展、贴近市场、服务经济"的办学理念，紧紧围绕"为学生终身职业素质发展奠基"这一中心，进行了一系列的改革，确保了学校走向健康和谐发展的轨道。

（三）课题引领推动人才和团队创新

"人道敏政，地道敏树。"

前瞻性的教育思想时刻激励着每名干部教师。学校成立教育科研领导机构，制定相关措施与制度，建立健全教育科研档案，对所有课题实施目标责任制管理，实行全程跟踪管理，取得了显著的成效。示范校建设期间，学校申报并顺利通过了《国家示范性职业学校数字化资源共建共享计划课题项目》成果验收 9 项，山东省级课题 2 项，青岛市级课题 3 个并顺利结题 1 个，青岛市精品课程 1 门，青岛市获奖教改实验项目 23 个，胶州市级课题 12 个、校级课题 188 项，胶州市级以上获奖论文 158 篇、教育出版物上发表的论文 170 篇，山东省级优秀成果 134 项，青岛市级课题《中等职业教育技能型人才培养的教学督导评估指标体系及相关标准研究》，被青岛

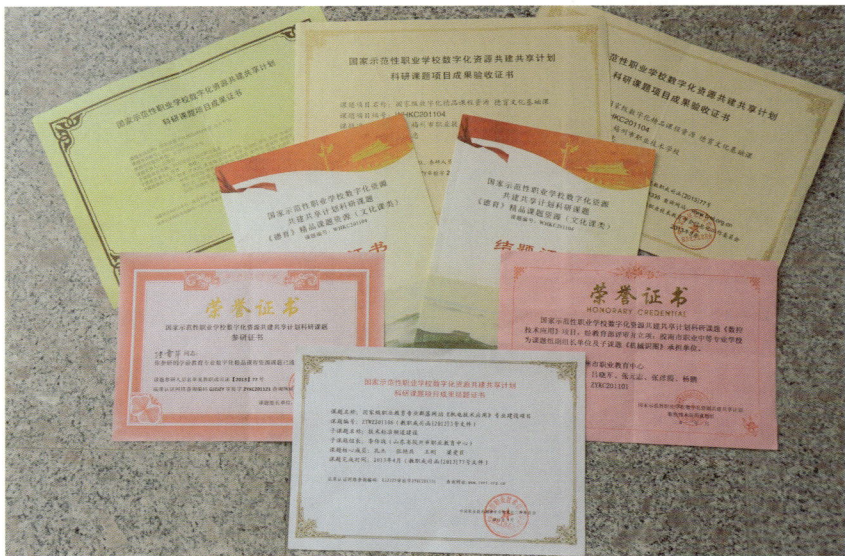

2010 年示范学校创建工作开展以来，胶州市职业教育中心学校获得的部分课题结题证书。

市人民政府教育督导室评为青岛市督导课题一等奖和山东省教育教学成果三等奖，国家级课题《中职生心理健康教育状况测评与对策研究》获得立项。学校被评为国家教育科研"十二五"规划"心理健康教育示范学校"。

（四）培养传承地方民族文化人才，助推文化产业发展

学校组织教师编写《胶州剪纸》《幼儿秧歌舞蹈创编》等乡土教材，与胶州市茂腔剧团实施委托培养，开设秧歌茂腔艺术班，培养实用艺术人才，为传承非物质文化遗产做出贡献。2013年2月23日，在厦门举行的全国第四届中小学生艺术展演活动中，学校参演的节目《豪情鞭鼓俏秧歌》荣获艺术表演一等奖、优秀创作奖、精神风貌奖、指导教师奖4项大奖。《豪情鞭鼓俏秧歌》是由学校学前教育部茂腔艺术班30名学生共同表演的团体舞蹈，这是青岛市首次由县（市）区学校代表青岛参加该项赛事。

（五）发挥职教优势，为当地经济发展服务

学校充分利用师资优势，成立胶州市中小学生实践活动基地、公共实训基地和青岛市创业大学胶州分校，承担政府、企业、社区的职业技能培训任务，以满足当地经济建设需求，服务地方产业结构调整，服务农村劳动力转移的培训，通过电大教育部建立起覆盖胶州市文化知识学习和职业技能培训服务网络，来满足城乡居民多样化、多层次的学习培训需求。学校拥有"青岛市劳动力转移培训基地""山东省四级安全生产培训基地""山东省特种作业培训机构""山东省渔业船员培训三级资质"等培训资质。示范校建设期间，培训农村远程教育站点管理员7期841人次，职业培训总规模6296人次，对外开展生产、咨询、技术服务项目11个。学校设立的"胶州大白菜研究所"培育并推广"胶白八号"等大白菜新品种20多个，为农业生产技术推广及种子的更新换代做出了突出贡献。

三、创建启示

（一）必须坚持改革贯彻始终

示范校建设的核心是改革，职业教育发展的根本动力也是改革。完成示范校建设任务，推进新时期职业教育发展，需要把视野打开、思路打开，立足需求，广泛借鉴，不断提高认识水平、创新能力，用改革的思路和办法来推动工作。否则，就难以产生有生命力的成果，难以实现事业的持续发展。

（二）必须注重遵循规律

成功的改革，必然是符合规律、反映规律的。要准确把握职业教育办学规律、教学规律，把握学生身心成长规律，用这些规律来指导和深化改革，才能保证改革的正确方向。否则，就是脱离实际、形式主义，不是真正的改革，难免要走回头路。

（三）必须凝聚改革力量

示范校建设计划的实施，依靠的是国家、地方、学校、行业、企业以及各相关方面的共同努力。国家宏观布局、各级分层负责、各方深度参与、学校全体动员，是深入推进建设的有力保证。在学校内部，项目建设也不仅仅是几个专业、部分教师的事，而是需要校长牵头，集全校之力，调动每一位师生的改革创新意识和行动，这是计划得以顺利有效实施的基础。

（四）必须建设长效机制

示范校建设要取得成功，

必须把项目建设与学校全面改革结合起来,内化为促使学校深化改革的推进机制。要避免低效率、低效益的碎片化建设,注重把重点专业和特色项目建设的经验迁移到其他专业、学校整体办学中去,使学校能够从中整体受益、长期受益,带动学校整体的变化,这是示范校建设的重要着力点。

执笔人:律德刚

改革开放以来胶州市人民医院发展历程及成就

市人民医院

胶州市人民医院是胶州市属最大的集医疗、教学、科研、急诊急救、预防保健、中西医结合于一体的市级综合性医院，是国家二级甲等医院、国家级爱婴医院和青岛市涉外定点医院，也是滨州医学院教学医院。医院的宗旨是一切为了人民健康，创人民满意的公立医院。医院是胶州的医疗卫生中心和农村三级医疗卫生服务网络的龙头，主要为胶州居民提供医疗卫生服务，包括常见病、多发病的诊疗、危急重症病人的接诊转诊及救治；推广应用适宜医疗技术，为农村基层医疗卫生机构人员提供培训和技术指导；承担部分公共卫生服务、为自然灾害和突发公共卫生事件提供医疗救治等工作。医院先后荣获"全国百姓放心示范品牌医院""全国诚信示范医院""全国县级百强医院""中国县级医院竞争力250强医院""山东省县级医院服务能力建设联盟常务理事单位""山东省十佳诚信医院""山东省卫生先进单位"等荣誉称号。

一、改革开放以来胶州市人民医院的发展历程

（一）建院初期，医院稳步发展阶段（1981 年—1998 年）

改革开放后，县委、县政府十分关心人民群众的健康，高度重视医疗卫生事业的发展，于 1981 年 12 月 21 日在胶城和平路原城关镇卫生院旧址成立了胶县人民医院。初成立的医院设立床位 45 张，职工 54 名。1982 年底，经过一年的发展，床位增至 128 张，共有职工 135 名，共设 15 个行政临床医技科室和 2 个门诊部，建立各项规章制度 40 余项，初步具备

了县级综合性医院的规模。同年 9 月 13 日，经胶县红十字会批准，正式命名胶县人民医院为"胶县红十字会医院"。1986 年，医院已设有院办公室、医务科、总务科、门诊部、内科、外科、妇产科、小儿科、中医科、保健科、五官科、放射科、检验科、药剂科、供应室等 15 个在编科室，另有急诊室、针灸理疗室、手术室、心电图室、脑电图室、B 超室、病理室、住院处等 8 个专业科室，分门诊、住院两大区。同年，医院投资 78 万元新建的门诊楼竣工并启用，建筑面积为 3390 平方米。至此，全院建筑总面积达 13724 平方米，床位增至 200 张，人员发展到 244 名，其中医护人员 185 名。院内主要医疗设备有日本产"B"型超声诊断仪 1 台、500 毫安 X 光机 1 台、200 毫安 X 光机 2 台、脑电图机 1 台、心电图机 4 台、心脏监护仪 1 台、国产"A"型超

1985年建设的胶县人民医院五层综合楼

声诊断仪 1 台及一些常规检查的必要设备。医院以"病人至上、文明行医、服务周全、严守纪律"为办院宗旨，以医疗为中心，加强医院质量管理，为病人提供良好的服务，收到了明显的社会效益、技术效益和经济效益。自 1983 年起，医院连续 3 年被青岛市政府评为"文明单位"。

1982 年—1986 年，胶县人民医院妇产科实施了计划生育流引产、平产、难产接生、剖宫产及各类困难计划生育技术，如大月份钳刮术、元花贴、雷夫努尔引产术、输卵管结扎术，困难剖宫产术，宫外孕手术，卵巢肿瘤手术及经阴道修补会阴等手术，并广泛开展了早孕、自然流产早期诊断，妇科肿瘤、异位妊娠等各种疾病的诊断工

作，诊断的准确率及治疗效果大大提高；外科成功开展胃大部切除术、胆道结石切开取石术、腹部肠粘连松解术；皮肤科开展了液氮冷冻术；内科开展了肝硬化、消化道出血三腔管压迫止血等技术；五官科开展了第一例耳鼻喉科手术。

1987 年 4 月，胶县撤县设胶州市，胶县人民医院更名为胶州市人民医院。1988 年，市人民医院针对慢性病人、老年病人住院看病不便这一社会问题，让病床从医院走向社会，设家庭病床 145 张，较好解决了行动不便病人住院难、看病难问题，深受社会欢迎。1989 年 5 月，市人民医院设立急救中心。同年，胶州市口腔病防治院交由市人民医院托管。

1987 年—1991 年，胶州市

人民医院先后购置骨质增生治疗机、体外反搏仪、血流图仪、血球计数仪、动态心电监护仪、提脉仪、呼吸机、牙科综合治疗仪、胎儿监护仪、多人高压氧舱、血疗机、婴儿培养箱、日本岛津 500 毫安遥控 X 光机、CT 机（为山东省县级医院首台 CT）等医疗器械设备。市人民医院以"质量建院、人才强院"为定位，内抓素质，夯实内涵，加强在人才、技术、设备、管理、服务功能和就医环境等方面的建设，基础设施、医疗设备逐步改善，技术水平有了较大提高。

投资 148 万元，建筑面积 3000 多平方米的医院保健大楼于 1991 年开工建设，成为胶州市"1991 年 10 件民生实事"之一。到 1991 年底，胶州市人民医院床位设置增至 224 张，职工 347 名，其中卫生专业技术人员 283 名，其他专业技术人员 39 名，行政工勤人员 25 名。

1993 年 3 月，胶州市人民医院与青岛市肿瘤医院联合成立胶州市肿瘤防治中心。1994 年，经省医院分级管理评审委员会评审验收，胶州市人民医院被确定为国家二级甲等医院，成为医院现代化建设、科学化发展的新起点。1995 年 4 月，经国家、省两级评估，胶州市人民医院被中国爱婴医院最高审批委员会授予"爱婴医院"

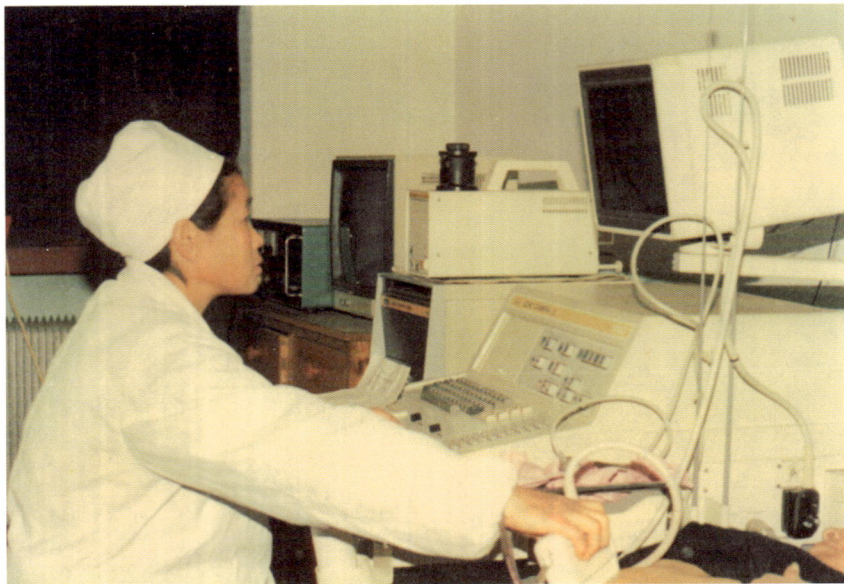

20世纪90年代胶州市人民医院的B超设备

称号。1996年1月，胶州市人民医院被确定为"青岛市涉外定点医院"。同年，胶州市交通肇事处理中心在市人民医院成立，"120"正式启用。1993年—1998年期间，胶州市人民医院先后购置了彩色超声多普勒诊断仪、经颅多普勒诊断仪、全自动血球计数仪、除颤监护仪、日立B超、全自动生化分析仪、CT机、多功能麻醉机、呼吸机、高压氧舱、电子胃镜等大型医疗设备。

1987年—1998年，胶州市人民医院先后开展了外伤性硬膜外血肿开颅清除术、直肠癌切除术、前列腺摘除术。五官科开展了第一例眼科手术，第一例唇裂、腭裂修复术，面瘫解剖术，白内障囊内或囊外摘除术；口腔科开展了牙列不齐口腔正畸新技术；儿科成功进

行了心包穿刺术；妇产科广泛开展了妇科复杂手术如难产接生、剖宫产手术、子宫全切术等；中医科开展了中药、针灸、推拿、拔火罐等中医儿科诊疗技术；内科采取了心肺复苏、气管插管等急救措施针对心脏骤停病人进行抢救，开展了心包穿刺术、氦—氖激光血管内照射、急性心肌梗死溶栓治疗、脑出血病人碎吸等技术，引进冷光氧透射治疗仪开展了冷光氧透射治疗肺部感染性疾病技术；急诊科配备了手提式除颤仪，用于治疗心律失常室颤病人；外一科成功开展规范性胃癌根治、全胃切除空肠代胃术，直肠癌、经会阴切除＋结肠造口术，乳腺癌扩大根治术，门脉高压征—远端脾胃分流术，开始开展肝叶、肝段切除术等；外二科应用前列腺射频治疗仪，

针对前列腺炎、前列腺增生的治疗取得较好效果。

（二）迈入新世纪，医院规模扩张阶段（1999年—2004年）

1.医院规模扩张

1999年5月，胶州市委、市政府决定，原胶州市人民医院、胶州市中医医院进行合并，设一套班子，挂两个牌子，即"胶州市人民医院、胶州市中医医院"，简称"胶州市人民（中医）医院"。内设机构47个，其中16个职能科室、21个临床科室、10个医技科室，另有6个社区门诊部，设置床位380张。核定事业编制549名，实有职工654名，其中卫生技术人员575名、高级专业技术人员35名、中级专业技术人员106名。在卫生技术人员中，具有大学本科学历76名，大学专科学历105名，中专学历135名，从事医疗人员261名、护理人员168名、药学人员69名、医技人员77名。1999年5月，成立肿瘤科及骨伤科，骨伤科成为胶州市卫生系统第一个单独成立的骨科。同年，成立消化内镜室，购进富士能200主机1台、胃镜1台；设置内五科，撤销内一东、内一西，内一东改为内六科，内一西改为内一科。

跨入 21 世纪以来，胶州市人民（中医）医院以前瞻的思维理念谋划医院新发展，确定"科技兴院、文化建院、创新强院"三大战略和创建"城乡一体化、特色明显、半岛一流"的区域性综合医疗中心的目标，不断改革创新管理机制，内涵建设成绩斐然，技术水平和服务质量显著提升，业务指标保持每年大福增长，医院规模、人员迅速扩张。2000 年，全院床位达到 300 张，职工 659 名。

2001 年，胶州市人民（中医）医院在南院保健楼南侧建三层病房楼一幢，面积 1413 平方米；在医院内设立了胶州市医学科学研究所、胶州市交通事故抢救中心，成立门诊手术室，妇科、产科合并为妇产科。同年 2 月，血透室成立，购进德国费森透析机，成为胶州市开展较早、规模较大、设备先进、血液净化方法齐全的科室。2001 年底，胶州市人民（中医）医院成为潍坊医学院教学医院并正式揭牌。

随着医院规模的扩大和医疗业务的开展，胶州市人民（中医）医院于 2002 年成立了消化内镜中心、介入放射中心、血液透析中心及重症监护中心（ICU）。2002 年 4 月，医院成立了胶州市手外科中心，聘请海军 401 医院专家联手开展断指（断趾）再造手术。

2003 年，胶州市人民（中医）医院中药制剂楼落成并投入使用，配备了中药提取罐、胶囊填充机、颗粒包装机、烘箱、灌装机等配套设备。

2004 年 5 月，在市委、市政府及市卫生局的大力支持下，医院整体租赁位于胶州市广州北路原陆军 135 医院房屋设施，建立胶州市人民（中医）医院北院，设置床位 200 张，占地面积 64 公顷，房屋建筑面积 28556 平方米。妇科、产科、小儿科、肿瘤科、康复科、检验科等科室相继从南院搬迁至北院，同时，新增设综合外科、胸外科、综合内科、感染科、北院麻醉科、北院放射科、北院急诊室、康复一科、骨二科、彩超室、心电图室、脑电图室、中药房、门诊药房、病区药房、门诊手术室、北院食堂。

截至 2004 年，全院在职职工 720 人，聘任制职工 570 人，离退休人员 160 人，高级技术职称 62 人，中级技术人员 129 人。医院编制床位 568 张，年门诊人次 221095 人次，出院病人 16264 人次。

2. 抗击非典

2003年，非典型肺炎疫情爆发并在全国迅速蔓延。在防治"非典"工作期间，胶州市人民（中医）医院成立了抗击"非典"领导小组，建立了疫情报告制度，设立了专职疫情报告员和来胶人员及发热病人预检处、发热门诊、定点专用病房。医院坚决执行市委、市政府的决策，选派优秀医护人员参加胶州市防"非典"工作，为全市抗击非典工作做出了重大贡献，得到胶州市委、市政府表彰。

3. 购置设备

1999 年—2004 年期间，市人民（中医）医院先后购置电子胃镜、十二指肠镜、彩色多普勒诊断仪、奥林巴斯全自动生化分析仪、动态血压分析仪、腹腔镜、低剂量数字化 X 光机（DR）、C 型臂 X 光机、电子结肠镜、血液透析机、血气分析仪等仪器设备，并引进了激光经皮椎间盘治疗仪、美国 GE 双螺旋 CT、体内伽马刀、电子支气管镜、多参数监护仪、除颤起搏监护仪、床边 X 光机等进口设备，给各病区安装了集中供氧、吸引管道等设备设施，极大地提高了诊疗技术和服务水平。

4. 开展新技术新项目

1999 年，市人民（中医）医院聘请北京 301 医院内镜专家协助开展了 ERCP、内镜下十二指肠乳头切开术、内镜下胆总管结石取石术、胆道支架植入术、鼻胆管引流术等各种技术。2000 年，市人民（中医）医院骨伤科开展了人工全髋关节置换术、骨肿瘤大块切除骨移植术。2001年,市人民(中医)医院皮肤科开展了过敏原检测技术及脱敏疗法。2002年,市人民(中医)医院内一科引进电子支气管镜,相继开展特布他林联合异丙托溴铵联合雾化治疗慢性阻塞性肺疾病及支气管哮喘技术、ICS治疗支气管哮喘、噻托溴铵治疗慢性阻塞性肺疾病等技术;外二科开展肾移植手术2例,开创了胶州市器官移植的先例;手外科开展手部损伤修复、断指再植、骨间背侧动脉岛状皮瓣、股前外侧皮瓣、腹部皮瓣等显微外科技术;外一科开展腹腔镜下阑尾切除术、胆囊切除术、腹腔探查及肠粘连松解术;耳鼻喉科开展了第一例纤维喉镜的检查治疗及功能性鼻内镜微创手术;内五科搬至南院成立消化内科,开展了内镜下息肉切除术。2003年,市人民(中医)医院骨伤科开展了带锁髓内针治疗长骨状骨骨折,为胶州市开展的第一例带锁髓内针治疗骨折技术;神经外一科开展了头状窦旁侵及大静脉的巨大脑膜瘤并保留住了血管的手术。2004年,市人民(中医)医院内三科开展卒中单元规范卒中病人的治疗;外一科开展肝门部胆管癌根治术、甲状腺癌根治术;综合外科开展了远端脾胃静脉分流术;手外科成功完成8指完全离断再植手术;内

一科开展无创呼吸机使用技术,后相继开展了舒立迭、信必可治疗支气管哮喘、慢性阻塞性肺疾病,普米克令舒与特布他林联合应用治疗支气管哮喘与慢性阻塞性疾病等新技术。

(三)科学管理,医院跨越发展阶段(2005年—2018年)

2005年1月,胶州市人民(中医)医院在北院成立"胶州市慈善医院",中华全国慈善总会会长来院检查指导工作。2006年,胶州市人民(中医)医院投资146.6万元在北院门诊楼西侧南建三层楼1幢,建筑面积1396平方米。其中一层为北院急救中心,二层为重症监护室(ICU)病房,三层为创伤外科(后更名为外六科)病房。

2008年5月12日,四川汶川发生大地震,根据山东省、青岛市部署要求,胶州市于2008年12月25日派出了医疗卫生队赴四川省北川羌族自治县曲山镇参加救援、震后重建工作。胶州市人民(中医)医院选派宋明进、程亮、张金星、代培芬、迟炘、王彩云、毕洪春、王秀莲、栾照敏等9名临床业务骨干参加胶州市医疗救治小分队,远赴北川县,对口支援曲山镇卫生院的医疗卫生工作。

在为期3个月的援助工作中,他们克服了工作和生活上的重重困难,认真开展医疗救治工作,圆满完成了援川任务。其中,王秀莲被授予"全国卫生系统护理专业巾帼建功标兵"荣誉称号,张金星、程亮、王彩云及栾照敏分别获"全省对口支援川北灾后、恢复重建医疗卫生先进个人"荣誉称号。

2009年3月,胶州市人民(中医)医院举行中华慈善胶州医院揭牌仪式,中华慈善总会会长和胶州市委主要领导参加仪式并揭牌。

2010年,胶州市人民(中医)医院投资100万元(政府投资50万元,医院自筹50万元)在北院北侧对原135医院两层制剂楼进行装修改造。2011年,制剂楼改造完成,成立保健科。2013年,胶州市政府投资1205.3万元,在市人民(中医)医院南、北两院实施提升改造工程,共计改造装修面积6540平方米。2014年4月,胶州市人民(中医)医院接管张应镇卫生院后成立分院。

2014年以来,胶州市人民(中医)医院立足公益性,不断深化公立医院改革。自2014年10月1日起,市人民(中医)医院实行药品零差率销售,同步调整医疗服务项目价格,实行大型设备降价,大大减轻了人民群众的就医负担;严格控

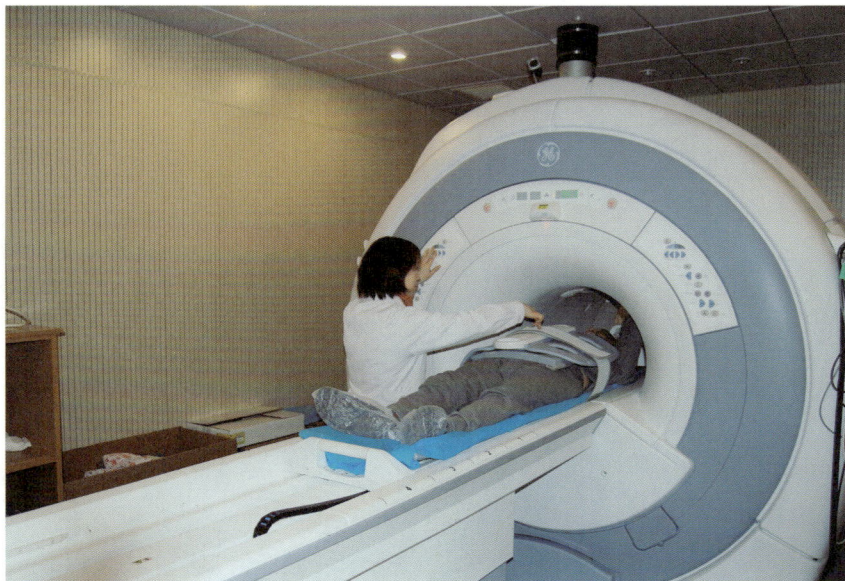

2012 年胶州市人民医院引进的美国 GE 公司核磁共振设备

制费用，扎实推进临床路径管理，有效降低药品在收入中的比例；严控医保费用支出，建立合理检查、合理治疗、合理用药、合理收费的长效机制，切实减轻群众就医负担；加强患者住院日监管，严控患者住院天数；加强高值耗材和药品采购使用监管。通过一系列改革举措，给老百姓带来了实实在在的利益，得到了广大群众的拥护。

2014 年—2015 年，胶州市人民（中医）医院完成装修改造 1633 平方米，在南、北两院实施路面硬化 6300 平方米。2015 年 11 月，市人民（中医）医院南院改建病房楼工程开工建设。2016 年底，病房楼主体工程完工，建设规模为 7950.69 平方米，投资额为 2971.1 万元。

2016 年，胶州市人民（中医）医院制定《关于开展医疗核心制度落实年活动的实施方案》和《持续推进优质护理服务工作实施方案》，深化护理模式改革，严抓核心制度落实。同年，启用了全国远程肿瘤医院联合体远程会诊中心病理工作站。

2017 年，胶州市人民（中医）医院继续推进公立医院改革，落实法人治理结构，依章程选举成立了理事会和监事会。职工代表大会制度和领导班子民主集中制进一步加强，完成了第四届工会换届工作。医院制定并落实《医院发展优势学科实施方案》《社会医疗保险住院费用考核细则》，加强科学管理。同年，市人民（中医）医院充分利用"互联网 +"，建立了远程会诊中心，初步实现了远程会诊。

2017 年 9 月，胶州市编办下发《关于市人民中医医院更名的通知》（胶编字〔2017〕55 号），文件规定，将胶州市人民中医医院更名为胶州市人民医院。

2018 年，胶州市人民医院深入推进公立医院改革，持续改善医疗质量与服务水平，顺利实现了医院的和谐、健康、

2014 年胶州市人民医院南院新建成的门诊楼

229

平稳、快速发展，全年完成门（急）诊诊疗 518731 人次，出院 35667 人次，开展手术 6403 人次，筹建胶州市胸痛中心、卒中救治中心、创伤中心、危重孕产妇救治中心、危重儿童和新生儿救治中心"五大中心"和癌痛规范化治疗示范病房。截至 2018 年底，医院总占地面积 73200 平方米，总建筑面积 47300 平方米，总固定资产 1.84 亿余元；开放床位 991 张，职工人数 1259 人，其中卫生专业技术人员 1049 人，包含正高级职称 16 人，副高级职称 56 人，中级职称 240 人，初级职称 737 人。

2016 年—2018 年，胶州市人民医院投资 1400 余万元对南、北两院进行装修改造，并先后投资购置美国 GE1.5T 超导磁共振、西门子 SOMATOM Definition AS 64 排 CT、美国瓦里安 Clinac CX 医用直线加速器、荷兰飞利浦 UNIQ FD 20 数字减影血管造影系统（DSA）、美国 GE 公司 E8 四维彩超、消化超声内镜、关节镜、弹道超声碎石、彩色多普勒超声诊断仪、钼靶 X 光机、腹腔镜、口腔全景 X 光机、血液透析机等国内外先进仪器设备，为群众营造了一个高科技的现代化就医环境。

胶州市人民医院落实惠民、利民帮扶政策，关爱弱势群体，

2013 年 10 月 13 日，胶州市人民医院组织医护人员在人民广场开展义诊活动。

减轻病人经济负担，截至 2018 年，先后启动实施了"万名医师支援农村卫生工程""服务百姓、走进健康"大型义诊和"城乡医院对口支援"等活动；连续多年开展了白内障免费复明工程，特邀北京同仁医院、青岛眼科医院专家来院指导，为 1300 余名患者实施了白内障免费手术，受到社会群众的一致好评；积极开展学雷锋"爱心守护"志愿服务活动，在门诊实施"一站式"便民服务的基础上，积极推行"流动导诊"服务，缩短磁共振、心脏 B 超、强化 CT、胃肠镜的检查等候时间，提高诊断正确率和治疗效果，积极推广"一医、一患、一诊室"，极大地方便了患者，提高了患者就医感受。

二、发展成就

（一）不断开展新技术、新项目，加大学科建设扶持力度

胶州市人民医院始终坚持"以患者为中心，以质量为核心"的服务宗旨，大力实施"科教兴院、人才强院"战略，建成一批具有区域影响力的特色学科。神经外科被评为青岛市医疗卫生 C 类重点学科，消化内科、中医肾病科通过青岛市特色专科复审。此外医院还相继开展了消化内科的"超声内镜诊疗技术"，放疗中心的"普通调强适形放射治疗"，护理专业的"植入式静脉输液港""超声引导下 PICC 置管术""伤口造口护理"，疼痛科的"臭氧治疗技术临床应用"，骨一科的"带祥钢板及带线铆钉修复喙锁韧带治疗肩锁关节分离及锁骨远

端骨折"，神经外二科的"Key hole 在神经外科中的应用""踝关节锻炼器在神经外科应用"，心内科的"冠状动脉造影及支架植入术"，介入科的"非创伤性血管成像技术"，普外科的"腹腔镜胃癌、结肠癌根治术""血管介入治疗"等等，进一步提高了医院的综合救治水平。

（二）不断加强信息化建设，满足群众多形式就医需求

胶州市人民医院依托信息化建设，逐步建立一卡通、异地医保结算、跨省新农合联网结算等36个信息一体化子系统，出色完成了跨省新农合联网结算工作；积极推进胶州市区域远程影像中心建设和智慧医院建设，实行门诊流程再造和住院流程再造，着力解决门诊秩序混乱问题，不断优化美化医院环境，为就诊群众和住院患者营造方便、舒适、温馨的就医氛围；充分利用"互联网＋"，建立远程医疗会诊中心，在与北京三甲医院会诊基础上建立直连美国等国外医疗机构的会诊服务；组织开展多学科整合门诊（MDT），邀请青岛专家为患者提供MDT会诊讨论；优化外出就医绿色通道，与北京协和医院、中日友好医院、北京儿童医院、301医

院等北京三甲医院建立联系，为百姓外出就医提供服务；邀请北京协和医院、北京天坛医院、北京301医院等北京知名医院专家来医院坐诊、手术、查房、开展业务讲座，方便了百姓就医。

（三）不断加强急诊急救工作，提升应急救治能力

胶州市人民医院完善人员配置和物资储备，定期组织培训，开展突发公共卫生事件应急急救演练，确保公共卫生事件发生时应急响应迅速、及时。创建了青岛市医疗救援基地，圆满完成了"10·16"沈海高速公路重大交通肇事、传染病防治等突发事件医疗救治任务，受到青岛、胶州市政府和卫生行政主管部门的好评，体现了医务人员救死扶伤、为人民服务的宗旨和无私奉献、敢于牺牲的精神。医院以院前急救为切入点，进一步加强急诊急救工作，大力推进胶州市胸痛中心、卒中救治中心、创伤中心、癌痛规范化治疗示范病房及癌症规范化诊疗病房、危重孕产妇救治中心、新生儿救治中心"六大中心"建设，成功开展了急性缺血性脑卒中溶栓新技术和 DSA 介入治疗，为心脑血管疾病患者的诊断和治疗开辟了一个全新的领域。

（四）不断加强行风建设，大力弘扬医院正气

胶州市人民医院坚持以人为本的服务理念，加强医德医风建设，规范医疗服务行为，推行人性化服务，建设和谐医患关系，社会满意度不断提高。医院建立健全《群众满意度提升工作实施方案》《关于对电话回访满意度调查结果的奖惩办法》《患者满意度调查工作制度》《回访中心岗位职责》，开展群众满意度提升活动，落实住院病人电话回访制度，对回访中存在的问题积极整改，病人满意度达到99.5%；开展满意度大走访活动，发放满意度测评表 10000 份；严格落实"九不准"规定，进一步开展"诚信医疗、拒收红包"廉洁行医活动。2018 年 3 月，胶州市人民医院被胶州市精神文明建设委员会办公室授予"胶州市文明创建示范岗"称号。

（五）不断加大科研力度，培养优秀医疗人才

胶州市人民医院大力实施"科技兴院，科教兴院"战略，坚持"院有专科，科有特色，人有专长"的发展方向，加大科技创新和人才培养力度，神经外科、消化内科、中医肾内科为青岛市特色专科；重视临床教学与科研，先后与北京大

学人民医院、山东省肿瘤医院、青岛市立医院、青岛市眼科医院建立了医联体，与国家心血管病中心、山东省耳鼻喉医院、青岛大学附属医院介入医学中心等建立了专科联盟，是滨州医学院教学医院、潍坊医学院的临床实践教学基地。同时，选派大量医疗卫生专业技术人员到北京、上海、济南、青岛等地大医院进修学习，学科带头人和医疗技术骨干队伍不断壮大，15 项科研项目获得山东省、青岛市科技进步奖，撰写论著 300 多部、发表省级以上论文 1000 余篇。医院整体技术水平得到了较大提升，到 2018 年，市人民医院已成为全市的医疗和急救中心。

执笔人：马洪涛

改革开放以来胶州市共青团事业的发展

团市委

党的十一届三中全会以来，胶州团市委在胶州市委、市政府的正确领导和上级团组织的具体指导下，坚持党的基本路线、方针、政策，以青年服务品牌为统揽，以项目化运作为方式，着力加强队伍、平台、制度建设，着力提升团组织活力和团干部服务青年的能力，团结带领广大团员青年为幸福宜居新区建设贡献力量，在社会发展中谱写新的共青团工作篇章。胶州市获得全国区域化推进农村共青团工作试点县荣誉称号，胶州团市委获得山东省五四红旗团委、山东省"青春建功新农村——百千万农村青年创业计划"先进集体、山东省少先队宣传工作先进单位等荣誉称号。

一、坚持理想信念教育，青少年思想政治工作开创新局面

改革开放以来，胶州团市委坚持青少年理想信念教育，围绕党的基本教育路线，紧跟时代步伐，不断完善青少年的教育方式和形式，用科学、先进的理念武装青年、引导青年，开创了青少年思想政治教育的新局面。从少先队员的政治启蒙、学生团员的团员意识教育，到青年团员的分层教育，将少先队和共青团组织打造成培养少年儿童和广大青年学习马克思主义的阵地。

（一）加强政治理论教育

改革开放以来，全国将工作重点转移到经济建设上来，各种思潮对青少年冲击很大，做好青少年思想政治教育工作就显得尤为重要。党的十四大明确提出，"必须把教育摆在优先发展的战略地位，努力提高全民族的思想道德和科学文化

1987年5月4日，胶州团市委举办"我爱中华"知识竞赛。

水平，这是实现我国现代化的根本大计"。为了实现这一战略任务，更好地指导青少年教育发展，为社会主义现代化建设服务，胶州团市委团结带领各级团组织紧紧围绕党的中心工作，广泛开展以"三热爱"为主要内容的社会主义思想教育、"一情两史"教育、"村情、村史"教育，激发团员青年爱国、爱党、爱社会主义、爱家乡的热情；全面启动"跨世纪文明工程"和"跨世纪青年人才工程"，在全市青少年中树立跨世纪意识，引导他们认真学习、注重实际，自觉投身改革开放和经济建设的伟大实践中。

1989年，为深化四项基本原则教育，帮助广大团员青年进一步统一思想，胶州团市委开展了"坚持立国之本，确定人生航标"主题教育活动和时代楷模严力宾烈士的宣传活动，收到了良好的教育效果。

1992年以来，以邓小平南方谈话的发表和党的十四大的召开为标志，胶州共青团认真学习贯彻党的十四大、团的十三大精神，以德育基地为依托，在全市青少年中开展爱国主义、集体主义和革命传统教育，通过各种形式纪念世界反法西斯战争暨中国抗日战争胜利50周年。

1998年以来，胶州各级团组织注重加强青少年的理想与信念教育，通过组织青年召开座谈会、开展成人预备教育等方式开展了深入细致的教育活动，有效地加强了青年的思想政治教育。

党的十六大以后，青少年思想政治工作面临许多新的课题，特别是互联网给青少年思想政治教育带来了严峻的挑战。面对这种形势，胶州团市委紧紧围绕中央8号文件精神，发动各级团组织扩展服务手段，大力加强未成年人思想道德建设，在组织青少年学习"三个代表"重要思想和党的十六大精神的同时，通过在全市各中小学校举办"全民读书月"活动、以"成长、成才、成功"为主题的胶州青年发展论坛、"民族精神代代传"活动、"牢记青春誓言，践行八荣八耻"主题教育活动、绿色网络行动等，对青少年进行世界观、人生观、价值观的教育，进行理想道德教育和心理健康教育。

2006年，胶州团市委举行"牢记青春誓言，践行八荣八耻"签名活动，数千名青年党员、青年干部、共青团员参加活动，拉开了社会主义荣辱观主题教育活动的序幕。2008年，团市委以"喜迎奥运"为主要内容，开展奥帆旗帜在传递、大学生迎奥帆等活动39场次，弘扬奥运精神，展现胶州市青年的新状态。

2013年，以"科学发展观"为主要内容的知识竞赛拉开了学习党的十八大精神的帷幕。胶州市先后开展了以"永远跟党走""回顾辉煌历程、献礼党的十八大"等为主题的活动，开展始终保持党的先进性、保持共青团紧跟党的步伐的先进

2012年12月，胶州团市委举行学习贯彻十八大读书知识竞赛。

性教育活动,切实增强了广大团员青年建设中国特色社会主义的决心和信心。

2016 年,胶州团市委开展团工作新媒体宣传,打造团属宣传阵地。编发《胶州市"青年之声"建设工作服务手册》,专题介绍"青年之声 · 胶州"互动社交平台。截至 2016 年 11 月,平台累计入驻专家 713 人次,帮助青年解决困难 30 余件,浏览量达 2784375 次,累计提问 2920 条,有效回复 2675 条,好评数达到 452 次。同时对接共青团"青春胶州"和青少年宫"vbingo"两个网络载体,布局线上网络达人、专业公众号以及配备线下新媒体维护专员。

2018 年,胶州团市委围绕学习党的十九大精神举办系列主题队会,通过青少年能懂、能会的方式,将党的理论、党的主张、党的政策在青少年中进行启蒙和引导;加强思想政治引领和形势政策教育,邀请专家学者开办"青年发展论坛""青年观察"活动。

(二)加强理想信念教育

胶州团市委始终坚持理论武装全团、教育青年,青少年思想道德建设取得新成效。结合实施"青年马克思主义者培养工程",深入开展增强团员意识教育活动,不断提升团员青年的政治素质,引导全市团员青年做中国特色社会主义的忠实信仰者、实践者和宣讲者;突出抓好团干部、大中专学生、青年骨干的理论学习,广泛举办"青年发展论坛""我与祖国共奋进,我与胶州同发展""牢记青春誓言、践行八荣八耻"等大型活动,集中开展国情、党情教育。

1980 年,胶县各级团组织加强了少先队辅导员的聘请和培训工作,恢复和健全了少先队组织。在少先队员中广泛开展了爱祖国、爱人民、爱劳动、爱科学、爱护公物的"五爱"教育和争戴"小红花""争当优秀队员"等活动,大大提高了少先队的工作水平。1986 年开展的"奋飞之鹰"活动给中学团的工作带来了新的生机。1986 年 9 月 1 日,胶州市召开了首届少代会,成立了少工委。从 1987 年开始,各乡镇也召开了少代会,成立了少工委和少先队总队,加强了对少先队工作的领导。

1988年以来,胶州各级团组织以引导中学生了解国情、接受教育、增长才干、全面发展为目标,以社会实践、文化体育实践和劳动实践为主要内容,在全市中小学中深入开展"争做未来建设者"的活动,开拓青少年眼界,陶冶青少年情操。

2004 年,胶州团市委组织全市广大少先队员开展了"火眼金睛大搜索创迎小队"暨"创文明 迎奥运 做新时代小公民"全市统一行动日活动,增强少先队员的国家荣誉感和责任感。

2006 年开始,胶州市少先队在清明节前后开展了"民族精神代代传"活动,通过组织少先队员通过祭扫革命先烈、制作英雄海报等多种方式参与活动,从而引导广大少先队员学习英雄事迹、继承英雄精神。

2014 年,胶州市在全市少先队员中开展了"核心价值观记心中"主题活动。全市 5 万名少先队员积极参与,通过制作宣传海报、红领巾广播、少先队主题队会等多种方式,学习习近平总书记系列重要讲话,领会核心价值观的深刻内涵。

2018 年,胶州团市委在全市学校共青团和少先队组织中启动"红色大讲堂"活动。围绕改革开放 40 周年,在全市团、队组织中开展"寻访"活动,通过了解两代人、三代人的生活、学习、工作变化,以及不同领域、行业的变化,感受改革开放 40 周年取得的成绩。此外,胶州团市委还以上合组织青岛峰会、上合示范区落户胶州为契机,组织开展了"少先队模拟上合峰会"活动和各级队、团组织上合峰会意义宣传活动，持续放大上合峰会对青岛、对胶州的重大意义。

（三）加强思想道德教育

改革开放以来，胶州团市委围绕提高青少年的思想教育水平，大力实施"未成年人思想道德建设工程"，推进"四德"建设，先后在全市开展"18岁成人礼"教育仪式、大中专学生三下乡活动、"学雷锋"活动、"红领巾相约中国梦"活动等符合青少年特点的活动。

在1980年3月的"全县文明礼貌月"活动中，全县广大团员青年自觉组成"学雷锋小组""贴心人小组""青年服务队""排忧解难小分队"等服务组织，以治理"脏、乱、差"和创建文明单位为重点，积极走上社会，扩大服务范围。

20世纪90年代，各级团组织广泛开展了以培养下一代"四有"新人为目标的"文明青少年达标竞赛"活动，积极促进了社会新风尚的形成和发展。与此同时，团市委还组织开展了"青年之家升级赛"和"青年之家活动大合唱"等活动，使青年活动阵地建设有了空前的发展，在文明、规范等方面向前迈进了一大步。

2005年，胶州市"顺驰杯"首届少先队校园舞台剧大赛成

2016年3月，胶州团市委举行"青春绿色行动 扮靓胶州城乡"公益植树活动。

功举办。2010年开始，胶州市以"好书伴成长"活动为主线，引导广大少年儿童多读书、读好书、好读书。全市各级少先队组织积极行动，参与到为少年儿童营造良好读书氛围的工作中去，广泛开展"雏鹰争章""手拉手"等活动，扶持建设各类校外教育场所360多处；大力加强青少年网络教育平台建设，开通共青团微博110余个，建立青春胶州QQ群、微信公众号，有效改进青少年教育方式方法。

2011年，胶州市开展了"队旗伴着国旗飘，胶州发展我成长"主题活动，围绕青岛创建全国文明城市和胶州创建省级文明城市，开展了"我做城市小主人"活动，广大青少年从自身文明习惯养成开始，带动身边的家人和朋友，营造了浓厚的社会氛围。

自2016年开始，胶州团市委在全市青少年中开展了"大手拉小手，共筑碧水蓝天"主题活动，全市广大青少年从生态环境保护入手，向培养文明行为习惯、道路交通安全意识等多个角度延伸，以"小手拉大手"的方式，带动家庭、社会积极参与。

2018年，胶州市各级团组织和少先队组织积极参与到全国文明城市复审工作中，在做好自身文明礼仪规范的基础上，带动家庭、带动社会积极开展宣传活动。职教中心团委组织学生志愿者直接走上街头，开展面向群众的文明引导，成为文明城市创建中的一道靓丽风景线。

二、坚持服务发展大局，青少年参与经济建设取得新业绩

改革开放以来，胶州团市委围绕中心、服务大局，通过

多种方式引导广大团员青年参与全市经济建设，扶持青年就业创业。青年文明号、青工技能振兴计划、"青春就业创业"行动等一大批具有青年特色的活动活跃起来，通过搭建平台、资金扶持、典型带动等多种方式，帮助青年在经济发展大潮中建功立业。

（一）服务经济发展多措并举

20世纪80年代，胶县团委响应团中央号召，在全县青年职工中开展"五小"（小发明、小革新、小改造、小设计、小建设）活动，广大团员青年积极响应，创造了"五小"发明415项，帮助366家企业改进了生产工艺，降低了生产成本，加强了中小企业青年管理人才的交流，促进了全县经济社会的良好发展。

"积极响应党的号召，投身到经济建设中。"这是20世纪90年代以后，共青团工作一次伟大的转折点。胶州各级团组织攥紧拳头，形成合力，有步骤、有重点地启动和推进跨世纪青年文明工程和跨世纪青年人才工程，引导有技术、有能力的优秀青年积极投身经济建设，向着21世纪迈出了坚实有力的步伐。

20世纪90年代初期至中期，胶州市各级团组织在全市经济体制改革取得较大进展的新形势下，带领广大青年积极投身改革，围绕党的中心工作，采取各种形式开展以"争当新长征突击手"为主题的团组织活动：重点发动企业团组织开展了"五小"（小发明、小革新、小改革、小设计、小建议）活动，发动学校团组织开展了"做经济强市小主人"活动，发动农村团组织开展了争创"小康团支部"活动，在商贸领域开展了"无假货商店"活动等。此外，为引导青年树立正确的择业观、就业观，继续深入开展"青年科技星火带头人""青工比武""下岗青工创业行动""百家青年兴业领头人"的评选活动，在全市范围内挖掘、培养、树立了一批自立自强、艰苦创业的青年典型。

20世纪末至21世纪初，全市各级团组织积极推进"服务万村"行动，深入开展了"三下乡"活动、农业实用新技术竞赛活动、乡村青年文化节、扶贫计划等，挖掘、培养出王进、叶树举等一批青岛市杰出青年农民。1999年，围绕团中央《关于开展"保护母亲河行动"的意见》，胶州共青团发动全团青年投入到植绿护绿行动中。据不完全统计，此次活动先后组织青年15000余人次，共建设有一定规模的青年林10处，绿化面积2000多公顷，充分发挥了青少年在绿化造林重点工程建设中的生力军作用。

党的十六大以后，全市各级团组织积极投身全面建设小康社会的时代洪流，以"青春建功十一五"为主题，大力开展"青春创业行动"和"青工技能振兴计划"。一是抓技能培训。以市场营销计划、创业计划、高效农业为主题，采取专家座谈、企业家授课、实地参观等方式，培训了一批"创业小老板"；以创新创效为突破口，大力开展"农民工素质教育工程""青年文明号信用建设示范行动""优秀青年服务品牌"创建活动，引导青年参与企业技术、管理和服务创新。二是抓阵地建设。不断强化市场就业培训中心、青年创业就业指导中心、"学士后流动站"建设，积极打造就业平台；探索与省外团委联合组织招工的形式，实施长期稳定的"订单式"服务。三是抓劳务输出。坚持"输出一次、成功一批，输出一人、带动一批，输出一批、带动一村"的工作原则，联合市劳动局组织开展"春风行动劳务输出"活动，先后提供近万个工作岗位。

党的十七大以后，胶州团市委深入实施青工技能振兴计划，积极开展青年"订单式"技能培训3200人，实现就业1.1万人；发放青年创业小额贷款 4865 万元，扶持创业青年 260 余人，带动就业 3023 人；发放贷款贴息 5.5 万元，努力满足青年就业创业需求；扎实推进胶州市与北京大学校地共建行动，不断深化暑期社会实践等活动，为加强区域合作与交流搭建了新平台。

2012 年，胶州团市委突出抓好全市重点工程中的青年岗位建功工作，在全市经济建设关键岗位培养青年岗位能手 412 名，各级青年文明号 130 家；联合北京大学地球与空间学院，成立了"大学生就业创业见习基地"，为进一步延伸团组织手臂，为全市经济发展引进智力资源做出了新探索；在各类企业中先后开展创新创效活动、青工技能振兴计划、青年安全生产示范岗等活动 6 次；按照网络化构建、市场化运作、项目化推进的工作思路，实施政策扶持、信息共享、服务到位、资金支持、岗位到家 5 项举措拓展工作空间，扶持青年创业 32 人，帮助青年协调贷款 1100 余万元，带动就业人数 832 人，争取贷款贴息 3.5 万元，推选农村青年信用示范户 12 户，选树了郭磊、焦廷龙等一批创业青年典型，激发青年创业热情，引领青年致富之路。

2014 年，胶州团市委不断深化"青春就业创业"行动，通过举办优秀青年培训班、开展青年就业创业培训、小额贷款发放等方式，推动青年就业创业工作；结合涉农金融机构优秀年轻干部到团县委挂职工作，向各涉农银行推荐了一大批前景好、投资风险低的创业项目，共发放小额贷款 41 笔，金额总计 136 万；在全市银行业开展争创"青年文明号"和争当"青年岗位能手"活动，规范文明号评选标准和考评办法，对不合格的青年文明号给予摘牌。2014 年，全市共评出银行业青年文明号 8 个，青年岗位能手 20 人。

2016 年以来，胶州团市委积极开展"三创行动"。坚持"理论＋实践"相结合的方式，争取就业创业专项培训资金 15000 余元，对全市 200 余名农村青年进行免费培训；积极参加"我是最美青年创客""百名优秀青年创客推荐"等工作，培养了以窦振豪等为代表的青年就业创业典型 10 余名；依托金融挂职干部，在洋河、胶西等地开展送金融知识下乡宣讲；为当地的青年农民讲解金融知识、送去优惠贷款政策等，帮助他们解决资金难的问题；深入开展"青年文明号助千家"等志愿服务活动，与当地建档立卡的贫困家庭结成帮扶对子，助力全市脱贫攻坚工作。2016 年 5 月，洋河镇成功举办青岛市首届农村青年创业优品大集暨赏花采摘会，为农村青年创业增收搭建平台。

（二）服务社会发展更加活跃

1. 志愿服务

自 1994 年实施胶州市青年志愿者行动以来，全市 25000 余名青年志愿者活跃在城乡各地，建立各类基层志愿服务阵地 26 个，专业志愿者队伍 17 支，志愿服务项目涉及大型集会、结对帮扶、新农村服务、文明宣讲、节能减排等领域。通过三农服务、社区服务、科技服务等活动，弘扬团结友爱、尊老爱幼、助人为乐的时代新风。2003 年"非典"期间，胶州团市委组织全市青年参与到抗击"非典"行动中，向人民群众广泛宣讲预防"非典"知识、提供卫生环保服务等。

2005 年起，为动员更多的热心人士参与志愿者行动，"青年志愿者"正式更名为"志愿者"，志愿者的年龄条件取消上限，自此，有更多的退休老干部、老红军、党员干部等纷纷加入到志愿者的行列中。同年，市南小区、太平地居委会等 5 个小区组建了社区志愿者服务站，胶州市初步形成了一个由市、镇（街道）、居委会、社区志愿者服务站、志愿者服务团五级组织相互补充、协调管理的志愿者活动网络。从 2006 年起，团市委重点配合"胶州市秧歌节""园林城市建设""我做文明行路人""车辆停放秩序规范日""安全生产咨询日""助残日"等全市性工作，推进了志愿服务领域的横向及纵向发展。2007 年，为全面参与社会主义新农村建设，胶州市全面启动了"青春建功新农村——青春先锋行动"，围绕三农、法律、文化、卫生、教育等领域，组建了 17 支专业志愿者服务团，服务领域进一步扩大。

2008 年以来，胶州团市委先后组织 1200 余名志愿者承担了历届中国秧歌节的全部服务工作，累计服务 9000 余小时；积极动员全市各级团组织和广大青少年投身现代化幸福宜居新区建设，全面投身大沽河治理工程，共成立大沽河整治青年突击队 19 支，参与治理活动 25 次，参与人数 12000 余人次；在全市各级团组织切实开展"沽河畔献青春，生力军建新功"承诺行动、溯源行动、环保行动、春风行动和民生行动，动员全市团员青年和少先队员积极行动起来，积极响应市委、市政府号召，开展环境综合整治活动，共开展卫生清理、文明劝阻、摊点整治等活动 140 余次，参与团员青年 15000 余名。

自 2014 年开始，胶州市青年志愿者活动进一步提速升级，

团员发展中逐步增加志愿服务内容，全市新入团团员全部注册成为志愿者。截至 2018 年，全市青年志愿者活动向平台化、专业化迈出了更大一步，筹建了"志愿至美"青年志愿服务综合体，进一步整合全市青年志愿者资源，从项目设计、队伍建设、保障机制等多个方向入手，加强对青年志愿者活动的服务和引导；近 900 名青年志愿者参加了省运会的专业服务工作，200 多名青年志愿者围绕中国秧歌节、全国文明城市复审等活动，开展志愿服务 1000 余人次，青年志愿者服务重大赛会能力进一步提升。

2. 希望工程

1994 年，希望工程县级机构开始组建。同年，胶州团市委"希望工程"办公室成立。胶州团市委始终坚持一个信念：胶州只要还有一名贫困失学的孩子，希望工程的崇高使命就不会结束。在这种信念的推动和全市各界的共同努力下，胶州的希望工程从无到有，希望之火在胶州大地上熠熠生辉。

2009 年 5 月 31 日，由青岛市青年联合会捐资建设的青岛市青联希望小学落成典礼在胶州市九龙镇举行。该希望小学是共青团青岛市委、青岛市青年联合会组织动员全市青联委员捐建的第一所希望小学。

2014 年，里岔同洲共际希

望小学和胶西镇海尔希望小学 2 所希望小学完成竣工。同年，"希望工程"办公室开展爱心助学活动，对全市 136 名贫困学生予以救助；开展圆梦行动，救助大学新生 6 人；在胶北地恩地希望小学举行"书香公益行"活动，为学校送去价值 2 万余元的书籍和体育用具；在里岔海尔希望小学建立海尔电脑爱心音乐室 1 处。

截至 2018 年 12 月，全市希望工程累计筹资达 790 万元，立项建设希望小学 17 所，资助 4700 多名因家庭困难面临辍学的中小学生继续学业，为贫困学校捐赠希望书库 10 套、爱心电教室 4 处、爱心图书室 6 处、爱心电脑室 6 处。胶州团市委"希望工程"办公室先后被授予山东省"希望工程攻坚奖"、胶州市"十件好事"等荣誉称号。

（三）典型带动卓有成效

20 世纪 90 年代，胶州团市委注重青年典型对青年人的带动作用，积极推荐团员团干部省级典型树立，鲁青办下发的《关于表彰"优秀青年工作者""优秀团支部书记""优秀团员"的决定》，推树了赵长华、郭金雪、刘彩云等省级团干部团员典型；长期开展科技星火带头人队伍建设工作，培养广大青年科技观念和成才意识，促使

广大青年开阔视野、增长才干，适应社会主义市场经济对广大青年提出的新要求。

21世纪以来，胶州团市委先后在电视台、《金胶州》等开辟优秀青年专栏，推介优秀青年事迹，通过邀请优秀创业青年举办创业事迹报告会、各行业先进人物图片展、青年项目推介会、人才招聘会等方式，推广优秀青年事迹、推行青年致富方式，带动更多的青年就业创业。全市先后涌现出郭磊、宋冠华、孙峰德等一大批省级、青岛市级优秀青年人才，其中包括山东省农村致富带头人2人、青岛市"十大创业青年"3人、胶州市"十大杰出青年"20人等各行业典型。

2018年6月，胶州团市委对胶州市"村村都有好青年"选培计划工作进行了专项布置与落实，调动各镇（街道）参与、支持"好青年"评选工作的积极性。胶州市12个镇（街道）811个村，已经推选出"好青年"811名。

三、坚持优化成长环境，青少年群体民生展现新气象

改革开放以来，胶州团市委始终致力于优化青少年成长环境，通过"人大代表、政协委员面对面"活动，不断畅通青少年诉求渠道；完善贫困青少年救助体系，通过希望工程和"牵手关爱行动"等，以物质救助、亲情陪伴等方式帮扶青少年；积极为青少年办实事、办好事，让广大青少年共享改革开放的成果。

（一）完善服务青少年网络体系

1982年，胶县团委发出"紧紧围绕经济建设，积极争当新长征突击手"的号召，引导青年解放思想，治穷致富，开展了"青年学科学、用科学"活动，涌现出了大批学科学、用科学的先进集体和个人。团县委在全县农村青年中开展了"一团两户（团员带头户、青年专业户、科技示范户）"活动；各级农村团组织采取多种方式，组织广大团员青年学习科学知识和科学技术，交流致富经验和致富信息。为推广农业实用技术，1987年，团市委成立了"百名青年传帮带献技团"，充分发挥了青年专业户和科技示范户的作用，以带徒学艺、办班授技、现场指导等形式，培训了大批农村青年，取得了显著效果。1988年10月，在团省委召开的全省团的建设会议上，胶州团市委做了"一村一品"活动专题发言。

1990年，团市委积极开展"采种支甘（采集树种支援甘肃）"活动，创建了"青年林""青年街""青年渠"等青字号工程，被团省委等部门评选为"七五"期间农村科普先进单位。

2001年来，胶州团市委积极搭建青少年救助、就业创业、成长成才等多个方面的社会化服务网络，形成服务青少年的服务体系。2001年，开展"青春创业行动"，搭建青年就业创业平台，先后开展了"青年技能培训工程""百千万农村青年创业计划""真情助困进万家""小额贷款"等多项延续性活动，不断完善青年就业创业服务体系。

自2009年开始，胶州团市委开展"人大代表、政协委员与青少年面对面"活动，通过人大代表和政协委员将青少年中存在的困难和问题形成提案和议案，拓宽青少年诉求渠道。2009年来，人大代表、政协委员共提出青少年提案、议案46件。随着新媒体的发展，胶州团市委与时俱进，积极开辟网络阵地，2012年，先后开设了"青春胶州"网站、微博、微信等网络媒体，搭建"青年之声"网络平台，组建了网络讲师、网络宣传员、网络志愿者等多支队伍，加强对青少年的网络引导，拓展服务青少年的渠道和阵地。一方面，建立网络文明志愿者队伍，在网络上敢于发声、积极发声，传播正能量；另一方

面，建立网评员队伍，敢于正面宣传和重大舆情引导集中发声。截至2018年底，团市委共在"青春胶州"微信公众号、微博等新媒体发起青年话题70余次，参与青年近万人。

（二）积极做好青少年权益维护工作

预防和减少青少年违法犯罪、维护青少年合法权益历来是团市委的一项重要职能。自1980年以来，胶州团市委先后将外来务工青年、重点青少年群体、留守儿童等多个群体作为权益维护的重点，通过法制宣传、结对帮扶、爱心救助等方式，维护青少年的合法权益。2004年以来，胶州团市委大力实施"为了明天——预防青少年违法犯罪工程"，通过推进"青少年远离毒品""青春红丝带""青少年网络文明"等行动，增强青少年的法律意识，先后在河头源小区、市南小区等12个社区建立"无毒社区"。

2005年以来，胶州团市委与市法院联合开展青少年案件观摩活动，每年组织青少年现场观摩一些较典型的青少年案件，警示和教育青少年遵纪守法。2012年，联合检察院在胶莱镇建立青少年法制宣传教育基地，长期对青少年免费开放。2014年，在全市成立"合适成

年人志愿者服务团"，对没有监护人或者监护人无法到场的未成年人案件进行现场监护。2015年，开展"呵护折翼天使"行动，对偶犯和初犯、犯罪情节较轻的未成年进行附条件不起诉，保护未成年人合法权益。2018年，成立胶州市青少年普法讲师团，聘任青少年法治讲师9名，开始全市青少年法治巡回宣讲。据统计，截至2018年，胶州团市委共开展青少年法制讲座进校园70余次，开展模拟法庭45次，设立青少年维权中心13处，陪审青少年案件82场次，为5名未成年进行附条件不起诉帮扶教育。

四、坚持健全组织体系，共青团自身建设迈上新台阶

改革开放以来，胶州团市委始终紧跟党的步伐，不断夯实基层基础，完善工作机制，增强团组织的凝聚力和向心力，有效巩固和发展党建带团建工作格局。坚持党建带团建，着力加强"两新"组织、青年农民工群体团建工作，创新乡镇（街道）团的组织格局，全市通过直选方式产生团委书记的乡镇（街道）比例达100%。

（一）加强党建带团建，加强基层组织建设

20世纪80年代开始，胶县团委始终把抓基层、打基础作为新时期团的工作重点，在适应改革、增强基层自转能力等方面进行了积极探索和实践。根据生产经营和青年劳动组合方式的变化，及时调整了团组织的设置，实现了"团随青年走，组织随人建，哪里有团员，哪里就有团组织"的要求，在抓好团的经常性建设的同时，全县基层团支部在每年冬春季进行一次集中整顿。1986年，团县委结合村级整党，大力加强了团的建设，使基础工作有了较大的发展。1989年，团市委在广泛调查的基础上，形成了《团的近期体制改革实施重点》。全市各级团组织普遍实行了差额选举团干部的选举制度，团的民主化程度有了较大的提高，团市委先后建立了全委会议制度、委员活动小组和委员提案制度，较好地发挥了团市委委员的作用。农村的团组织体制由原来的乡镇团委—村团支部两级，改为镇团委—联村团总支—村团支部三级，较好地解决了农村团的工作"存梗阻"现象，为农村团组织注入了新的活力，受到了上级团委的充分肯定，《山东团讯》《青岛团讯》都详细地介绍了这一做法。

20世纪90年代开始，胶州团市委从治理软弱、涣散的基层团组织入手整治，不断加

强团组织建设。1991 年，胶州市委下发了《关于加强村级组织建设的意见》（胶发〔1991〕3 号）文件，把团组织建设纳入村级党组织建设的轨道。自 1999 年开始，团市委开展创建"五四红旗团委（团支部）"活动。2004 年，联合市委组织部印发了《关于在村"两委"换届中加强农村基层团组织建设的意见》。在 2004 年和 2007 年的村两委换届中，村两委成员兼任团支部书记比例达到 68%。2005 年，团市委进一步规范五四红旗团委（团支部）创建机制和动态管理机制，将五四红旗团委、"六有"团支部等创建工作有机结合，逐步形成了全市基层团组织争先创优的良好格局。2008 年，在大力巩固传统领域团建工作的基础上，加强"两新"组织等新兴领域团建工作，推广青年工作委员会等团建新模式。2012 年，创新乡镇（街道）团的组织格局，开展乡镇实体化大团委建设，全市通过直选方式产生团委书记的乡镇（街道）比例达100%。同年新建直属团组织312 个，覆盖 35 岁以下青年11487 人，胶州市被确立为山东省乡镇实体化"大团委"建设工作示范市，相关典型经验被团中央刊发专门简报在全团推广，实现了团员青年跨区域、跨行业、多重覆盖、动态管理

的新格局。

2014 年开始，区域化团建工作深入推进。全市制定下发了《关于在全市城市街道深入推进区域化团建工作的通知》，在全市城市街道深入推进区域化团建工作，按照科学化、实效化、制度化建团的工作思路，着眼于"建、活、实"，因地制宜创新，积极探索灵活设置团的组织形式的有效途径，全市6 个街道围绕不同需求，形成"一街一品"；加强全市镇（街道）团组织班子配备，各镇（街道）先后配齐了 9—15 人的镇（街道）团委；联合市财政局下发了《关于进一步加强镇（街道）团组织经费保障的通知》，确保各镇（街道）团委每年经费不少于 2 万元，进一步加强了团员发展工作。2014 年，胶州团市委强化对基层团组织发展团员工作，实行团员证、入团申请书统一编号，同步将学校团员发展比例控制在初中毕业班不超过 30%，高中（中职）毕业班不超过 60%，团员队伍的先进性进一步体现，团员意识持续增强。2015 年 5 月，里岔镇大学生村官团支部获得全国五四红旗团支部，团支部书记受到时任国家副主席接见。

2016 年开始，胶州市进一步加强团的自身建设，不断规范和完善团内制度建设，健全完善共青团工作调研制度和清

单式工作考核制度，不断改进文风、会风，实干作为、狠抓落实；加强团干队伍的教育和培训，以查摆"四化"问题，尤其是解决青年组织脱离青年的问题为导向，加强团干部的作风教育、意识教育；重点开展了"青年之家"建设，全市依托青少年宫、社区等载体，建立"青年之家"8 处，团员青年的活动阵地进一步扩大。2018 年，胶州团市委结合团员流动性强的特点，根据团中央部署，在全市各级团组织中进行"智慧团建"工作，团员信息全部上网，团组织"智慧树"建设覆盖到村一级，团员关系转接实现全国联网，随动随转机制基本成熟。

（二）推进青年人才培养工程，关注青少年健康成长

改革开放以来，胶州团市委以能力建设和作风建设为着力点，通过举办培训班、座谈会，加强推优入党力度等方式，团干部队伍素质不断提高。通过团代会、少工委、青联换届等工作，不断为共青团事业输送新鲜血液。

1986 年 5 月，中国少年先锋队胶县第一次代表大会召开，大会选举产生了中国少年先锋队胶县第一届工作委员会。1988 年 4 月，共产主义青年团

1993年,胶州市庆"6·1"第二届少先队鼓号队表演赛在秧歌城体育场举行。

胶州市第八次团员代表大会召开,大会选举产生了共产主义青年团胶州市第八届委员会。同年,胶州市青年联合会第一次代表大会召开,大会选举产生了胶州市青联第一届委员会及领导机构。

2003年4月,胶州团市委举行第一届"胶州十佳青年创业明星"评选活动。2004年开始,引进青岛团校专业力量,对胶州基层团建开展"团务指导",共对胶州市62家非公企业团组织进行了实地指导。团的外围建设进一步发展,青联、青年企业家等群体切实履行团结凝聚各阶层青年的职能。2005年5月,胶州团市委在市广电大厦举行胶州青年"成长·成才·成功"发展论坛,300余名青年团员参加。2005年8月,举办SYB培训班,来自全市各镇、街道的20多名有

志创业的青年免费参加了培训。2013年,联合北京大学地球与空间科学学院校地共建,建立北京大学社会实践基地,32名北京大学学生在胶州进行了暑期社会实践。2013年7月,联合西安交通大学开展了"校地共建 青春同行"百名博士胶州行活动,49名博士、硕士研究生对胶州的部分企业、社区、学校进行了交流指导。2014年,胶州团市委联合市职业教育中心,争取资金10200元,对农村青年进行免费就业创业培训;开展两新组织培训班,邀请青岛市团校老师进行专题讲座和拓展训练;联合市人社局开展首届劳动技能大赛,900余名青年参加了12个工种的比赛,其中表现优异的青年获得"青年岗位能手"称号。2017年,团市委先后与中国海洋大学、北京科技大学、北京航空航天

大学、北京林业大学等多所高校共建大学生就业创业见习基地,共有40名博士、硕士研究生和本科生来胶开展就业创业见习活动,胶州市人才引进工作力度大大增加。

2018年12月,胶州市青年联合会第四届委员会第一次全体会议召开,大会选举产生了市青联第四届委员会主席、副主席、常委,大会全面总结上届青联的工作经验,研究制定今后3年的工作任务,团结带领全市各界青年埋头苦干、奋发有为,为加快建设幸福宜居的现代化空港新区做出贡献。

(三)夯实团属教育阵地,延伸团的工作手臂

改革开放以来,胶州团市委不断加强和规范青年阵地建设,推进农村青年之家、县乡青年之家建设,在农村建设农村青年书屋满足青年致富需要,向青年提供信息服务、致富技术,满足青年文化娱乐需求。

1997年初,胶州团市委根据青岛团市委《关于开展创建"青年文明社区"活动的意见》要求,广泛动员社会资源,利用当时现有的场所和阵地,加大社区青少年服务(活动)中心建设,建设"知心家庭学校""社区队室",建立青年志愿者服务站。2001年,建设青年科

技创新示范基地 5 处，在企业建立青年文化驿站，在学校建立心理咨询室，不断丰富和完善青少年文化载体，拓展共青团服务青年的阵地。2012 年，联合检察院投资 40 万元在胶莱镇建立青少年法制宣传教育基地。2013 年，经胶州市委、市政府批准，设立胶州市青少年宫管理中心，为全额拨款的股级事业单位。2015 年，投资 10 万元在市南小区建立第一个省级标准化社区志愿者服务站。

2016 年 6 月，位于文化中心的胶州市青少年宫正式面向广大青少年开放。青少年宫内建有红色走廊，广泛宣传党、团、队史，开设红色教育大讲堂，并积极开展丰富多彩的思想引导工作。团市委与青岛市少年宫合作，开展青少年兴趣引导工作，开设航模、声乐、表演主持、美术、古筝、钢琴、跆拳道等兴趣类培训项目；打造"微缤果"实践活动品牌，开设

2018 年 1 月，胶州市青少年宫"牵手关爱"合唱团赴中央电视台进行演出。

多期"微缤果"成长体验营。2017 年，胶州青少年宫组织青少年赴陕西西安开展夏令营活动，与西安少年宫达成合作意向，建立沿"一带一路"中心线重要城市互访互动的"西北域桥头堡"。2018 年，组织青少年赴甘肃，与胶州市对口扶贫的徽县开展青少年交流活动，捐赠"红领巾爱心图书室"一所，开展"零元城市生存挑战"活动。胶州青少年与徽县 13 名贫困青少年实现结对交流。截至 2018 年，青少年宫"vbingo"官方公众号覆盖群体 2 万余人，单篇信息阅读量过万，公众号通过发布青少年宫各类服务新消息进行思想引导工作，"我与国旗合个影，我对祖国说句话"等活动的策划、发动、实施、发布全部依靠公众平台，真正做到了方便、快捷、高效。

执笔人：冷梅

改革开放以来胶州市工商联事业的发展

市工商联

中国工商业联合会（简称工商联）是中国共产党领导的以非公有制企业和非公有制经济人士为主体，具有统战性、经济性、民间性基本特征的人民团体和商会组织，是党和政府联系非公有制经济人士的桥梁纽带，是政府管理和服务非公有制经济的助手，是中国人民政治协商会议的重要组成部分。工商联工作是党的统一战线工作和经济工作的重要内容，是中国特色社会主义事业的重要组成部分。胶州市工商业联合会自 1988 年恢复工作以来，坚持"情系会员，服务兴会"的办会宗旨，求真务实，加强非公有制经济人士思想政治教育，积极开展参政议政工作，与全市各职能部门密切合作，在融资、法律维权、经贸洽谈、办理自营进出口权、项目管理、人才服务、质量管理、开拓市场、科技创新等方面积极为会员提供服务。胶州市工商联先后多

次获得全国"五好"县级工商联、山东省"五好"县级工商联、山东省县级工商联标兵单位、山东省工商联系统先进单位、山东省非公有制经济组织创先争优先进单位、青岛市工商联系统先进单位等荣誉称号。

一、加强组织建设

（一）机构沿革情况

1950 年，胶县成立胶城区工商业联合会，设主任委员 1 人、委员 23 人。1954 年 11 月，胶城区工商业联合会撤销，成立胶县工商业联合会筹备委员会。1957 年，胶县工商业联合会成立，选举产生了胶县工商业联合会第一届委员会，主任委员 1 人、委员 27 人。胶县工商业联合会在社会主义经济恢复时期及社会主义改造时期，团结教育广大工商业者走上社会主义道路，为胶县的社会主义建设做出了

不可磨灭的贡献。"文化大革命"时期，胶县工商业联合会被迫停止了活动。1967 年，胶县工商业联合会撤销。

"文化大革命"结束后，青岛市委统战部、青岛市编制委员会、人事局、财政局与青岛市工商联协商，并报请青岛市委同意，决定恢复胶州市工商联。1987 年，胶州市下发胶编字〔1987〕46 号文件，公布了新成立的工商联机构和人员编制情况。1987 年 7 月，中共胶州市委成立胶州市工商业联合会筹建小组。1988 年 7 月，胶州市工商业联合会第四届委员会选举产生，设主任委员 1 人、常务委员 10 人、执行委员 24 人、委员 135 人。

1995 年，中共中央、国务院做出了"中华全国工商业联合会同时又叫中国民间商会"的决定，胶州市委、市政府同意胶州市工商业联合会同时称胶州市民间商会。1995 年 8 月，

1988年7月1日，胶州市工商联召开第四次会员代表大会，正式恢复工作。

根据《中华全国工商业联合会章程》第十八条规定：工商业联合会主任委员、副主任委员、秘书长、执行委员，同时称会长、副会长、秘书长、执行委员。1995年9月16日，胶州市工商业联合会第五次会员大会召开，选举产生第五届执行委员会，设主任委员1人、副主任委员6人、执行委员20人。

2002年1月23日，胶州市工商业联合会第六次会员代表大会在胶州宾馆召开，选举产生第六届执行委员会，设会长1人、副会长13人（驻会3人）、执行委员52人、会员111人。2006年12月7日，胶州市工商业联合会第七次会员代表大会召开，选举产生第七届执行委员会，设会长1人、副会长23人、执行委员110人。

2008年，根据全国工商联章程规定，经胶州市委、市政府批准，胶州市工商联会长、副会长的称谓更改为主席、副主席。

2011年11月1日，胶州市工商业联合会（总商会）召开第八次会员代表大会，选举产生第八届执行委员会，设主席1人、副主席19人（驻会3人）、执行委员138人，总商会设副会长9人。截至第八届届末，执行委员发展至197人。

2017年5月26日，胶州市工商业联合会（总商会）第九次代表大会在胶州市会议中心召开，选举产生第九届执行委员会，设主席1人、副主席21人（驻会4人）、执行委员160人，总商会设副会长10人。

（二）内设机构情况

1996年4月6日，胶州市编制委员会下发〔1996〕17号文，胶州市工商联内部正式设置办公室，人员编制定为6人。1996年4月18日，胶州市工商联办公楼在工商联原址——胶州市寺门首街40号破土动工。2002年，胶州市工商业联合会迁至胶州市机关办公大楼13楼办公，旧办公楼交归市财政管理。

2004年3月，根据胶编字〔2004〕2号文件要求，胶州市

2011年11月1日，胶州市工商联举行第八次会员代表大会。

工商联内部成立了专业招商局，由 1 名副会长兼任局长，招商人员由机关内部调剂。

2010 年 4 月，按照胶州市委的统一部署，中共胶州市委非公有制经济组织工作委员会成立，与市工商联合署办公。

2013 年 6 月 9 日，胶州市工商业联合会设立联络服务中心，为市工商业联合会所属正股级事业单位。核定事业编制 5 人，配主任 1 人、其他工作人员 4 人，经费渠道为市财政拨款。所属人员编制由市工商业联合会内部调剂解决。

2017 年，胶州市成立中共胶州市委非公有制经济组织和社会组织工作委员会，中共胶州市委非公有制经济组织工作委员会正式撤销。

截至 2018 年 12 月 31 日，胶州市工商业联合会编制数 10 人。其中，行政编 5 人、事业编 5 人，经费来源属全额财政拨款。

（三）基层商会建设情况

1. 镇街商会实现全覆盖

1996 年 8 月 26 日，胶州市工商联下发《胶州市工商业联合会关于设立乡镇、街道办事处分会的意见》（胶联字〔1996〕14 号），决定在全市 22 个镇、街道设立分会。商会会长由当地具有一定经济实力、社会威信高、热心商会工作的非公有制经济人士担任。2017 年，胶州市各镇、街道商会全部成立党总支，书记由镇、街道党（工）委宣传统战委员兼任。商会秘书长由镇、街道经贸办主任或经济发展服务中心主任兼任。截至 2018 年 12 月底，胶州市工商联下设镇、街道商会 12 处，覆盖了胶州市所有镇、街道。

2. 直属商会稳步发展

2003 年，胶州市工商联成立了青岛市第一个村级商会——西宋村商会（于 2016 年注销），在胶州市乃至青岛市工商联的发展史上都具有里程碑的意义。西宋村商会发展会员企业 56 家，为西宋村经济发展做出了积极贡献。2009 年，胶州市制帽商会、胶州市于家村辣椒工贸商会（已于 2018 年注销）先后成立。胶州市制帽商会成立以来，为推动李哥庄镇成为"全国制帽之乡"做出杰出贡献。2012 年，胶州市钢材贸易商会成立。2013 年，胶州市青年企业家商会成立。2014 年，胶州市家居装饰业商会和胶州市广告商会成立。2016 年，胶州市核桃商会成立。2018 年，胶州市新生代女企业家商会成立。

截至 2018 年 12 月，胶州市工商联下设直属商会 5 家，包括青年企业家商会、新生代女企业家商会、胶州市广告商会、胶州市制帽商会、胶州市核桃商会。

3. 与其他商会合作发展

胶州市工商联一直与青岛辣椒产业商会保持密切联系和合作，相互配合开展工作。2010 年初，胶州市工商联协助青岛辣椒产业商会筹备领导小组谋划发展会员、起草章程、商定领导班子等筹备事宜，并于 2010 年 9 月，协助其召开成立大会。青岛辣椒产业商会成立后，其成员大多属于胶州市工商联会员。2017 年，胶州市辣椒工贸商会会员整体加入青岛辣椒产业商会。

（四）会员情况

1988 年 7 月恢复之初，胶州市工商联共有会员 76 名，其中国营企业 16 家、集体企业 20 家、乡镇企业 21 家、团体会员 1 家、个人会员 18 人。

截至 2018 年 12 月底，市工商联注册会员达到 2477 家，其中企业会员 2269 家、团体会员 22 家、个人会员 186 人，大部分属于私营企业、股份有限公司，涉及冷藏设备、物流服务、环保设备、汽车配件、服装针织品、鞋帽、皮革制品、农副产品、橡胶制品、机械制造、餐饮业、制塔、化工制品、生物制药等多个行业，包含青岛东方铁塔股份有限公司、青岛中集冷藏设备股份有限公司、青岛三星精锻齿轮有限公司、青岛武晓制塔有限公司、青岛酒厂股份有限公司、青岛远东信元制衣有限公司、青岛顺昌食品有限公司、中启控股集团股份有限公司、青岛环球服装有限公司、青岛柏兰食品集团有限公司等诸多全市知名企业。

二、开展思想政治教育

改革开放以来，胶州市工商联通过专题培训班、座谈会、学习会、报告会等方式，组织会员学习党和国家方针政策、发展形势，引导非公有经济代表人士坚持党在社会主义初级阶段的基本路线和纲领，坚持公有制为主体、多种所有制经济共同发展的基本经济制度，提倡爱国、敬业、诚信、守法、贡献，引导会员树立社会主义公私观、信用观、义利观和法制观，做中国特色社会主义事业的建设者，培养一支坚决拥护党的领导、走中国特色社会主义道路的积极分子队伍。

（一）政治教育专题培训

2004 年，胶州市工商联与市委组织部联合，在温州举办第一期民营企业家培训班，将思想政治理论与企业管理理论相结合开展专题培训，全市企业负责人 30 余人参加了培训。

2005 年，胶州市工商联组织青岛大道隔热有限公司等 14 家会员企业参加了青岛市工商联与青岛易货联盟共同举办的民营企业创新式营销策略培训班，促进了胶州市会员企业整体营销水平的提高。

2016 年，胶州市工商联有计划、分专题、多批次开展对非公经济人士集中培训，组织各类专题培训班 20 余次，先后组织参加青岛市工商联系统武汉成都培训班、骨干会员培训班；围绕"互联网＋"、企业上市、家族企业传承，先后组织百名企业家赴厦门大学参加民营企业家专题培训班、国家行政学院"青岛市青年企业家素质能力提升专题培训班"、统战知识成都专题培训班；组织部分企业参加"一带一路""大数据时代的企业创新与转型"等专题知识讲座，共有 500 多家会员企业先后接受培训。通过引导和培训，广大非公经济人士的思想水平和发展能力得到提高。

2018 年，胶州市工商联先后与市委组织部共同开展民营企业家南开大学、复旦大学、中山大学专场培训班，组织基层商会开展党的十九大精神面对面系列座谈会 12 场，自主举办"非公企业创新发展能力提升""政策面对面，落地零距离""股权设计与公司法律风险防范"培训班 3 期，共有 960 余名非公企业家参加了培训。此外，先后组织民营企业家参加"齐鲁企业家大讲堂"、青岛市民营企业家大讲堂、胶州论坛等，切实提高了培训的实效性和企业的政策获得感。

（二）理想信念教育实践活动

2013 年 5 月起，胶州市工

2018 年 9 月 27 日，胶州市工商联举办非公有制企业创新发展能力提升培训班。

商联根据全国工商联要求，在非公有制经济人士中广泛开展理想信念教育。通过培训、参观等多种方式，引导非公有制经济人士自我学习、自我教育、自我提升，学习贯彻党和国家的方针政策，继承和发扬听党话、跟党走的光荣传统，践行社会主义核心价值观，增强对中国特色社会主义的信念、对党和政府的信任、对企业发展的信心、对社会的信誉，自觉做爱国敬业、守法经营、创业创新、回报社会的表率和践行"亲清"新型政商关系的典范，在全面建设社会主义现代化强国的新征程上贡献智慧和力量。

2013 年，胶州市被确定为青岛市非公有制经济人士理想信念教育活动试点单位联系点。胶州市委常委会听取胶州市工商联专题汇报，并作出明确指示，分别成立活动领导小组和 3 个指导小组，推进固本强基同心、政企沟通暖心、排忧解难安心、党旗引路润心、思源感恩爱心"五心工程"；设立金胶州理想信念教育专版、播出《中国梦·非公人士在行动》新闻专栏，先后在《中华工商时报》《人民政协报》等各级媒体发表稿件 20 余条。胶州市工商联围绕中小企业发展开展"促招商促开工促外贸"专题调研，形成调研成果提交胶州市委、市政府。省委统战部副部长、

工商联党组书记，青岛市委组织部部长、宣传部部长、统战部副部长等各级领导先后到胶州市调研活动开展情况，青岛电视台对此播出新闻报道，相关经验做法得到胶州市委主要领导的肯定性批示。

2017 年 7 月 18 日，胶州市工商联组织开展胶州市新老企业家"话成长、谈创业、谋发展"事迹报告会，157 名青年企业家现场听取了报告，胶州电视台进行了为期 3 天的集中录播报道，在全市引起了强烈反响。人民政协报以《胶州市新生代民营企业家培养工程显成效》为题对此次报告会进行了报道。

（三）企业文化建设

2002 年以来，胶州市工商联通过专题座谈会、专题培训班、企业文化评比活动等方式，引导非公有制企业重视商标及品牌建设、和谐劳动关系建设等企业文化建设，增强企业发展软实力。

2004 年，胶州市工商联下发了《关于进一步加强民营企业文化建设活动的通知》和《关于在全市工商联系统开展评选"十佳"诚信会员企业活动的通知》，鼓励和推动会员企业积极开展以"立诚信、树品牌、求发展"为主要内容的企业文化

建设活动和"十佳"诚信会员企业评选活动，评选了青岛市建华屠宰设备有限公司等多家会员企业为胶州市工商联"十佳"诚信会员企业。

2005 年，胶州市工商联继续深入开展加强企业文化建设、创优质企业品牌的活动。青岛酒厂集团有限公司的"南阜"商标被评为山东省著名商标，青岛巧媳妇食品有限公司的"巧媳妇"、青岛顺德塑料有限公司的"同飞"、青岛清光食品有限公司的"清光"、青岛联谊木业有限公司的"联谊"被评为青岛市著名商标。

2006 年后，根据胶州市规范和减少涉企表彰活动相关文件精神，市工商联停止企业文化建设相关专题活动，将企业文化建设作为企业非公党建工作的重要组成部分开展后续工作。

（四）中国特色社会主义事业建设者推荐和表彰活动

2002 年—2010 年，胶州市工商联与市委统战部、市人事局联合开展"争当优秀中国特色社会主义事业建设者"活动，积极推荐青岛市优秀中国特色社会主义建设者。2010 年后，因胶州市清理企业达标表彰活动，市工商联的相关表彰工作停止开展。

三、组织参政议政

（一）组织开展建言献策

胶州市工商联围绕贯彻落实党的路线方针政策，征求非公有制经济代表人士对经济社会发展和相关政策措施的意见建议，引导非公有制经济代表人士撰写提案、议案，积极参政议政，促进形成有利于非公有制经济发展的政策环境、法治环境、市场环境、社会环境。自1988年恢复工作以来，胶州市工商联会员中的政协委员、人大代表累计提交提案、建议600余件，每年都有重点提案、优秀提案若干。

2001年，胶州市工商联会员中的市人大代表针对蓬勃发展的私营经济，在全市"人大"会议上递交了"关于建设民营加工工业园和民营科技工业园""关于完善城市基础设施"等意见建议，为领导决策提供了参考依据；会员中的政协委员在全市政协会议期间，提交了"关于加大打击假冒伪劣产品力度""关于硬化工业园道路"等提案，充分体现了工商联会员参政议政的积极性和自觉性。

2003年，胶州市工商联在全市人大、政协换届选举中，推荐出各级人大代表、政协委员138名，并向政协会议提交了《关于重点扶持中小型民营企业发展的提案》，受到市委、市政府的高度重视，市长亲自作了批示，要求有关单位提出工作意见提交政府常务会议研究。市工商联会员中的人大代表、政协委员在两会期间共提交提案、议案30余件。同年6月16日，胶州市工商联成立了由15人组成的参政议政委员会，受到胶州市政府高度重视。

2010年，胶州市工商联组织会员企业中的人大代表、政协委员积极调查研究、参政议政，撰写提案10件、议案18件。其中，《加快西部商贸城建设的提案》等提案得到市委、市政府的高度重视，被评为重点提案。

2013年，胶州市工商联组织参加"服务蓝色经济和创新驱动发展战略建言献策"活动，提出的《推动新生代非公有制经济人士健康成长的几点建议》被评为优秀建议，在青岛市委统战部座谈会上作典型发言。

2015年，胶州市工商联组织会员企业中的人大代表、政协委员撰写议案提案30余件，其中《关于促进胶州市铁塔业发展的提案》和《关于加强胶州市民营企业诚信建设的提案》得到市领导的高度肯定。另外，《关于机场搬迁中的产业转移和群众安置的提案》得到胶州市政府的采纳。

2017年，胶州市工商联积极组织会员中的人大代表、政协委员，深入开展调查研究，积极为全市经济社会发展建言献策。在全市"两会"上，市工商联共组织撰写提案21件、议案7件，其中《关于加强居民小区物业管理，提升城市管理水平的提案》《关于加大公共设施建设缓解停车难的提案》《关于建立城市公共自行车系统的提案》《关于解决城市交通拥堵的提案》被评为重点提案。

2018年，胶州市工商联组织召开政协工商联界别委员参政议政座谈会，商讨"两会"集体提案和个人提案，带动工商联界别委员共同提高参政议政水平和质量。

（二）开展专题调研

胶州市工商联围绕非公有制经济发展存在的困难、问题及环境等，通过召开座谈会、实地走访等形式，积极开展专题调研，撰写调研报告，为市委、市政府决策提供参考。

2002年，胶州市工商联重点对胶州市个体私营企业面对"入世"挑战，民营企业文化建设，发展外向型、科技型民营企业以及民营企业如何做强做大等重大课题进行了调研，形成了有情况、有分析、有建议的《关于我市民营企业如何抓大做强的思考》等5篇调查报告，为市委、市政府决策提供参考。

2013 年，胶州市工商联开展集中调研 4 次，组织填写会员情况调研表 2200 余份，形成《关于企业发展环境和招商引资现状的调查报告》《民营企业技术创新情况的调查与思考》等调研成果 4 篇。《胶州市民营企业发展情况调研报告》得到青岛市工商联主席批示。

2014 年，胶州市工商联开展机关"调查研究年"活动，组织开展多层次、多形式的调查研究活动：开展了民营企业自主品牌建设、铁塔业发展现状两项重点课题调研，形成调研报告提交市委、市政府决策参考，市政府分管市长专程到工商联相关会员企业走访调研；承接青岛市工商联界别政协委员到胶州市民营企业"转、调、创"专项调研活动，组织 15 家企业参加省、青岛市上规模企业调研。

2015 年，胶州市工商联先后深入 120 多家企业进行调研，先后协助上级部门完成"关于青岛市民营企业科技成果转化模式的调研""开展科技型中小企业现状调研""全国工商联民营企业调查"等调研活动；组织开展多层次、多形式的调查研究活动，重点调研企业在改革、创新、发展中存在的问题，高质量完成《民营企业加快发展电子商务的调查与思考》《新常态下民营企业提升市场竞争

力的对策与建议》等专题调研，调研成果得到胶州市领导的批示肯定。

2016 年，胶州市工商联组织开展走访调研活动，切实增强与会员企业的联系，摸清会员企业发展情况。在此基础上，形成《关于加强我市青年民营企业家队伍建设的调查与思考》《关于以创新驱动我市民营企业转型升级的调查与思考》《关于我市招商引资工作的几点思考》3 篇调研报告，得到青岛人大常委会副主任、工商联主席的批示肯定，调研水平得到进一步提高。

2017 年，胶州市工商联先后走进 20 余家企业，开展胶州市辣椒产业化发展调研，与胶州市委统战部联合召开胶州市辣椒行业代表人士座谈会，通过走进四川大型辣椒深加工企业、走进新疆辣椒种植基地等形式深入研究辣椒产业化方式和途径，最终形成了专题调研报告《关于我市辣椒产业发展的调查与思考》，得了青岛市政协副主席、工商联主席以及胶州市委领导的肯定性批示。

（三）培养推荐工商界代表人士

胶州市工商联按照思想政治强、参政议政能力强、社会信誉好的标准，做好非公有制

经济代表人士的发现、培养、推荐和管理工作。越来越多的优秀非公有制经济代表人士通过担任人大代表、政协委员、工商联执委等社会职务，参与到经济社会发展当中来，利用自身在知识、管理等方面的优势，为经济社会发展献计献策，加强对政府相关工作、经济社会管理工作的监督。随着胶州市非公有制经济的发展，工商联会员中的各级人大代表、政协委员不断增多。

1989 年 1 月，胶州市工商联会员中共有 9 人担任各级人大代表、政协委员，其中 1 人担任全国人大代表、4 人担任胶州市人大代表、4 人担任胶州市政协委员。

1998 年 1 月，胶州市工商联会员中，被选为各级人大代表、政协委员的共 20 人，其中人大代表 10 人、政协委员 10 人。

2012 年，胶州市工商联会员中有 29 人担任山东省、青岛市、胶州市人大代表，54 人担任青岛市、胶州市政协委员，25 人担任青岛市工商联副会长、常委、执委。

2017 年，政协工商联界别成员共 21 人，工商联会员中被选为各级人大代表、政协委员增至 176 人，其中担任省政协委员 1 人、青岛市人大代表 8 人、青岛市政协委员 5 人、胶州市人大代表 63 人、胶州市政协委员 99

人，另有 2 名非公人士被推荐为法院、检察院监督员，有 21 名非公人士被推荐为青岛市工商联执委、常委、副主席、副会长。

四、搭建服务企业平台

（一）搭建经贸交流平台

胶州市工商联组织会员赴国内外产品展销会、经贸交流会、投资展销会等，帮助企业扩大市场、开阔眼界。先后带领会员赴俄罗斯、挪威、瑞典、意大利、捷克、匈牙利、柬埔寨、越南、马来西亚、泰国等国家和地区开展经贸交流，参加黑河、西安、哈尔滨、宁波、温州、深圳、济南、武汉、重庆等全国各地区经贸洽谈会和展销会，邀请和接待东南亚等国家和地区及中国内地各商会来胶考察和交流，帮助企业开拓市场，促进经贸合作和交流。

1988 年 12 月，为扩大胶州市工业新产品的销售市场，胶州市工商联先后 3 次组织会员企业对位于中苏边境的黑河进行考察，及时组织青岛刺绣厂等 11 家企业赴黑河进行了产品展销，使胶州市新亚工艺厂静电植绒首次出口苏联。

1990 年 12 月，胶州市工商联在胶州宾馆接待了东南亚地区赴大陆贸易考察团一行 60

余人，促成了三洋公司与苑戈庄镇大葱供应合同的签订，第一年成交额就达 156 万元。

1999 年 5 月，胶州市工商联邀请 13 人组成的香港经贸团对胶州市的会员企业进行了重点考察，促使青岛宇洋服饰有限公司与香港抽纱商会达成协议，扩大了企业抽纱、针织产品出口规模。

2006 年，胶州市工商联组织会员企业参加经贸洽谈会 6 次，产品展销会 1 次，达成各种商品订单 500 万元。

2015 年，针对经济下行压力，胶州市工商联先后组织 16 家企业分 3 批次"走出去"，到意大利、俄罗斯、捷克、匈牙利、柬埔寨、马来西亚、泰国等国家进行考察学习经贸交流，抢占国外发展先机。2016 年，带领会员企业赴吉林、黑龙江、西藏等地开展经贸交流、项目考察，赴成都、重庆、武汉等地参加产品展销会，帮助企业拓展国内外市场。2017 年，引导会员企业走进俄罗斯、挪威、瑞典，开拓新市场，对接新商机。同时，组织会员企业积极参加深圳、成都、武汉、重庆、新疆等地经贸洽谈会和展销会达到 8 批次 60 余人次。

（二）搭建银企合作平台

胶州市工商联加强与农业

银行、民生银行、邮政储蓄银行合作，组织开展各类银企座谈，促进企业发展。

1999 年 8 月—9 月，市工商联根据中国农业银行青岛分行和青岛市工商联合作协议精神，对 43 个会员企业进行了摸底调查，并及时推荐到农行，以解决企业资金不足问题。在此基础上，为全市私营企业争取农行贷款 1.97 亿元，创汇企业使用外汇贷款 1658 万元。

2007 年，胶州市工商联与工商银行签订《银企合作协议》，加强非公有制企业与银行的合作，促进胶州市非公有制企业做大做强；积极推动胶州市政府出台了《关于构建和谐金融环境的意见》，为民营企业融资提供良好环境。

2010 年，胶州市工商联帮助民生银行与辣椒工贸商会建立整体合作，促成 100 余家中小辣椒企业与银行合作，有力地促进了辣椒行业的快速发展。

2018 年，胶州市工商联与邮政储蓄银行合作，召开银企座谈 14 场，加强银行特色服务项目推介，帮助企业制订与自身相适宜的融资方案。

（三）搭建人才交流平台

胶州市工商联与市人力资源和社会保障局、各大高校开展合作，为民营企业招引人才搭建平台。2000 年，坚持组织会员企业参加胶州市人才交流会、民营企业人才招聘周及全国民营企业与应届毕业生网上双选周、青岛市民营企业人才洽谈会等，带领企业赴贵州、潍坊等地举办招聘会，组织会员企业到青岛工学院、职教中心开展"送岗进校"活动，帮助企业缓解用工难题。

2006 年，胶州市工商联组织会员企业参加市人事局组织的人才交流会、民营企业人才招聘周及全国民营企业与应届毕业生网上双选周等活动，并与市人社局联合举办了"携手民企——胶州市 2006 年秋季人才交流大会"，帮助企业招聘各类人才 200 余人。2007 年，市工商联与市人社局联合举办了"携手民企——胶州市 2007 年春季人才交流大会"等 3 场人才交流会；组织会员企业参加青岛民营企业人才招聘周及全国民营企业与应届毕业生网上双选周等活动，帮助企业招聘各类人才 500 余人。

2015 年，胶州市工商联举办春、秋季民营企业招聘周活动，共举办招聘会 12 场，累计参会企业 400 余家，提供就业岗位 2500 余个，达成就业意向 800 余人；开展"送岗进校"活动，组织会员企业到青岛工学院、职教中心开专场招聘会，积极助推学生就业，共有 100

余名学生与企业达成就业意向，既解决了学生就业难题，也化解了企业用工难题。2016 年，市工商联与青岛工学院、职教中心、山东财经大学密切合作，组织企业参加青岛人才招聘会，累计参会企业 800 余家，提供就业岗位 2500 余个，达成就业意向 1800 余人。2017 年，市工商联与人社局、职业技术中心、青岛工学院、山东财经大学等部门和单位合作，组织开展本地民营企业招聘周，累计参会企业 50 余家，提供就业岗位 250 余个。

（四）搭建产学研合作平台

胶州市工商联通过座谈等活动为高校与企业搭建桥梁，促进高校与企业的联系与合作，促进科研成果转化、企业自主研发能力提升。2014 年，胶州市工商联不断加强产学研对接服务，先后引导青年企业家建立创业基地 3 处，组织开展"搭桥产学研，助力转调创"活动，组织 50 余家民营企业参与"百人专家、百人博士"民营企业行、青岛市产学研合作大会以及中韩企业对接交流会、中非国际商会。

2016 年，胶州市工商联组织企业参加中韩企业对接交流会、中非国际商会；与西安交大等驻胶高校、中国机械研究

院、沈阳航空航天研究所、清华物流研究所等高校研究院加强合作，定期开展产学研项目对接交流；先后引导青年企业家建立创业基地 3 处，以实际行动参与全市"三创"工作。

2018 年，胶州市工商联组织开展青岛科技大学胶州专场对接会，推动青岛市工商联、胶州市政府、青岛科技大学三家签订政产学研合作框架协议。

五、加强商会友好交流

自 1988 年恢复工作以来，胶州市工商联积极加强与国内外商会、社团的联系，加强友好交流，先后与南非齐鲁同乡会、肯尼亚中非合作商会、列宁格勒州总商会以及黑龙江省黑河市总商会、贵州镇宁工商联、福建闽侯工商联、宁夏银川工商联、内蒙古满洲里工商联、江苏昆山工商联、浙江温州商会、四川郫县工商联、四川省莆江工商联、吉林省桦甸工商联、广西壮族自治区右江工商联、重庆双流区工商联、新疆和静县工商联、西宁城中区工商联结成友好商会，与上海、深圳、山东、河北、广西、重庆、四川、贵州、黑龙江等 20 家异地商会开展友好交流，形成了覆盖全国 16 个省、12 个国家和地区的国内外商会"朋友圈"，为提高内引外联工作水

平、促进胶州市民营企业与外地企业的交流合作奠定了基础。

2002年5月20日，胶州市工商联与南非齐鲁同乡会、黑龙江省黑河市总商会建立了友好商会，实现了商会友好交流工作的突破，共同促进胶州、黑河与俄罗斯在经济、贸易、项目、科技等方面的交流与合作。同年6月9日，市工商联与南非齐鲁同乡会达成友好商会协议，确立了友好商会关系。

2014年，胶州市工商联加大与国内商会组织的交往，先后与贵州镇宁、福建闽侯、宁夏银川、内蒙古满洲里工商联等地商会进行友好对接。2015年，市工商联共接待了广西、重庆、四川、贵州、黑龙江等10家异地商会前来学习考察，并与广西右江、内蒙古满洲里、四川郫县等5地建立友好商会关系。2016年，市工商联先后与江苏昆山、四川郫县、莆江、吉林桦甸等商会签订友好商会协议，建立起长期友好合作关系。2017年，市工商联友好商会网络进一步扩大，先后与列宁格勒州总商会、肯尼亚中非合作商会达成合作协议，与胶州市宁波商会、河北商会、温州商会建立友好合作关系，与山东武汉商会、重庆双流区工商联、新疆和静县工商联、西宁城中区工商联建立初步友好关系。2018年，胶州市新生代

女企业家商会、制帽商会等基层商会分别与澳门中华总商会等外地社团开展友好交流等各类活动30余次。

六、做好招商引资工作

2004年以来，胶州市工商联根据胶州市委、市政府统一安排，成立专业招商局，利用商会平台挖掘会员招商引资信息，主动开展招商引资服务，不断提高招商引资项目的质量，为胶州市经济社会发展做出了积极贡献。

2005年3月，胶州市专业招商局赴浙江、温州举行招商项目推介会，吸引了100多名企业家参会。其中，吉林客商投资8000万元建设的川一硅藻土项目落户胶东工业园，该项目属于高科技产品，列入胶州市重点建设项目。

2012年，胶州市专业招商局引进北京国电锐新的云计算项目，总投资6亿元，落户产业新区，成为胶州产业提档升级的又一亮点。2013年，市专业招商局围绕全市"腾笼换鸟"等五大攻坚行动，借助国家级胶州经济技术开发区优势，突出定向招商和产业链招商，投资2500万美元的日资道格漫食品项目实现4次增资，完成建设并投产。

2017年，胶州市专业招商局积极开展千企招商大走访活

动，主动对接联系深圳蛇口工业区、深圳通用动力（中国）公司和齐鲁制药集团，建立起初步友好关系；突出开展定向招商和产业链招商，引进了青岛大凤仁源热能设备有限公司、青岛成韩精密管业有限公司、青岛凯豪钢结构有限公司等三大项目。2018年，市专业招商局围绕五个发展平台建设，积极开展"双招双引"工作，组织企业参与青岛市在上海、杭州、深圳召开的投资政策推介会，赴澳门、北京、吉林、甘肃等地考察对接，围绕"四新四化"努力拉长优势产业链，引进盛特环保、澳菲拉装饰、远宁电子科技、动车纺织品配套项目4个。截至2018年底，市工商联累计引进内资项目111个，外资项目9个，实际利用内资17.16亿元，实际利用外资5980万美元。

七、引导非公党建发展

胶州市工商联发挥工商联党组独特优势，按照同级党委安排参与非公有制企业党建工作，引导非公有制经济人士在企业建立工会等群团组织，并为其开展活动、发挥作用提供必要条件。通过加强对所属商会党建工作的指导，积极培育和发展特色商会组织，推动统战工作向商会组织有效覆盖，

确保商会发展的正确方向。

2010 年，按照胶州市委的统一部署，中共胶州市委非公有制经济组织工作委员会成立，与市工商联合署办公。委员会成立后，先后在胶北镇成立了全省首家镇级非公有制经济组织党工委，在开发区工业园、中云西部商贸区成立了区域性非公有制经济党工委。2011 年，胶州市被山东省委非公有制经济组织工作委员会确定为联系点。

2012 年，《胶州市非公有制经济组织党建工作指南》出台，建立了非公有制经济党建分级考评办法，采取建立非公有制经济党建示范点等多种形式，促进了非公有制经济党组织建设，实现了党组织的全覆盖。同年 6 月，青岛市非公有制经济党建表彰大会上，有 3 家基层党组织、5 名党员、3 名党务工作者、2 名民营企业家被评为青岛市非公有制经济先进单位或个人，胶北镇非公有制经济党工委在会上做了典型发言。2013 年，胶州市委非公有制经济组织工委率先探索非公有制企业纪检工作，得到青岛市纪委高度评价。2016 年，市工商联着手加强商会组织党建工作，成立胶州市青年企业家商会党支部。2017 年，全市 12 处镇街商会成立党总支，商会系统全面建立起"双建双联"机制。2018 年，胶州市工商联

组织成立市新生代女企业家商会党支部，市青年企业家商会党支部和市制帽商会党委顺利换届，商会党组织进一步健全。

八、开展光彩事业

胶州市工商联在全市民营企业中广泛开展光彩事业活动，引导非公有制经济人士发扬中华民族的传统美德，扶危济贫、捐资助学，积极履行社会责任，参与精准扶贫、区域协调发展战略、农村振兴等，为促进城乡、区域统筹协调发展服务。

（一）开展慈善活动

2001 年以来，胶州市非公有制经济代表人士共捐建光彩学校 12 所，总捐资 550 余万元。2001 年 5 月 29 日，胶州市工商联组织 6 家会员企业在青岛市委统战部、青岛市工商联和青岛市私营企业家捐建的董城"光彩事业"小学揭牌仪式上，向该小学 22 名困难学生捐助 1.05 万元。

2002 年，在胶州市工商联的牵头组织下，青岛宝克实业有限公司捐资 50 万元，在南杜村乡娄敬庵村建设青岛杜村宝克光彩小学；青岛蓓蕾服装有限公司捐资 10 万元，在铺集镇于家庄兴建青岛蓓蕾光彩小学；青岛崇杰集团董事长袁杰投资

100 多万元，在洋河镇建设占地 30 余公顷的青岛崇杰光彩小学。2004 年，由 5 位企业家捐助 20 万元建设的里岔光彩中心幼儿园开工建设。2008 年，青岛柏兰有限公司捐资 20 万元，设立胶北柏兰光彩小学。光彩学校队伍进一步壮大。

2010 年以后，胶州市工商联逐渐引导非公有制经济代表人士通过建立冠名基金等方式捐资助学，一大批企业建立起有明确方向的冠名慈善基金，逐渐形成了胶州特色。2011 年，青岛柏兰有限公司成立了柏兰光彩小学教育基金，用于奖励品学兼优的贫困学生及优秀教师。自此开始，部分企业开始自主建立各类基金，帮扶贫困学生、贫困职工。

2013 年，青岛中仁房地产公司投资 3000 万元建设的第五实验小学正式投入使用，免费提供给教育部门使用 20 年。同年，青岛品品好食品有限公司捐资 1500 万元设立慈善冠名基金。

2017 年，青岛顺昌食品有限公司设立顺昌食品喜满年慈善基金，每年捐款 20 万元，连续捐款 3 年，企业冠名基金队伍又增新成员。

（二）开展"千企帮村"活动

胶州市工商联积极引导民

营企业家与村庄结对帮扶，参与社会主义新农村建设，1 家企业被评为山东省民营企业参与新农村建设先进单位，3 家企业被评为青岛市民营企业参与新农村建设先进单位。

2009 年，青岛新阳和睦蔬菜专业合作社等 3 个农业科技园、3 个农村旅游观光园成立，总投资超过 4000 多万元。

2011 年，胶州市工商联引导广大非公有制经济人士积极投入到新农村建设、光彩事业、慈善捐款和捐资助学等活动中去。据不完全统计，各类捐款捐物折合人民币超过 1200 万元。仅在"慈善一日捐"活动中，胶州市企业捐款总计达 800 余万元。

2016 年，胶州市工商联开展"千企帮村"活动，实施"大爱非公 助学圆梦"慈善行动。市工商联积极争取胶州市内外社会各界力量支持，为全市精准扶贫建档立卡的 827 名贫困学生筹集社会资金，在市慈善总会设立助学圆梦专项基金；组织参加"为爱奔走 助学圆梦"健步行和 20 多场次义卖活动，1200 名社会各界人士参与了健步行，17 家企业捐献义卖品 5000 余件，200 余名义工参与义卖，2000 余名社会人士购买了义卖产品。通过开展"大美宝龙 慈善义拍"等义卖活动，共筹集助学款物 80 余万元。根

2016 年 6 月，胶州市工商联组织开展"为爱奔走 助学圆梦"大型公益募集活动。

据孩子贫困情况分类，按照 3000 元、2000 元和 1000 元标准分别进行帮扶，基本实现胶州市贫困学生全覆盖。

2017 年，胶州市工商联在办公经费紧张的情况下，捐出 5.98 万元用于扶持村庄集体经济发展。2018 年，市工商联捐资 5.35 万元用于洋河大王家庄小广场建设；青岛云浩杰工贸公司在铺集镇投资 200 余万元建设集旅游、观光于一体的茶园项目，青岛郁香国泰生态农业有限公司投资 1500 万元在里岔镇兴建全青岛最大的植物迷宫；洋河镇山相家村与其他四村联合成立了合作社，打造九顶莲花山休闲旅游区。2018 年，九顶莲花山休闲旅游区项目争取了中央资金扶持，在市、镇、村三级帮扶下，总投资 2.3 亿元，将万亩荒山野岭打造成为全市休闲观光农业示范园区。

（三）引导参与东西协作扶贫

2010 年来，青岛市辣椒产业商会的 215 家会员企业将种植基地辐射到山东、新疆、河南、河北、山西、内蒙古、甘肃、吉林等产区，总面积约 30 万公顷，带动周边种植辣椒总面积超过 80 万公顷，直接惠及农户近 8 万户，间接受益农户超过 20 万户，带动 150 余万人走上致富道路。2017 年全国两会上，习近平主席为山东青岛在新疆设立种植基地的做法点赞。此后，辣椒商会又与新疆策勒县结对子，继续在新疆扩大协作面积，送车、送优质种子、送技术上门，带动当地新增种植辣椒 10050 公顷。

2017 年，胶州市工商联带领青年企业家商会赴陕西省宁陕县开展助学助教活动，现场

捐款捐物折合人民币 5 万元。

2018 年，青岛环球服装公司与山东曹县倪集镇扶贫工厂正式开始协作，以转移外协方式，培训当地技术工人 60 余名，助力当地贫困人口脱贫。

（四）组织各类公益捐款

胶州市工商联引导民营企业家积极参与"慈善一日捐"、灾区捐助等慈善公益事业，树立民营企业家队伍的良好社会形象。2008 年，市工商联组织会员企业为"全国助残日"和残奥帆赛捐款，共捐款 8 万元；同年 5 月 12 日四川汶川发生

8.0 级大地震后，市工商联组织号召广大会员企业为灾区捐款、捐物折合人民币 239.7 万元。

2010 年，青海玉树发生地震后，胶州市工商联组织企业为玉树灾区捐款，部分企业购买了棉被等物品运往灾区，共计捐款捐物折合人民币 200 多万元。

2014 年，胶州市工商联组织全市部分优秀民营企业家参加了青岛市"光彩事业西藏行"活动。期间，在"日喀则市政府与青岛市民营企业洽谈会暨青岛市'同心·光彩助学行动'捐赠仪式"上，胶州市民营企业捐资 20 余万元助力当地教育

事业发展。同年，胶州有 4 家企业入选青岛市民营企业履行社会责任先进事迹丛书。

2017 年，胶州市工商联带领部分会员走进西藏，开展"西藏公益行"活动，为当地贫困学校和贫困学生捐款 4 万元。2018 年，市工商联开展"迎新春 送温暖"活动，37 家会员企业和基层商会开展了形式多样的送温暖活动。此外，一大批民营企业家积极投身光彩公益事业。据不完全统计，2018 年全年各类捐款捐物折合人民币 156 万元。

执笔人：廉鸿梅

改革开放以来胶州市的科学普及工作

市科协

胶州市科学技术协会是全市科学技术工作者的群众组织，是推动胶州市科学技术事业发展的重要力量。1979 年 6 月，胶县恢复成立科学技术普及协会，与科委合署办公。1984 年 7 月，科协与科委分开，科协独立。1987 年 4 月 1 日，胶县撤县设市，胶县科学技术协会改为"胶州市科学技术协会"，启用新牌、新印对外办公。1993 年机构改革，市科协与市科委合署办公。2015 年，胶州市单独设立科协。2017 年 4 月，市科协正式独立办公。多年来，市科协始终以落实《全民科学素质行动计划纲要》为立足点，积极服务于全民科学素质的提升，不断探索新的科普工作途径，为促进经济社会全面协调可持续发展，推动新农村建设做出了积极的贡献。胶州市先后被评为"山东省科普惠农示范工程"科普示范县，全省第二批站、栏、员先进县；市科协先后被评为山东省科协工作先进集体、山东省全国科普日优秀组织单位。

一、抓好基层科协组织建设，畅通面向基层的工作渠道

镇（街道）科协是重要基层组织，也是科普工作的主渠道和主阵地。1978 年以后，胶县科普活动迅速恢复，科普组织迅速建立。到 1984 年，全县 20 处乡镇全部成立科普协会，配备了专职科技干部，并积极开展科普活动。1993 年科协与科委合并后，1995 年 9 月，全市 22 处乡镇（街道）恢复成立科学技术委员会、科学技术协会，一套班子，两块牌子，为股级全民所有制事业单位。科委（科协）主任由一名副乡镇长（街道副主任）兼任，设专职副主任 1 人，为正股级干部。2001 年，乡镇机构调整，乡镇科委、科协职能并入乡镇农业科技服务中心和乡镇经贸办。2003 年，乡镇科协恢复，由一名分管领导兼主席，工作人员从本镇（街道）现有人员中调剂使用，全市 18 个镇（街道）全部恢复建立了基层科协组织，对开展基层科普工作起到了重要作用。同时，镇（街道）以下科普网络建设得以完善，各工作片设立了负责科技的科技网长；各村成立了村科技工作领导小组，并设立一名科普宣传员。

2017 年，胶州市制定并印发《胶州市科协系统改革实施方案》，积极推进改革方案实施，团结带领全市广大科技工作者，围绕中心，服务大局，充分履行"服务科技工作者、服务创新驱动发展战略、服务公民科学素质提高、服务党委政府科学决策、加强自身建设"工作职责，结合实际情况细化责任分工，确定责任单位和责任人，

明确改革时间节点；细化科协机关机构职能，优化部门结构和工作流程，初步设置为综合服务科和科普创新科，理顺工作承接关系，建立更直接服务基层的体制机制；实施科普网格化服务模式（市级科协＋12个镇（街道）科协＋农技协（企业科协）＋865个村（社区）科普联络员），推进全市科协组织全覆盖，确保科协工作有人管、有人干；以各镇（街道）科协和村庄、社区科普联络员为抓手，建立健全全市科协组织，在全市形成了上下相通、左右相连的科普组织网络，科普工作得以稳定开展。

二、围绕服务"三农"开展工作，科普宣传工作成绩斐然

（一）广泛组织开展群众性、社会性、经常性的"送科技下乡"活动

1. 开展"送科技下乡"活动

科普宣传、咨询活动是增强广大人民群众科技意识的有效形式。1978年以后，胶县各级科协组织积极开展科普活动，拉开了科普宣传的序幕。20世纪80年代前后，胶县科技宣传的形式主要是农村有线广播网、农村黑板报、科技展览、科教电影录像等，全县基本形成县、

2010年3月31日，胶州市在里岔镇举办送科技下乡活动。

乡、村三位一体的科普宣传网络。1983年，全县通过有线广播进行宣传620次，参加收听人数达27万人次。1989年，市科协共印发《胶州科普》杂志4期1.2万份，发放资料4000余册，举办《别了，迷信愚昧》漫画展22期，组织科技赶集215次，发放科普明白纸286期15.5万份，放映电影20余场次、录像60余场次。

随着时代的发展，科普宣传形式有了较大变化，到20世纪末，科普宣传形式更加多样化，出现了利用声、光、电综合技术，微机网络的宣传形式。市科协每年利用农闲季节，组织科技、农业、畜牧、林业、农机、卫生、地震、妇联、610办公室等相关部门的科技工作者、科普志愿者举办科技大集，针对群众关心的农业技术问题现场开展科普宣传、

技术推广、医护保健义诊等活动。2000年，市科协共举办7次较大规模的科技大集，发放科技图书3000余册，科技明白纸3.5万余份，提供科技咨询服务3.6万余人次。胶州市科协"送科技下乡"的情况在中央电视台《新闻联播》中播出，收到了良好的宣传效果。2005年，市科协把"送科技下乡"的活动方式进行了改进，变单向讲解为双向互动，把建设社会主义新农村与提高农民科学素质、培养新型农民结合起来，让农民深切体会到科技在生产、生活中发挥的作用。截至2018年，"送科技下乡"活动在胶州已连续举办了29届。

2. 举办"主题日"活动

为推进科普活动常态化，2017年，胶州市科协建立"主题日"活动运行机制，在"全国科技工作者日""全国科普日"

"食品安全日""防震减灾日"等主题活动日，与地震、科技、卫生、农业、林业、食药、畜牧等部门以及镇（街道）合作，开展"送科技下乡""送健康下乡""科普剪纸""科普摄影""防震减灾""食品安全科普"等科普活动，打造"科普胶州"活动品牌。2017年—2018年期间，每年组织活动100多次，累积发放书籍、折页、实体袋等各类资料近10万份；组织企业和学校参加2018年"全国科普日·青岛"主场活动，在活动中，胶州市第二十二中学作为7家校园科普场馆的代表参加了授牌仪式。

（二）加强对农民的科技培训，引导农民增收致富

为全面提高农民科技素质，1986年，胶县20处乡镇先后建立镇农民科普中心学校，举办培训班689期，培训人员38382人次；村科普夜校发展到458处，举办培训班2485期，培训人员33244人次。1986年6月1日，胶县科协成立科教电影队，播放科技教育片。同年10月28日，全省农村技术培训工作经验交流会在胶县召开，胶县科协代表在会上发言，介绍了全县农民科技教育工作情况。自1988年起，全市科普学校教师师资力量不断完善，有

实习土地413公顷，每年举办短训班60期以上，一年以上培训班2期以上，培训学员达到5000人；村科普学校达500个，举办培训班945期，培训17670人。市科协根据农民不同需求，开展了形式多样的科技培训活动。2001年以来，市科协先后邀请科技示范带头人到后屯、李哥庄、南关等乡镇的600多个大棚巡回开展冬暖大棚夏季利用技术指导；邀请青岛市级专家协会专家到后屯、铺集、营海等乡镇举办"蔬菜与果树栽培、虾病防治、贝类养殖"等培训班，培训农民600余人。2004年5月，市科协邀请以色列畜牧专家、国际种猪公司亚洲地区总经理、中国地区总经理以及北京挑战集团畜牧专家、天津绿赛公司来胶，在胶州市养猪协会为200多名会员分别作了"如何科学养猪以及猪病的防治"的专家讲座；开展专家联户活动，由市科协牵头专家与种植、养殖业户建立固定联系，提供技术信息帮助，受到农民的热烈欢迎。2014年，胶州市以洋河采摘节为契机举办了首届科普节，市科协联合农业局、畜牧局、林业局、地震局等部门来到洋河采摘节现场开展科普宣传、咨询活动，向农民宣传科技政策和科技知识，推广农业新技术、新品种，在集市上设立咨询台，通

过现场问答等方式解决农民在政策、技术方面的疑问，提高了农民的科普知识水平，为他们送去了科普知识折页、挂图和农业技术书籍等各种实用的宣传材料2000余册(份)。2017年，市科协邀请德国休闲农业规划专家在胶州市举办现代休闲农业讲座，推进全市休闲农业高端化发展；在全国科普日活动期间，邀请林业专家举办林业专题讲座。2018年，市科协组织市农业技术推广协会等团体赴台湾、贵州参加海峡两岸休闲农业研讨会，并进行业务对接洽谈；市农业技术协会定期到各个镇（街道）开展农业知识培训活动。

（三）科普惠农工作卓有成效，农技协会、科普基地等健康发展

农业专业技术协会、科普示范基地是开展农村科普活动的重要载体。1987年，全市有农技协会35个，会员2300名。1988年，全市农技协会达到75个，会员4295人。1993年，全市共有各类农技协会126个，发展会员9150人。截至2005年，全市农技协会总数量也发展到175个，参加农户数占总户数的20%以上。"农业龙头企业—农村专业协会（科普基地）—农业研究所—星火培训学校"的新型

农业创新机制逐步形成。农业专业协会依靠自身优势开展新品种的开发、成果引进与推广工作,并为农民进行专业技术服务。为适应市场经济要求,市科协不断探索协会发展新路子,2007年起,市科协对农技协会工作提出了"组建一个协会,兴起一个产业,致富一方百姓"的原则,积极组建各类农村专业技术协会。截至2009年,全市登记在册的各种专业技术协会有40多个,其中胶州市养猪协会、胶州市胶北镇肖家屯蔬菜协会在提升广大种、养殖户专业技能等方面做了卓有成效的工作。截至2010年,全市共建立科普示范基地26处,其中国家级2处、山东省级2处、青岛市级8处,涉及范围包括种植业和养殖业。2017年,胶州市科协组织开展助力"辣椒产业援疆"项目,带动辣椒产业科技化发展。2018年,胶州市农业技术推广协会获得国家基层科普行动计划奖补项目;胶州市三铺龙拳研究会获得国家基层科普行动计划奖补项目。胶州市农业技术推广协会下属的九龙山生态采摘园,是胶州市十大休闲观光农业示范园之一,2018年被评选为山东省省级生态循环农业示范基地、2018年度先进基层单位、中国农业大学小分子诱导技术北方实验基地、青岛农业大学教学实践基地等荣誉称号。

(四)卓有成效地做好"科普村村通"建设与管理工作,建立管护使用长效机制

2005年底,根据省科协、省财政厅开展"村村通"科普宣传栏工程建设工作的有关要求,市科协充分发挥群团优势,整合利用社会资源,探索出了一条依托市场化操作、拓展宣传栏功能的工作模式。2005年11月,胶州市"村村通"科普宣传栏建设正式启动。到2006年10月,全市18个镇(街道)的800多个行政村庄建成了科普宣传栏,共悬挂写有"弘扬中华文化、振奋民族精神,建设创新型农村""做社会主义新农民"等标语以及带有科技致富、科学种田等生动内容的公益科普宣传画4万多幅。胶州市科协按时分发、张贴省里制作发放的科普村村通挂图,同时还根据科普活动月、科技周等一系列的科普活动节日统一设计更新宣传栏内容。

三、创新思路,努力提升城区科普工作新水平

(一)加强科普队伍和设施建设

2003年以来,根据胶州市科普工作现状,市科协联合市委宣传部、科技局组建了由科技、宣传、环保、卫生、质监、教育等方面专家组成的科普讲师团,共有成员68人,在市科协登记备案,统一管理,成为了一支在科协管理之下,倡导科学思想、普及科学知识,为市民义务开展服务的科普志愿者队伍。科普讲师团在科协的带领下,利用科普月、科技周等时机广泛开展"科教进社区"活动,为社区居民进行宣传咨询、培训和送医上门服务,受到了市民的欢迎。2017年,胶州市科协在全市实施"青岛市数字科普扶贫工程",为20个省定贫困村安装科普数字终端。同年,张应中学科技馆项目得到青岛市科技扶贫支持,安装了价值20万元的科普设施。此外,市科协还利用广场LED屏、公交车显示屏开展科普活动宣传;进一步加快管理社区和河西郭社区科普信息屏建设和专题科普展示,促进基层科普信息化和科技成果科普化。

(二)开展科教进社区活动

1991年,胶州市科协在城区部分干部、职工中举办了普通英语、医用英语、科技英语3个专业的外语培训班5个,招收学员225名。2000年起,

2013年9月18日，胶州市科协组织医疗专家为社区居民做中医保健科普知识讲座。

四、抓好青少年科普活动，加快青少年综合素质的培养

开展科普日、科技周及科普月等大型宣传活动，每年确定一个主题，组织全市科技工作者和科普志愿者开展富有特色的社区科普活动，如科技报告会、科普展览、讲座、咨询、知识竞赛等，使科普活动更加贴近家庭、个人。2000年开始，全市每年开展的各项科普活动达30多场次，有效地推动了城区科普工作的全面开展。中云街道、阜安街道太平地社区、南关街道居委会先后被评为省级、青岛市级先进文明社区。

2014年，由市科协、阜安街道共同出资150多万元建设的胶州市首家社区科普馆——阜安街道市南小区社区科普馆建成启用，该科普馆集寓教于乐、动手体验于一体，使孩子们在家门口就可以亲身体验科学知识，动手操作科普展品，

激发了人们的好奇心和科学兴趣。2015年，三里河街道刘家村社区科普馆建成并投入使用。2018年9月，胶州市投资3000万元建设的建筑面积2万平方米的航空科技馆、湿地科技馆投入使用。截至2018年底，全市新建张应中学科普馆、胶西中学科普馆2处场馆，科普馆总数达4处；新建获批青岛市科普教育基地14处，科普教育基地总数达20处；新建27处科普阅览室、1处科普公园、2家创客体验馆，争取国家基层科普行动计划奖励3家，入选青岛市未成年人"社会课堂"场馆3家。全市科普阵地达到近100家。此外，市科协还指导新希望琴牌乳业、孔子六艺文化园、艾小虎拓展训练基地等科普阵地举办了近千次活动，累积参与人数达100万人。

胶州市科协积极与教育部门合作，大力推进青少年科普工作。1987年，胶州市成立青少年科技辅导员协会。1988年，胶州市成立青少年科技小发明创造竞赛领导小组，加强了对青少年科技活动的组织领导。1993年，市职业中专学生匡素娟的"大豆秸秆培养平菇"项目获生物百项活动山东省一等奖、国家二等奖，并作为全省项目被邀请到上海做学术报告。2001年，在青岛市科协组织的"飞向北京，飞向太空"航空航模比赛中，胶州市学生代表队荣获青岛市第一名，并代表青岛地区参加了国家级比赛，获全国第六名。2003年9月，市科技局、科协和教体局联合组织成立了"胶州市科普讲师团"，讲师团先后举办了《中国环境法制现状及发展趋势》《环境保护与环境生态》《认识科学》《学业不良与教育》等科技讲座。2005年，市科协在高凤翰纪念馆举办了"迎国庆科普教育—彩蝶昆虫标本展"，有5000余名学生到场参观。2005年以来，市科协联合教育部门以培养青少年爱科学、学科学、用科学的意识为突破口，广泛开展了科普进校园、青少年科技创新

大赛等内容丰富的青少年科技实践活动，调动和鼓励青少年提升科技创新的积极性。2007年，经山东省科协批准，胶州市第二十四中学、青岛崇杰光彩小学成为全省首批群英计划学校，这也是青岛市唯一两处"农村群英计划"学校。2013年以来，市科协通过加强与学校的联系，不断总结新做法、新成果并积极向上级推荐。胶州市大同小学的科研成果"推广智力游戏教学，培养学生的科学探究能力"项目在青岛市科普项目评审中荣获三等奖；胶州市第四实验小学的科研成果"少儿科普知识动漫制作与推广"获得三等奖。2015年5月，胶州市科协在三里河小学举办青岛市"流动科技馆"科普展示活动，向广大市民展示了7个展区50余件展品，充分展示

了数学、光学、电磁学等方面的科学原理，参观人数达5800多人次；推荐胶州市第四实验小学的科研成果"少儿科普知识动漫制作与推广"参加青岛市科普项目评审，成功入选青岛市科普项目立项名单。2017年，胶州市成功举办以"创新·体验·成长"为主题的首届青少年科技创新大赛，全市学校师生踊跃参赛，共87件作品获奖，22个单位获优秀组织奖。2018年，举行第二届青少年科技创新大赛活动，活动细分为辅导员新成果、科幻漫画、科技创新成果、科技创意、科技实践活动、机器人等部分，收到参赛作品500余件；新建校园科普阅览室20处，开展"创新引领时代""科技节进校园""海洋科普知识进校园""科普视频进校园""科普大讲堂"等

2017年11月，胶州市举办首届青少年科技创新大赛。

科技进校园系列活动。

五、进一步加强企事业单位科普工作

从1984年起，胶县科协开始在全市有条件的企业中组建厂矿科协。1985年，经青岛市科协批准，青岛锻压机械厂科协成立。1992年，市政府转发了市科协、市经委《关于在大中型企业中组建厂矿科协的意见》，企业科协建设得到不断加强。到1993年，全市先后建立了青岛锻压机械厂科协、冷家村乡建筑公司科协等11处厂矿科协。厂矿科协在企业科技人员中倡导"献身、求实、创新、协作"的科学精神，开展"讲理想，比奉献"活动，成为企业科普工作的中坚力量。随着社会进步和经济的发展，厂矿科协在企业中围绕技术创新和职工岗位技能水平提高开展科普工作，通过举办专利培训、现代科技讲座和科普展览等活动，把专家请进企业向管理、技术人员培训、讲解发明、专利、成本控制等方面的知识，组织岗位技能培训和科技比武活动，增强企业技术创新能力，促进企业文化建设。同时以科技项目为载体，开展厂会协作、讲比竞赛、金桥工程、科技咨询服务等工作，促进了科技成果向现实生产力的转化。2004年，

胶州市人民医院科学技术协会等事业单位科技协会相继成立。2015年，青岛达能环保设备有限公司成立企业科协。截至2018年，胶州市共成立达能、德固特等企业科协28家。2018年，青岛工学院成立高校科协，科协组织逐步向园区、企业和学校延伸。

六、搭建"双创"交流平台，推动科技创新驱动发展

胶州市科协对有意向建站的企业主动服务上门，实现精准对接，搭建院士专家团队与企业之间的交流平台。2012年，青岛中科昊泰公司成立胶州市第一家青岛市级院士专家工作站。截至2018年，胶州市累计建立青岛市级院士专家工作站7家，山东省级院士专家工作站5家。同时，建立院士专家工作站运行机制，保障其正常运转。2018年，为推动胶州市创新驱动发展，市科协与陈清泉院士创新发展服务中心、中国技术交易所进行对接，组织院士专家工作站建站单位赴沈阳、天津调研院士专家工作站开展情况，吸收借鉴好的经验做法，融入工作站工作中来。

同年，胶州市科协参与组织承办2018年"金胶州英才周"活动，共有来自全国各大高校的129名专家教授和来自美国、德国等国家的26名博士以上高层次人才、600余名企业家参加此次活动，现场签订合作协议9项，32名专家教授应邀到企业进行实地考察并深入洽谈，达成合作意向84个；参与组织海外高层次人才博士洽谈会，10名海外高层次人才与胶州市企业（市直部门）签订了框架协议。

2018年，胶州市获批省科协助力创新驱动发展工程示范区（市）。为服务胶州市创新驱动发展战略，市科协借助山东省电力科学技术协会、山东环境科学学会人才和组织优势，积极推动电力、环保等方面专家学者与胶州市企业进行技术对接和产业交流，并达成合作意向，助推产业转型升级；组织企业赴德国、日本等工业先进国家进行交流，开展产学研活动20余次。

七、不断增强市级学会的自主发展能力，学术活动日趋活跃

胶州市科协加强市级学会组织建设，组织多种形式的学术交流活动，撰写学术论文、组织科技攻关、开展技术咨询、推广科技成果。截至1993年，全市共有市级学会17个。2005年，全市市级学会（协会、研究会）达到23个。为帮助学会做大做强，市科协对重点学术活动给予扶持，搭建了"发展论坛""学术经验交流会""研讨会"等学术交流平台，围绕胶州市中心工作，开展各类学术交流活动，出版论文集，有力地促进了科技社团的发展，增强了市级学会开展学术活动的积极性，提高了市级学会为经济社会服务、为科技工作者服务的能力。2006年，市科协及各市级学会共举办学术会议、开展学术交流活动20余次，交流论文500多篇，提出科技建议50多条。截至2018年，在市科协的指导下，全市共成立了胶州市金融学会、胶州市医学会、胶州市果树生产研究会、胶州市微计算机应用协会等十几个学会（协会、研究会）。这些学会（协会、研究会）经常开展学术交流活动，定期召开年会，为全市经济和社会发展做出了积极贡献。

执笔人：张磊、赵阳

改革开放以来胶州市贸促事业的发展

市贸促会

改革开放以来，胶州市的贸促工作取得了长足发展，机构从无到有，国外投资者由少到多到精，国际贸易活动日益繁荣，出口量不断增长。胶州市贸促机构作为党和政府联系工商界的重要纽带和境内外企业开展经贸交流合作的重要桥梁，在改革开放大潮中发挥了积极和重要的作用。贸促事业的发展反映了改革开放的成效，也促进着胶州市经济的快速发展。

一、机构沿革

中国国际贸易促进委员会胶州支会(简称胶州市贸促会)和中国国际商会胶州商会最早成立于1989年，与外经委(后改为商务局)、进出口公司4块牌子合署办公，一套人员。领导出国招商考察或国外团组到胶州考察访问时，常以贸促会和国际商会的名义进行。会员单位众多，全市所有的政府经济部门、乡镇、街道和所有的内外资企业，都是贸促会和商会会员。

随着对韩交往的进一步深入，为适应对韩交往、经贸往来的需要，1993年9月20日，胶州市人民政府驻大韩民国办事处成立，为副局级事业单位。12月，进一步明确驻韩办的主要职责，核定事业编制5人，经费实行定额补助，归属市政府办公室。驻韩办主要工作职能是：搞好对外宣传，利用长驻韩国的优势，宣传胶州，吸引外商来胶投资；积极为企业牵线搭桥，协助胶州企业引进外资、技术和项目，利用驻韩国办事处的窗口，把胶州市名优特产品推向韩国市场；搞好信息搜集，为胶州市外向型经济提供服务；搞好接待工作，为胶州市去韩国有关人员提供方便。

1993年12月10日，为进一步推进胶州的对外开放，市驻韩办向市政府提出筹备成立

"中国投资促进委员会胶州分会"的请示，与驻韩办合署办公。1994年7月1日，根据胶州市委、市政府的决定，中国国际商会胶州商会和中国国际贸易促进委员会胶州支会成立，为正局级全民所有制事业单位，与胶州市驻韩国办事处合署办公，一套班子，对外挂3块牌子。原来在一起的外经委、贸促会(国际商会)、进出口公司正式分成了3家，各自发挥职能。

二、发展历程

（一）初步发展阶段（1989年—1996年）

自1994年7月胶州市贸促会、国际商会独立发挥职能以来，至1996年间，市贸促会、国际商会充分发挥驻韩办连接外部世界的桥梁作用，以韩国为起点，直接和间接地引进60多个外资项目，包括独资、合

资和合作，投资总额超过 1 亿美元。其中，引进青岛澄月湖磁性疗养有限公司等 1000 万美元以上的项目 3 个，青岛金星制纸包装、毅岩预制件、南元不锈钢制品等 500 万美元以上项目 5 个。1995 年开始，对小项目实行集中区域引进，逐步形成李哥庄大洋和南关北三里河 2 个小项目相对比较集中的小型韩国投资区。

1. 大力开拓国际商会业务

在国际商会业务方面，胶州市贸促会、国际商会自 1994 年单设成立专门机构开展业务以来，实行会员制，面向经济实体，积极为广大会员企业和经贸单位提供服务。当时正处于"在更高的层次、更广的范围，全方位、大跨度地推进对外开放，把胶州建设成为现代化城市"的重要历史时期，按照胶州市委、市政府"抓住机遇、加快发展"的指导思想，根据青岛市国际商会、青岛市贸促会的部署要求，胶州市贸促会、国际商会进一步强化商会职能，大力加强会员工作，在全市范围内广泛发展国际商会新会员，壮大会员队伍，多形式、全方位地为会员办实事，主动为会员单位提供信息、排忧解难，积极组织会员单位参加各类经贸洽谈会、投资说明会、产品展销会、展览会等，为胶州的经济腾飞做出了积极贡献。

2. 积极推进对韩交往

在对韩交往方面，胶州市贸促会、国际商会进一步发挥"窗口"作用，加强广告宣传，组织召开投资说明会，提高胶州市在韩国的知名度。1994 年，胶州市贸促会、国际商会通过积极联系，促成了胶州市与韩国釜山直辖市北区缔结姊妹友好城市，为胶州市在韩国开辟新的地区、新的客户拓宽了渠道；同年，与韩国白头株式会社达成招商引资协议，由该会社在韩国进行宣传及招商引资活动，进一步扩大了胶州市在韩国的影响；与大韩民国富川市韩中亲善协会达成友好合作协议，促进对韩交流合作。这一系列举措，为加强对韩经贸合作、拓宽招商引资渠道开辟了新的路子，当年通过驻韩办直接邀请的客户达 190 人次，在国内接待来访的客人达 490 人次，进一步促进了对韩经贸活动的开展。1995 年，通过与山东省国际经济技术合作公司驻韩国代表处联合，拓宽了在韩活动范围和业务范围，进一步扩大了在韩基础，年内驻韩办接待胶州访韩团组 6 个 13 人次，召开投资说明会 6 次，在韩国输出产业公团，中小企业振兴公团，釜山直辖市北区、沙上区，首任驻华大使卢载源、京畿道知事李海载考察团等重要团组来胶访问及胶州市与韩

国的经济友好往来中起到了重要的桥梁纽带作用。

（二）多元化发展阶段（1997年—1999年）

1997 年 7 月，根据胶州市政府部署安排，市驻韩办由胶州市贸促会、国际商会正式移交至市外经委管理，职能移交，人员不动。驻韩办移交后，国外常驻机构的优势没有了，招商引资工作面临着工作重点、工作方式的转移问题。在工作方式上，通过老客户的介绍宣传，以商招商，依靠胶州优越的自然人文优势、日臻完善的投资环境吸引外资，一个以韩国为龙头，以日本、美国、英国、中国香港、中国台湾等国家和地区为重点的覆盖面较广的招商网已见雏形。

1. 全力抓好招商引资

（1）积极转变招商方式。1998 年以来，胶州市贸促会、国际商会采取委托招商、以商招商、项目招商和网上招商等多种形式，努力克服驻韩办移交和亚洲经济危机带来的重重困难，把只从韩国招商变为以韩国为起点进行多国招商，以高科技、大项目为重点，大、中、小项目同步引进。在对欧洲的招商方面，1999 年，胶州市贸促会、国际商会以丹麦为突破口，抓住欧盟与国家贸促会实

施"水星计划"这一机遇,与德、英、法等欧盟主要国家的商协会建立密切联系。在对港澳台招商方面,以广东东莞为突破口,1999年,三下东莞,联络港澳台客户,聘请招商顾问,与30多家港澳台企业建立长期联系,帮助香港鑫基国际开发公司在胶州设立驻青岛办事处,做到信息互通。在对韩招商方面,1999年,胶州市贸促会、国际商会与韩国南洞工团经营者协会达成联合招商合作意向,在釜山北区设立胶州土特产产品展销处,把产品推向韩国市场,同时以展销处为依托,扩大向韩国招商的合作意向。

(2)大力抓好项目落实。在项目落实方面,胶州市贸促会、国际商会注重不断提高外资企业资金到位率和企业开工率,紧紧抓住资金尽快到位和尽早开工投产这两个关键点。对于大型项目,实行会长分工包项目责任制,一抓到底;对小项目进行有计划地连片引进,形成工业园区,强化工作进度。1997年—1998年,引进投资1000万美元的青岛夫永塑料制品有限公司、青岛大明皮革有限公司及投资500万美元的青岛韩日佛檀制品有限公司、青岛公益电子有限公司等企业均于当年开工生产,资金到位率达85%以上。小项目连片引进的李哥庄镇大洋工业园区、中

云街道河头源工业园区和中云工业园区、北关杨家林村永安工业园区等也已基本形成。

(3)突出基础性配套项目的引进。1999年,胶州市贸促会、国际商会进一步提出"在科技含量高的项目上要有新突破、在招商手段上要有新举措、在招商渠道上要有新扩展""以韩国为起点多国招商,开拓欧美日、港澳台"等基本招商思路,逐渐改进引资方式,大力抓龙头企业,带进配套企业,注重具有带动辐射作用和基础性配套项目的引进,促其互补,联动投资。1999年,为青岛韩日佛檀制品有限公司配套引进青岛韩日木业有限公司、青岛天马木制品有限公司。通过引进友信塑胶制品有限公司等企业,使韩国新技集团在胶州有了基础配套企业,该集团很快在胶州投资设立了科技含量较高的青岛新金科技有限公司,生产金融用自动收取款机系列产品。

(4)引进外国企业和订单,带动盘活国内老企业。胶州市贸促会、国际商会在引进项目方面注重兼顾经济效益与社会效益,重点为经济效益低、下岗职工多的市直国有企业寻找外资嫁接,用引进外资为国有困难企业注入新的活力。1998年,胶州市贸促会、国际商会为全市最大的亏损企业——青岛振亚炭黑集团引进的青岛景

韩乐器有限公司顺利投产,安置下岗职工250多人,企业每年仅厂房、场地租赁费就可创收72万元;为青岛开关厂引进韩方来设备、来材料、来技术、来订单的加工项目,安置下岗职工100多人,企业每年纯加工收入100多万元;帮助青岛精锻齿轮厂引进青岛高丽气压减震器有限公司,进一步盘活企业存量资产。

(5)做好引进项目的后续服务工作。在此时期,胶州市贸促会、国际商会对引进落户的外资项目,不但注重引入,更注重引进后的系列服务,努力以高效优质的服务,赢得客户和企业的信任与效益。对于已签订投资意向的客户,胶州市贸促会、国际商会指派专人负责,从立项批准、工商注册、税务登记、银行开户到海关及公安备案等各个环节、各个领域,实行"一条龙"限时服务,负责办理企业落户的全部手续,积极为落户企业协调解决土地手续、水、电、工程进度等问题,促成企业早开工、早投产;对于外资企业开业后遇到的各类困难与问题,胶州市贸促会、国际商会也能进行积极热情的协助,获得外商的一致赞誉。

2.积极开辟新业务、新领域

在继续抓好招商引资工作的同时,按照多元化发展的工作思路,积极开辟新的业务领

域，全方位推动胶州市出口企业发展。

（1）出证认证工作。1997年之前，为出口货物出具原产地证明是地市级以上贸促部门才具有的业务职能。1997年，在青岛市贸促会的支持和多方协调下，经国家贸促会授权、国家经贸部批准，胶州市贸促会获得对一般原产地证明的出证认证资格及代办领事认证业务资格，这是当时唯一一家在全国范围内取得此项资格的县级市贸促会。这一资格的取得使胶州市贸促会的业务职能得以进一步强化，为此，胶州市贸促会选派专人去青岛市贸促会法律事务处进行集中培训学习，并在市电视台、广播电台、报社等部门广做宣传，由于前期准备工作充分，宣传到位，迅速打开了局面。这一新的业务领域的开拓，使得胶州市的外资企业和国内出口企业，不出胶州就能办成过去到青岛才能办好的出口产品原产地证明出证认证业务和领事认证业务，在方便企业出口、促进国际贸易、优化投资软环境等方面起到了积极的推进作用，也取得了较大的社会效益。

（2）国际商会工作。在国际商会业务开展方面，进一步加大了会务工作力度，用优质的服务促进会员发展工作，不断壮大会员队伍，以会务工作推动各项工作开展。截至1998年，已发展会员单位50家，1999年发展会员单位近60家，在会员单位的性质和所有制等方面也有所突破。在会务工作开展中，主动为会员单位提供信息、排忧解难，积极组织会员单位参加各类经贸洽谈会、投资说明会、产品展销会、展览会等，针对广大会员单位受亚洲经济危机影响比较严重的情况，及时组织举办会员单位代表座谈，分析形势、研究对策，积极帮助会员企业特别是外资会员企业顺利渡过难关。

（3）法律服务工作。根据我国《仲裁法》规定，中国的涉外仲裁机构由中国国际商会设立。面对县市级国际商会当时不具备设立涉外仲裁机构条件的实际情况，自1998年起，胶州市贸促会、国际商会积极与司法行政部门开展协作，配合司法部门开展了涉外公证、涉外法律咨询等各项业务。同时，与海关、工商、税务、土地、劳动、水利、公安、环保、交通等部门密切联系，组织有关部门与外商进行对话，既解决了外商的疑问，又宣传了国家的方针、政策和法律法规。

（4）信息服务工作。1998年以来，胶州市贸促会、国际商会大力做好信息服务，对于产品内销、部分内销的外资企业，积极提供国内市场的供销信息，组织企业参加各类展销洽谈活动，为供求双方牵线搭桥。1998年，帮助青岛三弘精密器械有限公司开拓广东市场，帮助青岛木友机械有限公司的产品陆续打开内销渠道，并为新引进的外资企业——青岛韩日佛檀制品有限公司配套，其生产的木工机械在国内市场已有较高的知名度，产品供不应求。1999年，通过各种渠道将胶州企业的产品和农副产品推向国际市场，通过马来西亚沙巴裕达公司将北王珠、前店口、铺集、马店等乡镇的大批土豆、辣椒、大蒜、苹果出口到国际市场，将青岛兴华食品有限公司、青岛日升能源设备开发有限公司、青岛美美玩具有限公司的产品介绍并出口到国际市场，从而进一步加强了外资企业之间的协作，提高了综合效益。

（5）对企服务工作。在为外资企业服务方面，1998年，为解决外资企业进驻后遇到的低素质劳动力过多、过剩，高素质人才短缺等问题，胶州市贸促会与胶州市宏达建筑学校联合举办韩语班，为韩资企业输送具有中、初级韩语水平的各类管理、生产、技术人员近百人。1999年，胶州市贸促会与市人事局、职工中专、成教中心、宏达技校、星河经贸进修学校联合，开办了韩语、机电、木工、财会等1—3年学制不同的专业班，为外资企业输送毕业生 300 多名。

（三）稳步发展阶段（2000年—2009年）

1. 加快园区建设

进入21世纪以来，胶州市贸促工作紧紧围绕招商引资这个中心，瞄准对全市经济拉动作用强的大项目，适应我国即将加入世界贸易组织的新形势，坚决落实市委、市政府突出抓好园区建设的一系列指示精神，进一步转变方式，变分散引进项目为集中布局，立足投资额大、技术含量高的项目，结合胶州的产业结构调整，积极引进能带动胶州产业发展的龙头企业，发展建设专业园区，连片引进韩国企业，促进园区经济。2001年，胶州市贸促会、国际商会与中云街道合作共同开发了中云国际工业园，引进投资总额2000万美元的派若马家具有限公司（含青岛百罗达家具有限公司），与先期引进的青岛木友机械、韩日佛檀、青林工艺品、釜州涂料、庆盛涂料等形成了区域产业链，进一步完善家具城功能，带动一批与家具相关的企业入园经营。2001年2月，经市政府同意，在胶州市北部区域设立胶州市韩国工业团地，总面积10平方千米。同年引进韩

国南洞工团经营者协议会金镇万会长的企业——东建工业株式会社在韩国工业团地率先投资，兴办青岛东建机电制品有限公司，实现韩国南洞工团10家企业与胶州市一次性签约进入韩国工业团地投资办厂的历史性突破。此外，先后引进韩信空压机、大明发制品、中湖建材、燮南乐器等外资项目，分别落户中云、北关、铺集、杜村等镇（街道）。

胶州市贸促系统的招商工作得到了上级部门的充分肯定，在2000年8月1日召开的中国贸促会全国工作会议上，国家贸促会大力推广了胶州市贸促会突出抓好招商引资工作的经验做法，胶州市贸促会作为唯一的县（市）级贸促支会在会上做了题为《盯住项目 周到服务 不断实现招商引资新突破》的典型发言。

2000年，胶州市贸促会、国际商会成功引进韩国城项目，作为胶州市重点工程之一，该项目位于胶州市兰州东路南侧、扬州东路北侧，PS 小区附近，占地 54 公顷，建筑面积62000多平方米，投资总额达 1300 万美元，分 A、B 区。A 区为商贸区，以高档宾馆为主题，配有饭店、商店和康乐设施，四周为韩国商品商业街和附属配套设施；B 区为外国人居住区，采用韩国现代住宅设计，为符合外国

人特别是韩国人居住条件的高档住宅区。韩国城的开发建设采用政府政策支持、吸引外资市场化运作、开发建设与经营分离、分区、分期进行的方式。该项目于 2000 年 11 月开工建设，分两期，一期工程 2001 年 11 月竣工投入使用，二期工程 2002 年 11 月投入使用。韩国城的开发建设，成为胶州市新的经济贸易中心之一，是青岛市乃至山东省韩国客商最集中的场所和韩国商品集散地，标志着胶州与韩国的经济贸易关系有了新的飞跃，韩国京畿新闻、釜山日报等重要媒体都进行了专门报道。

在抓好对韩招商的基础上，这一阶段，主要以韩国为跳板，开辟欧美招商的新途径，实现欧美招商新突破，注重引进世界知名企业，形成特色园区。2001 年，胶州市贸促会、国际商会重点引进了美国休斯敦市荣誉市民、华人协会副会长宫佳友先生在后屯工业园投资兴办的青岛爱吉玩具有限公司；同年，美国生产吉他和钢琴等乐器的世界三大著名厂家之一——美国吉布森乐器集团在铺集投资 1000 万美元兴办青岛吉森乐器有限公司，以该企业为中心，诚一乐器、珍昊乐器、雅特乐器等配套企业随之落户，韩美乐器、松展乐器等一批相关企业陆续跟进形成 1 平方千

米的乐器园区，带进 30—50 家配套企业，一个新兴的乐器工业园区已开始起步发展。

2004 年，胶州市贸促会、国际商会联合北关街道在韩国仁川市、釜山市分别设立招商联络处，成为韩国项目信息中转中心；配置扩大兼职招商队伍，以韩国城为中心，引进安置 10 余名韩国和中国朝鲜族招商人才，聘为招商顾问，参与全市招商引资工作。当年以韩国城为载体，引进餐饮康乐贸易项目 10 个，引进内资达2577 万元，实际利用 1869 万元，韩国城内韩国家具、中韩友谊俱乐部等开业项目已达 36 家，韩国城周围 1 平方千米 2 条街（兰州东路、温州路）仿真软硬件环境基本形成。

2006 年，胶州市贸促会、国际商会与胶北镇共同设立国际工业园区，形成市直部门与乡镇在招商引资方面共同合作的良好态势，年内引进的投资5000 万元的青岛达能环保设备有限公司落户园区，当年动工。

2. 对外交往

这一阶段，在对外交往方面，根据贸促会促进各种形式的中外交流与合作的工作方针，胶州市贸促会、国际商会在经济文化等各个方面与国外机构和知名人士进行了广泛的接触与合作。在胶州市贸促会、国际商会的积极联络下，

经韩国前高丽大学校长金俊烨教授、青岛大学韩国研究中心朴英姬博士、胶州市学者郑文光先生等中外知名学者考证，胶州市历史上北宋元丰年间曾建有"高丽亭馆"等中韩经济文化交流场所，按市领导批示，由胶州市贸促会牵头，市建委、文化局等有关单位参与，在该遗址设立纪念碑，并于2000年12月25日举行中韩经济文化交流遗址纪念碑落成典礼暨胶州市首届中韩经济文化交流研讨会活动，韩国驻青岛总领事馆总领事琴秉穆和韩国韩中文化交流协会会长、东国大学曹永禄教授等19位学者参加了活动。这一举措对促进胶州市与韩国的友好关系、挖掘中韩交流的历史资源、提升对外开放的层次与品位有着重要的作用。

为进一步促进胶州大开放格局的形成，积极推动与国外民间团体建立友好合作关系，促进政府间友好往来。2000 年，胶州市贸促会、国际商会与韩国仁川南洞工团经营者协议会、富川市中韩友好协会建立友好合作关系，并在胶洽会期间正式签约。在此基础上，促成了胶州市政府与仁川广城市南洞区厅建立经济友好交流关系。2000 年—2009 年间，胶州市贸促会、国际商会先后组织会员单位赴外招商 20 余次，邀请接

待国外来胶投资考察团组 50 多个，直接邀请到胶州参观考察洽谈的客户达 300 余人次。

3. 贸易促进

在贸易促进方面，胶州市贸促会、国际商会充分利用国际商协会组织的网络，以市出口公司和拥有自主进出口经营权企业为重点，把胶州现有的优质产品推向国际市场，把急需的国外产品和技术引进胶州。2001 年，市贸促会、国际商会负责引进的韩国独资企业青岛木友机械、釜山涂料、三弘精密等企业的产品顺利进入中国市场，并有了较高的知名度，产品供不应求；同年，胶州市贸促会、国际商会协助胶州湾恒宇食品、日升能源设备、宇洋服饰等企业把产品成功推向国际市场。

4. 法律服务

在法律服务方面，2008 年4 月，胶州市实行原产地证书网上申请和审批，办证量大幅度增加，年办证量达 10000 份以上。在核发优惠产地证方面，自 2009 年 8 月起实行区域性优惠产地证以来，胶州市贸促会经海关授权先后获得亚太、中国—新西兰、中国—新加坡、中国—秘鲁、中国—哥斯达黎加等地优惠原产地证及海峡两岸经济合作框架协议优惠原产地证签证资格，业务职能得以进一步强化，签证量逐年大幅

度提升，在方便企业出口、促进国际贸易、优化投资软环境等方面起到了积极的推动作用。

（四）以服务促发展阶段（2010年—2018年）

1.招商引资

2009年，受世界经济危机影响，全球经济发展滞缓，经济形势低迷，对外招商形势进一步恶化。2010年以来，胶州市贸促会、国际商会积极创建"贸易搭台，促进共荣"服务品牌，主动与国外商协会、驻外代表处加强联系，搭建沟通合作桥梁，开辟了珠江三角区招商网络，聘请招商能人，建立长期合作关系。通过与国家贸促会、韩国驻华大使馆以及三星、LG、SK等国际知名企业驻华总部高层官员接触，进一步打通招商信息渠道。积极参加海峡两岸经贸交流活动，组织招商人员赴韩国、中国香港等国家和地区进行招商洽谈，成效明显。2010年，引进中国上市公司山东齐星集团投资10.6亿元兴建的铁塔项目，投产后是中国最大的电力通信生产企业，是胶州市贸促会历史上引进的最大内资项目，于2010年8月正式奠基，2011年11月19日一期工程正式投产，年可实现产值15亿元，利税2亿元。同年引进香港上市公司

地利集团投资5000万美元成立青岛地利物流园有限公司、澳大利亚澳斯顿集团投资1亿美元兴建高档瓷砖项目和苏州锦富新材料公司投资5000万元生产光电产品。2011年—2018年，全市共计引进内外资项目17个，涉及电子、机械、建材、化工、物流等多个领域，合同利用外资4000万美元，合同利用内资25.5亿元人民币。

2.出证认证

在出证认证业务方面，2013年后，受经济危机影响，企业出口量稍有下降，签证量也逐年小幅下降。2014年7月，胶州市贸促会系统获得中国—瑞士优惠证书签证资格，2015年底获得中国—澳大利亚、中国—韩国优惠证书签证资格，产地证签证量逐年稳步提升。2018年全年核发出口货物原产地证书14550份，其中一般产地证7859份，优惠制产地证6691份，FOB金额达6.67亿美元，涉及381个企业。代办领事认证业务方面，共为出口企业办理使馆认证2400余份，认证国家包括埃及、阿根廷、伊拉克、伊朗、科威特、利比亚等10余个国家和地区，大大方便了出口企业。

3.会展和对外交流

由于历史原因，胶州市会展管理职能一直归属市服务业发展局。2016年9月，市编委

正式下文，将会展管理职能由市服务业发展局划归市贸促会。职能划归之后，针对会展工作起步晚、形式单一、专业化程度较低的现状，胶州市贸促会经过广泛调研，积极报请市政府，制定并出台了会展管理办法、会展资金奖励办法等一系列制度规定，鼓励打造特色节会品牌、鼓励引进和承办大型会展活动等，抓好会展服务引导，推动会展业逐步向专业化、市场化、规模化发展。

（1）出展布展。为进一步架好助推胶州市企业对外交流合作的桥梁，为企业快速打通国际市场搭建了更广阔的平台，2010年以来，胶州市贸促会、国际商会及时掌握世界各地及国内会展信息、经贸信息，精选与胶州市产业、产品密切相关的展会和对外交流活动，积极引导出口企业参加上级组织的各类国内外展会和经贸洽谈活动，通过组织企业外出参展，帮助企业产品走出去打开国际市场，争取国际订单。

（2）节庆活动。积极组织开展节庆活动，丰富广大市民业余文化生活，截至2018年，胶州市贸促会、国际商会共计牵头组织开展了八届城隍庙糖球会；2017年—2018年，在胶州市经济技术开发区举办了两届青岛国际啤酒节胶州分会场活动。在活动筹备和开展过程

中，注重加强宣传引导，营造节日氛围，特别是落实好食品卫生、工程建设、治安消防等方面的安全措施，抓好公安、建设、卫生、交通、文化等各部门之间的协调协作。

（3）大型会议。积极引进和组织承办大型会议活动，提升胶州知名度。2018年10月27日—29日，胶州市贸促会、国际商会在绿城喜来登大酒店成功举办"中国（青岛）上合＋贸易暨投资自由化便利化论坛"活动，共计邀请国内外政要和专家学者以及企业家300余人，其中外宾约占三分之一，来自俄罗斯、巴基斯坦、巴西、英联邦协会等近20个国家、地区和国际机构的相关工商界人士参加了会议，是胶州历史上举办的首次国际性论坛。论坛期间，上合示范区与巴基斯坦工商联合会、上海进出口商品协会签署了合作协议。论坛的举办极大地提升了胶州的知名度，引起国内外媒体的强烈关注，共有近百家媒体参与了报道，人民日报、新华社、中央人民广播电台、中央电视台、光明日报、经济日报等国家级媒体第一时间发出了论坛消息；凤凰青岛、山东广电、青岛日报等媒体对部分与会嘉宾进行了专题采访；新浪、网易、腾讯、大众网、鲁网、半岛网、青岛新闻网等网络媒体进行了全方位报道。

三、经验启示

（一）切实找准定位，为政府和企业搭建桥梁

在政府行政管理体制改革过程中，贸促会定性为社会团体、事业单位，作为政府支持的机构，既要服务于政府，也要为企业提供服务。胶州市贸促会、国际商会自成立以来，注重充分发挥连接政府和企业之间的纽带作用，打造"越洋桥梁"品牌，向企业和基层提供他们迫切需要的、行政主管部门不便做而贸促会又有一定优势和基础的服务。在具体工作开展过程中，始终把服务企业和基层放到与服务政府同等重要的位置上，在做好为政府外交外经贸大局服务的前提下，重点加强为企业、基层的服务，强化服务意识，完善服务机制，拓宽服务领域，创新服务手段，丰富服务内容，提升服务质量，打造服务品牌。

（二）培育综合服务能力，建设一流服务平台

经过多年发展，胶州市贸促会、国际商会逐渐形成了性质、体制和业务重点等均有所不同的行政、商业、企业、社团组成的混合型组织架构，在对外联络、展会事务、信息咨询服务、出证认证、法律服务等领域逐步积累了丰富的经验。在发展过程中，充分发挥自身的独特优势，从强化服务着手，在招商引资、法律服务等方面，切实深入基层企业，摸清理顺企业需求，不断提高服务效率、优化服务环境；在对外联络方面，通过多种形式扩大国际合作网络，加强双边经贸促进基础性工作，深入开展各种业务交流，创新合作模式，深化合作内容，不断增强综合服务能力。

（三）上下联动，充分发挥行业优势

胶州市贸促会、国际商会始终注重发挥贸促系统的合力作用，加强同国内各行业、各地区贸促机构、商协会及国际和区域组织之间的联系和合作，建立覆盖全国的联系网络，协同各方力量做好涉外经贸服务工作。在具体工作开展过程中，着重注意整合和利用行业资源，上下联动，充分发挥贸促会独特优势，突出国际性、综合性、专业性的特点，通过务实、专业、高效的服务，将贸促机构建设成为政府和企业信赖、有实力的一流贸促机构。

执笔人：王芸红

胶州市县域政务信息化应用推广和实践

中国联通胶州市分公司

当今社会,信息化已经成为经济社会创新发展模式、提高发展质量的重要手段。随着政务信息化概念的不断演化,政府信息化所包括的内容也在不断扩展。胶州联通通信事业信息化的发展不仅体现在为用户提供丰富的宽带服务上,其核心的价值更在于凭借互联网产品提升政府社会管理效率。伴随着改革开放的历史进程,胶州联通公司的通信水平在规模容量、技术层次和服务水平上都发生了质的飞跃。特别是自 2008 年融合重组以来,行业整体实力进一步增强,新一代信息技术产业政策更是对政务行业信息化深入发展做出了巨大贡献。

一、发展历程

(一)县域政务信息化的起步(1990 年—1999 年)

胶州市在电子政务领域的建设工作起步较早,一直走在全国同行的前列,并且在实践中逐步形成了有名的"胶州模式"。

为了不断改善对外招商引资投资环境,1990 年,伴随着胶州市邮电大楼工程建设,胶州市把邮电大楼原定的安装纵横制市话交换机,一步到位改为当时世界上最先进的数字程控交换设备。1991 年,胶州市借助青岛市邮电局引进美国摩托罗拉无线寻呼设备,建立青岛本地网的无线寻呼系统,开通了"126"人工寻呼台的契机,加快推进邮电大楼设备安装开通工作进入关键阶段,实现了电话交换由人工向程控、传输由模拟向数字的转变,开启了胶州通信事业发展的新篇章。

1992 年 10 月,胶州市邮电局引进摩托罗拉无线寻呼发射基站 2 台,分别设在市区内的邮电大楼和张应镇的大朱戈邮电所,无线寻呼信号基本覆盖了全胶州城乡区域;同期开通了模拟移动电话和 GSM 数字移动电话系统,实现了电话交换程控化,长途传输数字化。同年 12 月,胶州联通采用的模拟交换模式的移动电话设备开通启用,至此胶州所有乡镇政府全部实现了电话交换程控自动化。1995 年,胶州联通的 DDN 专线、帧中继专线、SDH 数字电路、MPLS VPN 组网、MSTP 专线组网、宽带 IP 专线等技术普遍应用于政府、金融、教育、执法等行业,通信行业助力县域政务信息化的作用更明显。

1996 年,胶州联通的湖州路局程控交换机扩容 10000 门,总容量达到 28400 门;农村电话局扩容 9700 门,总容量达 30200 门,进一步满足了政府部门的通信需求,发挥了胶州县域信息传输的支撑作用。1996 年 2 月 18 日,青岛市第七届市委第 66 次常委会议决定成立市委市政府计算机中心,统一建设全市宏观决策和办公信息服务网络系统，并且启动了"金宏工程"。

1997年—1999年，胶州联通开通了从青岛至胶州的34M长途光纤电路，湖州路局S1240程控交换机通过光纤电路和青岛连接，使胶州的出口电路传输质量和速度得到进一步稳定和提高，电路传输所涉及的党政专线在政府日常管理中发挥的作用越来越大，而电报在社会治理中发挥的作用越来越小。

（二）县域政务信息化的发展（2000年—2008年）

固网是信息化的重要支撑，胶州县域政务信息化的规模发展需要依托胶州联通固网宽带的发展和保障。尤其是进入21世纪，胶州市电子政务的建设工作持续加速，屡上台阶。

本着适度超前的原则，2000年，胶州市电信局提出了将胶州建成电话市的目标，得到了胶州市委、市政府和青岛市电信局的大力支持，胶州市政府把电话市建设列入当年要办的实事，列入对乡镇、街道的精神文明考核，青岛市电信局在资金等各方面给予了充分的保证。当年，胶州市电信局投资近2.5亿元，实施了"千百万工程"，对全市村庄的线路进行完善扩建。标志着胶州市

的通信水平和电话普及率达到了一个新的水平，为胶州市的经济发展打下了一个坚实的基础。2001年开始，采用了ADSL方式上网，这种上网方式使电信服务提供商接入设备和用户终端之间的距离可达5000米，速率最高可以达到8M，极大地提高了政府部门对互联网的使用效果。

2002年，胶州市委、市政府根据青岛市委、市政府联合印发的《青岛市电子政务工程2002—2005年规划纲要》，提出全面推进政府上网，大力发展网上应用，逐步形成网络环境下的"一体化政府"，为社会提供"一站式服务"的电子政务发展目标。在这一背景下，胶州联通在2003年—2004年间，将作为固定电话有效补充和延伸的无线市话（俗称小灵通），通过微蜂窝基站以无线的方式接入本地电话网开始放号。小灵通业务快速发展和普及，用户累计达到4.96万户，移动通信在信息化发展过程中的作用凸显。

随着胶州市市内电话交换机容量大幅提升，2005年，胶州联通将固定电话号码由7位升至8位，彻底解决了号码资源不足的问题。2006年，胶州联通开始全面启动信息化"5＋1"提升工程，信息化应用能力进一步增强。2006年—2007年

间，随着市场竞争的激烈和移动电话的迅速普及，固定电话呈平稳发展趋势，移动通信进入第二代数字移动通信时代。

（三）县域政务信息化的飞跃（2009年—2015年）

3G、4G时代的开启以及移动终端设备的凸显，为胶州移动互联网的发展注入巨大的能量，同时县域政务信息化在移动互联网产业带动下实现了前所未有的飞跃。

2008年，通信行业融合重组。为加快完善现有移动通信网络及WCDMA制式的3G、4G网络建设步伐，积极推进固定和移动网络的宽带化，进一步加大固网、宽带建设力度，胶州联通以信息化为引领，提升品牌形象及综合竞争力，为广大客户尤其是政府客户提供全方位通信服务。

2009年，胶州市根据青岛市《关于加快推行电子政务优化政务环境的意见》，进一步明确了电子政务在政务创新体系中的地位和作用，明确了努力建设电子政务应用最好、机关效能最高、政务环境最优的城市目标。2012年，根据《青岛市政务信息资源共享管理办法》，胶州市委、市政府确立了部门间信息资源交换共享的目标、体制、原则和方法，开始

· 胶州市县域政务信息化应用推广和实践 ·

组织建设各类中央数据库。胶州联通为实现这一要求，在电子政务共享平台基础上建成了全市统一的电子政务云公共服务平台（简称政务云公共服务平台），根据政府用户需求配备了 360T 存储、2000 颗 CPU、6000G 内存的硬件资源和多种操作系统、数据库、中间件等软件平台资源。

2014 年，服务型党建平台建成。在"互联网＋"背景下，结合当前群众路线教育实践活动，搭建一个胶州市委、市直部门、直属企业、基层党员以及广大群众上下联动、即时互动的综合性服务平台。服务型党建综合平台的构建，作为一种充分体现"互联网＋"特征的信息化应用，成为政府提升管理品质、增强服务水平、增进社会治理水平所必需的利器。

截至 2015 年，胶州联通作为山东联通首批全面推进光网城市建设的县区分公司，累计投资 4200 多万元，建设光纤入户端口达到 9.8 万个，改造升级传统宽带用户 5.9 万户，割接传统语音用户 2.1 万户，对 1020 多个村庄和小区实施"全光网络"建设，共计腾退局点 340 多处、拆除铜缆 23 万线对公里。2015 年 7 月 16 日，经过大规模的城乡网络光纤化改造，胶州联通公司最后一台程控交换设备下电退网。至此，胶州市实现了光纤网络的城乡全覆盖，实现了联通通信由"铜网"到"光网"的历史性跨越，为全市信息化建设奠定了坚实的基础。

（四）县域政务信息化向"互联网＋"发展（2016 年—2018 年）

2016 年—2018 年，胶州联通跟随信息革命的发展步伐，不断强化能力建设，在"云""大""物""智""移"方面持续发力，持续强身健体，为各级党政机关和社会各行业提供完善的信息化方案。面向政府、公安、税务、金融、交通、教育、能源、电信运营商、制造等行业客户，提供了 ICT 系统咨询、基础平台建设、应用系统开发、系统集成、运营维护、ICT 系统外包管理等整体信息化解决方案。在此期间，胶州联通还协助市委、市政府建成了全市电子政务金宏网、12345 政务热线、便民呼叫中心、党员远程教育网、12316 新农村服务热线、平安监控网、"智慧党建"系统等项目。此外，还为各级政府提供了信访通、纪检通、智慧舆情、智慧社保等 110 多项应用，以"互联网＋"的手段，丰富政府服务渠道、延伸政府服务范围、提升政府服务效率，助力城市管理不断向精细化发展。

二、取得成就

（一）设备配置更加完善

改革开放以来，胶州联通通信设备的发展经历了从无到有、由原始到现代、由单一到多样、从人工到自动、从模拟到数字的漫长过程。设备的更新换代，为胶州通信事业的发展奠定了坚实的基础，为胶州政务信息化的发展保驾护航。

（二）技术更加成熟

改革开放以来，胶州联通实现了宽带升级提速（ADSL 转 FTTH），建成了光网城市，移动通信网络覆盖了市区、镇（街道）、高铁、高速以及主要交通道路，构成了一个容量庞大、功能完善、覆盖全市城乡、可为广大客户提供各类业务的数据通信网、数字电话交换网和光缆传输网，通信能力的提升为胶州经济的快速发展起到了强有力的助推作用。胶州联通拥有覆盖全国、大容量、多种类的网络资源和充足的人才队伍，在"云""大""物""智""移"方面不断强化能力建设，依托中国联通集团公司统一组织和调度中国联通的网络资源和系统集成力量，为客户提供全业务、全地域的 ICT 服务和全方位信息化方案。

（三）经济社会效益日益凸显

经过多年的实践，胶州的电子政务建设形成了低成本、大规模、集约化的资源配置模式。胶州市政府与市直各部门、各镇（街道）采用胶州联通VPN组网技术建成胶州市金宏网，实现办公自动化；胶州市教体局通过VPN组网技术建成胶州市教育网，全市各学校全部通过胶州联通光纤网络接入教育网，实现教育信息化；胶州市政务网以胶州联通宽带IP专线为网络承载。可以说，胶州的电子商务、电子政务、智慧城市等互联网的应用，极大地促进了信息消费和经济的发展、社会的进步、民生的改善，更好地满足了用户需求，充分发挥了在扩内需、保增长、促就业、推进"两化"（工业化与信息化）融合中的促进作用。

执笔人：陈国奎 张亚青 刘晓丹

改革开放以来胶州市新华书店的发展壮大

市新华书店

改革开放以来，胶州市新华书店在胶州市委、市政府的正确领导下，坚持围绕中心、服务大局，坚持读者至上、服务群众，及时把党的路线方针政策传播到千家万户，把教材送到学生手中，把科学文化知识提供给广大读者，为满足胶州人民群众精神文化需求，提高全市人民思想道德素质和科学文化素质，做出了卓越的贡献。

一、胶县新华书店成立及历史沿革

1947 年，胶县县委宣传部指定宣传部干事郭盛熙同志筹建胶县新华书店并担任负责人。1948 年，胶县新华书店正式成立，店名为华东新华书店胶县支店，店址设在胶城铁市街字号"发古斋"的商店内。后因房间少又迁到旧驴市街的 1 个布店里（老邮局西屋）。建店时工作人员仅有王殿英、法维荃、王启元 3 人。1950 年，

设立胶州专署，胶州新华书店的人、财、物由山东新华书店直接管辖。1956 年，改名为胶县新华书店。这时新华书店的主要任务：一是负责辅导周边县图书网点发行工作；二是配合党的中心工作做好本县的一般图书发行和中转业务；三是完成本县中小学教材发行任务。当时，下乡送书发放教材没有运输工具，同志们就用包袱背、驴车拉，晚上经常睡在学校的课桌上，饿了啃几口干粮，渴了喝口井拔凉水，真正体现了艰苦创业的精神。1967 年，在广州南路新建门市部 7 间，库房 15 间，办公室 4 间。

新中国成立后，在社会主义革命建设时期，胶县新华书店把宣传马列主义、毛泽东思想作为首要任务，出色地完成了发行《列宁全集》《马克思恩格斯选集》《斯大林全集》《毛泽东选集》《毛泽东著作选集》的光荣任务。

20 世纪 60 年代，中央书记处明确提出教材必须做到"课前

到书、人手一册"的要求，为保证完成任务，胶县新华书店同教育部门密切配合，千方百计地克服种种困难，圆满地实现了这一要求。新华书店的热情服务，赢得了教育部门和学校的好评。"课前到书、人手一册"这是中小学教材发行的基本要求，也是胶州新华人坚守了几十年的庄严承诺。

20 世纪 70 年代中期，按照山东省新华书店提出加强农村发行工作的十大措施，胶县新华书店在全县形成了以中心门市部和下伸点为轴心、以 14 个供销社图书门市部为补充的"梅花布局"的农村发行网络体系。

二、改革开放以来胶州市新华书店的发展历程

（一）整顿复苏阶段（1978 年—1991 年）

改革开放初期，图书销售

增长缓慢，发行事业停滞不前，图书品种结构不尽合理，封闭的书柜里展示的大多是马列主义、毛泽东著作等政治性读物，经济类、文学类、科技类、生活类图书寥寥无几，满足不了广大读者对文化的渴求。

1978年4月30日，《人民日报》刊发消息——35种被解禁的老版中外文学名著将重印发行。十年"文化大革命"造成了精神与物质产品的极度紧缺，而刚刚解除禁锢的人们对于书刊的需求呈现出井喷的势头。胶县新华书店门市部门前排起了购书长龙。

党的十一届三中全会胜利召开后，饱受思想禁锢的人们开始觉醒，知识才是改变命运的武器。几乎在一夜之间，社会进入了追捧知识的时代，新华书店也逐渐热闹起来。1978年，胶县新华书店根据中共中央改革开放精神，紧紧抓住邓小平同志解放思想实事求是的思想精髓，坚持把社会效益作为图书发行工作的最高准则，千方百计地增强自身的营销能力，建立健全了各项规章制度。随着图书发行重点转向农村，先后在后屯、胶东、铺集、李哥庄、马店、张应6个乡镇建立了自己的图书发行网点，在乡镇形成了梅花布局的发行网络，解决了农民购书难的问题。1978年，胶县新华书店全年销售额达46万元。

改革开放释放了人们对知识的强烈渴求，高考的恢复又给这种需求添了一把火。20世纪80年代，为了满足井喷式的阅读需求，胶县新华书店积极备货、添货，书店的图书品种快速丰富起来，国家最新政策解读都是第一时间送到胶县读者手中，风靡一时的港台小说、生活类图书供应充足。1984年以前，胶县新华书店和全国的新华书店一样实行闭架售书。1984年，胶县新华书店积极地融入图书发行模式改革大潮，全面推行开架售书，极大地方便了读者，升级了服务形式。

1987年4月，胶县撤县改市，胶县新华书店改名胶州市新华书店。

1991年，胶州市新华书店的销售总额已达400万元，比1978年的销售总额增长770%。

1989年建成的胶州市新华书店广州南路门市部

1999年建成的胶州市新华书店图书发行大楼

（二）稳 步 发 展 阶 段 （1992 年—2011 年）

20 世纪 90 年代，市场经济的大潮骤然而至，将中国人带入了急速转型的时代，以经济价值为基础的衡量标准，也开始渗透并影响到社会生活的各个层面。胶州市新华书店也不例外，经营模式单一的图书销售已经阻碍了企业的发展，必须学会了两条腿走路，向多元产品销售发展，并引入目标责任制考核，落实到部门、个人。经过改革发展，市新华书店在激烈市场竞争中渐渐稳住阵脚，以百倍的努力和坚韧的斗志，再次成为图书发行渠道市场的主体。

胶州市新华书店不满足于现状，扩大经营阵地。1999 年，率先在市区最繁华商业区的书店旧址（现广州南路 12 号）上建起了建筑面积达 4000 余平方米的图书发行大楼，搭建起一个超前的售书和读书平台。书店的经营种类与日俱增，由单一的图书类增至音像制品、文化用品、电脑与软件、读者俱乐部等，经营类别达 4 万多个品种，形成了多元化的文化园地。

2002 年，被称为中国文化事业单位的"改革元年"。2002 年 7 月，国家新闻出版总署专门出台了《新华书店（发行集团）股份制改造若干意见》。一个新的词语——"文化产业"开始进入新华人的视野。"转企、改制、连锁、上市"正在成为新华书店无法回避的挑战。

2003 年，按照青岛市新华书店工作部署，胶州市新华书店改制为青岛胶州市新华书店有限责任公司。

2010 年 1 月，位于胶州市老城区广州南路繁华地段的胶州书城隆重开业，建筑面积近 1 万平方米，是当时山东省内县级新华书店用于图书文化产业的经营面积最大、设施最先进的现代化书城。其中，图书、音像制品经营面积 4000 平方米，多元面积 3700 平方米，其中图书品种近 8 万种。

在此阶段，胶州市新华书店的销售额由 1992 年的 460 万元快速上涨，到 2011 年，全年的销售额已达到了 7300 万元，增长 1487%，图书销售行业发展势头良好。

（三）转 型 腾 飞 阶 段 （2012 年—2018 年）

从 2012 年起，胶州市新华书店深化体制改革，在图书发行上紧紧围绕"开拓市场、扩大发行、创新发展、提高效益"的经营思路。企业以发展为主线，创新经营，积极打造精细优雅的购书环境，丰富图书品种，以贴心细致的优质服务、高品质的文化体验吸引读者，积极进行资源整合，实现了资产创效最大化。

2015 年，青岛城市传媒成功上市，作为上市公司的子公司之一，胶州市新华书店整合场地资源、调整书城布局、延伸产业链条，打造新式城市文化体验卖场，实现了从经营图书向经营文化转型。市新华书店安排专人赴南京、合肥、济南等地学习先进书店的成功经验，并投入资金，对胶州书城

2010 年 1 月，新华书店胶州书城正式建成启用。

进行了升级、改造。

"新华书店"品牌已经深入人心，但传统的品牌内涵已经无法满足人们对美好生活的追求，胶州市新华书店在转型升级工作中，力主引入多元业态与主业互补，推出了山东省新华系统首家以书店为依托，自创品牌，自主经营，完成商标注册的咖啡读客（caffe book）。自2015年6月6日营业以来，咖啡读客运营状况良好，稳步发展。不仅改善了读者的阅读环境，也为企业带来了显著的经济效益，极大地丰富了"新华书店"的品牌内涵。

2015年，胶州市新华书店荣获全国青少年爱国主义读书教育活动组织委员会颁发的"第22届全国青少年爱国主义读书教育活动发行先进奖"，被评为山东省新华集团报刊发行先进单位，连续16年荣获发行青版书先进集体荣誉称号，被授予青岛新华书店集团2015年度先进党支部。

2016年，胶州市新华书店坚持"稳中求进"工作总基调，加快转型升级，围绕"转型升级、流程再造"经营理念，实施架位管理和多种支付手段相结合，方便读者购书。响应"书香社会、全民阅读"政策导向，积极配合胶州市委倡导的"理论惠民，图书大集"活动，受到市委、市政府和社会各界的好评。

2016年度，市新华书店荣获中共青岛出版集团委员会2016—2017年度"先进党支部"荣誉称号、青岛新华书店有限责任公司2016年度"先进单位"荣誉称号、青岛出版集团2016—2017年度发行"青版图书"先进集体荣誉称号、胶州市消防安全委员会全市消防安全"责任强化"活动先进单位、胶州市人民政府全市关心下一代工作"先进集体"荣誉称号。

胶州市新华书店秉承"从做书店到做文化"的经营理念，将1万余平方米的胶州书城升级成"文化交流平台和多业态相融合的文化消费综合站"，逐年累计投入150余万元用于书城卖场的重装升级改造，以读者为中心，搭空间、整业态、做宣传、重体验，将书城打造成集图书阅读、文化体验、文化商业为一体的大型文化消费综合体。升级后的书城图书经营面积4000平方米，多元自营、联营面积6000平方米，实现从经营图书向经营文化迈进，形成了以图书为主，文体办公用品、电教产品、读者俱乐部、培训学校、乐高机器人、手工陶艺、咖啡、简餐、网络通信等为补充的多元业态的新型经营模式，以书为媒带动相关产业并举，服务功能完备，相关业务互动的现代化体验式书城。

2017年，胶州市新华书店紧跟时代步伐，以"深化转型、持续升级"的经营理念，大力开展线上线下模式营销，打造主题图书营销网络，成立了电子商务部——胶州市新华书店图书专营店，充分发挥了新形势下文明窗口和主阵地作用。建立健全了各项规章制度，优化管理手段，理顺业务环节。全店干部职工紧密配合，共同努力，牢固树立市场意识、创新意识、管理意识、法律意识，进一步加强员工队伍建设，增强了胶州市新华书店凝聚力和战斗力，经济效益稳步提高。2017年度，胶州市新华书店荣获青岛出版传媒股份有限公司发行"党的十九大文件"先进集体荣誉称号、青岛新华书店有限责任公司2017年度"先进单位"荣誉称号。

2018年6月19日，位于胶州市新华书店新城区文化中心的涵泳·复合阅读空间项目经过3个月的装修，正式开始试运营，项目面积5700平方米，书店的城市布局得到了有效突破。涵泳·复合阅读空间是全新阅读文化复合式体验中心，在设计装修风格上，融入了胶州剪纸、茂腔、秧歌、黑陶等胶州地域特色的文化元素，充分展现了胶州传统文化的魅力，整体以原木色为主色，吊顶借鉴秧歌绸带造型，使传统文化与现代书店交相辉映，协调统一。

涵泳·复合阅读空间积极

2018 年 6 月,位于胶州市文化中心一楼的新华书店涵泳 · 复合阅读空间开业试运营。

参与书香胶州建设,较好的承担社会公共文化服务职能,发挥了在全民阅读活动中的主阵地、主渠道作用。在胶州市推进新时代文明实践工作中,将涵泳 · 复合阅读空间建设为新时代文明实践点,以"启发、温润、涵泳、聆听、遇见、玩耍"为服务概念,兼容多元文化沙龙、专业书店、艺文空间、人文咖啡、创客中心以及少儿成长空间,将文化意涵注入不同的产业和空间。

在此阶段,胶州市新华书店的经营业绩连年持续增长,主营收入从 2012 年的 9001 万元增长到 2018 年的 16726 万元,7年间营业额同比增长 86%。各项经济指标在全省县级市名列前茅,居全国同行业先进水平。

三、基本成就

(一)践行使命担当,繁荣图书市场

作为党的宣传阵地和社会主义精神文明建设的重要窗口,胶州市新华书店始终坚持正确的政治方向和宣传导向,时刻紧跟中央、省委、青岛市委、胶州市委的步伐,确保做好政治理论读物的宣传和发行。同时,把社会效益放在首位,依托各网点及时满足胶州人民的文化需求,充分发挥国有书店正确的市场导向和示范作用。

胶州市新华书店利用春节举办"迎新春新书展";每年母亲节,在书城开展"关爱女性健康"图书展;六一儿童节

期间,与市内中小学联合开展"校店联手 · 共享阅读"活动,让孩子们喜欢上阅读;党的生日、抗战胜利纪念日,举办形式多样不同主题的图书展销,进行爱国主义教育;邀请著名主持人、作家倪萍,著名儿童作品作家梅子涵、沈石溪、杨红樱等到书城、进校园与学生现场签售互动,激发学生阅读激情。

(二)锐意改革创新,打造文化地标

面对互联网发展带来的历史机遇,胶州市新华书店践行"以人为本、平等、开放、共享、互联"的互联网思维,大胆创新,重新定位门店功能,围绕结构调整、布局设计、品种选择、网络拓展狠下功夫,实现逆势突破。

新时期,胶州市新华书店着眼开发门店、渠道以及衍生产品的多元化,以图书为核心,做精、做深、做专、做细多元市场;以深耕教育领域为突破口,从教材教辅供应商向教育综合服务商转变,加快拓展教装市场和研学活动;在胶州市文化中心打造了涵泳 · 复合阅读空间,成为"智慧书城+文化艺术体验馆+咖啡馆+成长馆+创客中心"的文化综合体,为胶州市民打造了舒适的新型

城市文化空间。

（三）发扬光荣传统，回报服务社会

改革开放以来，胶州市新华书店发行了大量党和国家领导人的著作，发行了历届党代会文件以及人代会文件，配合党的各项中心工作，发行了大量政治理论读物和法律知识读本等。通过上门宣传征订，及时足量的满足了读者需要。同时，胶州市新华书店通过举办书市、展销会、组织流动供应、建立读者俱乐部、开办校园书店、举办学生读书活动等形式，"为读者找好书，为好书找读者"，发行了一大批科学技术、文化教育、文学艺术等方面的图书。

胶州市新华书店担负着全市市直部门、单位党的学习文件和专业图书的征订发行工作，全体同志发扬老一辈新华人的光荣传统，常年坚持到单位、学校、部队送书摆摊，上门开展多种服务活动；坚持送书下乡服务农民，以大篷车形式，带着农民需要的农业科技、致富、种养殖等图书服务农民，为科技兴农做出了应有的贡献，多次受到省店、青岛市店的表彰。

（四）致力转型升级，实现创新发展

新华书店涵泳·复合阅读空间内，摆放着琳琅满目的各类图书。

胶州新华图书发行事业的发展经历了 4 次重大变革。从成立到 20 世纪 80 年代初，采取闭架售书，被称为第一代书店；从 20 世纪 80 年代到 20 世纪末，相继进行了半开架售书和全开架售书，为读者提供了更加便捷的购书服务，被称为第二代书店；在此基础上，胶州书店开始引入非图书商品，开展多元经营为读者提供一站式消费，被称为第三代书店；新时期的胶州书店经过转型升级流程再造，在第三代书店基础上强化了文化体验服务，引入了"互联网+"的思维，将胶州书城、涵泳·阅读复合空间打造成了胶州市文化地标和社交平台，是第四代"智慧书店"的全新理念。

进入新的历史时期，胶州市新华书店不断深化改革，完善体制机制，优化业务机构，创新发展业态，努力提升整体实力和服务水平，把发行网点办到人民群众最需要的地方。在巩固图书发行主业的基础上，依托新华书店的渠道、资金、品牌优势，调整产业经营结构，延伸产业链，创新盈利模式，相继引进了数码产品、文体用品、文创产品、电教产品、创客体验中心、培训学校、乐高机器人等业态，自创了咖啡读客品牌，拓宽了产业发展空间，增强了企业持续发展能力。初步形成了以图书主业为主，以多元经营为辅的产业格局，实现了"以主带辅、以辅促主"的发展目标。

执笔人：万 里

青岛市胶州中心医院三级医院的创建及经验

青岛市胶州中心医院

随着社会经济的发展，人民群众的就医需求与日俱增，增购设备、扩充病房成为医院的当务之急。2011年以来，卫生部颁布《三级综合医院评审标准》(卫办医管发〔2011〕148号)、《医院评审暂行办法》(卫医管发〔2011〕75号)、《二级综合医院评审标准》(卫办医管发〔2012〕57号)等相关配套文件，希望由此推动医院评审、落实医疗质量与安全管理、降低医疗纠纷、保障民众基本医疗服务权益。2011年，青岛市卫生局按照省卫生厅要求，制定下发《青岛市医院评审工作方案》青卫医妇函字〔2011〕190号)，青岛地区的医院等级评审工作由此启动。2013年1月，青岛市胶州中心医院正式启动三级医院创建工作。

一、三级医院创建历程

(一)评审准备阶段(2013年1月—2013年7月)

1. 成立创三甲办公室

为扎实有效地开展三级甲等医院创建及迎评工作，青岛市胶州中心医院根据实际情况，对照山东省《三级综合医院评审标准与评审细则(2011年版)》及卫生部《三级综合医院评审标准实施细则(2011年版)》的相关要求，于2013年1月正式启动创建三级甲等综合医院工作。2013年1月底，青岛市胶州中心医院下发新版《三级综合医院评审标准实施细则》，按照条款内容将评审工作分成医院、医疗、护理、院感、医技、药事、党务、财务8个管理组，分别由6位院领导分管。2013年2月，青岛市胶州中心医院召开评审动员大会，对医院的评审工作进行推进和详细部署，成立了以院长为组长，其他院级领导为组员的争创三级甲等医院领导小组。为方便工作，医院成立创三甲办公室(以下简称"三甲办")，

由院长助理担任三甲办主任，负责创评的具体工作，制定《创建三甲医院工作制度》《三甲医院管理组织结构图》《三甲医院基本工作机制》，下发《关于规范争创三甲相关文件文档制作格式的通知》，规范了创三甲文件、文档的管理工作，制定了青岛市胶州中心医院争创三级甲等医院实施方案，建立和完善科室资料盒。

各临床医技科室成立科室评审小组，负责科室的评审工作。为保证医院争创三甲各项工作落实到位，确保青岛市胶州中心医院顺利通过"三级甲等医院"评审，各部门负责人签署了《青岛市胶州中心医院争创三甲工作责任书》，承诺各科室将根据评审要求及分工履行职责，保证达到各项评审标准要求。医院还设立了院级内审员，协助创"三甲"办公室完成各科室对制度、预案、流程的知晓、掌握及落实情况，

培训情况（科室培训考试、试卷及总结情况），追踪方法学检查（按照追踪方法学原则，制定追踪路线及内容进行督导）、实施细则落实情况（根据基线评估内容，确定支撑材料是否达标，了解内涵质量情况），专项业务工作（职能科室列举专项业务种类）以及636条要素检查（根据要素标准要求调查访谈及实地访视内容）等各方面的督导、检查及考核工作。

2.梳理规范性文件

自2013年2月起，青岛市胶州中心医院根据创建三甲医院工作要求，由三甲办牵头，由各个职能部门协同，共梳理、修订、完善各项制度、流程、预案、岗位职责500余项，并于7月编纂成册，发放给各科室。

自2013年6月份起，青岛市胶州中心医院下达《青岛市胶州中心医院关于加强制度预案等培训学习考核并落实的通知》，要求各职能科室组织相关临床、医技、后勤科室工作人员对制度、应急预案、流程、岗位职责集中学习。在此期间，各职能科室根据上报的制度、预案，将相应知识的培训安排上报至三甲办。上报内容包括培训内容、参加培训的人员范围或名单、培训所需时间3个方面。

3.学习新版《三级综合医院评审标准实施细则》

迎评之初，医院把对新版《三级综合医院评审标准实施细则》的学习作为全院职工日常重点工作来抓。评审办要求各管理组首先对分管条款详细解读，进行基线评估，即根据《实施细则》确定所分管条款达标情况，明确支撑材料。2013年2月起，各科室通过自学、集中学习、考核相结合的方式，开始组织学习新版《三级综合医院评审标准实施细则》。针对实施细则，医院要求各科室自学相关内容，并结合自身特点分析讨论落实措施，提出整改意见。同时，为强化对条款细则的学习和理解，医院加强了对48项核心条款的学习考核。全院共组织相关制度、规范和应急预案等各项培训考核260余次，分别从基础理论、核心条款、相关条款、应知应会内容等几个方面分批次进行。

为加深对医院评审意义的理解，医院组织了10余批人员到益都中心医院、文登中心医院、滕州中心人民医院、日照人民医院、淄博第一医院、省交通医院等兄弟医院参观学习，回院后对医院工作进行了切实有效的整改，使得医院在服务、工作、环境、就诊秩序等方面有了很大改观。由院领导带队的多层次督导组不断加强督导和监管工作，组织应知应会考试，紧抓医疗质量与安全持续

改进的主题，不断完善质量与安全监控考核体系。

（二）预评审及整改阶段（2013年8月—2013年12月）

为进一步规范医院工作行为，落实各项制度规范，保证创建工作扎实有效的进行，医院下发了《关于加强制度、预案等规范专项考核的通知》，规定自2013年8月起，开始对医院全体职工就医院制度、预案、流程、岗位职责及现行的各项规定采用书面考试、面试、访谈等形式进行考核。

2013年8月7日，省卫生厅选派专家对青岛市胶州中心医院进行了为期2天的医院等级初评审，根据评审专家提出的意见建议，医院各科室进行认真的分析、反馈，并制定出整改措施。医院各管理小组每周召开会议，将存在的问题集中讨论解决。经过几个月的积极整改，收效显著。一方面对前一阶段好的做法和经验进行推广，巩固已有成果，建立长效机制，使各项工作扎实推进；另一方面针对存在的突出难点问题，集中力量整改。2013年12月7日，青岛市卫生局组织专家对青岛市胶州中心医院进行考评，对医院整改落实效果及迎评工作给予了大力肯定。

1. 医疗管理

（1）医院质量安全管理体系建设

① 梳理明确医院三级质控体系，修改完善了质量管理组织架构，完善各管理委员会的设置与管理，落实委员会职责，质控体系更加规范；建立院科两级质控考核标准及质控指标，按照标准进行质量考核工作。

② 规范科主任质量管理工作，根据科室实际情况建立质量管理重点项目，分析监管数据提高质量管理水平，科室质量管理体系初步建立。

③ 分层次多部门进一步深化评审细则的解读，完善质量管理制度和规范，并加强落实的监督考评，再次修订相关制度规范 50 余项，管理体系更趋完善。

④ 完成围手术期相关制度规范及流程的再培训，强化服务意识，完善病号服、保护患者隐私及病房探视管理等工作，树立以病人为中心的服务理念。

⑤ 加强医院各种技术的授权管理，重新梳理技术管理体系，细化指标控制，动态管理机制已建立。

⑥ 持续加强抗菌药物临床应用管理的各项措施，加强培训，根据实际情况调整抗菌药物的各项管理措施及控制指标，严格落实奖惩制度，效果显著，药占比从 37% 下降至 30% 左右。

⑦ 落实职能部门的监管职能，重点加强职能科室质控管理，完善考核标准及考核方式，力求医疗质量与安全管理全覆盖，监管工作逐步落实。

（2）改善重点科室人员配置、结构设置，管理更加规范。

① 完成急诊科的装修工作，调整急诊科布局，建立完善急诊化验室、急诊药房工作，急诊分区及结构符合规范要求；落实抢救室设备配置，完成多次急诊演练，急诊流程进一步优化。

② 按照标准要求并结合医院实际完成复苏室建设，运行顺畅规范。

③ 完成重症医学科的设置及人员配置；信息系统建设进展良好，PACS 系统、电子病历系统、不良事件上报系统、合理用药管理系统、院感管理系统、输血管理系统等上线运行，信息化支持系统日趋完善。

（3）临床路径工作。加强培训，提高医务人员临床路径管理工作的理论水平，提高入径率及完成率；修改并完善临床路径的病种及路径单，科室临床路径管理更加合理；完成临床路径管理模块的建立，管理进一步规范。

（4）按照规范要求结合医院实际落实改进介入放射科、营养科建设，进行介入导管室的职业病危害评价。

（5）加强毒麻药品管理，配置保险柜；完善备用药品管理制度，加强监管，病区毒麻药品、高危药品管理得到根本改善；疼痛科进行核准登记。

（6）规范设备维护管理，落实设备日常维护管理工作，做到件件有保养、有巡查、有登记；消防栓管理的改进工作均落实。

（7）下发统一时间的文件并进行督导，检查落实情况，保证医院内时间统一准确。

（8）大型设备配置许可证（包括磁共振诊断专业）均取得；重症医学科仪器维护和使用完成整改。

（9）加强医疗文书的考核管理，提高考评质量，针对重点部门、重点项目进行集中持续的考评监管，根据考评结果立即落实奖惩及整改措施，医疗文书书写质量有明显改进。

（10）病案首页填写录入工作已日趋规范，编码工作更加正规；对病案室进行粉刷，加装空调、防尘设备及防盗门，持续改进病案安全管理。

2. 医院综合管理

（1）重新梳理制度规范，评定其可行性及科学性，修订制度规范等文件及表格 100 余项并在执行过程中不断完善，制度规范体系能够适应医疗服务全过程。

（2）门、急诊服务进一步得到加强和改进。加强便民服务队伍建设，增加服务队人员10 余名，完善各项服务项目；充实急诊科护理人员队伍，优化流程，服务流程及人员配置达到标准要求；完善多学科综合门诊管理，工作顺利开展并持续改进中。

（3）加强培训及演练，预检分诊工作更加规范；调整注射室布局，加强管理，单独设置门诊小儿输液区，环境得到改善；按照规范改进医用废物垃圾的管理，改善污水处理能力，改造工作已完成，各项工作符合规范要求。

（4）进一步加强监管，优化流程，预约门诊工作顺利有序进行；保护患者隐私工作，如病号服、保护帘等设施已完善。

（5）改进培训考核机制，突出培训目的及效果的落实，院领导及内审员每天深入科室进行访谈面试，落实培训效果，保证应知应会知识的掌握；加强督导考评，保证制度规范的有效执行。

（6）落实职能科室监管职责，建立完善考评体系，设置考评标准及指标数百项，并加强监管、落实责任。经过努力，医院职能部门的监管体系基本覆盖医疗全过程，监管质量明显提高。

（7）按照规范梳理各项安全工作，对消防管理、隐患排查等进行了全面整改；危险品统一管理，责任明确。

（8）健全配电室设施，梳理制度、流程、环境管理、消防设施、人力资源等方面存在的隐患，逐条进行整改；完成相关知识的全院培训及演练，消防知识水平提高；加强食堂的内部管理，食品安全工作改进较明显。

（9）梳理投诉及医疗安全（不良）事件上报工作，调整投诉协调处理机制，建立医疗安全（不良）事件上报系统，明确当事科室的职责及要求，事件处置工作更加顺畅。

3. 护理管理

（1）调整护理质量管理体系，建立完善的考评标准，并严格考核，质量管理体系全面建立。

（2）整理完善医院护理管理工作会议记录，加强资料备案管理，保证工作的规范性；调整完善护理工作规划、计划及总结，保证连贯性、针对性及可行性，并加强落实的监督。

（3）针对关键环节、关键流程进行整改，注重规范的完善及落实的监管，患者身份识别、医嘱核对、输血管理等工作得到有效改进。

（4）完成护理人员分级管理的改进工作；加强培训计划、组织及考核管理，保证了培训质量。

（5）明确护士长在病区药品管理的职责，规范高危药品、备用药品在病区的储存、交接、有效期等管理；加强麻醉、一类精神类药品的管理，毒麻药品及高危药品管理较规范。

（6）成立危重新生儿救治中心，共设立床位 10 张，配备有新生儿抢救辐射台 4 个、暖箱 2 台、黄疸治疗仪 4 台、无创呼吸机 1 台、心电监护 5 台，于 2018 年底购置机械通气呼吸机，可承担新生儿急危重病症的救治工作。

初评审后，医院对整改工作高度重视，调整评审管理体系，明确分工职责，落实责任制，职能科室深入查找不足，采取有力措施整改；同时邀请 10 余位省级专家对青岛市胶州中心医院实际工作进行现场指导。全院职工加班加点进行学习、培训、访谈、督导。经过 4 个月的整改推进，医院各项工作均有明显改善。在 2013 年 11 月份的自评及卫生局选派专家的考评中，医院评审达标条款达到三级评审标准要求，改进情况得到各位专家的一致肯定。

（三）三级医院终评审（2014 年 1 月）

2014 年 1 月 7 日—8 日，山东省专家对青岛市胶州中心医院进行了最终考评。11 位评审专家分成 3 个大组、11 个小组，对青岛市胶州中心医院进行了为期 2 天的考评，最终青岛市胶州中心医院以高分通过了三级医院评审。经过这次迎评，医院在就医环境、就医流程、就医秩序、诊疗规范、医疗服务、医疗技术、医疗设备等方面有了全面改善。

二、三级医院创建经验

医院评审的目的是"以评促进"，促使医院持续改进医疗质量。创建三甲医院的工作实际上是依据实施细则完善医院各项质量管理工作的过程，明确条款内涵、落实条款才算是达到条款的要求。

首先要评估医院现状，哪些条款达标、哪些条款不达标，不达标的应当如何改进，落实改进措施，直到达标。

其次要明确主要工作方向为解读条款，明确条款内涵；提出达标支撑项目和材料，达标者进一步完善，未达标者分析原因，制定改进措施，落实改进措施并督查；再评估、分析、整改，逐步增加达标条款数目，最终达到评审标准要求的达标条款数。

第三要明确基本工作流程是完善制度、流程、规范、改进措施、效果分析等；目的是落实制度和规范，持续改进质量管理；对科室的要求是主动解读条款，分析讨论本科室落实条款的标准和方式，按照标准进行落实，利用质量管理工具进行监管分析，提出改进措施，再落实，再监管分析，再改进，最终全面达到条款要求，以此提高质量管理水平。其中，持续改进是中心。

青岛市胶州中心医院以评审为契机，在各个方面得到全方位的提高。医院始终坚持提高医疗质量和服务水平的根本理念不动摇，全力打造医院的核心竞争力，提出医疗质量提升、服务水平提升、管理能力提升、运营指标提升、诊疗设备档次提升、环境面貌提升、境内外交流水平提升、整体形象提升 8 个方面的提升，致力于把医院打造成为青岛市胶州湾北岸区域医疗中心。

执笔人：高玉明

青岛市胶州中心医院在开展腹腔镜技术研究上
的探索和实践

青岛市胶州中心医院

随着高科技的发展和应用，医学界对疾病的诊断和治疗水平不断提高，传统外科治疗模式受到冲击，外科传统手术理念被打破。1985 年，英国泌尿外科医生 Payne 和 Wickham 首次提出微创操作的概念，此后"微创"如雨后春笋、不断发展，应用于外科手术中，"手术刀"时代已经过去，"微创"时代悄然来到，以腹腔镜为代表的微创外科已经逐渐成熟起来。1991 年 2 月，云南曲靖第二人民医院在国内独立施行首例腹腔镜胆囊切除术，标志着现代外科腹腔镜在我国的萌芽。青岛市胶州中心医院紧跟时代步伐，在国内腹腔镜技术起步后逐渐认识到其发展前途，开始了对腹腔镜技术研究领域的探索。

一、青岛市胶州中心医院腹腔镜技术开展的决策与起步（1999 年—2002 年）

1999 年 3 月初，青岛市胶州中心医院逐步意识到了腹腔镜技术发展的广阔前景，根据国内其他医院开展的情况，结合青岛地区的经济形势，开始考虑学习和引进腹腔镜技术，医院院务会通过讨论决定，派出第一批青岛市胶州中心医院腹腔镜学习小组，到山东大学第二附属医院进行为期半月的腹腔镜培训学习，小组成员克服了由开放手术到二维腔镜手术转换的困难，自制腔镜模拟箱进行腹腔镜技术训练和医护手术配合，掌握了相关腹腔镜手术基本操作技巧。

1999 年 4 月，为支持腹腔镜业务发展，青岛市胶州中心医院决定引进美国进口史赛克腹腔镜 1 台和相关腔镜操作器械，开始了青岛市胶州中心医院腹腔镜手术的发展历程。同年，医院在上级医院医师指导下，逐步开展了胶州市首例腹腔镜阑尾切除术、腹腔镜胆囊切除术和腹腔镜宫外孕手术，开创了胶州中心医院腹腔镜手术操作的历史。2000 年 5 月，随着手术经验和技术的提高，妇科医师成功完成首例卵巢囊肿剥除术。

随着腹腔镜手术的广泛开展，其优势逐渐明确：（一）安全：利用高亮度的照明、摄像技术，将组织放大，使得手术视野范围增大，大大避免了病变的遗漏和组织损伤。（二）创伤小，患者术后恢复快。（三）出血少：由于腹腔镜手术是精细化操作，使得各种组织更加容易辨认，可以缩短手术时间，减少出血。（四）住院时间短：采用腹腔镜手术不需较长的住院时间，术后一般 3 天就可出院，1 周后恢复正常生活、工作。（五）腹壁美容效果：腹腔镜手术仅在脐孔及下腹部做 5—10 毫米穿刺切口，小而美观，特别适合于女性美容需要。（六）盆腔粘连少：腹腔镜手术对盆腔干扰小，没有纱布或缝线等对组织的接触，使术后盆腹腔粘连远远少于经腹手术。（七）节省医疗费用：腹腔镜手术后住院日减少，术后恢复快，用药减少，使患者医疗费用降低。（八）兼有诊断和治疗作用：腹腔镜可以代替大部分经腹的剖腹探查，使患者及医师避免了盲目的开腹术，另一方面腹腔镜技术诊断的同时能够进行手术治疗，尤其在急性阑尾炎、肠粘连等疾病中，其优越性更为明显。

青岛市胶州中心医院通过对 2 年来医院腹腔镜发展情况的总结分析，发现需要更多的临床医师掌握腹腔镜技术并提高手术操作水平，决定于 2001 年 5 月派出第二批腹腔镜学习小组赴山东大学第二附属医院进行腹腔镜培训。2002 年，妇科开展了腹腔镜卵巢畸胎瘤切除术。

二、第一次技术飞跃——开展首例胶州市腹腔镜直肠癌根治术（2003 年—2004 年）

2003 年，青岛市胶州中心医院为进一步鼓励临床科室腹腔镜手术的开展，引进了一台新的美国进口标清史赛克腹腔镜（988），提高图像显示清晰度，保证了手术视野的范围清晰和手术安全，增加了临床医师手术操作的信心，扩大了手术范围。2003 年 8 月，青岛市胶州中心医院泌尿外科医师开展了首例腹腔镜肾囊肿去顶术。

2004 年初，普外科医师通过临床实践、技能培训和动物手术操作试验，达到了腹腔镜手术操作的更高水平。2004 年 5 月，在青岛大学医学院附属医院的指导下，完成了青岛市胶州中心医院首例腹腔镜直肠癌根治术。同年，妇科成功完成了青岛市胶州中心医院首例腹腔镜子宫肌瘤剔除术。

三、医院科室腹腔镜技术全面发展时期（2005 年—2006 年）

2005 年 3 月，骨科开展膝关节镜手术，早期治疗半月板损伤、关节游离体、关节清理。5 月，妇科成功完成子宫全切除术和次全切除术，极大地提高了妇科腹腔镜手术水平，得到了病人及家属的认可。10 月，普外科医师成功完成首例腹腔镜右半结肠切除术。

2005 年，青岛市胶州中心医院举办青岛市抗癌协会大肠癌治疗专业委员会成立大会暨学术交流大会，并以此为契机举办大肠癌综合治疗学术交流大会，会议聘请北京、青岛知名专家现场讲学，加强临床医生对大肠癌的规范性手术治疗、

术后综合治疗（放化、疗）的认识，提高患者术后的生活质量，延长寿命。讲授内容有：（一）大肠癌的手术治疗进展：TME 直肠癌根治和腹腔镜结直肠癌根治术。（二）大肠癌的化疗进展：大肠癌个体化化疗方案的制订。（三）大肠癌的放射治疗：放射治疗的新观点和治疗措施。（四）CSCO—XJP 疼痛治疗与肿瘤综合治疗项目介绍。

2006 年 6 月，青岛市胶州中心医院普外科胃肠专业组派出人员到上海瑞金微创中心学习腹腔镜无张力疝修补术，7 月成功完成首例腹腔镜完全腹膜外疝修补术。同年，普外科肝胆专业组成功完成首例腹腔镜肝囊肿开窗术。2007 年 2 月，青岛市胶州中心医院麻醉科开展了腰硬联合阻滞复合气管内插管全麻在腹腔镜直肠癌手术中的应用，提高了麻醉效果，减少了病人苏醒时间，节约病人的麻醉费用；开展了腹腔镜术后镇痛，更加减轻了病人术后痛苦，得到了病人及家属的认可。

四、第二次技术飞跃——开展首例山东省腹腔镜胃癌根治术（2007 年 1 月—12 月）

在普外科广大临床医师的共同努力下，2007 年 2 月，青

岛市胶州中心医院普外科胃肠专业组率先在山东省内成功完成首例腹腔镜胃癌根治术，使普外科的腹腔镜水平达到国内先进水平。2007年，医院能够操作腹腔镜的科室由普外科、妇科发展到泌尿外科、骨科等科，由于一台腹腔镜不能满足各科医师的要求，医院又引进了一台美国进口高清史赛克腹腔镜（1188），进一步提高了临床外科医师的腹腔镜热情。

2007年9月14日—16日，由山东省医学会普外分会腹腔镜与内镜外科学组、《腹腔镜外科杂志》编辑部、青岛市抗癌协会大肠肿瘤专业委员会主办，青岛市胶州中心医院承办的"2007'山东省腹腔镜内镜外科年会"在胶州市召开。会议由中华医学会外科学分会腹腔镜与内镜外科学组副组长主持，来自山东省内各地约300位代表参加了会议。本次会议就腹腔镜与内镜在普外科疾病中应用的热点、难点问题进行了深入的探讨，并邀请了国内著名的腹腔镜专家进行了手术的演示。上海第二医科大学附属瑞金医院介绍了腹腔镜消化道肿瘤的手术现状，对国内外开展的腹腔镜结直肠手术、腹腔镜胃癌手术、腹腔镜肝脏肿瘤手术、腹腔镜胰腺与壶腹部肿瘤手术进行了全面、详尽的阐述；第三军医大学西南医院乳

腺疾病中心介绍了腔镜辅助小切口乳腺癌改良根治术的临床研究；首都医科大学宣武医院介绍了腹壁切口疝腹腔镜修补治疗进展，对腹腔镜切口疝修补术的适应证、禁忌证、手术要点、术后处理进行了总结；南方医科大学附属南方医院对腹腔镜胃癌根治术中外科平面的解剖定位做了深入的研究，认为循系膜间隙分离能提高手术安全性，符合肿瘤根治原则；复旦大学附属华山医院对腹腔镜技术在疝修复中的应用进行了总结；中华医学会中华医学杂志详细介绍了英文医学论文投稿前的准备工作；第二军医大学附属长征医院就内镜甲状腺手术的现状进行了阐述，并对此种术式进行了评价；山东大学齐鲁医院介绍了悬吊式腹腔镜技术的应用。本次会议还进行了6台腹腔镜手术的演示：上海第二医科大学附属瑞金医院演示了腹腔镜右半结肠切除术，南方医科大学附属南方医院、第二军医大学附属长征医院分别演示了腹腔镜胃癌根治术，山东大学齐鲁医院演示了腹腔镜脾切除术、腹腔镜腹部包块切除术，复旦大学附属华山医院演示了腹腔镜完全腹膜外疝修补术。这次会议奠定了青岛市胶州中心医院微创外科在山东省的领先地位。

五、技术成熟，全面发展，广泛开展（2008年—2018年）

2008年4月，山东省第一家地市级腔镜外科中心——青岛市腔镜外科中心在青岛市胶州中心医院成立，经中华医学会腔镜学组组长亲自审定，认为腹腔镜结肠直肠癌手术技术已经达国内先进水平，并批准参加全国多中心合作项目。成立后的青岛市腔镜外科中心的主要目标任务，一是全面开展各种微创手术，特别是在代表微创外科最先进水平的腔镜胃肠手术方面有新的突破，力争在1—2年时间内，使腹腔镜外科技术达到国内先进水平。二是要加强与国际、国内各地区间的合作和学术交流，扩大国内、国际知名度和影响力，促进胶州市腹腔镜外科学科建设快速发展和技术水平的持续提高。三是腔镜中心要同时成为全市微创手术的培训基地，能够让更多的外科医生接受微创外科的知识和技能的培训，使腹腔镜知识与专业技术得到推广和普及，满足青岛地区广大患者的需求。

自青岛市胶州中心医院开展首例腹腔镜胆囊切除手术以来，至2008年已施行腹腔镜手术1200余例。其中代表腹腔镜技术先进水平的腹腔镜胃癌根

治术（省内开展最早）、腹腔镜结肠直肠癌根治术、腹腔镜完全腹膜外科疝修补术的开展例数在全省位居第一位。2008年10月，青岛市胶州中心医院骨科开展膝关节镜前后交叉韧带重建、髌骨脱位及胫骨平台骨折的微创治疗；2008年11月，在山东大学齐鲁医院的指导下，青岛市胶州中心医院肝胆专业组成功完成首例腹腔镜脾切除术。

2010年7月，青岛市胶州中心医院胃肠专业组成功完成首例单孔腹腔镜阑尾切除术。2010年9月，肝胆外科专业组在北京301医院的指导下成功完成首例腹腔镜肝血管瘤肝左外叶切除术。同年，麻醉科开展了腹腔镜手术麻醉保护性通气技术，加强了术中病人肺功能保护，减少了术后肺部感染。

2011年10月28日—29日，由青岛市胶州中心医院胃肠外科和放疗科共同举办的"青岛市抗癌协会大肠癌专业委员会2011年第一届学术交流会"在胶州宾馆会议厅召开。大会由青岛市抗癌协会大肠癌专业委员会主任委员主持，与会专家有山东省齐鲁医院、青医附院普外科、山东省肿瘤医院等省内普外科及放疗科众多专家教授，同时青岛市区各大医院普外科及放疗专业的各级医师参加了这次会议。大会就2011年

前后大肠癌的发病趋势、综合治疗进展及治疗预后状况进行讨论及交流，尤其对大肠癌的综合治疗进展进行激烈讨论。大会对结直肠癌以手术治疗为主、辅以放化疗的综合治疗方案予以充分肯定，尤其是术前新辅助治疗方案的推广，对部分大肠癌病人通过术前放、化疗治疗，能使肿瘤体积缩小、控制淋巴结转移数量，降低术前分期，为手术和保留肛门创造机会，使手术取得更好的治疗效果，提高病人的生存质量。大会的成功举办，使省内普外科及放疗科专家对大肠癌的综合治疗方案达成共识，有益于提高患者的预后及生活质量。

2012年，青岛市胶州中心医院麻醉科开展了腰硬联合麻醉用于下腹部腹腔镜手术麻醉技术，减少病人术中麻醉费用，有利于术后快速苏醒。2013年，青岛市胶州中心医院麻醉科开展了腹腔镜血气分析术中监测，对于老年病人特别是肺功能不全病人进行全程监控，减少术中二氧化碳蓄积导致病人麻醉并发症增多的情况。

2013年，青岛市胶州中心医院胃肠外科成功举办了2013年青岛市普外科学术年会和青岛市医学会外科学分会青年委员会成立大会暨学术交流大会，大会邀请了青岛地区从事普外科的广大医师共计160多人参

加，还邀请了山东省肿瘤医院对晚期结肠癌的治疗进展进行了专题讲座。大会就普外科的胃、结直肠道肿瘤的综合治疗，肝、胆管肿瘤的治疗特别是肝门部胆管癌的治疗方法，乳腺肿瘤的保乳手术技巧，甲状腺肿瘤治疗指南的解读及微创治疗，下肢静脉血栓的预防和治疗等热点问题进行热烈的讨论，特设区市论坛，分别由莱西市人民医院和胶南市人民医院的医师对内镜微创治疗胃结直肠早期病变、术后并发症等问题进行了讨论。大会同时成立了青岛市医学会外科学分会青年委员会并举行了学术交流，2名年轻医师被选举为青岛市医学会外科学分会青年委员会委员，1名主治医师在青年会员会学术交流会上进行了《腹膜前间隙和肌耻骨孔在腹腔镜完全腹膜外修补术中的应用》的演讲，获得了参会者的好评。会议于8月10日上午圆满结束。本次大会的举办起到了繁荣学术、促进交流的目的。

2014年8月，青岛市胶州中心医院关节创伤外科开展肩关节镜手术，治疗肩袖损伤、肩峰撞击伤。8月30日，由青岛市抗癌协会、青岛市抗癌协会大肠肿瘤专业委员会主办，胶州中心医院胃肠外科、放疗科共同承办的"青岛市抗癌协会大肠肿瘤专业委员会2014年学术

会议"在青岛市胶州中心医院科教中心四楼学术厅召开，会议邀请国际知名专家台湾双和医院院长作《低侵袭性大肠癌手术在双和医院的应用》的演讲；同时邀请国内知名专家山东省肿瘤医院进行《直肠癌术前和术后放化疗》、青岛大学医学院附属医院《溃疡性结肠炎的外科治疗》、青岛大学医学院附属医院《拨开肿瘤临床研究中的迷雾》等精彩的演讲，大会对大肠肿瘤的发病趋势、综合治疗进展及治疗预后状况进行讨论及交流，尤其对大肠癌的综合治疗进展进行激烈讨论，确定多学科综合治疗模式是大肠肿瘤今后治疗的发展方向。

2015 年 6 月，青岛市胶州中心医院胃肠外科成功完成首例腹腔镜经腹腔腹膜外疝修补术，扩大了手术范围，增加腹腔镜疝修补微创手术的方式。2015 年 12 月，青岛市胶州中心医院关节创伤外科开展髋关节镜手术，治疗髋臼盂唇损伤、股骨头坏死。2016 年 3 月，青岛市胶州中心医院关节创伤外科开展踝关节镜手术，治疗踝关节退变、距骨剥脱性骨软骨炎、关节游离体等疾病。2017 年 2 月，胃肠外科开展杂交式腹腔镜下切口疝修补术。2018 年 12 月，胃肠外科开展了全腹腔镜下切口疝修补术。

2018年9月9日，由青岛市抗癌协会、青岛市抗癌协会大肠癌专业委员会主办，胶州中心医院胃肠外科、放疗科共同承办的"青岛市抗癌协会第四届大肠癌专业委员会暨学术会议"在青岛市胶州宾馆三楼学术厅召开。大会通过投票选举产生了青岛市抗癌协会第四届大肠癌专业委员会常务委员、主任委员、副主任委员。会议邀请山东省肿瘤医院的教授作《直肠癌放射治疗规范》的讲座，主要对术前辅助化疗的进展和目前规范进行详细讲解。青岛大学附属医院的教授作《腹腔镜直肠癌根治术吻合口漏的预防》的讲座，对腹腔镜直肠癌根治术后吻合口漏的原因做出了详细的分析，提出了围手术期纠正贫血、低蛋白血症、控制血糖等措施，术中保持肠管的血管供应、吻合肠管无张力、充分的引流，或进行预防性造口等方法减少术后吻合口漏的发生率，提高了腹腔镜直肠癌根治手术及并发症的防治水平。

执笔人：刘忠诚

改革开放以来阜安街道的经济社会发展

阜安街道

阜安街道位于胶州市老城区，驻兰州东路 111 号，西与中云街道相邻，北与胶北街道接界，南与三里河街道接壤，东与九龙街道相连，总面积 12.9 平方千米，总人口 16 万，辖 16 个村、12 个社区居委会。阜安街道所辖区域历史悠久，文化底蕴深厚，唐宋时期是全国五大商埠之一，拥有江北地区唯一的通商口岸——板桥镇，辖区内还有胶州保存最完整的古建筑、青岛市级文物保护单位——城隍庙。1958 年，阜安街道辖区属城关公社管理，1982 年改称城关镇，1984 年改称胶城镇，1988 年从大庄乡划入部分村庄，成立阜安街道。2018 年，全处人口达 16 万人，拥有包括 2 所重点高中在内的各类学校 30 所，拥有中心医院、人民医院等医疗机构 11 家，拥有包括中国银行、建设银行、工商银行、农业银行四大国有银行在内的各类金融机构 51 家。改革开放以来，阜安街道依托悠久历史、优越区位，抢抓半岛蓝色经济区建设、青岛新型农村社区建设、胶东国际机场落户胶州带来的机遇，主动对接国家级胶州经济技术开发区、临空经济区，实现三点联动、创新发展。

一、发展历程

（一）起步奠基与探索创新阶段（1988 年—2002 年）

1. 建立园区发展经济

1988 年，阜安街道成立之初，全处地区生产总值仅 1.2 亿元，其中第一产业 1221.5 万元，第二产业 1.1 亿元；完成地方财政收入 962.38 万元；农村经济总收入 762.83 万元，其中种植业收入 194.38 万元，牧业收入 28.7 万元，工业收入 299.53 万元；居民人均纯收入仅 370.1 元。努力发展经济、提高居民收入成为全处的当务之急。

20 世纪 90 年代末，胶州市进一步加快外向型经济发展。1995 年，阜安街道抓住机遇、顺水行舟，在北临济青高速公路，南依环胶州湾高速公路，胶济铁路横贯东西，十里工业长廊贯穿南北的黄金地段设立阜安工业园。园区内企业可为附近居民提供就业岗位近 1 万个，解决了居民就近就业的问题，居民收入大大增加。同时，园区的建成需要出租房屋、餐饮、商贸等大量的配套服务，这些也为居民增加收入创造了机会。建园之初，阜安街道按照打造现代化工业园区的高标准定位，本着"大投入、大建设、大开放"的原则，加快工业园区建设步伐，并成立阜安工业园管委会。阜安工业园管委会实行"一条龙"服务，一个窗口对外办公，并承诺"只要外商来投资，一切手续我来办"，极大地方便了客商。园区根据工作需要，专门成立了工业园警区和卫生管理办公室，配备了专职治安和保洁人员，园区内治安秩序、环境卫生得到了有效保障；成立了工业园党支部，在7处外资企业建起了工会组织，协调劳资关系，保障企业投资者和工人的合法权益。1995年，全处乡镇办工业利润总额为3222万元，村办工业总值为2.8亿元，全处居民人均纯收入达到2200元。2000年，全处居民人均纯收入达到4996.1元，接近5000元。2002年，阜安街道工业总产值达到19.9亿元，利税1.01亿元，利润总额5824万元。

2. 社会事业同步发展

1988年，阜安街道卫生防保所成立。成立之初，共有医护人员9人，其中医生5人，护士4人，防保所的成立为辖区居民就医提供了便利。

1988年，阜安街道共有中小学校9处。其中中学3处，分别为阜安中学、大同中学、阜安职业技术中学；小学6处，分别为向阳小学、阜安小学、大同小学、五里小学、赵家园小学、郑家小庄小学。阜安街道不断加大教育投入，加强学校基础设施建设，努力打造"人民满意的教育"。1991年—1992年，常州路小学、云溪中学、郑家小庄小学（后划归云溪街道）先后成立。1993年，

大同中学和阜安职业技术中学停办。1996年，赵家园小学更名为东环路小学。2000年，阜安中学与云溪中学合并，成立新的阜安中学（后于2004年更名为胶州市第六中学）。

3. 经济发展提速升级

2000年初，为解决阜安工业园建设资金紧张的问题，阜安街道适时加强政策引导，对水、电、热、厂房等有偿服务性配套建设给予一定优惠政策，鼓励有关单位垫资投入，以地换路、以地换热、以地换绿，变筑巢引凤为引凤筑巢。2000年，阜安街道处直企业达16家，职工人数3370人，固定资产原值2.1亿元。全处工业总资产4.6亿元，净资产1.3亿元；工业企业60余家，年产值15.6亿元，利税1.04亿元，三资企业实现出口创汇5100万元。

阜安街道借助发展第三产业方面得天独厚的优势，积极打造胶州最适宜经商创业的区域，全力推动大商贸、大流通、特色街的建设。片区商贸区招商快速启动，2000年12月，青岛利群集团正式落户向阳片区，建设了总面积3.7万平方米的商业综合体。联谊宾馆片区拆迁顺利完成，新增商业面积5万平方米，吸引了韩国乐天超市等企业前来洽谈。

2001年，阜安街道投入近5000万元，先后完成阜安工业

园内主要道路的硬化和铁路专用线的建设，完成了豪迈大道等3条高标准水泥路的建设改造以及滨州路、中环路等主要道路两侧的绿化工程，对泉州路和阜东大道进行了高标准亮化。其中，铁路专用线的建成是青岛市乡镇级工业园中的首例。

（二）深化改革开放和促进和谐发展阶段（2003年—2012年）

2003年，胶州市委、市政府提出，全市的总体发展目标是到"十五"末，经济综合实力进入全国百强县（市）前30名、全省前5名，并成为江北对外开放第一县（市）。阜安街道在市委、市政府的正确领导下，提出了"阜安的发展靠什么，阜安的资源在哪里，阜安应该怎么干、目标怎样定"的思想解放大讨论，明确了打造"胶州宜商宜居宜创业的城市核心区"的新目标，提出了"单项工作争第一、整体工作创一流"的口号，把抓项目就是抓经济、抓项目就是抓发展列入全处经济发展生命线，同步发展民生事业，巩固党建工作基础，形成了和谐发展的良好局面。

1. 工业发展

2003年，阜安街道工业总产值31.4亿元，利润总额4264万元，利税3589万元。2005年，

阜安街道实现国内生产总值70.4亿元，增长10%；规模以上工业总产值135.2亿元，增长15.3%；规模以上固定资产投资35.8亿元，增长13.9%；实际利用内资13.5亿元，增长21.4%；到账外资4682万美元，增长22.9%；社会消费品零售额42.1亿元，增长13%。2012年，全处实现国内生产总值89.8亿元，同比增长15%；实现地方财政收入4.05亿元，同比增长35%；实现利用内资11.6亿元，同比增长97%；完成到账外资3830万美元，同比增长20%；完成出口创汇2.56亿元，同比增长20%。

2012年，阜安街道以新一轮产业规划为引领推动产业结构调整，加快形成以商贸服务经济为主的产业结构，坚持抓好旧城改造、大项目招引等工作，进一步释放发展空间和潜力，着力打造商贸服务核心区，取得显著成效。

2. 商贸发展

阜安街道是胶州市商贸流通业最发达的区域，辖区内有个体工商业户8000余户，利群商厦、财富中心、佳乐家超市等大型商贸企业都落户在此。阜安街道也是胶州城区工业的发祥地，辖区内拥有2个工业聚集区，落户各类企业1200余家。面对土地资源日益短缺的现实，阜安街道牢固树立"三

要三不要"原则，挖掘存量土地的产出效益，要"科技含量高、环境污染少、拉动作用大"的项目，不要"圈大院、无效益、有污染"的项目，切实提高存量厂房的容积率和土地的产出率，将2个工业园区作为加工制造业最大的招商资源和平台。2003年，阜安街道对园区基础设施进行改造升级，与相邻镇（街道）园区的配套进行对接，共同打造胶州市北部大工业区。借鉴旧村改造理念，对2个园区的低档次厂房全面摸底，根据要求进行拆除回收，全面拓展招商空间。在招商力量配备上，主要领导靠上抓招商，分管领导具体抓，同时发挥以商招商、部门招商、村级招商层面的力量，多管齐下、多措并举，努力解决落户难问题。2006年，利用闲置土地和厂房共签约了8个工业项目，其中投资2300万元的聚恒电力设备、投资2000万元的金富丽润滑油、投资1200万元的玉峰包装等5个项目开工建设。益友锻压、邦和压铸、麒麟物流、凯能锅炉等项目增资扩产，利用闲置厂房总面积4.5万平方米，闲置厂房项目容积率达到60%。2009年，青岛市重点建设项目——青岛德固特纳塞烙合金有限公司奠基，项目总投资1500万美元，由落户阜安第一工业聚集区的青岛德固特机械有限

公司引进美国公司合资成立。

2009年，全市特色街建设启动以后，阜安街道立即成立了由办事处主任任组长的特色街建设领导小组，明确了打造海鲜美食街、鑫古城商业街、胶州湾财富中心商街3条重点街的目标。此外，阜安街道还对泸州路烧烤街、广场夜市、苏州路服装街等已初步成型的特色街进行规范整顿，为居民提供良好的购物休闲环境。

2010年，阜安街道围绕"打造宜商、宜居、宜创业城市核心区"的奋斗目标，全力推动大商贸、大流通、特色街的建设，发挥传统商贸圈的优势，以胶州湾财富中心、向阳商贸城为辐射点，规划建设4平方千米城市商贸中心。随着新源购物广场的动工、大润发连锁超市的落户以及维客购物广场的破土动工，一个能满足居民购物、休闲、娱乐的"8分钟消费圈"初具雏形。

2012年，阜安街道高效启动并建成海鲜美食街、鑫古城商业街、胶州湾财富中心商业街3条特色街。对泉州路海鲜美食街进行全面论证、规划，完善基础设施，启动东五里综合楼建设，为业户经营提供空间，将海鲜美食街打造成胶州市最繁华的特色商业街；抓好鑫古城的策划启动，引进一批风味特色美食，打造胶州市风

味特色美食区；对财富商街的业态进行调整，引进一批香港零关税店铺，提升整体档次。积极推进旧村改造工作，以改善城市环境、增加村庄收入，全处全年旧村改造总面积超过10万平方米。对胜利电缆厂地段进行搬迁改造，与潍坊中百集团进行洽谈，投资建成佳乐家百货大卖场。

3. 民生事业发展

阜安街道组织开展以"架直通桥知民情、架服务桥解民忧、架发展桥助民富"为主要内容的"架三桥促民生"活动，从群众看得见、摸得着、感受得到的地方抓民生。2008年，投资600万元扩建第六中学教学楼，对向阳小学老教学楼进行维修改造，并计划对五里小学、东环路小学进行合点并校，实现全处教育均衡发展。2010年，投入500万元建设1处残疾人托养中心，解决城区残疾人缺乏集中托养场所的状况。理顺企业改制中的遗留问题，实行领导干部包案制，切实加快对老企业遗留问题的处置力度。2010年以来，始终以高压态势抓治安稳定工作，对100名协警员实行集中管理，并增配警车及警械，提高了街面见警率，各类案件发案率同期下降72%，群众安全感明显提升；对全处的14个无物业管理小区进行整治，完善基础配套，引

进物业公司实行物业化管理；加强对计划生育的管理，从日常妇检、落实长效避孕措施等源头抓起，同时集中力量，对多年来的违法生育户进行社会抚养费集中清理；组织以"互助之风"为主题的"三助三动树新风"活动，努力打造治安稳定、教育良好、环境优美、风气文明的宜居区域。

2012年4月，阜安街道卫生防保所更名为阜安街道社区卫生服务中心，并从徐州路搬迁至兰州东路346号，建筑面积1754.04平方米。

4. 党的建设

阜安街道按照"抓发展必须抓党建、抓党建就是抓发展"的思路推进党的建设，在村级同步推行能人治村战略和后进班子转化战略。2009年，在南坦村试点产生了全省首家公推直选的村级党委，16个村（居）书记全部都达到"双高双强"标准。大力实施领导干部包村制度、村级民主管理制度、基层党建定期研究制度，实现了5个后进村班子的有效转化，提升了整个村级的凝聚力和战斗力；在社区组织开展"215新机制"创建活动，搭建起社区党建新平台，受到社区党员欢迎，2个社区被评为"山东省文明社区"；在企业开展"新型组织创建"活动，16个非公有制企业成立党支部，并配套建立了

工会、团委等组织，成为助推企业和谐发展的重要力量。

5. 推进城乡一体化发展

2008年以来，阜安街道将旧村改造作为改善居住环境、提升城市功能、增加村级收入的重要举措来抓，成立专门班子负责旧村改造的规划协调、整体推进工作，积极帮助村居办理有关手续，保证了改造顺利进行。

旧村改造初期，采用的是由开发商直接主导拆迁、建设的改造模式，先后建成了首尔小镇、芙蓉小镇、水寨花园等现代化的居民小区。截至2008年底，东南片区80%的平房改造完毕，剩余了一部分主要用于商贸流通业发展。

旧村改造后期，为达到更好的改造效果，阜安街道摒弃了单纯由开发商参与的改造模式，实行由村庄和开发商合作的改造模式，先后对胜利村的相子树林、连家园进行了改造规划，完成了相子树林的改造，建成总建筑面积1.2万平方米的凯旋花园小区；启动了南坦村的改造建设，整个改造分为5期进行；以政府主导的方式，用不到4个月的时间完成了向阳片区516户居民、119户经营业户、6.7万平方米房屋的拆迁任务，并顺利启动了8.1万平方米村民安置楼工程，确保2010年5月1日前居民按时回

迁；上报了茶庵、孙家岭、涝洼、朱家庄等4个村居的改造方案，全面推进城乡一体化发展进程。

（三）全面深化改革和全面建成小康社会决胜阶段（2013年—2018年）

1. 抢抓机遇，促进全处转型升级

2013年，全市机关效能建设大会召开之后，阜安街道迅速行动，牢固树立"3335"工作思路，即树立"三观"（大项目观、环保观、民生观）、落实"三问"（问政于民、问需于民、问计于民）、强化"三上"（上服务、上水平、上一流）、实现"五个一流"（打造一流执行队伍、瞄准一流发展目标、树立一流服务形象、强化一流落实效率、创造一流工作业绩）。阜安街道以全市新开工项目观摩会为契机，狠抓大项目引进，促进全处产业升级。着眼全市产业规划，进一步思考阜安街道的历史优势、产业优势、文化优势、区位优势、人气优势，聘请高水平的规划机构对全处的产业进行规划调整，打造商贸商务、电子信息、文化旅游、休闲娱乐、美食宜居等聚集板块。围绕产业定位，加快引进投资大、业态新的大项目，为全市的发展提供三产支撑。调动村居、专业招商部门力量，克服阜安街道发展空间匮乏的盲区，发挥落户企业以商招商作用，引导项目向产业新区落户。截至2013年底，全处共发展外资企业106家，内资民营企业1320家，个体工商户5000户，实现财政收入5246万元。

2013年以来，阜安街道以调整产业结构为突破口，通过"退二进三"，优化原有的破产企业，迁出工业企业，大力提升服务业、发展文化产业，有力地推动了全市的现代服务业发展。在新向阳商贸区相继引进了新源购物广场、新向阳商业广场、蓓蕾商务大厦等4个万米以上商场。推进"腾笼换鸟"，对效益差、有污染的企业该关闭的关闭，该收回的收回，全力提升制造业水平。

2013年以来，阜安街道紧紧围绕"为民、务实、清廉"的主题，按照"照镜子、正衣冠、洗洗澡、治治病"的要求，在全处开展"三上三民""五提升五整治"活动，认真践行"三严三实"，着力解决四风问题；借助365民声服务中心等载体，树立问题导向，广泛征集各类社情民意，采取处村两级干部登门入户、深入企业等方式，逐一解决民生难题；圆满完成村"两委"换届工作，按照因地制宜、一村一策，制定落实换届难点村和后进村整顿计划，实现书记、主任"一人兼"和村"两委"委员交叉任职比例均达到80%以上；发挥服务型党建"溢出效应"，借助全市服务型党建网络平台创新建立"收集—办理—督查—考核"为一体的服务体系，充分调动党员干部、社区志愿者的参与积极性。

阜安街道深入推进乡村文明行动，2014年，将处村两级122名干部分至28个村（居）、社区，督查指导环境卫生整治。配齐配强保洁人员近400名，出台考核奖励办法，先后出动1511余人次、174车次，清理卫生死角291个，垃圾、杂物1871吨。2015年，投资4000余万元高标准建设新五里小学，投资2365万元对大同小学进行扩建，投资1500万元配套建设大同省级规范化幼儿园，优化和均衡配置教育资源，实现全处义务教育均衡发展；认真开展"阳光低保"专项行动，建成日间照料中心及农村幸福院22处，提升养老服务水平，实现养老全覆盖；开展新型社区建设，采用政府购买服务的方式，引进南京美特康专业服务机构，为居民提供健康管理、家政服务等；做好旧村改造工作，配合做好青连铁路东西五里村拆迁工作，大同片区回迁安置楼、南坦园超市等项目加快推进；牢固树立法治思维，在全处推行"N+1+1"矛盾纠纷排查调处新机制。

2016 年 9 月升级改造后的阜安街道大同片区

2015 年以来，阜安街道抢抓机场建设机遇，打造临空经济配套基地。加快"腾笼换鸟"，引导产出低、污染大的企业有序退出，完善园区基础设施配套，打造科技创新、物流商贸、美食宜居等产业集聚的航空服务园区；借助国家级开发区的平台拉动作用，加大项目招引力度，用好项目异地落户政策，大力发展现代服务业及科技环保型产业项目，共引进德固特节能装备、百顿特种陶瓷、临空海鲜美食城等过 10 亿元大项目 3 个，总投资 30.2 亿元；大力培育新型商贸业态，规划建设南坦商务楼，加快小额贷款、股份制商业银行、保险、会计、律师等行业的引进，为小企业提供发展空间。截至2018年底，全处共有小额贷款公司 4 家、银行 9 家、保险公司 7 家、会计师事务所 3 家、律师事务所 5 家。

2018 年，阜安街道着眼于破解能力不足的难题，积极推进村、居"两委"换届，严把程序、严肃纪律，全处 28 个村、居全部完成两委换届，新当选村居党组织负责人 3 人。12 个城市社区第一次参与了换届选举。此外，阜安街道进一步拓宽村、居干部队伍来源渠道，优化干部队伍结构，将换届选举中各村（社区）群众推荐票数较高、素质较高、年轻有文化、创富能力强、有奉献精神的优秀人才纳入重点培养对象，调整充实后备干部力量，制定完善培养措施，为村、居班子注入新鲜血液。

2018 年来，阜安街道以推进服务型党建网络平台建设为契机，依托 365 服务平台，全面梳理整合党建服务资源，形成收集—办理—反馈—督查—

考核"五位一体"的服务体系。截至 2018 年底，全处共建立一级网格193个、二级网格156个、三级网格1085个，实现了胶州服务型党建网络平台上下联动、互联互通的有效整合。此外，阜安街道积极实施在职党员到社区报到制度，发挥社区党建联席会议的作用，使党员服务与社区建设有机融合成为常态。

2. 全面深化改革，打造全市亮点

（1）365 民生服务中心。阜安街道地处胶州老城区，人员、商贸、教育高度密集加上基础设施严重老化，造成群众民生诉求多样化。为了提高办事效率，实现一个部门受理、一个部门解决，阜安街道于2013 年 5 月份试成立了 365 民声服务中心，将涉及物业、市政、交通、建设、园林、环保等多个部门的问题纳入 1 个部门办理，做到了"民有所呼、我有所应，民有所需、我有所助，民有所难、我有所帮"，实现了转变政府职能、优化工作作风、践行群众路线的"三赢"局面，以独立的机构、有限的资源解决了人、财、物统筹难题，破除了体制机制束缚，纵向上减少决策层级，横向上打破部门壁垒，推动民生服务提质提速提效，使"小机构"有了"大作为"，"小热线"改善"大民生"。阜安街道在解决群众诉求过程中，突出群众主体地位，把群众满意度作为衡量工作好坏的唯一标准，实打实办事，工作人员一改以往坐在办公室被动接、被动干的惯性服务模式，主动作为，下沉服务，做到了既让群众受益，又让群众满意。

（2）综合执法。政府职能转变是优化经济发展环境、提升区域竞争力、释放改革红利的必然要求，作为政府职能转化改革中最为突出的难点问题，综合行政执法面临着涉及面广、改革难度大、利益调整复杂等现实情况，是长期以来制约行政执法效能水平提升的瓶颈。为攻克这一难关，2013 年，胶州市在阜安街道等 4 个条件较为成熟的镇（街道）开展综合执法改革试点，阜安街道先行先试，按照"权责统一、相对集中、统筹管理、网格运作"的原则，紧紧围绕"覆盖全域、权责明晰、反应迅速、处置高效"的目标，整合辖区内行政执法资源，梳理行政执法流程，积极探索基层综合行政执法新模式。为破解过去执法过程中"看得到的管不到、管得到的看不到"的现象，阜安街道着力构建网格化执法模式，建立起上下联动的执法机制，有效推动执法力量重心下移，开创了职权行使到位、执法行为规范、队伍能力提升、执法成效显著的综合行政执法工作新局面。

3. 破瓶颈，求发展

阜安第二工业聚集区划归胶东后，阜安街道的发展空间受到严重的制约。再加上老城区可利用空间少、经济业态转型迟缓、产出效益低等问题，严重制约了阜安街道经济可持续发展。对此，阜安街道立足实际，牢固树立问题导向，重新审视自身发展定位、方向和路径，坚定不移推进转方式、调结构，积极培育新业态、新动力，促进全处经济平稳健康发展。

2013 年以来，阜安街道对园区内的闲置土地、厂房进行系统梳理，依法收回、盘活闲置土地、厂房 3.6 万平方米，通过盘活资产引进了铭光电缆等科技型、效益型、环保型企业；引导德固特、百顿坩埚、中人智业等企业争创"中国驰名商标""山东省著名商标""马德里国际注册商标"；全力支持优秀企业上市，打造上市企业梯队，推动产业结构优化升级，实现园区集约集聚发展；积极拓宽招商渠道，实施重点项目细化责任制，建立重点项目管理台账，控制好项目推进时间节点，形成"一个项目、一位领导、一抓到底"的工作机制；加快在谈、意向项目的梳理和跟踪落实，促进项目尽快洽谈签约；加大金融、保险、电子商务、现代物流等新型商业业

态的引进和培育，增强城区服务带动力；大力发展现代旅游和饮食服务业，积极培育优势产业，实现多业态并举、多种经营方式共存的发展局面。

阜安街道老旧小区较多，城市基础设施老化、管理模式滞后、基本功能缺失、历史遗留问题较多，严重制约了城市管理的提档升级。对此，阜安街道突出社会治理重点，全力抓好老旧小区整治攻坚战。2014 年以来，建立环卫一体化的长效机制，每年拨付 216 万元经费，设立环境卫生专项考核资金，在 16 个村居组建拥有 120 人的环卫专职保洁队伍，采取网格化管理的模式，划定责任区域，签订环境综合整治责任状，每天对责任区域卫生情况进行督查考核，每月开展一次观摩评比，根据考核评比结果及时兑现奖惩。对全处 76 个无物业小区的 133 个楼栋、19 条背街小巷进行全面普查，从硬化、绿化、美化、亮化等方面进行摸排，建立工作台账，采取菜单式整治的办法，对辖区内的无物业管理小区分期分批实施功能性改造。截至 2015 年，全处已投资 2800 余万元对千禧园小区、华星花园等 12 个小区和 6 条背街小巷进行了整体改造，使其基本具备了城市运行的正常功能。

2015 年 1 月，阜安街道投

资 30 余万元，成立阜安消防工作站，购置了 2 辆小型消防车和全套消防设施、器材。消防工作站主要针对城区内背街小巷和交通不便的社区、场所开展巡查，随时处置各类突发性事件。2016 年，阜安派出所监控调度指挥中心成立，建立警车、警用摩托车、警用自行车多方式联合巡逻机制，推进阳光警务进社区，实现治安巡逻无缝隙、全覆盖。

截至 2018 年，阜安消防工作站共发放宣传材料 6000 余份，对辖区内 36 家单位和个人实施了全方位的巡查和监控，对存在安全隐患的 1119 个"九小场所"逐一下达《责令改正通知书》，开展灭火救援和应急任务 20 余次，实现了快速、管用、机动灵活的应急救援目标。

二、发展成就

（一）经济实力不断提升

改革开放以来，阜安街道党工委、办事处始终把发展作为第一要务，努力创新发展新思路，积极寻求发展新突破，新农村建设稳步推进，社会和谐稳定，社会各项事业取得了新进展、新成效。1988 年，阜安街道成立之初，全处地方生产总值只有 1.2 亿元。2000 年，全处已实现工业总产值 15.5 亿

元，利税总额 1.03 亿元，工业增加值 3.7 亿元，利润总额 5668 万元。2015 年，全处完成财政收入 5 亿元，规模以上工业总产值 166.4 亿元，规模以上固定资产投资 45.4 亿元，实际利用内资 15 亿元，到账外资 5800 万美元，社会消费品零售额 58.6 亿元。到 2018 年，全处地方生产总值已达 98 亿元，完成财政收入 7.9 亿元，外贸进出口总额 1.9 亿美元，实际利用内资 27 亿元，到账外资 6350 万美元，规模以上固定资产投资 49 亿元，社会消费品零售额 43 亿元，全处经济实力得到显著提升。

（二）社会事业全面发展

改革开放以来，阜安街道教育、卫生、社会治理、生态建设等各领域快速发展：加大教育投入力度，先后投入资金 5000 多万元用于阜安中学新教学楼建设，实现教育均衡发展；加强普法依法治理，努力做到三个到位，2011 年获得青岛市普法依法治理工作先进集体；积极开展丰富多彩的文体活动，全处 28 个村居成立了 83 支文体活动队，举办了"邻里艺术团""周周演""市民才艺秀"等文化活动，打造"文化阜安"；弘扬道德正能量，在 28 个村居全部建立善行义举四德榜，对社区居民的好人好事张榜公布；全力推进环境综合整治，先后投资 9000 余万元抓好老旧小区的硬化、绿化、净化、美化、亮化等工作，集中开展了市南小区、千禧苑小区、华星花园、粮食局宿舍等 40 多个老旧小区的整治工程，赵家园、南坦、茶庵、向阳、胜利等村被评为青岛市生态文明乡村建设示范村。

阜安街道社区居民丰富多彩的文艺活动

（三）基层组织建设进一步巩固

阜安街道党工委基层党组织建设全面加强，2011 年 6 月 26 日—27 日，由中央党校、新华社联合主办的全国基层党建理论创新与实践研讨会在中央党校举行，阜安街道党工委的《"三线合一"新机制社区党建出新意》在全国 2000 多个案例中脱颖而出，被列入全国基层党建理论创新与实践案例并面向全国推广。2012 年，阜安街道党工委推行社区党建"6＋1"工作法。截至 2018 年，全处已通过民声服务热线办理涉及群众的事项 200 余件，通过党建联席会议带动社区资源为群众解决问题 36 件；建立秧歌、舞蹈等文体队伍 112 支，带动 1 万余名居民参加文体活动；成立电子阅览室 28 个，社区图书室 32 个，群众满意度大大提高。

执笔人：郑欣欣

阜安街道 365 民声服务发展及经验

阜安街道

2013 年以来，为加快建设服务型政府，阜安街道牢固树立"民生民计大于天"的发展理念，突出群众主体地位，创新民生服务模式，设立"365民声服务中心"，打造了一条全天候、一体化、反应快的民生调处工作链。这一做法以独立的机构、有限的资源彻底解决人、财、物统筹难题，破除了体制机制束缚，纵向上减少决策层级，横向上打破部门壁垒，推动民生服务提质提速提效，使"小机构"有了"大作为"，"小热线"改善"大民生"。

一、阜安 365 民声服务的发展历程

（一）成立阜安 365 民声服务中心

阜安街道地处胶州老城区中心位置，在加快城市建设、推动经济发展的同时，面临着不断增长的矛盾诉求：历史遗留问题多、民生诉求多、老城区基础设施欠账多；土地利用空间少、可支配人才少、可支配收入少。这"三多三少"问题一定程度上制约了群众宜居幸福水平。作为全市老城区的中心城区，阜安街道总人口约 16 万，占老城区总人口的 37.5%，其中流动人口占 47.3%，在相当长的一段时间，担当着全市城市管理工作的"半壁江山"。作为商贸集聚区，也是人员密集区，阜安街道人口社会成分复杂，造成群众民生诉求多样化，每天接到群众反映的小区路面破损、下水道堵塞、古力丢失、垃圾处理等各类民生问题达 10 余件。配套滞后造成管理难度加大，城市建设基础配套设施老化，成为民生投诉多发区；排污管道大多是按照 21 世纪之前的旧标准铺设，与新时期的生产生活严重错位；辖区道路宽度平均不足 10 米、交通拥堵路况较差等等，这些问题无形中大大增加了社会管理难度。

从阜安街道实际情况看，以往的群众诉求，在阜安管辖范围内的仅占 10%，绝大部分属于相关职能部门职责管理范围。虽然有关部门积极处置，但因工作职责常有交叉，在实际解决过程中，往往造成"九龙治水""都管都不管"的问题，加上审批环节多、解决周期长，很容易导致群众不满。2013 年 5 月开始，阜安街道本着"宁愿政府过紧日子，也要群众过好日子"的执政理念，每年从紧张的财政经费中划拨 300 万专项资金，托底解决各类民生问题。

2013 年 5 月，阜安街道 365 民声服务中心开始试运行，将涉及物业、市政、交通、建设、园林、环保等多个部门的问题纳入一个部门办理，开通 88055365 服务热线，从各部门

阜安365民声服务中心外景

共抽调 8 名工作人员、配备专车、统一服装、挂牌上岗，以"民声诉求零障碍、民生服务零距离"的理念开展工作，对群众从各种渠道反映的各类问题第一时间受理、第一时间出现、第一时间解决。试运行期间，共受理群众反映问题 641 件，实现了"民生阜安筑幸福，倾情服务 365"的目标。

2013 年 7 月 18 日上午，365 民声服务中心揭牌仪式隆重举行。阜安街道积极落实"民生观"，主动作为，为全市发展提供民生支撑，并结合党的群众路线教育实践活动，以更加有效的措施、奋发有为的精神，积极推进各项民生工作开展。在财政强力保障下，365 民声服务中心坚持第一时间受理、第一时间出现、第一时间解决的"三个第一"服务承诺，简单问题做到日事日毕，对情况复杂、当场处理有难度的，明确时间节点，环环相扣，确保"第一时间"解决。如在处理"古力井盖"问题上，按服务中心处理程序，经现场勘验核实后，不管属于建设、通讯、消防、排污、电力等任一部门，均由阜安街道出资更换，服务效率平均提高 8—10 倍。

根据往常经验，一些好思路、好举措往往因为工作不规范、职责不明确、领导不重视，陷入前期大张旗鼓、后期"一部电话、两张桌子"的尴尬境地，成为面子工程、形象工程，这种现象是"形式主义"的突出表现，与民生观格格不入，与群众路线背道而驰。阜安街道始终弘扬忠诚、为民工作作风，高标准设立机构、严要求规范流程，让各项工作可查、可考、可比，打造了一个全年 365 天、全天 24 小时不间断的无缝服务

图 1 阜安 365 民声服务中心服务流程

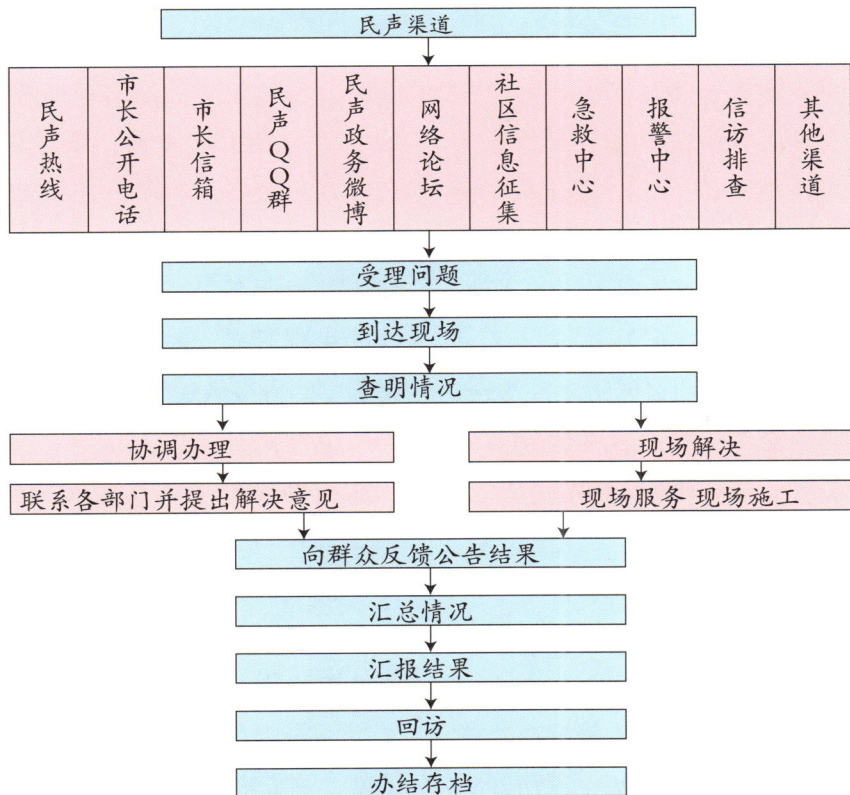

民声渠道									
民声热线	市长公开电话	市长信箱	民声QQ群	民声政务微博	网络论坛	社区信息征集	急救中心	报警中心	信访排查	其他渠道

受理问题

到达现场

查明情况

协调办理	现场解决
联系各部门并提出解决意见	现场服务 现场施工

向群众反馈公告结果

汇总情况

汇报结果

回访

办结存档

体系；规范组织架构，统一标识、统一服装、统一车辆、挂牌上岗，实施八步服务流程工作法（见图 1），做到一个窗口受理、一个窗口服务、全天候出动、全过程负责；实施"4＋2"工作模式，即 4 名人员专职服务、2 名人员专职回访，建立问题处理台账，通过影像图片对比判断成效，切实解决工作造假、成效掺水分等问题，确保钱用得实、工作干得实。

"老大难，老大难，老大出面就不难。"民声 365 工作模式作为打造"民生阜安"的一个创新举措，突出主要领导抓总，通过常态化督导，做到"三个必问"：对重要问题必问事件原由，对各类民生重要问题，主要领导件件了解事件起因，对不易处理、容易造成矛盾隐患的问题指定领导负责；对突出困难必问解决方案，实行重大问题"一事一议"，确定科学解决措施，确保群众声音件件落实；对所有事件必问服务实效，要求《民声专报》以 5 天为一个周期，定期报送阶段性报告，做到每件工作有反馈意见、有领导批示，确保工作取得成效。

（二）拓宽服务领域

365 民声服务中心成立之初，服务功能主要是解决古力冒溢、下水道堵塞、道路通行

2013 年 9 月，阜安 365 民声服务中心第一时间到社区解决居民诉求。

困难等事项。随着机构运行不断完善、相关制度不断健全、群众认可度不断提高，服务中心积极拓展服务功能，确定了五大服务内容，涵盖城市建设、社会保障、社会稳定、政务资讯、公益服务等 30 余小类。

365 民声服务中心自运行以来，着眼于建立服务民生长效机制，2013 年 5 月，阜安街道以八步服务流程为一条流水线，配套出台五大服务制度，强化关键服务节点监控，做到以约束促规范。其中，信息搜集制度明确专人每天 4 次从 11 条渠道搜集社情民意信息，实现从被动接到主动找的转变；热线服务制度要求每个电话填写《热线办理单》和反馈回访，切实让群众感受服务温暖；现场处置工作制度规定外出服务人员不得中途逗留，不得敷衍了事，真正让群众感受到 365

服务零障碍、零距离宗旨；对违反规定的相关部门、责任人，以督查考核制度为总抓手严格执行《机关绩效考核办法》，真正建立了一套规范管用的制度体系，保障了各个环节有序高效运转。特别是针对物业公司"督而不办"的现实问题，实施物业公司管理办法，对群众第 3 次投诉同一场所物业管理问题，查实后解除服务合同，安排竞争对手接管，形成比干氛围，提升服务质量。

为延伸服务触角，2013 年 7 月，阜安街道在辖区内 28 个村居全部设立 3 人组成的民声服务站，村居主要负责人担任站长，街长、楼长担任民生信息联络员，形成了上下联动的高效运转体系和高度便民服务网络，有效化解了基层矛盾，百姓对政府的信任度大大增加，为阜安街道的经济社会发展打

造了稳定和谐的环境。

（三）实现角色转变

阜安街道是最早创建365民声服务中心的镇（街道），运行以来，不论在办理程序上还是群众满意度上都取得了很好的效果，实现了城市管理与社会管理的全覆盖。随着服务的延伸和深化，群众对民生服务的期望值越来越高，365民声服务中心也从"城市修理工"演变成了"城市管理者"，从单纯的简单处理到后期的载体平台、监督管理，民生服务得到全方位转变，365民声服务中心和行政执法职能也实现了有效对接。

2014年，胶州市实施了"美丽胶州"建设工程，对于环境卫生综合整治工作来说，开展突击式"大扫除"容易，长期保持整治成效难。为解决这一问题，阜安街道严格工作监督考核，由365民声服务中心牵头，成立环境卫生考核领导小组，建立保洁人员台账、日常检查登记台账、整改落实台账3项台账，与全处28个村居签订《环境整治责任书》，对因工作不力被投诉到市级以上部门或媒体的，或在市建设局日常监督和月度考核中扣分的，每次酌情扣10—20分，造成恶劣影响的直接从年度科学发展综合考核总分中扣罚10%的分数。同时，365民声服务中心与环卫所、综合行政执法中队建立三部门联动机制，负责每天分3组对各村居环境卫生状况进行全面检查，对整治不到位的村居进行通报并限期整改，检查、整改结果记入年终考核，形成一套高效运转的工作机制。

365民声服务中心成立以来，以"民声诉求零障碍、民生服务零距离"为理念开展工作，日益受到群众的肯定，也引起上级媒体的关注，被省政府以《决策参阅》形式上报给国务院研究室，并报送省委、省政府主要领导参阅；被青岛市政府办公厅以《信息专报》形式总结推广，被《中国信息报》《大众日报》《青岛新闻》《胶州新闻》等媒体报道；胶州市委研究室、青岛市纪委、青岛市政府办公厅先后刊发《参阅件》《情况交流》《信息专报》，总结阜安街道的经验做法；《青岛日报》总编专程到阜安街道调研，表示将重点宣传推广阜安的经验做法。2015年2月10日，阜安街道365民声服务中心被评为胶州市"身边好人·尚德胶州"道德模范暨"四德"建设标兵集体。2016年3月5日，阜安街道365民声服务中心被青岛市精神文明建设委员会命名为"青岛市服务品牌"，是青岛市第七批服务品牌里胶州市唯一一个获此荣誉的单位。

2017年，在创建国家文明城市活动中，阜安街道投资5600万元，由365民声服务中心牵头，对全处24个老旧小区、58条背街小巷进行综合整治，完成路面硬化47010平方米，整修绿化带12000平方米，疏通更换污水管网15000平方米，粉刷墙面39613平方米。

2018年，阜安街道投入3500余万元，由365民声服务中心牵头对教师三村、特耐小区等11个老旧小区和10条背街小巷进行综合整治，重点开展路面硬化、墙体粉刷、植树补绿、通气通热、管道疏通等整治工程，共铺设沥青路面50000平方米、道板35000平方米，整修绿化带17500平方米，清理垃圾2600吨，疏通更换污水管网1850平方米，粉刷墙面28000平方米。365民生服务中心对发现的各类问题进行及时梳理和汇总，形成上下联动机制，努力为辖区居民提供良好的居住环境。

截至2018年12月，365民声服务中心共解决各类民生问题23928件，办结政务热线、市长信箱反映问题10213件，民声热线反映问题12546件，日常巡查信息1169件，日平均办结13件，市长公开电话投诉比重由30%下降为12%，365民声服务取得显著成效。

二、阜安 365 民声服务的启示

群众工作无小事。民生工作难点在于把事关群众切身利益、发生在群众身边的日常小事，件件做好、做实、做出成效。以民声 365 工作模式实现"三赢"的创新实践，主要有以下几点启示。

（一）落实民生观，要体现在政府职能转变上

党的十八大指出，要"深化行政体制改革，加快建设职能科学、结构优化、廉洁高效、人民满意的服务型政府"。2013年，阜安街道面对社会管理、民生问题，强化责任担当，找准民生工作切入点和发力点，设立专职服务机构、制定长效机制、划拨财政专项资金，将更多的人力、物力、财力投向民生领域，切实解决发生在群众身边的小事琐事，将各类民生问题解决在一线、化解在基层。政府只有强化服务责任，加速职能转变，敢于"割肉"、舍得投入，才能更好地落实民生观，推动各项工作提速增效。

（二）落实民生观，要体现在优化工作作风上

阜安街道以民生观为统领，审时度势，在科学研判自身条件基础上，突破固有体制束缚，创新民声 365 工作模式，变机关干部"管理主人"角色为"管家服务"角色，实现了资源利用最大化和服务效应最大化。为民服务在于一个"实"字，只有切实转变工作作风，将关心群众疾苦、维护群众利益付诸行动，才能得实效、见实绩、赢民心。

（三）落实民生观，要体现在增强群众观念上

阜安街道在解决群众诉求过程中，突出群众主体地位，把群众满意度作为衡量工作好坏的唯一标准，以365民声服务热线为核心，从城市建设到社会保障、社会稳定、政务资讯、公益服务，真正走到群众中去，将群众当成自己的亲人、朋友、战友，零距离接触、实打实办事，密切了群众联系，做到既让群众受益，又让群众满意。服务群众无止境，只有真正将人民群众装在心里，将群众利益放在最高位置，制定决策时更多地站在群众立场考虑，分配利益更多地向群众倾斜，才能赢得群众信任和支持，打牢经济社会发展和谐稳定根基。

执笔人：郑欣欣

西部商贸区的建设与发展

中云街道

改革开放以来,西部商贸区作为胶州市经济发展的重要区域,通过多层次、全方位的发展,不断转型升级,成为胶州西部的重要一极,有力推动了全市经济的快速发展。中云街道作为西部商贸区建设发展的主阵地,不断抢抓胶州市黄金发展机遇,高标定位、加压奋进,全力推进西部商贸区繁荣发展。

一、西部商贸区的建设与发展历程

(一)初露端倪,西部商贸区奠基础(1978年—1991年)

西部商贸区的形成与其特有的地理位置、文化环境、政策引导是分不开的。1988年之前,西部商贸区多属于城关公社所辖。1988年1月,中云街道正式成立。西部商贸区多隶属于中云街道,既属于老城区又属于新城区,既有城镇人口,也有农村人口,既有可进一步发展的工业经济,也有家庭作坊的手工业经济,其复杂又多元的现实条件为西部商贸区的发展提供了充足的条件。党的十一届三中全会后,改革开放政策使中云人民抓住了发展的机遇,这一时期,向城市要劳力,向农村要土地,集体经济和个体手工业齐头并进,农业结构开始调整,农业园区发展迅速。中云街道抓住时代的脉搏,积极引导和扶持涉农加工企业的发展。1989年,北辛置村开始发展蘑菇生产,成为远近闻名的蘑菇生产村。1990年,西宋戈庄村总投资200万元,建设占地面积6.7公顷的生猪定点厂,年屠宰量10万头,每天为胶州市提供放心肉10000—15000千克,发展成养猪专业村。中云街道还通过技术改造,新引进了索具厂、型煤厂、农具厂、编织袋厂等,利用闲置厂房,进一步集中人力、物力、设备、资金进行集约经营。为了满足国际市场的需求,水泥厂不仅研制生产出了525#水泥,还改造新建了年产88000吨的水泥生产线,为西部城区企业发展指明了方向。

这一时期,中云街道把发展外向型经济作为发展乡镇企业的一大战略重点,千方百计争取产品出口,通过一系列的努力,使西部城区的水泥、钉子和布鞋三大产品打入了国际市场,并先后与韩国、泰国、新加坡、中国台湾等国家和地区的十几家客商进行了项目洽谈,为后期西部城区继续发展"三资"企业和"三来一补"项目建立了开端,带来了广阔的前景。

(二)提升发展,西部商贸区首提出(1992年—2002年)

西部城区的快速发展引起

了胶州市委、市政府的高度重视，尤其是邓小平同志南方谈话后，市委、市政府更加重视片区经济的发展，号召全市干部解放思想、大胆探索。位于城乡结合地区的中云街道更是承担着农村城市化的重要使命，"西部商贸区"的概念在这一时期开始正式提出。

西部商贸区发展起步于20世纪90年代初的老商城，1993年4月，中云街道规划建设了胶州商城，于9月投入使用，整个市场占地400余公顷，营业面积16.6万平方米，工程总投资近1亿元，业户500余家，成为青岛地区最大的集装饰材料、五金、电器、钢材、灯具、家具等批发零售于一体的大型综合市场。1998年，在胶州商城以西规划了6.76平方千米的中云第一工业园，并对园区内水、电、道路、绿化等基础设施全面建设，实现了综合配套，达到了"五通一平三化"标准，成为对外开放、招商引资的重要载体。自1999年以来，随着中云工业园和河头源村、中云村2个村级工业园的建设和完善，个体私营业户的承载能力得到进一步加强，先后有200多家私营企业落户园区，吸引民资4亿元，形成了"一村一品""一乡一业"的专业化加工生产群体，例如苗家村的手工绢花、北辛置村的蘑菇养殖、东宋戈庄村

的豆腐加工等，基本实现了"厂厂搞外经，村村搞开放"的目标。这一时期，西部城区个体私营业异军突起，形成了一批区域性规模经营的商业街，例如惠州路五金电器、兰州西路装饰材料、杭州路饮食服务3条商业街。2002年，市委、市政府着眼加快新老城区对接融合，将行政中心区以北、城市中轴线附近的胶州商埠木材市场和汽车市场进行整合，易地重建，决定规划建设西部商贸区，最初定位为"以建材为主的生产资料商贸聚集地"。

2002年，胶州市围绕西部商贸区实施商贸富民战略，市委、市政府规划建设了胶州湾综合市场，以此为契机，中云街道对胶州商城专业市场进行了整合，加强了对西部商贸区的前期服务和综合协调工作，推动了市场建设的快速进行。为加快商贸区启动，中云街道研究制定了有关优惠政策，鼓励业户入驻经营，同时利用电视、报刊、网络等媒体进行宣传推介，完善了市场软环境建设，不断提高市场知名度和影响力，为各类专业市场的引进、建设、启动和持续发展创造了良好的条件。各类专业市场的引进、建设和启用，推动了胶州湾综合市场群规模的形成，构筑起以胶州商城和胶州湾综合市场为载体的两大商贸区，

并日益凸显出经济、社会、城市建设与发展相互促进、共同提高的综合效益，形成了以市增收、以市旺气、以市兴城、以城带市、城市并进的鲜明经济发展特色。

（三）科学发展，西部商贸区稳迈进（2003年—2010年）

西部商贸区第一工业园建设重点在收地缩院、项目推进和老企业增资上下功夫，2003年，中云街道以第二工业园为突破，坚持基础建设、园区招商和项目管理三者并重、全面推开，达到了"六通一平三化"的标准，增强了承载项目尤其是承载大项目的能力。按照"大项目进园，小项目进村"的原则，严格项目入园关，提高项目入园门槛，总投资达不到300万美元外资项目和达不到1500万元的内资项目以及有污染项目、建设档次低项目不得进入园区，以提高园内土地使用效益。同时，中云街道还专门设立了园区管委会，增设了警区，全面负责园区基础设施建设、用地协调、企业招工和治安管理等工作，为落户企业创造良好的经营环境。同年，中云街道在市委、市政府的领导下进行了西部商贸区的高起点规划、高标准建设，重点突破3个区域，

即南方家园、大桓九商城、兴峰物流配货商城；积极发展三大特色产业，即塑机、家具及建材。塑机产业发展以华峰塑机为龙头，联合30余家塑料机械企业成立塑料机械行业协会，在全省居龙头地位，中云街道因此被评为"青岛市特色产业基地"。

随着城市化进程的不断加快和经济社会的稳步发展，中云街道积极抓好西部商贸区经济发展特色推进，按照全市发展"大商贸、大物流"的总体思路，对西部商贸区进行了综合分析研究，着力抓好招商启动的相关工作。一方面，加快改造了老商城，积极推进各类专业市场的引进、改造和整合，对铝型材市场和钢材市场进行规划改造，规范发展兰州西路和泰州路装饰材料商业街，打造了十里建材长廊；另一方面，

2010年金胶州钢材市场

以新商贸区的建设启动和改变形象为重点，强化协调和调度，促进各个单体市场的快速建设和繁荣，综合提升西部商贸区的商气和人气。这一时期，西部城区以朱诸路为轴线，以胶州商城和新的西部商贸区为两翼，以各类专业市场为载体，联结城乡、统一开放的"大商贸、大流通"格局已初具规模。

2006年，家居行业在成功启动龙港灯具、胶电家居、海博家居、亿豪家具等四大家具市场的基础上，着力提档升级，扩大规模、集群发展，组建家居联合舰队，成为半岛地区最大的家居装饰材料集散地。

2009年，全处共引进过1亿元的项目5个，其中2个列入青岛市重点建设项目，2个列入胶州市重点建设项目。松灵电力项目是国内唯一一家美国锅炉协会会员企业，其"松灵"

牌滚筒冷渣机是我国同类产品中唯一拥有自主产权的产品，被评为国家级重点科技产品。此外，中云街道18个企业进入青岛重点科技创新行列。同年，西部商贸区在科学规划改造铝型材市场和钢材市场的基础上，规范确立了兰州西路重点特色商业街，年交易额超过10亿元的十里建材长廊基本打造成型，并申报"山东省特色产业聚集区"。西部商贸区加大对市场培育的力度，坚持以整体创特色、以特色促转型，在整合原有零散市场的基础上，积极培育以禧徕乐、海博家居为代表的家居装饰市场，以金胶州钢材市场为代表的钢材物流市场，以大桓九机电城为代表的五金机电市场，以农贸市场、金胶州农副产品市场等为代表的农副产品专业市场。

（四）转型升级，西部商贸新区绽新貌（2011年—2018年）

2011年之前，西部商贸区注重局部聚堆发展，在综合全面发展及服务配套方面还存在不足，与东南新城区的建设水平差距逐渐拉大。2011年，为改变这一现状，胶州市委、市政府以中云街道用地为主，对西部商贸区重新进行了科学规划，其中核心区占地1.47平方

2017 年建成的振华教育集团泰州路校区

千米，整个区域内主次干道、支路、街坊道路配置合理，构建起了以"两纵三横"交通骨架为主、次干支路网为补充的方格网。2014 年，新建的第七中学、振华教育集团泰州路校区和西部城区中心幼儿园等充分发挥名校效应，辐射带动西部商贸区的健康发展。振华教育集团的组建，进一步优化了教育资源，以集团推进的方式，增强重点学科的示范、辐射功能，提高了教育资源的使用效率，推动新区教育事业实现了超常跳跃式发展，带动了整个西部商贸区中小学教育水平的提高。2015 年，中云街道将西部商贸区发展与城市化进程进行有机结合，用"经营城市"的理念推进西部商贸新区的建设和发展，通过深化城乡一体化改革，构建了公共服务新格局，创新了"网格化"管理模式，

探索建立了集公安、司法、信访、民政等为一体的惠民服务体系；全面推开社会保障一体化平台，使农民、居民、外来人口享有均等化的服务；针对辖区内居民的求职需求，结合西部商贸区企业的用人需求，全力打造"一刻钟就业圈"，为群众和企业提供了有效的双供给。

2016 年，胶州市委、市政府成立了西部商贸区创新发展和突出问题高效解决指挥部，对接全市主体功能区和重大经济发展引擎，发挥比邻临空经济区和国际物流港的区位优势，全面引领西部商贸区新发展。中云街道按照"高起点规划、高标准建设、高档次招商"的原则，将旧城旧村改造与建设高档特色商业街、精品市场相结合，大力发展现代服务业。按照"成熟一片、建设一片、发展一片"的原则，突出重点、以点带面，推动西部商贸业健康有序发展；按照以"城"带"市"、以"市"兴"城"、"城""市"并进的原则，将西部商贸区发展与城市化进程有机结合，用"经营城市"的理念推进西部商贸区的建设和发展。通过综合运营，着力打造以商贸流通为主体，以乐活人居为特色，集现代物流、市场交易、电子商务、

2016 年拆迁改造后的响嘡社区

商业服务、酒店办公、乐居生活等功能于一体的西部新城区。根据西部商贸区地处新机场辐射核心范围的区位优势，重点推进商贸业与物流业融合、高端商务活动开展等新型商贸业态培育，打造胶州乃至青岛现代商贸服务业品牌。

2016年，中云街道大力实施"电商换市"工程，通过改造提升辖区内家具装饰市场的信息化技术水平，打造了一批胶州市电子商务新兴高地，联荷电商、阿里巴巴农村淘宝等品牌茁壮成长，通过引进世界500强、国内100强等重量级商贸流通企业，打造了全市商贸物流领军示范新区。同年，中云街道大力实施了"退园进商""退二进三"等政策，通过"腾笼换鸟"加快了产业的更新换代，结合土地修编、完善产业规划等工作实施工业园区整合，鼓励老企业搬迁改造，实现了西部商贸区土地资源和产业发展集约化水平的双提升。中云街道利用"三宋""响喤二里河""河头源方井"等片区改造，西部城区核心区建设等有利时机，加快打造了融城创新创业"双创"商业街、国色天香非遗文化街、金泰广场婚纱街以及祥顺生态健康街等多个特色商业街区，促进西部商贸区的健康发展。2017年，西部商贸区形成了以金胶州钢材市场等为龙头的钢铁物流、以禧徕乐家居等为龙头的家居装饰、以大桓九五金机电城为龙头的五金机电三大商贸板块，辐射作用日益明显，逐步构建了一个相互关联、相互促进的服务业项目组团，成为西部商贸区发展的重要引擎、全市商贸物流业的领军示范高地。

2018年下半年，胶州市委、市政府与华润集团就西部商贸区改造建设达成了合作意向，12月在香港山东周经贸会上签订了带有框架协议性质的投资协议书。项目总占地面积1320公顷，计划总投资约180亿元，总建设周期5年，总体规划建筑面积约203万平方米，计划建设万象汇购物中心、商务办公楼、产业大厦、企业总部、研发中心、"九年一贯制"公立学校、体育设施、高端住宅等配套设施。华润集团聘请国内知名设计公司对该项目进行规划设计，并先后多次与自然资源、规划、建设、房产、商务、城投等市直部门及中云街道进行对接，经过反复论证，不断优化项目规划设计方案。

二、改革开放以来西部商贸区建设取得的成就

历经40年探索与发展，西部商贸区在市委、市政府的领导下，稳扎稳打、勇于争先、敢于创新，全面深入地推动了胶州西部城区经济社会的健康快速发展。

（一）产业转型，区域经济实现跨越式发展

西部商贸区从原有的小作坊到胶州商城，再到商贸区，为全市商贸业发展发挥了重要作用。改革开放以来，西部商贸区一直是胶州市经济发展的重要组成板块，由于历史原因，布局零散无序，缺少科学规划。2002年，市委、市政府着眼加快新老城区对接融合，将行政中心区以北、城市中轴线附近的胶州商埠木材市场和汽车市场进行整合，易地重建，规划建设西部商贸区。西部商贸区东至柳州路、西至通州路、南至扬州路、北至胶州西路，总占地3688公顷，规划建筑面积150万平方米，分市场区、产业配套区、商业服务区三大功能区，最初定位为"以建材为主的生产资料商贸聚集地"。经过全市上下共同努力，区域内基础配套、政策制定、项目招引等方面取得一定成效。

（二）创新发展，商贸经济不断焕发新活力

一是大力推进电商换市，

311

重点提升了禧徕乐家居等一批家具装饰市场的信息化水平，通过开放化引进、品牌化提升，2016年引进阿里巴巴淘宝、山东联荷电商产业园、青岛鼎海等"互联网＋"电商品牌入驻，鼓励引导市场主体发展"实体＋网店"模式，进一步推进线上线下商业模式的顺利运转，力争实现线上线下融合发展商铺2000家，打造了青岛电子商务区域次中心和胶州市电子商务名牌镇（街道）。二是坚持把新旧动能转换作为引领全处发展的重大工程，紧紧围绕新产业、新技术、新业态、新模式，特别是把特色商贸、文化创意、电商换市作为全处新旧动能转换的重点方向，加快发展现代服务业，大力引进区域酒店服务、公司总部、金融保险、商业综合体等高端服务业态。借力青岛兴峰物流中心等6个项目列入青岛市新旧动能转换重大项目推进行动的契机，西部城区商业中心、联禧电商产业园等项目得以有序推进。

（三）统筹提升，城市发展踏上时代新征程

伴随着上合组织青岛峰会开启的区域经济合作新征程，四大国字号平台和一个省级平台全面发力，协同拉动，胶州市迎来了创新发展的关键时期。胶州西部新城也迎来了"华润城"项目，这为中云街道带来了升级发展的大好机会。华润城项目作为西部城区连接主城区的桥梁，有利于配合全市的空港建设步伐，使整个西部城区全面融入空港建设发展的总体布局，是一项利民为民的民心工程。

执笔人：邹世超

改革开放以来胶北街道的经济社会发展

胶北街道

胶北街道位于胶州市区北部,辖5个居委会、68个行政村,总面积 108 平方千米,常住人口 10 万人。截至 2018 年,全处共有企业 1976 家,其中规模以上企业 133 家,形成了物流产业、数字化装备制造产业、船舶配套产业、节能环保产业、新能源产业等高度集聚产业群。改革开放以来,胶北街道以经济建设为中心,全面推进改革,积极扩大对外开放,取得了辉煌的成就,先后荣获"中国最美村镇""全国首届小城镇综合发展水平 1000 强""山东省基层组织建设先进党委""山东最具发展潜力乡镇""山东省环境优美乡镇""山东省新农村建设示范乡镇"等荣誉称号。

一、机构沿革

胶北镇位于胶州市西北部,胶柏公路过境。1958 年,属共产主义公社。1959 年,更名为联屯公社。1984 年 5 月,改为后屯乡。2002 年,后屯乡撤乡设镇,更名为胶北镇。

北关街道位于胶州市城区北部,胶济铁路、朱诸公路贯穿境内,辖区南部为胶州市北关工业园区。1958 年,属城关公社。1976 年,从城关公社划出城北公社。1984 年,城北公社改为大庄乡。1988 年,大庄乡撤销,设立北关街道。

2012 年 12 月,胶北镇与北关街道合并为胶北街道。

二、发展历程

(一)发展起步阶段(1978年—1991年)

改革开放初期,胶北地区经济基础较为薄弱。1987 年,后屯乡地区生产总值 2150 万元,大庄乡地区(1988 年改为北关街道,下同)生产总值 1761.15 万元。随着社会的不断进步、科学技术的快速发展以及生产力水平的逐步提高,各地经济开始逐渐发展起步。

1. 农业生产

自 1978 年农村率先实行经济体制改革后,中国的农业和农村经济、社会状况发生了巨大的变化。在此期间,后屯乡和大庄乡农民生产方式和生活质量发生了深刻变化,实现了由贫困向温饱、向小康的巨大跨越。

(1)后屯乡农业发展。1985 年,和睦屯村引进西瓜杂交种——"飞机牌"西瓜,为黑皮、中小型、圆形西瓜种,具有产量高、抗病能力强的特点,西瓜种植户逐渐认识到杂交品种的优势并推广开来。柏兰村的香油加工业飞速发展,到 1990 年,柏兰村 70% 的农户都在用电机或柴油机磨芝麻加工香油,1 台石磨每天生产 200 千克香油,带动后柏兰、岳头屯村等周边几个村庄近 300 户投入了香油加工业。当地的芝

313

麻、香油销售加工市场年交易芝麻 200 多吨，最多时达 500 多吨，生产出的柏兰香油主要销往青岛、高密、诸城、威海等周边地区。

（2）大庄乡农业发展。1984 年后，大庄乡贯彻《中共中央关于一九八四年农村工作的通知》，在稳定和完善生产责任制的基础上，提高生产力水平，疏理流通渠道，发展商品生产。农业生产责任制的普遍实行，带来了生产力的解放和商品生产的发展，进一步调动了群众积极性，帮助农民在家庭经营的基础上扩大生产规模，提高经济效益。

2. 工业发展

党的十一届三中全会以后，党的工作中心转到了以经济建设为中心的轨道上来。工业改革从放权让利、扩大企业自主权入手，逐步使企业从管得过严、统得过死的框架下解放出来，成为独立自主、自主经营、自负盈亏的商品生产者和经营者，极大地调动了企业和职工的积极性。1978 年—1989 年，胶北地区加强企业管理、技术改造和内引外联，进一步完善了以承包为主要内容的多种形式的经济责任制，工业生产持续、稳定、协调发展，速度、效益同步增长。

（1）后屯乡工业发展。1991 年，后屯乡工业企业 482

家，从业人数 3221 人，固定资产原值 403 万元，工业总产值 1106 万元，利润 132 万元。

（2）北关街道工业发展。1991 年，北关街道工业企业 604 家，从业人数 3156 人，固定资产原值 727 万元，工业总产值 2623 万元，利润 311 万元。产品质量稳定提高，能源消耗继续下降。

3. 教育事业

改革开放后，党和政府高度重视和大力支持教育工作，胶北地区全面实施素质教育，按照《中共中央关于教育体制改革的决定》要求，教育体制改革取得实质性进展。

（1）后屯乡教育发展。1987 年，后屯乡共有 6 个学区 20 处小学、4 处联中，幼儿园 16 处。1990 年，前屯村的小学并入后屯村学校，后屯小学改名为后屯乡中心小学，学校新建房屋 5 间，建筑面积增加到 1666 平方米，学生生源来自前屯村、后屯村。

（2）大庄乡教育发展。大庄乡有 5 个学区，共有中小学校 25 处，幼儿园 20 处。20 世纪 80 年代末，按照行政、教学统归中心中学管理办法，由中心教研会统一管理教育教学工作。1988 年秋，胶州市编制委员会批准成立了胶州市北关教育委员会。

4. 卫生事业

改革开放之后，后屯乡和

大庄乡的医疗卫生事业开始逐步发展起来。截至 1991 年，后屯乡共有村卫生室 42 个，乡医 56 人；大庄乡有村卫生室 26 个，乡医 26 人；分别建有具有规模的医疗卫生机构各 1 处。

（1）后屯乡卫生事业发展。1987 年，后屯乡卫生院有医护人员 17 人，其中医生 11 人，护士 6 人，床位 30 张，营业额 15.1 万元。卫生院设有内科、中医科、检验科、护理、药房、化验、放射及防疫科等科室。内科床位为 22 张，年住院患者 500 余人，主要从事常见病及多发病的诊断治疗工作和计划生育工作。

（2）大庄乡卫生事业发展。胶州市康复医院位于大庄乡，是一所集医疗、预防、保健为一体的综合性一级甲等医院，是合作医疗定点单位及城镇职工基本医疗保险定点医疗机构。1987 年，胶州市康复医院有医护人员 30 余人，其中医生 5 人，护士 4 人。开设科室为内科门诊、护理、药房、化验、放射、妇科、防疫科、内科、理疗科等，床位为 20 余张，年住院患者 500 余人，主要承担医疗、防疫工作，开展脑血栓病人康复特色治疗等工作。

（二）稳步发展阶段（1992年—2011年）

随着发展步伐的不断扩大，

后屯乡（2002 年改为胶北镇，下同）和北关街道不断探索城镇化快速发展之路，为新时代镇域经济社会各项事业强势发展奠定了坚实的基础。

1. 农业生产

1992 年之后，后屯乡和北关街道进行了以市场化为取向的农业改革，突破传统体制的束缚，推动农村经济的快速发展，带动和促进了经济体制改革的全面展开，有力地支持了经济的高速增长。

（1）后屯乡农业发展。20 世纪 90 年代，后屯乡的养殖户由散养形式向小规模化发展，部分养殖户建起了专门的小型养殖场，靠养殖获取经济利益。1995 年，胶州市后屯乡高效农业科技服务中心成立，为西红柿大棚提供产前、产中、产后发展及西红柿产品的产、供、销服务。2000 年前后，后屯乡桃园面积高达 1 万多亩，号称"万亩桃园 · 蜜桃之乡"。在市委、市政府的扶持下，泉子崖村、李家河头村、和睦屯村等村庄先后建起了高档钢结构冬暖大棚，引进了寒露蜜桃、无核早红提、"水蜜双色冰淇淋"特色西瓜品种以及红富士、乔纳金、新世纪 1 号等苹果品种。

（2）北关街道农业发展。2001 年下半年，北关街道进行产业结构调整，以庸生花卉为依托，以土地返包的形式流转了南庸村、中庸村、东庸村、西庸村 4 个村庄的土地，成立了万亩青岛永存苗木基地，发展花卉苗木业；以大庄管区所辖村庄的万亩土地为依托成立了工业园区，农业工作的重点转向了农产品加工，实现了农业生产加工企业化。在北关工业园区内，先后引进了柏兰食品、清光瓜子、品品好粮油、海容食品、成晋食品、新美香食品等农产品加工龙头企业，柏兰食品集团公司成为国家级农产品加工龙头企业，柏兰牌商标荣获国家级驰名商标称号，清光食品、品品好粮油成为青岛市级农产品加工龙头企业，分别荣获山东省著名商标。

2. 工业发展

（1）后屯乡工业发展。2000 年以来，后屯乡相继引进日门（青岛）建材有限公司、青岛建筌科技有限公司、青岛三山机电科技发展有限公司等一大批优质企业，其中亿元以上企业主要有青岛达能环保设备股份有限公司、青岛科创新能源科技有限公司、青岛隆吉通汽车配件有限公司等。截至 2011 年，胶北镇已发展工业企业近 400 家，工业总产值 840016 万元，工业增加值 202389 万元，营业收入 777667 万元，利税总额 65309 万元，利润总额 41870 万元。

（2）北关街道工业发展。2011 年 2 月 11 日，位于北关街道的青岛东方铁塔股份有限公司（002545）正式登陆 A 股市场，以 39.49 元 / 股的价格公开发行了 4350 万股。上市当天收盘价 41.17 元，东方铁塔的市值达到 71.43 亿元，成为胶州市第一家上市企业，同时也打响了胶州企业上市"第一枪"。截至 2011 年，北关街道工业企业 1000 余家，工业总产值 2380848 万元，工业增加值 565523 万元，营业收入 1410393 万元，利税总额 199705 万元，利润总额 94420 万元。

3. 教育事业

（1）后屯乡教育事业发展。为全面提高教育质量，后屯乡坚持"率先而为"理念，重新规划教育区域，投资扩建学校，建设教学楼，师资力量、办学条件不断增强。2009 年，在青岛市教育局的统一部署下，胶北镇开始对辖区内中小学校舍安全进行全面普查鉴定。

（2）北关街道教育事业发展。1994 年以来，北关街道启动了第二轮合班并校工作，先后撤销了 13 处小学。1999 年，二期学校布局调整任务全部完成，新建 5 处标准化小学，其中 3 处为青岛市规范化学校，1 处为山东省规范化学校。

4. 卫生事业

1992 年以来，后屯乡和北

关街道确定了卫生工作的长短期发展规划，相继出台了《关于加强卫生工作的决定》《关于加强农村医疗卫生工作的实施意见》《关于加强农村医疗卫生工作的实施细则》等配套文件，在资金、政策、人才等方面加大配置力度，为卫生事业发展打下了坚实的基础，形成强有力的医疗体系。

（1）后屯乡卫生事业发展。在政府的大力支持下，后屯乡卫生院实现了从老三件到大中小设备一应俱全的转变，卫生院医护人员的人数也逐渐增长，卫生所规范化建设率达到了70%。2003年，胶北镇卫生院开始新农合报销。2006年，在青岛市委、市政府的关怀支持下，胶北镇在镇行政服务中心西侧建立了社会福利中心。社会福利中心总投资270万元，占地17.9公顷，建筑面积2700多平方米，共30个房间，能容纳63位老人，是一所集养老、康复、护理、娱乐为一体的公益性养老机构，先后被评为"省级文明单位""山东省一级敬老院"等荣誉称号。

（2）北关街道卫生事业发展。"十五"期间，北关街道多次改扩建康复医院，并建设了综合大楼，建筑面积1143平方米，医疗发展实现了质的飞跃。2006年8月，胶州市康复医院开展新农合老人查体活动，报

销及参保率大幅提高；11月15日，胶州市康复医院更名为北关卫生院。

5. 物流业发展

2003年1月，青岛胶州湾国际物流园正式启动，是经山东省经贸委和青岛市政府批准的山东省重点物流园区。2010年11月，该物流园被省发改委确定为省级重点服务业园区。胶州湾国际物流园核心项目——中铁联集青岛铁路集装箱中心站，是"十一五"期间铁道部规划的全国18个铁路集装箱中心站之一，继上海、昆明、重庆等之后全国第7个建成运营的集装箱中心站，山东境内唯一的铁路集装箱中心站。项目占地1213公顷，其中集装箱场区670公顷，整车货物作业区543公顷（铁路局预留）。工程总投资为5.25亿，设计年到发能力118万TEU。中心站可与全国铁路近1400个集装箱办

理站（专用线、专用铁路）之间全天候24小时办理集装箱发送、到达业务，可以办理出口、过境、转关业务，通关手续办理、货物运输方便快捷。

6. 旅游业发展

2008年以来，胶北镇开始开展形式多样的桃乡赏花会，不但有免费的桃园美景供游客观赏，同时增添了瓜果采摘、时装走秀摄影展、趣味比赛、特色文娱节目等项目，依托特色品牌农业的资源优势，着力实施生态观光旅游带动战略，培育都市旅游特色产业；依托北梁蜜桃，北赵西红柿、王家庄红提葡萄、黄金梨，肖家屯大白菜，和睦屯西瓜，东赵金太阳杏等优势品牌农产品，沿十米河两岸由北向南发展特色农业观光区。2009年，在新阳和睦农业示范园内举办了第一届西瓜节，并投资1235万元扩大基地，发展花卉种植和观光农业，取得良好效果，该示范园

中铁联集青岛集装箱中心站

被评为青岛市工农业旅游示范点。2009年4月，胶北镇政府重建玉皇大帝庙，并于10月26日举行了开光仪式暨首届庙会。

（三）快速发展阶段（2012年—2018年）

2012年12月，胶北镇与北关街道合并成新的胶北街道，合并后的胶北街道在市委、市政府的坚强领导下，抢抓国家"一带一路"建设机遇，围绕"打造通关一体化引领区、多式联运核心区、现代物流示范区"的发展定位，深入实施"现代物流、高端制造、新型城镇、精品旅游"四轮驱动战略，经济社会各项事业呈现出均衡快速发展的良好局面。

1.农业产业

2012年以来，胶北街道以美丽乡村建设为导向，突出"和谐美丽桃乡"特色优势，以"20公里生态旅游长廊"为主线，重点抓好特色生态林示范园、特色生态绿色村庄、特色生态民俗文化园和特色生态路域绿廊建设，人人动手、户户出力、村村行动，全域掀起造林绿化高潮。

2013年，胶北街道农业产值1784.72万元，完成农作物总播种面积9132.53公顷，其中粮食作物播种面积7523.87公顷，粮食总产52371吨；油料作物播种面积316.67公顷，总产1520吨；蔬菜瓜果播种面积1159.73公顷，总产66930吨。

胶北街道着力完善基础设施建设，加快推进农田水利工程建设。2014年，总投资1700多万元完成7个村庄污水管网工程。同年，争取国家节水灌溉项目资金1097万，完成柏兰片区节水灌溉项目。2015年，总投资1100万元启动道路整治整修工程。2016年，争取环保部农村连片整治资金支持，总投资200余万元，实施城区自来水管道延伸工程，切实解决了群众饮水安全问题。

2016年，胶北街道开始着力发展低碳、环保、循环农业，积极推广秸秆粉碎还田技术，有效避免焚烧秸秆产生污染；实施林业生态提升工程，以永存万亩林场为基础，从现有树种中选择5万棵目标树予以长期保留、管护，分期建设"百年植物园"；开展"送你一颗幸福树"活动，累计完成成片造林1600公顷，新栽植绿化苗木13万余棵，新栽树木成活率达到90%以上。截至2016年底，全处已发展经济林10050公顷、生态林13400公顷、用材林6700公顷，建成农田林网13400公顷、通道林带30千米，村庄绿化覆盖率达到41%以上。

2018年以来，胶北街道继续完善碧水河源头、十米河综合整治工程，健全农业教育培训机制，全年培育致富带头村3个，发展致富带头户100家。

2.工业产业

2012年镇办合并后，胶北街道生产总值1043639万元，地方财政收入65990万元。为促进经济社会全面发展，胶北街道以"物流支撑线"为引领，通过园区整合打造优势载体、创新方式强化定向招商、优化服务加快项目推进相结合的方式，深入实施创新发展战略。

2012年以来，胶北街道着力推进科技兴企，让商标成为企业发展的"金字招牌"，采取"走出去学、请进来教"的方式，对辖区内的企业进行知识产权专项培训，专门邀请市科技局有关领导、专家以及中介机构参与，向企业详细讲解具有自主知识产权的重要性。通过专利申请，与大中专院校进行产学研合作等形式，提高企业的自主创新能力，在提高效率的基础上提升效益。仅2013年，全处发明专利申请量就达700多个，走在了全市前列。2015年，全处科技成果在全市排名第一，共计6家企业通过青岛市级企业技术中心认定。柏兰食品成功组建省级工程技术研究中心，山东大学达能节能减排研究院顺利挂牌成立，凯能锅炉与西安交大合作成立校企研究中心，豪迈电缆荣获中国驰名商标，宏达锻压等 2 家企业荣获山东省著名商标，康宁富乐医疗设备等 9 家企业成功注册马德里商标。

2015 年，胶北街道以"在谈项目促签约，签约项目促开工，开工项目促投产，投产项目促税收"的工作理念，强力推进项目建设，为实现经济社会转型升级和跨越发展注入了新的动力。先后推进开工项目 16 个，开工面积 21.8 万平方米，投产项目 13 个，新签约项目 8 个，在谈项目 12 个。其中，青岛市重点项目 5 个，总投资 48.4 亿元。截至 2015 年底，全处共有企业 2118 家，其中规模以上企业 137 家，承载着数字化装备制造及船舶配套产业、节能环保产业、新能源产业等高度集聚产业群，成为服务半岛经济的区域物流中心、蓝色装备制造业基地和生态农业及观光旅游特色产业区，全年实际利用内资 29 亿元，完成固定资产投资 108.9 亿元。

2018 年以来，胶北街道始终坚持把项目建设作为转变经济社会发展的主抓手，青禾人造草坪、明珠钢结构等 8 家企业获评隐形冠军企业，占全市的 45%。青锻锻压 EPC—8000型电动螺旋压力机、科创蓝新能源基于疏导换热的污水及地表水热泵供热供冷系统等 8 个项目被认定为国内首台（套）

技术装备项目，占全市总数的40%。

3. 教育事业

胶北街道按照"经济结构大升级、项目建设大推进、民生事业大改善"的思路，抢抓机遇，锐意创新，产业发展实现新突破，教育水平获得新提高。

2012 年，胶北街道先后投资 2000 多万元对学校教学楼进行危房改造和抗震加固工程建设，育才小学实施危房改造工程，拆除部分危旧平房并投资600 万元建设建筑面积达 3000平方米的新教学楼，新教学楼于 9 月 10 日竣工并投入使用。

2013 年，胶北街道加大教育投入，全面提高辖区内 B 级以上校舍的维护与兴建。政府投入专项资金，对柏兰小学、地恩地小学等多处学校进行塑胶跑道铺设与食堂升级改造；推进欧堡小学、育才小学、正

北小学 3 所小学的综合楼或教学楼建设启用，不断升级完善教学设施。

2014 年，胶北街道通过互动交流的方式，不断提高教育、教学质量，引领优质教育，全处教育事业捷报频传。欧堡小学升级改造为莱州路小学后，着力发展德育教育，先后开展了书法、绘画、剪纸等特色教育，并创新了"少年中华说"等节目，获得了省、青岛市、胶州市各级领导的一致好评。2014 年以来，先后荣获"八角鼓传承基地""中国秧歌艺术传统校"等多项荣誉。

4. 卫生事业

2012 年以来，胶北街道高度重视医疗卫生事业发展，逐步完善基层医疗设施，不断深化医疗卫生体制改革，全面提升医疗服务能力和公共卫生服务能力，切实满足人民群众的

胶北街道颐嘉祥老年公寓内的健身场所

基本医疗服务需求。

2012 年镇办合并后，胶北街道将敬老院进行整合，更名为胶州市胶北老年人社会福利服务中心。胶北老年人社会福利服务中心位于杨家林村，主要接纳一般老年人和不能自理、半自理的老年人、残疾人，并根据他们自身状况和不同需求，提供不同类别的生活照料和护理。2014 年以来，胶北街道一直将敬老事业列为重要议事日程，坚持建院高标准、管理高水平、服务高素质，进一步完善社会养老服务体系，引进锦云村养老管理机构，建设颐嘉祥老年公寓，以社会养老的方式，面向社会招收失能失智和半失能人员，为老人提供生活照顾服务，让入住的老年人真正体会到老有所养、老有所医、老有所为、老有所学、老有所乐。

5. 物流业发展

胶北街道抢抓国家"一带一路"重大机遇，紧扣全市"四城建设"主旋律，坚持"高站位统筹、高起点规划、高水平设计、高质量建设"发展思路，加速推进青岛胶州湾国际物流园建设。尤其是随着国家级示范物流园的成功获批，以及全国多式联运示范工程的顺利入选，胶州湾国际物流园枢纽功能不断增强，口岸功能不断完善，产业链条不断延伸，物流之城的地位日益巩固和加强，

全市经济发展两大引擎之一的作用更加突出，成为全市经济发展的重要一极，逐渐与东部国家级开发区、北部临空经济区形成鼎足之势。

（1）物流项目集聚发展。2008年9月，胶州湾国际物流园核心项目——中铁联集青岛铁路集装箱中心站项目正式开工，总投资5.25亿元，于2010年8月正式投入运营。到2016年，园区已有中远海运、新海丰、中外运、陆桥、凯航、青岛远洋大亚等10余家航运、物流企业落地并开展业务。同时，以凯航物流为主体投资建设的胶贸通综合服务平台也正式启用。

（2）完善检验检疫功能。2012 年 6 月，青岛出入境检验检疫局胶州办事处正式挂牌办公。2014 年 7 月，青岛出入境检验检疫局胶州办事处新增进口水果和肉食检验检疫功能。2015 年，青岛出入境检验检疫局胶州办事处启动无害化处理中心建设，该中心总投资 700万元，总面积 1 万平方米，主要用于对省外进出口货物检验检疫及卫生除害处理。2016 年，青岛出入境检验检疫局胶州办事处受理报检业务 3.7 万批次，占到青岛市总量的三分之一。

（3）完善基础设施配套。2012 年以来，胶北街道积极争取国家和省、青岛市、胶州市

各级部门的支持，累计投入资金 2 亿元完善园区基础设施建设。其中王庸路公铁立交桥总投资 1.2 亿元、北外环路拓宽改造总投资 6000 万元、园区雨污分流管网铺设总投资 1000 多万元、园区绿化量化总投资 1000 余万元。

（4）打通口岸通关功能便利。2014 年 3 月 19 日，青岛海关正式批准建设中铁联集青岛铁路集装箱中心站海关特殊监管场所，实现了胶州市海关监管区域零的突破，中心站仅用 8 个月的时间完成海关围网、国检查验平台、海关监管通道建设，建成海关围网面积 1.22平方千米、查验平台 8000 平方米；11 月 28 日，中心站海关监管场所顺利通过黄岛海关验收；11 月底，海关总署正式批复青岛多式联运海关监管中心。2015 年 4 月，海关人员正式入驻开展业务，实现进出口货物及过境货物的报关、查验、通关、转关等功能的正常运转。

（5）跨境电商破题发展。2015 年，胶北街道抢抓青岛获批全国跨境电商综合试验区的重大机遇，积极构建跨境电商综合服务平台，加快推进跨境电商胶州园区建设，园区于2016 年正式运营。

（6）青岛多式联运中心运营。胶北街道积极与青岛港、中铁联集总公司、济南铁路局

对接，签订战略合作协议，建立多式联运会议制度，联合中远海运、新海丰、中外运、陆桥、凯航、青岛远洋大亚等"多式联运经营人"，打造"一带一路"多式联运物流枢纽。2014年12月，青岛多式联运中心获批全国第二家、沿海首家多式联运海关监管中心，承担九省十关"区域通关一体化"的功能。胶北街道积极争取中铁联集总公司支持，引进中铁国际多式联运有限公司，在园区设立中铁国际多式联运有限公司济南分公司营业厅，并派驻人员全流程开展业务。对济铁物流园、青岛港、中铁集装箱青岛中心站、中铁多式联运四方资源进行整合，建立上合示范区青岛多式联运中心营业厅。2018年，胶北街道加快推进"上合—数字贸易港"建设，依托现有敦煌网的8个境外DTC，推动"青岛制造"走出国门，并结合胶州的特色产业规划建设海外仓。上合青岛峰会期间，中央电视台新闻联播、朝闻天下，人民日报等国家级媒体对胶州发展综合物流情况进行报道达50次。截至2018年，多式联运中心已成功开通14条国际国内班列和2条回程班列，"齐鲁号"顺利首发；山东省国际班列到发496列，其中上合示范区多式联运中心到发402列（中亚194列，中韩140列，中蒙49列，

东盟16列，中欧3列)，占全省的81%；完成集装箱作业量53.6万标箱，同比增长27.3%。

6. 旅游业发展

2012年以来，胶北街道积极整合文化、农业、旅游资源，弘扬古村落文化，突出优势特点，打造了剪纸艺社、陶瓷艺社、尼山书院、骡花艺社等具有浓郁地方民俗文化特色的旅游景点，开展以赏花、品果、采摘、逛庙会以及农家宴、红色教育、乡土文化印记、民间手工艺传承为主要特色的乡村旅游。2014年，玉皇庙村被评为国家AAA级景区。2015年，胶北街道成立乡村旅游专业合作社，以发展特色旅游线路景点为己任，以服务入社社员为宗旨，以壮大农村集体经济为目标，整合全处合作社资源优势，发挥胶北"瓜果之乡"的种植优势，着力打造"20公里生态旅游长

廊"，完成植树造林1600余公顷，发展葡萄、蜜桃、黄金梨等采摘园40余处，构建起"三月摘草莓和西红柿、四月品油桃和太阳杏、五月赏玫瑰和薰衣草、六月吃西瓜摘葡萄、金秋时节采摘品尝蜜桃黄金梨"的乡村生态旅游格局，胶北街道也成为青岛市近郊游、一日游、周边游、生态游和乡村游的理想胜地。2016年6月，胶北乡村旅游专业合作社党委被评为"山东省基层建设先进党委"。2018年4月，胶北街道成功举办胶北赏花会，赏花会的主会场由街道文化广场改为玉皇庙景区桃园，通过网络直播模式提高影响力，吸引更多游客到景区观光旅游，共接待游客10万人以上。

7. 文化发展

胶北街道深入落实文化惠民政策，努力推进公共文化服

位于胶北街道玉皇庙村内的胶高魂革命历史纪念馆

务体系建设，不断满足广大农民群众日益增长的精神文化生活需求，进一步推动了农村文化的发展繁荣。2012 年以来，大力实施"送文化下乡"工程，免费为农民送文艺演出 200 多场、送图书 23800 册、送电影 5000 多场、送书画 500 多幅，受益农民 5 万余人。大力实施"文化入户惠民"工程，截至 2017 年，全处建成村级达标农家书屋 55 个，为新型农村社区文化中心配备公共电子阅览室 10 个，农家书屋、电子阅览室全部对外免费开放。大力实施"文化人才支撑"工程，深入挖掘全处优秀文化带头人，扶持组建了文化艺术社团。2017 年，全处成立了秧歌、剪纸、京剧、茂腔、腰鼓等 12 个民间文艺社团，社团活动场所面积达 1000 余平方米，由胶北街道免费提供。大力实施"文化社团辐射"工程，全处各村庄组建了秧歌队、太极拳队、健身球队、柔力球队、健身操队等，定期举办文艺骨干培训班，邀请戏剧、声乐、舞蹈等专业老师前来辅导。2018 年 4 月，胶北街道争取青岛、胶州美丽乡村建设资金 1400 万元，启动了邵家村、前屯、后屯 3 个村庄的美丽乡村建设项目，从文化广场建设、街道路面整修、村庄亮化和墙面粉刷及文化上墙等多个方面对 3 个村庄进行打造，争创美

丽乡村示范村。

三、主要成就

（一）物流发展"快马加鞭"

胶北街道始终坚持"高站位统筹、高起点规划、高水平设计、高质量建设"的发展思路，着力打造"通关一体引领区、多式联运核心区、现代物流示范区"，建设一流国家级示范园区。海关总署正式批复中心站海关监管场所为全国第二家、沿海首家"青岛多式联运海关监管中心"，并将其作为全国多式联运示范区，打造一处具备铁路运输、通关、转关、查验、过境、转运、直通监管、跨境电商集散和保税仓储、集拼、简单加工等功能的新型海关特殊监管区。中心站相继开通"胶黄小运转"省内循环班列，青岛号"中亚班列"、广东石龙"中韩快线""中蒙班列"等 3 条国际班列，胶州至乌鲁木齐、西安等 7 条省外班列，对内辐射省内外集疏青岛港货源，对外辐射中亚、欧美等国家过境及进口货源。青岛胶州湾国际物流园相继荣获"国家优秀物流园""国家级示范物流园区""全国多式联运首批示范工程"三大"国字号"荣誉。多式联运中心稳健发展，中铁联集青岛铁路集装箱中心站正式开通运营。

（二）项目发展"提速增效"

胶北街道始终把新旧动能转换作为推动高质量发展、加快构建现代化经济体系的主线，以产业链为基础、价值链为导向、创新链为路径，紧抓"招商引资突破年"的有利契机，优化存量、提升增量、做大总量，竭力打造先进装备制造业新高地。深入开展好"一业一策"精准招商年活动，坚持所有项目进现场，紧紧围绕高端装备制造、现代物流精准定向招商。达能环保设备入选国家工业品牌培育示范企业名单，并成功获评全市首家国家级企业技术中心、国家技术发明二等奖，实现了胶州市装备制造业的新突破。全处共有山东省级企业技术中心 8 家，占全市总数量的 42%，高新技术企业累计达到 70 家。

（三）民生延伸"全面开花"

胶北街道从教育、医养、农业、旅游等多个方面促进百姓"幸福指数"全面提高。一是推进教育发展。全面加强 B 级以上校舍改造，总投资 970 万元的敏求小学改造工程和总投资 550 万元的北关幼儿园建设工程两项重点工程正式投入使用。二是优化医养环境。健全居民养老保障体系，在提高熙嘉祥老年公寓影响力的基础上，支

持社会办医，促进店子村骨科医院尽快启用，120急救中心投入使用。三是完善农业配套。进一步缩小南北发展差异，形成优势互补、资源共享、抱团发展。四是推进旅游开发。推进现代农业园区和水肥一体化试验区建设，改造区域范围内1600公顷土地与农业生产布局匹配；招引社会资本加快旅游项目建设，将玉皇庙景区扩量提质。

（四）乡村振兴"如火如荼"

胶北街道将旅游业与生态文明乡村建设相结合，大力实施农村硬化、绿化、净化、美化、亮化"五化"工程，全力打造"社会主义新农村建设示范区"，成为胶州市第一个"五化"建设全覆盖的乡镇。在生活美方面，以美丽乡村建设为抓手，统筹推进治水、治污、治厕、环卫保洁等工作。在生态美方面，按照每个管区打造一个特色村、每一个村庄打造一条特色街的目标，全面实施"绿化工程"，新增造林面积1000余公顷。投资1916万元对香江路和王庸路部分路段进行路面整治、人行道板铺设和绿化提档升级。在组织强方面，承办了全市选派乡村振兴工作队动员部署会议，推广了水牛村支部联建的经验做法，在全市范围内率先开展村文书、计生主任全员竞聘，加强政策引导，强化督导

落实，将党风廉政建设延伸到基层的各个触角。

（五）城建推进"井然有序"

胶北街道持续巩固提高全国文明城市和卫生城市创建成果，固化"一核三元两效"机制，志愿服务常态化、城市管理长效化蔚然成形。高质量推进基础设施建设，投资3600万完成办事处驻地中心街、香江路、王庸路景观绿化和门头房改造，加快完成纬46路规划建设，完成杨家林片区700公顷棚户区项目改造，实施后屯大集搬迁改造工程，北关工业园山东道、浙江道等多条道路基本完工。高要求推进宜居环境建设，完成大庄片区三期100公顷土地招牌挂，推进府新苑小区、香江明珠等14个小区启动，开工建设宝运来皮革制品、华龙造纸等10余个闲置地块。高标准推进城市精细化管理，推进锻压厂宿舍楼小区整治，引入物业公司实现辖内小区规范化管理。建立健全网格化管理机制，将全处划分为11个保洁责任区，实现小区环境卫生工作规范化、制度化、常态化。

四、经验启示

（一）促进企业转型升级是社会发展的原生动力

我国正处于加快转型升级的攻坚期，胶北街道加快转型升级，立足当前、眼光长远，把面临的挑战和现实困难转换为转型升级的动力，不断提升产品核心竞争力，增强经济发展动力，应对外部挑战，不断适应经济发展新常态。

（二）改善城乡居住环境是社会发展的基本保障

改革开放以来，胶北街道始终坚持以人为本、改善民生，把解决事关群众利益的重大问题摆在突出位置，致力于解决群众所思、所盼，顺应广大市民的迫切要求和强烈愿望，不断改善人居环境，服务广大人民。

（三）打造旅游文化优势是社会发展的良好辅助

旅游文化是一个地区的名片，也是旅游资源得以充分利用并实现经济效益、文化效益、社会效益最大化的重要保障。胶北街道依托厚重的历史文化、独特的自然资源和丰富的旅游文化资源优势，着力做好打造特色旅游项目、创建特色文化旅游品牌等工作，全力推进旅游文化资源的整合开发。

执笔人：李永泽

改革开放以来胶东街道社会民生事业的发展

胶东街道

改革开放初期，胶东街道辖区属于胶北战区和平公社，由和平公社党委统一管辖。1984 年 2 月 20 日，胶县县委、县政府撤销和平公社建制，设立小麻湾镇和前店口乡。1993 年 9 月 11 日，小麻湾镇正式更名为胶东镇。2001 年 2 月，胶东镇与前店口乡合并，撤销前店口乡建制。2009 年 9 月 28 日，胶东镇撤镇设立胶东街道。2012 年 12 月，胶州市部分镇（街道）行政区划调整，原北关街道的 4 个行政村划归胶东管辖。至此，胶东辖区面积增加至 108.8 平方千米，所辖行政村增加至 72 个，人口增加至 7.87 万人。改革开放以来，胶东街道实现了从计划经济体制到社会主义市场经济，由粗放型增长方式到集约型发展方式的转变，美丽乡村建设成效显著，社会管理机制创新发展，民生事业持续改善，谱写了一曲跨越式发展的精彩华章。

一、改革开放以来社会民生事业的发展历程

（一）基层党建工作的发展

改革开放以来，胶东党建工作紧紧围绕全处经济社会发展大局，保持思想建设、组织建设、作风建设的同步推进，在积极探索城乡统筹党建和区域化党建模式、扩大基层党建工作覆盖面、扎实推进基层民主政治建设、运用现代科技打造基层党建综合性平台等方面创造性地开展工作，为胶东的发展提供了强大的政治保证和组织保证，走出了一条城乡基层党建工作的固本强基之路。

20 世纪 90 年代，处于胶东镇和前店口乡管辖之下的胶东依然遵循以党委为主导、农村党组织为支撑的传统党建管理模式，机关单位党支部、非公企业党组织数量较少，且工作积极性、主动性不高，难以

有效铺开基层党建工作的新局面。2006 年初，胶东镇党委正式建立农村服务代理网络，实施管区驻村定点办公。2007 年以来，党委先后开展了以"一个班子一条心，一支队伍一面旗，一个党员一盏灯"为主要内容的"三个一"主题活动和"党员先行、三联共建"主题活动，加强镇、村、非公企业党员队伍建设，不断拓展基层党组织阵地，极大提高了基层党组织的工作积极性。

2009 年，胶东街道党工委结合"科室联村""民生服务年""携手企业千人行"等活动，建立完善了驻企联络员、驻村联络员、驻会联络员服务机制，构建了"全方位、广覆盖、分层次"的服务网络。2011 年，便民服务区正式启用，党工委不断深化"党员先行"品牌，统筹推进"三联共建""双强四优""双十佳"系列活动，党风、政风和民风得到根本转变。

2012 年，胶东街道党工委组织建立了健康服务、商贸服务、社会治安、便民服务、环境卫生整治五大党建服务网络，由 100 名机关干部担任的驻企员、驻村员和驻会员，每周深入服务单位或村庄走访解难，得到了社会各界的一致好评，开创了基层党建工作的新格局。

2017 年，胶东街道党工委积极联合机场建设指挥部党委、37 家机场参建单位党组织成立了中共青岛胶东国际机场片区联合委员会，通过党建责任共担、党员队伍共管、党群服务共享、党群活动共办、重要事项共商，为机场建设提供坚强组织保障。联合党委面向胶东国际机场 56 家总包施工单位、16000 名施工人员服务，通过开展丰富多彩的党群活动，凝聚共建机场的合力。

2018 年，胶东街道党工委按照胶州市委构建"一核统领、六维共振"农村区域化党建共同体的要求，充分考虑村庄规模、地缘关系、稳定程度等因素，成立了 8 个农村社区党委，担当农村区域化党建共同体的"一核"，将辖区 72 个村庄、42 个非公企业党支部以及各种群团组织全部纳入社区党委管辖。同时，统筹推进"六维"建设，每个社区党委均完善了以村庄党支部、群团组织为主的区域党群组织，以社区治安委员会、

调解委员会、联村律师工作室为主的乡村综治组织，以文明宣讲团、邻里艺术团、义工志愿服务队为主的文明实践组织，依托便民服务中心、爱心发屋、心理咨询室开展工作的便民服务组织，以企业党支部为主要力量的产业促进组织和以好青年先锋队、青年联谊会为主的人才选培组织。同时，建立"1433"工作保障体系，即以社区党委为核心，实现有人办事、有钱办事、有场所办事、有制度办事，推动送政策上门、送温暖上门、送服务上门，配套创业设施、服务设施、文化设施，确保农村社区党委真正发挥作用。

（二）民生服务效能的转变

1. 三大惠民平台的打造

胶东街道镇办撤并后，服务管理面积增大、人口增多，群众业务办理需求和愿望诉求日益增长，分部门、分房间办公模式已无法满足需求。2013 年，胶东街道以群众路线教育实践活动为引领，投资 200 余万元打造了高标准的"365 民声服务中心、综合行政执法中队、365 便民服务大厅"三大惠民平台，真正实现了"一个楼层、三大平台、全方位便民"的目标。

其中，365 民声服务中心

设置 24 小时服务专线 88260365，依托媒体、依托村庄、依托热线，做好对接网络、对接投诉、对接信访，从而实现服务到位、救助到位、帮助到位，确保民众诉求"第一时间受理、第一时间出现、第一时间解决"；365 便民服务大厅集为民服务三上门、劳动保障、社会事务、处村建设、税收代征、工商、工会等 7 个部门的 20 多项服务职能于一体，推行"一个窗口受理、一次性告知、一条龙服务、限时办结"的运作模式，让群众享受高效、便捷的一站式服务；胶东综合行政执法中队，作为胶州市综合行政执法 8 个试点镇（街道）中队之一，设置"两科室七分队"，集中行使城镇管理、国土保护、食品监管、文化市场、畜牧兽医、农业监管、物业管理等 7 个领域执法权，有效解决部门职责交叉造成的多头执法或执法力度不够的问题，实现了高效、便民、有力的执法目标。

2. 建立为民服务"三上门"长效机制

胶东街道地理位置特殊，是胶州市面积最大的镇（街道）。辖区南北直线距离近25千米、东西近 22 千米，群众到办事处办理日常事务极为不便。民生服务从管理型向服务型转变，变"坐等上门"服务为"主动问需"，成为当务之急。

2014 年 5 月，针对习近平总书记指出的基层组织存在"坐等上门多，主动问需少"等现实问题和胶州市委领导概括的镇（街道）存在的 5 个"不强"问题，胶东街道党工委建立了以"闻民声而动，为民需而行"为主题，以"行政审批送上门、惠民政策送上门、紧急救助送上门"为主要内容的为民服务"三上门"长效机制，将联系服务群众的"最后一公里"变为零距离。

3. 打造服务型党建办公室

2014 年 4 月，胶东街道党工委秉承"党建服务、倾听民声、惠及百姓"的服务宗旨，将组织办公室与原 365 民声服务中心的职责进行合并，成立服务型党建办公室，形成了线上问题受理、线下服务办理、跟踪督查落实的高效运转体系，达到了 1 + 1 > 2 的效果。

服务型党建办公室将全处划分为办事处、管区、村庄、村内街道 4 级网格，分层设立网格员，此外还另设企业、教育卫生系统网格员。办公室设主任 1 人，副主任 2 人，工作人员 9 人，统揽组织建设、网格管理、民需办理、督查考评、跟踪问责等各项职责。各级网格员通过热线电话、门户网站和手机终端等多个途径将应急类、困难救助类、居民生活类、公共设施类、政策解答类、农业生产类、综合执法类和村庄管理类八大类民生诉求进行及时反馈，分门别类报给服务型党建办公室、综合行政执法中队、365 行政便民服务大厅办理解决。服务型党建办公室成立以后，民生服务效率平均提高 8—10 倍，构建起以党组织为核心、以网格化为基础、以信息化为依托、全处党员齐参与的服务大格局。

（三）农村环境卫生事业的发展

改革开放前，由于人员不足，工具落后，胶东辖区内村庄环境卫生脏乱差现象较为普遍。改革开放以后，环境卫生队伍不断壮大，工具逐渐革新，村庄环境卫生有了明显改观，但仍然停留在"净化"的层面上，农村综合环境得不到显著提升。

2006 年，胶东镇按照"绿化、美化、净化"的要求对村庄环境卫生进行了集中整治。2007 年，胶东镇党委提出"加快村庄五化建设，改善村居环境"的总体要求，农村环境综合整治工作初步形成局面。2009 年，胶东街道通过大力发展民营经济小区、村品经济、土地股份合作等方式加快农民增收步伐，推动新农村建设向纵深发展，有 32 个村全面完成了"五化"建设，12 个村全面启动旧村改造工作。

2010 年，胶东街道进一步完善了排水排污管网建设，铺设了供热、燃气管道，基本覆盖了办事处驻地、纺织工业园、台湾工业园，基础设施达到了城区标准。2011 年，胶东街道从加大资金投入、建立长效机制入手，着力解决垃圾围村、路域治理、植树造林等问题，采取考评和办事处、村庄对半分担的办法，解决了村级清洁工的工资问题，同时全面实施垃圾集中清运，打造了一批洁净村庄、畅通村庄和生态村庄。

2012 年，胶东街道积极响应市委、市政府要求，深入开展"三城共建"活动，出台《胶东街道办事处关于建立健全六项工作制度进一步加强环境综合整治的通知》等文件，明确主要道路的分管领导和责任站所，对道路环境卫生进行监管。同时，胶东街道组织专人对每个分管领导及站所负责的道路卫生情况进行督察评比，定期在一楼大厅张榜公示，对管理好的路段进行表扬，对管理差的路段进行督促整改。

2013 年，胶东街道按照"环境优美、风景秀美、生活甜美、村风和美"的标准和要求，积极开展洁净之星、绿色之星、平安之星、保障之星、尚德之星"五星"美丽村庄创建活动，把群众的保洁、安全、保障、文化生活等方面需求与处村的管理服务紧密结合在一起，落实奖惩、门前三包等制度，建立起服务群众、改善村居环境的长效机制。此外，胶东街道还出资40多万元，对大沽河西岸的大店村等9个村庄沿大堤一侧的墙壁进行统一美化粉刷，给大沽河绿廊工程增添了新亮点。

2014年，胶东街道结合青岛市农村环境综合整治工作、胶州市"美丽胶州"建设工作，全面掀起农村环境综合整治工作新高潮。一是与72个村庄负责人签订责任承诺书，明确目标任务和时间节点，强化督导，全程跟进，仅用不到1个月时间，彻底扫除村庄的脏、乱、差现象；二是针对各村庄绿化严重缺失、环境恶化等问题，以村为主，村栽镇补，奖罚并用，向"村村拥绿、户户有花"的目标迈进，村庄绿化、环境美化取得了突出成效。

2015年3月，胶东街道党工委研究决定，在全处开展"三挖四治六美"生态文明乡村建设行动，即挖掘历史文化、民俗文化和产业文化资源，全面开展治绿、治水、治路和治乱行动，实现全处生态美、环境美、人文美、道德美、产业美和前景美。2015年12月，青岛科学发展项目现场观摩会和山东省生态文明乡村建设现场会相

胶东街道三官庙村中心广场

继在胶东街道大店村设点观摩，对胶东的生态文明建设给予充分肯定。

2016年，胶东街道紧紧围绕"小厕所，大民生"的工作要求，创新"三结合"工作法，即注重改厕与改水相结合、与环境综合整治相结合、与倡树文明新风相结合，不断加强生态文明建设，着力打造美丽胶东升级版。47个村庄全面铺开改厕工作，完成改厕户14110户。此外，胶东街道以迎接国家卫生城市复审工作为契机，以打造大沽河绿色生态特色旅游产业带为目标，完善环境卫生综合整治长效机制，深化"一村四景"建设。全处植树增绿18万余棵，硬化整修道路1.6万余平方米，建成文体小广场1万多平方米。

2017年，胶东街道坚持规划构图，大力推动东小屯创建

省级示范村，大麻湾二村创建青岛市级示范村，三官庙、葛家庄创建胶州市级示范村，葛埠岭等14个村创建胶州市级达标村。4个示范村累计投入资金3030万元，共建设各类工程项目38个，村庄面貌焕然一新。坚持环境着色，全面开展环境卫生综合整治、村容村貌提升及环保治理工程，先后清理"三大堆"5800余处1800余吨，栽植各类苗木6.3万余棵，关停取缔"散乱污"企业54家。坚持产业塑骨，大力推进大沽河沿岸村庄建设，以"一村四景"为带动，突出历史特色、文化内涵，发展乡村旅游业，实现村村有特色、处处有景色的目标，带动村民致富增收；大力发展适度规模经营的新型农业产业园，推动佳华园艺、清水湾生态观光园持续释放富民效应。坚持文化铸魂，

评选出"文明家庭"3000余个，"好媳妇、好婆婆"465人，组织开展"身边人讲身边事"等宣讲活动30余次，受教育群众6000余人次。2017年青岛市美丽乡村标准化建设现场会在三官庙村设点观摩。

2018年，胶东街道按照美丽乡村"连线成片"建设要求，明确沿河、沿路布局，连片打造美丽乡村示范带的思路，规划确立了大沽河、站前大道、胶平路3条美丽乡村示范带。重点推进了大沽河示范带上的大麻湾一村、大麻湾三村和站前大道示范带上的和平庄、朱家庄4个青岛市级美丽乡村示范村以及大半窑村1个省级美丽乡村示范村的创建，累计投入资金4600余万元，创建示范村9个，初步构建起了"点上有特点、线上成规模、整体大变化"的美丽乡村建设格局。2018年7月和9月，青岛市美丽乡村标准化建设现场观摩会和青岛市乡村振兴暨脱贫攻坚现场会先后在胶东街道设点观摩。

（四）民政事业的发展

改革开放初期，人民群众生活水平普遍偏低，原胶东镇及前店口乡的民政事业均未步入正轨，在民间设立公益机构意识较为薄弱，城乡居民社会保障体系尚未建立。2012年镇办撤并以来，胶东街道立足实际，务求实效，在城乡低保五保保障体系建设、居民医疗救助体系建设以及老年人居家养老服务体系建设等方面取得了长足进步。

1. 低保覆盖情况

2011年底，胶东全处户籍人口71998人，低保户719人，低保覆盖率只有0.99%，低保覆盖面较低，很多困难家庭得不到基本生活保障。为此，胶东街道积极开展低保扩面工作。2015年底，胶东全处户籍人口71998人，低保户人口达到1503人，低保覆盖率达到2.08%，基本做到了应保必保。2015年—2018年，由于受到胶东国际机场征迁、旧村改造拆迁等原因影响，部分原先享受低保待遇的家庭已不符合低保标准，胶东街道将这部分家庭全部退出低保，全处低保户数量有所降低。截至2018年底，全处低保户人口为984人，低保覆盖率达到1.36%。

2. 日间照料中心和居家养老服务站建设工作

2013年，胶东街道针对分散在村庄居住的五保老人，开始建设日间照料中心以及居家养老服务站，当年顺利完成了三官庙、东小屯等4处日间照料中心的建设工作。2014年，完成小西庄、大麻湾三村等6处老年人日间照料中心的建设工作。2015年，完成谈家庄、葛埠岭等4处老年人日间照料中心的建设工作。2016年，开工建设了韩家二村日间照料中心，并在其他村庄建立了居家养老服务站，有效保障了五保老人及其他孤寡老人的日常生活。2017年，胶东街道辖区内运营的老年人日间照料中心共计9处。按照胶州市民政局要求，胶东街道与山东省青鸟软通信息技术有限公司签订协议，依托青岛市智慧养老平台对所有日间照料中心实行签到打卡制度，进一步强化了对日间照料中心运营情况的监管。2018年，胶东街道聘请青岛市正明会计师事务所对辖区内的日间照料中心进行评估，出具运营评估报告后上报到胶州市民政局，从而为老年人日间照料中心申请运营补助。截至2018年底，因社区改造等原因，胶东街道辖区内正常运营的老年人日间照料中心缩减至4处，分别是大麻湾二村、和平庄村、韩家二村、三官庙村。

3. 社会救助工作

2015年，胶东街道999救助中心成立以来，在困难救助方面发挥了巨大的优势，救助数额屡创新高。2016年，临时救助金额57万元，大病医疗救助金额22万元。2017年，临时救助金额41万元，大病医疗救助金额42万元。2018年，临时救助金额 26 万元，大病医疗救助金额 24 万元。截至 2018 年底，全处总共救助金额突破 219 万元，社会救助质量和数量均有了质的飞跃。

4. 胶东敬老院

2008 年 4 月，随着全社会"敬老爱老"意识的不断增强，胶东镇开始兴建敬老院。2009 年 5 月，敬老院主体竣工，10 月正式投入使用。敬老院位于胶东街道西 1000 米，胶东卫生院西侧，项目总投资 258 万元，占地 10.3 公顷，建筑面积 1742 平方米。敬老院实行宾馆式管理，老人居住的房间内设施一应俱全，入住老人统一着装、专人护理，1 周内伙食不重样。敬老院每年都会为老人组织一次健康查体，保障老人的身心健康。2013 年以来，胶东街道对敬老院实施了提升改造工作，

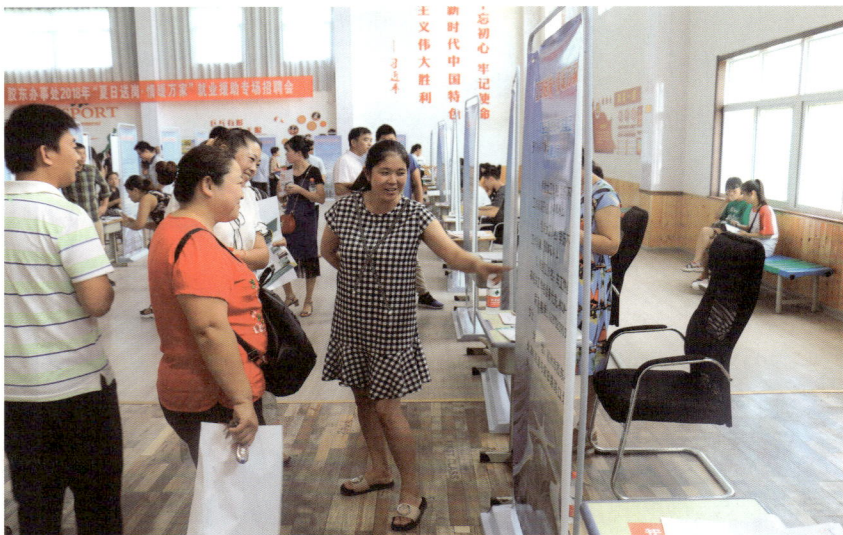

2018 年 7 月 21 日，胶东街道办事处举行 2018 年就业援助专场招聘会。

在所有房间内安装了防火顶棚。2014 年，对室内进行地砖铺设、内外墙壁粉刷、路面硬化、路边石铺设，敬老院整体环境得到较大改善。2016 年，投资 42 万元，完成敬老院"三提升"建设，试点医养结合"新模式"。2018 年，对敬老院进行提升改造，基础设施建设、消防工程

和呼叫系统安装全部完成。

5. "精准四助 · 情暖万家"行动

2018 年，胶东街道推进就业援助行动，搭建工作平台实时掌握辖区村民的就业需求和辖区企业的招工需求，通过组织招聘会等方式帮助 460 余位村民找到合适岗位；推进特困救助行动，进一步巩固脱贫攻坚成果，通过政策救助、医疗救助、结对帮扶等精准措施帮助低保户以及因病返贫、大病致贫等家庭度过困难时期，2018 年通过一次性救助、"周行一善"、大病医疗救助、临时救助、"两癌"贫困妇女救助等为 673 户困难群体发放救助金 113 万余元；推进求学资助行动，全面落实贫困家庭学生午餐免费政策，通过"雨露计划""春蕾女童""关爱留守儿童"等资助学生 58 名；推进爱心帮

2017 年重阳节，胶东中心幼儿园的小朋友们到胶东敬老院为老人们表演节目。

助行动，通过政府购买服务的方式，打造爱心发屋 14 处，招募爱心理发志愿者 28 人，为辖区 70 岁以上老人、建档立卡贫困家庭成员、卧病在床不能自理群体等 7000 余位村民提供爱心理发服务。

（五）教育事业的发展

1. 幼儿教育

胶东辖区的幼儿教育事业始创于 1958 年，斜沟崖村委主导成立了第一所育红班。改革开放后，"育红班"改为"幼儿园"，成为胶东最早的幼儿教育场所。改革开放初期，胶东镇中心幼儿园成立，负责管理全胶东镇的幼儿教育工作，幼儿教育蓬勃发展起来。2013 年 9 月，胶东街道根据片区划分设立了 11 个早教指导点，向家长宣传和指导早教工作。2015 年 8 月，受到胶东国际机场建设影响，胶东街道部分幼儿园迁址或关闭，全处共有幼儿园 33 所。2016 年，胶东街道投资 500 万元，建成启用胶东中心幼儿园，极大满足了全处幼儿的入托需求。2018 年，胶东中心幼儿园东小屯分园建成启用，全处普惠性幼儿园覆盖率达到 85%。

2. 小学教育

改革开放初期，胶东辖区内小学全部为各村村委自主修建，共有大店小学、于家村小学等少数小学，小学资源少，教育水平低，无法满足辖区内小学学生的入学需求。20世纪 90 年代以来，胶东镇党委政府在对辖区内小学实施硬件提升、扩大规模、资源优化等改造工程的基础上，策划筹建新小学，缓解教育资源紧张压力。1999年9月，胶东镇党委政府用筹资所得128万元善款在小麻湾村南兴建小学，并以捐助善款数额最大的民营企业家徐其欣的名字将该小学命名为其欣小学。

2001年，新的胶东镇成立后，原前店口乡罗家村小学更名为"胶州市胶东镇第三小学"。2002年9月，胶东镇政府出资160万元完成胶东镇第三小学的新校区建设并投入使用。2015年以来，因胶东国际机场征迁需要，原胶东小学吸收合并店口小学与胶东第二小学，成立新的胶东小学。2015年9月1日，胶东小学新校区正式投入使用，新校区占地46461平方米，建筑面积19355平方米，投资5892万元，校区内各项教学条件得到显著改善。2016年，胶东街道投资250万元完成胶东小学绿化提升及校舍、食堂建设改造工作，全处中小学校均已达到青岛市规范化学校标准。2017年，胶东教育中心和其欣小学迁建工作全面启动。2018年，胶东街道投资170万元，实施中小学暖气改造、标准化食堂建设等5项工程，并加快推进其欣小学扩建、第十二中学迁建以及空港小学新建等工作。

3. 中学教育

20 世纪 90 年代，胶东辖区内有胶东镇中心中学、前店口乡中心中学 2 所中学。2001年，因乡镇合并，胶东镇中心中学更名为胶东一中，2003 年

胶州市第十二中学

更名为胶州市第十二中学；前店口乡中心中学更名为胶东二中，2003 年更名为胶州市第十三中学，2005 年 8 月合并到胶州市第十二中学，成为一所新的全日制普通初级中学。至此，胶东辖区内仅余一所中学，为胶州市第十二中学，学校占地33400 平方米，建筑面积 7447平方米。

4. 胶东教育中心

2010 年以来，胶东街道本着早计划、早安排、早准备的原则大力抓好中小学校舍改造工程，根据市教体局抗震检测结果安排拆除重建、加固或更新，决定将第十二中学、其欣小学、第二小学进行合并，异地新建胶东教育中心。合并后的教育中心位于胶东街道办事处驻地，总占地面积 161710 平方米，建筑面积 66650.64 平方米，成为山东省一流的镇处级教育中心，达到全省规范化办学条件标准，校舍抗震达地震安全性评价要求。2013 年 9 月，胶州市第十二中学整体搬迁至胶东教育中心。2015 年 9 月，胶东小学整体搬迁至胶东教育中心，学校的校舍面貌、教学设备得到极大改观。

（六）卫生事业的发展

1. 胶东中心卫生院的建成与发展

胶东中心卫生院的发展经历了从乡镇卫生院合并到改革，逐渐发展壮大的过程。改革开放初期，胶东中心卫生院分属于小麻湾镇卫生院和前店口乡卫生院，2 座卫生院均于 1987年成立。其中小麻湾镇卫生院地处 204 国道北侧，占地 3.4公顷，设有内科、妇产科、放射科、化验科、外科等科室，配备医护人员 30 名；前店口乡卫生院位于前店口村内，设有门诊、妇科、药房等，配备医护人员 8 名。1989 年 10 月，胶东辖区全面实行了医疗保健制度改革，普及了医保制度。2003 年，2 座卫生院正式实施合并，胶东中心卫生院就此形成。

2007 年 10 月，胶东街道在办事处驻地、204 国道北侧重新选址，开工建设了胶东中心卫生院新院。2010 年 12 月，占地面积 20 公顷，总投资1600 万元的新院正式启用，新院设有门诊楼、病房楼、综合办公楼，服务人口达到7.3 万人。2011 年 6 月，白求恩血液净化中心在院内设立，成为青岛地区技术力量最强、治疗手段最齐全的肾病治疗中心之一。

2013 年，胶东街道投资 10万元、卫生院筹资 10 万元建成了规范化的国医馆。国医馆建筑面积 170 平方米，集中设置了中医诊室、中医康复治疗室、针灸治疗室、中药展厅等。同年，卫生院加大了对新出生的婴儿和农民工的新型农村合作医疗参合管理力度，参合率一直稳定在 99.9% 以上。新农合门诊统筹支付比例提高到35% 以上，政策范围内住院费用支付比例达到80% 以上，逐步缩小与实际住院支付比例之间的差距。

2016 年 3 月，胶东中心卫生院以"健康胶东，与您相约"为主题，到辖区企业、村庄和学校等开展心肺复苏、气道梗阻、防溺水安全等知识培训，通过讲座、微信公众号等形式宣传疫情知识和预防措施，做好重点人群项目管理工作和60岁以上老年乡医补助信息核对工作，并提供乡村卫生室管理、免费查体、计划免疫等一系列公共卫生服务，为胶东医疗事业的发展做出了巨大贡献。2016 年，胶东街道共计投资330 万元，在卫生院打造影像远程会诊中心、医疗卫生应急中心等医疗项目 8 个。2017 年，投入 170 万元对卫生院实施标准化提升工程，卫生院获评全国群众最满意乡镇卫生院称号。2018 年，胶东街道投资 900 余万元，推进卫生院改造提升工程和社区健康服务站建设，让村民就近就地享受到优质医疗服务。

2. 公共卫生服务事业的发展

（1）居民定期查体。2007 年

12月，胶东中心卫生院新院建成启用后，积极响应全市《青岛市城镇居民基本医疗保险暂行办法》中开展定期医疗查体工作的号召，在全处开展居民定期查体工作。截至2018年，全处共完成61550余人次的查体工作。

（2）村级卫生室管理。2013年9月10日胶州全面推行新农合重大疾病医疗保险制度以来，胶东辖区内100余处村级卫生室全部纳入新农合定点医疗机构管理。为此，胶东街道成立乡村一体化办公室，负责全处100余个卫生室的日常监管，并指导村卫生室开展工作。同时制定村卫生室的绩效考核办法和管理制度，对村卫生室下达了医疗服务和公共卫生服务任务指标，与绩效考核挂钩。截至2018年12月，全处共有乡村医生105人，村公共卫生室64处，村二、三级卫生室32处，服务人口7.87万人，各级各类医疗、预防、保健机构得到了进一步健全。

（3）新市民青春健康俱乐部。2016年1月起，按照国家、省级计生协会青春健康俱乐部评估标准，胶东街道投入50余万元打造了标准高、功能全、设施完备的卫生计生一体化站点——新市民青春健康俱乐部。2016年5月27日，俱乐部正式启用，为台湾工业园内5000多名新市民提供体育休闲、健康讲座、免费查体、基本医疗、流动人口管理等卫生计生相融合的全方位健康保健服务，并定期邀请青春健康专家讲座进企业，开辟青春健康大课堂，为流动人口传授青春健康、计生卫生方面的知识，真正实现了新市民、新家园、新服务。

二、发展成就

（一）民生事业蓬勃发展

胶东街道选拔一批优秀机关干部担任驻企、驻村、驻会联络员，在此基础上创新建立365民声服务中心、综合行政执法中队和365行政便民服务大厅三大惠民服务平台，并建立了以"审批服务送上门、惠民政策送上门、紧急救助送上门"为主要内容的"三上门"长效服务机制。相关经验做法相继被中央电视台《中国新闻》、省政府《决策参阅》以及《青岛日报》《青岛信息》等媒体报道刊发。

（二）社会保障事业普惠于民

胶东街道投资300多万元建成胶东敬老院并进行提升改造，先后在三官庙、东小屯等16个村庄建成日间照料中心，在其余村庄建立居家养老服务站，实现了老有所养；完善对贫困弱势群体的救助，充分运用慈善组织、阳光民生999等各种渠道改善困难群众生活状况；持续扩大残疾人"安居工程"和最低生活保障制度的覆盖面，有效实现了困有所助。

（三）教育卫生事业稳步发展

胶东街道在新建胶东中心卫生院的基础上，投资20多万元建设国医馆，形成以中医药、康复理疗等为特色的中医药特色科室，确保病有所医。此外，胶东街道先后投资约1.6亿元新建胶东教育中心，将十二中、其欣小学、第二小学合并。到2016年，胶东辖区内中小学均已达到青岛市规范化学校标准。

（四）人居环境显著改善

胶东街道结合"三城共建"、生态文明乡村建设、"美丽胶州"建设等活动，不断提升村庄生态环境质量，各村均基本完成"五化"建设。2014年，在胶州市示范村、特色村检查验收中，胶东街道14个村庄通过验收，总数量位列全市之首。2015年5月，在全省第三批乡村文明行动"百镇千村"建设示范工程评议中，胶东街道是全市唯一一个省级文化特色建设示范镇（街道）。2017年，青岛市美丽乡村标准化建设现场会在三官庙村设点观摩。2018年7月、2018年9月，青岛市美丽乡村标准化建设现场观摩会和青岛市乡村振兴暨脱贫攻坚现场会先后在胶东街道设点观摩。

三、经验启示

（一）大力发展经济，为改善民生提供物质支撑

经济发展是加大社会事业财政投入的重要保障，是提高教育、医疗、社保等公共产品和公共服务水平的重要保障。2012年镇办撤并以来，胶东街道不断加大招商引资与转型升级力度，加快推进工业化、城镇化、农业现代化和文化旅游产业化发展，经济实力不断增强，社会财富显著增加，为改善民生奠定了坚实的物质基础，使发展成果惠及胶东人民。

（二）完善工作机制，为密切党群关系提供制度保障

健全工作机制是夯实工作责任的必然要求，创新工作方式是提高工作效率的重要保证。胶东街道创建为民服务"三上门"机制、打造三大平台，畅通了群众在民生领域的表达渠道，保证了群众的话语权；制定《机关日常考核管理意见》等规章制度，形成用制度管权管事管人的长效机制，通过刚性的制度约束、严厉的惩处警戒，杜绝人浮于事、有岗无责的现象出现。

（三）转变干部作风，拉近干部与群众的距离

民生是社会长治久安的基础，直接关系政府形象、人民福祉。胶东街道始终把民生工作与经济发展同等重视、同等部署、同等落实。从解决群众关心的小事入手，建立首问责任制，要求机关干部、村干部以身作则，把解决群众诉求、提高群众生活质量作为第一目标，着力改进工作方法。对群众反映的问题，做到"事事有回音，件件有着落"，既让群众受益，又让群众满意。

执笔人：马天虹 高利平

改革开放以来九龙街道的经济社会发展

九龙街道

九龙街道面积 196.5 平方千米，辖 84 个村、8 个居委会，常住人口 12 万人，工业企业 1120 家，其中规模以上工业企业 202 家，日、韩、欧美等外资企业 146 家，是胶州市辖区面积最大、人口最多、经济实力最强的镇（街道），也是全市唯一一个"人口过十万、地方财政收入过十亿"的镇（街道）。改革开放以来，九龙街道紧紧抓住历史机遇，开拓奋进、埋头苦干、扎实工作，不断推进改革，扩大开放，走出了一条具有鲜明地方特色的改革开放之路。九龙街道先后荣获青岛市文明村镇、平安青岛建设先进单位、全省民族团结进步模范集体等荣誉称号，实现了经济社会发展和群众满意度双提升。

一、改革开放以来九龙街道经济社会发展历程

（一）起步发展阶段，开启改革开放新篇章（1978 年—1991 年）

1. 原营海街道

改革开放后，营海人民公社（1958 年成立）于 1980 年组织召开营海公社第五届人民代表大会第一次会议，确立了认真贯彻落实党的路线、方针、政策，努力开创社会主义现代化建设新局面的路线方针。在各个领域中，坚持党的四项基本原则，进一步解放思想，以改革的精神合理调整农业经济结构，积极落实和完善各种形式的责任制，深入开展"五讲四美三热爱"活动，加强共产主义思想教育，努力建设社会主义精神文明，深入开展了打击经济领域严重犯罪活动的斗争。全公社的社会秩序、工作秩序和社会风气有了明显好转，社会主义的新道德、新风尚得到发扬，安定团结的政治局面得以巩固。1984 年，成立 26 年的营海人民公社改名为营房镇，成为胶县唯一的沿海镇。在"六五"期间，营房镇各项事业得到长足发展，其中，1985 年成为全镇自党的十一届三中全会以来，以经济建设为中心成绩最突出的一年，也是"六五"计划期间效益最好的一年，全镇工农业总收入 3574 万元，超额实现了翻一番的奋斗目标，全面完成了"六五"计划的各项经济建设任务，整个国民经济呈现出持续、稳定、协调发展的新局面。

（1）农业

营海公社认真贯彻落实中共中央发展农业的各项政策，农、林、牧、副、渔都全面推行联产承包责任制，一"包"起效，粮食丰收，生活改善，充分调动了广大农民发展生产、勤劳致富的积极性，战胜了严重干旱等各种自然灾害，获得了全面发展。1983 年，农业总

333

产值达到了 2082 万元，比 1980 年增长了 162%，平均每年递增 32.4%，各种专业户、重点户发展到 5100 多户；农民家庭养殖业迅速发展，蛋鸡养殖量达到了 12 万只，养猪、养羊、养貂、养奶牛和渔业生产都有了新的发展。1983 年，渔业总收入 322 万元，比 1980 年增长了 134.4%。

1982 年起，营海公社打破之前以传统捕捞为主的经营模式，充分利用自然资源发展对虾养殖，1982 年—1983 年春新建养虾场 1675 公顷。1983 年，养虾总产量 13 万斤，填补了胶县在养虾业的空白。1984 年，营海公社改为营房镇，新的营房镇围绕以城市为重点的经济体制改革和农村的产业结构改革，切实转变工作作风、提高工作效率，贯彻执行党的十二大制定的路线、方针、政策，执行六届全国人大的各项决议，以中央〔1985〕1 号文件精神为指引，继续完善各项经济政策和承包责任制，因地制宜地调整了农村产业结构。营房镇坚持"以养为主，积极捕捞，加工并举"的方针，于1985 年 5 月 29 日通过了《营房镇关于对开发滩涂的决议》，在坚持滩涂属集体所有的前提下，凡是已开发养鱼养虾的滩涂，都要确权发证到农户，承包权 30 年，子女有继承权，并

受法律保护；凡是个人圈占的滩涂，迟迟不见效益者，由镇党委政府和村党支部自主协商，动员转让给养殖能手，确保了有能力、有经验、有技术的人大面积开发利用滩涂，使滩涂逐步向养殖能手集中。1985 年底，全镇的海淡水养殖面积已达 8943 公顷，远近海捕捞船只已有 329 艘，水产品总产量 3793 吨，并新建一座 1100 立方水体的对虾育苗厂和一座 250 吨的冷冻库。

1987 年开始，全镇不断调整农业结构，进一步加大农业科技含量，推广良种，扩大种植面积，引进和培养科技人才。1988 年，营房镇成立成人教育学校，培育农村各类人才。为满足农民群众对进一步完善土地联产承包责任制的要求，营房镇政府决定在全镇推广土地经营"两田制"，进一步深化农村改革，1990 年 2 月，通过《关于在全镇农村实行"两田制"的意见》（营政发〔1990〕4 号），成立了胶州市畜牧养殖示范园区，园区占地 5160 公顷，辐射面积达 6700 公顷，引进新雅农业发展有限公司、开开奶牛养殖有限公司和青岛东方野生动物养殖有限公司等一批农字号大项目。该园区被列为青岛市九大园区之一，获评"全国农业科普示范基地"。

（2）工业

营海公社认真贯彻落实调整、改革、整顿、提高的方针，加强经营管理，企业素质不断提高，在能源和原材料供应不足、水电紧缺的情况下，社办工企业、建筑业在调整中稳步前进，生产保持了一定的发展速度，取得了明显的经济效果。1980 年—1983 年是各项工业起步发展的阶段，其中，社办工企业主要以制盐、养殖、冷藏产业为主，在"六五"计划期间，1980 年—1983 年是公社工业初步发展时期，1980 年，社办工企业总产值完成 62 万元，1983 年完成 307 万元，以平均每年 8.4% 的速度增长；社办建筑业 1983 年总收入 643 万元，纯利润 50 万元，比 1980 年增长 18.4 倍，建筑行业从业人数由 1980 年的 220 人，增长到 1983 年的 1500 余人，固定财政价值由 1980 年的 12 万，增长到 1983 年的 60 万。1984 年—1985 年期间，营房镇办企业以提高经济效益为中心，坚持速度、效益、后劲三统一，加强企业管理、技术改造和内引外联，进一步完善了以承包为主要内容的多种形式的经济责任制，整个工业生产持续、稳定、协调发展，速度、效益同步增长。1985 年，完成工业总产值 422 万元，比 1984 年增长 27%；实现利润 35 万元，比 1984 年增长 9.4%，产品质量稳定提高，

能源消耗继续下降。同时，村办企业也有了新的发展，1985年底，全镇已有15家村办企业，从业人员达550人，总收入144万元。

（3）供销财贸及个体工商业

营海公社供销工作不断改革，积极组织货源、开拓市场、搞活流通，支援工农业生产，方便群众生活，1983年创粮、油交易量历史新高。在此基础上，1985年，社会商品零售总额达469万元，比1984年再增31%。

1985年，个体工商业进一步发展，集市贸易更加活跃，全镇个体工商户已经发展到226户，从业人员达335人。自1987年以来，随着个体私营经济的放开，全镇沿204国道两侧发展起一批工商业户，制造（包括木器加工、汽车配件等）、服务、建筑等行业如雨后春笋，个体私营户约100家，带动近千人就业。1990年，镇内落户胶州市第一家韩资企业——青岛清福食品有限公司，企业总投资200万美元。

（4）城乡建设

1980年—1983年，营海公社农业基础设施建设成效显著，共完成各种水利工程6项、各种水利建筑物58处，修筑防渗渠道1300米，完善和增加灌溉面积2000公顷；新修建道路17条，共84.4千米；整修街道42条，共21千米，新建道路桥涵163处；农村用电建设进一步发展，1980年通电村16个，1983年发展到44个，共发展高压线路19.6千米、低压线路24.8千米、维修线路37.5千米，电力事业的发展有力地促进了工农业生产的发展。

在村镇建设方面，根据国务院严禁滥占耕地建设的指示精神，严格审批手续，使村庄建房做到了有计划、有规划、有标准的统一建设。1982年—1983年，全镇共有1022户农户新建房屋，共新建和翻新房屋4254间，新建大队院落13处，房屋156间。为进一步振兴经济，搞活农贸市场，繁荣运输交通，1985年5月，营房镇通过了《关于对镇政府驻地规划的决议》。1987年，全镇开始制定村庄规划，西匡家茔村、撇车沟村向外迁移。

（5）社会事业

营房镇大力普及初等教育工作，学龄儿童入学率于1984年达到了93.4%，在校学生巩固率达到了99%，新建和改造校舍302间，增加课桌凳815套，基本解决了"黑屋子、土台子"的问题，并整顿民办教师队伍，提高教师素质，截至1984年底共有民办教师168名。同时，农民教育、幼儿教育都有了新的发展，建设农民文化、技术夜校7处，幼儿园15处，并培训了一支教学水平较好的幼儿教师队伍。1985年，按照《中共中央关于教育体制改革的决定》的要求，改革了教育体制，实行了分级办学，教学质量有所提高，新建和改建校舍57间，农民教育、职工教育、幼儿教育也有了较大发展，全镇村村办起了幼儿园，改善了教学条件。1986年，在教育事业发展中，抓牢了两件大事，一是抓牢学校的"六配套"，改善了教学条件和教师的居住条件，给民办教师每月增工资10元，稳定了民办教师队伍；二是将建于1970年的中心中学和建于1964年的营房联中进行搬迁改造合并，新建128间平房，为九年义务教育打牢基础。

群众的生活水平全面提升，在出行方式上，步行工具逐步过渡为摩托车；程控电话安装快速，王家村、大洛庄村先后成为电话村。由于机械的普及，农民的劳动强度进一步降低，日均消费水平逐步走高，下家庄、盛福村、周家村的产业结构逐步转移到第三产业上来。

2.原九龙镇

1978年，龙山公社召开第四届人民代表大会，通过了《关于龙山人民公社1978年至1985年发展国民经济规划草案的报告》。社办工业从无到有，围绕农业办工业、办好工业促农业，坚持走"一种二养三加工"

的路子，对社队工业进行整改，充分利用现有设备，提高产品质量，增产节约，年底产值达300万元。医疗卫生状况明显好转，赤脚医生已发展到109人，50个大队全部实行了合作医疗，办起了卫生室。改革耕作制度，实行科学种田，遵循农业"八字宪法"，深翻土地、改良土地、间种套种、合理密植。1980年，主要作物全部实现良种化。家庭联产承包责任制由1981年冬开始，1982年春完成。

1983年，龙山公社深入贯彻党的十二大精神，全面贯彻"决不放松粮食生产，积极开展多种经营"的方针，在农业上全面推行了大包干生产责任制，公社企业也逐步推行多种形式的承包责任制。全社粮食总产值2525万斤，比1978年增产528万斤，农业总收入971万元，比1978年增长一倍多，人均分配值224元，比1978年增长1.69倍。工业生产贯彻调整的方针，以提高经济效益为中心，狠抓企业整顿，利润成倍增长，比1978年翻两番。

1984年，通过体制改革，龙山公社更名为夼集乡，新建成了67个党支部，10个村民委员会，成立了46个经济合作社。夼集乡围绕经济工作这个中心，贯彻落实中共中央1984年"一号文件"，农村经济改革继续深入发展，以联产承包责

任制为特征的合作制度进一步完善，各种专业户和经济联合体大批涌现，农村经济逐步向专业化、商品化、现代化转变。"两户一体"蓬勃发展，全乡专业户、重点户2700多户，占总农户的40.2%，各种经济联合体84个，涌现出93个万元户，3个专业村，工副业产值达308万元，从业人数达2100多人；社会商品零售总额达到236万元，个体工商户315户，集市贸易成交额101万元，集体商业和农民个体商业已经成了商品流通的一支重要力量。通过进一步扩大企业的自主权，加快技术改造，外引内联，推行了经济生产责任制，增加了新项目，拓宽了产品销量，完成工业产值510万元。

1990年3月，夼集乡在贯彻落实党的十四大精神、加快改革开放、大力发展社会主义市场经济的形势下，组织召开第九次党代会，确立了以经济建设为中心、以农业为基础、积极发展乡村工业、不断优化经济结构的总体发展思路。1990年以来，全乡学校建设投资达200多万元，建立起中心中学教学楼。初级卫生保健已见成效，乡卫生院基础设施建设有了新的发展，医疗条件有了明显改善，文体事业、群众性文化体育活动经常性开展，农村的文体活动日益活跃。

（二）突破发展阶段，经济社会发展迈上新台阶（1992年—2002年）

1.原营海街道

1992年，营房镇改名为营海镇。1995年8月，营海镇与日本中产联达成协议，合资开发胶州湾工业团地。该项目占地200公顷，总投资276万美元。1996年2月，为改变多年来沿用的小马力木壳渔船抗风险能力低、效益差的状况，营海镇大力提倡"入股造船"，积极推行"股份制改造"，制定《渔船股份制章程》，正确合理的界定了股东的权、责、利，明晰了产权，保证了股份制渔船的健康发展。1996年底，全镇股份制渔船已达291只，合作股金达2.5亿元，股份制渔船规模不断膨胀，带动了渔业技术的发明与推广。

1991年—1996年，营海镇政府加快企业改制步伐，因企制宜，探索和实践了嫁接、股份制、租赁、拍卖等多种改制形式，通过发展外向型经济、民营经济和股份制经济，一些企业实现了总资产租赁与产权专业同步进行的改制方式。镇政府和村集体不担风险，也可增加收入，公与私相结合使企业显现出生机和活力，税收每年递增30%，可支配财力翻了两番，农民人均收入年增长达

2 倍多；设立了第一个村级工业园——卞家庄工业园，规划占地 168 公顷，营海镇经济发生了可喜的变化。

1997 年，营海镇认真贯彻十四届六中全会及十五大精神，坚持以经济建设为中心，以争创经济强镇、文明乡镇、党建先进乡镇为目标，进一步解放思想、锐意进取、团结奋斗、无私奉献，各项工作迈上了一个台阶。在继续发挥领导干部引资队伍、专业引资队伍作用的同时，进一步加强与青岛、胶州等有关部门以及原有的外资企业的联系，开展了全方位的招商引资活动。在国家土地政策调整的情况下，充分利用滩涂、非耕地、闲置厂房进行引资，引进了一批高技术含量、高附加值的项目，全年引进外资项目 5 个，内资项目 9 个，利用内资 2000 多万元。青岛农心食品有限公司、青岛光林不锈钢制品有限公司、青岛市成龙皮革制品有限公司、日本原田纺织有限公司、青岛营海海尔塑胶有限公司等项目相继在营海工业园落户。同时，营海镇不断优化软环境，进一步提高服务质量和管理水平，于 1997 年初成立了"外商投资服务中心"，进一步优化了外资项目的签约审批、开工建设、生产经营全过程的优质高效服务。同年 11 月底，工业园已初具规模，由硬环境优势向软环境优势转变，进一步坚定了港澳台商及外商投资的信心，韩国、美国、日本、中国香港、中国台湾等国家和地区的 200 多家客户来镇进行了食品、轻工、机械、化工、纺织等业务洽谈。

1997 年，开发"园中园"成为营海镇经济工作的大战略，营海镇通过不断完善功能分工，形成了畜牧养殖示范区、卞家庄工业园、周家村商贸小区、台商小区、民营小区、澳柯玛工业园 6 个专业园区。其中，畜牧养殖示范区引进了科技含量较高的青岛良种牛胚胎移植中心、兽药厂、开开奶牛养殖有限公司等项目落户，成为青岛市重点示范园区之一。此外，营海镇认真贯彻市委、市政府关于实现乡镇企业二次创业的指示精神，以建设现代企业制度为目标，以明晰产权关系为突破口，加快企业改制步伐，进一步转换经营机制，投资 40 万元对海龙绒线厂进行了技术改造，新增 WFB559 细纱机和 FB741 合股机两台设备，提高了市场竞争力和发展后劲，盘活了固定资产，并与青岛福华纺织有限公司建立了产品购销关系。

在做优做强第二产业的同时，1997 年，营海镇按照"把握大局，稳中求进，快速发展"的原则，出台了东环路第三产业小区发展规划，规划出了盛福小区、周家村小区、卞家庄小区 3 个小区，广泛宣传了发展个体和私营经济政策的稳定性和连续性，为个体私营经济的发展创造了良好的政策环境；完善了各项服务，制定了在土地、审批、供水、供电等方面的优惠政策，积极引导、大力扶持，促进了私营经济上规模、上水平；调动起了群众的积极性，全年新发展个体户、工商业户 74 个，新上私营企业 8 家，调动资金 800 多万元，第三产业和民营经济出现了良好的发展势头。

自2000年起，营海镇坚持高起点、高标准、大投入，进一步加快了城市化进程，完成了胶州湾高速公路入镇处至王家村路段的绿化、美化、亮化工程，完成了海尔大道拓宽工程、营港路的铺油工程、西岭大道建设工程和204国道拓宽工程、营里路拓宽工程，对营房河和王家村河进行了着力改造，特别是建成了绿景园。采取项目招商、公开拍卖等方式，拓宽融资渠道，不断加大小城镇开发建设力度。2001年，王家村小区、营房商业街、周家村小区、卞家庄小区、盛福小区的开发建设"百花齐放"，全镇规划开发商住面积达到16万平方米，开工建设10万平方米，竣工6万平方米，大大提升了小城镇的形象，改善了居民的商住条件。营海镇被国家计委列为小城镇经济综合开发示范镇。

2002 年，营海镇以胶州湾经济带纳入青岛市城市总体规划为契机，以园区建设为载体，优化园区运营机制，全力实施园区带动战略，重点加强工业园区建设，使营海镇成为对外开放的强力"磁场"和极具活力的经济增长带。落户镇内的项目从 1990 年的 1 个迅速增加到 2002 年的 73 个，合同利用外资达到 1.6 亿美元，实际利用外资达到 9300 万美元，合同利用内资达到 5.1 亿元，实际利用内资达到 1.9 亿元。

营海镇充分发挥"依城、靠路、临海"的优势，划分了三大发展区域，即北部的工业发展区、南部的海洋产业发展区和西部的高效农业观光区。北部工业园区规划面积 20 平方千米，2002 年底开发面积达 15 平方千米，园区内达到了"六通一平"，落户的外国及港澳台地区投资企业已达 128 家，分别来自日本、美国、韩国、中国台湾等 12 个国家和地区；南部的海洋产业发展区拥有 1.8 万公顷浅海滩涂和 1.9 万公顷陆地滩涂，开发虾、贝类养殖区 3.35 万公顷，并拥有 1 处国家二类码头，捕捞船只 300 多艘，是投资发展养殖、捕捞、

水产加工的理想区域；西部的高效农业观光区地形起伏、气候宜人，是发展林果业、观光农业的理想区域。

2. 原九龙镇

1992 年，夼集乡农村经济的发展呈现出五大特点：一是农业粮食生产出现了稳步发展的良好势头，在遭受了特大干旱的情况下，最大限度降低了粮食减产幅度，工农业总产值仍实现 2.67 亿元，这在战胜农业自然灾害的历史上也是一项空前的胜利；二是积极发展多种经营，调整了农业内部结构，大力发展大棚蔬菜种植业、养殖业和家庭加工业，形成了种、养、加一体化的新格局，多种经营有了较快发展；三是突出抓了道路和水利建设，针对夼集乡山岭石头多，道路崎岖难行的实际情况，修建大王邑至蔡家沟段道路 1 处、大桥 2 座和排水护路建筑 30 处，铺设地下输水管道 3175 米，扩大农田灌溉面积达 0.87 万公顷；四是大力发展乡村企业，开展质量、品种、效益年活动，建成"三废"处理厂；五是发展第三产业，搬迁了乡驻集贸市场，新建北夼、蔡家沟两处农贸市场。

邓小平同志南方谈话后，党员群众的思想认识有了新的提高，思想观念有了新的转变。1992 年 9 月，夼集乡首先改革了企业人事制度，企业负责人

由委任制改为聘任制，并实行层级聘任，按照干部"四化"方针和德才兼备的原则，以经济效益决定干部的升迁、去留。积极推行乡村管理体制改革，重点是精简机构、转变职能、兴办服务实体，将农机管理、农技推广、水利、林业等有条件的部门转变职能搞服务，不仅精简了机关工作人员，而且起到了指导农业生产和推广科学技术的作用。

夼集乡注重广开信息渠道，扩大对外联络，与 10 余家台商、外商建立了联系。1992 年底，同俄罗斯伯力市建立了联系并承担了该市的部分建筑工程任务。

1993 年 10 月，夼集乡改为九龙镇。搞活民营经济，推动民营经济再上台阶是 1993 年九龙镇经济发展的重点，全镇加大硬软件投入，强化民营经济服务设施，集贸市场得到长足发展，新建洋河崖集贸市场，扩大了北夼、蔡家沟两处集市规模，改善了 4 处集市交通条件，投资 60 万元进行了乡村电话自动化建设，极大地促进了九龙镇农村经济特别是民营经济与国家市场经济的接轨并网。1993 年 2 月起，按照"内涵上求发展，外延上谋扩张"的发展思路，对已成规模的民营项目，重点帮助企业规模再扩大、产品档次再提高，形成行业的

"拳头";对民营经济欠发达的村庄,特别是村及村以下办企业的"空白村",鼓励"下海"创办民营经济实体,全乡新上民营项目资产在 20 万元以上的有 4 家,从业人员达 50 多人,初步形成了民营经济超常规发展的势头。

本着物质文明和精神文明"两手抓,两手都要硬"的指导思想,九龙镇的村庄建设在 1996 年实施"百花工程"。在此基础上,新创或升级胶州市级以上文明村庄 6 个,创建"百花村"2 个,创建文明户 2 个,创建安全文明村庄 10 个。

1997 年是九龙镇历史上不平凡的一年,面对百年不遇的特大干旱等不利因素,全镇各级党政组织团结带领广大干部群众克服了许多预料不到的困难,经济建设得到了长足发展,农村经济综合实力不断增强。出台了《加强九龙镇工业园区的配套建设的实施意见》,累计投资 98 万元,使园区内的道路交通以及水电设施全部实现了配套,提高了对外来项目的承接能力;对第三产业的发展提出了不限比例、不限速度、不限规模的要求,同时坚持发展与治理并重,促进了全镇个体私营业的快速健康发展。全镇个体私营经济注册资金达到 1399 万元,增长 7.4%,个体工商业户达到 557 户,第三产业增加值达到 4743 万元。第三

产业的发展,提高了群众的收入水平和生活质量,促进了第一、二产业的发展。全镇共实现国内生产总值 1.5829 亿元,农业增加值 8088 万元,完成外贸出口交货值 3477 万元,农民人均纯收入 2100 元。

1998 年初,九龙镇紧紧抓住两个根本性转变,对强化企业管理进行了有益的尝试,村办企业在稳定发展铸造、烟花爆竹等行业的基础上,重点抓了村办企业的立项和产品档次的提高以及经营管理的规范化,初步改变了村办企业生产粗放型、管理松散型格局。

1998 年,九龙全镇掀起了争创"百花村"活动的高潮,村容镇貌有了较大改观,共整修街道 11 条,安装路灯 30 盏,新建村内绿地、花园 7000 平方米,爱国、大宋家庄 2 个村庄新创胶州市"百花村"。

2002 年初,九龙镇确立了"园区建设上档次,对外开放上台阶,全面建设经济强镇"的工作思路,以"两园"(工业、农业)建设、招商引资、财政增收、农民增收为重点,共引进"三资"项目 97 个,相当于 1999 年—2001 年引进项目的总和,其中外资 8 个、内资 25 个、民资 64 个;建成青岛正得工业园、青岛豪伦工业园、青岛贝特工业园、青岛水产工业园四大园中园,园区达到"六

通一平四化"的标准;推动产业转型升级,发展以铸造业为主的第三产业,建成胶州市铸造工业城,该工业园区位于镇北部,规划建设面积 2.5 平方千米,以匡家岭、李家庄、柘沟等铸造专业村为基础,城内私营业户已发展到 40 多家。在发展工业经济、大力招商引资的同时,九龙镇按照发展优质高效农业的思路,规划了 3 个园区,充分发挥园区的龙头带头作用,积极发展无公害生态农业,在人荣村东建立起无公害蔬菜示范园,推广示范集种植、养殖、大棚、沼气于一体的蔬菜大棚,引进中国台湾、日本等优质品种蔬菜,被青岛市确定为无公害蔬菜生产基地,生产的蔬菜被山东省农业厅认定为无公害农产品,被中国农学会评定为"国家农业科普示范基地";在北部山丘区地带柏果树流域设立了林果综合开发示范园,坚持"奋战三年绿化九龙山"的目标,对连片开发 100 亩以上的村,采取以奖代补的形式搞好水利配套,确保山区开发成果。

3. 原云溪街道(原胶州市经济技术开发区)

1992 年 4 月,经山东省人民政府批准,胶州市胶东经济技术开发区(正科级单位)成立,11 月被山东省人民政府批准升级为省级开发区,12 月更名为胶

州市经济技术开发区。开发区全面开展"五通一平"工作，投资700万元新修筑了泉州路、赣州路、兰州东路、滕州路等4条高标准区内主干道，共计215950平方米。1992年，基础设施建设投资达2188万元。根据总体规划要求，制定了"振华部""兴华部""丰华部"3个住宅小区及工业小区建设详细方案。截至1992年底，全区共开工建设商品住宅楼房、通用厂房、商业网点用房及写字楼81000平方米。全区共出让土地698公顷；签订利用外资项目合同11个，合同利用外资大约6320.25万美元；签订内资项目合同8个，吸引资金800万元；签订外资、内资项目协议书16个；开工建设面积10万平方米。

1993年11月，经山东省人民政府批准，胶州市云溪街道正式组建，与胶州市经济技术开发区实行区处合一的新型管理体制。辖郑家小庄村、周家滩村、李家河村、西石河村、东石河村、大西庄西村、大西庄东村7个行政村和云华、兴华、温州路3个居委会。规划面积9.7平方千米，总控制面积30平方千米。

1998年，云溪街道克服了亚洲经济危机带来的不利影响，立足实际，把扶商与招商作为招商引资的重中之重，在全省省级开发区中名列前茅，有2

家世界500强企业、8家上市公司落户开发区，使开发区真正昂起了对外开放的"龙头"。在硬环境建设方面，按照争取市里投一点、区财政拿一点、区内企业筹一点的办法筹措资金，用于基础设施建设，加快硬环境建设步伐，累计完成固定资产投资2.8亿元，其中，完成道路、水、电、通讯等基础设施投资9000万元；招商地块全部达到了"五通一平"，区内实现了绿化、亮化、美化、净化的"四化"标准，大大改善了区内的投资硬环境。

为大力培植、涵养税源财源，2001年起，云溪街道"放水养鱼"，着眼于长远，落实好对外资企业的各项优惠政策，从而使外资企业不断的增加投资，相应地增加了税源，制定了一系列鼓励民营和个体私营经济发展的优惠政策。新建了韩国城和郑家小庄海产品批发市场，"一城一场"为个体工商户发展提供了载体；郑家小庄、周家滩、李家河等村结合旧房改造，在兰州东路、郑州东路、204国道、扬州路等主要路段开发商住房，发展个体工商户。在民营经济方面，形成了武晓、华龙制衣等一大批较大的民营企业。

云溪街道针对郑家小庄、李家河、周家滩、东石河、西石河等村耕地越来越少、农业人口快速向非农业人口转移这

一现状，鼓励这些村庄沿兰州东路主要路段开发建设网点房和商住房，并规划2—3个住宅小区，利用1999年—2001年的三年左右时间，使以上各村90%以上的农户有个体私营项目，有较为可观的收入来源。

2002年初，云溪街道通过下达招商引资指标、建立村级招商引资队伍、加大招商引资考核力度、实行财力返还政策、落实支部书记招商引资责任制等一系列措施，调动各村的招商引资积极性，以增加集体经济财力，7个村庄引进内、外资项目9个，合同利用外资104万美元，实际利用内资1450万元；积极发展第三产业和个体私营经济，使村级经济初步实现了由农业为主向二、三产业为主的转变；调整农业产业结构，搞好农业园区建设，大力发展畜牧业、水产业和高效农业。2002年，引进了农副产品加工企业1处，申请农产品商标3个，引进优良品种11个。经济技术开发区被农业部评为2002年全国乡镇企业科技园区，被省政府评为对外经贸工作先进单位，被省外经贸厅评为省级开发区先进单位等荣誉称号。云溪街道成立以来，投资环境不断完善，区中园建设成效显著。到2002年底，已建成了国际水平的海尔（胶州）国际工业园、澳柯玛工业园、

青岛泰旭（胶州）工业园，占地3200公顷的新工业园也开工建设。四大工业园区的建设极大地提升了开发区对外开放、招商引资的质量和水平，形成了以澳柯玛数码科技为主的信息电子产业、以海尔（胶州）国际工业园为主的电子配件产业、以青岛昌新为主的运动鞋产业、以青岛中集为主的集装箱制造和以青岛信五、信一皮革为主的皮革制造五大支柱产业。截至2002年底，共批准进区项目196个，合同利用外资5.7亿美元，实际利用外资3.2亿美元，出口创汇13.7亿美元，实际利用内资6.5亿元人民币。

（三）科学发展阶段，科技创新引领新风向（2003年—2012年）

1.原营海街道

2003年，营海镇筹集资金4000万元，加快盛福山庄、卞家庄、绿景苑、周家村4个商住小区的建设，开发住宅楼4栋10万平方米；投资200万元，完成了长3000米、宽20米的岭西大道海尔大道——大荒段道路基础设施建设；镇容监察大队设立了环卫、保洁、园林、城管队伍，加大违章建筑的清理力度，加强摊点管理和道路养护，投资316万元对镇驻地4条道路及工业集聚带商业街

四方机车风力发电轮毂大配件项目生产车间内景

进行了管道建设、路面维修和釉面砖铺设；配合海尔大道拓宽美化工程，完成盛福村网点房的拆迁工作；投资300万元对周家村河道进行整治，建成风景优美的金海湾风景湖，成为青岛进入胶州的一大景观，并吸引资金7000余万元，绕湖开发网点住宅60000平方米。营海镇充分发挥"依城、靠路、临海"的优势，划分了三大发展区域，把工业集聚带南扩3平方千米，按照"六通一平"的标准规划了新的工业集聚带。工业发展区规划面积20平方千米，被国家计委评为全国乡镇工业示范区，形成了以韩国农心、清福食品等企业为主的食品加工行业和以koram steel株式会社等企业为主的金属制品加工行业。2003年，引进外资项目13个，内资项目22个，新开发建设的营海镇电子工业

区，成为山东省人民政府新批准的三个园区之一。

营海镇政府坚持把发展个体私营经济同小城镇建设、加快城市化建设结合起来，2004年5月起，实行政府搭台、民间唱戏，聘请了上海同济大学的专家、教授对营海镇的总体规划方案进行了修订和完善，与青岛市整体规划、胶州市新城区规划相衔接，在规划建设金海湾公园、亭溪苑的基础上，对镇政府驻地进行了绿化、美化，并规划了王家村商贸住宅小区和营房商业一条街，由镇政府统一规划设计，坚持"谁投资、谁开发，谁开发、谁受益"的原则，广泛吸引民资参与开发建设，调动了民资参加小城镇建设的积极性。

2006年，营海镇在农业结构调整方面取得新的进展，在204国道以东规划建设40公顷

特色蔬菜标准化生产基地，引进农作物七大类 18 个新品种；推进胶州湾无公害杂色蛤养殖出口基地、胶州市水产养殖示范园、青岛海参新模式养殖示范园、青岛宣顺海蜇示范园的建设；培植家禽、畜牧龙头企业，推进农业产业化。2006 年年底，全镇有 1800 公顷浅海滩涂和 1866 公顷陆地滩涂，开发对虾、贝类养殖区 1667 公顷，拥有 1 处国家二类开放港口，捕捞船只 400 多艘，海捕产品年产量达 6.7 万吨，全镇渔业生产从业人员 1200 人，全镇贝类养殖面积达到 1200 公顷，被列为青岛海洋渔业养殖保护区，"胶州湾杂色蛤"获得青岛市无公害农产品产地认证。

2007 年，营海镇党委、政府出台《关于组织和引导部门（单位）结对帮扶参与社会主义新农村建设的实施方案》，积极动员驻镇的市直部门及双管单位投入到新农村建设工作中，开展"新农村建设结对子"工程，市粮食局、海洋与渔业局、政协、网通公司、电力局、工商局、地税局等市直有关部门为十几个村庄帮扶资金、物资共计 339 万元。自 2007 年以来，以"典型引路、分类推进"为总体发展思路，营海镇按照突出特色、因村制宜的原则，把全镇 47 个村庄分为全面发展型、经济带动型、镇村建设型、管理民主型、后进转化型，加快推进新农村建设。2009 年 9 月，营海镇完成镇改街道，成立营海街道。2011 年，大洛戈庄、盛福村、东匡村等 6 个村庄转型发展成为胶州市社会主义新农村示范村、带头村。

2. 原九龙镇

2003 年，九龙镇经济实力得到明显增强，由胶州市第三经济方队跃升为第二经济方队，成为全市极具发展活力的重点镇之一，全年完成国民生产总值 4.2 亿元，合同利用外资 3052 万美元，实际利用外资 1560 万美元，合同利用内资 2.97 亿元，实际利用内资 1.34 亿元，出口创汇 1056 万美元。全镇把招商引资作为拉动经济发展、扩大对外开放的头等大事来抓，充实招商队伍，延伸招商触角，有针对性、有重点地招商，成效显著。年内引进过千万美元的外资项目 4 个，过千万的内资项目 6 个，有 3 个项目进入全市 45 个重点建设项目之列。镇驻地工业区基础设施配套建设项目日臻完善，先后投入资金 1600 多万元，对工业区三纵四横 7 条道路共计 10 千米进行了整理硬化，铺设了供排水管道和通讯电力线路，对主要干道建设进行了高标准绿化，树立起工业区的良好形象，吸引了来自美国、挪威、韩国、德国等 9 个国家和地区的 37 家外资企业落户，形成水产品、木制品、服装皮衣、精细化工、电子配件六大主导产业，解决劳动用工 3000 多人；投资服务环境不断优化，成立供水公司和物业管理公司两家专门面向投资企业提供专业化、零障碍服务的机构，实行市场化管理。

2004 年 11 月，两大招商链条初步形成，成功打造了以挪威锦宜、美国天源、日本石本食品三大企业为主的水产食品加工产业链，由中国台湾立准金属、九龙精铸、胶南宏利精铸和匡家岭、迟家屯、李家庄 3 个传统铸造专业村的机械加工企业组成的机械铸造产业链。围绕两大产业链，全年引进外资项目 56 个。全镇各项社会事业蓬勃发展，先后被授予"全省信访工作先进单位""青岛市教育先进乡镇""青岛市科普先进乡镇"等 12 项荣誉称号。

九龙镇按照"规划布局合理、功能配套完善、环境整洁优美、文化特色突出、与工业园区建设相得益彰"的规划建设理念，加快小城镇配套建设步伐。工业园区实现了"六通一平三化"，小城镇建设日新月异，特色产业凸显优势。按照"一村一品"的思路，积极培育特色专业村庄，形成了车家河陈家庄的韭菜、洋河崖的生猪养殖等一大批特色优势产业。

2005年，九龙镇迈入了全市一流小城镇的行列。

2008年8月，九龙镇编制了《胶州市便民服务中心地方标准》，成为该类标准中首家省内备案、胶州市全面推广的地方标准。同时，按照"村受理、管区收集、镇办理"的思路，健全服务网络，推行网上办事，实行"镇、管区、村"三级联动，一车贯通（便民服务车）全覆盖的网络化为民服务体系，为新农村建设创造良好的社会环境。

2009年，九龙镇注重强化新农村建设规划工作，成立了以镇长为组长的新农村建设工作领导小组，制定出台《九龙镇新农村建设工作实施方案》，对全镇新农村建设进行整体规划，分类排队。全镇50个村分成3类，根据不同要求，因村制宜，一村一品，动态管理，单列考核。

2012年，九龙镇全面实施"1233"战略，即明确一个目标，突出两条主线，推进三化并举，加速三大提升，制定实施《九龙镇2012年实事》（九龙〔2012〕9号），全力打造现代化幸福宜居家园。坚持"优质、生态、效益"并重，发挥九龙山、王邑水库等山水资源，大力发展都市生态农业，现代农业快速壮大，重点建设1340公顷的九龙生态农业示范园区、536公顷的青岛九龙七彩甘薯科技示范园区和1340公顷的青岛智祥现代农业项目；加大农业品牌建设力度，推进西宋家茔板栗申报青岛市"一村一品"村庄，人荣小西红柿年内通过国家产品地理标志认证，七彩地瓜、永安屯大姜、高家艾泊旱稻申报无公害农产品认证，提升农业品牌效益；成功举办首届青岛九龙凤凰岭板栗大会，展会期间带动农民增收致富92万元。

3. 原云溪街道（原胶州经济技术开发区）

2003年，云溪街道以打造对外开放平台、建设经济发展新区为目标，建设了具有国际水平的海尔（胶州）国际工业园、澳柯玛工业园、青岛泰旭（胶州）工业园和开发区新工业园。其中，海尔（胶州）国际工业园规划占地67公顷，总投资16亿元，是海尔集团公司在国内外建立的第7个国际工业园。截至2003年底，已有9家具有国际先进水平的中外企业开工投产，总投资1.1亿美元，建筑面积10万平方米。开发区新工业园位于204国道以北、胶济铁路以南，总控制面积318公顷。按照"高起点规划，高标准设计，高品位引进"的原则，立足于"七通一平三化"，把引进过千万美元大项目、高新技术项目和世界500强企业作为工作的重点，着力把新工业园建成高新技术产业聚集区。四大工业园区的建成极大地提升了对外开放、招商引资的质量和水平，形成了以澳柯玛数码科技为主的信息电子产业、以海尔（胶州）国际工业园为主的电子配件产业、以青岛昌新鞋业有限公司为主的运动鞋产业、以青岛中集冷藏箱制造有限公司为主的集装箱制造和以青岛信五、信一皮革为主的皮革制造五大支柱产业。全处获得国家专利局专利证书7个，青岛海润电子有限公司、青岛毅兴行有限公司被认定为高新技术企业，青岛中集集装箱有限公司被评为青岛高新技术企业；建成具有国际水平的艾默生研发中心以及国家级的海尔新材料研发中心、海尔（青岛）科大纳米技术试验室、海尔（青岛）科大纳米技术中试基地和海永利博士后培训站五大高科技研发中心。在发展经济、促进项目开工建设的同时，云溪街道注重群众生活水平的提高，截至2003年底，全处共有小学2所，在校生1200名；中学1所，在校生600名。全处学前儿童入学率、小学适龄入学率、初中适龄入学率、中小学巩固率均为100%。大力实施新世纪"双五"富民工程，建有青岛昌新耐克职工学校1处，在读学生200多名，已为企业培养各类人才600多名。全处建有图书

艾默生东方电机研发中心

室 20 个，藏书 12 万册；报刊亭（图书摊点）18 处，文化娱乐场所 120 处；5 个村成立了文艺演出队伍，参加各类文艺演出 50 多场。

2006 年 4 月，云溪街道规划建设云溪精品园、云溪民营工业园、云溪村级招商园、昌新工业园和海尔工业园五大园区，构成了大项目有精品园、中项目有民营园、小项目有村级园、集群项目有专业园、园园都有新形象的对外开放大格局，形成了以信息电子、电子配件、制鞋、集装箱、制管等行业为主体的工业体系。面对土地瓶颈的制约，云溪街道加强园区整合，坚持土地集约利用、进区项目必须达到"一一、一二"招商标准，即外资过 1000 万美元，内资过 1 亿元；亩均税收 10 万元以上，亩均投资 200 万元以上，并先后投资

3000 多万元加强园区水、电、气、暖等配套设施建设。全处建成艾默生东方电机研发中心、海尔新材料研发中心、中集冷藏箱制造有限公司特种冷藏箱研发中心和青岛武晓研发中心，青岛中集冷藏箱制造有限公司被列入青岛示范企业。仅 2006 年 1 年，全处新增商业网点 55000 平方米，总投资 12500 万元；实现社会消费品零售额 35000 万元，比 2005 年增长 23%；新增个体工商户 456 户，私营企业 78 家。域内兼有胶州湾水产批发市场、郑家小庄农贸市场、东郊农贸市场和安泰汽车交易中心 4 处贸易市场，其中胶州湾水产批发市场日交易额 3 万元，摊位 200 个。第三产业从业人员约 1500 人，完成第三产业总值 1 亿元。全处综合发展实力列全国百强镇第 86 位，全省第 2 位，胶州市"三

个文明"考核位居第 3 位，在全省省级经济技术开发区综合评价中跃居第 4 位。

2007 年，云溪街道根据胶州市"建设中等规模现代化开放城市"的定位要求，确立"稳步推进村庄改造，积极构建整体开发，努力完善社会保障"的新农村建设工作思路。全处有 3 个村庄道路全部硬化，全年共硬化道路面积 5 万平方米，修砌排水沟 2.3 万米，完成绿化面积 0.3 万平方米，美化墙体 2 万平方米；新安装、更换路灯 217 盏，配备垃圾桶 260 个；便民服务中心（室）投入使用；发展放心"农家店"3 家。

2011 年，全处共落户企业 1012 家，其中规模以上工业企业 439 家，累计合同总投资 50.15 亿美元，实际利用外资 30.8 亿美元，连续五年位居山东省级开发区前三位。

2012 年 10 月 20 日，总投资 8 亿美元的中集冷链高新产业园项目正式奠基开工，该项目是当时全市 7 个"百亿级"产业园区之一，也是全国第一家规模最大、技术最先进、冷链产业最集聚的冷链高新产业项目。

2012 年 12 月 18 日，通过区划调整，原云溪街道、营海街道和九龙镇合并建制成为九龙街道，九龙街道当年完成地方生产总值 99.6 亿元，地方财政一般预算收入 8 亿元，规模

鑫汇新都社区便民服务中心

以上固定资产投资 92 亿元，到账外资 9300 万美元，实际利用内资 21.6 亿元，外贸出口 14.9 亿美元。

（四）转型发展阶段，优化调整升级开拓新领域（2013 年—2018 年）

2013 年，九龙街道制定实施《关于在全处深入开展"走群众路线、转作风形象、创实干标兵"主题活动的实施意见》（九龙发〔2013〕1 号），在全处深入开展以"两走一访"和"两讲两比"为主要内容的主题实践活动，全面转变党员干部作风。全处当年完成开发区二园传化公路港、汽车散热器、纬二路、先导区等重点项目 2800 多公顷虾池和土地的征收工作，在大沽河生态带建设 1223.2 公顷虾池的征收中，积极妥善地

搞好协调对接、化解矛盾，保障了大沽河生态带的顺利建设。"引进两个过 10 亿元和 4 个过 5 亿元项目"的"2+4"大项目建设目标顺利完成，列入青岛市重点项目 8 个；签约引进优质项目 17 个，其中 5 亿元以上 4 个；新开工项目 28 个，投产项目 16 个，新增建筑面积 60 万平方米。创新实施三个"百万工程"，并投入 300 余万元，在辖区设立了 13 个取水点集中安装净水设备，可为 5.5 万群众提供 151 万桶纯净水；选取鑫汇新都、少海新村、工业集聚区 3 个不同类型的聚集区，试点打造 3 种类别的社区服务中心，为全市社区服务中心打造了样板；稳步推进了石河社区和乔集社区建设工作，率先启动了石河社区西石河村和乔集社区南孙家庄的改造建设，顺利完成了李家河社区的回迁

安置；制定下发《九龙街道办事处"生产美、生态美、生活美"三年建设行动计划（2013—2016 年）》（九龙办发〔2013〕199 号），以建设"全国生态文明先进镇"为载体，全力打造"地净、山青、水秀、人幸福"的"美丽九龙"。

2014 年，九龙街道实施《九龙街道办事处"项目推进年、民生提升年、环境优化年"主题活动实施意见》和《关于深入开展党的群众路线教育实践活动的实施方案》（九龙发〔2014〕9 号），从 2014 年 3 月初开始至 2014 年 9 月基本完成。全处当年签约引进优质项目 24 个，其中亿元以上 14 个；新开工项目 26 个，投产项目 21 个，新增建筑面积 27.7 万平方米。其中，汽车散热器、东方兄弟新能源、海德立医用设备、华显机械、航空不锈钢、鼎煜新材料、丰光精密等一批项目建成或投产；签约了世界 500 强尼德科电梯项目和总投资 10 亿元的青山电器项目；生物医药制剂项目、北京二商集团项目两个过 10 亿元项目和天津美德太平洋生物项目、台在科贸项目两个过 5 亿元的项目进入实质性洽谈。全处企业共申请发明专利 330 个，其中建华食品机械公司、中信欧德公司、齐星铁塔公司、新东机械公司等企业技术合同交易额达 2600 万

元，山东杭萧钢构有限公司被认定为青岛市钢结构建筑工程技术研究中心。全处拟挂牌企业 4 家，拟上市企业 5 家，其中青岛丰光精密机械股份有限公司成功上市；丰田公司以 90 亿日元收购台励福公司，实现了强强联合，为促进全处企业与世界级大企业嫁接带来机遇。

2015 年，九龙街道先后依法引导 8 家企业搬迁改造、2 家企业依法回收，腾让闲置土地 268 公顷，海尔智慧城、三维新材料等重点项目落户发展；盘活 8.7 万平方米闲置厂房，招引海科生物、锦富光电、海德电子等 7 个项目，开创了全处"科学发展、创新发展、转型发展"的新局面。全处制定实施《关于推进"四社联动"创新社区治理和服务的实施方案》（九龙办发〔2015〕234 号），有效整合社区、社区社会组织、社会工作者和社区志愿者资源，创新社区治理方式，实现社区治理和服务专业化和社会化，促进社区健康发展；建成启用九龙社区敬老院，全面提升五保供养服务水平，产生了很好的社会效益。《九龙街道党工委关于开展"最美家庭"创建活动的实施意见》（九龙发〔2015〕28 号）正式实施，全处 90 个村居的 30132 户参评"最美家庭"；以社会主义核心价值观为引领，先后累计送戏进村

100 余场、送书下乡 1 万余册、入村放映电影 800 余场，投入 120 万元新增一批文化书籍、健身器材，并动员群众自发成立秧歌队、柔力球队、老年人门球队等群众性文化活动队伍；组织开展广场周周演九龙专场文艺演出、市民才艺秀海选、秧歌大赛初赛等活动 30 余次，全处精神文明建设再上新台阶。

2016 年，九龙街道增资扩产项目 13 个，另有 13 个项目成功签约，其中包括外国及港澳台地区投资项目 6 个，主要有投资 5000 万美元的香港合兴包装项目、投资 3500 万美元的美国欧文斯科宁建筑防水新材料项目、投资 1000 万美元的台励福制茶机制造项目、投资 1000 万美元的欧瑞特航空食品项目等。全处探索创立了为园区企业、企业党员职工服务的"东部工业区党群服务中心"，于 10 月 8 日正式启用。全处结合全国文明城市创建和卫生城市复审，进一步深化以"生产美、生态美、生活美"为主题主线的乡风文明创建活动，重点加强老旧小区改造，完成了 75 个村庄 17151 户的卫生改厕目标；深化"1＋10＋9＋X"水环境治理体系，投资 270 余万元，为明显缺水村建设机井 41 眼、大口井 10 眼，扎实推进营海片区的规模化供水工程建设；开展以"最美家庭""最美村居""最

美街巷"为主要内容的"三美"争创评选活动，完成 630 户参选家庭、90 个村居、20 条街巷的实地复审评分；累计向 31 户贫困户发放化肥 19 吨、电动三轮车 10 辆、手扶拖拉机 2 辆，通过市公共资源交易中心招投标，完成产业扶持项目政府采购工作；动态掌握 145 名贫困学生信息，联合团委、妇联等相关部门给予相应帮扶，为 16 名在校学生发放"雨露"计划补助资金 4.8 万元。

2017 年，九龙街道服务开发区建设，全年完成普天电气、利群商业综合体等 536 公顷土地的征迁倒地工作；服务青岛胶州湾跨海大桥胶州连接线的建设，完成涉及 1452 公顷海域，15 个养殖联合体的搬迁工作，确保了大桥的顺利建设；服务青连铁路建设和黄岛自来水征迁工作，完成小法家茔 63 户的整体搬迁；全面完成山洲水库调水、客水调引工程 386 公顷土地的征迁。全年共招引项目 15 个，其中青岛市级重点项目 9 个，签约引进 500 强企业 2 个，引导企业搭桥合作 5 个。全处全年共完成了 14 个村 1884 户的卫生改厕工程、6 个村 2176 户的联排治污和卫生改厕综治工程；投入 500 多万元，对 10 个老旧小区进行全面改造，共硬化路面 17000 平方米，修补路面 1800 平方米，铺设下水道

1000 余米,粉刷墙皮 20 余万平方米,更换破损门窗、增设停车位、交通线和消防通道线,小区绿化面积达 30%;全面启动营海小学教学楼、慧海小学、营海中心幼儿园的建设,全面优化教育教学设施;投资 100 余万元,硬化第二十八中学等学校路面;建成启用营海卫生院,总投资 2800 万元,设立病床位 100 多张,配备 CT、化验仪器等医疗设备 150 多件;打造符合群众需求的区域化党建共同体,广泛开展"党员之星"评选活动,选派优秀机关干部到企业担任"党建红领",选任 12 名"两新"党组织书记担任"轮值书记",建立 42 个党员工作站、21 个非公企业党支部,打造"企业党组织共同体";继续深化"农村党员包街联户、社区党员包楼联户"工程,每名党员联系 10—30 名数目不等的家庭和街道,为 2957 名农村党员划定了"责任田"。

2018 年,九龙街道为全市各项重点工作服务,为开发区建设征地 800 多公顷,为大沽河度假区建设征地 670 多公顷;完成青连铁路主线九龙段征迁建设,共涉及青苗及地上附着物征迁补偿户 1069 户,占地 1700 多公顷;围绕连接线的征迁,完成郑家小庄村 44 个菜园的征收,顺利迁移 108 座坟,全面推进了 6 家企业的征迁,

协调迁改 6 千米高压线,积极配合新建 2 座基站、3 座视频塔,保障了工程进度;全部完成石油管线改线工程沿线 410 公顷土地及附着物的征迁,排除隐患 24 处。全处紧扣"新旧动能转换"主题,着重抓好精准招商、以商招商、亲清营商,17 个投资过亿元项目全部顺利开工,76 家企业实现生产设备换代升级;签约引进 35 个项目,总投资 680 亿元,其中 4 个世界 500 强项目,包括永旺梦乐城、恒大未来城、世茂胶州海丝国际城、希尔顿度假酒店。深入开展"三进三促"活动,建成全市首家"企业服务港",面向企业和项目上门取件、代办手续,从招商、建设到投产全过程提供"保姆式"服务,全面落实"一次办好"服务理念,全年开展服务直通活动 300 多次,解决企业和项目难题 150 余件,保障了企业发展和项目建设;制定出台"乡村振兴"三年行动纲要,按照"五个振兴"要求,加快构建"海洋渔业、新兴农业、颐养社区、工业产业和民生事业"五大板块。此外,全处共整治"散乱污"企业 36 家,按照环保局要求完成取缔 24 家、整改 11 家、搬迁改造 1 家;取缔违规加工点 2 处,敦促 13 家企业和加工点及时补办环保手续和进行整改;对需要整改的畜牧养殖户 12 户,按要求建

设化粪池和沉淀池;对辖区所有水系摸排工作及"清河行动"全部完成,清理积存垃圾 3 万多方,河库面貌大为改观;对全处 522 家"脱贫享受政策户"重新调配帮扶员和联络员的队伍,并重新建档立卡。九龙街道按照胶州市委关于构建"一核统领、六维共振"农村区域化党建共同体的具体要求,重新调整村庄区划,建立了 11 个社区党委,并通过公开选拔、竞争上岗的模式,选优配强 33 名优秀党员干部,分别担任党委书记和党委副书记;整合优势资源,把"身边人讲身边事""村级文化队""合作经济组织"等全部纳入社区党委统一调配,引导村级治安巡逻队、"1+1+N"调解服务等人员集中调配、资源一体共用,做实做好农村区域化党建。

二、改革开放以来取得的显著成就

(一)综合实力显著增强

九龙街道紧紧围绕"走群众路线、转作风形象、创实干标兵",在市委、市政府"加速弯道超越,确保青岛领先,走在全省前列"的目标引领下,抢抓胶州"黄金发展期",牢牢把握"新常态"大逻辑和"走在前列、干在实处"总基调,

多项主要经济指标位居各镇（街道）前列，率先成为全市第一个"双十"镇（街道）（常住人口12万人、公共财政收入10.1亿元）。其中，生产总值、社会消费品零售额、规模以上工业总产值增长率、规模以上工业利润增长率等主要经济指标位列各镇（街道）前三位，公共财政收入、固定资产投资、实际利用内资、生产性设备投入、外资到账等5项主要经济指标稳居各镇（街道）首位。

（二）产业结构、发展空间更加优化

"核心科技创新、发展模式创新和引导万众创新"的三大"创新战略"成效显著，产业结构得到进一步优化发展升级。九龙街道围绕开发区产业布局和"海洋生物、车船配套、精品机械、智能家电"四大项目集群，大力开展以商引商、产业链招商和定向选商，积极推行"核心科技创新、发展模式创新和引导万众创新"三大创新战略，引进中组部"千人计划"专家，引导企业增加科技经费投入，规模以上工业科研经费支出比重达到3%，高新技术产业产值比重达到30%以上。一批科技含量高、带动能力强的高精尖项目开工投产，一批创新创业平台加速发展壮大，一

批企业集中上市快速发展。企业进军多层次资本市场捷报频传，丰光精密在新三板上市交易、伊森新材料公司在新三板挂牌、科创智能设备在齐鲁证券挂牌、天宝包装和利德科技在蓝海板块挂牌，为企业发展注入新的动力。

（三）精神文明建设不断深化

九龙街道不断深化精神文明创建，大力实施"九龙名师"工程，实现"教育一个学生，带动一个家庭，影响整个社会，共同发扬正能量"的教育目标；不断深化"德信九龙"品牌建设，先后推树了荣获全国道德模范提名奖的"最美彩票哥"王伟、"全国五好文明家庭"邓延花一家等道德模范典型和12名有孝心、善心、爱心、公心的"四心"党员，凡人义举大量涌现，彰显了九龙人的优秀品质；群众

精神文化生活得到丰富完善，以社会主义核心价值观为导向，累计送戏进村500余场、送书下乡5万余册、入村放映电影1300余场，以打造"邻里艺术团"为抓手，扎实开展"文艺进万家"艺术走亲行动，组织开展广场周周演九龙专场文艺演出、市民才艺秀海选、秧歌大赛初赛等活动120余次，全处精神文明建设再上新台阶。

（四）民生事业取得长足发展

九龙街道牢固树立问题导向、民生导向，教育教学水平明显提升，成功打造"五分钟医疗保健圈"，城乡一体化建设成效显著，有效增强了民生福祉，群众生活在共建共享中持续改善，形成了发展人人共创、成果人人共享、和谐人人共建的良好局面，赢得百姓点赞；在推进社会事业上取得新业绩，

2014年5月10日，九龙卫生院医务人员对社区居民进行春季健康教育宣传。

全面完成第二十八中综合楼、营海小学的建设，建成九龙社区中心幼儿园并启动"三校合一"项目营海中心幼儿园的建设；建成营海卫生院，打造首个镇级中医特色医院；连续两年开展以"最美家庭""最美村居""最美街巷"为主要内容的"三美"争创评选活动，形成环境卫生人人参与的常态化氛围。

执笔人：朱菁

"贤人治村"工程在九龙街道的成功实践

九龙街道

"贤人治村"工程是九龙街道对原营海街道、原云溪街道、原九龙镇自1997年以来的农村管理工作先进经验做法的继承与发展，从选用"贤人"治理村庄，到"贤人"在治村过程中不断创新工作办法，形成了"贤人治村"工程的良性循环与互动。2014年12月，九龙街道以村"两委"换届为契机，实施"贤人治村"工程。在村"两委"换届中，把政治素质好、有坚强的党性、能模范遵守国家法律法规，奉献精神好、有组织才能、能积极为群众办实事办好事，帮带作用好、有带领群众共同致富的愿望和行为、能妥善解决群众生产生活中的困难，群众评价好、有群众基础、能在化解矛盾和难题中勇于担当明确为村"两委"成员标准。同时，建立村"两委"换届"负面清单"，规定了违反社会主义道德、违反村级管理制度等27种

情形不宜提名为村委成员候选人，不得担任村党组织委员会成员。采取个人自荐，党员和群众代表民主推荐，村（居）推荐，管区推荐，包村干部推荐，部门（工会、团委、妇联、农办、经贸办等）推荐，组织筛选，党委决定等"八条推荐线"多渠道、广视角地选拔"贤人"，严格把好村"两委"班子成员入口关，使一批一身正气的新面孔进入了村"两委"班子。"贤人治村"工程实施以来，九龙街道群众满意度达到了97%以上。

一、"贤人治村工程"的发展历程

（一）起步探索阶段（1997年—2008年）

1997年，九龙镇把以农村党支部为核心的基层班子建设作为党委工作的大事来抓，重

新调整充实党建工作领导小组，领导小组对抓好农村基层组织建设负有明确的责任，并立足于经常性教育工作，常抓不懈，在以往工作的基础上，建立完善并落实工作目标责任制，做好党员教育、组织建设、纪律检查等方面的工作。同时，继续落实好领导干部包片制度，对农村党支部定期考察排队，抓两头、带中间，抓典型、带一般。对多年落后、经济发展慢、群众意见大的班子，进行及时调整，有效杜绝了久拖不决的情况发生。同时，九龙镇把加强农村基层组织建设的着力点放在提高支部班子的战斗力上。一是拓宽识人用人渠道，坚持德才兼备的原则，把那些政治坚定、有市场经济意识、有奉献精神、年轻有为的党员选到支部班子中来。二是搞好后备干部人选的培养，针对有的村班子老化，村干部后继乏人的问题，九龙镇党委从市场经济

发展角度出发，把那些在市场经济中有能力，有开创精神的青年人通过培养充实到党员队伍中来，为党员队伍注入新的血液。三是狠抓制度建设，特别是落实"十项制度"和"十个公开"，保证有章理事，有效地解决部分干部财务不清、办事不公、作风不正的问题，使其正确对待手中的权力，时时处处自重、自省、自警、自励，有效遏制了各种腐败现象的发生，努力转变工作作风，带动全体党员干部进一步加强作风建设，增强宗旨观念、群众观念和公仆意识，自觉把"爱民富民安民，让群众满意"作为开展一切工作的出发点和落脚点，树立起扎扎实实为群众办实事办好事的优良作风。

九龙镇通过实施抓两头、带中间的工作方法，对战斗力强、经济发展较快、群众威信较高的村支部，坚持高标准、严要求，不断促使其上新台阶。截至2000年底，九龙镇共涌现出8个胶州市级以上先进党支部。根据存在的问题，对中间状态的村采取有针对性的解决措施，帮助其不断提高。把工作重点放在后进支部的转化上，采取"能人返乡、机关下派、双层推荐"等形式，调整充实了9个农村支部班子，着重解决了部分村党员队伍老化、后继乏人的问题，及时培养先进

分子入党，为党员队伍注入了新的生机和活力。

2003年，云溪街道按照《中共胶州市委组织部2003年组织工作要点》（胶组发〔2003〕2号）要求，进一步拓宽党建工作领域，研究制定《关于加强新型经济和社会组织党的建设工作的意见》，完善新型经济和社会组织党群工作机制；继续开展"组建月"活动，以个体私营企业、社会团体和社会力量办学三类新型经济社会组织为重点，突出抓好已具备条件、规模较大以及新建的新型经济社会组织的建设；加大党群培训力度，制定新型经济和社会组织党建工作制度汇编，促进新型经济和社会组织党建工作的规范化；探索社区党建工作的新措施，出台《在职党员在社区党建和社区建设中发挥作用的意见》，建立在职党员社区活动联系卡和活动反馈制度；注重发挥党员在社区建设中的先锋模范作用，指导帮助未建立党组织的居委会成立党支部，在符合条件的社区成立党总支，促进社区党建工作的健康发展；以"三级联创"为载体，全面贯彻落实《中国共产党农村基层组织工作条例》《村民居委会组织法》，集中精神抓好农村班子建设，进一步加强对新"两委"班子成员的教育培训，坚持集中培训、经常性教育相结合的

原则，建设规范的村级运行机制；大力加强村级后备干部队伍建设，把村级干部队伍建设放在突出位置，按照"坚持标准，拓宽渠道，强化培训，动态管理"的思路，保证每村有1—2名后备干部；以"建组织、搞活动"为重点，大力加强新兴经济社会组织的党建工作，不断改善流动党员、企业职工党员、退休老党员的教育管理，做到有群众的地方就有党的工作，有党员的地方就有健全的党组织，有党组织的地方就有党的组织活动和坚强的战斗力。

（二）创新转型阶段（2009年—2012年）

2009年8月，营海镇以"五化"建设为切入点，制定实施《中共营海镇委员会 营海镇人民政府关于新农村建设长效管理机制的实施意见》（营发〔2009〕33号），坚持政府主导、农民主体、社会参与，下移工作重心，采取综合措施，严格质量标准，完善长效机制，全面构建建设和谐社会主义新农村主力队伍。2009年9月，营海镇改为营海街道。为促进后进村班子转化，2009年10月，营海街道积极创新基层组织设置，采取"第三方介入"模式，对后进村班子进行治理整顿。"第三方介入"模式，是指针对派性争斗比较

严重的村庄，打破传统的从村庄各派别选人用人的老模式，选任与村班子派性争斗各方无渊源、利益无纠纷、容易被群众接受的"能人"，组成新的领导班子，进入村庄公正公平地开展工作，加强村庄建设，带领群众发展集体经济，切实为群众办实事办好事。营海街道经过反复研究，大胆实践，结合各村实际，适时推出了"第三方介入"模式，探索实行了四种介入模式：一是强村介入模式。对于支部书记工作能力差、群众威信低或暂无支部书记的村庄，选取先进村作为"第三方"进入，由先进村庄支部书记兼任后进村支部书记，以强带弱，共同发展。二是企业介入模式。将企业老板作为"第三方"引入村庄，让其担任村庄负责人，充分利用他们自身掌握的资源，切实为村里办实事、办好事；充分发挥先行富裕的优势，结合群众发家致富的强烈愿望，组织农民群众学政策、学技术、学管理，积极参与村庄建设管理。三是新农村建设领导小组介入模式。结合全市加强新农村建设的有利时机，聘请能人回村成立新农村建设领导小组，以领导小组名义带领村民开展各项工作，对老"派性"成员灵活任用，在工作中逐步化解"派性"矛盾。四是管区介入模式。针对大后旺、大荒等村庄"两委"

班子不健全，或暂无合适人选的情况，村庄所在管区作为"第三方"介入村庄管理，由管区书记或副书记兼任村庄负责人。2009年12月，为帮助"第三方介入者"尽快融入村庄，营海街道充分发挥优势，多方面对"第三方"组织进行配套扶持。一是抓好村庄财务审接，营海街道组织纪委、经审中心、审计所成立"审接小组"，对班子调整的村庄逐一进行财务审接，并张榜公布，使新班子清清白白地开展工作，并对历史遗留问题进行清理整顿。二是给予全力扶持，营海街道在资金方面进一步向"第三方介入"村庄倾斜，对后进村庄的规划建设、招商引资等方面给予政策扶持，先后投入资金80多万元，扶持村庄的新农村建设，共修整硬化街道35万平方米。在治乱方面，营海街道组织城管、公安等部门组成村容整治工作组，根据村庄需要随叫随到。三是严格规范工作程序。营海街道针对发现的问题，同时深入征求机关干部、村干部、农村党员和群众代表的意见，进一步修订完善了《营海街道办事处基层组织工作规范》，对回村任职的干部进行全面系统的培训，进一步明确工作职责，理顺议事程序，按规章制度办事，进一步规范了干部的从政行为。村庄储备人才时，进一步结合各

方推荐意见，在本村致富能手、军转干部、在外务工等人员中选拔出20多名政治觉悟高、能促进村庄发展，有意为村庄服务的优秀人才作为后备干部，为村庄发展奠定了人才基础。

2010年，为深入贯彻党的十七大和十七届四中全会精神，突出党员队伍的先锋模范作用，提升全处党员的诚信意识和品牌意识，营海街道在全处广大党员中开展党员信用等级评定工作，制定实施《营海街道办事处党员信用等级评定办法》（营海〔2010〕1号），形成以党内表现情况、信用状况、个人品德、家庭及收入状况等为主要内容的评议体系。为深入推进村级组织"三制"管理，抓好农村党员干部履职承诺制的落实，根据《中共胶州市委组织部关于推行村级组织"三制"管理的意见》（胶组发〔2009〕25号），实行《营海街道党工委关于认真落实履职承诺制的通知》（营海发〔2010〕14号），要求农村党员干部履职承诺均要个人签订书面承诺书，书面承诺书涉及对党员干部本人所承担工作任务的承诺，由村"两委"根据分工和无职党员所承担的工作任务，统一研究确定。其中村党组织书记承诺书中涉及2010年要为村庄办理的实事须经村"两委"研究决定，并形成详细会议记录。

履职承诺制的实施，有效规范农村党员干部的行为，形成廉洁勤政的优良作风。营海街道以村"两委"换届为契机，集中精力抓好村级班子建设，培养先进分子充实党员队伍，发现优秀党员或充实班子，或列为后备干部重点培养，有机结合"第三方介入"模式，全面提升村级组织战斗力；适时开展党支部书记党建工作专项述职，切实落实"书记抓、抓书记"的党建工作责任制，实现全一类村班子的目标；以深入落实村级组织"三制"管理办法为总抓手，严格执行村级民主决策"六议"机制和每月"民主活动日"制度，不断完善村级"三资"管理的规章制度，进一步修订村级财务管理和重大事项报批制度，研究并制定村级财务管理人员任职管理制度，强化业务培训，提高业务水平；以党建服务中心为平台，不断完善实施党员信用等级评定体系，有效启动党员创业扶持基金，激励党员讲诚信、树形象、创品牌，增强党员率先创业、带头致富的积极性和先进性；加强农村党员队伍教育管理，把教育管理的考场放在服务建设大局的一线，把教育成果体现在一线。

2012年4月，九龙镇党委制定实施《中共九龙镇委员会关于认真做好基层党组织分类定级工作的通知》，深入推进基层组织建设，严格贯彻落实胶州市委组织部《关于认真做好基层党组织分类定级工作的通知》（胶组字〔2012〕47号）文件要求，开展基层党组织分类定级工作。对基层党组织的分类定级共分四个等次，分别为A级（优秀）、B级（良好）、C级（一般）、D级（较差），并对下属基层党组织每年年底组织一次分类定级。2012年底，为全面推进社会矛盾化解，九龙街道进一步加大对东营村的调研力度，对东营村设立人文工作室的相关经验进行了全面总结并在全处84个村（居）进行推广，加大对复杂疑难矛盾纠纷的排查调处力度，形成了各工作小组分类管理、归口处理，疑难复杂矛盾纠纷由人文工作室统一调处的"N＋1"矛盾纠纷排查调处新机制。

（三）完善发展阶段（2013年—2018年）

2013年，九龙街道东营村对全村的矛盾纠纷进行了集中排查梳理，并根据矛盾纠纷的总体类型，以村级人民调解委员会为基础，建立了7个工作小组，各小组由村内的老党员、老干部、老教师等担任组长，分别负责调处不同类型的矛盾纠纷，有力提升了矛盾纠纷排查调处效能，取得显著成效。九龙街道借鉴东营村经验，在全处各村（居）广泛开展矛盾纠纷集中排查，结合各村（居）实际合理设置工作小组，对矛盾纠纷实行分类管理归口处理。2013年3月，九龙街道抢抓胶州市推广律师联村制度、为各村（居）全部配备联村律师的有利机遇，第一时间召开联村律师见面会，委托联村律师指导各村（居）统一修订完善依法治村（居）章程，并建立联村律师全程参与村（居）重大事项决策制度，确保各项事业依法开展。2013年下半年开始，在充分走访调研的基础上，九龙街道对84个村开展"两委"班子备选普查，通过党员和老干部评荐、自我推荐、群众举荐等方式，结合纪委、公安、计生、信访、信贷信用等多方面信息，从经商能人、先富群体、道德标兵中逐村选定2—3人，纳入重点培育梯队。经过一年多的考察和走访摸底，先后为16个问题村庄选任"贤人"支部书记或者"贤人"村庄负责人。九龙街道以思想素质、政策水平、工作能力三方面培育为重点，不断提升干部队伍以贤为政的整体素养。一是从思想上突出理想信念教育。对已经是村庄负责人的"能人"干部队伍，重点围绕"诚信、守法、责任、奉献"等主题，坚定他们服务家乡、服务群众的理想信念，牢记"为民、务实、清廉"的为政之要，通过领导干部结对培养、联村干部定期走访、党工委定期举办学习论坛等形式，提高以"贤"为政的能力。二是从组织上创新教育方式。发挥街道党员服务中心、远程教育网等学习主阵地作用，定期进行村级组织"三制"管理办法、"三会一课""六议"机制等政策法规、村级制度方面的培训。同时，积极组织开展理论研讨、经验座谈、心得交流等专项活动，实现互补互促，取长补短。三是从考核上营造积极使用"贤人"的良好氛围。对2013年首批考察符合"贤人"标准并已开展工作的非党员村干部，发展为预备党员，对一年期满后考察优秀的直接任命支部书记，先后有40名"贤人"村干部实现"一人兼"。对前期考察表现优秀、群众满意度较高的后备干部，通过任命为支部副书记或村主任助理的方式，鼓励他们充分参与村务工作、加强锻炼，实现由"贤人"后备干部向"贤人"书记的逐步过渡。2013年全年，共有7名"贤人"后备干部成功当选支部书记。为帮助治村"贤人"更好地融入村庄，九龙街道党工委不断强化配套扶持，建立健全"三项制度"，在贯彻村级组织"三

制"管理办法，落实"三会一课""四议两公开"等制度的基础上，创新建立"六议一审两公开"工作机制，探索推行村级"阳光议事厅"，进一步明确工作职责，规范"贤人"的行政行为；委派管区书记或副书记兼任"贤人"村书记助理，零距离协助村干部开展工作，处理各种矛盾和问题；通过单独约谈和分组座谈等方式，定期组织村庄负责人开展谈心活动，正确把握他们的思想脉搏，做好协调服务工作，不断营造宽松和谐的工作氛围。

2014年3月，九龙街道按照《中共胶州市委办公室 胶州市人民政府办公室关于在全市推行"N＋1＋1"矛盾纠纷排查调处新机制的实施意见》（胶办发〔2013〕37号）文件精神，将"N＋1＋1"矛盾纠纷排查调处的各项长效工作机制与群众路线教育实践活动密切结合，全面推进"依法治村"，依法服务广大群众。各村均成立由村书记（主任）任主任，村"两委"成员、律师为成员的人文工作室，每个工作室分别成立了村庄建设、村貌治理、社会治安、计生服务、分家析产等5—7个工作小组，对村（居）的矛盾纠纷实行分类归口排查调处。全处共成立工作小组502个，包村律师8名。为抓好"N＋1＋1"矛盾纠纷排查调处新模式

的推进工作，九龙街道落实"一把手责任制"，形成了主要领导负总责、分管领导抓落实、稳定中心和司法所按照要求具体执行的工作组织，并指定由司法所负责日常事务及督查；健全了人文工作室人民调解、法制宣传、安置帮教、社区矫正和法律服务组织网络，以工作室的"N"个工作小组为工作单位开展各项村务管理和矛盾纠纷排查调处，形成了办事处稳定中心、司法所、人文工作室、"N"个工作小组的工作体系；建立了人文工作室记录簿、信息反馈登记簿、矛盾纠纷排查调处登记簿以及社区矫正、帮教安置活动记录簿；为每个工作小组的负责人发放了矛盾纠纷排查登记本。人文工作室由各工作组人员实行轮流值班服务，其他人员提供随机服务保障，遇有重大涉法事项、疑难问题及时会商会诊。九龙街道每月组织召开一次全体人员参加的联席会议，每年组织或聘请专业人员对工作室人员进行法制业务培训，提高他们的法律素养和依法服务能力。自2014年12月党的群众路线教育实践活动开展以来，九龙街道深入开展"农村党员包街联户"活动，通过设岗定责，让党员亮身份、树形象，变无职为有职，从无为到有为，充分激发了普通党员的主观能动性，

2014年，九龙街道大荒村悬挂党员联户包街责任牌。

为广大党员提供了一个展现自我价值、发挥自身潜能的新渠道、新途径。

2015年2月，九龙街道以长效管用为目标，健全完善了一批保障"党员包街联户"制度健康运行和促进党员主动发挥作用的配套机制，确保为民服务常态化。包街联户党员每周至少对责任内群众走访一次，了解群众呼声、收集社情民意，把群众反映的问题记录在册，紧急情况和重要事项及时向党小组或党支部汇报；各党小组、党支部每周召开工作例会，定期汇总分析社情民意和群众的意见建议，研究提出对策措施并抓好落实；对于一时无法解决的，由联户党员向群众反馈，做好解释工作；制定量化考核体系，由村党组织每季度对党员联系服务群众工作情况进行考核，按照党员个人述职自评、

群众民主测评、党员互评、党支部总评等程序进行评议并积分，评出"优秀、较好、一般、较差"四个档次，作为民主评议党员、党员星级评定、党员创先争优的重要依据，与党员的奖惩相挂钩，对连续两次评为"较差"等级的，取消联户资格并重新选派；采用对口检查、明察暗访等形式，对村级党组织党员包街联户工作开展情况进行考核，表彰一批联系服务群众工作先进集体和优秀联户党员，每年拨付30万元专项资金作为工作开展和考核奖励经费。九龙街道把党员培育成技术骨干，挂牌确立为党员中心户，根据自身能力和村民需求，自由选择联系户，传授实用生产技术、解答农业生产难题，形成了党员示范引领、群众广泛参与的产业发展格局。"包街联户"党员围绕宣传上级

政策、调解邻里纠纷，依托"阳光议事厅"工作机制，不断强化责任、推进工作落实，在化解矛盾纠纷、维护村庄稳定方面发挥了重要作用。以深化乡村文明行动为契机，结合村域治理特点，根据党员分布情况，按照就近原则联户，一般以一名党员联系十个农户为一小组，每名党员负责做好环境保洁帮带教及日常监督工作。积极开展党员"亮牌承诺"，每个党员户在自家门前亮身份、亮承诺，维护好本户庭院及门前宅旁的环境卫生，为周边群众做好表率，并接受群众监督；每户居民门口亮牌，明确包户党员及联系电话，便于其他群众举报投诉、反映问题；村庄成立环境整治小组，定期对辖区内的环境整治情况进行实地检查，并及时公布检查结果，接受群众评判，形成一套较为完整的监管体系。从2015年4月起，全处用3个月时间对包街联户中征集的133个问题实行台账销号管理，并在便民服务中心建立了"阳光政务查询平台"，对各村庄的"双十""双三"事项进行公示，把群众想知道、急于解决的事情全部公开。"党员包街联户"活动的开展，为全处村民解决了很多难事，得到了群众的一致好评。

2016年，九龙街道制定实施《关于长期在村任职党组织

书记生活补助办法》，建立专项资金，为任期满 20 年的在职支部书记发放任职补贴；投入 200 万元继续实施"双十双百"工程，保障年收入低于 5 万元的 11 个村庄正常运转；投入 260 万元，新建和修缮村级活动场 10 个；开展村庄后备干部培养工程，针对班子不健全的村，通过民主评议结果、走访党员群众、召开座谈会、民主活动日收集意见建议等方式，发现并储备一批后备干部，通过任命网格长、党小组组长、调解员等方式让其参与村庄工作，为解决村庄班子问题做好预备。

2017 年，九龙街道针对本街道村（社区）多、情况复杂等特点，提前半年开展换届选情摸排，先后组织召开了 4 次管区书记座谈会，组织包村干部走访摸排 6000 余人次，听取党员群众意见建议。同时，依规处理 3 名不具备竞选资格的在职村干部，净化候选人队伍。针对此次换届确定的 9 个 C 类村庄，党工委班子成员定向领责，全程指导换届，并在支部换届时，全部采取异地集中选举，一次性全部成功选出新班子，一举解决了东营、大洛戈庄等村庄班子长期不健全的问题。

2018 年，九龙街道集中治理软弱涣散班子，强化基层组织，一方面通过市委部署的"4+1"帮扶团队（第一书记、联村局长、联村党员企业家和联村组织指导员）增强班子战斗力，另一方面针对重点的软弱涣散党组织，配套建立工作专班，引导村庄谋划思路、维护稳定、解决矛盾、选培后备队伍。2018 年 10 月以来，九龙街道针对小后旺等班子不健全的软弱涣散村，在暂时无法从村庄选任合适人选的前提下，通过"自愿报名、民主评议、公开竞选"等一整套流程，在机关干部、退伍军人中选拔了 7 名优秀人才，到村任职支部书记、副书记，并通过村庄联建模式，选派强村书记兼职弱村书记。两种模式并行，解决了小后旺等 6 个村班子不健全的问题。按照市委构建"一核统领、六维共振"农村区域化党建共同体的具体要求，九龙街道重新调整村庄区划，建立了 11 个社区党委，并通过公开选拔、竞争上岗的模式，选优配强 33 名优秀党员干部，分别担任党委书记和党委副书记。同时，本着"一次办好"的服务目标，配备便民服务直通车，真正做到"上门送服务、上门领诉求"。在此基础上，整合优势资源，把"身边人讲身边事""村级文化队""合作经济组织"等全部纳入社区党委统一调配，引导村级治安巡逻队、"1＋1＋N"调解服务等人员集中调配、资源一体共用，做实做好农村区域化党建工作。

二、总体成效

（一）发展理念普遍提升

"能人"治村向"贤人"治村的有效转变，不仅延续了"能人"治村带来的经济领航效应，更做到了把为群众办实事、办好事作为一种责任、一种追求，实现了"能人"带头"我想发展"向"贤人"领军"共同发展"的转变。例如，永安屯村"贤人"书记把自己多年经商的理念植入村庄发展，深入挖掘村庄生姜种植的传统产业，注册"永安屯大姜"无公害品牌，并多方筹资 30 余万元，成立富民合作社，规划建设生态大姜展厅、无公害农产品快速检测室、大姜包装储藏室，带领群众实现了大姜种植规模化经营，产品成功打入家乐福等大型生活超市，每年为村民增收 100 万元，为村集体增收 10 万元。

（二）干事热情普遍提高

实施"贤人"治村工程以来，"贤人"村官在村庄事业发展中，充分发扬吃苦奉献精神，投入大量精力，倾注大量心血，最大限度地调动各种资源服务村庄发展，特别是更加注重引导群众用发展的观点看问题,切实为村里办实事、办好事,赢得了群众的信任和支持。例如,邓家庄村自从"贤人"书记回村任职后,把"美丽村庄"的常态化管理作为干事创业的突破口,立志恢复村庄"河道清、鱼苗兴"的生态环境,组织党员干部带头对全村 30 多处的垃圾清运点、5 个垃圾清运池进行清理。同时,制定村庄环境卫生分工负责办法,包街包户到人,党员带头示范,促进村民养成"日扫日清"的卫生习惯,村容村貌焕然一新。好党风带动好民风,好民风形成好村风,"贤人治村"工程实施以来,新民村村干部工作积极性高涨,自发带领党员群众收集 500 多方鹅卵石,将村内中心河道用鹅卵石美化石砌 1100 米,村子里里外外焕然一新。整体环境的改善也提高了村民维护环境的自觉性,村庄整体氛围变得更加和谐有序。

(三)社会治理普遍增强

"贤人"村干部与原村班子无任何派性斗争渊源,在开展工作时能够自觉杜绝私心杂念,减少矛盾纠纷,更容易被村民接受。同时,"贤人"村官能够牢固树立法治思维,具有较强的民主意识,能够把关系农民切身利益的重大事项提请党员大会、村民大会或村民代表会议讨论,把依法办事作为自觉行动,真正做到村务公开、财务公开和政务公开,用规范的"法治"方式彻底取代"人治"方式。自"贤人治村"工程实施以来,成功调整的后进村再没有发生信访事项,历史遗留问题得到了有条不紊地化解。

三、经验启示

由"能人"治村到"贤人"治村,一字之差,体现的却是选任标准和群众公认的用人导向。单纯依靠"能人"的治村模式,逐渐产生一些新问题:有的"能人"书记举措单一,群众满意度不高;有的公心不足,群众公信力不强等等。对此,九龙街道党工委按照市委统一部署,深刻把握农村基层组织建设的新形势、新特点,实施"贤人治村"工程,以"德"聚民心、以"能"促发展、以"专"惠民生,着力培育一支"德、能、专"综合考量优异的"贤人"干部队伍,农村基层组织建设实现新提升。新形势下,怎样选齐配强村级班子,带领广大群众共同致富、和谐发展,是党建工作需要破解的新课题。九龙街道党工委探索实施的"贤人治村"工程,构建起"贤人敢担当、能人变贤人、群众得实惠、组织强根基"的长效机制。

(一)"贤人治村"有赖于完备的人才选拔机制

为政之要,首在用人。九龙街道党工委积极选备"贤人"队伍,及时将选备的"贤人"村干部纳入入党积极分子行列,有效解决了农村党员干部后继乏人的问题,加强了党员队伍的先进性和纯洁性建设,培养出一批有本领、有能力、实绩突出的"领头雁",使之迅速成为带领群众奔小康的领导核心。实践证明,"贤人治村"工程中的首要环节就是选备"贤人"队伍,要不断健全人才选拔机制,把社会造就的"能人"与培养党的好干部相统一,真正选拔出"德、能、专"三位一体、具备"四有四好四能"标准的人才。

(二)"贤人治村"有赖于切实有效的制度保障

"贤人"之所以能够迅速在村庄开展工作,实现"经济强人"向"村庄领头人"的迅速转变,得益于全市颁布实施的《农村基层组织"三制"管理办法》。同时,九龙街道党工委结合自身实际建立健全的"六议一审两公开"机制和创新建立的"阳光议事厅"等举措,也为新任"贤人"开展工作提供了法治依据,实现"靠人办事"向"依法为政"转变。实践证明，没有一套完备的行为准则，再优秀的人才治村也会无的放矢，行为难免出现偏差。因此，要进一步强化制度保障，注重制度执行的督促检查，形成制定制度、落实制度、完善制度的良性循环。

（三）"贤人治村"有赖于党员群众的鼎力支持

九龙街道党工委按照"四有四好四能"的选拔蓝图，先后梳理入库216名后备"贤人"队伍，在打造完备"贤人"支部书记队伍基础上，努力实现"贤人"村干部队伍全覆盖。而在此过程中，得以顺利回村任职，或者在换届中成功当选的支部书记，无一不是经过了深入走访调研，得到了绝大多数党员群众评价认可，最终被择优任用。实践证明，"贤人"队伍的建立，离不开广大党员群众的大力支持和信任，只有充分发动群众、依靠群众，"贤人"治村才能取得明显成效。

执笔人：朱菁

胶莱镇全国城镇发展改革试点工作回顾

胶莱街道

改革开放以来，胶莱镇在城镇发展改革试点工作中，坚持把党的改革开放政策同本地实际紧密结合起来进行市场取向改革，经济发展体现出鲜明的区域特色，实现了"胶莱速度"。在改革开放和现代化建设历程中，随着市场化改革的不断深入，胶莱镇不断开创和探索，赋予了"胶莱速度"新的内容，实现了从计划经济体制到社会主义市场经济、由粗放型增长方式到集约型发展方式的转变，走出了一条具有胶莱特色的改革开放之路。

一、改革开放以来胶莱镇经济社会发展历程

（一）起步发展阶段（1978年—1990年）

从1978年到1990年，胶莱镇的农业、工业、城镇化潜能得到初步释放，为胶莱镇经济社会的发展奠定了良好基础。

1.农业

1979年，根据中共十一届三中全会制定的路线、方针和政策，胶莱镇农村经济体制改革开始起步，有的村、队开始实行承包到组，责任到人；有的生产队实行口粮田包产到户。1980年以后，农村经济政策落到了实处，胶莱镇在坚持土地等生产资料集体所有制的前提下，由生产队根据土质优劣、水利条件好坏等因素，分等级将土地承包给农民。全镇改为包干到户形式的家庭联产承包责任制，废除了"大锅饭"。农民以户经营、自负盈亏，全年收获除交足国家的任务外，剩余部分全归自己。农民生产积极性普遍高涨，充分发挥各自的一技之长，粮食产量显著增长。小麦亩产量由原来的100—150千克提高到250—350千克以上，还有不少农民粮食亩产超过500千克大关，农民基本解决了温饱问题。1984年后，胶莱镇贯彻《中共中央关于一九八四年农村工作的通知》，继续稳定和完善家庭联产承包责任制，由土地统一划片分包，调整为每户3—5块，土地承包期限延长为15年，进一步调动了群众积极性，促进了生产力的发展。通过对农业种植结构的大力调整，胶莱镇由原来的单一种植粮食作物调整为大力发展经济作物、种植蔬菜、搞粮林间作，同时大搞多种形式的工副业生产，涌现出不少专业户、万元户。这一时期，全镇农村经济发生了巨大变化，农民生活由富裕向小康迈进。

2.工业

胶莱镇认真贯彻落实调整、改革、整顿、提高的方针，加强经营管理，企业素质不断提高，在能源和原材料供应不足、水电紧缺的情况下，镇办工业、建筑业在调整中稳步前进，保持了一定的生产发展速度，

取得了明显的经济效果。1980年—1987年是胶莱镇各项工业起步发展的阶段，镇办工企业主要以农产品加工、农用机械、造纸为主，全镇经济得到长足发展，其中，1983年镇办工企业完成总产值97万元，1987年完成301万元；镇办建筑业1987年总收入856万元，纯利润82万元，比1983年增长18.5倍，建筑行业从业人数由1983年的193人，增长到1983年的1823余人，固定财政价值由1983年的23万，增长到1983年的63万。1988年—1989年期间，胶莱镇镇办企业以提高经济效益为中心，坚持速度、效益、后劲三统一，加强企业管理、技术改造和内引外联，进一步完善了以承包为主要内容的多种形式的经济责任制，整个工业生产持续、稳定、协调发展，速度、效益同步增长。1989年完成工业总产值560万元，比1988年增长35%，实现利润51万元，比1988年增长7.9%，产品质量稳定提高，能源消耗继续下降。同时，村办企业也有了新的发展，1989年底，全镇村办企业已达19家，从业人员达884人，总收入236万元。

3. 城乡一体化建设

作为城市化发展的一个重要阶段，城乡一体化把工业与农业、城市与乡村作为一个整体，统筹谋划，促进城乡的规划建设、产业发展、市场信息、政策措施、生态环境保护和社会事业同步发展，改变长期形成的城乡二元经济结构，实现政策平等、产业互补、待遇一致，让农民享受到与城镇居民同样的权益。1989年1月，胶莱镇党委政府提出了胶莱镇城乡一体化建设的思路和改革配套措施。其中，如何壮大农村经济，有效提高农民收入水平是头等大事。同年5月，镇党委政府制定了工业开发小区的若干优惠政策，对外来开发者实施让权、让名、让利的优惠，力争农村与城市同步发展。胶莱镇当时的农村发展策略，体现的是"内联外引"和改善农村产业结构的思路，有益于激发农村自身的经济活力，提高农民经济收入。

（二）探索性发展阶段（1991年—2011年）

从1991年到2011年，胶莱镇不断探索提升城镇化发展质量，探索小城镇践行科学发展、加快转变经济发展方式的新途径，为新时代镇域经济社会事业的发展奠定了强大的基础。

1. 推进发展规划创新

1991年来，胶莱镇依托城镇化发展需要科学编制城镇发展规划，体现科学发展的要求。一是坚持以人为本，把扩大就业和吸纳人口作为规划的战略目标，把提高公共服务水平作为规划的重要内容，纠正城镇发展中重建设、轻服务的现象，解决大量建设形象工程、政绩工程等问题。二是探索经济社会发展规划、城乡建设规划、土地利用总体规划科学编制有效衔接的途径和办法；建立规划的公众参与机制，在规划中充分反映居民需求。三是加强规划实施的管理和监督，强化规划的严肃性。通过试点促进政府规划思路和方法调整，转变政府职能，完善政府治理结构，加快经济发展方式转变。

2. 完善农民工基本公共服务

中小城市和小城镇是吸纳农民工的重要载体，是户籍制度改革的重点。1995年来，胶莱镇积极探索农民工基本公共服务体系建设。一是逐步缩小农民工与城镇居民的基本公共服务差距，将农民工逐步纳入城镇基本公共服务覆盖范围。重点解决农民工集聚区的教育卫生、文化体育等公共服务设施配套和道路、供接水、通讯、垃圾收集等基础设施建设。二是多渠道改善农民工居住条件，探索将农民工纳入城镇住房保障体系的途径和办法。允许农村集体经济组织利用集体建设用地发展公共租赁住房试点，政府做好道路交通、公共交通等基础设施建设，金融机构配套相应金融服务。三是落实放宽中小城市和小城镇落户条件和政策，引导非农业生产和农村人口有序向中小城市和建制镇转移，逐步满足符合条件的农村人口落户要求。

3. 增强城镇综合承载能力

胶莱镇把增强城镇综合承载能力作为重要的内容来抓，切实提高就业、环境等方面的容纳能力。1997 年来，胶莱镇在科学评估的基础上，大力推动城镇开发建设。一是立足产业发展基础，促进产业在镇区、工业区集中，提高产业集聚水平。二是加大基础设施建设力度，加快承接产业转移和促进镇辖劳动人口创业就业。三是加强交通基础设施建设，发挥交通基础设施对产业发展和城镇发展的引导作用。四是引导企事业单位节约利用资源，加强耕地和生态环境的保护，提高污水、垃圾无害化处理的能力，降低城镇发展对环境的影响程度。五是在建设数字和智慧小城镇、发展绿色低碳小城镇、改革户籍管理制度等方面积极进行探索试验。

4. 健全政府管理体制

2005 年来，胶莱镇积极探索政府管理体制改革，优化服务质量。推进小城镇行政管理体制改革，重点是针对外来农民工进行经济社会管理体制改革，在经济和行政管理权限下放等方面，加大改革力度；调整城镇政府公共财政支出结构，将农民工公共服务支出纳入政府预算支出项目；严格规范城乡建设用地增减挂钩试点，严格按照中央文件规定推进增减挂钩试点工作，充分尊重农民意愿并考虑农民实际承受能力，防止出现不顾条件盲目推进、大拆大建和侵犯农民利益的现象；按照"缩小范围、合理补偿、收益分享、多元安置、优化程序"的原则推进征地制度改革；切实做好农村土地整治工作。

5. 强化特色产业支撑

2011 年之前，马店社区以制造业为主，工业基础坚实；原胶莱镇区域现代农业发展迅速，农业特色突出，是青岛市优质蔬菜示范基地、青岛市节水灌溉示范区。截至 2011 年，胶莱镇蔬菜复种面积达到 10 万亩，形成了 5 万亩马铃薯、3.5 万亩大葱、1 万亩大姜、5000 亩大白菜的蔬菜产业集群。全镇规划建设了 3 万亩高效农业示范园、1 万亩标准化蔬菜种植示范区和 5000 亩胶州大白菜生产示范区三大示范基地，引进国家级农科研基地——青岛农业大学现代农业科技示范园落户，入园国家级农业科研项目 12 个，拥有农民专业合作社 98 家。

（三）跨越式发展阶段（2012 年—2018 年）

2012 年 7 月 6 日，根据《青岛市委办公厅 青岛市政府办公厅关于印发〈各市镇（街道）区划调整试点工作方案〉的通知》（青厅字〔2012〕27 号）要求，原胶莱镇和马店镇优化合并成立了新胶莱镇。新胶莱镇政府所在地设在原胶莱。新设立马店社区服务中心、大沽河现代农业示范区管委会、马店蓝色制造业经济区管委会 3 个机构。下设"四办一所六中心"（党政办公室、经济贸易办公室、农业办公室、社会事务办公室、财政所，镇村建设服务中心、计划生育服务中心、经管审计服务中心、农业科技服务中心、劳动保障服务中心、社会稳定中心）。区划调整后，新胶莱镇无论从人口、村庄规模还是镇域面积来说，都是胶州第一大镇，形成了新的发展优势。

创建第三批全国发展改革试点镇以来，胶莱镇紧紧围绕承担的发展改革试点任务，突出重点，统筹推进，发展改革试点工作取得新成效。2012 年以来，胶莱镇在胶州市科学发展综合考核中连续 7 年被评为优秀单位，成功创建山东省"百镇建设示范行动"示范镇、山东省宜居小镇、全国环境优美乡镇、全国一村一品示范镇和全国重点镇；先后为全省农产品质量安全现场会、全省和青岛市生态文明乡村建设现场会提供了观摩现场。

1. 高标准规划，树立全域统筹发展新风标

胶莱镇突出规划引领，坚持产业规划、城镇规划、土地规划"三规合一"，加速推动全域统筹发展。2016 年，胶莱镇抓住大沽河治理工程竣工、胶东国际机场落户两大历史性机遇，发挥"依河（大沽河）、傍站（高铁站）、临港（空港）"的立体交通优势，着眼于区域发展新的功能定位和目标，聘请上海麦塔城市规划设计有限公司编制了《区域战略发展规划》《总体规划》《产业规划》《城镇规划》和旅游、社区规划等各项规划。以规划为纲领，确定了"一核四区一带"产业布局（一核——城镇核心区；四区——蓝色高端制造产业区、空港商贸物流区、现代农业生态休闲旅游区、高产粮食规模化种植区；一带——大沽河发展带），构建了"南工北农中商贸"产业发展新格局。以规划为引领，加速对接胶东国际机场和大沽河治理，推动了全域协调发展、创新发展。

2. 高端化发展，增强产业转型升级新活力

2012 年以来，胶莱镇发挥"南工北农"产业优势，创新发展模式，推动产业转型升级。加速提升蓝色制造业经济区，大力实施大项目攻坚行动，通过园区整合打造优势载体，创新方式强化定向招商，优化服务加快项目推进，大项目建设量质齐升。2013 年，成功引进世界 500 强项目——瑞士先正达种业项目和投资 10 亿元的宁波海太精密注塑机项目。2014 年，新引进台湾 LED 集成件加工项目等过亿元项目 6 个，其中外资项目 2 个；新投产项目 9 个，新开工项目 7 个，其中过 10 亿元项目 2 个；新开工建筑面积 25 万平方米，企业设备投入 1.5 亿元；在谈重点项目 5 个，项目建设的主要指标均走在全市前列。2015 年，全镇新投产项目 10 个，新开工项目 15 个，7 家企业进行了增资扩产，6 家企业被纳入 2015 年规模以上企业培育库；全年到账外资 5500 万美元，超额完成目标任务；实际利用内资 23 亿元，增长 24%；进出口总额 6 亿美元。2016 年，面对经济下行压力，胶莱镇进一步强化"项目是第一支撑"的理念，结合"三进三促"活动，深入推进"项目攻坚行动"，招商重点加速向临空经济和航空物流产业转变，要素利用加速向"腾笼换鸟"转变，项目服务着力向常态化转变。2016 年上半年，胶莱镇全镇累计开工项目 15 个，开工面积 15 万平方米，超过了 2015 年全年的总量。2018 年，胶莱镇新签约美武软件及电商项目、家乐邦总部基地、泰和兴特种设备制造项目等 15 个大项目；重点在谈项目包括上海振轩智慧物流项目、祥银传动公司增资扩建项目等 26 个。2018 年开工建设项目有 17 个，开工面积约 14 万平方米，其中

青岛祥银传动设备有限公司车间内景

在建项目主要有彬智智慧家居电商产业园项目、青岛百家实业有限公司增资扩建项目、固邦环保二期项目、泰和兴特种机械制造项目、天和富航空食品加工项目等15个。

3. 围绕农业转方式、调结构,实现农业与旅游业融合发展

2015年以来,胶莱镇突出重点,加快建设一条集农业生产、科技示范、生态观光旅游为一体的现代高效都市农业发展聚集带。2015年,借助国家农业科技示范园区和一村一品示范镇两大平台,重点抓好青岛示范园区——王瞳示范区建设,对该园区投资1100万进行提档升级;以小高三河水生态农业园建设为突破口,加快发展旅游采摘、认种园、农家宴等特色旅游文化产业。2015年9月,胶莱镇成功举办第一届旅游采摘节。2016年,胶莱镇依托"农业+旅游"新模式增创发展新优势,大力促进现代农业与文化、旅游产业融合发展。2016年9月,胶莱镇成功举办第二届旅游采摘节,大沽河沿岸园区年接待游客5万多人次,休闲旅游观光农业正成为新的经济增长点。

2017年,胶莱镇结合大沽河中国农业公园建设,投入100余万元对三河水生态农业园进行升级改造,投入20余万元建成小高社区农产品质量检测室;积极打造订单农业、电商农业,并与佳世客等超市建立长期合作关系;跟海尔物流等企业进行电商合作,进一步拓展营销渠道,园区的农产品已经外销到新加坡等国家和地区。2017年6月,绿村现代农业示范园提档升级工程全面开工。2017年9月,胶莱镇成功举办"胶州市首届吴家核桃旅游文化节",使核桃产业成为胶莱发展的新名片。

2017年以来,针对村级垃圾湾问题突出的实际,胶莱镇改革环卫保洁管理体制机制,为辖区内166处平塘水渠、165个村内垃圾湾设置了湾长共318名,负责日常管护;以"大物业、小模块、三位一体、三级联动"为手段,有效统筹镇、管区、村庄资源,最大程度发挥物业公司的作用,实现专业化保洁、规范化收运、集中化处理、标准化考核、网格化管理,彻底改变农村沟湾管理无序状态;集中开展"清湾行动",共出动机械520多台次,人工800多人,共清理各类垃圾850多吨。

2018年以来,胶莱镇结合特色小镇建设,在大沽河沿岸规划建设"大沽河农游嘉年华"主题项目,通过这一新模式、新途径,把大沽河乡村旅游资源优化整合,打造一批特色点、精品园,开发一批旅游采摘、认种园、农家宴等特色旅游产品,形成集吃、住、行、游、购、娱一体的旅游线路,充分展示胶州市旅游资源优势以及独特的旅游文化。

截至2018年底,全镇共有农业示范园区5个、农业品牌13个、农产品专业批发市场2处、农民专业合作社108家、节水灌溉示范区面积达到5万亩,蔬菜产业人均增收1500元。

至此,沿大沽河、胶莱河、墨水河"三河"流域,初步形成了以绿村合作社、龙飞生态园、青岛农大示范园、吴家核桃文化产业园为重要节点的"农业+旅游"特色产业带。

4. 深化攻坚,全面开创环境整治新格局

2011年以来,胶莱镇坚持下猛药治顽疾,建机制抓常态,打响了环境整治"攻坚战""提升战"。2012年2月,胶莱镇将纪委、宣传办、党政办、建设中心、环卫所、城管中心、土地所等部门全部纳入环境整治领导小组成员单位,健全环境整治领导和督查机制。2013年10月,胶莱镇制定出台了《城乡环卫一体化长效管理机制实施方案》《农村"三大堆"集中清理及环境卫生专项整治活动实施方案》《开展环境卫生整治行动会战100天实施方案》等,进一步明确工作任务和目标要求。2014年5月,胶莱镇通过

宣传车巡回广播、在学校组织"小手牵大手、共建美好家园"活动、包村干部入户发放宣传材料等方式，实现了舆论宣传全覆盖。

2015 年，胶莱镇开展环境整治会战 100 天活动，累计投入资金 1400 多万元，出动人工 6000 多人次，机械车辆 700 余台次，共清理垃圾 10000 余吨，新购置垃圾桶 1100 个，新修垃圾池 140 余处，在沙梁三村新建水平压缩式中转箱一处。同时，提升村容村貌档次和路域形象，粉刷墙壁 30 多万平方米、绿化 3 万平方米，在红卫村等 30 多个村新砌花墙 1 万多米；对济青客专铁路两侧清理垃圾 150 余吨、卫生死角 5 处，拆除乱搭乱建 3 处，粉刷建筑外立面 400 多平方米，增补绿化面积 4000 多平方米，沿线村庄新修垃圾池 5 处。围绕建立长效机制，村庄和管区层层签订责任状，按照条块、属地管理原则，实施保洁员包清垃圾、包垃圾进垃圾箱、包无污水溢流的三包责任制，建立"日督查、周小结、月考核"制度。同时，建立市场化运作机制，于 2015 年 9 月引入青岛德信、海润 2 家物业保洁公司，聘用保洁员 405 人，年投入物业费 500 多万元，实现了日常保洁无缝隙、全覆盖，全面提升了卫生保洁质量和群众满意率。在 2016 年

第三季度青岛市城乡环卫一体化电话调查中，胶莱镇位列胶州市镇（街道）第 1 名、青岛市镇（街道）第 18 名，创造了胶州最好成绩。

2016 年以来，胶莱镇始终坚持生态立镇、绿色惠民，结合乡村文明行动和美丽胶州建设，结合国家卫生城市复审和国家文明城市创建，重点实施了四大工程：一是环卫一体化深化工程。将环境整治向农贸市场、商业街、园区等区域延伸，由建设、环卫、综合执法等部门联合行动，对政府驻地和马店社区驻地中心街进行集中综合整治，全面提升了驻地整体形象；同时，新建官路、小赵家垃圾中转站和沙梁垃圾中转箱。2017 年 1 月，胶莱镇进行村庄环卫管理改革试点，将原来的定点收集改为保洁员入户收集、党员干部网格化监督新机制，从源头上解决了垃圾乱扔问题。二是卫生改厕全覆盖工程。作为全市卫生改厕试点镇，胶莱镇在农村改厕工作中注重宣传引导、注重现场示范、注重技术提升、注重综合效益，与污水处理等连片整治、一体化配套提升。截至 2017 年，高标准完成了孙家大高、小高李家、辛庄等 3 个村庄的改厕试点任务；大沽河沿岸以改厕为龙头的连片整治示范带建设，已完成 3 个村的绿化、美化、

硬化、污水处理一体化提升工程；89 个村、11000 多户的改厕工程全面铺开，已有 21 个村、2620 户村民用上了卫生厕所。改厕工作的一些创新做法，得到了上级领导和专家的充分肯定，并多次代表胶州市迎接了山东省、青岛市的示范观摩。三是绿化提升工程。2017 年 3 月，胶莱镇结合胶州市开展的"送你一棵幸福树"活动，共绿化村庄 45 个，栽植樱桃、石榴等果树 28000 余株；投资 800 万元打造绿廊，按照林业局设计标准对胶平路北段至高密段进行了绿化，在朱诸路胶莱工业园至平度段，绿化道路 9 千米，路域、节点的环境形象进一步改善；把园区绿化作为改善投资环境的重要举措，新完成园区绿化面积 47 公顷，在大沽河周边农业园区植树 7500 株。四是水环境治理工程。胶莱镇对接胶州市"1+10+9+X"污水处理体系，加快推进投资 3.8 亿元的 2 座镇级污水处理厂、2 座村级污水处理厂建设工程，并配套建设污水管网；实施王珠河、西利民河综合治理。截至 2018 年，王珠河治理已完成投资 95 万元。

5. 普惠共享，民生保障全域提升

胶莱镇坚持问题导向，靶向攻坚，着力补齐民生短板，群众幸福感持续提升。一是全力

打好精准脱贫攻坚战。胶莱镇将扶贫攻坚融入全局工作，做到全过程"挂图作战"，"输血"和"造血"两同步，扶贫与党建"双推进"，确保"扶真贫、真扶贫、真脱贫"。截至2015年，3个贫困村的产业扶贫项目进行招投标；对13户产业扶持、6户就业创业扶持、33户医疗求助和23户需要政府兜底的贫困户，相应帮扶措施都扎实有序推进，年底全部脱贫。其中，辛庄村2016年—2018年3年的产业发展项目，已于2017年一次性全部实施，仅大棚承包费收入就可提前一年"脱贫摘帽"。二是统筹推进基础设施建设。胶莱镇结合城镇发展改革试点、百镇建设示范行动，多渠道筹措资金，大力推进道路建设、水利设施、绿化改造、居住小区配套等一批基础设施工程。截至2017年，投资300万元的纬三十六路道路建设工程即将竣工；投资400万元的小农水改造项目完工，新发展节水灌溉工程1340公顷；王珠河、西利民河综合治理工程已完成投资95万元；投资800万元的胶平路绿化提升全面完成；嘉进园、孟邻苑、瑞祥花园、聚福园二期等居住小区正在加紧建设。三是大力推进公共服务均等化。针对马店社区中心幼儿园房屋、设施老旧问题，2017年4月，胶莱镇筹资1000万元对幼儿园进行迁建。新园按省级规范化幼儿园标准建设，建筑面积3200平方米，设9个班，可容纳270名学前儿童，服务马店社区驻地及周边15个村庄。2017年5月，为实现学校合理布局，优化教育资源，解决生育高峰及机场建设带来的人口增加问题，胶莱镇规划启动了"四校合一"工程，对小高、大高、王疃、沙梁4所小学实施合班并校，投资6000万建设可容纳1600名学生的新校区。2017年6月，胶莱镇探索医疗服务与养老服务融合发展的"医养一体"新模式，整合了胶莱镇敬老院，规划启动了胶莱卫生院搬迁改造工程。2018年2月，围绕打造文化名镇，胶莱镇启动了文化挖掘保护工程，新建文体小广场28处，文艺表演、健身队伍组建实现"全覆盖"。

6. 高水平建设，打造农民工服务新平台

胶莱镇针对企业多、外来务工人员多的实际，整合资源、加大投入，推动改革发展成果更多更公平地惠及广大群众，打造宜居宜业新环境。一是大力改善公共设施。2012年来，胶莱镇先后投资2.3亿元改善城镇基础设施，使南北两个城镇建成区得到同步提升。2013年，投资7000万元的马店教育新区建成启用。2014年，胶莱镇先后建成十五中学生公寓楼和镇综合文化站，改造马店社区卫生室，新建建筑面积12000平方米的陆家村封闭式集贸市场；新开通公交线路2条，实现了公交全覆盖；新开工居住小区面积达8.2万平方米。2015年，胶莱镇整修硬化纬46路等4条道路，整体改造马店社区驻地中心街，并开工建设60个村庄的硬化工程，大

2016年5月，胶莱镇南王疃村的道路修整一新。

沽河胶莱段沿岸全线安装太阳能路灯；坚持文化引领，新建10个综合性文化服务中心、60个文体活动广场，尼山书院建成启用。二是打造为民服务新机制。2016年4月，胶莱镇按照"六小六大"（小堡垒、大党委，小政府、大服务，小社区、大社会，小乡村、大天地，小场所、大文化，小基层、大平安）工作思路，加快推进新型农村社区建设，投入3000余万元打造了王疃社区示范点，社区服务中心实现全覆盖。南王疃村先后荣获"全国生态文化村"和山东省"宜居村庄"称号。三是开创生态文明建设新局面。胶莱镇坚持下猛药治顽疾，建机制抓常态，相继打响环境整治"攻坚战""提升战"。到2018年为止，全镇"户集、村收、市运输处理"的垃圾处理模式实现全域覆盖；投资3.8亿元规划建设污水处理厂6座，已完成南王疃等3个村级污水处理厂的建设；引入两家物业保洁公司，聘用保洁员405人，实现了日常保洁无缝隙、全覆盖，村镇形象大大提升。

7. 高起点推进，着力实施社会管理改革创新

胶莱镇抢抓政府职能转变试点镇机遇，在综合执法、行政审批、公共资源交易等方面先行先试。2016年8月，构建"1234"综合执法体系，成立镇综合行政执法中队，队员28名，从群众急需解决、反映强烈的问题入手，开展专项集中整治和执法行动，辖区内违法行为明显减少，改变了以往"有权管的看不见，看得见的无权管"的状况。2017年3月，开展"四问一卡民情快递"活动，建立了民情直达、诉求解决、服务下沉三大机制。2017年6月，成功举办"最美胶莱人"颁奖典礼，青岛可隆车业有限公司员工李广洛被授予"胶莱镇荣誉镇民"，全镇上下学习先进、争当道德模范的氛围日益浓厚。2017年10月，建立"三个推定"信访工作新机制，一批信访积案和影响稳定的问题得到有效化解，全镇未发生一起越级上访案件，被评为青岛市信访稳定先进单位。2018年3月，创新推出"微型消防车"，在全镇形成"消防联动，互助互救"的消防新格局。

8. 转变作风，抓落实成为"新常态"

2016年以来，胶莱镇以"两学一做"学习教育为契机，通过"三个狠抓"，把各个方面的积极性、主动性调动起来，形成推进发展的强大合力。一是狠抓制度建设。胶莱镇把2016年作为"制度建设年"，建立完善了一整套议事、决策规则，确保权力科学、廉洁、高效运行。坚持以制度管人管事，狠抓基层组织标准化建设，修订完善了管区管理、村级三资管理、审计监督等一系列制度，镇、村工作规范化程度大大提升。二是狠抓队伍管理。胶莱镇突出抓好管区书记、机关干部和村支部书记3支队伍建设，完善机关、管区管理制度，实施机关干部建档，制定村干部管理办法，推动全镇干部纪律作风大转变、服务能力大提升。三是狠抓工作创新。2017年8月，胶莱镇在全市率先成立"两新组织"综合党委，以全新的组织架构激发了"两新"组织党建活力。2017年11月，创新开展以"联户、联片，包环境卫生整洁、包秸秆垃圾禁烧、包民情舆情排查"为主要内容的"双联三包·共建和美家园"活动，推动了党员干部"有责有为、干在实处"。2017年12月，大众日报以"让党员干在实处"为题，对胶莱镇的做法进行了宣传报道。

二、胶莱镇发展改革试点工作的主要成就

（一）"南工北农"新布局推动区域辐射张力大提升

胶莱镇以区划调整为契机，突出规划引领，加速推动全域统筹发展。坚持产业规划、城

镇规划、土地规划"三规合一"，着眼于区域发展新的功能定位和目标，聘请东南大学城市规划设计研究员有限公司编制了《总体规划》《产业规划》《城镇规划》等各项规划，确定了"空港服务、生态宜居、弘文尚德"的美丽胶莱发展定位，和"一核四区一带"产业布局。推动全域优化整合、协调创新发展，很快度过合并"磨合期"，进入到发展"黄金期"，实现了"1+1＞2"的良好效应。

（二）三大"国"字号荣誉彰显经济综合实力大提升

胶莱镇始终坚持扩总量提质量、抓量变促质变，推动一二三产业融合并进、链式发展，蓝色装备制造经济区提档升级，设施农业、生态休闲农业成为新的增长点，经济总量、发展质量大大提升，实现了经济总量和居民收入"两个倍增"：地区生产总值比十一五末（40亿元）翻了将近一番，年均增长11.8%；农民人均纯收入年均增长20%；财政收入是十一五末的3倍，年均增长20%；第三产业增加值是十一五末的1.8倍，年均增长13.5%；进出口总额、固定资产投资和工业增加值年均分别增长10%、17%、14%。胶莱镇连续四年被评为胶州市科学发展综合考核优秀

单位，先后获评第三批全国发展改革试点镇、全国一村一品示范镇、全国重点镇。

（三）"三区联动"实现城镇化驱动力大提升

胶莱镇按照城乡规划、产业布局、基础设施、公共服务、社会管理"五个一体化"的要求，全面推动新老镇区、新园区、新社区齐头并进，加速构建新型城镇化格局。2014年来，城镇基础设施投资5亿元，相继完成镇驻地综合配套、马店社区驻地管网改造等重点建设工程，城镇建成区功能进一步提升；全域规划建设14个新型农村社区，商住小区开发总体量达到15万平方米；城镇建成区面积达7.8平方千米，人口2.3万人，城镇化水平提高到63.5%；成功创建山东省"百镇建设示范行动"示范镇。

（四）美丽胶莱行动实现绿色动力大提升

胶莱镇以生态文明乡村建设和美丽胶州建设为引领，结合大沽河治理工程，制定实施"美丽胶莱"三年行动，着力破解垃圾怎么处置、污水怎么治理问题，加速打造"大沽河畔最美乡村典范"。投入1.05亿元治脏治污，推行城乡环卫一体化，建设垃圾中转站等环卫设施，实现卫生保洁物业化管理；建成村级污水处理厂3座，铺设污水管网5500米，实现垃圾集中清运处理体系、污水处理体系全覆盖。2015年，胶莱镇成功创建山东省宜居小镇。

（五）"管理创新工程"助推社会和谐聚力大提升

胶莱镇抢抓政府职能转变试点机遇，在综合执法、行政

2013年7月31日，胶莱镇荣获第三批全国"一村一品"示范镇荣誉称号。

审批、服务下沉、公共资源交易等方面先行先试。建立镇综合行政执法中队，开展"四问一卡民情快递"活动，14个社区服务中心打造"5分钟社区便民服务圈"，形成了民情直达、诉求解决、服务下沉新机制；成功举办最美胶莱人颁奖典礼，全镇上下学习先进、争当道德模范的氛围日益浓厚；建立"三个推定"信访工作新机制，信访积案和大批影响稳定的问题有效化解，被评为青岛市信访稳定先进单位。在消防安全、生产安全、农产品质量安全方面，创新推出"微型消防车""安全大道"，建成青岛市级农产品安全检测中心和胶州大白菜检测中心，成功创建青岛市"农产品质量安全示范镇"，为全省农产品质量安全现场会提供了观摩现场。

三、胶莱镇发展改革试点工作的经验启示

胶莱镇各项成绩的取得，得益于三大战略的实施：

（一）实施发展空间优化战略，以国际眼光开启布局新篇

胶莱镇立足全局谋定位、国际眼光求跨越，将胶莱发展放在大青岛整体空间布局中，

发挥"依河（大沽河产业带）拥港（机场和临空经济区）"优势，打造"一核四区一带"镇域发展框架，全面提升城镇空间布局，形成区域开发和产业发展的新格局。一是"南工北农"引领，加速打造产业新区。以转型创新为导向，培育新业态和新的经济增长点，打造高端、新兴、生态产业高地。二是借势新机场，加速打造空港新城。以全新的开放思维，加快谋划与新机场对接融合、一体发展，重点推进交通体系、园区和产业建设。三是依托大沽河，加速打造宜居新镇。按照新型生态农业示范带的定位，着力推进现代农业、生态旅游和农村社区三个提升，加快建设大沽河中国农业公园，在大沽河畔形成集农业生产、科技示范、生态观光旅游为一体的现代高效农业发展聚集带和美丽乡村建设示范区。

（二）实施产业转型创新战略，以全新业态开创发展新路

胶莱镇以转型创新为导向，把握好项目建设这条主线，加速推动一二三产业融合发展。一是瞄准高端制造业大项目和龙头企业抓招引，大力培育蓝色制造、环保产业和空港产业。二是加快园区整合，

持续加大投入力度，完善园区配套，打造优质平台。三是深化优质服务，着力破解制约项目落地开工、企业稳定发展的困难和问题，使"促项目开工建设、帮企业解发展难题"成为新常态。四是依托现代农业、生态资源优势，加快把绿水青山变成金山银山，"接二连三"地推进农业产业化发展，延伸产业链条，促进产业升级，实现提质增效。

（三）实施生态文明提升战略，以人民满意开启幸福之门

胶莱镇牢固树立"既要绿水青山、也要金山银山"的理念，把生态文明建设放到更加突出的位置来抓，着力在解决环境突出问题上下功夫。一是坚持项目化、产业化、常态化推进生态环境建设，全面开展"六整治""六提升"活动，推动全镇103个村庄环境卫生上水平；实施全域卫生改厕工作，加快推进2个镇级污水处理厂和1个村级污水处理厂建设，实现污水处理系统、卫生改厕全覆盖。二是把更多财力投向民生建设，最大限度地让人民群众分享发展成果，逐步建立社会保险、社会救助、社会福利、慈善事业相互衔接、覆盖全镇的社会保障体系。三是围绕提升群众安全感

满意率，加快完善立体化治安防控体系，推进多元化纠纷解决机制建设，加大安全生产监管力度，确保信访安全、社会安全、生产安全。四是结合乡风文明行动，大力弘扬地域文化，深入挖掘本土特色文化资源，引导培养讲文明、守法律、有道德的新型农民，不断提升"美丽胶莱"的精神内涵、道德高度。

执笔人：梁宝泉

大沽河畔的"绿色嬗变"新典范
——南王疃村的"绿色发展"之路

胶莱街道

胶莱镇南王疃村位于胶莱镇驻地东北 7 千米处，坐落于大沽河岸旁，紧邻 217 省道，共 242 户 742 人，610 公顷耕地。南王疃村原本是一个传统的农业村落，土地肥沃、水源丰富，以种植业为主，比较偏僻闭塞。改革开放以来，全村经济快速发展，私营企业突飞猛进，商店、修车点、布贩、茶商、杂货商买卖兴隆。1984 年，南王疃村西 100 米处修建了十字大街，大街的四角建新房，东、西、南、北大街均为 24 米宽、小巷 6 米宽，村里家家户户都住上了宽敞明亮的瓦房。

党的十八届五中全会提出，全面建成小康社会，实现"第一个百年"奋斗目标，必须牢固树立创新、协调、绿色、开放、共享的发展理念，作为胶州市的工业重镇和现代农业强镇，胶莱镇积极响应号召，抢抓大沽河治理、胶东国际机场建设等重大机遇，坚持把农业打造成既能富民又能强市的现代农业、把农村建设成既宜居又和谐的幸福家园、把农民培育成既富裕又文明的新型农民的工作理念，通过培育打造一批特色村，探索践行绿色发展取得了明显成效，南王疃村便是实施绿色发展的一个鲜活例子。

一、改革开放以来南王疃村绿色发展历程

（一）规划筹备阶段（2003年—2005年）

《十一五规划纲要建议》提出，要按照"生产发展、生活宽裕、乡风文明、村容整洁、管理民主"的要求，扎实推进社会主义新农村建设。2003 年来，为响应党中央的号召，胶莱镇将南王疃村作为社会主义新农村建设的改造先行村，开始了对南王疃村的绿色发展探索。

2003 年，为了增加村民收入，胶莱镇政府从南王疃村实际出发，号召村民改变以往种植单一农作物的形式，改成以蔬菜等经济作物为主，春季种植土豆、秋季种植葱姜的模式，为村庄钻出深 12.5 米，口径 80 厘米的机井 16 眼，井身由水泥管组建，井上建 4 个面积为 2 平方米的平顶房，农民种菜基本实现了电气化水浇田。全村有轿车 4 辆，运输汽车 9 部，每年每亩土地纯收入 3000 元左右。

2005 年，在政策的扶持和带动下，南王疃村经济总收入 583.5 万元，人均纯收入 5175.8 元。全村安装电话 155 部，村里年满 60 岁的老人每人每年享受 120 元（满 60 岁）、240 元（满 70 岁）、360 元（满 80 岁）生活补贴，村民都吃上了免费自来水。

（二）起步试点阶段（2006年—2010年）

2006 年，胶莱镇按照"强

镇以富民为要"的发展思路，加快推进农业"调结构、转方式"步伐，投资 816 万元规划建设了 6700 公顷节水灌溉工程，全镇节水灌溉面积达到 20100 公顷，年节约资金 240 多万元。在此基础上，大力实施农业品牌战略，引进青岛农业大学现代农业科技示范园，入园国家级农业科研项目 12 个，进一步提升了蔬菜产品质量，培育出"沙梁大姜""王疃大葱""小高萝卜"等特色品牌，并在全国 17 个大型超市设立直销点。同年 11 月 18 日，胶莱镇南王疃村成功举办了以"绿色、健康、高效"为主题的"胶州大白菜"订货会，进一步扩大了胶莱蔬菜的知名度，为品牌农业的打造开拓出一片新天地。

2008 年，胶莱镇依托大沽河，重点打造王疃社区，并成立绿村农产品专业合作社。王疃社区建设以现代农业产业发展为支撑，对社区建设内容和农业服务职能进行优化，加强农业技术服务中心建设，发挥绿村农产品专业合作社对农业产业的带动作用，依托现代农业观光园建设，规范农资、农机销售及售后服务，提供农副产品的包装、销售，打造王疃现代农业社区服务一条街，促使农业产业健康有序发展，在做大、做强现代农业的同时，改善人居环境，促进农民增产、

2010 年，南王疃村大白菜标准化生产基地喜获丰收。

增收，最终实现社区居民向服务中心聚集，完成新型农村社区建设。

2008 年成立的王疃现代农业园区规划面积 4690 公顷，复种面积达到 13400 公顷，主要以发展设施农业（冬暖大棚、钢架大拱棚、联栋温室等）为主，种植多类型、多季节蔬菜、瓜果、花卉等，规划发展温室采摘区、

大田蔬菜自收区、蔬菜认种区、游泳垂钓区，园区内建设一处总投资 540 万元的胶州大白菜综合展示中心，规划占地 6400 平方米，集大白菜育苗、品种展示、立体栽培多功能于一体，综合展示大白菜栽培涉及的品种、病虫害综合防治、测土配方施肥、节水灌溉等先进技术措施的应用，展示 70 多种国内

南王疃村内的胶州大白菜检测中心

外白菜品种、5 项病虫害综合防治技术、8 项施肥配方、3 项节水灌溉技术和水肥一体化技术，实现一年四季的空中、地面、空间立体种植。

2010 年，南王疃村依托青岛绿村农村合作社建立的南王疃农业示范园，占地 20000 平方米，引进了国内一流标准的联栋温室 2 座，园区内配备青岛市级农产品安全检测中心 1 处。园区每年产值 1800 多万元，带动农民亩均收入 1 万元以上，成功创建农业部标准化蔬菜种植基地和低碳环保的现代产业基地。

（三）重点打造阶段（2011 年—2013 年）

南王疃村在社区与农业合作社的带动下，依托大沽河综合治理带来的生态资源优势，突出绿色生活、绿色生产、绿色保障，实现了华美蝶变，走出了一条绿色生态富民、美丽发展双赢的发展道路。

2011 年以来，南王疃村在绿村农业合作社引领带动下，重点发展休闲旅游产业，大力培育特色农业示范园区、家庭农场等，搭建农家宴、采摘园、自行车驿站等休闲旅游平台，发展成为全市观光、游玩、采摘的重要旅游线路。该村共有冬暖式大棚 40 座、拱棚 108 座，

蔬菜种植面积达 1000 多公顷。依托青岛绿村农村合作社建立的南王疃农业示范园，也成为了吸引城区市民周末前来体验采摘乐趣的休闲娱乐场所。

2013 年，在胶莱镇政府统一规划下，南王疃社区服务中心建成，服务中心功能齐全、管理规范，农技、民生、计生、金融、文体、娱乐、阅览、培训等服务应有尽有，极大方便了群众日常生活，群众幸福感不断提升。胶莱镇投资 1000 余万元，对南王疃社区服务中心进行改造。改造后的服务中心建筑面积达 5700 平方米，划分为综合服务区、农机销售维修服务区、文化活动服务区、种子销售服务区、农资销售服务区、医养一体中心、农产品包装销售服务区和社区幼儿园 8 个区域。胶莱镇投资 100 余万元为南王疃村新增硬化路面 24000 平方米，实现道路硬化全覆盖；种植樱花、玉兰、月季等花卉，栽培占地 20 公顷的月季园，全村绿化面积达 30% 以上；投资 510 万元建设污水处理厂，实行雨污分流，辐射周边 8 个村庄 5085 人，日处理能力达 500 立方米，是全市首座地埋式一体化污水处理厂；争取资金 300 余万元，建成占地 20 余公顷的计生文化广场、体育健身广场以及乡村大舞台，丰富了村庄和周边村民的业余

文化生活；投资 50 万元建设日间照料中心，包含医疗室、休息室、娱乐室、餐厅、厨房、阅览室、室外活动场地等场所，满足了社区 60 岁以上老人的医疗、休闲、娱乐、餐饮等日常需求。

（四）成熟蜕变阶段（2014 年—2018 年）

2014 年，为了突出绿色生活、绿色生产、绿色保障，南王疃村抢抓胶州市推进"1 + 10 + 9 + X"城乡污水处理体系建设的契机，与卫生改厕同步推进污水处理体系建设，从根本上解决农村生活污水处理问题。总投资 600 余万元率先启动村级污水处理建设试点，建成全市首家村级地埋式污水处理厂。污水处理厂引进太阳能电池板，每天发电 40 多度，可完全满足每天的污水处理、无人值守监控等用电需求，非常节能环保。污水处理厂日处理能力达 500 立方米，覆盖本村和周边 7 个村庄、村民 5085 人。农村改厕完成后，污水处理厂处理的污水达到一级 A 排放标准，彻底解决了长久以来困扰群众的生活污水直排问题。改厕治污协同推进的生态治理模式，走在了全国前列。2015 年，全省和青岛市生态文明乡村建设现场会、全省农产品质量安全现场

会在南王疃村召开，污水处理、社区建设等工作得到各级领导充分肯定。

2016 年以来，胶莱镇政府立足实际，着眼于丰富群众的精神文化生活，在南王疃村打造了特色商贸街、自行车驿站等诸多休闲旅游平台，提供垂钓、划船、餐饮等服务项目，实现年接待游客 8000 多人次。南王疃村被评为全国"一村一品"示范村、全国生态文化村、山东省首批宜居村庄。

为促进绿色生活方式加速转型，彻底改变"垃圾靠风刮、污水靠蒸发"的农村旧风貌，2016 年—2018 年，胶莱镇依托全市城乡环卫一体化处理体系，充实保洁员队伍、配置卫生清理设施，成立环境卫生志愿服务队，签订"门前三包"责任书，实现了"清扫保洁全天候、垃圾清理无死角"。同时，先后投

入 4500 万元，开展农业综合开发和河岸植被保护，新建生态林 130 多公顷，森林覆盖率由 32% 提高到 41%。

南王疃村绿村农产品专业合作社以"市场＋专业合作社＋农户"的经营模式，通过土地流转等方式不断扩大规模。截至 2018 年，合作社已拥有耕地 1000 余公顷，建设冬暖式大棚 40 座、拱棚 108 座，PD 联栋温室 3024 平方米、智能联栋温室大棚 6778 平方米、花卉智能联栋温室 4872 平方米，建有完善的地下供水管网，股东已经发展到 320 余户，带动周边 1000 余户农民进行蔬菜标准化种植。

2018 年，南王疃村已经成为远近闻名的乡村旅游专业村，并逐步向生态型农业、观光型农业和体验型农业发展，昔日粗放经营的"老农场"变成了

风景秀美的"新景点"，南王疃村实现了由大沽河沿岸现代农业示范园区向一流观光旅游示范园区的嬗变。

二、南王疃发展过程中的经验启示

（一）用文化提升乡村的品位

一个乡村在打造和提升自身品位的过程中，不仅要依靠净化、亮化、美化等举措，还要善于利用文化。胶莱镇因地制宜挖掘民俗文化，深入梳理村庄历史、村落文脉，将特色农产品与红色文化、休闲旅游文化深度挖掘、融合，除了纵向上拓展产业链，优化组合农产品的生产、采集、制作和销售各环节之外，更重要的是横向上拓宽产业链，突出特色农产品的文化价值。通过文化艺术与农产品的深度融合，有效提升农产品产业链的附加值。

（二）乡村发展要与村民生活改善相协调

美丽乡村建设应当将重心放在加快村庄经济发展、提高村民收入和生活水平上。要具备特色定位与创新，尤其要重视村庄的规划和文化的打造。在促进村民增收方面，南王疃

2015 年 8 月，南王疃村新建的现代化联栋温室大棚。

2018年3月，南王疃村新建的公共自行车驿站。

的经济来源是旅游业等第三产业收入，实现收入多元化；在生活品质方面，南王疃村党支部、村委会的争先创优举措和新农村建设始终把工作着力点放在提升群众生活品质上，村中加快基础设施建设，改善道路，大部分民居得以新建或改建；在村内经济发展方面，随着参观团队和游客数量的增多，村庄在合理的范围内适当收取门票费，增加村集体收入。

（三）以点带面，打造美丽乡村群

新农村建设应进一步统筹协调、发挥带动效应。一个村庄的成功可发挥带动其他村的示范作用，形成"一村一品、一村一景、一村一韵"以点带面的新格局。正如南王疃村能积极带动周边村落共同发展，实现区域的共同协调发展，提升整体社会经济文化水平。把新村建设向美丽新村、文化新村发展，不仅要业兴、家富、人和、村美，更要村智、人慧。基础设施投入成本大、规划要求高、服务范围广，需要多层次、宽范围的村庄共同参与建设，在信息化和新型城镇化的推动下，发挥乡村在绿色景观、生态休闲等方面的比较优势，利用信息技术的网络效应和溢出效应，用较少资金打造美丽乡村群。

（四）生态环境是宜居宜业的根本

胶莱镇南王疃村依托全市城乡环卫一体化处理体系，通过充实保洁员队伍、配置卫生清理设施、成立环境卫生志愿服务队等举措，使村庄环境发生了大的变化，并率先规划建成了规模较大、标准较高、功能相对完善的新型农村社区——胶莱镇王疃社区。创办过程中，坚持把高标准建设与提高群众幸福指数同谋划、同部署、同推进，保留农村传统风貌，大力发展生态经济，通过实施生态文明、服务功能、现代农业"三大提升"工程，促进农村社会和谐稳定、健康发展，打造了"水清流畅、岸绿景美、人水和谐"的美丽乡村。

执笔人：陈明 孟欣

改革开放以来李哥庄镇的经济社会发展

李哥庄镇

李哥庄镇位于胶州市最东部，距离青岛市区 35 千米，距胶州市政府 16 千米，距胶东国际机场 3—5 千米，全域纳入临空经济区。东南濒桃源河与城阳区接壤，东北与即墨区毗邻，西侧以大沽河为界与胶东街道相邻。全镇总面积 75 平方千米、总人口 12.8 万人，辖 41 个村、3 个居委会，建成区面积 18 平方千米、人口 10 万人，城镇化率达 75%。是全国首批发展改革试点镇、全国重点镇、全国文明镇、中国制帽之乡、中国特色小镇、山东省百镇建设示范镇、山东省经济发达镇行政管理体制改革试点镇、山东省旅游强镇、青岛市首批小城市培育试点镇。2018 年，李哥庄镇被山东省等额推荐为国家级经济发达镇行政管理体制改革试点镇。

改革开放以来，李哥庄镇紧紧抓住历史机遇，解放思想、开拓创新，坚持积极作为、科学务实，各项工作协调并进，实现新突破，走出了一条具有鲜明特色的改革开放之路。

一、改革开放以来李哥庄镇经济社会发展历程

（一）起步发展阶段（1978 年—1999 年）

1.农业生产持续增长

中共十一届三中全会后，李哥庄镇实行家庭联产承包责任制，经营权由集体经济组织按户均分包给农户自主经营。家庭联产承包责任制的推行，纠正了长期存在的管理高度集中和经营方式过分单调的弊端，使农民在集体经济中由单纯的劳动者变成既是生产者又是经营者，从而充分调动了广大农民的生产积极性，较好地发挥了劳动和土地的潜力。全镇提倡科学种田，对境内 670 公顷荒滩进行复垦，开挖鱼塘 536 公顷，并对大沽河、小辛河进行多次疏浚，变水害为水利，使得全镇旱能灌、涝能排的稳产高产田占可耕地的 98%。

1990 年以来，李哥庄镇全力发展种植业，实行种植结构调整，重点发展果树、菜园等经济作物种植。选择基础条件好、设施建造标准高、生产技术先进的基地，种植韭菜、黄瓜、芹菜、西红柿等 10 余种蔬菜瓜果。按照优化设施结构，提高日光温室、拱棚建设标准，全镇建设冬暖式大棚 416 个，小拱棚 1216 个，每年向市场供应蔬菜 5.8 万吨。1993 年，李哥庄镇被评为青岛市农田水利基本建设先进单位。

2.工业步入发展快车道

农业生产的持续增长和全面发展，为李哥庄镇工业的发展提供了原料、市场、资金和劳力，为工业的发展创造了比较有利的条件。1978 年，李哥

庄镇先后办起木器厂、水泥厂、预制件厂、化工厂、发渣厂等企业，全镇有 18 个村建成砖瓦窑，镇办企业总产值达到 425 万元，村办企业总产值达到 187 万元。个体私营商业、饮食业、服务业日趋繁荣，有集体网点 62 处，个体网点 748 处。此外，农村还有小商贩 360 余户。20 世纪 90 年代，个体私营经济步入快车道，集体商业服务网点大多实行集体承包或私人承包。

1985 年，经济体制改革，社队企业改为乡镇企业，李哥庄镇形成镇、村、联户和户等各种形式办企业的发展模式。同时对加快发展工业采取了一系列的政策和措施，调整服务方向，促进了工业以较快的速度向前发展。镇办企业总产值达到 1769 万元，村办企业总产值 1327 万元。1986 年，始建于 1973 年的飞龙公司成立了青岛金冠帽厂，是李哥庄镇第一家制帽企业，也是第一家中外合资企业。随着企业发展壮大，该公司先后设立了木器家具、包装、皮衣等 20 余家下属企业。全镇个体私营经济步入快车道，出口创汇渐成热潮，逐渐形成刺绣制帽、食品加工、木器制作、发制品、首饰加工等区域性民营产业基地。20 世纪 90 年代末期，飞龙公司成为中国 500 强乡镇企业之一。

1990 年 7 月，胶州市政府决定注销李哥庄镇"十字坡"地名，同时将"胶州市十字坡经济技术开发区"更名为"胶州市大沽河经济技术开发区"。李哥庄镇以提高经济效益为中心，由资源型、加工型经济向市场外向型经济转移，围绕"三型"（资源型、加工型、外向型）、"四路"（调整之路、联合之路、科技之路、外向之路），外引内联，优化产业结构，逐步形成了以轻工为龙头，以化工、建材、机械器件、汽车制造、食品、木制品为骨干协调发展的工业格局。1992 年 4 月，李哥庄镇被省政府评为"村镇建设新型乡镇"；青岛飞龙工艺品公司被国家经贸部评为全国"十大百强乡镇企业"。

1993 年 5 月，中共青岛飞龙工艺品公司委员会在李哥庄镇成立，为胶州市第一个乡镇企业党委，李哥庄镇跨入全国财政收入千万元行列。1994 年，李哥庄镇被建设部定为"全国小城镇综合改革试点镇"，被农业部命名为"全国乡镇企业示范区"。青岛飞龙工艺品公司被农业部命名为"全国出口创汇十强企业""全国最佳经济效益乡镇企业"。1995 年 6 月 18 日，青岛飞龙工艺品集团公司、山东大洋食品集团公司被农业部列入"1995 年全国最大经营规模乡镇企业 1000 家"名单。

1999 年，李哥庄镇共有工业企业 429 个，从业人员 4.167 万人，产品 354 种，年末完成工业总产值 31.7 亿元，创利税 1.31 亿元。其中，"沽河"牌 425R 普通硅酸盐水泥获省优部优国家质量认证、省免检产品和农业部名牌产品等荣誉称号；"圣马"老爷车等 7 项专利获国家认可专利；"龙涧"牌烤鱼片获中国驰名产品称号；"飞龙"球帽获农业部"中国名牌"称号。

（二）突破发展阶段（2000 年—2005 年）

1. 经济实力显著提升

2000 年，李哥庄镇农村经济总收入为 11 亿元，完成地方财政收入 2214 万元，第一、二、三产业所占 GDP 比重为 8：57：35，年末社会储蓄各项存款余额 8.1 亿元。2005 年，完成地区生产总值 33.79 亿元，其中第一产业 1.43 亿元，第二产业 26.38 亿元，第三产业 5.98 亿元。实现地方财政收入 5830 万元，增长 32%；农民人均纯收入 6888 元，增长 11%；完成固定资产投资 13.65 亿元；完成外贸出口创汇 2.07 亿美元。2005 年，被评为"全国文明镇"，为青岛地区唯一获此殊荣的乡镇。

2. 农业结构合理调整

2000 年，李哥庄镇发展起

6365公顷出口蔬菜种植，形成3350公顷西兰花、134公顷洋葱、134公顷牛蒡3个专业化出口蔬菜种植基地，拉动了农业结构调整，粮经比例达到4：6；兴建胶州市大沽河农科园，占地面积670公顷，全年完成农业总产值2.99亿元；农业产业化步伐加快，种植业结构优化，优质粮食、蔬菜、花卉等生产有新发展，投资60万元新建4400平方米温室，投资200多万元新上现代化农业灌溉设备20多台；投资640多万元新建花卉温室2座，建成苗木花卉基地20公顷。

3. 工业经济迅猛发展

2000 年来，李哥庄镇政府出台优惠政策，优化发展环境，沿全镇南北分别建成了前石龙、大沽河、北王家庄等 6 个集贸市场，建成了魏家屯木材批发和河荣、小辛疃蔬菜批发 3 个专业市场，培育起淡水养殖、畜牧养殖、蔬菜种植、木材加工等 7 个专业村；建成占地 16 万平方米的民营经济园区，全镇个体工商户达到 2683 户，私营企业 225 家，形成了刺绣制帽、木器制作、发制品、首饰加工 4 个区域性民营产业基地。个体私营经济实现外贸出口交货值 7.8 亿元，第三产业从业人员 7200 余人，年末实现三产增加值 4.13 亿元。

2005 年，针对项目分散、重复建设的现状，李哥庄镇根据新一轮规划，按照"整合园区、联动发展、以园扩城"的思路，及时对园区进行了重新规划、整合，把小城镇建设与工业园区整合结合起来，促进产业、资源向园区集中。重点抓大沽河工业区三区以及电镀工业园、日本工业园和镇北工业园 3 个区中园的基础设施配套，基本达到了"七通一平"。截至 2005 年，园区内共有 38 个项目在建、15 个项目投产、8 个项目待建；园区内每平方千米累计固定资产在 5 亿元以上，当年工业企业增加值在 2 亿元以上；有近 100 家外资企业、近 200 家内资和民营企业进入园区投资兴业，逐步形成了建材和新材料、食品加工和木制品三大品牌产业。产业的优化、聚集，有效促进了劳动力的转移和农民的增收，全镇93%以上的农村劳动力转移到二、三产业，农民收入的 90% 以上来源于二、三产业。

4. 小城镇建设有序推进

李哥庄镇高标准编制新一轮城镇发展规划，突出中心区控制性详细规划和生态旅游总体规划两个重点，环保规划、消防规划等专项规划齐全到位。2000 年，李哥庄镇投资 600 万元，建设占地 3.5 万平方米的李哥庄镇人民广场，是胶州市第一个乡镇级人民广场。2000 年 5 月 1 日，山东省委主要领导到李哥庄镇视察小城镇建设，给予高度评价。2005 年，新开工建设李魏屯小区、桃园住宅小区等 8 个住宅小区。同时，投资 4500 多万元新铺设道路 25 万平方米、铺设供水管网 3.2 千米、铺设地下排水管道 2.6 千米，架设有线电视、无线通信线路 6.1 千米，架设管线入地铺设率达到 60%，对一级沟实施石砌护岸工程，石砌排

李哥庄镇人民广场鸟瞰图

水沟 1.2 千米。同年，全面启动迎宾大街南端入口景观建设，硬化率达到 98%，城区新增绿化面积 3.8 万平方米。镇区垃圾实行无害化处理，处理率达到 100%，工业废水达标排放，污水处理率达到 100%，实现了雨污分流。生活燃气率达到 100%，集中供热面积达到 60 万平方米，村村通有线电视、通自来水、通油路、通公交车，方便了群众生产和生活。开发建设住宅楼 13.3 万平方米、商业网点 1.8 万平方米、工业厂房 10.6 万平方米，用于城镇建设的资金达到 1.7 亿元。加强对住宅小区的建设与配套，迎宾小区、贵都花园、雍翠花园、世纪苑小区、李哥庄别墅区等10 多个小区布局合理、环境优美、配套完善，物业管理规范到位。

2005 年，李哥庄镇生态镇建设步伐不断加快，充分利用自然资源优势，加强生态旅游项目规划、建设力度。根据良好的自然和区位优势，规划桃园河原始生态湿地景区、植物园旅游项目。镇区形成以迎宾大道为轴线、两面环绿、进镇先进植物园的景观。重点招商开发建设桃园河原始生态湿地公园，通过湿地环境保护、水环境梳理、原始苇荡适度利用等，形成"水系—苇荡—水潭"景观结构，打造"七十二条沟、七十二个潭、七十二片芦苇、七十二条船"的景观。同年，李哥庄镇入选第一批国家发展改革试点镇。

5. 社会事业长足进步

2000 年，李哥庄镇有初中 1 所，小学 10 所，在校学生 6500 名；幼儿园 25 所，入园儿童 2400 名；卫生院 1 所，医疗室 127 个。开展"创三户""环境美星级村庄"及"文明一条街"创建等达标升级活动，实行创建与升级达标相结合，检查与考核相统一，有 14 个村庄被评为胶州市五星级村庄，6 个单位被评为胶州市级文明单位。以镇文化广场、文化中心和村文化大院为依托，开展元宵文化活动、"六一"文化汇演、国庆文艺演出等多项活动，丰富全镇人民的业余文化生活。另外，广播电视、老干部、民族宗教、统计、档案、双拥等工作都取得一定成绩。2005 年，全镇在解决好水、电、路问题的同时，突出抓好医疗卫生、教育质量和社会保障三个方面。在医疗条件的改善方面，以引进资金建设现代化医院为主，以社区服务点为补充，形成了点面结合的现代化医疗体系，医疗服务水平不断提高。在教育质量的提高方面，加大教育投资力度，以改革、创新为主线，深化素质教育，全面提高教育教学质量，连续多年名列胶州市前茅。在完善社会保障体系方面，落实农村最低生活保障线制度，普及新型农村医疗保险制度，并开始探索农村养老保险制度，逐步实现能保尽保的社会保障体系全覆盖。

（三）科学发展阶段（2006 年—2015 年）

优越的地理区位、有利的外部政策扶持加上李哥庄人敢闯敢干的精神，李哥庄镇在行政管理体制改革、经济产业发展、基础设施建设、小城市人口集聚等各方面取得了突破性跨越，先后获得全国重点镇、山东省新型城镇化试点镇、山东省经济发达镇行政管理体制改革试点镇、山东省百镇建设示范镇、山东省宜居小镇、青岛市首批小城市培育试点镇、青岛市乡村旅游特色镇等一系列称号。2013 年，李哥庄镇成为青岛市小城市培育试点镇。

1. 科学规划引领

李哥庄镇坚持适用、经济、绿色、美观方针，提升规划水平，加快建设绿色、人文、智慧城市，全面提升城市内在品质。

2010 年，李哥庄镇新制定总规，将发展目标确定为：经济实力雄厚，社会协调发展，生态环境优越，景观特色突出，宜居、宜业、宜游的现代化田园城市。前期目标定位更多的体现经济发展方面的职能与地位，随着小城市发展改革试点的不断推进，逐渐出现更全面的城市定位。

2013 年，李哥庄镇开始进一步优化镇域交通规划，特别是围绕胶东国际机场综合交通规划，重点规划建设"六横三纵二轨十二桥"交通框架，未来可与环湾高速、机场高速、青银高速构成快捷高效的交通网络，实现与青岛主城区、胶东国际机场和胶州主城区的无缝快速对接。

2015 年，结合青岛市城市空间战略布局、胶东国际机场和临空经济区规划，李哥庄镇确立了"空港小镇，生态新城"的发展定位和"全力打造临空生态智慧小城市、争创全国航空港小城市发展标杆"的奋斗目标，开始呈现小城市全面发展的趋势。突出规划的引领和调控作用，严格遵循土地、产业和城乡规划"三规合一"原则，修编了与临空经济区、大沽河生态产业带等对接的新一轮总规并通过评审，各类专项规划进一步修订。以胶州市产业发展规划为依据，围绕蓝色高端新兴产业发展方向，构建了大沽河生态发展带、健康休闲板块、航空小镇板块、特色商贸板块、高端制造板块和现代农业板块"一带五板块"产业发展布局。其中，以大沽河为主轴制定的《"沽河金岸"（李哥庄）旅游规划》，顺利通过专家评审，成为青岛市首个镇级大沽河旅游规划。

2. 经济综合实力

借助发展改革试点工作的有利契机，李哥庄镇各项指标完成额逐年增长。2006 年—2015 年，GDP 总量从 33 亿元增长至 87 亿元；地方财政收入从 5786 万元增长至 4.3 亿元；农民人均纯收入从 8688 元增长到近 2 万元；外贸进出口由 1.64 亿美元增长至 4.3 亿美元；三次产业比重由 2007 年的 4∶73∶23 调整到 2015 年的 5∶60∶35。面对 2008 年全球金融危机及全球经济发展放缓等不利影响，李哥庄镇坚持不减速、不松劲，先后实施"十百千万"工程（即每年新增 10 家规模以上工业企业，新发展 100 家民营企业，新培育 1000 名自主创业小老板，实现农民人均纯收入过 10000 元）、"双月奋战""三进三促"等活动，为企业解难题，促使全镇内外资企业从 2007 年的 450 多家增加到 2015 年的 1797 家，其中外资企业 130 多家，规模以上企业达到 107 家，销售收入过亿元和利税过千万元企业分别达到 9 家和 3 家。

2006 年—2015 年，经过近 10 年的集聚发展，李哥庄镇形成制帽、假发、木器等五大传统产业，其中，以制帽业尤为突出。2009 年，李哥庄镇成功荣膺"中国制帽之乡"，成为青岛市轻工行业中首个国字号荣誉，并制定出全国首个制帽行业"国标"，被评为"山东省发展产业集群先进单位"。同时，大力扶持个体和私营经济繁荣发展，通过提高服务水平，打造宽松的经营环境，使全镇个体工商户总数从 3400 家增长到

2009 年 12 月 15 日，李哥庄镇获得"中国制帽之乡"荣誉称号。

12306 家，各类私营企业达到 1797 家，市场经济被充分激活，全镇超过 95% 的农民人均纯收入来自二三产业。全镇在原有产业集聚区的基础上不断提升扩建，新规划占地面积 2 平方千米的先进制造业项目聚集区，使全镇工业园区总面积达到 10 平方千米，先后引进培育铁马机械、海硕健身器材、海源集团高速列车新材料、奥德圣啤酒装备等 20 多个先进制造业项目或科技含量高、纳税贡献大的新兴产业项目，不断提升产业经济规模实力和发展档次。

2014 年 10 月，随着胶东国际机场的获批建设，李哥庄镇全域纳入临空经济区主体地带。为此，全镇加强临空产业的选引培育，重点围绕高端服务业、航空装备制造、航空食品加工、生态旅游观光等领域，加大招商选资力度，引进投资 1.8 亿元的宝能隧道工程、投资 3 亿元的卓越智控流体装备、投资 3 亿元的美欧德 LED 电子科技等重点项目 5 个。其中有 2 个项目备选"2016 年青岛市重点建设项目"。全年新开工建设项目 22 个，开工面积达 18 万平方米。宝能隧道工程、得高氧生科技等 5 个重点项目顺利推进，天航动力动力、天驰供应链管理、瑞杰包装新材料、奥兰多流体设备等 8 个项目顺利投产。同时，在这些新兴产业项目中，天能电力、海硕健身器材进入上市程序。

李哥庄镇加速推动传统农业向现代生态观光农业转型，重点发展设施农业、特色农业，支持适度规模经营。截至 2015 年，共有专业合作社 43 家、家庭农场 19 家，流转土地 0.8 万公顷，形成联谊生态园、大窑福乐园、神农圆蔬菜种植基地、青岛万亩高效生态示范园等一批现代农业观光产业园区，开创青岛市运用无人驾驶飞机进行农业种植管理的先河。其中，青岛兆俭淡水虾养殖专业合作社被评为山东省农民合作社示范社。全镇 90% 以上的农副产品实现加工增值，年出口创汇 8000 多万美元，促使全镇农业总产值突破 8 亿元。

李哥庄镇利用"互联网＋"，推动制帽、假发、饰品等传统产业转型升级。截至 2015 年，已培育电商贸易专职人员 6800 人，近 2 万人从事个体微商，新增跨境电商贸易企业 30 余家。改变规模化生产方式，通过个性化服务为客户打造"私人订制"。2015 年，实现新增出口贸易额 8000 万美元，涌现出双叶发制品、冠发发制品等一批知名的电商贸易企业，为全镇传统产业"老树开花"注入了新的活力。

3. 行政体制改革

李哥庄镇借助第一批国家发展改革试点镇、山东省经济发达镇行政管理体制改革试点镇等有利条件，把体制机制创新作为推进小城市建设的重要抓手。2013 年，李哥庄镇小城市公共服务中心成立，积极承接胶州市集中下放的 178 项行政审批事项、62 项监督服务事项和 61 项便民服务事项，制定了权力清单、服务清单和负面清单，设立了 14 个服务窗口，探索实行"一个窗口受理、后台分类审批、统一窗口出件"的模式，建立便捷高效的行政管理模式。

2014 年，李哥庄镇在胶州市政府职能转变和机构改革工作中，成立了副科级的行政执法中队，为市综合行政执法局派出机构，与李哥庄镇行政执法办公室合署，整合 7 个部门组建 50 人的执法队伍，设置"三室一办七分队"（"三室"即综合办公室、询问室、档案室；"一办"即法制办；"七分队"即 2 支市容市貌分队、1 支夜查分队和 4 支管区分队）。以行政执法中队为主体，整合相关执法部门及职能，集中行使城管、国土、物业、农业、文化、食监、动检等 7 个领域的执法权限，统一执法服装，配备 11 部执法车辆及执法记录仪等执法设备，实现执法全程记录，有效提高了城市管理效率。

同年，李哥庄镇深入落实

小城市户籍管理制度改革，全面放开落户限制，探索制定《李哥庄镇户籍改革方案》，让新市民公平享有与原户籍人口同等的劳动就业、基本公共教育、基本医疗卫生服务、公共文化服务、证照办理服务等权利，真正让新市民"进得来、留得下、住得好"，使小城市对新增人口的包容度和吸引力大大提升。

自 2014 年开始，李哥庄镇先后两次向社会招聘专业人才近 40 名，重点引进经济发展、规划建设、金融管理三类人才，对连续两年考核优秀的聘员工资提档升级，连续两年考核不合格的予以辞退，建立能者留、庸者出的聘员进出管理机制。其中，设立招商办，面向全国招聘专业招商人员 4 名，实行"基础+绩效"的薪酬制度，在选人用人方面实现与市场机制逐步接轨，不断强化人才支撑。

为更好地推动各项改革，2015 年，李哥庄镇从机构设置入手，制定了《中共李哥庄镇委员会 李哥庄镇人民政府机构改革"三定"方案》，核定全镇行政、事业编制各 60 名，配备领导职数 11 名；实行大部制改革，打破行政、事业人员编制限制，设置 8 个副科级工作机构，不断夯实组织架构；争取胶州市相关部门支持，安排一名副科级国土规划分局局长，并配置专业技术人员。

4. 城市综合承载

李哥庄镇以人的城镇化为核心，注重基础配套建设、城乡基本公共服务均等化、同质化，注重提升人民群众的获得感和幸福感。围绕"水、气、热、路、绿、亮、污"，满足群众对环境整洁、出行快捷、购物便利等方面的要求，大力实施惠民工程。

2011 年，李哥庄镇引进青岛新奥燃气对镇区企业、小区集中供气，完成南部供热站建设，同步铺设配套管网，燃气普及率达 95% 以上；成立了镇级人力资源市场，与胶州市级平台联网运行，依托"镇、社区、村庄"就业平台，加强农村转移劳动力技能培训，实现资源共享，以服务促就业创业，人口加速向镇区集聚；在全省率先实现村村通公交的基础上，实施城乡公交一体化发展，大

胆探索购买服务新模式，完成公交停车场选址建设及搬迁启用，在胶州市率先实现镇内公交线路全覆盖；融资成立全国首家民间消防机构——青岛永安民建消防队，消防安全得到了有效保障，建队模式和成效被新华社、人民网等 20 多家国内主流媒体报道；率先成立青岛市首家网格式"平安协会"，建立起专职"平安信息员"队伍，启用江北第一家企业治安分会，使社会治安长期保持平稳；投资 150 万打造数字化城市管理平台，在村庄、社区安装公安监控探头，接入镇视频监控中心，打造形成了立体化、全覆盖的"天网工程"；建设启用镇级警务运行管理中心，增加车牌补办、驾驶证换领、户照办理一站式代办业务，为全省首家可办理通行证的镇级派出所；成立交警中队，设置电视监控、

2008 年，通往胶州主城区的李哥庄专线极大的方便了镇村居民。

电子警察、交通信号灯等系统，镇域内交通秩序管理得到有效加强。

2012 年，李哥庄镇投资 6600 万元，建成运营日处理能力 2 万吨的污水处理厂 1 个和村级污水集中处理模块 6 处，改造完成镇区雨污分流管网 11 千米，镇区、工业园及 30 个村庄全部实现了污水集中处理全覆盖；突出"文、教、医、养、行、安"民生重点，打造开放、共享的公共服务生活圈；投资 1500 万元建成启用大沽河文化中心，打造出全省首家镇级数字影院；投资 2 亿元建成启用省级规范化标准学校——胶州八中，新建辛疃小学新校，扩建第二实验小学，教育均衡发展水平不断提升；投资 7100 万元建设养老院、居家服务和日间照料中心，医养结合服务水平进一步提高。

2013 年开始，李哥庄镇把城乡环卫一体化工作作为生态文明乡村建设的重要抓手，每年投资 600 万元聘请 2 家有资质的物业公司管理全镇 75 平方千米内的环卫保洁、垃圾清运工作，制定对村庄、物业保洁公司考核办法，以考定酬，确保垃圾日产日清，通过巡回保洁、定点收集、统一运输等方式进行镇村保洁，实现了镇村环境大变样。

截至 2015 年，李哥庄镇先

胶州市第八中学新校区全貌

后投资 3 亿多元，完成迎宾大街、联谊大街、台湾大街等"五纵六横"交通道路网络建设，以及三大工业集聚区功能配套完善，初步构建起交通便捷顺畅、路域景观靓丽的"一路两区三园"的总体格局。2015 年 1 月，李哥庄镇成功获评住建部"全国美丽宜居小镇"称号。

5. 人文生态发展

2006 年以来，李哥庄镇坚持生态文明与小城市建设同步提升，在规范化引领、全域化治理、标准化提高上做文章，分类整治、梯次推进，使全镇生态文明建设水平不断提升。其中，纪家庄镇从雨污分流、改厕改厨入手，采取全新的"三格式＋污水处理站"的模式，解决农村污水处理顽症，被评为山东省生态文明村、宜居村庄。

2012 年以来，李哥庄镇借助被大沽河、小辛河、桃源河、引黄济青河渠、青岛棘洪滩水库等水系环抱，拥有 6000 公顷水面，水系生态资源丰富的优势条件，立足大沽河作为青岛市母亲河、全国七条母亲河之一的独特优势，挖掘历史传说、红色故事以及黑陶艺术的文化价值，打造出以联谊生态园、金疃湾度假区、东方福乐园和沽河林带为主的"三点一带"旅游格局，推出"大沽河文化生态休闲游"；全面搜集历史传说和红色故事，初步整理完成 18 万字的李哥庄镇地方史略，充分展现了全镇近百年发展史。2014 年以来，每年吸引游客 4 万余人次，相关经济收入达 600 多万元，成为"好客山东"金榜品牌，获得"山东省旅游强镇"称号。

截至 2015 年，全镇设立 39 个村级文化大院和 40 个农家书屋，多年来送电影到村庄、企业 3000 余场。积极支持文化遗产申报，冷家庄黑陶、南王家庄传统制香被评选为青岛市非物质文化遗产。建设文化长廊 36 条、特色街 41 条、村级文化广场 30 处，成立秧歌、茂腔等文化队伍 120 多支，群众性文化活动长效开展。扎实推进"尚德胶州"建设，常态化开展道德模范人物、五星级庭院评选活动，涌现出王秀琴、魏鉴光等 7 名青岛市文明市民、36 名"最美胶州人"，牛兆科、王臣诚 2 人荣登中国好人榜，全镇尚德文化蔚然成风。

（四）跨越发展阶段（2016 年—2018 年）

1. 促进科学发展

2016 年以来，李哥庄镇充分发挥区位交通优势、产业基础优势、临空特色优势，提出打造"北部最美乡村、中部宜居市镇、东部空港新城、南部特色园区"区域联动发展格局，努力建设特色鲜明、产城融合、富有活力、充满魅力的"空港新市镇，时尚李哥庄"。

2017 年，李哥庄镇与中建八局签订合作框架协议，启动实施 PPP 新型城镇化项目，开启了胶州市镇办与央企携手合作的先河。同时，聘请美国斯慧明城市设计院对东部航空特色社区进行专项区域规划，由中建八局委托世界知名规划设计机构——美国艾奕康建筑事务所进行全域概念性规划设计，委托东南大学负责对概念规划落地实施，为李哥庄镇实现全域规划、全域统筹、全域开发、全域布局，形成"东拓、西延、南接、北融、中优"的发展格局奠定了基础。同年，针对群众多年来反映强烈的小涧西垃圾处理厂遗留问题，李哥庄镇因势利导、果断出手，及时妥善处理了部分群众的相关诉求，并在规定时间内完成了小涧西垃圾厂二期建设的环评、公参等相关手续，得到了青岛市委有关领导的充分肯定。

2018 年 4 月，为加快小城镇建设，为胶东国际机场配套服务提供保障，李哥庄镇正式启动前石龙村等 11 个村庄的搬迁改造工作，涉及 5742 户 12875 人的搬迁改造工作迅速完成。在搬迁过程中，未发生任何影响社会治安的事件，未发生任何违建现象，未发生任何群访、越级上访事件，保障了全市大局的和谐稳定。胶州市委主要领导向青岛市委、市政府主要领导专题汇报了李哥庄镇南部村庄搬迁情况，相关搬迁做法得到青岛及胶州市委、市政府主要领导的充分肯定；青岛市委办公厅《青岛通讯》、胶州市委办《参阅件》、胶州市委组织部《胶州基层组织建设工作情况通报》等对李哥庄镇搬迁经验做法进行专题刊发。

2018 年，李哥庄全镇财政收入增幅、GDP 增速、固定资产投资、FDI 等主要经济指标在全市名列前茅。其中，GDP 全年完成 104.6 亿元，增长 11%；固定资产投资完成 69 亿元，比 2017 年全年增长近 200%；FDI 到账 2000 万美元；财政收入提前 2 个月超额完成全年任务；限上批零住餐销售额完成 2.9 亿，增长 35%；外贸进出口总额完成 4.96 亿美元，增长 18%。

2. 推动重点工作

2016 年以来，李哥庄镇坚持抓大事、办难事、干新事，从旗帜鲜明讲政治的高度，确定"勇于担当、敢于领先、率先突围"的拆迁目标，全力支持全市重点项目建设，在征迁工作中形成了"超正亲和"（超速、公正、亲清、和谐）的征迁环境。2018 年，为加快航空特色社区建设，全镇上下齐心协力、众志成城，完成了包括"两高两铁"（济青高铁、济青高速、机场高速、地铁 8 号线）在内共 1100 多公顷土地的倒地任务（含机场安置区 71 公顷、机场职工宿舍区及周边配套用地 502 公顷）。随着土地一级整理项目的实施，安置区工程开工建设，市民中心、医院、学校等配套设施逐步完善。

李哥庄镇坚持补短板、重实体、壮优势，重点联动中建八局，在南部搬迁区域规划建设健康休闲产业园、科技创新产业园、高端装备制造产业园、帽饰产业园4个园区，积极导入新技术、新产业、新业态、新模式，打造新旧动能转换样板区和高质量发展高地。2018年，全镇累计新引进签约激光产业园、北大医疗设备产业园、三人行机械、固拓科技等18个项目，总投资近上百亿元。

李哥庄镇深入贯彻落实全市新旧动能转换重大工程要求，以"四新"促"四化"。2018年，全镇新申请发明专利12个，新注册马德里商标8件，新增跨境电商贸易企业39家，通过电子商务实现新增出口贸易额3800万美元。2018年4月，李哥庄镇假发行业被国家商务部认定为国家级外贸转型升级基地。

2018年，李哥庄镇把西社路通道建设作为乡村振兴的"一号工程"，以"一线连八村，村村是景点，全镇是景区"为目标，片区规划、组团推进美丽乡村示范村建设，探索成立旅游开发公司，实行"公司+村庄"的发展模式，由公司负责景区建设、推广、营销和管理。其中，利用生态优势和历史文化，在贾疃、老窑村等沿大沽河村庄集中打造10余处规模较大的采摘园，按照"邻水果园"思路，打造具有"水韵"特色的水果种植旅游示范带；利用冷家庄600多年历史的黑陶资源注册黑陶研究所，打造黑陶博物馆、互动体验式陶吧，积极探索黑陶产业化之路；以小窑、大窑区域为中心打造"制帽产业社区"，设立制帽展厅、金融驿站、物流办公室，与阿里巴巴公司签订电商培训协议，打造全方位服务制帽产业的乡村振兴驿站。同时，整合已有的假发、工艺品等产业园区资源，搭建"时尚"产业社区，实现新型城镇化与乡村振兴战略一体化推进、协同式发展。此外，李哥庄镇在全市率先启动"一核统领、六维共振"农村社区区域化党建工作。2018年8月8日，小窑社区成为全市首家揭牌成立的社区党委；9月，李哥庄镇在全市率先全部完成社区党委选举工作；11月22日，全市农村区域化党建专题培训班暨现场观摩会在李哥庄镇召开，各镇（街道）分管党建工作的副书记、组织委员、社区党委书记到小窑社区进行了现场观摩，相关工作得到与会领导的一致好评。

3.提升群众幸福感

2016年以来，李哥庄镇依托美国艾奕康建筑事务所重点对全域河湖进行生态治理，构建完善的排水体系，打造优美的临水生态环境；建立乱搭乱建综合治理施工队，挑选精兵强将组成"尖兵团队"，交警、综合执法、环卫等多部门联合执法，剑指乱搭乱建、乱堆乱放陋习，2018年来共清理乱堆乱放、乱搭乱建2000余处，整治成果明显；以硬化、绿化、美化为重点，实施"乡村绿廊"工程，加强北部村庄基础设施建设，整修道路30余千米，绿化6万多平方米。2018年11月，李哥庄镇以洁净乡村"双月奋战"为契机，在镇北部32个村庄掀起了一场声势浩大的清理家园大会战，取得良好效果。此外，李哥庄镇将创建全国文明城市的经验成果导入到农村精神文明建设中，持续开展以"最美家庭、最美街巷、最美村庄"为主要内容的"三美"评选活动，建立由党委牵头、媒体互动、整体推进的典型选树、宣传、推广机制，健全社会推荐、组织评议、媒体公示、激励表彰、宣传推广等工作机制，全面激发干部群众崇德向善的内生动力。

2018年以来，李哥庄小学新校、胶州八中二期工程及安置区配套幼儿园等总建设体量7万平方米、总投资2.6亿元的教育工程开工建设；全镇中小学幼儿园共获得胶州市级以上荣誉100多项，胶州八中在2018年中考中取得全市农村中学第一名的成绩。2018年，李哥庄镇获评"教育工作先进镇"荣誉称号，在全市教育工作大会上做了典型发言。同年，李哥庄镇规划建设占地面积27公顷、建筑面积1.2万平方米的二级综合医院，全面提升李哥庄镇的医疗卫生水平，让群众享受更好的医疗服务。

李哥庄镇深入推进"网格化管理"机制，全面推广"专家查隐患"制度，纳入网格化企业达549家，重点监管企业72家，实现监管企业全覆盖。2018年，全镇未出现一起安全生产事故。2018年青岛上合峰会期间，李哥庄镇上下齐心协力，抓牢、抓实安全生产工作，为峰会的成功召开提供了有力服务保障，获评"上合组织青岛峰会服务保障先进单位"称号。

李哥庄镇在小城市公共服务中心开展"一次办好"改革，创新"前台综合受理、后台分类审批、统一窗口出件"政务服务新模式，迎接了青岛市优化营商环境提升政府服务水平培训班现场观摩，得到民政部领导的充分肯定，李哥庄镇获评"山东省加强乡镇政府服务能力试点镇"称号。2018年10月，李哥庄镇被山东省等额推荐为十个国家级经济发达镇行政管理体制改革试点镇之一，是青岛市唯一入选的乡镇。

二、改革开放以来李哥庄镇经济社会发展的经验启示

（一）规划引领、高标定位是小城市建设的前提保障

规划是小城市发展的灵魂。建设小城市，必须规划先行、高标定位。李哥庄镇坚持规划引领，牢固树立"功成不必在我"的理念，高度重视规划的前瞻性和科学性，牢牢把握住超前对接、科学适度、突出特色三大原则，积极与青岛市三城联动发展布局，大沽河治理、胶东国际机场以及胶州市"一区两带四板块"空间战略布局等规划对接，严格遵循土地、产业和城镇规划"三规合一"的原则，几经易稿，最终制定出青岛市首个镇级旅游规划——《沽河金岸风景区发展规划》。

（二）资源整合、集约发展是小城市建设的基础保障

城镇化进程中，要招引大项目、建设基础设施，要有充足的人才保障，但由于镇级力量有限，不可避免地会出现土地、资金、人才的瓶颈。为此，李哥庄镇立足自身实际，将原有3个工业园区进行整合，新规划整合10平方千米的工业聚集区。制定了企业土地和厂房主动腾退补偿政策，鼓励"腾笼换鸟"，对园区内闲置厂房、土地依法收回，充分利用了闲

置土地资源。小城市的建设发展离不开各类人才，尤其是招商、规划、建设、管理等各类专业技术人才。因此，李哥庄镇采取多种方式招能纳贤，为小城市建设添砖加瓦。创新实行聘员制，从社会上公开招聘了各类专业技术人才近40人；通过外聘专家来镇研讨、策划、规划、培训讲课等方式，有效指引小城市建设，为小城市建设出谋划策；采取"请进来、走出去"的方式，针对当前的临空经济发展、现代物流、小城市建设等新领域，定期邀请各大高校的城市建设及规划专家进行培训；定期安排机关干部到国内小城市建设先进地区考察学习，加快推进小城市建设发展步伐。

（三）产城融合、同频共振是小城市建设的主体保障

产业化与城镇化建设相辅相成、相互支撑、互为动力。推进新型城镇化，必须增强产业支撑，吸纳劳动力，解决就业和生存问题，才能更好实现人口集中集聚。纵观李哥庄镇发展历程，第一家合资企业——飞龙金冠帽厂的引进，青岛市出口创汇状元镇、全国出口创汇十强镇效益的带动作用，促进了全镇经济社会的跨越发展。李哥庄镇的每一步发展都是产

业化与城镇化齐头并进的结晶。特别是从小城市培育试点工作开展以来，李哥庄镇更加注重产业的"转调创"步伐，全镇内外资企业达到 930 多家、规模以上工业企业 90 家、个体工商户 7280 家。伴随着企业数量的增加、质量的提升，李哥庄镇就业岗位愈加充足，吸引了越来越多的有志之士到李哥庄创业兴业。截至 2018 年，李哥庄镇共有 4.73 万新市民，有力地推动了人口的集聚、人气的提升，实现产城互动融合发展。

（四）人文相生、以人为本是小城市建设的民生保障

让居民享有城市等质的设施和服务，创造便民高效的行政管理环境是小城市发展的要义。为了让新市民"进得来、留得下、住得好"，李哥庄镇从群众最不满意的问题着手，从群众最急需解决的问题做起，不断完善公共服务设施、提升公共服务水平，切实解决群众反映的热点难点问题。针对反映强烈的就业问题，成立了镇级人力资源市场，并将服务平台向村居延伸。一方面，联网胶州市级人力资源市场，实现资源共享，第一时间为农民免费提供就业信息；另一方面，利用服务平台，积极协调统筹各类培训资源，加强农村转移劳动力技能培训，以培训促就业、以服务促创业。同时，农业转移人口充分享受政策，如职业培训补贴、失业登记管理待遇等，提高就业竞争力和就业质量。

执笔人：李娟

改革开放以来铺集镇的经济社会发展

铺集镇

铺集镇位于胶州市西南部，与潍坊市的高密、诸城接壤，距胶州、高密、诸城 3 市市区各 70 华里，因"店铺林立、商贾云集"而得名，素有"三七铺"之称，历史悠久，资源丰富。秦汉时设黔陬郡，新中国成立初期曾是胶河县驻地。铺集镇辖 69 个行政村、总人口 8 万人、面积 122 平方千米，其中建成区面积 7.2 平方千米、城市化率为 65%、户籍人口 6.3 万人。

先后荣获全国重点镇、国家级环境优美镇、山东省百镇建设行动示范镇、山东省文明村镇、山东省卫生镇、青岛市首批重点中心镇、青岛市首批生态特色文明镇、青岛市经济发展先进镇等荣誉称号。

党的十一届三中全会以来，铺集镇乘着改革开放的春风，从计划经济体制转为社会主义市场经济体制，由粗放式发展转为集约型发展，挖掘本土优势，坚持"引进来"与"走出去"相结合，走出了一条具有鲜明特色的铺集发展之路，书写了一份经济社会持续发展、政治生态不断优化、文化教育愈加繁荣、人民生活更加幸福的改革开放绚丽篇章。

一、改革开放以来铺集镇经济社会的发展历程

（一）初步发展阶段（1978 年—2000 年）

改革开放初的 20 余年，铺集镇不断探索发展，在农业、工业、教育文化等方面成绩显著，让人民群众感受到了改革开放的成果，百姓生活状况有了明显改善。

1. 农业生产

中共十一届三中全会召开后，在《全国农村工作会议纪要》《中共中央关于进一步加强农业

澄月湖风光

和农村工作的决定》等政策的引导下，铺集镇积极推行家庭联产承包责任制，统分结合，双层经营，既发挥了集体统一经营的优越性，又调动了农民生产积极性，农业生产收入大幅提升。截至1987年，原铺集镇农民人均纯收入659元，原张家屯乡农民人均纯收入668元。1999年，原铺集镇农业产值6715万元，养殖业4094万元；原张家屯乡农业产值2789万元，养殖业2217万元。

2. 工业生产

"六五"期间，青岛市被确定为14个沿海开放城市之一后，带动了乡镇工业的配套发展，同时在农村经济改革的推动下，乡镇企业蓬勃兴起。在改革开放政策的激励与号召下，铺集镇大力发展第二产业，工业企业数量剧增，机械、铸造工业体系迅速发展，为现代工业打下雄厚基础。其中机械制造以多种型号减速机为代表，在国内市场享有较高的声誉。截至1987年，原铺集镇工业企业385家，从业人数4428人，固定资产原值1462万元，工业总产值3254万元，利润487万元。其中，乡镇办工业企业10家，从业人数1773人，固定资产原值828万元，工业总产值1801万元，利润227万元；村办工业企业44家，从业人数1577人，固定资产原值128万

元，工业总产值730万元，利润121万元；村以下办工业企业331家，从业人数1078人，固定资产原值506万元，工业总产值723万元，利润139万元。原张家屯乡工业企业148家，从业人数2228人，固定资产原值773万元，工业总产值1995万元，利润299万元。其中，乡镇办工业企业8家，从业人数1257人，固定资产原值631万元，工业总产值1079万元，利润145万元；村办工业企业43家，从业人数647人，固定资产原值45万元，工业总产值416万元，利润65万元；村以下办工业企业97家，从业人数324人，固定资产原值30万元，工业总产值408万元，利润89万元。

20世纪90年代中后期，铺集镇进行了全面的体制改革，为民营经济的发展奠定了良好基础。其中，青岛铺集化工厂生产规模迅速扩大，到2000年拥有职工1200人，年均完成销售收入超1亿元，上缴税金1300万元。

3. 教育文化

（1）教育方面。铺集镇作为古老重镇，一直以来重视文化的传承和教育的引导作用。改革开放以来，随着国家政策支持和地方教育资金投入力度的加大，铺集镇教育事业逐渐起步，并初具规模。截至1987

年，原铺集镇共有中小学校29处，幼儿园35处。其中，小学25处、中学4处；公办教师293人，民办教师226人，学生9600人。原张家屯乡共有中小学校19处，幼儿园24处。其中，小学17处、中学2处；公办教师187人，民办教师127人，学生5608人。1995年—2000年，铺集镇加大教育投入力度，集中办学力量，实施合点并校。截至2000年，全镇共有学校14处，幼儿园58处。其中，小学12处、中学2处；教师535人，学生8309人。

（2）文化方面。作为千年古城郡，铺集镇拥有丰富的历史遗迹。1978年，西皇姑庵村出土了带有金文的西周铜方彝，开创了青岛地区有文字可考的历史，西皇姑庵遗址被列为全国重点文物保护单位。

4. 医疗卫生

作为胶州市西南重镇，铺集镇卫生院和张家屯乡卫生院逐渐发展完善，西南乡镇百姓的卫生医疗条件不断提高。1987年，铺集镇卫生院有医护人员50人，其中医生14人，护士9人，床位50张，年营业额50万元；张家屯乡卫生院有医护人员11人，其中医生4人，护士2人，床位20张，年营业额10万元。同年10月，乡镇卫生院的人、财、物划归乡镇管理，市卫生局对业务工作进行

监督指导。1990年，铺集镇由铺上四村置换12.66公顷土地建设新卫生院，一期建设二层楼房1栋，建筑面积1174平方米。

（二）全面发展阶段（2001年—2007年）

2001年—2007年是铺集镇全面发展的阶段。2001年2月，原铺集镇与原张家屯乡合并，壮大后的铺集镇资源愈加丰富，发展势头更加强劲。

1. 农业生产

2001年乡镇合并前，铺集镇农业产值6715万元，养殖业4094万元，农民人均纯收入4519元；张家屯乡农业产值2789万元，养殖业2217万元，农民人均纯收入3820元。合并后的铺集镇党委、政府支持特色养殖业的发展，全镇的农村经济紧紧围绕农民增收的工作目标，以市场为导向，以经济效益为中心，依托比较雄厚的农业基础优势，大力推进农业结构调整和产业化经营，积极发展高新农业和科技农业，加快传统农业向现代化农业转变的步伐。经济林、蔬菜、果品、畜牧、黄烟等五大主要产业优势进一步凸显，农业发展的园区化、现代化程度显著提高。2002年，全镇农业总产值达到35853万元。东部高效农业示范基地初具规模；胶河沿岸的万亩生态林郁郁葱葱、生机盎然，2002年被青岛市林业局批准成立"胶河森林公园"，为青岛市首个镇级"森林公园"。铺集镇大力发展农民专业合作组织，截至2007年，全镇已创办种植、养殖、土地、农机、花卉等方面的合作社及行业协会50余家，特别是新成立的青岛铺集花生种植专业合作社和青岛铺集家家富农作物种植专业合作社2家镇级合作社，在山东省居于领先地位。

2. 工业生产

2001年乡镇合并后，铺集镇工业总产值130274万元，工业增加值33335万元，销售收入119676万元，利税总额8459万元，利润总额3972万元。2002年，镇内开始建设工业园区，先后规划完成了东部工业园区、中部民营经济园区和西部吉森工业园区，引进内外资企业130余家，形成了机械制造、纺织、工艺品、服装、制帽、汽车配件、木材加工等八大工业生产体系。铺集镇工业园区开发建设本着"高起点、高标准、大容量、长远规划"的原则，加大投入，使园区呈现出基础设施配套、项目承载能力强、区位优势明显的特点，重点打造三大发展平台，加快产业向园区集聚。

（1）东部工业区：建于2002年10月，由省规划设计院规划设计，总面积1340公顷。铺集镇按照"竞争力强、集约度高、配套性好"的要求，完善园区基础设施，提升园区功能配套能力；本着实用高效的原则，对园区内供水、供电、绿化、道路等工程的实施进行缜密规划，做到净化、绿化、美化、亮化同步。2003年，引进第一家韩国独资企业——青岛大木家具有限公司，从业人数97人，总产值2100万元，固定资产原值1400万元，利润300万元。同年，通过全方位的招商推介，引进了青岛中兴达橡塑有限公司，成为园区内第一家民营经济项目，从业人数300人，总产值2亿元，固定资产原值1.5亿元，利润2000万元。

（2）西部工业区：始建于2002年10月，位于铺集镇张家屯村，沿217省道、黄张公路西侧而建，距青莱高速铺集出口5千米，规划面积1340公顷。园区内公共服务机构健全，供水、供电、道路、燃气等设施实现全覆盖。2003年，引进第一家荷兰独资企业——青岛宝泓家居有限公司，从业人数70人，总产值1810万元，固定资产原值1311万元，利润200万元。同年，通过全方位的招商推介，引进了青岛开元阀门有限公司，成为园区内第一家民营经济项目，从业人数 160 人，总产值 7510 万元，固定资产原值 4900 万元，利润 1300 万元。

（3）中部工业区：始建于 2007 年，基础设施完善，达到了"八通一平"标准，即通路、通水、通电、通信、通有线电视、通天然气、通暖气、通排污、场地平整。规划用地 4000 公顷，致力于打造铺集中部机械制造项目聚集区。

3. 社会事业

（1）教育方面。乡镇合并后，铺集镇中小学校设置布局发生变化。2001 年，全镇共有学校 14 处，幼儿园 58 处。其中，小学 12 处，中学 2 处；教师 535 人，学生 8309 人。随着教育投入力度的不断加大，铺集镇中小学校面临调整，部分学校被撤销。截至 2007 年，全镇共有学校 12 处，幼儿园 36 处。其中，小学 10 处，中学 2 处；教师 516 人，学生 6474 人。

（2）医疗方面。2002 年，铺集镇卫生院有医护人员 61 人，其中医生 23 人，护士 13 人，年营业额 100 万元；张家屯乡卫生院有医护人员 25 人，其中医生 9 人，护士 9 人。同年，张家屯乡卫生院因经营不善撤销并入铺集镇卫生院，合并后的卫生院命名为铺集镇中心卫生院。2007 年，铺集镇政府将毗邻朱诸路的化工厂办公室提

供给卫生院使用，将卫生院迁至交通便利、人流量大的有利位置。自此，铺集镇中心卫生院开始稳步发展，医护人员有 73 人，其中医生 38 人，护士 11 人，年营业额 302 万元。

（三）科学发展阶段（2008 年—2018 年）

进入 21 世纪后，铺集镇紧紧围绕"着力打造幸福和美、宜居宜业现代化新型小城市"的奋斗目标，以项目建设为主线，全力加速主辅联动、园区拉动、组团推动"三动联建"，强势推进新型工业化、新型城镇化、农业现代化、镇村一体化、党建科学化"五化并进"，实现增长速度、经济总量和发展质量的"三个进位"，经济社会事业均呈现良好的发展态势。

1. 农业生产

（1）发展特色农业，农业生产科学化发展。2008 年—2010 年，铺集镇利用 3 年时间积极发展品牌农业和订单农业，加大早酥梨、朝阳坡蜜桃、马家绿茶、胶州大白菜、里岔黑猪肉、正久烧鸡等优质农产品的宣传力度，使其成为当地的品牌。镇西南部的东皇姑庵、西皇姑庵等村发展土豆种植 2000 公顷，在镇东部种植有机大棚蔬菜 200 余公顷。同时，发展特色农业、规模化农业，

走高效发展之路。2012 年，全镇建起了名优果园、银杏园、黄烟园和千亩高效农业示范园。

（2）发展蔬菜种植，农业生产高效化发展。铺集镇蔬菜生产历史悠久，品种丰富，以产量高、品质优、种类多而闻名，在镇内占有重要位置。特别是 2008 年以来，铺集镇政府引导农民加大对蔬菜种植的投入力度，引进科技含量高的品种进行科学种植，取得显著成效。2010 年，全镇重点建设铺集镇生态农业示范园，示范园位于镇东部，占地 200 公顷，园内生产销售均进行统一管理。园内蔬菜定期检测，确保达到上级标准要求。截至 2018 年末，全镇蔬菜品种除大白菜、萝卜、西红柿、黄瓜等传统蔬菜品种外，相继引进了日本西芹、以色列甜椒、樱桃西红柿等几十个国外新品种，蔬菜播种面积达 6700 公顷，总产量达 2 万多吨，铺集镇成为胶州市重要的蔬菜生产基地。随着对基础设施建设投入的不断加大，全镇水资源条件进一步改善，灌溉面积达 95%，种植模式由过去的小拱棚、塑料大棚，向高标准的冬暖式塑料大棚发展。

（3）发挥水资源优势，开拓致富新路。2015 年，铺集镇深入贯彻落实中央 1 号文件精神，立足本镇实际，转变思路，科学安排，统筹规划，充分发

挥水资源优势，促进农民增收致富。铺上三村投资 200 多万元，建起了 15 个冬暖式蔬菜大棚，成立了青岛博文富民农作物种植专业合作社；位于殷家庄村的青岛益菇园食用菌专业合作社，10 个香菇、平菇、灵芝大棚全部投入启用，为实施循环经济，合作社积极与高校及科研院所合作，充分利用桦木木屑生产食、药用菌，并安装了杀虫灯，确保了食、药用菌品质。2016 年，铺集镇因地制宜，立足本地资源实际，依托上级扶持政策新建了 5 个农业设施小区，全镇共有冬暖式大棚、大拱棚 500 多个，农民种植了西红柿、黄瓜、葡萄等反季节蔬菜和水果，取得了较好的经济效益和社会效益。2016 年，在沙河社区成立了农业科技服务中心，建设了镇级农产品质量检测室。同时，在高家庄、殷家庄等村庄和部分合作社也建立起了 6 个检测室。

（4）发展林果经济，生态经济效益显著。2008 年以来，铺集镇林业蓬勃发展。镇政府鼓励引导农民大力植树造林，在胶河沿岸大面积营造铺集镇生态林，取得明显成效。截至 2017 年末，全镇累计植树造林 2.8 万公顷，森林覆盖率达 26%。铺集镇土壤及自然条件适宜于北方落叶林树的生长，截至 2017 年末，共栽培 20 多个品种或品系的果树，引进国外品种的红富士苹果、蜜桃等品种，形成当地名优产品。其中，"文信苹果"获农业部颁发的优质果品奖，"朝阳坡"蜜桃已在国家商标局注册。

（5）发展畜牧业，养殖户收入显著增加。2008 年—2018 年，铺集镇的畜牧业得到长足的发展，全镇规模养殖场（专业养殖户）共 200 多家，畜牧业总收入达到 15466 万元。同时，大力扶持发展以肉食鸡、肉牛、蛋鸡、生猪为主的养殖业，年均养殖蛋鸡 21 万只、肉鸡 22 万只、生猪 2 万头、黄牛 600 头。全镇的小麦、能繁育母猪、奶牛等均进行了投保。在张家屯村设立生猪养殖园区，年可出栏生猪 1 万头。2018 年，该园区市场销售较好，经济效益显著，每头猪纯收入 300 元—500 元，养殖户年均纯收入达 10 万多元。

2. 工业生产

铺集镇大力推进传统机械装备制造业项目的技术改造和节能减排，坚持改造传统动能与培育新动能齐发力，促进新旧动能转换，扩大生产规模，提高产品档次，提升产业层次，推动产业发展升级。2010 年之前，3 个工业园区管理分散，优势不明显，其中巩家庄工业园在铺集镇驻地的东部，规划面积为 1.6 平方千米；彭家庄工业园在铺集镇驻地中部，规划面积 4 平方千米；张家屯工业园在铺集镇驻地西部，规划面积 0.6 平方千米，3 处工业园总规划面积为 6.2 平方千米。2012 年开始，铺集镇在中部工业园的基础上，整合规划形成东至水墨大街、西至苏盛路、北至外环路、南至东西大通道的布局，整合后的规划面积为 10 平方千米。在园区内，重点发展专用设备制造、模具及其配套、精密机械、机械装备制造等产业，集中力量做好机械制造产业的发展，协调工业、研发、物流等进行多功能的融合，达到资源共享、高效利用的目的。

铺集镇立足本地优势，着眼长远发展，瞄准扩大总量、提升增量，始终把调整产业结构、推动新旧动能转换作为推动高质量发展主线。2016 年以来，按照"一业一策"精准招商要求，以建设青岛市国家级青少年足球训练中心为契机，突出产业培育，开展定向招商、产业链招商、精准招商，加快培育经济转换新动能；优化存量增资扩产，着力打造产业社区，收回闲置土地，盘活闲置资源，吸引小微企业集聚发展；构建高绩效"亲清"营商环境，通过广泛深入扎实地开展"三进三促"活动，实施班子成员包项目、机关干部包企业制度，

2016年挂牌上市的青岛汇金通电力设备股份有限公司

坚持现场办公、一线获取信息、一线发现问题、一线解决问题，服务企业零距离，让"亲清"成为一种风气。

2017年，铺集镇尝试创新建立小微企业园，"腾笼换鸟"，加速新旧动能转换，引进华电海洋装备制造项目、足球小镇建设等高新项目，从产业政策、投资强度、税收贡献等方面严格把关，重点引进附加值高、技术含量高、拉动作用强的高新技术产业和现代服务业，加快产业结构调整，从传统的机械制造向高端装备制造业、第三产业发展。

在全新发展模式的带动下，2018年，铺集镇完成生产总值55.9亿元，年均增长7.6%；规模以上工业总产值增幅12.2%，规模以上工业增加值增长率达到8.1%；固定资产投资完成25.3亿元，增长10.8%；外贸进出口完成1.43亿美元，增长25.2%；到账外资完成4260万美元，增长10.6%；实际利用内资完成20.2亿元，增长15.2%；社会消费品零售额完成5.1亿元，增长9.9%。亿元以上新开工项目认定4个，新增青岛市重点项目4个；新开工建筑面积18万平方米，新投产项目达到5个，增资投产企业1家，生产性设备投入1.3亿元；市招商项目库里在谈项目认定10个，新签约项目认定14个，新开工认定12个。

3.文化教育

（1）教育事业发展

①加大教育投入，推进教育均衡发展。2008年9月，铺集镇胡家小学合并到铺集小学。2009年9月，崔家幼儿园、马家幼儿园合并到胡家幼儿园。2010年9月，铺集镇于家庄小学合并到铺集小学。2011年，铺集镇投资1亿多元，新建第二十三中学、铺集小学综合楼等；投资1100万元，实现中小学操场塑胶全覆盖；开通"大鼻子"校车和教师班车，解决了教师和近1100名学生的乘车安全问题。2011年9月，铺集镇天台小学合并到张家屯小学。2012年9月，铺集镇华银小学撤并到黔陬小学。2013年5月，沙北庄幼儿园合并到沙河幼儿园；9月，邱侯幼儿园合并到

2011年新建的第二十三中学综合楼

胡家幼儿园；12 月，铺集镇沙河小学合并到铺集小学，胶州市第二十四中学撤并于胶州市第二十三中学。2014 年 9 月，铺集镇辛屯小学合并到张家屯小学。

②加强师德建设，推进教师队伍素质提高。2008 年以来，铺集镇深入开展以"立德树人"为主题的师德教育活动，积极开展"做名师、育名生、创名校"活动，依托德孝文化长廊、德孝教育展室等载体，倡导教师立足岗位践行核心价值观。每年出资 20 余万元，表彰奖励师德标兵、优秀教师、优秀教育工作者等先进个人。

截至 2018 年底，全镇有初级中学 1 所，小学 4 所，在校生 2766 人；幼儿园 14 所，入园幼儿 850 人；教职工 405 人，其中民办幼儿教师 94 人。铺集镇所有学校均创建为青岛市标准化学校、青岛市规范化学校，切实满足了广大群众提高教育水平的迫切诉求。

（2）文化事业发展

①建设文化阵地，丰富群众生活。2008 年来，随着经济的发展，铺集镇镇村文化阵地建设成效显著，建有较高档次的文化大院 35 个、图书室 35 个、阅览室 35 个，藏书 2 万余册，丰富了全镇人民精神生活；投资 500 多万元完善村庄公共广场，开展广场舞、健身操、扭

秧歌等活动，组织文体比赛 20 多场。彭家庄文化大院设有老年人活动广场、文化之家，建设门球场 2 处、乒乓球台 2 个，有力推动了镇村文化的健康发展。铺集镇在胶州市组织的文体演出比赛中多次获奖，2011 年 6 月，在"魅力三里河"胶州市首届"群星耀胶州"群众文艺创作汇演中，铺集镇表演的歌曲独唱《胶河情》和音乐快板《教育赞》获得三等奖。2012 年 9 月，铺集镇成立金星茂腔剧团，拥有演员数 25 人。2013 年 3 月，成立鑫时代茂腔剧团，拥有演员数 35 人。

②发挥榜样力量，宣传积极向上的价值观。2008 年以来，铺集镇大力弘扬社会主义核心价值观，深化"德孝铺集"建设，在全镇党员干部及广大群众中开展"德孝明星""好婆婆""好媳妇"等各类典型评选表彰活动，先后涌现出"中国好人"、山东省道德模范姜恩兰，"山东好人"刘慧丽，青岛市文明市民王述瑾等一大批典型代表；连续举办五届"德孝明星"颁奖仪式，对评选出的"德孝明星"每人给予 5000 元现金奖励。2012 年以来，铺集镇对 10 名荣获上级表彰的道德模范进行 1:1 配套奖励，累计发放奖励近 30 万元。

4.医疗卫生

（1）医疗卫生事业规范化

发展。2008年11月，投资2000万元，占地28公顷，总建筑面积10000多平方米的铺集镇中心卫生院投入使用。2009年11月，铺集镇开始实施新一轮医疗改革，开展公共卫生服务项目，为老百姓建立健康档案，实施药品零差价销售，实行卫生室一体化管理。2013年底，建筑面积600余平方米的张家屯社区卫生服务站变更为铺集镇中心卫生院张家屯分院。2016年底，张家屯分院改造装修、提档升级，有医护人员126人，其中医生42人，护士39人，年营业额2300余万元。

（2）医疗卫生事业普惠性发展。2013 年以来，铺集镇政府每年出资 24 万元，用于糖尿病、高血压等慢性病患者基本药物的免费领用，有 2695 名患者进行了登记并免费服药；成立镇级民生 999 救助中心，仅 2013 年支出各类救助金额就达到 270 万元；建成 9 所中心卫生室，33 所村卫生室，患者可通过服务直通车直接到镇卫生院就医，形成了覆盖全镇的健康网络；同时与青医附院合作，在青医附院开辟入院、手术绿色通道，实现化验结果互认，根据病情和康复情况实行双向转诊；在镇卫生院设立"博士门诊"，让患者享受到三甲医院的服务。截至 2018 年，铺集镇中心卫生院共开展远程会诊

180 次，受益群众 500 人次。

5. 敬老养老

2011 年，铺集镇投资 1000 万元建设镇敬老院。敬老院坐落在铺集镇彭家庄村后，卫生院西侧，朱诸路以北，南临公安消防大楼，交通方便、布局合理，是一所集养老、康复、娱乐为一体的公益性养老机构，也是老年人安度晚年的理想乐园。敬老院占地 13 公顷，建筑面积 4500 平方米，设置床位 200 个，室内为四层楼房，内设电梯，可实现无障碍通行。院内设有办公室、接待室、厨房、餐厅、卫生保健室、康复训练室、娱乐活动室、监控室、阅览室等，冬季采取统一供暖。院内环境清洁幽静，空地绿化面积达 100%，道路全部硬化。敬老院实行规范化分级管理，各种制度健全。铺集镇有五保老人 75 人，集中供养 52 人，分散供养 23 人，五保集中供养率达 69.3%，五保对象年人均供养标准为 10440 元，全部从市镇两级财政列支。

2012 年起，铺集镇创新养老服务新模式，主打"居家养老"特色，建设日间照料中心和互助站，切实解决农村养老问题。投资 26 万元试点设立 4 个日间照料中心，为老人提供康体、养生、休闲、餐饮等四位一体生活服务，并逐步在全镇各村庄推广；在 10 名威望高、条件好的农户家中设立居家养老互助站，每月发放 100 元补贴，负责相关老年活动的召集以及社会信息的收集上报；经过统筹摸底，确定 65 位老人为重点帮助对象，每人每月发放面值 10 元的代币券 30 张，老人根据对购买社会服务的满意度支付代币券，中介机构持券到镇政府兑换现金。截至 2013 年底，全镇已兑换代币券 1 万多张。2017 年 11 月，铺集镇政府将中心敬老院改造提升工程列为政府实事，前期投资 398 万元改造了厨房、餐厅、警卫室，重新装修了老人房间，更换安装了紧急呼叫、安全监控、自动报警和自动喷水灭火系统。2018 年 3 月，对院内环境重新绿化，打造 1 处景观长廊，使敬老院达到省一级敬老院标准。铺集镇中心敬老院先后获得"山东省一级五保供养服务机构""全省模范五保供养服务机构"等荣誉称号。

6. 小城镇建设

2008 年，铺集镇投资 360 万元，聘请上海麦塔设计公司专家进行新一轮城镇总体规划修编。严格按照"产业向工业区集中、人口向城镇集中、居住向社区集中"的思路，制定出符合自身实际、切实可行的发展战略规划、总规、12.8 平方千米控制性详规和核心区城市设计 4 个体系，划分为行政办公区、商贸居住区、工业集聚区、旅游度假休闲区等规划区域，并对重点地段、近期建设片区进行详细规划，构筑起现代化小城镇发展框架，初步形成具有较高产业集聚度、较强综合竞争力和区域辐射力的区域化中心镇。

2009 年，利客来集团在铺集镇投资 8000 万元建设的利客来购物中心、宾馆酒店和投资 1600 万元建设的易佳鸿购物中心先后营业，进一步满足群众消费需求。2011 年，铺集镇先后建成投资 2000 万元的卫生院、投资 1000 万元的敬老院和投资 1.2 亿元的教育新区，让群众享受更优质的教育、医疗、养老资源。2016 年，铺集镇先后投资 1000 万元建设派出所、投资 1000 万元建设公安消防中心，由胶州市消防大队派驻专业消防人员，购置消防灭火车辆 4 辆，打造火灾事故 10 分钟消防圈，破除胶州西南地区的消防瓶颈。此外，铺集镇还投资 2100 万元建设供热站、燃气站及配套管网，实现镇驻地集中供热供气。

铺集镇全面推进城乡环卫一体化，2018 年，通过公开招标、购买服务的方式与 2 家物业公司签订协议，镇驻地、工业园区及全镇 69 个村庄全部实施物业管理；投资 600 万元，为村庄配备保洁员，构建"户集、村收、镇运、市处理"的城乡垃圾处理体系，实现垃圾日产日清；综合执法中队大力查处违法建筑、乱搭乱建等行为，营造起整洁、靓丽、有序的城镇环境。为改善群众出行条件，2018年，铺集镇开通2条镇内公交线路，投资8000万元对镇驻地所有主干道路进行整修改造，形成覆盖全镇、联通镇村的"六纵六横"交通网络；先后投资2亿元开展新农村"五化"和"村村通"工程，硬化道路100千米，所有村庄实现"五化"工程全覆盖。围绕解决群众吃水难题，2018年，铺集镇投资700万元建设彭家庄水厂，投资300万元建设高家庄水厂，投资8500万元建设河北水厂，满足全镇8万群众的饮水需求。2018年，先后投资6000多万元实施胶河二期治理工程，投资3000多万实施周阳河治理工程，打造"水清、岸绿、景美"的沿河景观。

二、改革开放以来铺集镇经济社会发展的主要成就

（一）综合实力显著增强

铺集镇以新发展理念为引领，主动适应经济"新常态"，经济社会保持了良好发展态势。一是坚定不移抓好项目建设。先后引进了旺升源精密金属、

长兴科技等国内项目和投资1亿美元的华润集团风力发电、投资6000万美元的光伏发电2个外资项目；引进了电商小镇项目，吸引300多家电商入驻；引进了青岛市国家级青少年足球训练中心。截至2018年底，全镇共有工业企业240家，规模以上企业43家。二是优化存量，增资扩产。通过建新租旧、建新买旧等形式盘活存量资产、高效利用闲置土地，加快"腾笼换鸟"力度，最大程度整合资源，收地缩院，调整优化实体产业。宇通管业等9家增资扩产项目开工面积达到12万平方米，生产性设备实际投入1.1亿元；伟隆重工、金红日包装、宇通管业3家企业成功挂牌青岛蓝海股权交易市场，晓天智能装备在新三板挂牌，汇金通

在主板上市；农业银行、威海市商业银行在铺集设立分支机构，金融机构之间呈现出有序竞争的新格局。

（二）城镇面貌持续改善

铺集镇聘请上海麦塔和深圳东大设计公司开展新一轮城镇总体规划修编，按照"产业向工业区集中、人口向城镇集中、居住向社区集中"的思路，制定发展战略规划、总规、12.8平方千米控制性详规和核心区城市设计4个体系，初步形成具有较高产业集聚度、较强综合竞争力和区域辐射力的区域化中心镇。着眼于提升城镇支撑功能，先后开发5个小区，累计建筑面积达30多万平方米；坚持商贸兴镇，投资

铺集镇驻地鸟瞰图

8000 万元的利客来购物中心、宾馆酒店和投资 1600 万元的易佳鸿购物中心先后营业，进一步满足群众消费需求；投资 1.2 亿元的教育新区、投资 2000 万元的卫生院和投资 1000 万元的敬老院相继建成，让群众享受更优质的教育、医疗、养老资源。

（三）群众获得感不断增强

一是教育事业提档升级。全面建设启用了投资 1.2 亿元的铺集教育新区，第二十三中学、铺集小学综合楼、铺集镇中心幼儿园等校园建设全部落成；投资 2000 余万元新建张家屯小学，投资 600 多万元新建黔陬小学教学楼，投资 1200 万元在青岛市农村镇（街道）中率先实现所有学校操场跑道塑胶化、运动场地草坪化。二是医疗服务显著提升。投资 300 余万元，依托原张家屯政府办公楼，新建铺集卫生院分院，实行医养结合，进一步方便了张家屯周边群众就医。镇中心卫生院开设直通车免费接送住院患者，65 周岁以上老年人和重点人群免费健康查体。全年门诊就医人数近 5 万人次，住院病人近 7000 人次。卫生院荣获青岛市"十佳基层医疗卫生机构"称号。三是惠民实事持续推进。全镇 11066 户卫生改厕全部完成；精准扶贫建档立卡 736 户，

1394 人实现全部脱贫，2 个青岛市经济薄弱村摘帽，脱贫攻坚进展顺利；深入推进移风易俗工作，在青岛市第一个实现白事改革全覆盖，丧葬费用从平均 1.3 万元降到 2000 元左右，成立青岛市第一家村办喜事大厅，喜事费用大幅减少，民政部法规司、省委宣传部、省民政厅等部门领导先后到铺集镇调研并对改革做法给予高度肯定；成立山东省第一家镇级宣讲志愿者协会，以"大槐树下听故事"的场景吸引群众观看，2018 年举办乡村故事会 120 余场，实现了全镇 69 个村庄全覆盖，在 2018 年群众满意度调查中位列胶州市第一位。

（四）足球特色小镇加速推进

足球特色小镇规划用地总面积约 4.6 平方千米。其中青岛市国家级青少年足球训练中心项目一期启用，投资 3.4 亿元，拆除原西侧公寓楼，新建一栋地下 1 层、地上 10 层的综合楼，建筑面积 1.4 万平方米，具备住宿、健身训练、康复理疗等功能；对原餐厅、东侧公寓楼和办公楼等进行了改造升级，改造面积约 1.6 万平方米；新建 11 人制训练场 6 块、5 人制训练场 3 块，可同时容纳 1000 人食宿训练，填补了青岛市缺乏综合性足球训练基地的空白，成为全国五大训练基地之一。2018 年 7 月 3 日—8 日，山东省第 24 届运动会男子足球测试赛暨 2018 年青岛市青少年足球锦标赛在青训中心成功举办。同年 10 月 12 日—18 日，青训中心

位于铺集镇政府驻地的国家级青少年足球训练中心

承接了第24届省运会足球赛事，严格按照赛事承办要求，提供最优质的服务和最坚实的保障，积极打造省运会示范场馆。

（五）现代农业初具规模

铺集镇根据实际，规划建设西南部食用菌栽培板块、沿胶河无公害蔬菜板块、西北部林果业板块和"互联网＋农业"电商平台。一是突出规划引领，注重高效生态。聘请山东省农科院对铺集镇农业发展进行整体规划，大力发展高效生态农业，规划建设三大板块；扎实推进投资7000万元的高标准良田农业综合开发项目，对涉及的32个村庄、3.4万公顷土地，采取硬化农田道路、新建机井等措施，实现集中连片、稳产高产、生态友好的目标。二是突出板块引领，注重以点带面。西南部食用菌栽培板块依托青岛益菇园食用菌专业合作社，利用大棚、大田开展黑木耳、大球盖菇等食用菌种植，打造青岛食用菌基地；沿胶河无公害蔬菜板块，依托胶河源、老三东、南朱戈大樱桃、东安土豆、铺上三村高效农业大棚、河西庄蓝莓等，引导发展高效蔬菜、水果等附加值高的产业；西北部林果业板块，以高家庄千亩核桃园为带动，大力发展林下经济，探索林禽、林药等林下种植模

式，辐射带动周边村庄发展。三是突出平台引领，打造电商小镇。铺集镇在被认定为首批"青岛市农村电子商务示范镇"的基础上，与阿里巴巴集团深度交流合作，加速建设农村淘宝服务站，力争实现"网贷下乡"和"农产品进城"的双向流通，构建起"互联网＋农业＋工业"电商平台运作模式。

三、经验启示

改革开放的40年，是铺集镇探索实践、砥砺奋进的40年，也是扎实苦干的40年。在胶州市委、市政府的坚强领导下，铺集镇积极面对错综复杂的宏观经济形势和艰巨繁重的改革发展任务，在特色小镇的发展定位、产业支撑、城镇功能等方面进行了积极探索。其经验如下：

（一）思路决定出路

必须坚持改革开放、解放思想、创新实践，精心谋划引领发展。改革开放40年，铺集镇改革渗透到了政治、经济、文化、教育、医疗等社会各个领域，全镇面貌焕然一新。40年来，铺集镇大刀阔斧地推进改革，不断加快体制机制创新。在千变万化的形式面前，不回避、不退缩，勇敢面对困难和问题，积极探索适合本镇的体制机制，不

断激发新的生机与活力。同时，铺集镇坚持"人才是事业发展的第一资源"原则，积极创新用人观念，注重素质、能力、业绩和潜力，努力营造新人健康成长、脱颖而出的工作环境。正是人才队伍的辛勤劳动和无私奉献，才推动了铺集镇各项事业的不断发展和壮大。

（二）项目支撑发展

必须坚持产业为本、招商引资，增资扩产推动跨越，抓牢项目建设不放松，牢牢把握各个发展阶段的良好契机，加快盘活闲置资源，突出产业培育，开展产业链招商，全面整合铺集镇资源，形成全员上阵、人人招商的浓厚氛围；优化发展环境，提升服务水平，借助全市深入开展"三进三促"服务企业等活动契机，全面构建"亲清"新型政商关系，对照"服务最优、门槛最低、审批最简、信用最高、安全最好"的软环境建设目标，切实提升服务水平，增强对客商的感召力和吸引力；通过持续高强度的研发投入改变制造业企业占多数的发展现状，实现经济发展转型升级；健全配套设施，提高项目承载力，完善园区基础设施建设，亲商、安商，为落户企业发展提供良好环境；加大园区发展规划，做好路网等设施

延伸工作，提高入园项目的承载力。

（三）实干决定实效

必须坚持埋头苦干、勇于担当，以新发展理念为引领，主动适应经济"新常态"，在做优增量中加快发展动能转换，在激活存量中稳步推进转型升级；把新型城镇化作为发展最直接的动力，集中财力增优势、补短板，狠抓基础建设，优化功能布局，呈现出城镇让生活更美好、让群众更向往的生动画面；坚持以人为本，注重顺应民意办实事，致力于持续增进民生福祉，使人民群众"获得感"不断增强。

执笔人：傅玉佳　杨彪

改革开放以来铺集镇教育事业的快速发展

铺集镇

改革开放以来，铺集镇根据上级部门的指示精神，带领全镇人民在改革中发展、在开放中前进、在竞争中超越，在铺集教育事业中探索出一条独具特色的发展之路。铺集教育事业经历了艰苦的校舍改造、合点并校、合点并园、教师培训、中小学管理体制改革、铺集足球小镇打造等过程，取得了辉煌的成就，实现了飞跃式发展。铺集镇先后荣获中国教育学会"立德树人"特色教育工作先进集体、山东省心理健康教育先进集体、青岛市中小学德育工作先进单位、青岛市全民健身工作先进单位、胶州市教育体育工作先进单位、胶州市关心下一代工作先进集体等荣誉称号，铺集镇的教育事业发展走在了全国的前列。

一、改革开放以来铺集镇教育事业的发展历程

（一）恢复兴起阶段（1978年—1990年）

1. 义务教育

改革开放初期，铺集镇村村办学校，学校办到家门口，由村庄出资办学，全镇学校十分分散。所谓的校舍就是简陋的旧房，是黑屋子；学校没有像样的桌椅，很多都是用土台子、泥台子当课桌；教师不是科班出身，几乎全是民办教师。当时的铺集教育处于一穷二白的境地——没有雄厚的经济后盾，没有良好的教育设施，没有高素质的师资水平，一切都亟待改变。

为了彻底改变全县农村小学普遍存在的"黑屋子、土台子"的落后面貌，1980年6月，胶县人民政府开展了轰轰烈烈的农村学校"两改"（即改黑屋子、改土台子）工作。铺集镇动员全镇各方面的力量，通过政府出资、村庄集资、个人捐款、村民献工献料等多种途径，大力改善农村学校校舍。1985年底，铺集镇"两改"工作已基本完成，全镇基本上实现了"校舍、课桌、院墙、校门、厕所、操场"六配套。铺集镇在"两改"工作中，共投资68050元，新建教室486间，制作课桌凳2015套。1986年5月，胶县"两改"工作通过了山东省人民政府的验收，胶县人民政府被评为"山东省农村学校'两改'先进单位"，铺集镇被胶县人民政府评为"胶县'两改'工作先进单位"。

在改革开放初期，公办小学教师最低工资只有29元5角。1986年，国家对公办教师实行职工粮食差价和副食品补贴，并增加了卫生费、报刊费、降温费、取暖费，教师工资翻了一番。当时，民办教师在教育上所占比例较大，民办教师的待遇是：按本村同等劳动力记工分，教小学的每月补助5元

钱，教初中的每月补助 8 元钱。农村实行联产承包责任制后，民办教师平均每人补助 45 元，再加上土地种植收入，民办教师实际收入和一般公办教师的收入差不多。

在教学设备方面，当时铺集没有一台幻灯机，教师的教具也非常简单，几只粉笔、一块黑板、一本教材，是许多老师上课的"三大件"。教师每次上课都要在黑板上反反复复写字，一堂课下来，嘴里、头发上、衣服上都沾满了一层白白的粉笔灰。每到临近复习考试的时候，教师都要自己动手，拿起铁笔（一种没有笔芯，只有笔头和笔杆，且笔头是用钢制成的）趴在钢板上刻蜡纸，再在油印机上用滚子来回滚动，才能把试卷一张一张地印出来。

为深化教育体制改革，全面推进素质教育，中共中央颁布了《关于教育体制改革的决定》，农村基础教育实行"分级管理"，实行"县、乡、村三级办学，县、乡两级管理"的体制改革。铺集镇党委、政府充分调动全镇教育工作的积极性，促进教育事业的稳定、健康发展，镇政府于 1986 年夏作出了"统一规划学校布局，积极进取，合班并校"的部署。在认真贯彻实施《义务教育法》，努力提高中小学普及率的同时，研究制定了《铺集镇教育发展的总

体规划》，根据规划采取合班并校的积极措施，对学校布局进行了有计划、有步骤的合理调整，着力加强中心小学、职业中学、中心幼儿园、成教中心的建设，使办学条件向更高的水平发展。铺集镇先后投资建起规模较大、标准较高的中心中学，并新建了几所教学点。对一些建于 20 世纪 70 年代、房屋陈旧、学生活动场所小、教室采光严重不足的简易小学，经过考察论证进行就近合并。到 1989 年，铺集镇由改革开放初期村村有小学、片片有联中的 79 所学校合并到只有 52 所学校，新建校舍 6204 平方米，改造校舍 723 平方米，购置桌凳 754 套，教育总投资 295.8 万元。

党的十一届三中全会以后，各级领导深刻认识到教育要振兴，必须依靠广大教师的艰苦努力，必须充分调动广大教师的工作积极性，因此把建设一支素质优良、数量充足的教师队伍当作发展教育的又一战略性措施来抓。铺集镇党委、政府根据上级要求，全面落实知识分子各项政策，通过积极发展教师入党、发动全社会尊师重教等手段提高人民教师的政治地位和社会地位。同时，铺集镇利用多渠道培训师资，提高在职教师的业务水平。包括积极支持教师参加考入师范培

训、"三沟通"大专培训；组织教师参加函授学习、师资培训，利用假期进行集中培训等等。其间，铺集镇也加强了对教师的组织学习，主要实行以自学为主、业余为主、函授为主的方式搞好培训辅导和自学互助。

中共中央、国务院在 1993年公布了《中国教育改革和发展纲要》，又先后出台了《教育法》《教师法》《职业教育法》等一系列法规，极大地推动了铺集镇教育事业的发展进程。

2. 学前教育

在改革开放初期，铺集镇的幼儿园称为"育红班"，村里有文化的妇女，被大队任命为"育红班"教师，利用村里闲置的房子成立"育红班"教室，学前儿童不分年龄大小，都集中在一个教室里。20 世纪 90年代，"育红班"改为"托儿所"，幼儿教育逐步走上了正轨。当时铺集共有"托儿所"56 所，共有学前儿童 2974 名，入园数2736 名，入园率达 92%。铺集镇被评为"胶州市基础教育先进镇"和"青岛市基础教育先进镇"。

（二）完善成熟阶段（1991 年—2000 年）

1. 义务教育

为把农村基础教育工作逐步引向深入，理顺结构、加强

管理，铺集镇党委、政府根据市编委（胶编字〔1991〕9 号）文件，于 1991 年 8 月成立了铺集镇教育委员会，主要职责是：负责本乡镇教育事业发展规划、乡镇教育计划的制定和实施，负责教育经费的统筹和使用，负责抓好办学条件的改善等。铺集镇教育委员会为胶州市教育局下属股级全民所有制事业单位，实行教育局和乡镇政府双重领导，核定事业编制 5 人，设主任 1 人，政工、督导、会计、出纳各 1 人。乡镇教育委员会的设置，落实了"分级办学、分级管理"的农村教育管理体制新模式。这一改革，有效调动了基层的办学积极性。1992 年，铺集镇以基本普及九年义务教育和基本扫除青壮年文盲为内容的"两基"工作有序开展，基本实现了"校校无危房，班班有教室，学生人人有桌凳"的"一无两有"目标。1994 年，教育体制改革实行"以县为主，以乡为辅"的办学原则。铺集镇中心小学设立了 3—5 人的教学研究会。各校设立教研组，通过组织公开课、观摩课、一人一堂课、以老带新等形式，加强教学研究工作，帮助教师提高业务水平。同时，切实改善民办教师的工资待遇，解除了他们的后顾之忧。1995 年，铺集镇中心小学开始有了电脑，又购买了投影仪，一些先进的

现代化教学设备走进学校，改善了几十年来传统落后的教学条件和环境。

为改善办学条件，巩固九年义务教育成果，1995 年，胶州市制定下发了《关于进一步加强合点并校工作的意见》，本着覆盖农村人口 5000 人左右、走读半径不超过 5 华里保留一所小学的原则，绘制了合点并校的规划蓝图。为解决好投入问题，拓宽筹资渠道，铺集镇政府根据胶州市教育部门的要求，采取争取"市政府奖一点、镇财政拨一点、农民集一点、干部教师捐一点、旧校舍拍卖一点、工商业户出一点、希望工程助一点、建筑部门借一点"的八点举措广泛筹措资金，确保了新一轮合点并校工作的顺利进行。1998 年，胶州市教育委员会又制定下发了《关于进一步加强合点并校工作的意见》。1999 年 12 月，铺集镇根据上级要求对小学进行了就近合并，合并后，全镇共有学校 19 所。

2. 幼儿教育

1991 年，铺集镇共有幼儿园 54 所，其中镇驻地共有幼儿园 5 所。1993 年，铺集镇对全镇所有幼儿园进行房屋安全隐患大排查，其中有 10 处村办园存在安全隐患，被责令停止办园，进行房屋整改。1994 年，由镇政府投资，利用铺集镇邮

电局旧址新建房屋 18 间，作为幼儿园使用。新建的幼儿园可容纳 6 个班，260 名幼儿，18 名教师。同时，将铺集镇驻地的 5 所幼儿园合并到一起，命名为铺集镇中心幼儿园，承担起铺集镇幼儿园的所有业务，使铺集镇的幼儿教育逐步走上正轨。1995 年 10 月，铺集镇中心幼儿园被评为青岛市一类幼儿园。到 1999 年，经过合点并园后，全镇幼儿园共剩余 46 所。

为进一步发展幼儿教育，青岛市幼儿师范学校招收 10 年以上教龄的在岗幼儿园教师参加胶州市统一民办教师考试，通过考试后去青岛市幼儿师范学校进行 2 年脱产培训，学习结业后转为正式公办教师，回到本乡镇幼儿园工作。截至 1998 年底，全镇共 15 名幼儿教师通过了考录，参加了青岛市幼儿师范学校为期 2 年的脱产培训学习，结业后均回到铺集镇从事幼儿园工作，促进了铺集镇幼儿教育的发展。

（三）繁荣发展阶段（2001年—2010 年）

1. 义务教育

为了实施城乡教育均衡发展，2002 年，教育部将"以市为主"确立为本年度的工作重点，教育体制改革发生了巨大

2004年铺集镇张家屯小学的教室

变化。胶州市教体局将部分教育体制权利下放到乡镇，极大地激发了铺集镇地方政府和广大农民群众办学的积极性，迅速改变了农村中小学的面貌，改善了办学条件。2003年，铺集镇完成了初中布局调整任务，基本完成了小学合点并校、布局调整任务。同年，铺集小学、张家屯小学通过了青岛市义务教育学校标准化工程验收。2005年1月14日，胶州市委、市政府下发了《中共胶州市委 胶州市人民政府关于进一步加强教育改革与发展的决定》，改变以往的市、乡（镇）、村"分级办学、分工管理"的义务教育管理体制，进一步实施并完善"以市为主"的义务教育管理体制，在全市范围内开始实行"四统"（统一调配学校干部和教职工，统筹发放教职工工资，统筹学校公用经费，统一规划、布局和管理中小学校）。2005年7月开始，胶州市实行了城乡教师工资按照省标准部分统筹发放，大力解决了乡镇之间教师"同工不同酬"的问题。同年10月，全市教师工资统一标准发放，彻底实现了城乡教师同等待遇。当时铺集镇还是贫困乡镇，经济并不富裕，教师还有一部分福利待遇得不到落实，全市教师工资统一发放标准后，彻底实现了城乡教师同等待遇，极大地调动了广大教师的积极性。铺集镇教育从困境中走出，焕发出无限生机与活力，出现了令人振奋的变化。2005年8月，根据《中共胶州市委 胶州市人民政府关于进一步加强教育改革与发展的决定》精神，撤销各镇、街道教育委员会，设立镇、街道教育办公室。铺集镇教育办公室核定事业编制5人，负责本镇教育事业的规划与管理。

为更好更快提升教学质量，2006年2月，铺集镇制定了三年发展规划：一年夯实基础；二年创特色，步入全市中游；三年创规范，跨入全市前列。经过不到两年的努力，三年发展规划已经实现。在此基础上又确立"13335"工作思路。即实现1个目标：努力打造农村教育特色强镇，让铺集学子接受更好的教育；建设好3只队伍：精明强干的管理队伍，潜心教研、勇于教改的教师队伍，关心学生、爱岗敬业的安全监督队伍；成立3个教研协作体：东部以凯城小学为中心的蓓蕾和沙河小学教研协作体，中部以铺集小学为中心的黔陬、华银小学教研协作体，西部以张家屯小学为中心的辛屯、天台、胡家小学协作体；创建3个特色：学校发展有特色，教师教学有特色，学生成长有特色；落实"五步工作法"：计划要细，落实要狠，检查要严，总结要实，提升要快。为进一步调动教师的积极性，铺集镇对教师引入竞争机制，搭建竞争平台，相继出台《"三名工程"方案》《学校目标考核实施方案》《铺集镇加强教育教学管理有关规定》，大大调动了教师的积极性。同时，积极推进素质教育实施，全镇上下积极贯彻实施上级课改精神，大胆进行中小学衔接课改试验，成效显著，保障了师生身心健康。全镇教育围绕工作新思路，开展"样子、面子、孝子"三子教育，将每学期第18周定为"学校特色展示周"，在全镇各校中每周评选"一秀一星"活动，带动全镇教育发展。完善奖励制度，开好教师表彰会议，同时实施"诚勉"制度，提高全镇教师的整体素质，努力争创农村教育特色强镇。其中，铺集小学、黔陬小学达到了青岛市合格学校标准；辛屯小学争创了青岛市规范化学校，并通过了青岛市环境友好学校验收；凯诚希望小学通过了青岛市义务教育标准化工程学校验收。

2006年9月，胶州市第二十三中学（即铺集中学）聘请了1名外籍英语教师给学生上口语课。在暑假前，胶州市第二十三中学就通过多种途径、多方联系为学校聘请外籍教师，目的在于提高学生的英语兴趣和提高学生的英语口语交际能力，全面提高学生的英语水平。开学之初，学校通过山东省教科所从联合国教科文组织聘请了1名外籍教师担任学校的英语教师，在全市初级中学里是首家。

2. 软硬件建设

2005年，铺集镇张家屯小学学生在土操场上运动。

2006年，铺集镇拆除了农村中小学所有的C类危房，加大了对教育的投入，逐步缩小了城乡教育水平的差异，让农村孩子也享受到跟城里孩子同样的教育。镇政府投资1200万元，按山东省规范化学校标准建设了铺集小学，新校占地面积36960平方米，内设24个教学班，可容纳1300名学生，在此基础上改造扩建第二十三中学、第二十四中学、沙河小学、天台小学、辛屯小学、张家屯小学、华银小学，旧貌换新颜，为学生创造良好的学习环境。同时改建沙河村、胡家村、西庵村3处幼儿园。2006年2月，铺集镇全部小学生彻底告别了"喝凉水、吃冷饭"的历史，根据胶州市有关部门的专项资金安排，对农村小学实施了"双热"

工程，即热水、热饭，让农村小学生在校期间能喝上热水、吃上热饭，解决了学生以及家长的后顾之忧。2006年，铺集镇被青岛市人民政府评为"青岛市教育示范等级镇"和"青岛市农村中小学布局调整先进乡镇"。

2008年以前，铺集镇所有小学的操场都是土操场，严重影响了学生进行体育活动。2008年，镇党委政府多方联系为学校新整修煤渣操场，并为所有学校新建了学生厕所，卫生有了保障。为彻底解决当时学生课桌椅破旧、高度不能调节的问题，2008年秋季，铺集镇为学生添置了新课桌凳，农村孩子初步实现了"同在蓝天下、共享好资源"的愿望。

铺集镇根据学校布局发展

规划，制定出台了《校园经济发展规划方案》，率先在凯诚希望小学校园种植了2亩甜叶菊，经过加工制作了甜叶菊茶，并根据学校特点养殖乳鸽。辛屯小学进行苗木种植，从而带动其他学校种植苗木10万多株，价值上百万元。2008年上半年，胶州市校园经济工作现场会在铺集镇举行，凯诚希望小学荣获"青岛市校园经济先进学校"。

铺集镇积极争取社会捐助，争取了青岛东苑有限公司30万元捐赠款、青岛热电集团15万元捐赠款用于铺集小学新校建设，美国塔·基特公司16万元捐赠款用于沙河小学购置新电脑。青岛交通广播电台携众多友好单位走进凯诚希望小学，为凯诚小学捐赠大量的图书和文具；马士基航运公司、青岛海域水世界、胶州市供电公司、青岛海龟教育装备有限公司、青岛蓓蕾制衣有限公司、青岛东辉阳光建筑公司为张家屯小学捐建微机室，并捐微机20台；胶州市信达摩托车有限公司等上百家单位捐助铺集教育，大大改善了铺集镇的办学条件，为学生全面发展创造了优良环境。

2008年4月，为全面落实《胶州市中小学管理基本规范》要求，进一步推进学校精细化管理，达到"尊重教育规律，提高教育质量"的工作目标，铺集镇在全镇中小学开展了"校校到、班班到"活动，推动学校实施精细化管理。"校校到、班班到"活动的主要内容是组织全镇每所学校的校长、副校长、教导主任、部分骨干教师实地查看每一所学校的规章制度、教职工管理、学生管理、教育教学管理、安全管理、后勤管理、校园环境、校园文化、专用教室、班级管理、学生调查问卷等情况，在观察中对每一所学校进行现场评价。"校校到、班班到"活动围绕"不看基础看变化，不看硬件看内涵"的原则，突出"以人为本"的办学理念，注重学校的内涵发展和学生的全面发展，促进了铺集镇每所学校的可持续和个性化发展。

3. 师资力量

为进一步优化师资队伍，增强农村教育发展的内生动力，铺集镇进一步加强师资培训工作。针对农村教师现状，胶州市开展了教师队伍培训。铺集镇政府派教学骨干教师参加培训，全镇成立骨干教师活动组，校校都有骨干教师培养人。依据"走出去，请进来"的原则，铺集镇根据胶州市教体局的安排，先后安排骨干教师到北京、上海、西安、武汉、宁波等地考察学习，使农村教师实地感受到名校的教改理念，领略到名师的教坛风采。

2008年9月8日，胶州市委、市政府和市教体局有关领导到铺集镇对全镇教育工作进行了全面评估。同年10月，胶州市委办公室和市老干部局、市政协、市关工委等部门有关领导多次到铺集镇调研教育工作，对铺集镇的教育事业发展感到满意。2008年教师节，铺集镇党委政府拨专款10万元，为镇优秀教育工作者和镇优秀教师发放奖励1000元/人，奖励幅度创历史新高，全镇老师倍受鼓励。铺集中心中学（即胶州市第二十三中学）中考成绩列全市农村第一名，荣获"胶州市教学质量优胜单位""胶州市基础教育先进单位"，在全市教学工作会议上做了典型发言。在小学毕业会考中，铺集小学、凯诚小学、辛屯小学、张家屯小学、天台小学和胡家小学荣获"胶州市教学质量优胜单位"。胶州市举行的五年级学科竞赛，凯诚小学、胡家小学、铺集小学、华银小学4所学校进入全市前25名，其中凯诚希望小学夺得全市第7名的好成绩。全镇教育在全市综合评估中连续荣获农村第1、全市第2名的好成绩。

4. 幼儿教育

2001年，全镇共有45所幼儿园，其中幼儿教师80名。2001年上半年，镇政府投资84万元对镇中心幼儿园重新改建，建成拥有上下各18间的二层小楼，可容纳8个班级，300名幼儿的新幼儿园，中心幼儿园教师增加到 24 名。2005 年，铺集镇中心幼儿园创建青岛市农村示范幼儿园。2008 年，镇中心幼儿园开通了自己的网站，在中国幼教网上开通幼儿园论坛平台。到 2010 年，全镇共有幼儿园 35 所。

（四）均衡发展阶段（2011年—2018年）

1. 中小学教育

（1）软硬件建设

铺集镇立足现实，着眼未来，2011 年 4 月，铺集镇党委政府先后出台了《加快学校布局、促进教育均衡发展的意见》等一系列文件，根据村庄、人口布局情况，大力推进合点并校、合点并园，全镇共有中学 1 所、小学 4 所。合点并校后，铺集镇整合了教育资源，提高了办学水平，加大了教育投入，优化了资源配置，抢抓了师资建设，实现了教育均衡快速发展。

2011 年 9 月 1 日起，铺集镇政府每年补贴 20 多万元，开通了铺集镇至胶州城区的教师班车，解决了教师们上下班往返市区乘车极为不便的实际困难。教师班车的开通有力地推动了城乡教育均衡发展，稳定了农村教师队伍，促进了城乡教师交流，使教师的幸福指数越来越高，极大地调动了教师

2014 年 11 月，张家屯小学新校舍建成启用。

的积极性。2012 年，崭新的"大鼻子"校车开进了校园，解决了家长接送孩子的大难题。与之相配套的是学校建起了餐厅，中午学生少花钱，既让孩子吃得饱又让孩子吃得好。同时，镇政府又投资为学校新装了等负荷变压器，让每台空调正常运转。

据统计，自 2012 年以来，铺集镇累计在教育方面投资 1.5 亿元，用于改善提升教育办学条件。2012 年，投资 8000 万元的胶州市第二十三中学完成建设并投入使用。2013 年，铺集镇投资 2500 万元改扩建铺集小学；投资 2000 万元的张家屯小学完成建设并投入使用。2014 年，铺集镇投资 600 万元新建黔陬小学教学楼；投资 1200 万元，在青岛市率先实现农村所有学校（1 所初中、4 所小学）运动场地塑胶化；累计投资 100 多万元打造了一流的

铺集小学新校区全景

乡村少年宫——铺集小学少年宫。2014年，铺集小学少年宫被评为青岛市优秀乡村学校少年宫。2014年10月21日，在青岛市召开的专题会议上，铺集镇作了题为《加强乡村学校少年宫建设，促进农村未成年人健康成长》的典型发言，受到与会者的高度评价。

2014年，全镇中小学全部实现教室"班班通"，每个教室都安装上了电视白板；实验室、专用教室及图书室等全部达到国家义务教育均衡发展的要求；第二十三中学、铺集小学、张家屯小学也先后安装上了录播室。

铺集镇教育工作始终以"瞄准人民幸福办教育"为主线，突出"安全、质量、特色、卓越"四大主题，全面提高教育教学质量，让广大农村孩子享受到与城里一样的教育。截至2015年，胶州市第二十三中学、铺集小学、张家屯小学、凯诚小学等顺利通过了青岛市规范化学校、青岛市现代化学校、青岛市智慧校园等一系列验收。铺集小学通过了国家级义务教育均衡发展的验收，张家屯小学为青岛市教育均衡发展现场会提供现场，青岛市乡村学校少年宫项目建设骨干人员培训暨现场观摩推进会走进铺集。在2015年10月召开的胶州市中小学教学工作会议上，铺集镇教育办、铺集小学、凯诚小学、

黔陬小学获得"胶州市教学管理先进单位"称号，铺集镇教育办在会议上作了典型发言。

2016年—2018年，铺集镇政府先后累计投资1600万元，对全镇中小学塑胶场地进行改造提升；对胶州市第二十三中学、铺集小学、凯诚小学等中小学校以及村级幼儿园校舍进行加固提升。到2018年为止，全镇5所学校全部被评为青岛市标准化学校，其中4所创建为青岛市规范化学校、1所为青岛市现代化学校。

（2）特色学校建设

2011年以来，铺集镇探索本镇教育发展规律，始终致力于挖掘自身优势，初步形成了"一校一特色、一生一特长"的良好发展态势，真正做到"硬件够硬、软件不软"。

胶州市第二十三中学将"德孝"教育作为学校教育的重点，将"德"的主要内容分解为具有高尚的道德品质、健全的人格和健康的心理、文明的行为；通过"德"的引领，将"孝"分解为让学生学会感恩、讲秩序、规范行为、懂得尊重。该校九年级七班学生龙雨，姥姥年迈多病，妈妈遭遇车祸，爸爸身体也不太好，龙雨既要照顾妈妈和姥姥，又坚持不落下功课，为同龄孩子树立了一个孝悌勤学的榜样。在二十三中新校，配备了学生公寓，彻底

改变了学生的住宿条件、课堂环境。有些原先选择让孩子到市里择校的家长重新将孩子转回镇上上学。

铺集小学有一处名为孔子讲学图的假山，是该校为致敬孔子而搭建的，也代表了该校对孔子有教无类、因材施教思想的传承。"全面发展实现中华复兴，人人发展谱写华夏文明。"铺集小学根据教育规律和素质教育的要求，积极实施全人教育，面向全体学生，促进学生全面发展；组织干部教师认真学习全人教育理论，制定全人教育发展规划，编写全人教育系列教材，进行全人教育课题研究；依托少年宫阵地，积极开展丰富多彩的社团活动，引导每个学生都积极报名参加学习项目，形成了人人有社团、个个有特长的氛围。

张家屯小学突出"本真"特色，以陶行知先生"千教万教教人求真，千学万学学做真人"为指导思想，以"博爱诚信、知行合一"为校训，致力于打造一支"做人求真、做事求实"的教师队伍，培养一大批具有真才实学、会实践、有创造力的学生。2015年10月29日，青岛市乡村学校少年宫项目建设骨干人员培训暨现场观摩推进会在该校召开。

凯诚小学确立了"生态教育"的办学特色，以优美的校

铺集镇黔陬小学新校区

园环境、个性化的校园文化、现代化的教育教学设施积极构建美丽的自然生态；以和谐的社区家校关系、和谐的师生关系、和谐的同事关系、团结向上的干部教师队伍构建和谐的社会生态；以生态高效课堂建设、生态课题研究、生态作业布置、生态培训研讨构建教学生态。走进凯诚小学，处处可见"景美、人和"的生态教育美好境界。

黔陬小学推行"激励赏识教育"，学校推广使用"激励赏识卡"，激发学生"做一个好学生"的愿望，来激励学生进步，培养学生良好习惯，引导学生健康成长。校园内随处可见内涵丰富的"激励"标语，潜移默化地熏陶着全体学生。

2. 学前教育

为加快农村学前教育发展，2015 年，铺集镇政府投资 350

万元，新建沙河幼儿园、松园幼儿园、西皇姑庵村级幼儿园并投入使用；投资 1000 万元新建铺集镇中心幼儿园，镇中心幼儿园占地面积 18009 平方米，共设 9 个班，可容纳 270 个学生，硬件设施发生了翻天覆地的变化。2015 年 6 月，铺集镇党委政府将全镇 27 处村办幼儿园合并为 18 处，全镇幼儿教育走上了正规化轨道。铺集镇幼儿园以"让每一颗童心自然绽放"为办园目标，以"呵护童真、激发童趣、共享童乐"为办园策略，为孩子们打造一个温馨舒适、开放自主的成长环境。幼儿园尊重幼儿发展的连续性与阶段性，修订完善园本课程，将童心教育贯穿到教育教学全过程。2015 年 11 月 3 日，胶州市学前教育镇村一体化管理现场会在铺集镇中心幼儿园举

行，来自全市 18 个乡镇（街道）的教育办主任、中心幼儿园园长及局属幼儿园园长一行 45 人参加了会议，铺集镇幼儿园负责人作了经验介绍。

2016 年—2018 年，铺集镇政府先后投资 400 多万元，开工建设了巩家庄、于家庄、黔陬、高家庄、苗家庄、殷家庄等 6 所社区幼儿园，将全镇幼儿园合并为 14 处。合点并园工作切实解决了园所分布散、规模小、管理乱、隐患多等问题，办园质量明显提高，深受家长和社会好评。镇政府统一调配教师，兼顾年龄、业务能力等因素，教师配置得到了进一步优化，全部园所都实现了分班分领域教学。铺集镇学前教育先后荣获青岛市语言文字达标学校、胶州市学前教育工作先进单位、胶州市十佳幼儿园、胶州市示范幼儿园等荣誉称号。

3. 师德教育

2011 年以来，铺集镇以尚德为抓手，倡导教师立足岗位践行核心价值观，加大教师职业道德考核力度，树立本镇教育典型人物。全镇深入开展了"向'中国好人提名奖'获得者学习、做学生喜爱的老师"等一系列以"爱岗、敬业、进取、奉献"为主题的师德教育活动，涌现出一大批师德标兵和优秀教师典型。铺集镇积极组织教师参加"胶州教育发展论坛"，邀请

全国教育名家来铺集镇讲学，组织骨干教师到北京师范大学、华东师范大学等名校进行培训，回校后再进行"二次培训"。倡导教师进行教学反思，建立《教师成长档案》，以课题研究引领教师专业发展。同时，在教学管理中，积极开展"生本、愉悦、高效"课堂教学研讨和教师"基本功大比武""优质课比赛""教师教学常规展示"等活动，大大提高了教师业务水平。

为有效改善农村中小学教师队伍的结构，使新录用的教师尽快进入角色，铺集镇教育办安排骨干教师和新教师"结对帮扶"。同时，利用城区学校的优质资源，由支教教师牵线搭桥，积极组织开展城乡学校结对活动。到2018年9月为止，全镇共选拔52名教师进城挂职学习，有49名胶州市城区名师、优秀教师到铺集镇开展为期2年的支教工作，青年教师的业务水平得到快速提高，专业成长周期大大缩短。针对个别学校教师队伍老化、学科结构不合理等问题，铺集镇教育办从新教师补充、教师管理培训等方面着手，建立教师交流机制，加强教师培养培训，有力地促进了师资均衡配置。

二、改革开放以来铺集镇教育事业的经验启示

回顾改革开放以来铺集镇教育的成功经验，铺集镇主要抓住了4次重大机遇，成功地实现了跨越式发展。

（一）完成"两改"，奠定教育基础

铺集镇抓住了改革初期农村小学"两改"的历史机遇，奠定了全镇教育发展新的起点。铺集镇党委、政府思想认识到位，敢为人先、探索试验，把教育放在优先发展的地位，不断改善办学条件，加强全镇师资队伍建设，在全镇形成了尊师重教的良好风气。

（二）加快步伐，普及义务教育

铺集镇强化普及九年教育基础，加快九年义务教育的实施步伐，不断开拓进取、加大改革力度，于1992年完成九年义务教育普及工作。此后不断加强教师队伍建设，努力提高教师的政治素质、文化素质、

业务水平、社会地位，解决好教师住房和教师待遇问题，使师资力量不断壮大。

（三）调整布局，实施合点并校

铺集镇不断加强全镇农村中小学布局调整，采取了强有力的措施和办法完成了全镇的合点并校工作。全镇教育工作始终以"瞄准人民幸福办教育"为主线，突出"安全、质量、特色、卓越"四大主题，全面提高教育教学质量，逐年增加教育经费，使全镇教育事业再上新台阶。

（四）加大投入，促进均衡发展

铺集镇始终致力于挖掘自身优势，立足现实，着眼未来，加大教育投入，促进教育均衡发展，初步形成了"一校一特色、一生一特长"的良好发展态势，真正做到"硬件够硬、软件不软"，让铺集的孩子们享受与城区同等优质的教育，在全市教育工作中起到了良好的示范带头作用。

执笔人：王德庆

改革开放以来洋河镇的经济社会发展

洋河镇

洋河镇位于胶州市西南部，因境内有一条纵贯东西的古老河流而得名，境内山奇石特、林茂水丰，亿万年前的火山遗迹亘古不变，"石耳争奇"的胶州古八景美不胜收。1958 年 9 月，境内成立了先锋人民公社和艾山人民公社。1959 年，先锋人民公社更名为洋河人民公社。1984 年，洋河人民公社改名为冷家村乡，艾山人民公社改为河西郭乡。1993 年 1 月，冷家村乡改为洋河镇，河西郭乡改为董城乡。2001 年，洋河镇与董城乡合并为洋河镇。2018 年，洋河镇共辖 84 个行政村，人口 5.6 万，总面积 128.7 平方千米。

改革开放以来，洋河镇紧紧抓住机遇，以"敢当敢为·善做善成"的精神，开拓创新、锐意奋进、踏实工作，不断推进改革、扩大开放，坚持"绿水青山就是金山银山"的发展理念，坚持工业强镇、旅游发展，从"粮屯子"到"后花园"，打造青岛生态乐游小镇，走出了一条具有鲜明乡村特色的改革开放之路。全镇先后荣获国家级环境优美乡镇、全国生态特色镇、山东省旅游强镇、山东省文明乡镇、山东省卫生镇、山东省首批森林小镇、青岛市最具生态镇、青岛市全域旅游示范镇、青岛十大最具魅力村镇、青岛最美小镇等荣誉称号。

一、改革开放以来洋河镇经济社会发展历程

（一）初步发展阶段（1978 年—1990 年）

改革开放初期，洋河人民公社（1984 年改为冷家村乡，下同）坚持中共中央关于改革开放的指导思想，于 1980 年组织召开了洋河人民公社第五届人民代表大会第一次会议，确立了认真贯彻落实党的路线、方针、政策，努力开创社会主义现代化建设新局面的路线方

艾山风景区全貌

针。以改革的精神，合理调整农业经济结构，积极落实和完善各种形式的责任制，深入开展"五讲四美三热爱"活动，加强共产主义思想教育，努力建设社会主义精神文明，深入开展了打击经济领域严重犯罪活动的斗争。全公社的社会秩序、工作秩序和社会风气有了明显好转，社会主义的新道德、新风尚得到发扬，安定团结的政治局面更加巩固。

1. 农业一"包"见效

1978年，洋河人民公社认真贯彻落实党中央有关发展农业的各项政策，实行了家庭联产承包责任制。一"包"见效，粮食丰收，农民生活大有改善，充分调动了广大农民发展生产、勤劳致富的积极性，战胜了严重干旱等各种自然灾害，获得了全面发展。利用自然资源发展料石和氟石开采是当时农业发展的主要特色之一。1982年起，洋河人民公社打破之前以集体为主的经营模式，开始发展个体开采。1983年，农业总产值达到了1563万元，比1980年增长了131%，平均每年递增28.9%。各种专业户、重点户已发展到2093户，农民家庭养殖业发展，蛋鸡养殖量达到了10.8万只，猪、羊、奶牛的饲养也都有了新的发展。1984年以来，冷家村乡更加坚定地站在改革的前列，围绕以

城市为重点的经济体制改革，切实转变工作作风、提高工作效率，为生产、为群众服务，继续完善各项经济政策和承包责任制，因地制宜调整农村产业结构。1985年是冷家村乡自党的十一届三中全会以来，以经济建设为中心成绩最突出的一年，全乡工农业总收入2123万元，其中全镇的料石开采收入达8.95万元，氟石开采收入达10.13万元。

1987年，冷家村乡成立成人教育学校，培育农村各类人才。从这一年开始，全乡不断调整农业结构，进一步加大农业科技含量，推广良种，扩大种植面积。为满足农民群众对进一步完善土地联产承包责任制的要求，乡政府决定在全乡推广土地经营"两田制"，进一步深化农村改革。1990年2月，通过《关于在全乡农村实行"两田制"的意见》（洋政发〔1990〕4号），引进青岛畜牧研究科技园、金绿地园艺、德源奶牛养殖基地。其中德源奶牛养殖基地园区占地200公顷，辐射面积达536公顷。

2. 工业稳步发展

洋河人民公社认真贯彻落实调整、改革、整顿、提高的方针，加强经营管理，企业素质不断提高，在能源和原材料供应不足、水电紧缺的情况下，社办工企业、建筑业在调整中

稳步前进，生产保持了一定的发展速度，取得了明显的经济效益。1983年—1987年，是洋河人民公社（冷家村乡）各项工业发展起步阶段，社（乡）办工企业主要以羽绒、橡胶机械、涂料为主，全社（乡）经济得到长远发展。1983年，社办工企业总产值完成53万元，1987年达到208万元。1987年，乡办建筑业总收入721万元，纯利润58万元，比1983年增长16.5倍；建筑行业从业人数由1983年的185人，增长到1987年的1450人。1988年—1989年期间，乡办企业以提高经济效益为中心，坚持速度、效益、后劲三统一，加强企业管理、技术改造和内引外联，进一步完善了以承包为主要内容的多种形式的经济责任制，整个工业生产得到持续、稳定、协调发展，速度、效益同步增长。1989年，全乡完成工业总产值401万元，比1988年增长23%；实现利润31万元，比1988年增长8.9%，产品质量稳步提高，能源消耗继续下降。同时，村办企业也有了新的发展，1989年底，全乡已有16家村办企业，从业人员达630人，总收入131万元。

3. 村镇建设成效显著

1983年—1987年，全社（乡）共有856户农户新建房屋，共新建和翻新房屋3352

间，新建大队院落5处，房屋96间；农村用电建设进一步发展，1980年通电村12个。电力事业的发展有力地促进了工农业生产的发展，共完成各种水利工程4项，各种水利建筑物31处，完善和增加灌溉面积2000公顷；新修建道路9条，合计32.5千米；整修街道23条，共18千米；新建道路桥涵38处。为进一步振兴经济，搞活农贸市场，繁荣运输交通，1987年2月，冷家村乡通过了《关于对乡政府驻地规划的决议》。1989年，全乡开始制定村庄规划，各村制定建房规划，全面加强基础设施建设，不断改善村居生产生活环境。

4. 社会事业发展迅速

冷家村乡注重抓牢教育工作，普及初等教育，1984年新建和改造校舍278间，增加课桌凳632套，基本解决了"黑屋子、土台子"问题，学龄儿童入学率达到了95.3%，在校学生巩固率达到了99%。整顿民办教师队伍，提高教师素质，截至1984年底，全乡共有民办教师146名。同时，建成农民文化、技术夜校3处，幼儿园11处，并配备一支教学水平较好的幼儿教师队伍，农民教育、幼儿教育都有了新的发展。按照《中共中央关于教育体制改革的决定》的要求，冷家村乡于1985年改革了教育体制，实行分级办学，教学质量有所提高。新建和改建校舍45间，改善了办学条件，全乡村村办起了幼儿园，农民教育、职工教育、幼儿教育也有了较大发展。1986年，在教育事业发展中，冷家村乡狠抓学校"六配套"，改善了教学条件和教师的居住条件，给民办教师每月增加工资8元，稳定了民办教师队伍，为九年义务教育打牢基础。

（二）高速发展阶段（1991年—2011年）

1991年—2011年，冷家村乡（1993年改为洋河镇，下同）农村经济发展呈现出四大特点：一是农业粮食生产出现了稳步发展的良好势头。在1997年遭受特大干旱的情况下，最大限度降低了粮食减产幅度，工农总产值仍实现2.58亿元，这在战胜农业自然灾害的历史上是史无前例的。二是积极发展多种经营，调整农业内部结构。大力发展大棚蔬菜种植、养殖业、家庭加工业，形成了种、养、加工于一体化的新格局。三是注重加强道路和水利建设。针对黄墩后至横沟村、小王邑至大相家两段道路崎岖难行的实际情况，进行了全面整修，并修建15处排水护路建筑。四是发展第三产业。搬迁了镇驻地集贸市场，新建小王邑农贸市场。

1. 农牧产业打品牌创特色

邓小平同志南方谈话使党员群众的思想认识有了新的提高，思想观念有了新的转变。冷家村乡紧追改革开放向纵深发展的步伐，突出狠抓企业改革，1992年9月，首先对企业人事制度进行改革，企业负责人由委任制改为聘任制，并实行层级聘任，按照干部"四化"方针和德才兼备的原则，以经济效益决定干部的升迁、去留；积极推行乡村管理体制改革，重点是精简机构，转变职能，兴办服务实体，将农机管理、农技推广、水利、林业等有条件的部门转变职能搞服务，不仅精简了机关工作人员，而且起到了指导农业生产和推广科学技术的作用；坚持物质文明和精神文明"两手抓，两手都要硬"的指导思想，在1996年实施"百花工程"的基础上，新创和升级胶州市级以上文明单位（文明村庄）7个，创建"百花村"1个，创建文明户3个。

2001年，洋河镇利用依山傍水的山水优势，先后建设养殖规模为10000只山鸡、500头奶牛、10000头三元杂交生猪、1000只肉食羊、10000只世界名羊的大型养殖场，畜牧、蔬菜、瓜果等迅速崛起成为农民增收的支柱产业。2002年，洋河镇新建塔山、莲花山、秦家庄3

处年内出栏 10000 只的肉羊养殖小区，全镇农民合作组织发展到 8 个，洋河无公害农牧产品研究开发协会被科技部列为全国星火计划农村科技体系建设示范单位。到 2002 年底，全镇奶牛发展到 1800 头，洋河奶农合作协会作为政府与奶农之间的"桥梁"，被农业部授予"先进农民合作组织"称号，并被确定为全国 50 个示范协会之一，被国务院参事室、农业部确立为全国农村合作经济中介组织试点单位之一。2004 年，洋河镇在巩固原有品牌的基础上，又增添了李子行芋头和甜杏仁等绿色"艾山"品牌，新建 10000 只山鸡、1000 头奶牛、10000 只肉羊等大规模养殖培育基地和森华苗木、金绿地等大型苗木繁育基地。以山鸡蛋、大相家粉条、李子行芋头为主打产品的"艾山"牌农牧产品供不应求。2008 年，洋河镇成功举办首届采摘节，吸引游客 2 万余人，农民增收 100 余万元。

2. 工业经济迅猛发展

1993 年，洋河镇把搞活民营经济、推动全镇民营经济再上台阶列为经济发展的重点，不断加大硬软件投入，完善民营经济服务设施，集贸市场得到有效发展。新建洋河镇驻地农贸市场，扩大了宾贤集市规模，改善了交通条件，投资 30 万元进行了乡村电话自动化建设，极大地促进了全镇农村经济特别是民营经济与国家市场经济的接轨并网。1993 年 2 月起，洋河镇按照"内涵上求发展，外延上谋扩张"的发展思路，对已成规模的民营项目，重点帮助企业规模再扩大、产品档次再提高，主推项目做强做大。

1997 年，洋河镇政府出台《加强镇工业园区的配套建设的实施意见》，累计投资 98 万元，全面完善园区内道路交通和水电设施配套，提高了对外来项目的承接能力，加快了招商引资步伐，更快更好地促进工业和个体私营业发展；鼓励第三产业不限比例、不限速度、不限规模发展，同时坚持发展与治理并重，加速全镇个体私营业健康发展。到 1997 年底，全镇个体私营经济注册资金达到 1135 万元，个体工商业户达到 331 户，第三产业增加值达到 3461 万元。全镇共实现国内生产总值 0.98 亿元，农业增加值 7013 万元，完成外贸出口交货值 2137 万元，农民人均纯收入 1900 元。村办企业在稳定发展羽绒、铸造、涂料等行业的基础上，着重村办企业立项、产品档次提高以及经营管理规范化发展。全镇文明建设不断取得新成就，经济建设得到长足发展，农村经济综合实力不断增强。1998 年初，初步改变了村办企业生产粗放型、管理松

散型格局。

2001 年，洋河镇加大招商引资力度，外经工作健康发展，建成了 5 平方千米的青岛市级工业园区——洋河镇工业园区。园区内容纳工业企业 120 家，其中，规模以上工业企业 21 家。2002 年初，洋河镇确立了"园区建设上档次，对外开放上台阶，全面建设经济强镇"工作思路，以"两园"（工业、农业）建设、招商引资、财政增收、农民增收为重点，共引进"三资"项目 97 个。艾山工业园和洋河民营经济园区位优越，三棵树、奥美特、华春木业、新顺家具等大型内外资企业云集园内，派森达、双龙苑构成仓储物流产业链。截至 2004 年底，落户园区的项目已达到 60 多个。

2005 年，艾山工业聚集区已完全具备"六通一平"基础设施，项目聚集区内形成了家具加工、仓储物流、纺机制造、农产品加工、船用配件五大产业链。农业园区发展迅速，青岛畜牧研究科技园、森华苗木、金绿地园艺、德源奶牛等 5 个农业园区均投入运营。

2006 年，全镇完成地方生产总值 12.2 亿元，实现财政收入 2734 万元，引进外资项目 8 个，内资项目 68 个，合同利用外资 2640 万美元，实际利用外资 1227 万美元，实际利用内资 32000 万元，出口创汇 1763 万

美元。各项指标均比 2005 年有了大幅度提高。

2007 年—2009 年，全镇开工投产项目 86 个，其中新开工项目 66 个，新投产项目 56 个，实际利用内资 16 亿元，实际利用外资 3800 万美元，实际到账外资 2860 万美元，外贸出口12300 万美元。3 年来，全镇签约较大项目 46 个，其中外资项目 8 个，规模项目 18 个，在引进项目中，多元生物、九洲汽配、山水水泥、兴瑞建材、象牌工具、天鹏汽配、拓顺汽配、建华管桩、金元汽配、日榕纸业、茂源纸业等 18 个项目分别被列为青岛市和胶州市重点建设项目。其中，2008 年全镇签约项目 18 个，外资项目 2 个，在建项目 16 个，规模项目 6 个，增资投产项目 2 个，在谈项目 6 个。实际利用内资 2.83 亿元，占计划的122.6%，增长 12.3%；实际利用外资 1472 万美元，占计划的101%，增长 8%；实际到账外资265 万美元，占计划 46%；外贸出口 2290 万美元，占计划106%，增长 16%。3 年来，全镇落户企业 70 余家，新建供水站 1 处，满足园区供水需要；投资 80 万元，新铺设排水管网1200 米。在引进项目中，多元生物项目生产的长链二元酸被列入国家"863"计划，德朗波纹导管项目生产的波纹导管获国家专利。

2011 年，洋河镇着力实施新型工业化、新型城镇化、农业现代化三大战略，结合镇村实际，成立汽车配件产业园、河道综合治理和房地产开发 3 个领导小组，重点进行招商引资，着力改善民生，加快建设胶州湾西海岸现代化特色小城镇。洋河镇适时提出了"对接蓝色经济区，积极融入大青岛，做大做强车船配件产业集群"的工业发展思路，依托黄岛上汽通用五菱等大项目的辐射带动作用，加快改革步伐。

（三）跨越发展阶段（2012 年—2018 年）

自 2012 年开始，洋河镇不断强化"大项目观、环保观、民生观"的"三观"引领，明确全面建设面向青岛的生态乐游小镇这个目标，着力实现项目建设、生态建设、民生保障、社会治理四大提升，落实"生态乐游小镇、车船配件之乡、幸福和谐家园"三个定位，全镇工农业生产及各项社会事业蓬勃发展，创建了曲家炉、朱季、南官庄 3 处青岛市级现代农业园区，16 处农机合作社，山周村 1 处畜牧养殖小区。

1.农牧产业走向现代化

2012 年，洋河镇立足全镇实际，规划完成"四个万亩"示范区，建设长乐生态园、农

业观光园、蓝莓生产基地等共计 657 公顷；筹资 1500 万元，在全镇 25 个村实施水利工程项目 112 项，新增灌溉面积23450 公顷；申请 4 个农产品专用商标、3 处无公害基地认证，"大相家粉条""李子行芋头"等特色农业品牌带促能力凸显；成功举办第五届洋河采摘节，吸引游客 8 万余人，农民增收350 余万元。洋河镇荣获"青岛市十大最具生态环境村镇"称号。

2013 年，洋河镇认真贯彻中央 1 号文件精神，积极开展现代农业发展工作，结合全镇实际，研究制定了"四个万亩、两个园区、一条走廊"的现代农业发展总体规划。全镇建设了曲家炉、香甸、朱季、南官庄 4 个现代农业示范园区，并将曲家炉村和朱季村 2 处农业园区打造成青岛市级现代农业示范园。

2014 年以来，洋河镇以成嗣蔬菜合作社为中心，以朱季现代农业园区为实验点，实行粮食耕种"五统一"作业，将朱季打造成高产粮食示范区，以此辐射带动周围村庄，让全镇约 2 万公顷土地实行耕种一体化操作，便利农民、增效农业，全面提高种植业作业水平。

2015 年，全镇小麦亩产达到 750 千克，玉米创历史高产，达到亩产 1001.9 千克，通过了

农业部的专家验收，位列青岛市第一。全镇组织实施了库区移民扶持项目，为石门子、河西郭施工建设了 10 座冬暖式蔬菜大棚。

2016 年，洋河镇推进建设占地 3.4 万公顷，总投资 7500 万元的农业高标准产田改造项目，打造东王家庄 335 公顷樱桃园、曲家炉 67 公顷矮砧苹果园等农业示范园区，形成错位发展、差异竞争的农业生产格局；规划建设九顶莲花山生态循环农业示范区，在青岛农村公园引进以色列最先进的第四代滴水灌溉技术，引用物联网智能技术进行田间管理，积极发展"智慧农业"。

2017 年，洋河镇新培育发展宾贤樱桃园、神山茶园等 10 多个现代农业园区，发展园区面积近 6700 公顷；引进大樱桃、猕猴桃等种植新品种，丰富观光体验内容、延长产业链条。全年共有 18 家合作社通过无公害审核，1 家合作社申请绿色标志认证，6 家合作社拥有检测室。馥谷园小米、大相家粉条、盛泰美玥草莓等一批"名优特"产品搭乘电商快车，从小山村走向全世界。其中，大相家粉条作为非遗类农产品，被央视大型纪录片《影像方志》选中录制，于 2018 年"两会"期间与全国观众见面。

2018 年，洋河镇对青岛农

村公园、宾贤樱桃园、旺山梅园等 20 多个农业示范园区进行提档升级，青岛农村公园获评"山东省十佳观光果园""山东省级经济林标准化示范园"等称号；做大做强"大相家粉条""洋河小米""明霞西瓜""莲花山蜜桃"等 16 个特色农产品品牌，馥谷园小米被评为"岛城市民最喜爱的农产品品牌"；积极创建"三品一标"，青岛春旺蔬菜专业合作社获绿色认证，新增 1 家合作社通过无公害产品审核，新增 6 家合作社拥有检测室，开展各类农技、创业、电商等培训 800 余人次；打造占地 3000 平方米的洋河镇电子商务公共服务中心，组织园区、合作社负责人及技术人员到潍坊、莱芜等地参观学习，解放思想、开阔视野。

2. 工业经济实现新跨越

洋河镇政府在对外招商引资的同时，把艾山区域民营企业发展作为强村富民的重要工作来抓，不断加大软硬环境建设力度，有力地推动了艾山区域民营经济的发展。

2012 年，全镇完成规模以上工业企业总产值 25.3 亿元，增幅 26%；完成财政收入 4988 万元，增幅 40%；实际利用内资 7.667 亿元，增幅 50%；到账外资 1281 万美元，增幅 50%；完成固定资产投资 18.79 亿元，增幅 31%。青岛汽车配件产业基地等青岛市重点项目快速推进，全年新开工项目 12 个，新投产项目 11 个，增资投产项目 2 个，新增规模企业 7 家，项目支撑成效显著。到 2013 年 9 月，全镇新开工项目 10 个，新开工面积 16.5 万平方米，新投产项目 7 个，全镇规模以上

2016 年 12 月，洋河镇大相家村村民正在晒制大相家粉条。

企业达 29 家。

2014 年，全镇新开工 5000 平方米以上项目 8 个，开工面积 7.2 万平方米，新投产项目 6 个，已签约待建项目 2 个。洋河镇按照"腾笼换鸟、凤凰涅槃"的思路要求，注重盘活闲置资源、破解用地难题，对全镇企业用地情况进行调查摸底，收回闲置土地 86 公顷，通过二次招商嫁接 5 个新项目。其中，无偿收回 2002 年已经建成的金潮混凝土项目 52 公顷闲置土地，并利用该土地成功签约柳州洪金汽配和金华凯力特机器人 2 个项目。

2015 年，全镇完成财政收入近亿元，实现生产总值 35.6 亿元，完成规模以上工业增加值 13.3 亿元，实际利用内资 15.2 亿元，实际利用外资 2600 万美元，完成外贸出口 6600 万美元，完成固定资产投资 26 亿元。洋河镇按照全市产业布局和规划，立足全镇"车船配件之乡"的定位，充分发挥已落户 20 家车船配件企业的产业优势，狠抓定向招商、以商招商、产业链招商，加快建立以车船配件制造为主的产业集群。盘活闲置低效土地、厂房进行二次招商，实现土地集约利用。全年收回闲置土地 214 公顷，闲置厂房 5.7 万平方米，落户了江苏亚光金属制品项目、山东杰斯克塑料制品等 4 个新项

目。全年新开工项目 7 个，其中亿元以上项目 3 个，新开工面积 7.5 万平方米，投产项目 7 个。坚持优化服务安商护商，建立重点项目及 37 家规模以上企业管理台账，建立领导和机关干部包企业、包项目责任制，优化治安、道路、亮化、金融等工业项目配套服务，召开工业企业座谈会 15 次，启用河西郭便民服务中心、河西郭警区，营造一流营商环境。

2016 年，洋河镇新引进项目 9 个，其中亿元以上项目 5 个，分别是杰斯克塑料科技项目、汇威汽配项目、创元模具与设备制造项目、天合精密金属项目和沈阳通用航空产业园项目，新投产项目 5 个，开工项目 7 个，开工面积 5.7 万平方米。全年回收闲置土地 288 公顷、闲置厂房 1.8 万平方米，进行二次招商，成功嫁接杰斯克塑料科技、通用航空和君泽顺通等 3 个项目，实现土地集约利用。

2017 年，洋河镇新引进项目 9 个，新投产项目 4 个，开工项目 5 个，开工面积 6.8 万平方米。其中新签约亿元以上项目 6 个，包括总投资 10 亿元的昊河装配式建筑及地下综合管廊项目和总投资 3 亿元的济南重汽项目等。实施"腾笼换鸟、收地缩院"，盘活闲置厂房和土地，累计收回闲置厂房 5.8 万平方米、土地 255 公顷，通过

二次招商精准对接鸿亿动车、鸿达重汽等 4 个项目，实现土地集约高效利用；强化产学研结合工作力度，引进先进生产技术、工艺、人才、管理等"新动能"，加速金耀汽配、洪金汽配、宝力宝塑料科技、晟森机械等一批项目向产业智慧化、品牌高端化迈进。

截至 2018 年，洋河镇共有规模以上企业 32 家，规模以上工业企业 29 家，亿元以上新开工项目 3 个，完成生产总值 40.25 亿元，到账外资 3000 万美元，工业增加值增长率 3.4%，实际利用内资 20.2 亿元，完成进出口总额 10356 万美元，同比增长 52.9%。全镇加快新旧动能转换，主动挖潜再造，坚持"腾笼换鸟"，在 2018 香港山东周成功签约由世界 500 强企业丰益国际集团投资建设的益海嘉里食品产业园项目。

3. 全镇面貌日新月异

2012 年，洋河镇规划 16 个新型农村社区，建成 8 个社区服务中心，拆除镇驻地规划红线内房屋 165 间，推进洋河供销社改造；对营里路赵家庄至战家村路段进行综合整治规划，施工面积 4.8 万平方米，进行道路硬化、亮化、美化等工作；投资 1500 万元对镇驻地水厂进行升级改造，解决了镇驻地周边 43 个村庄 3.6 万居民的吃水问题，城镇基础承载功

能实现新提升。

2013年，全镇域开展以"净美洋河、宜居新镇"为思路，以"山青水净、人和村美"为目标的乡村文明行动，按照"五化"标准全力提升乡村文明建设。对营里路东西1500米、杜泊路南北800米"一纵一横"两条路段进行拓宽、整修、绿化、亮化，改善镇驻地形象；加快推进城乡环卫一体化，成立物业公司，聘请16名保洁员，对镇域内"四纵两横"6条道路、道路沿线及工业园区进行环境清理整治；建立村庄卫生整治长效机制，全镇84个村聘任保洁人员280名，配备垃圾桶1300个，村庄保洁实现全覆盖，营造了洁净的生产生活环境。

2014年，洋河镇按照全市"美丽乡村"建设的要求，积极开展环境综合整治，加快小城镇建设力度。投资100万，统一制作广告牌匾，为175家业户进行免费更换安装；引进3家物业公司，建立镇、村两级保洁队伍，实现卫生保洁全天候、全覆盖；建立环境整治定期观摩、评比、考核制度，领导和机关干部村村到、路路行。全年清理卫生死角1300余处，清除私搭乱建200余处，粉刷墙壁70万平方米，栽植乔木、灌木等绿化树木32万余株，在曲家炉、袁家坟、山相家等3个村庄建设污水处理厂，铺设

2013年整修拓宽后的杜泊路

管网30000余米，积极做好村庄污水处理工作。

2015年，洋河镇始终坚持生态立镇，以得天独厚的山水生态资源为优势，以美丽生态助推"美丽经济"。按照全市"1＋10＋9＋X"城乡污水处理体系布局，规划建设南部工业区污水处理厂1处，确保工业聚集区污水集中处理；完成山相家、曲家炉、东王家庄等8个村的卫生改厕工作，科学合理地推进农村生活污水治理；建立了343人的保洁员队伍，聘请2家物业公司，对"一线四边"进行整治，实现镇域环境保洁全覆盖；在镇驻地打造1000平方米的景观公园；新建8000平方米的便民服务超市，结束了洋河一直以来没有便民服务超市的历史；新建1000米的健身长廊，努力打造镇靓村

美洁净环境。

2016年，洋河镇实施"生态林场、生态长廊、生态村庄、荒山绿化"四大战略和"多边"造林工程，全镇新增绿化面积0.7万公顷，栽植各类树木38万株，绿化荒山13座；完成76个村、12000多户的卫生改厕工作；加强对洋河、温凉河及中小河道的综合治理，积极推进南部污水处理厂建设；结合全市"创文明城市·建美丽胶州"活动，开展违法建设、破坏环境、非法采矿及交通撒漏等"四违"集中整治行动，开展黄张路集中综合整治行动，投入资金200万元，开展集中整治行动20多天，铺设道路两侧人行道路板3000多平方米，粉刷建筑立面5000多平方米，彻底清理道路两侧乱圈乱占现象，保持道路两侧建筑原有风

貌，不断擦亮"洋河名片"。

2017 年，洋河镇按照"三区三带"植树增绿规划，新增绿化面积 2200 多公顷；依法关停 65 家禁养区养殖场，保护生态环境；落实"三级"河长责任体系，组建 230 人的义务巡河队，努力做到每一米河道有人管，每一方水库有人看；积极推进南部污水处理厂及袁家坟污水处理模块建设；按照全市部署要求，稳步推进、持续用力，打造 29 个美丽乡村达标村，河西郭村、山相家、郭家小庄等 3 个美丽乡村项目如期竣工验收。

2018 年，洋河镇新增绿化面积 2000 多公顷，逐步构筑胶州西南部生态绿色屏障；开展洋河河道综合治理，完成洋河河道倒地赔青 16 千米，保障工程进度；落实"河长制"责任，建立起镇、管区、村"三级"河长组织体系，实现 APP 巡河纪录全覆盖；开展清河行动，集中整治河道"八乱"现象，整改市、镇两级河道问题清单 111 处，有效维护河库生态环境；积极完成南部污水处理厂、袁家坟污水处理模块及配套管网建设。同时，积极推进"散乱污"企业治理工作，整改及关停企业 21 家，督促办理环保手续 40 家，极大改善周边区域生态环境；做好矿山治理工作，实现全天候监管、多部门联动，强拆

27 处石子加工点生产设备。推进"三夼"美丽乡村示范区建设；推进"小厕所、大革命"，克服地质条件完成 12368 户的卫生改厕任务；推进危房改造工作，69 户完成改造任务，对前期 557 户危房改造项目进行问题整改、档案完善；推进社区服务中心建设，横沟、澄海等 4 个社区服务中心投入使用；完成万发活力康城老旧小区改造提升工作，不断提升小城镇品质；加快推进环卫一体化常态化、精细化管理，引进物业公司 4 家，实现村庄、道路、镇驻地、工业园等区域的环卫保洁全覆盖，积极推进环卫一体化日常考核，完善奖惩机制，积极开展垃圾分类工作，开展"三节一创""洁净乡村"集中整治行动，努力打造美丽宜居环境。

4. 各项社会事业焕然一新

2012 年，洋河镇配备 17 辆标准化校车，投资 1400 万元扩建改造洋河镇中心小学教学楼和新建二十六中公寓楼，建筑总面积达 8300 平方米；投资 300 万新建洋河镇计生服务大楼，不断提升计生服务水平；做好民政救济工作，设立阳光民生 999 救助中心，全年新增低保户 149 人，救助贫困户、困难学生等 185 人，救助金额达 73 万元。

2013 年，洋河镇建成 365 民生服务中心，实现多个部门

联合办公，整合服务资源，承接政府职能下放，为民提供便捷服务；启用投资 300 万的人口与计划生育服务大楼，不断提升人口与计生服务水平；投资 650 万，建设建筑面积 5000 平方米的社会福利、文化活动中心，改变洋河镇没有敬老院的现状；实施特困大专生救助活动，开展党员干部联系困难群众工作，全年走访救助困难群众 625 户，安排救助资金 160 余万元，努力实现"困有所助"。

2014 年，洋河镇投资 1500 万元，整合黄墩、油坊、宾贤 3 处村级小学，新建 8400 平方米的油坊小学；投资 2000 万元，在南部规划建设 11000 平方米的河西郭小学、幼儿园，实现小学、幼儿园一体化办学。加大救助力度，提高低保人员补助标准，新增加低保户 150 户；为困难群众、特困大学生申请救助资金 78 万多元，对"五类人"进行政府托底服务，实现对五保户、低保户、残疾人、孤儿、大病患者、困难学生、失独家庭、贫困党员等 8 类弱势群体的救助全覆盖。在南部新建河西郭便民服务中心和河西郭卫生院，切实解决南部群众"看病难"等问题；9 月底，启用设有 130 张床位的洋河美特康·快乐谷健康养生项目。

2015 年，按照全市规模化供水统一安排，洋河镇将 57 个

村纳入全市规模化供水系统，实现自来水全覆盖。6月，正式启用了洋河镇卫生院河西郭分院和油坊小学。2015年全年，累计为86户189人办理农村最低生活保障，为573户困难群众申请救助资金300余万元，实现了"应保尽保""应助尽助"；为全镇84个村庄配备拉杆式音响，鼓励村村组建文化队伍；先后组织村庄文化带头人培训6次，增强业务素质；村庄与文明共建单位联手，新建文体小广场14个，进一步丰富群众文化娱乐生活。

2016年，洋河镇加快推进建筑面积1.2万平方米的艾山小学、河西郭幼儿园建设，同时实施洋河小学食堂提升工程，不断改善教育教学环境；启用了建筑面积8000平方米的冷家村便民服务超市，方便群众日常生活，满足游客休闲购物需求；打深水井、挖塘坝60多个，保证群众生产、生活用水；为76户102人办理最低生活保障，申请救助资金400多万元；新建文体小广场16个，不断丰富群众文化娱乐生活。

2017年，洋河镇新建河西郭小学、幼儿园、二十六中食堂、官庄幼儿园，让农村学校也能享受到与城市同等的优质教学资源；完成卫生改厕11000多户；新建洋河心理健康咨询室，培养咨询师90余人；引进大型

CT等先进医疗设备，增设医疗服务点6个，全方位推进基础设施和公共服务体系提档升级；实施"家室"工程，对张家茔等13处村庄办公场所进行新建、修缮；投资1000多万元，对23个贫困村进行道路硬化；投资200多万元，对姜马庄、裴家、河西范、仉官寨、河西郭等村庄道路进行硬化改造，硬化面积达10万多平方米，有效解决群众出行"最后一公里"难题。

2018年，洋河镇积极协助全市推进东西大通道及10条县乡道路等交通路网建设，推进工业园区、艾山区域、大白石区域道路硬化提升；推进河西郭小学新校、宾贤幼儿园、二十六中餐厅等教育实事建设，持续优化提升教育教学资源。全镇严格落实"应保尽保、应退尽退"工作机制，2018年以来，通过入户核查、平台核对取消低保80户123人，办理审批10户20人，累计发放社会救助资金近200万元。争取上级资金147万元对镇中心敬老院进行改造升级，完善消防设置、消除安全隐患，积极推进特困人员供养工作。

二、改革开放以来洋河镇取得的显著成就

洋河镇历经改革开放40年探索与发展，取得了显著成绩，

成功打造出了"山青、水秀、生态宜居"的美丽洋河。

（一）生态乐游小镇持续推进

洋河镇牢固树立"绿水青山就是金山银山"的生态发展理念，按照中央1号文件"大力发展休闲农业和乡村旅游，使之成为繁荣农村、富裕农民的新兴支柱产业"的部署，抓住各级扶持旅游发展的有利时机，充分挖掘全镇资源，坚持以生态旅游为突破，以"美丽经济"引领"绿色发展"。自2008年以来，洋河镇已成功举办11年"慢生活体验节"，从单纯的蔬果采摘，发展到集乡村慢生活体验、田园嘉年华、研学旅游等于一体的乡村旅游综合体。深化"山水洋河·四季有约"品牌建设，依托全镇自然禀赋、生态优势、园区特色，积极对接市旅游局、各大旅行社以及新媒体直播等资源渠道，整合镇内各园区景点模块，连点成线，先后推出赏花会、踏青游、鲜果会、音乐节、慢生活体验节等一系列旅游活动以及清明、"五一"、端午等小长假旅游路线；从一个村起步，逐步打造出串联全域的"48公里生态慢行环线"，构建起"全镇是公园、村村是景点"的全域旅游发展格局，努力建设青

（三）产业结构、发展空间更加优化

2018年升级改造后的洋河镇河西郭村

岛生态乐游小镇。

（二）综合实力显著增强

洋河镇充分弘扬"敢当敢为·善做善成"的洋河精神，以坚如磐石的信心、只争朝夕的劲头、坚韧不拔的毅力，担当作为、崇尚实干，先后被评为国家级环境优美乡镇、全国生态特色旅游镇、山东省旅游强乡镇、山东省文明乡镇、山东省卫生镇、山东省首批森林小镇、山东省美丽宜居小镇、

山东省基层残疾人组织先进集体、青岛市最具生态镇、青岛市全域旅游示范镇、青岛十大最具魅力村镇、青岛市信访"三无"单位、青岛市第三次经济普查先进集体等荣誉称号。2018年，洋河镇在香港山东周签约了由世界500强企业丰益国际集团投资建设的益海嘉里食品产业园项目；2018青岛洋河乡村慢生活体验节的举办，得到了省政协、青岛市政协的大力支持和赞誉，洋河镇的综合实力显著增强。

洋河镇围绕全市发展规划，牢牢抓住做大镇级公共财政收入这个重中之重，围绕新旧动能转换这条主线，工业经济提档升级成效显著，产业结构得到进一步优化升级。全镇形成了绿色健康食品、汽车配件、纺织机械制造三大产业，重点打造1平方千米绿色健康食品产业园；积极推进"双招双引"，以益海嘉里、劳特巴赫啤酒、乾通源冷链等项目为核心，打造绿色健康科技产业园，拉长绿色健康产业链条；加快新旧动能转换，实施"腾笼换鸟"，收回利用闲置土地、厂房，进行二次招商，不断优化产业布局；将农业园区与美丽乡村、旅游景区融合发展，形成"以农促旅、以旅助农、综合一体"的融合发展格局，实现资源的整合利用、村庄的组团发展。

执笔人：赵春晓

改革开放以来洋河镇教育事业的发展

洋河镇

洋河镇位于胶州市南部，清代属济实乡，宣统三年（1911年）到民国初期属宝华区，1958年9月成立先锋公社，1959年更名为洋河公社，1984年改为冷家村乡，1993年1月改为洋河镇。2001年，洋河镇与董城乡合并为洋河镇。洋河镇共有84个行政村，人口5.6万，总面积128.7平方千米。全镇教育系统围绕"质量、安全、特色、卓越"四大主题，坚持规范办学，加强行风建设，学校各项管理日趋精细，教育教学质量稳步提高。中小学校注重内涵式发展，胶州市第二十六中学的"善心"教育，洋河小学的"仁智"教育，油坊小学的"启智"教育，河西郭小学的"厚德"教育等办学特色日益鲜明，4处中小学均已创建为青岛市标准化学校；胶州市第二十六中学、洋河小学创建为青岛市规范化学校；洋河镇中心幼儿园创建为青岛市示范幼儿园，并于2014年1月通过山东省教育厅乡镇中心幼儿园认定。截至2018年底，洋河镇有1处中学（胶州市第二十六中学）、3处小学（洋河小学、油坊小学、河西郭小学），中小学在编在岗教师292人，在校中小学生2527人；有22处幼儿园，其中公办幼儿园20处，民办幼儿园2处，幼儿教师79人，在园幼儿820人。

一、洋河镇教育事业发展历程

（一）拨乱反正、百废始兴（1978年—1985年）

十年"文化大革命"使教育成为重灾区，中小学"停课闹革命"，教育局面一片混乱。1980年，《中共中央 国务院关于普及小学教育若干问题的决定》在充分地分析了普及小学教育的重要性以及教育在四个现代化建设中重要作用的背景下，提出"在80年代，全国应基本实现普及小学教育的历史任务，有条件的地区还可以进而普及初中教育"。在党和国家有关政策的指示下，洋河教育在恢复上课秩序、改善办学条件等方面有了新的发展。

1. 进行结构调整

20世纪80年代初，洋河公社进行学校结构调整，普及小学教育及初中教育，大力发展幼儿教育。其中，初中设中心学校和联中；小学1个片区设立1处完全小学，有的村庄设教学点；大多数村庄成立幼儿园。公社成立工农教育办公室，大力扫除青壮年文盲，创办成人教育中心。

2. 改善办学条件

20世纪80年代初，洋河公社中小学校舍多是土草屋、旧民房，基本是危房，有的校舍甚至由生产队的牛棚改造而来。"有砖不过千，有门没法关，有窗垒着砖，有顶漏着天"等顺口溜是当时中小学校舍的真实写照。当时的周村小学、横沟小学、拾（亩田）香（甸）（小）尧小学、油坊小学等学校，屋子又矮又旧，下雨的时候教室漏雨，不得不用盆、水桶接着；门窗几乎没有一个是好的，只好用塑料袋子、旧纸壳、破木板糊上，课桌是用土坯垒成的台子。当时的校舍，是典型的"黑屋子、土台子"。

1980年，洋河公社开始了对农村小学"黑屋子、土台子"进行改造的"两改"工作。洋河公社农民人均年收入不足100元，但干部、群众依靠自己的力量，拉开了洋河校舍改造的序幕。1985年，冷家村乡基本完成"两改"工作任务，学生们陆续用上了木制课桌椅，彻底告别了"黑屋子、土台子"的时代，实现了"一无两有"（校校无危房，班班有标准教室，人人有木制课桌凳）。过去那种"找学堂不用问，瞅见破房只管进""泥巴屋，泥巴台，里边坐着泥巴孩儿"的校舍破旧状况变成历史的陈迹。

（二）调整布局、巩固提高（1986年—2000年）

《中共中央关于教育体制改革的决定》《中国教育改革和发展纲要》《中华人民共和国义务教育法》《面向21世纪教育振兴行动计划》等标志性法规决定相继出台后，教育体制改革不断深化。洋河镇从依靠人民群众办教育，到"实行基础教育由地方负责、分级管理""把发展基础教育的责任交给地方"等体制变化，极大调动了地方政府和人民群众的办学积极性。洋河镇教育在这一时期完成"两基"目标，极大地推动了义务教育事业的发展进程。

1. 设立管理机构。

1991年6月，根据胶州市编委（胶编字〔1991〕9号）文件要求，冷家村乡教委办公室成立。其主要职责是：负责本乡教育事业发展规划、计划的制定和实施；负责教育经费的统筹和使用；负责抓好办学条件的改善；负责为乡镇政府当好参谋；负责搞好5个中心学校的协调工作；负责教师的考查、评议、任用、调配，教育管理和各类学校的日常管理、财务管理及中小学生学籍管理，做好中小学师生的思想政治工作。乡镇教委办公室，为市教育局下属股级全民所有制事业单位，实行教育局和乡镇政府双重领导，核定事业编制5人，设主任1人，政工、督学、会计、出纳各1人。1994年，根据市编委文件精神，洋河镇教委办公室撤销，成立洋河镇教育委员会，为乡镇所属股级全民所有制事业单位，核定事业编制3人，领导职数设1职。1995年12月，市教委、市人事局联合发文，公布了全市乡镇（街道）教委主要职责。1999年12月，市教委修订完善乡镇教委的职责和管理权限，并将乡镇教委的职数由原来的3人增加到8人。其中主任委员1人，主持全面工作；副主任1人，负责政工、人事、工会、团队工作；教研员3人，负责教学业务管理工作；财会人员2人，负责会计、出纳、校产管理及勤工俭学工作。

2. "普九"工作开展

1988年，胶州市人民政府发布《关于实施九年制义务教育的意见》（胶政发〔1988〕13号），根据各乡镇经济及教育现状和前景，胶州市实施九年制义务教育，决定分4批至1993年完成。胶州市政府和各乡镇签订"乡镇实施九年义务教育责任书"，按照市、乡（镇）两级办学，市、乡（镇）、村分级管理的体制，层层确定分管领导，明确责任，要求冷家村乡在1992年实施义务教育。由于冷家村乡是经济欠发达乡镇，财政负担较重。乡（镇）党委、政府为充分保障教育优先发展战略地位的落实，优先安排教育经费，多渠道筹措经费，逐年加大对教育的投入，努力做到教育经费"三个增长"。由于经济发展落后、群众观念陈旧、学校工作措施不到位，当时的适龄学生中存在着辍学现象。乡（镇）党委、政府制定了关于控制中小学生辍学的意见，进一步加大了预防辍学的工作力度，一是坚持中小学生辍学报告制度、动员学生返校制度、加强学籍管理制度，建立和完善学生入学保障制度；二是严格执行上级制定的义务教育收费标准，坚决杜绝乱收费现象；三是实行贫困生救助制度，对贫困学生实施减免杂费政策；四是规范和加强教学管理，全面推进素质教育。经过不懈努力，全乡（镇）中小学生辍学现象得到了很好的控制，学龄儿童入学率达 100%，中小学在校学生巩固率达 99.4%。20 世纪 90 年代中期，洋河镇基本普及九年义务教育。

3. 职业教育发展

随着经济的发展，教育改革不断深入，1987 年，胶州市人民政府改革办学模式，实行初中和职业初中并行，将各乡镇农业中学一律易名为职业技术中学，冷家村乡职业技术中学、河西郭乡职业技术中学由此成立，为股级事业单位，隶属市教育局领导。职业教育如雨后春笋，生机盎然，成为振兴洋河经济的重要举措。洋河镇职业教育进一步探索农村教育综合改革新路，开展缝纫、

机电、养殖、种植等专业课程，实行的"教学—技术培训—生产经营—服务社会"农科教相结合的教学模式得到认可和推广。随着社会经济的发展和办学体制的理顺，1998 年，胶州市的 3 所初级职业中学中，洋河镇初级职业中学就为其中一所。1999 年 7 月，洋河镇初级职业中学撤销。

4. 成人教育发展

1987 年，冷家村乡农民文化技术学校成立，为股级单位，校长由市教育局配备公布。教育内容由以扫盲为主转向以农村实用技术培训为主，教育形式有在乡镇集中培训、在村集中培训、送技术上门培训等。学校联合乡农业办公室、畜牧兽医站等部门，年培训农业种植和养殖技术人员 600 余人次。冷家村乡以教育组为依托设扫盲专干，成人学校在扫盲工作中发挥了积极作用，成为扫盲干部和教师业务培训的主阵地。20 世纪 90 年代初，洋河镇党委、政府利用干部下村、群众集市等有利时机，开展了发放扫盲知识宣传单、扫盲宣传标语等多种形式的宣传，大力向广大群众宣传《扫除文盲工作条例》等有关文件精神和法律法规知识。通过广泛宣传及深入细致的讲解，广大农民群众对教育重要性和有关法律法规有了一定的认识和了解，增强了农民

群众学习科学文化知识的自觉性，为扫盲工作顺利开展打下了坚实的思想基础。为方便更多的学员参加学习，洋河镇主要以举办农闲时节补习班、夜校等形式集中面授开展扫盲，尽量不耽误学员的务农时间。另外，聘请中小学教师、乡村干部、有专业技能的离退休干部、工人等作为扫盲教师。1995 年 3 月，洋河镇成人学校被认定为第二批山东省乡镇成人教育中心学校省级示范学校；7 月，洋河镇成人教育中心成立，与镇职业初中合署办公，对外挂两块牌子。截至 2000 年底，洋河镇共扫除青壮年文盲（15—50 周岁）8600 多人，非文盲率达 94%。大批脱盲者把所学的文化知识作为进一步学习的桥梁，继续学习科学技术知识，特别是各项实用技术，对于洋河镇经济社会发展起到了积极作用。

5. 义务教育发展

1987 年，冷家村乡在完成"两改"任务后，重点进行农村中小学校舍正规化建设、"普九"和职业初中建设。1989 年 5 月，在完成中小学的改造任务后，按上级要求，及时转入公办学校"五达标"（学校规模、校舍、课桌凳、操场、校园环境）建设上来。冷家村乡根据市政府全面实施"合点并校"工程要求，坚持"普九"工作与合点并校

工作并行的工作思路，着力推进中小学布局调整。1991年，冷家村乡中心小学迁入新校，新校舍全部为二层教学楼，共8栋，总建筑面积2744平方米，为全市第一家农村小学。1994年9月27日，由中石油七公司捐建的胶州市第一所希望工程学校——青岛石油希望小学在董城乡驻地奠基，于1995年5月18日正式启用。2000年，青岛市顺安房地产有限公司捐资20万元建设的洋河镇光彩小学（原洋河镇曹家庄小学）正式启用；同年9月，由海尔集团捐资25万元、胶州市希望工程办公室捐资10万元共同建设的洋河镇海尔希望小学正式启用，原董城乡官庄小学和仲家庄小学撤并至该校。截至2000年，洋河镇、董城乡共有2处初中、11处小学，基本完成"合点并校"任务。

6.学前教育发展

1986年，冷家村乡基本普及幼儿教育，但管理松散，办园随意无序，园所条件简陋，保教人员素质参差不齐。1987年，胶州市政府明确乡镇中心幼儿园主任相当于中心小学副校长级别，负责全乡镇幼儿教育工作，幼儿教育管理开始步入正轨。1991年6月，冷家村乡中心幼儿园转至乡教委办公室，同时增设幼教辅导员1人。1995年，董城乡设立中心幼儿

园，为股级单位，归属乡教委领导，设管理人员5人，其中园长1人、副园长1人、辅导员1人、会计1人、出纳1人，负责全乡学前教育管理工作，在全乡幼儿园中起示范带动作用。截至1998年，洋河镇有34处农村幼儿园，董城乡有28处农村幼儿园，多为混合班，规模小，布局分散，园舍条件简陋，孩子少，难以按照年龄段分班，严格阻碍了保教质量的提高，造成了人、财、物的浪费。2000年，根据胶州市托幼办《关于对县级幼儿园进行布局规划调整的意见》，洋河镇幼儿园调整为25处，董城乡幼儿园调整为10处。

（三）优化资源、加快发展（2001年—2011年）

1.管理机构人员调整情况

2001年，洋河镇与董城乡合并为洋河镇，原董城乡教委随之撤并。2005年8月，洋河镇教育委员会撤销，设立洋河镇教育办公室，与洋河镇成人教育中心校合署办公，核定事业编制5人，配主任1人、副主任1人（兼任成教中心校长），所需人员从原镇教委和成教中心在编人员中公开竞争解决，其他人员于2005年年内分流50%并于两年内分流完毕。

2.成人教育发展

2002年开始，成人教育的工作重点转向"农村劳动力转移培训和农村实用技术培训"。洋河镇成人学校广泛开展以实用新技术为主要内容、以青壮年农民为主要对象的技术培训，全镇有80%的青壮年农民掌握了1—2项实用生产和致富新技术。2004年，"大成教"办学理念提出，党建、农业、科技、普法、计划生育等方面的培训列入成教中心的工作计划，成教中心的培训领域大大拓宽，实现了农村成人教育工作的新突破。2006年—2007年，农村劳动力转移培训和实用技术培训得到进一步强化，洋河镇成人学校联合市职业学校等部门，年均转移电动缝纫、维修等劳动力培训160余人次，劳动法规和法律常识等引导性培训140余人次。

3.义务教育发展

2001年3月，胶州市撤销董城乡并入洋河镇，原洋河镇中学、董城乡中心中学，分别更名为洋河一中、洋河二中；7月，市教委、建委组成联合检查组，在乡镇和学校自查的基础上，对全镇校舍的安全、质量情况进行了一次全面检查，对检查中发现的质量安全问题，检查组随即签发《整改通知书》，向镇政府、学校提出具体整改意见；对经鉴定为D级危房的房屋，要求学校必须无条件地立

即停用，并且按要求立即委托有技术资质的单位限期拆除。洋河镇开始开展不达标学校合点并校工作，并新建符合要求的校舍。2001年8月，李高庄小学并入光彩小学。2002年8月，仇村小学并入河西郭小学。2003年8月，经市编委批准，洋河一中、洋河二中更名为胶州市第二十六中学、胶州市第二十七中学；洋河镇中心小学更名为洋河小学；董城乡中心小学撤销股级建制，改为一般完全小学。9月，青岛崇杰房地产有限公司捐资160万元建设的洋河镇崇杰光彩小学（原洋河镇李子行小学）正式启用。2006年9月7日，由青岛市公路局出资80万元、洋河镇政府自筹40万元共同建造的新朱季小学建成并投入使用。同年12

月，洋河镇在全面完成青岛市"义务教育标准化工程"的基础上，启动了农村义务教育基础设施建设工程，先后实施了"双热（热水、热饭）工程""三新（新操场、新厕所、新课桌凳）工程"、农村中小学危房改造工程，第二十六中学、洋河小学和崇杰光彩小学办学条件发生了巨大的变化，学校面貌焕然一新。此外，全镇所有学校开展了"双热"服务，中小学生告别了在校内无热饭吃、无热水喝的历史，极大地方便了师生的生活。2007年9月，第二十七中学撤销合并至第二十六中学。2008年，洋河小学创建为青岛市规范化学校、青岛市标准化学校。9月，原大相家小学、原海尔希望小学合并至河西郭小学。9月20日，投资400万元，建筑

面积3452平方米的第二十六中学教学楼开始施工。2009年，黄墩小学创建为青岛市标准化学校。9月，原董城乡石油希望小学合并至河西郭小学，原朱季小学合并至洋河小学。12月，第二十六中学新教学楼正式投入使用。2010年，第二十六中学、宾贤小学创建为青岛市标准化学校。2011年，河西郭小学创建为青岛市标准化学校。9月，原崇杰光彩小学合并至洋河小学。10月，投资650万元，建筑面积4125平方米的洋河小学教学楼动工建设。截至2011年，通过合点并校，全镇中小学办学条件得到明显改善。

4.学前教育发展

2001年，学前教育呈现新的特点，一是出现了接纳3岁前幼儿的亲子班（中心幼儿园），二是开始兴办民办幼儿园。2003年，胶州市政府提出"大力发展农村学前教育事业、促进城乡学前教育均衡发展"的工作思路，洋河镇政府进一步强化农村学前教育管理，多渠道筹措办园经费，改善办园条件，提高农村幼儿教师待遇，解决农村幼儿教师养老保险问题，统筹非公办幼儿教师月工资。2006年，市政府教育督导室加大对镇（街道）的考核力度，制定下发《胶州市学前教育工作评估方案》，总分100分，作为对镇（街道）教育评估的20%

2008年7月原洋河小学（1993年之前为冷家村乡中心小学）旧貌，该校于1991年10月正式启用，是胶州市第一所盖有教学楼的农村小学。

权重计入总分，极大调动了镇（街道）发展学前教育的积极性，合点并园进程加快，洋河镇形成以政府办园为主、社会办园为辅的多元化办学格局。洋河镇中心幼儿园于2004年、2006年、2008年被胶州市托幼工作领导小组、市人事局、市教体局联合授予学前教育先进集体称号，于2010年被评为青岛市农村示范幼儿园。2007年—2011年，洋河镇重点启动标准化幼儿园建设，投资30万元扩建中心幼儿园房屋10间，建筑面积300平方米；投资10万元扩建十亩田幼儿园，新建房屋6间，建筑面积180平方米；投资6万元扩建朱季村幼儿园，新建房屋4间，建筑面积120平方米；投资80万元新建周村幼儿园房屋5间，建筑面积150平方米；投资27万元新建袁家小庄幼儿园、钟家庄幼儿园、宋家幼儿园和山相家幼儿园。

（四）趋于均衡、开拓创新（2012年—2018年）

1.成人教育的转型

为给社区居民提供学习、娱乐、休闲的场所，洋河镇成教中心联合镇老干部活动中心、镇文化站、社区开展了丰富多彩的门球、保龄球、健身操、秧歌等活动，获得了群众的好评。2015年，洋河镇数字化学习中心和洋河镇社区教育中心建成，进一步完善各种文体设施，大力普及科学和文化知识，组织居民开展丰富多彩、内容健康的文化体育活动，提高居民的思想道德素质和文化修养。2015年12月2日，根据市教体局工作安排，洋河镇举行"一镇一现场"活动，市教体局职成中心负责人与全市成人教育学校校长莅临现场观摩老年门球比赛，并参观新科技农业示范园活动，给予一致好评。2016年1月7日，青岛市教育局开展年终督导评估，洋河镇社区教育中心和冷家村社区学校代表胶州市迎接督导检查，各项工作得到充分肯定。

2.义务教育学校的整合发展

2013年2月，洋河小学新教学楼正式启用；5月，投资150万元的洋河小学塑胶操场和篮排球场地投入使用；9月，投资600多万元，建筑面积4152平方米的第二十六中学学生公寓楼和投资200万元的塑胶操场、篮排球场正式启用。2013年，洋河镇教育办努力争取市教体局和洋河镇政府支持，为全镇小学配备校车19辆，解决了小学生的上下学交通问题，解除了家长的后顾之忧；宾贤小学、黄墩小学、光彩小学建设了学生食堂，解决了乘车学生的中午就餐问题；第二十六中学顺利通过青岛市规范化学校验收。2014年9月，投资2200万元，建筑面积9403平方米的油坊小学动工建设，于2015年6月正式启用，实现原黄墩小学、原宾贤小学、原油坊小学"三校合一"。

2014年，第二十六中学创建为青岛市现代化学校、青岛市规范化学校；洋河小学创建为青岛市现代化学校，并于10

2015年6月23日，洋河镇油坊小学正式建成启用。

月份顺利通过青岛市规范化学校复评，学校的办学条件和办学水平得到更大提高，为其他村级小学的创建工作提供了示范和指导。2014年以来，洋河镇大力实施以教育信息化带动教育现代化战略，先后投入资金300余万元，实施"班班通"建设工程和网络升级改造工程，为全镇所有学校安装"班班通"100余套。全镇学校实现了"千兆到桌面、校校有网站"，教育信息化建设取得了阶段性成果。2015年上半年，总投资40万元的胶州市农村首个高配置"未来教室"在洋河小学建成投入使用，实现了城乡、区域、远程三联动，实现了课堂空中连线、异地同步、实时录播。2015年1月7日，青岛市教育局主要领导到洋河小学调研指导教育信息化工作，并深入课堂观看洋河小学与青岛市大学路小学同步课堂连线；3月27日，青岛市未来教室连线同步课堂现场会在洋河小学举行；5月23日，教育部与联合国教科文组织联合举办的国际教育信息化大会在青岛开幕，有关领导在青岛市会展中心观看了洋河小学与青岛市大学路小学同步课堂连线教学现场；9月10日，青岛市委主要领导到洋河小学走访慰问，对学校的信息化建设给予充分肯定。

2015年9月，洋河镇光彩小学合并至河西郭小学。经过合点并校、资源整合，全镇形成1处中学（市第二十六中学），3处小学（洋河小学、油坊小学、河西郭小学）的格局，教育资源进一步优化，实现了学校规模化发展。2015年10月中旬，油坊小学、河西郭小学顺利通过青岛市现代化学校验收。全镇中小学校注重内涵式发展，第二十六中学的"善心"教育、洋河小学的"仁智"教育、油坊小学的"启智"教育、河西郭小学的"厚德"教育等办学特色日益鲜明。2016年5月，投资3000万元，建筑面积10163平方米的河西郭小学新校开工建设。2018年，洋河镇投资390余万元，为第二十六中学建设学生餐厅，极大地改善了学生的就餐环境；投资200余万元，解决第二十六中学冬季供暖和夏季降温问题。2018年11月18日，河西郭小学新校竣工并投入使用。截至2018年，全镇1处中学、3处小学全部创建为青岛市现代化学校，创建率达100%，教育教学资源有效整合，为全镇教育的持续快速发展奠定了良好的基础。

3. 学前教育快速发展

（1）公办幼儿园标准化建设突破发展。2012年8月13日，投资200多万元、建筑面积1000平方米的山相家幼儿园正式启用，是洋河镇第一所达到省定基本办园标准的村级幼儿园，并于11月份通过青岛市一类幼儿园验收；投资150多万元，建筑面积900平方米的宋家幼儿园完成主体建设。2013年，投资108万元，建筑面积560平方米的曲家炉幼儿园建成启用；投资650万元，建筑面积3000平方米的中心幼儿园动工建设，于2014年2月份正式启用。2015年，投资23万元，建筑面积200平方米的张家村幼儿园建成启用；投资23万元，建筑面积200平方米的姜戈庄村幼儿园建成启用。2016年5月，投资150万元，扩建面积600平方米的山相家幼儿园开工建设；投资470万元，建筑面积2360平方米的河西郭幼儿园动工建设。截至2018年，全镇共有22处幼儿园，其中公办20处，民办2处；达青岛市一类幼儿园的有7处，其中公办6处，民办1处，占全镇幼儿园比例的31.8%。镇中心幼儿园为青岛市示范幼儿园，在青岛市教育局农村幼儿园标准化建设调研中，受到了青岛市领导的高度评价，胶州电视台《半岛都市报》均给予宣传报道。

（2）非公办幼儿教师待遇逐步提高。2013年，洋河镇统筹工资从190元提高到400元，2014年提高到600元，2015年提高到700元。2016年4月起，镇政府给非公办教师缴纳了养老保险，解决了非公办教师的后顾之忧。2018 年，民办幼儿教师工资达到 3100 元。

4.素质教育扎实推进。

（1）扎实开展"四声一影"活动。2012 年以来，洋河教育办组织学校以"四声一影"活动为抓手，通过丰富多彩的活动，扎实推进素质教育。全镇学校开展了晨读经典十分钟、午间习字一刻钟、课外活动一小时、红歌天天唱和以"我运动，我健康，我快乐"为主题的大课间体育活动；教育办统一组织了"体育节""艺术节"等一系列活动，培养了学生的兴趣特长，提高了学生的综合素质，营造了快乐和谐的校园氛围。河西郭小学的早晨经典诵读、中午习字、下午大课间活动已蔚然成风；洋河小学把"开心农场"作为实践活动基地，把课堂"搬进"田间地头，定期

2018 年 11 月 16 日，国家级心理专家走进洋河镇油坊小学，给学校教师和部分学生家长授课。

组织各年级学生到农场学习劳动技术、参加劳动实践，学生的劳动积极性明显提高，动手实践能力显著增强；第二十六中学充分利用洋河镇举办"采摘节"这一社会资源，开展"我采摘，我实践，我收获"社会实践活动，组织农作物种植流程征文比赛、摄影比赛、"艾山环保一日行"主题社会实践活

动等，使学生开阔了视野，提高了社会实践能力。

（2）深入开展"十万家长进讲堂"活动。2012 年以来，洋河镇教育办将"十万家长进讲堂"活动作为重点工作，组织各学校围绕"专家讲堂，教师讲堂，互动讲堂，网络讲堂，家长教育开放日（周），亲子共成长系列活动"6 个板块，充

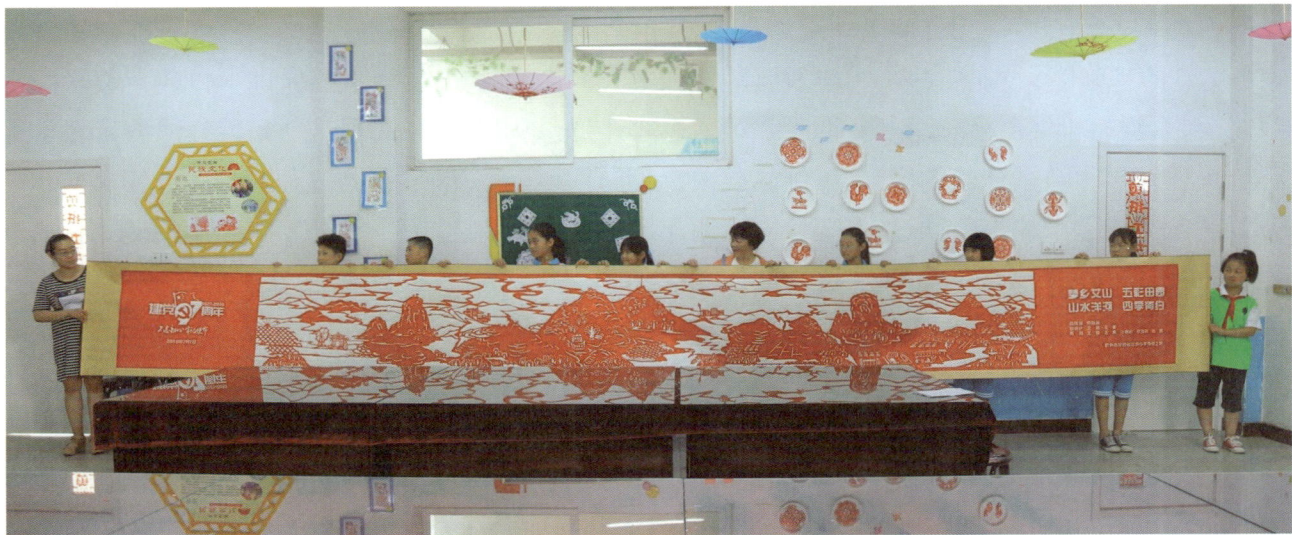

洋河小学剪纸社团创作的"喜迎建党九十七周年"剪纸长卷，全长 7.1 米。

分利用校内外资源，进一步加强家校联系，推动"家长进讲堂"活动的深入开展。在活动开展过程中，洋河镇各学校紧紧围绕实施方案中的"总体目标""实施原则"，落实"活动要点"，积极开展专家讲堂、互动讲堂、"家长教育开放周""家长教育活动月""亲子共成长"活动。这些活动的开展建立了学校、家庭、社会三位一体的教育体系，营造了良好的教育环境，促进了学生的全面发展。

（3）扎实开展"十万亲子共同做家务"活动。2012 年，胶州市教体局发起以"创设自然生动、温馨和睦的生活情景，创造共同体验、共同提高的交流平台，创建亲子互动、教子有方的魅力家庭，进一步增强中小学生自主、自理能力和自强、自信意识"为目标的"十万亲子共同做家务"活动，洋河镇教育办组织各学校着眼于培养孩子的自理、自立、自强意识，将家务劳动的基础性、技能性、实践性、综合性有机结合起来，精心选择适宜学生自主体验的家务劳动。引领学生注重劳动过程，正确对待劳动结果，享受劳动快乐，承受劳动挫折，倾情打造"魅力亲子六个一"家教活动模式，即"一个目的"，通过活动，达到增强学生的责任感、实践能力、创新能力的目的；"一人自主"，整个学做的过程都是

学生自主体验的过程，可以指导但不可以代替；"一项作业"，家务劳动就是家务作业，将其列入学校劳动技术教育的内容，列入各学段学生必备的课外作业；"一种提升"，通过家务劳动，学生要明白一个道理，体验劳动成果来之不易，在道德层面得到提升；"一类展示"，学校不仅要提供展示知识的学习舞台，同时提供展示家务劳动风采的舞台，搞好各类技能小竞赛；"一次表彰"，学校要搞好总结表彰，对家务劳动的小明星要通过多种形式进行宣传、表扬，家校共同携手，形成学校主导、家长重视、学生积极参与的良好局面。2013 年 1 月，洋河小学、黄墩小学被评为胶州市"十万家长进讲堂"优秀学校。

（4）教育质量稳步提升。

2012 年以来，洋河镇深化基础教育课程改革，积极倡导教师与学生的互动。把曾经的"满堂灌"、题海战术和教师不容置疑的授课方式彻底剔除出课堂，对学生的评价也从过去单纯的成绩冒尖向兴趣广泛转变，学校也开始根据自身特色进行课程设置。2012 年，为了全面提高教学质量，洋河镇教育办先后制定和完善了《教学常规基本要求》《教学质量奖惩办法》《教师工作考核考评办法》《教师绩效工资发放办法》等制度，有力地保证了教学活

动的有序开展。各学校也制定了切实可行的教师培养和培训计划，选派教师外出挂职学习和听课；大力倡导教师学习新课改理论，学习现代化信息和教学技术；注重对青年教师的培养，通过骨干带动、结对帮扶等形式，引导他们快速成长。

洋河镇注重各学校人才资源合理配置，加强薄弱学校的建设与发展，2012 年以来，实施龙头学校与薄弱学校结对帮扶的政策，安排洋河小学和河西郭小学结成对子，提高教师资源的使用效益。各学校以优秀教师和身边典型来引领青年教师积极进取，让他们与青年教师进行一对一交流，针对课堂或理念引领、实践探讨，点明课堂中存在的优缺点，使青年教师尽快得到成长、提高，从而优化教学过程，提升教学质量。洋河镇教育办牢牢把握立德树人、教书育人理念，强化师德教育，注重抓学校常规管理，促进学校教育教学质量的提高，完善教师教育教学工作的过程管理，继续落实"五个抓好"，即抓好备课、作业设置和批改，抓好听课、评课，抓好教学质量分析，抓好教师的学习和业务培训，抓好教师教学工作的考核和业务档案管理。

2015 年 9 月，洋河镇油坊小学获胶州市教育教学质量综

合评定 A 级学校。2016 年 9 月，洋河镇教育办、洋河小学、油坊小学同时荣获胶州市教学管理先进单位。2018 年 2 月，镇教育办、洋河小学、中心幼儿园荣获胶州市"教育体育工作优秀单位"；10 月，教育办、洋河小学、油坊小学、河西郭小学被市教体局授予"胶州市教学管理先进单位"。其中，洋河小学连续 14 年被评为教学质量优胜学校，连续 13 年获胶州市教育体育工作先进单位。

二、发展成就

（一）义务教育全面普及，基础教育水平全面提升

从 1986 年全国人大颁布《义务教育法》起，经过 10 多年奋斗，洋河镇到 2000 年实现了基本普及九年义务教育、基本扫除青壮年文盲（简称"两基"）目标，"两基"人口覆盖率超过 94%，2005 年进一步扩大到 99%，成千上万初中毕业的劳动力为洋河镇经济快速增长做出了贡献。

（二）教师队伍整体素质不断提升，教学条件不断提高

改革开放以来，洋河镇教师待遇和社会地位不断提高，教师队伍水平明显提升。自 2015 年起，洋河镇政府每年出资 20 余万元，为全镇中小学、幼儿园教师进行心电图、B 超、肝功化验、骨密度等项目检测。2017 年，新学期开学之际，镇政府与公交公司达成协议，每年出资 20 多万元，安排 3 辆班车免费接送教师上下班，线路覆盖全镇所有小区及学校。2018 年底，全镇普通小学、初中、幼儿园专任教师学历合格率均达到 100%，高学历教师比例逐年增加。年轻教师中，青岛市优秀教师、青岛市教学能手、青岛市学科带头人等不断涌现。全镇中小学教职工聘任、绩效工资考核、校长及中层干部选拔任用、评优选先、晋职等制度得到不断完善。

（三）全面推进素质教育，教育质量有新的进展

全镇各学校全面贯彻党的教育方针，坚持育人为本、德育为先，把立德树人作为教育教学工作的根本任务，中小学德育工作取得了实效。2010 年—2018 年，洋河镇中小学生田径运动队、篮球队、排球队、秧歌队在市里举行的比赛活动中均取得了优异的成绩，第二十六中学、洋河小学的学生在全国中小学生绘画、书法作品比赛和胶州市合唱比赛中，也取得了喜人成绩。

执笔人：张顺梁 任怀东

后 记

　　为庆祝中华人民共和国成立 70 周年，配合全市正在开展的"不忘初心、牢记使命"主题教育，贯彻落实中央"一突出、两跟进"指示精神，按照中共中央党史和文献研究院，中共山东省委、中共青岛市委党史研究院的部署要求，经中共胶州市委批准，中共胶州市委组织部、中共胶州市委党史研究中心共同编写出版了《胶州改革开放实录（第三辑）》。

　　本书是《胶州改革开放实录（第二辑）》的续编本。2015 年 11 月 20 日，中共胶州市委办公室印发《〈改革开放实录（胶州卷）〉征编工作方案》，征编工作正式启动。经撰稿单位和课题办工作人员共同努力，2019 年 5 月，《胶州改革开放实录（第三辑）》初步定稿，后经反复修改校对，正式定稿。全书共收录 36 个单位 46 篇专题，63 万余字，150 幅照片。内容涵盖经济建设、政治建设、文化建设、社会建设、生态文明建设和党的建设等领域。

　　本书的编写是在中共胶州市委的领导下，中共青岛市委党史研究院的指导下进行的。本书成书过程中，许多领导同志对稿件进行了认真审阅把关，各镇（街道）及市直各部门（单位）直接参与了专题的撰写，并提供了大量图片资料。在此，我们一并表示感谢。

　　由于编者水平有限，书中难免有不足之处，恳请读者批评指正，以使我们在今后的编写工作中不断改正、提高。

编 者

2019 年 9 月

图书在版编目（ＣＩＰ）数据

胶州改革开放实录. 第三辑 / 中共胶州市委组织部,
中共胶州市委党史研究中心编. — 青岛 ： 中国海洋大学
出版社， 2019.9
ISBN 978-7-5670-1886-0

Ⅰ. ①胶… Ⅱ. ①中… ②中… Ⅲ. ①改革开放—概
况—胶州 Ⅳ. ①D619.524

中国版本图书馆CIP数据核字(2019)第252475号

出版发行：中国海洋大学出版社

社　　址：青岛市香港东路 23 号　　　邮政编码：266071

出 版 人：杨立敏

网　　址：http://pub.ouc.edu.cn

电子信箱：cbsebs@ouc.edu.cn

订购电话：0532-82032573（传真）

责任编辑：邹伟真　　　　　　　　　电　　话：0532-85902533

印　　制：青岛泰兴印刷有限公司

版　　次：2019 年 9 月第 1 版

印　　次：2019 年 9 月第 1 次印刷

成品尺寸：210mm×285mm

印　　张：27.25

字　　数：630 千

印　　数：1~1000

定　　价：268.00 元

发现印装质量问题，请致电 0532-83831618，由印刷厂负责调换。